KB164095

인 류 의 위 대 한 지 적 유 산

HANGIL
GREAT BOOKS
SPECIAL
COLLECTION

혁명의 시대

에릭 홉스봄 지음 | 정도영 · 차명수 옮김

한길사

The Age of Revolution 1789~1848

by Eric Hobsbawm

Translated by Chung Daw-Yung · Cha Myung-Su

절대군주
프랑스의 루이 16세(Louis XVI, 1754~93).

귀족과 젠트리

▲ 마차를 몰고 있는 영국의 숙녀와 신사.

▼ 19세기에 접어들 무렵 토끼사냥에 나선 독일 신사.

관료와 신사
정장 제복을 차려입은 프로이센의 아우구스투스공
(Prince Augustus of Prussia, 1779~1843).

지방계급들

▲ 19세기 초 에스파냐의 플라퀴르 가족.

▼ 1820년 독일의 클라센 교수와 그의 가족.

농민들
▲ 19세기 초 농민들을 잔혹하게 학대하는 타타르인.
◀ 19세기 초 모라비아에서 일어난 농민반란.
▶ 19세기 초 농업노동자.

▲ 새로운 사회질서

철도왕 조지 허드슨(George Hudson, 1800~71)에게

구 사회 지배층들이 경의를 표하고 있다.

▼ 셰필드 지방의 금속 제조공장

'헐'(Hull), 즉 그라인더와 송풍장치를 사용하는 작업장의 모습.

▲ 중간계급의 생활환경
1830년대 오스트리아의 비더마이어풍 실내장식.

▼ 귀족적인 생활환경
칼턴 하우스. 원래 레전트공을 위해 지어진 건물이다.

빈민가
▲ 1840년대 세인트 자일즈시의 처치 레인가. 아일랜드식 이름이 흥미롭다.
▼ 악명 높은 빈민굴은 세인트 자일즈시의 또 다른 모습이다.

산업화 초기 유럽의 풍경
공장들과 창고들 위로 피어오르는 진보의 연기가
시골의 땅들을 잠식하고 있다.
범선들이 초기 증기선과 나란히 정박해 있다.

프랑스혁명
1789년 7월 14일 바스티유 감옥이 함락됐다.

▲ 군대의 이동
1789년 7월 15일 몽마르트로 군대가 이동하고 있다.

◀ 기요틴(단두대)
칼이나 도끼로 사람의 목을 베는 잔혹한 방법을 인도주의적인 방법으로
대체하려 한 조제프 기요탱(Joseph Guillotin, 1738~1814)이
발명한 것으로 1791년 프랑스에서 처음 사용되었다.

▶ 사형장으로 가는 마리 앙투아네트 왕비
유명한 자코뱅 화가인 자크루이 다비드(Jacques-Louis David, 1748~1825)의 스케치.

◀ 공포정치기에 상당한 책임을 맡은 막시밀리앙 로베스피에르(Maximilien Robespierre, 1758~94). 탄핵당한 뒤 1794년 7월 28일 약식재판을 받은 후 체포되어 사형당한다.

▶ 혁명 당시 가장 극단주의적 세력을 이끈 지도자급 인물 장폴 마라 (Jean-Paul Marat, 1743~93). 자택에서 반신욕을 하던 중 샤를로트 코르데(Charlotte de Corday, 1768~93)에게 암살당한다.

◀ 1792년 튈리 봉기를 지도했으며 한동안 공안위원회의 책임자를 지낸 조르주 당통(Georges Danton, 1759~94). 연금 생활을 하다가 기요틴으로 사형당한다.

▶ 사회의 혼란과 인간의 사악함에 대한 유일한 치료와 해결책으로 독재를 제안한 루이 생쥐스트(Louis Saint-Just, 1756~94). 1794년 7월 28일 기요틴으로 사형당한다.

▲ 혁명전쟁, 이상화된 모습
1796년 9월 21일 죽음을 맞이한 마르스 장군.
주인공은 죽지만 강한 자들은 슬픔을 딛고 일어서는 장면이 인상 깊다.

▼ 현실의 전쟁
고야, 「전쟁의 참화」, 1836.
프랑스 병사들이 '이유를 불문하고' 에스파냐 사람들을 죽이는 모습이다.

▲ 보로디노 전투

공식 화가가 그린 러시아의 캠페인성 그림.

프랑스 중기병대가 1812년 모스크바 원정에서 공격을 감행하고 있다.

▼ 전함외교

1840~42년 벌어진 제1차 아편전쟁에서 영국 해군은 무력으로 중국을 개방시킨다.

이후 중국에 대한 서구의 경제적 침투가 본격적으로 가속화된다.

1841년 1월 7일 안손만에 모습을 드러낸 네메시스호.

세속적인 신화
한니발과 샤를마뉴의 뒤를 이어 알프스를 넘는
나폴레옹 보나파르트(Napoleon Bonaparte, 1769~1821)를 이상화한
자크루이 다비드의 이 작품은 그를 초인으로 탈바꿈시켰다.

혁명의 전파

▲ 비서구 국가들이 생존하기 위해서는 서구의
경제제도와 기술장비를 받아들여야만 한다고 주장한
선구자이자 이집트의 지도자 무함마드 알리(Muhammad Ali, 1769~1849).

▼ 이탈리아 민족주의의 사도 주세페 마치니(Giuseppe Mazzini, 1805~72).
그는 대중적인 민족주의 운동의 가장 전형적인 인물이다.

▲ 혁명의 전파
성공적인 아이티 노예혁명의 지도자이자
근대 최초의 위대한 흑인 혁명가
투생 루베르튀르(Toussaint Louverture, 1743~1803).

▼ 1848년 '7월의 원주'에서 왕좌를 불태우는 군중

◀▶ 무장 기동군

무장 기동군은 1843년 혁명으로 성장한 군대로 사회의
모든 계급 구성원들에게 인기가 있었다.

▼ 1843년 빈의 '무장한 사람'

고전적이거나 기능적인
석조물과 철구조물은 혁명 시대의 승리자들을 기념하는 건축물이었다.
1830년대 런던의 유스턴 기차역에 세워진 도리스식 개선문이
합리적이면서도 거대한 위용을 뽐내고 있다.

패배자에겐 기념비가 없다

1819년 영국 봉기주의자들의 그룹인 카토가(街)의 공모자들이 체포되는 모습.

▲▲ 가난한 자들을 위한 빈민보호소의 남성 안내원.
▲ 스키버린의 장례식을 그린 이 현대 작품조차도
1847년 아일랜드 대기근의 참상을 제대로 표현할 수 없었다.
▼ 범죄자들과 정치범들이 영국에서
앤티퍼디스(antipodes, 오스트레일리아와 뉴질랜드)로 이송되고 있다.

▲ 낭만적인 기호와 고전적인 기호가 구분되던 시기에 활동한 발레리나
파니 엘슬러(Fanny Elssler, 1810~84). 그의 비정형적인 머리장식은
낭만주의적 선호를 상징한다.
▼ 자크루이 다비드, 「레카미에 부인」, 1800.
프랑스 혁명기 새롭게 해석된 '고전적인 숙녀'는 고전적인 아름다움에서
영감을 얻은 화장과 가구에 둘러싸인 채 예리한 확실성으로 세상을 마주하고 있다.

노예시장

오라스 베르네, 「노예시장」, 1836.
지친 사업가의 휴식을 그린 이 그림은 '미술'이라는 미명하에
사회적으로 받아들여졌다. 그림 속 백인 여성은,
점잔을 빼고 도움을 받아야 한다는
1830~40년대의 전형적인 여성상을 잘 표현하고 있다.

▲ 동양인이 고찰한 동양과 서양의 만남. 백인 마나님들이 도착하기 이전
그리고 인도인 봉기가 인종을 갈라놓기
이전 시기 영국의 관료가 인도 무희의 춤을 즐기고 있다.
▼ 들라크루아, 「알제리 오달리스크」, 1834.
예술적 진지함이 약간 떨어지는 저렴한 부르주아적
스타일의 이국정서가 잘 드러난다.

▲ 1829년 조지 스티븐슨(George Stephenson, 1781~1848)이 설계한
'로켓'이 증기엔진을 갖춘 철도의 실용성을 보여주고 있다.
▼ 선사시대 이후 인위적인 조명의 가장 혁명적인 발전은,
1805년 최초로 공장에 도입되었고
폴 몰(Pall Mall)가에 설치되었던 가스등이다.

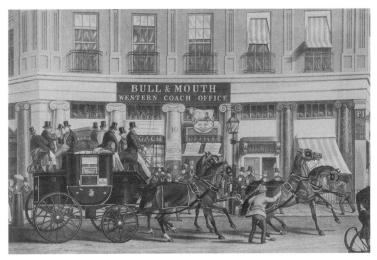

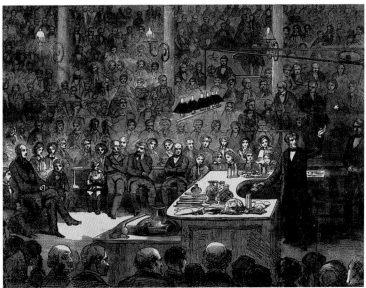

▲ 새로운 것과 낡은 것의 대조. 1814년의 풍경으로 런던역 사무소 바깥에
브링턴 역마차가 세워져 있다. 이처럼 기품 있는 우편마차는 빠르고 편한 운송을
담당했으며 이후 10년 동안 꾸준히 개선되었다.
마차들은 토머스 텔퍼드(Thomas Telford, 1757~1834)와
존 매캐덤(John McAdam, 1756~1836) 같은 위대한
도로건설자들이 건설한 자갈길 위를 달리게 되었다.
▼ 마이클 패러데이(Michael Faraday, 1791~1867)가
1855년의 왕립연구소 강의에서 자신의 발견을 소개하고 있다.

◀ 박식한 과학자이자 여행가인
알렉산더 폰 훔볼트(Alexander von Humboldt, 1769~1859).
▶ 독일문학의 위대한 인물이자 다재다능한 천재였던 요한 볼프강 폰 괴테
(Johann Wolfgang von Goethe, 1749~1832). 그는 희곡 「파우스트」를 통해서뿐만 아니라
전 생애를 통해 인간성의 개선에 이바지하는 인간 지식의 이념을 표현했다.
◀ 철학적 성취뿐만 아니라 마르크스에게 미친 영향 때문에 오늘날
영향력 있는 인물로 평가받는 게오르크 빌헬름 프리드리히
헤겔(Georg Wilhelm Friedrich Hegel, 1770~1831).
그의 저작 속에는 독일 고전철학이 응축되어 있다.
▶ 영국의 소설가 찰스 디킨스(Charles Dickens, 1812~70). 그의 작품은 풍자, 모방, 감성,
유머 그리고 동시대 사회에 대한 뛰어난 통찰이 놀랄 만큼 풍부하게 조합되어 있다.

혁명의 시대

에릭 홉스봄 지음 | 정도영 · 차명수 옮김

한길사

혁명의 시대

이중혁명과 자본주의 세계의 형성

• 홉스봄과 '혁명의 시대'

김동택 성균관대학교 동아시아학술원 연구전임교수 · 정치학

1. 마르크스주의 역사학자 홉스봄

홉스봄(Eric John Ernst Hobsbawm)은 1917년 이집트의 알렉산드리아에서 태어났다. 이 책의 후속판 가운데 하나인 『제국의 시대』 머리말에서 저자 스스로가 간략하게 밝히고 있듯이, 그의 출생은 제국의 시대가 가능하게 만들었던 사회적 결과물이었다.

홉스봄의 조부는 러시아령 폴란드 출신의 유대인으로서 1870년대에 영국으로 이주해왔고, 그의 외가는 오스트리아-헝가리 제국의 수도인 빈에서 오랫동안 살아왔다. 홉스봄의 아버지는 당시 대영제국의 지배하에 있던 이집트에서 직장을 갖고 있었는데, 졸업 여행으로 이집트에 들렀던 홉스봄의 어머니와 만나 결혼하게 되었다. 그의 출생은 19세기 후반, 제국의 시대를 구성했던 이민, 식민지배, 여성 중등교육제도의 확대, 대륙 간 여행과 같은 여러 요소들이 합쳐짐으로써 가능했던 것이다.

이렇게 태어난 홉스봄은 다시 두 살 때(1919년) 부모를 따라 빈으로 건너갔다가 1931년에는 베를린으로 옮겨갔다. 열두 살 때 양친을 여읜 그는 친척의 도움을 받아 성장했는데, 히틀러가 집권하게 되자

1933년 다시 런던으로 옮겨가 거기서 정착하게 되었다.

그는 런던의 성 메리르본 고전문법학교에 다닌 다음 케임브리지의 킹스칼리지에 입학해 역사를 전공했다. 고등학교 때부터 그의 박학함은 유명했다고 한다. 때문에 대학시절 많은 교수들이 그가 어떤 전공을 택할지 궁금해했다. 홉스봄은 자신이 고등학교 시절부터 마르크스주의자였다고 술회하고 있다. 대학 시절에 그는 마르크스주의자들인 동료 학생들과 교류했고 공산당에 입당해 활발한 활동을 전개했다. 홉스봄이 역사학자로서, 그리고 마르크스주의자로서 중요한 활동을 전개했던 것은 1946년부터 1956년까지 활발하게 이루어진 '공산당 역사가들의 모임'(Historian's Group of Communist Party)에 서였다. 이 모임에는 모리스 돕, 로드니 힐튼, 크리스토퍼 힐, 에릭 홉스봄, E. P. 톰슨, 빅터 키어넌, 조지 뤼데, A. 머튼, 존 세빌, 도로시 톰슨 등 유명한 마르크스주의 역사가들이 참여했다. 홉스봄은 그 모임이 회원 상호간의 우정과 마르크스주의 역사학의 발전과 대중화라는 명분이 교차되는 미묘한 것이었다고 회상기에서 밝히고 있다.

이 모임은 이후 영국뿐만 아니라 전 세계적으로 마르크스주의 역사학에 커다란 발전을 가져다주었다. 이들의 작업은 '아래로부터 위로의 역사'라는 독특한 시각에 입각하고 있다. 이러한 관점으로 집필된 이들의 연구는 민중사, 계급형성사, 사회사, 전체사에 중요한 열매를 맺었다. 이들의 작업을 통해 영국 마르크스주의 역사학은 마르크스주의 내에서뿐만 아니라 기성의 제도화된 역사학에서도 중요한 위치를 차지하게 되었다.

1952년에 이들의 주도하에 최초로 출간된 학술잡지인 『과거와 현재』는 그 당시부터 오늘날에 이르기까지 마르크스주의 역사학에서뿐만 아니라 역사학계 전체에서 인정받는 잡지로 자리잡고 있다. 그러나 '공산당 역사가들의 모임'은 1956년 제20차 소련 공산당대회에서 시작된 스탈린 격하 운동에 대해 미온적인 태도를 보였던 영국 공산당의 입장에 반발한 지식인들의 탈당 사태로 점차 흐지부지되었다.

홉스봄 자신은 당을 떠나지 않고 공산당 당적을 고수했다. 그는 당을 떠나기보다는 역사학 연구와 여러 모임을 통해 당의 민주화를 촉구하는 방식을 택했다. 격변하는 정세에도 불구하고, 그 자신은 마르크스주의자로서의 입장을 고수했는데, 이는 '강력하게 조직화된 정당'에 대한 그의 신념에서 비롯된 것이라고 할 수 있다.

이와 같은 그의 신념은 그의 역사학 연구의 강력한 배경을 이루고 있다. 실제로 그의 저서 곳곳에서는 자본주의에 대한 날카로운 비판이 그대로 드러나 있다. 그러나 그를 결코 맹목적인 마르크스주의자로 간주할 수는 없다. 그는 현존하는 사회주의에 대해 유보 없는 비판을 하고 있는데, 무엇보다도 이는 역사학자로서 그가 역사적 사실을 이데올로기적으로 재단하는 일에 비판적이었기 때문이다.

그는 연구와 교수활동을 비공식적인 틀에서만 추구한 것은 아니었다. 그는 1947년 런던 대학의 버크벡 칼리지의 사학과 강사로, 1959년 전임강사로, 1970년에는 정교수로 재직하다가 1982년 정년퇴직했다. 그리고 정년퇴임 이후에는 미국으로 건너가 신사회연구원(New School for Social Research)의 객원 교수로 활발한 강의활동을 했으며, 80대의 고령에도 불구하고 버크벡 칼리지의 특별 교수로 세계 여러 곳을 순회하면서 강의와 저술활동에 몰두했다. 2012년 10월 향년 95세로 영면했다.

2. 이중혁명과 자본주의 세계의 형성

역사학자로서 그가 관심을 갖고 다루는 주제는 그야말로 광범위하다. 그는 농민사나 노동계급사와 같은 계급형성과 관련된 주제들로부터 시작해 자본주의 발전과 관련된 경제사 분야에서도 활발한 연구를 하고 있으며, 심지어 문화비평가로서 재즈에 대한 분석서를 낸 적도 있었다. 이처럼 광범위한 그의 관심사 가운데서도, 『혁명의 시대 1789~1848』은 자본주의의 발전, 그것도 '장기(長期) 19세기'라 불리는 시기의 첫 번째 국면에서 나타난 세계 자본주의의 발전을 다루고 있다.

홉스봄은 이 책이 집필되기 훨씬 이전인 1950년대에 이미 「17세기 위기론」이라는 선구적인 연구를 제출해 많은 연구자들의 주목을 받은 바 있으며, 이어서 『산업과 제국』에서는 영국 자본주의의 발전을 세계사적인 맥락에서 검토했다. 「17세기 위기론」에서 그는 유럽이 17세기에 전반적 위기를 경험하게 되었으며, 그 결과 이미 이 시기에 자본주의 체제로의 전환점이 사회경제적으로 준비될 수 있었다고 주장한다. 『산업과 제국』에서 그는 자본주의의 세계성에 주목하면서 영국의 발전이 제국주의의 출현과 밀접한 관련이 있음을 지적하고 있다. 즉 "자본주의는 이미 상당히 자본주의화되어 있는 경제에서만 발달할 수 있다"고 지적하는 동시에 다른 나라와 비교되는 영국의 급속한 발전은 세계시장의 존재 때문이었다고 함으로써 그는 자본주의 발전에서 해외 식민지의 중요성을 제기했던 것이다. 17세기부터 시작된 영국의 자본주의적 사회경제로의 변화와 세계시장의 존재야말로 영국이 다른 나라들보다 일찌감치 발전할 수 있는 기반이었다는 그의 지적은 『혁명의 시대』에서도 그대로 이어지고 있다.

그는 오늘날까지 계속되고 있는 자본주의의 발전과정 가운데 그것이 압도적으로 승리하게 된 시기를 '장기 19세기'로 규정한 다음, 다시 그것을 세 단계(즉 혁명의 시대, 자본의 시대, 제국의 시대)로 구분한다. 『혁명의 시대』에서는 그 가운데서도 산업 자본주의가 본격적으로 승리하면서 등장하기 시작한 1789년부터 1848년까지의 첫 번째 시기를 다루고 있다.

홉스봄은 이 책에서 첫째, 산업 자본주의의 승리는 어떻게 가능했으며 둘째, 그 결과 세계는 어떻게 변화했는가를 추적하고 있다. 앞에서 지적했지만, 그는 18세기 후반부터 19세기 초에 이르는 이 시기는 자본주의가 시작된 시기가 아니라 자본주의가 승리한 시기로 보아야 한다고 지적하고 있다. 17세기의 일반적 위기론에서 밝힌 것처럼 18세기 유럽은 이미 자본주의적 요소가 내재하고 있었으며, 바로 그러한 사실이 자본주의가 다른 지역이 아니라 어째서 유럽 영국에서 특히 압도적으로 승리하게 되었는지를 설명해준다는 것이다. 그가 보기에 장기 19세기의 첫 번째 국면에서 설명되어야 할 것은 자본주의의 존재나 시작 여부가 아니라 왜 이 시기에 와서 비로소 자본주의의 승리가 가능하게 되었는지였다.

홉스봄에 따르면 그것을 가능케 한 것은 바로 이중혁명이었다. 이중혁명이란 영국의 산업혁명과 프랑스 대혁명을 지칭하는데, 영국의 산업혁명이 자본주의 경제를 낳았다면 프랑스 대혁명은 자본주의 정치를 낳았다. 두 혁명의 경과에 대해서는 나중에 자세히 설명하겠지만, 홉스봄은 두 혁명이 서로 별개의 혁명이었음에도 불구하고 결코 분리될 수 없는, 자본주의 사회의 정치경제를 규정하는 통합적인 혁명이라고 규정하고 있다. 또한 두 혁명은 각각 영국과 프랑스에서 나타났지만, 자본주의 사회의 정치경제의 전형이라는 측면에서 세계사적이고 보편적인 혁명이었다고 설명한다.

그러나 홉스봄의 이러한 논지는 보편주의적, 혹은 목적론적 역사 해석이 되기에는 너무도 많은 유보 조항을 허용하고 있다. 역사적으로 볼 때 영국은 프랑스와 같은 정치혁명을 경험하지 못했으며, 프랑스는 정치혁명에도 불구하고 산업 자본주의가 그에 걸맞게 발전하지 못했다. 또한 프로이센은 정치혁명이 부재한 가운데 절대주의하에서 산업혁명을 달성한 바 있다. 이러한 형태의 여러 변종들은 홉스봄이 제시한 근대 자본주의 사회를 규정하는 이중혁명의 이론적 중요성을 상당 부분 침식하고 있다. 물론 홉스봄은 이와 같은 역사적 현실을 다룸에 있어 보다 유연한 자세를 취하고 있다. 즉 이중혁명은 혁명의 유무와 상관없이 자본주의 사회라면 경향적으로 경험해야만 될 사회적 변화의 기본 모델이라는 의미를 갖고 있는 것이다. 따라서 자본주의 사회의 발전에서 홉스봄이 강조한 이중혁명의 중요성은 하나의 경향성 정도로 자리잡고 있다고 보아야 할 것이다.

오히려 홉스봄이 강조하고자 했던 것은 모든 세계가 이중혁명을 겪어야만 한다는 것이 아니라 이중혁명이 미친 세계사적 결과였다. 그에 따르면 근대세계는 이중혁명으로 인해 비로소 공업 일반이 아닌 자본주의적 공업의 승리가, 자유와 평등 일반이 아닌 부르주아적 자유와 평등의 승리가, 근대 경제들 일반이 아닌 자본주의의 중심부의 승리가 가능하게 되었던 것이다. 자본주의의 발전에 대한 이와 같은 홉스봄의 설명은 경직된 역사적 필연성에 입각해 자본주의의 발전을 설명하기보다는 해당 사회가 역사적으로 발전시켜온 역사적 구체성에 입각해 그것을 설명함으로써, 한편으로는 마르크스의 논지를 충실하게 따르면서도 다른 한편으로는 보다 역사적인 구체성을 획득하게 되었다.

홉스봄이 「17세기 위기론」과 『혁명의 시대』에서 다루고 있는 자본주의의 발전문제는 마르크스가 단편적으로 제시한 자본주의로의 이행에 관한 문제의 연장선상에 있다. 마르크스는 이 문제를 자본론의 '소위 본원적 축적'에 관한 장에서 간략하게 검토한 적은 있었지만, 본격적으로 다루지는 않았다. 대략 16세기에서 19세기에 이르는 매우 광범위한 시간대에 걸쳐 있는 이 시기는 이론적으로 역사학적으로 공백상태에 놓여 있었다. 때문에 이에 관련된 문제들은 마르크스주의 역사학자들 사이에서뿐만 아니라 다른 여러 역사학자들 사이에서도 커다란 논란을 야기시킨 바 있다. 돕과 스위지를 중심으로 세계적인 규모에서 전개된 자본주의 이행논쟁과 브렌너와 포스턴 그리고 라뒤리를 중심으로 전개된 신자본주의 이행논쟁이 그러한 사례들 가운데 하나였다. 아직까지도 뚜렷한 결말을 보고 있지 못한 이 논쟁에 대해 홉스봄 자신은 직접적으로 개입하지는 않았다. 그러나 '17세기의 전반적 위기론'과 『산업과 제국』 그리고 『혁명의 시대』에서 나타난 그의 주장을 살펴보면, 계급에 대한 강조와 별개로 그가 자본주의로의 이행과정에서 세계시장의 중요성을 반복해서 강조하고 있음을 알 수 있다.

그의 설명에 따르면 자본주의적 요소는 이미 17세기부터 준비되어 있었고, 따라서 18세기 후반에 비로소 나타난 것이 아니다. 18세기 영국에서 시작된 산업혁명은 자본주의의 승리를 굳힌 하나의 계기였지만, 다른 나라가 아니라 영국에서 그것이 가능했던 것은 기존에 존재했던 특정 산업, 즉 면공업이 어느 정도 우월성을 유지하고 있었고 또 결정적으로 중요한 것은 이미 세계시장을 확보하고 있었기 때문이었다. 이러한 설명을 통해 그는 피렌과 스위지 등이 강조하는 시장과 상업의 중요성에 동의하는 듯한 자세를 보이고 있다.

자본주의로의 이행에 관한 그의 견해 가운데 또 다른 특징은 생산력의 발전이 자본주의로의 이행에서 차지하는 역할에 관한 것이다. 그는 역사적으로 볼 때 산업혁명은 혁명적인 기술의 발전에 의해 초래된 것은 아니었다고 지적한다. 당시의 시점에서 중요한 생산력의 발전이 있었다면 그것은 기술적인 것이라기보다는 시장의 팽창에 대응해 기존의 기술을 사회적으로 조직해 그에 부응할 수 있었던 능력이었다고 본다. 이러한 그의 지적은 기술적인 측면에서의 생산력 발전으로 산업혁명을 설명하려 했던 종래의 연구들에 대해 중요한 문제 제기를 하고 있는 셈이다.

또한 홉스봄은 자본주의 사회의 정치를 가능케 했던 프랑스 대혁명은 부르주아 자유주의를 초래시켰다는 점에서 세계사적 중요성을 갖는다고 강조하면서도 그것 자체의 역사적 한계 또한 동일한 정도로 강조하고 있다. 즉 그는 프랑스 혁명에서 제시된 부르주아 자유주의 모델이 이후 전 세계적인 정치적 발전을 규정하는 근본 모델이 되었지만, 프랑스 혁명 자체의 성과는 보잘것없었다고 지적한다. 프랑스 혁명은 프랑스 사회에 직접적인 부르주아 정치를 초래하지는 못했다는 것이다. 봉건적인 왕정은 이후에도 지속적으로 고개를 내밀었으며, 부르주아적 정치의 기본틀은 여전히 성취되어야 할 미래에 속해 있었다는 것이 그의 견해다. 따라서 그는 이중혁명으로 규정되는 이 시기가 자본주의의 정치경제를 완성시킨 것이 아니라 그것의 등장을 예고한 시대였다고 규정한다.

프랑스 혁명의 중요성과 역사적 제한성에 대한 동시적인 강조는 산업혁명의 중요성과 역사적 제한성에 대한 동시적 강조와 짝을 이루면서 이 시대에 대한 홉스봄의 독특한 시각을 드러내고 있다. 그는 장기 19세기의 최초의 국면, 즉『혁명의 시대』가 다루고 있는 시기는 자본주의의 정치경제가 승리한 시기였지만, 역사적 과정 자체는 그와 같은 것들이 여전히 맹아적인 형태에 머물고 있었음을 놓치지 않고 강조했다. 이는 균형된 역사학자로서의 면모를 유감없이 드러내주는 것이다. 특정한 사건을 역사의 커다란 경향성 속에서 검토하면서도 그것 자체의 구체적 양상이 갖는 한계를 동시에 강조하는 그의 독특한 균형감각은 이 책과 그 뒤를 잇는 후속편인『자본의 시대』와『제국의 시대』에서도 지속적으로 나타나기 때문에『혁명의 시대』를 본격적으로 검토하기 이전에 먼저 간단하게 살펴볼 필요가 있다.

3. 홉스봄의 역사학적 방법: 회고적 역사학과 유보의 미덕

장기 19세기에 관한 연속되는 다른 두 책도 그렇지만,『혁명의 시대』에서 홉스봄의 역사서술 또한 상호대립적인 요소를 내장하고 있다. 즉 그는 한편으로는 현재의 시점에서 당시의 역사를 재해석하면서도 다른 한편으로는 당시의 역사를 발생론적으로 추적함으로써 상당한 내적 긴장을 안고 있다. 어쩌면 후대의 역사가들의 관점에서 볼 때 그와 같은 문제는 매우 간단하게 해결될 수 있을지도 모른다. 왜냐하면 역사적으로 특정 시점에 일어난 사태가 그 후 어떻게 발전되어갔는지를 후대의 역사가들은 알고 있기 때문이다. 그러나 역사가들이 그것을 일방적으로 강조하게 되면 모든 사건은 회고적이거나 결과론적으로 해석될 수밖에 없다.

사실 홉스봄 자신도『혁명의 시대』에서 현재가 어떻게 이루어졌는지를 시간을 거슬러 추적하는 회고적인 방식을 강조하고 있다. 그는 이미 자신이 다루고 있는 시대가 어떻게 발전했는지를 알고 있으며, 또 그와 같은 점들을 충분히 강조한다. 예컨대 이중혁명은 당시에는 그렇게 받아들여지지 않았지만, 현재의 시점에서 보면 그것이 오늘의 세계를 만들어낸 역사적 사건이었음이 분명하며, 그런 만큼 충분히 강조되어 마땅하다는 것이 홉스봄의 주장이다. 이러한 방식은 목적론적이고 심지어 결정론적이기까지 한 것처럼 보인다. 그러나 회고적인 그의 연구는 그가 역사적 사태를 고찰하면서 곳곳에서 지적하고 있는 유보 조항들로 인해 역사적 균형을 유지하고 있다. 예컨대 그는 이중혁명이 발생했던 당시의 시점에서 그것이 19세기의 자유주의적 자본주의를 초래할 것이라고 생각한 사람은 그다지 많지 않았음을 분명하게 강조하기 때문이다.

홉스봄은 당시 나타났던 사태들에 대해 회고적이지만 유보적인 태도, 즉 미래에는 분명해질 것이지만 당시까지는 불분명했던 것들을 균형 있게 설명하고 있다. 『혁명의 시대』에서 그려지고 있는 사회는 분명 당시의 시점에서는 여전히 불투명했지만, 사후의 관점에서 보았을 때에는 분명 압도적으로 발전하게 될 자유주의적 자본주의의 모습이다. 또한 '승리하는 부르주아'는 아직 나타나지 않았지만, 그 것이 곧 존재하게 되리라는 것, 산업 자본주의는 여전히 봉건적 바다에 떠 있는 섬에 불과하지만 그것이 곧 거대한 대륙이 될 것이라는 언명도 그러한 성격의 것이다. 즉 홉스봄이 『혁명의 시대』에서 드러내고자 했던 것은, 장기 19세기의 첫 번째 국면인 1789~1848년의 기간이란 부르주아적 자본주의가 분명하게 승리하기 시작했으나 당시의 현실은 여전히 구체제가 강인하게 살아남아 있는 그러한 시대였던 것이다.

4. 이중혁명의 전개과정

『혁명의 시대』는 이중혁명의 의미와 그것의 전개과정을 고찰하는 제1부와 그 결과를 설명하는 제2부로 나뉘어 있다. 먼저 홉스봄은 이중혁명이 발생했던 1780년대의 세계를 고찰하는 것으로부터 시작한다. 그는 1780년대의 세계가 압도적으로 농촌적이었음을 강조한다. 그는 당시 유럽의 농업경제를 토지 소유관계라는 측면에서 세 개의 지리적인 부분으로 구분한다. 노예노동에 입각한 아메리카 같은 해외 식민지들, 농노제에 입각하고 있었던 엘베강 동쪽의 유럽, 여전히 귀족 혹은 향신과 농민으로 나뉘어 있었지만 어느 정도는 봉건제로부터 탈각하고 있었던, 차지농들과 소농들이 존재했던 서유럽이 그것들이다. 서유럽의 경우 여전히 봉건적인 규제가 남아 있었는데, 그러한 것들이 사라질 경우 대부분 소농경제가 될 개연성이 컸다.

이러한 상황에서 순수한 형태의 자본주의적 농업으로 한 단계 발전했던 것은 서유럽의 몇몇 지역들, 특히 영국이었다. 대체적으로 식민지의 노예노동과 농노제에 입각한 농업경제들은 외관상 억압적 노동 형태를 취하고 있었으나 내용상 세계시장을 지향했던 자본주의적인 농업이었다. 농업 이외의 산업부문들, 예컨대 광산과 매뉴팩처 형태의 공업은 발전하고는 있었으나 여전히 상업 자본에 의해 통제되고 있었다.

정치적으로 1780년대의 시대는 절대주의의 시대였다. 홉스봄은 절대주의가 봉건계급의 국가였음이 분명하지만, 중간계급과 지식계급들 그리고 진보를 열망했던 사람들의 강력한 지지를 받고 있었다고 지적한다. 그러나 본질적으로 절대주의 국가는 지주 귀족의 국가였던 까닭에 중간계급들이 요구했던 것들을 수용하는 데 한계가 있었으며, 이러한 갈등은 점점 확대되어 결과적으로 혁명을 예고할 수밖에 없었다고 지적한다. 절대주의의 역사적 성격에 대해 엥겔스는 봉건계급과 부르주아 계급의 균형점 위에 움직이는 국가로 애매하게 규정한 바 있다. 이에 대해 페리 앤드슨은 절대주의를 본질적으로 봉건계급의 국가라고 규정했는데, 홉스봄의 경우도 이를 지지하고 있다. 반면 월러스틴의 경우는 절대주의를 자본주의 국가로 규정하고 있다. 절대주의를 어떻게 규정할 것이냐에 대한 문제는 프랑스 혁명의 성격 규정과 직결되는 문제다. 예컨대 절대주의가 봉건계급의 국가였다면 프랑스 혁명은 부르주아 혁명으로 규정될 수 있지만, 절대주의가 자본주의 국가였다면 프랑스 혁명은 그와 다르게 해석될 수밖에 없는 것이다. 이러한 논란은 서구 사학계에서 정통주의 사학과 수정주의 사학 간의 논쟁으로 널리 알려져 있지만, 여기서 자세히 다룰 수는 없다.

홉스봄은 절대주의를 봉건계급의 국가로 규정하면서도 다른 역사적 변수들에 충분하게 관심을 표시하고 있다. 예컨대 홉스봄은 프랑스 혁명의 기원을 설명하면서 비록 절대주의가 내적인 취약성으로 인해 고통받고 있었지만 결코 그것만으로 혁명을 발생시킨 위기를 설명할 수는 없다고 지적한다. 내적인 모순을 폭발적으로 만든 것은 국제적인 대항관계였다는 것이다. 즉 영국과 프랑스 간의 전쟁에서 절대주의 프랑스가 상대적으로 강력했음에도 불구하고 전쟁에 필요한 자원을 동원하는 것이 영국보다 훨씬 어려웠으며, 바로 그것으로 인해 프랑스 절대주의는 위기에 처했고, 그 결과 혁명을 맞게 되었다고 설명한다. 이와 같은 설명은 스카치폴이 혁명의 발생요인들 가운데 하나로 국제적 압력을 들면서 궁극적으로 혁명은 국제적 국가관계에서 강력한 국가를 만들기 위한 운동으로 간주하는 것과 맥락을 같이한다. 이러한 설명에 의하면, 혁명은 이데올로기와 상관없이 국제적인 국가위상을 강화하려는 정치적 변동으로 규정되고 있는 것이다.

이중혁명의 하나인 산업혁명에 대한 홉스봄의 분석은 기존의 휘그적인 시각과는 다른, 독특한 시각이 더욱 잘 드러나 있다. 그는 산업혁명을 고찰하면서 그것의 중요성에 대해서는 유보 없이 강조하지만, 당시의 시점에서 보았을 때 산업혁명의 실질적인 진행과정이나 결과 자체가 실질적으로 가시적인 변화를 초래한 것은 아니었다고 지적한다. 즉 산업혁명은 오직 결과적으로만 하나의 혁명이 될 수 있었으며, 처음부터 그것을 혁명이라고 간주할 만한 급격한 변화는 없었다는 것이 그의 기본적인 견해다. 이렇게 말할 수 있는 것은 당시 산업상의 발전이 새로운 과학이나 기술 발전에 의해 초래된 것도 아니었으며, 성장의 지표가 눈에 확 드러날 정도도 아니었기 때문이다. 그럼에도 불구하고 그가 산업혁명을 중시하는 것은, 그것이 오늘날과 같은 형태의 자본주의 사회를 가능케 했던 역사적 시발점이자 그 자체가 이후 형성될 산업 자본주의의 원형을 만들어냈다는 점에서이다.

오히려 그는 영국에서 산업혁명이 가능할 수 있었던 것은 다름 아니라 영국의 독특한 사회구조와 세계에서의 위치 때문이었다고 주장한다. 당시 영국은 면공업에서의 우월성을 지키고 있었는데, 이것은 기존의 기술을 단순한 형태로 재편함으로써 생산량을 증대시킬 수 있었기 때문이다. 게다가 이미 세계시장에서 누리고 있는 독점적인 지위 덕분에 산업혁명이라 불릴 만한 사회적 발전을 가져올 수 있었던 것이다. 특히 18세기에서 19세기 초에 걸쳐 진행된 프랑스와의 전쟁에서 승리를 거둠으로써 영국이 식민지와 여타 세계 지역들에서의 우월한 지위를 유지할 수 있었던 점, 그리하여 새롭게 초래된 수요를 단순기술에 입각한 생산의 확장을 통해 감당할 수 있게 된 점은 영국으로 하여금 거대한 이윤을 확보할 수 있게 했다. 그리하여 장기 19세기에 관한 다음 책인 『자본의 시대』가 다루는 시대에 이르면 영국의 세계적 독점은 확고부동해진다.

그런데 홉스봄은 이 시대에 자본주의적 경제에 본질적인 주기적 불황이 처음으로 모습을 드러냈다고 지적한다. 그리고 그것은 19세기 후반의 그것처럼 이윤율의 저하라는 문제로 나타났다고 한다. 하지만 불황은 철도 경기의 활성화로 상쇄될 수 있었다. 19세기 초반에 확장된 철도는 석탄·철강산업의 활황을 가져왔고, 기존에 축적된 자본이 높은 이자율을 추구해 투자할 수 있게 해준 활로였다. 물론 공업의 발전에 요구되는 기초 원자재와 노동력을 제공해준 것은 농업이었다. 당시 농업의 발전 또한 기술적이라기보다는 사회적인 것에 의해 초래되었는데, 기존 생산관계의 폭력적인 해체와 농업 공황으로 인해 대규모의 노동력을 발생시켰다. 그러나 이 시기의 공업은 아직 근대적인 프롤레타리아를 만들어낸 대규모 산업의 형태가 아니라 확대된 매뉴팩처의 형태에 의존하고 있었다.

부르주아 자본주의 세계는 경제에서의 산업혁명과 더불어 정치와 이데올로기에서의 프랑스 대혁명에 의해 형성되었다. 홉스봄은 프랑스 혁명이 이후 전 세계적으로 자유주의적이고 급진적 민주주의의 기본적인 모델을 제공했다고 평가한다. 전쟁으로 인해 초래된 재정위기 속에서 위기에 처한 절대주의 왕권이 이를 극복하기 위해 소집한 삼부회는 애초에 봉건귀족의 반동에 의해 혼란에 빠지게 되었으나, 제3신분의 혁명적 단결은 절대주의뿐만 아니라 봉건 귀족제 자체를 무너뜨리게 되었던 것이다. 그런데 프랑스 혁명은 자코뱅주의라는 민중주의적 국면을 경험한 바 있다. 사실 이러한 사태발전에 대해 프랑스 혁명의 성격을 둘러싸고 연구자들 사이에는 논란이 존재하고 있다. 정통적인 사회경제적 연구들은 프랑스 혁명을 봉건귀족에 대한 부르주아 계급의 혁명으로 간주하지만, 수정주의 연구자들은 이미 프랑스는 부르주아적 사회였던 까닭에 자유주의의 확대 국면에 불과한 것이라고 주장하기도 한다.

그렇다면 자코뱅주의 권력은 어떻게 설명될 수 있을까? 전자의 경우 급진적인 자코뱅주의를 통해 오히려 부르주아 혁명이 수호될 수 있었다고 주장하면서 혁명의 심화를 강조하지만, 수정주의 역사학자들의 경우 최초의 혁명이 자유주의적 혁명이었다면 자코뱅주의는 자유주의로부터의 일탈 혹은 전체주의 국면으로 규정하기도 한다. 홉스봄은 대체적으로 전자의 견해를 지지하고 있는 듯하다. 하지만 그는 자코뱅주의로 인해 혁명의 심화는 가능했지만, 바로 그것으로 인해 프랑스의 소농경제와 소생산자 경제가 확고하게 자리잡게 됨으로써 오히려 경제적 발전이 후퇴하는 상황이 초래되었다고 지적하고 있다.

　프랑스 혁명은 다른 유럽 국가들과의 전쟁을 통해, 그리고 나폴레옹 전쟁을 통해 유럽 전역으로 확산되어갔다. 홉스봄에 의하면 당시 전쟁은 국가 간 대결이자 상이한 체제 간의 대결로 규정될 수 있다. 즉 프랑스와 반프랑스 간의 전쟁은 부르주아 혁명이 성립시킨 체제와 절대주의의 대결이었던 것이다. 전쟁은 유럽의 정치지리를 변화시켰다. 전쟁 수행과정에서 절대주의 국가가 지니고 있는 놀랄 만한 비효율성이 입증되었다. 이탈리아와 독일의 경우 어떤 형태로든 변화가 불가피하다는 인식이 광범하게 확산되었고, 그것은 점차 단일한 영토국가 형성의 필요성으로 나타나게 되었다. 결국 홉스봄은 프랑스의 승승장구가 혁명의 결과 나타난 제도적 장점으로 간주되었던 까닭에 유럽 여러 국가들이 기존의 정치체제를 고수하는 것은 정치체제 자체의 붕괴를 가져올 수 있음을 깨닫게 되었다고 지적한다. 그리하여 프랑스 혁명은 국가의 측면에서 볼 때, 전쟁을 통해 유럽 전역에 국가 개혁의 분위기를 급속하게 확산시켰던 것이다.

　그런데 홉스봄은 결정적으로 중요한 전쟁의 영향은 경제적인 측면에서 나타났다고 지적한다. 긴급한 재정수요에 대처하기 위해 만들어진 불태환지폐가 광범위하게 통용되기 시작했고, 세금과 차관을 끌어들이면서 늘어난 재정팽창과 정부 간 차관 등은 한편으로 정부의 능력을 극대화시키면서 다른 한편으로 세계금융의 집중화를 초래했다는 것이다. 그러나 무엇보다도 가장 중요한 경제적 결과는 국가적 동원의 결과 초래된 민간경제의 활성화였다. 군대의 고용, 군수품 공업, 재정 융자를 통해 민간경제는 엄청난 활황을 누렸다. 그러나 이러한 활황이 일률적으로 나타난 것은 아니었고, 나라마다 상이하게 나타났다. 프랑스의 경우 그저 그런 정도의 이익만을 누렸으나,

영국의 경우 전쟁으로 인해 초래된 활황으로 인해 19세기 후반까지 부동의 패권을 장악할 수 있게 되었다는 것이다.

1815년 나폴레옹을 패배시킨 이후 유럽의 국가들이 당면했던 또 다른 하나의 과제는 혁명의 파고를 봉쇄하는 것이었다. 그리고 그와 같은 시도는 대체적으로 성공적이었다고 홉스봄은 평가한다. 물론 1830년에 나타난 혁명과 동방 문제가 부분적으로 유럽의 정치적 혼란을 야기시켰으나, 유럽 내에서의 세력 균형은 국내외적으로 유지되고 있었다. 이중혁명 이후 유럽에서의 세력 균형은 비유럽 세계를 향한 세력 팽창으로 나타났다. 물론 이 시기에 유럽은 꾸준하게 해외 팽창을 추구하지만, 유럽의 능력이 아직 본격적인 팽창을 추구하기에는 힘이 모자랐다. 신대륙에서는 1823년의 먼로 독트린에 직면하고 있었고, 아시아의 제국들은 여전히 다루기 힘든 상대들이었다. 다만 영국의 경우 인도만큼은 전략적으로 직접적인 지배하에 두고 있었다.

혁명을 방지하기 위한 절대주의의 필사적인 노력에도 불구하고 1815년부터 1848년까지 유럽은 세 차례의 혁명의 물결을 경험했다. 1820년대부터 1824년까지 지중해 지역에서 주로 발생해 그리스에서만 성공한 혁명의 물결이 첫 번째이고, 1829년부터 1834년까지 러시아의 서쪽에서 발생해 부르주아의 지배력을 한층 강화시킨 일련의 혁명들이 두 번째이며, 마지막으로 최대의 물결로서 1848년 유럽 전역에서 발생한 혁명이 그것이다. 홉스봄은 이 가운데 특히 1830년대와 1848년의 혁명을 중요하게 간주한다. 1830년 혁명에서는 역사상 최초로 노동빈민 계급의 운동이 영국에서 등장했다. 역사 무대에서 하나의 계급적 범주로 등장한 이들의 움직임은 이후의 혁명세력들 내에서 분열을 야기시켜 절대주의에 대한 반대라는 동일한 목적에도 불구하고 온건파와 급진파가 상호 적대시되는 중요한 계기를 이루게 된다고 그는 지적하고 있다.

아울러 1830년 혁명은 유럽에 민족주의가 전파되는 계기를 이룬다. 귀족들의 계보에 따라 복잡하게 분리된 영토들과 다민족 국가, 그리고 이민에 의해 뒤섞인 유럽의 정치적 지도 아래서 전쟁과 혁명의 물결은 불만에 차 있던 소수 민족들의 각성을 불러일으켰고 민족주의 운동은 이를 근거로 유럽에서 그 모습을 드러내게 되었다. 이탈리아, 폴란드, 스위스, 독일에서 청년운동이 나타났는데, 이들은 프랑스 혁명의 결사 모델을 따라 형성되었으며 대부분 지식인들이 주도했다. 그러나 이 시기의 민족주의 운동은 지식인들만의 운동이 아니었고, 그것은 바로 소토지 소유자들과 중간계급들이 분명한 지지계층으로 존재했다. 따라서 이 시기의 민족주의 운동은 특정집단이나 계층에 의해 시작된 맹아적 형태에 불과했다고 홉스봄은 분석한다.

그것이 시작된 시점에서 이중혁명이 그토록 심대한 변화를 가져올 것이라고 생각했던 사람은 드물었다. 하지만 사태가 진행되어감에 따라 이중혁명은 인류의 발전 방향을 근본적으로 규정한 사건으로 인식되었다. 이러한 사태의 발전은 이중혁명의 결과들로 인해 점차 분명해졌다.

5. 이중혁명의 결과

과연 산업혁명과 프랑스 혁명이 낳은 결과들은 무엇인가? 홉스봄은 비록 1789년에서 1848년의 근대세계가 이중혁명을 거치긴 했지만, 당시에 가장 중요한 것은 여전히 토지문제였다고 지적함으로써 객관적인 사태의 발전이 갖는 한계를 분명히 밝히고 있다. 토지는 당시의 시점에서도 가장 압도적인 인구를 보유하고 있었을 뿐만 아니라 가장 잘나가는 산업이었다. 또한 미래의 산업 자본주의를 위한 자본축적의 기반이자 노동력의 저수지였다. 그러한 까닭에 토지의 소유관계와 생산관계는 여전히 주어진 사회의 성격을 잘 드러내주며, 이중혁명의 결과 성립된 부르주아 자본주의가 도대체 얼마나, 그리고 어떻게 자리잡고 있는지를 파악하기 위해서도 여전히 토지에 주목하는 것이 중요하다는 것이 그의 기본적인 관점이다.

토지가 자본주의적 발전의 토양이 되기 위해서는 세 가지 측면에서 변화가 초래되어야 하는데, 첫째 토지의 상품화, 즉 사적 매매가 가능해야 했으며, 둘째 시장원리, 즉 자본축적 원리에 입각해 운영되어야 하고, 셋째 방대한 농촌인구가 자유임금노동자로 전환되어야만 한다. 그런데 이를 가로막는 주요한 장벽은 두 가지였다. 그것은 여전히 굳건하게 존재했던 전 자본주의적 지주와 전통적인 자영농민층들, 즉 소농들이었다. 영국은 자영농민층을 없애버렸고 미국은 양자를 모두 없애버리는 방식을 통해 자본주의로의 이행을 가속화하고 있었다. 프로이센의 경우는 봉건적 지주를 자본주의적 경영자로, 농노를 농업노동자로 전환시키는 보수적 방식을 채택했다.

그런데 프랑스의 경우는 혁명에도 불구하고 지주/농업노동자의 형태보다는 농민적 토지 소유의 나라가 되었다. 토지 보유자의 수는 오히려 증가했고, 따라서 농촌의 보유인력도 그만큼 커졌다. 이것들이야말로 가장 부르주아적인 혁명을 겪었던 프랑스에서 초래된 이상한 결과이며, 이는 프랑스 산업 발전을 결정적으로 지연시킨 요인이었다.

반면 여타 유럽 지역에서는 봉건제의 폐지가 지주제의 발전으로 이어졌는데, 이와 같은 사태의 발전은 프랑스 혁명이 미친 자유주의의 확대 경향, 경제문제에 관한 관료제의 합리적 근거, 귀족들의 탐욕으로 인해 초래되었다. 법적인 소유권은 보장받을 수 있었으나, 경제적 논리에 의해 토지를 박탈당한 농민들은 대부분 노동력만을 판매할 수 있는 계급으로 내몰렸다. 홉스봄은 이를 부르주아적 토지 소유제도의 강화로 보았다. 사태가 그렇게 발전되었기 때문에 농민들 가운데 일부는 부르주아적 농업경제를 선호하지 않았다. 이들은 소유권은 보장되었을지 몰라도 봉건제 아래의 보호장치를 박탈하고 불규칙한 자연재해와 상품시장의 논리를 강요했던 부르주아적 질서를 거부했던 것이다. 자유주의적 토지 소유 원리는 식민지에서도 적용되었다. 영국은 인도에 대해 일종의 징세청부 제도인 제민다르 제도, 소작인이 직접 납부하는 료타리 제도 등을 활용해 기존의 공동체적 토지 소유제도를 파괴했다.

　그러나 정치적 국면인 토지 소유제도상의 변화에도 불구하고, 경제적 국면인 농업경제상의 변화는 그다지 크지 않았다. 그와 같은 변화가 존재했다면, 그것은 오히려 자본주의 경제에 침식됨으로써 나타난 파멸적인 농촌 파괴였을 뿐이다. 또한 그렇게 해서 초래된 광범위한 농촌으로부터의 유랑인구 발생이 곧바로 임노동자층의 형성으로 이어진 것은 아니었다. 더구나 빈민들에 대해 취해진 조치인 일종의 실업보조금 제도인 구빈법은 이들과 임금노동자층을 함께 빈곤으로 몰고 갔을 뿐이었다. 고용자들은 이를 이용해 전체적으로 최저임금을 삭감시키는 방향으로 몰아갔다. 따라서 자유로운 임노동자 계급의 형성은 보조금 지급을 통한 빈곤에 허덕이는 노동빈민의 광범위한 존재로 인해 실질적으로 진행되지 못했다.

　그러므로 홉스봄은 전체적으로 볼 때 1848년까지 유럽의 산업화는 그다지 인상적이지 못했다고 단정한다. 다만 어느 정도 세계시장의 수요를 충족시키고 있었던 영국만이 기존 생산방식을 적당히 조합해 세계경제를 지배하고 있었을 뿐이었다. 단적인 예로 세계는 여전히 산업상의 호황과 불황이 아니라 농업상의 흉년과 풍년에 지배되고 있었고, 산업상의 최초의 공황은 1857년에 비로소 시작되었다.

물론 영국의 경우에 공황은 농업공황에 산업공황이 더해져 나타났지만, 1848년 혁명의 한 원인이 된 경제공황은 산업이 아니라 농업에서 나타난 공황으로 인해 초래되었다고 그는 지적하고 있다. 이렇게 볼 때 이 시대의 변화에 대해 홉스봄이 내린 전체적인 결론은 변화의 양상보다는 변화 자체가 진행되고 있었다는 점에 주목해야만 한다는 것이다. 왜냐하면 1830년 이후 인구의 증가, 철도의 확장과 도로망의 정비, 그리고 선박 항해의 증가와 같은 교통 통신상의 변화, 상업과 인구 이동의 변화가 두드러지게 나타나고 있음에도 불구하고 1848년 당시까지 산업세계란 호수에 둘러싸인 섬들에 불과했기 때문이다.

그런데 홉스봄은 산업세계를 향한 과정을 설명하면서 주목할 만한 지적을 하고 있다. 이른바 홉스봄의 거대한 역설이 바로 그것인데, 부르주아 혁명에 의해 자본주의가 가장 발전해야 할 조건을 갖춘 프랑스가 오히려 영국보다 자본주의가 발전하지 못했던 사태가 바로 그것이다. 이론상으로 프랑스는 자본주의가 가장 발전해야 할 제도적 조건을 갖추고 있었으며, 실질적으로 기술적 수준과 금융업 또한 가장 발전했다. 그러나 프랑스의 경제발전은 프랑스 혁명 이후 오히려 지속적으로 느리게 발전했다. 이러한 사태가 초래된 것은 프랑스 혁명 자체 때문이었다. 프랑스 혁명 과정에서 국민의회의 힘으로 이루어졌던 자유주의적 국면들이 소농과 급진적인 자코뱅주의에 의해 파괴되었고, 이 과정에서 소농과 소부르주아지가 확고하게 정착됨으로써 임노동자의 출현이나 시장의 확장이 결정적으로 저해되었다. 또한 자본은 풍부했지만 투자할 곳이 없었다. 자본가들은 대량 소비재보다 사치품 생산에 몰두했다.

프랑스 혁명의 역설에 관한 홉스봄의 고찰은 부르주아 혁명과 자본주의 경제 발전에 관한 중요한 시사점을 제공한다. 홉스봄이 프랑스를 고찰하면서 강조한 역설은 이중혁명론의 함의를 제한적으로 볼 필요가 있음을 증명해준다. 또한 홉스봄이 강조하진 않았지만, 독일의 경우에도 자본제로의 발전은 반드시 이중혁명을 거칠 필요가 없음을 반증해주고 있다. 따라서 자본주의적 발전 경로는 홉스봄이 강조하는 이중혁명론과 더불어 주어진 계급관계에 따라 다양한 경로를 낳는다는 베링턴 무어의 연구로 반드시 보완될 필요가 있을 것이다.

영국의 경우 자유주의의 발전은 산업혁명이 만들어낸 이윤이 존재했기 때문에 가능했던 것이지 그 반대는 아니었다. 프랑스의 경우 혁명으로 인해 오히려 자본주의의 발전에 결격사유가 생겼을 뿐만 아니라 자유주의의 발전 또한 19세기 전체를 통해 전진과 후진을 반복하고 있었다. 프로이센의 경우는 절대주의에 의해 자본주의의 급속한 발전이 초래되었다. 미국의 경우는 구체제가 애초에 강고하게 존재하지 않았다. 미국의 경우 자본주의 발전에 문제가 있었다면, 자본과 인력의 부족, 그리고 세계시장을 향한 남부의 자유무역과 취약했던 산업에 대한 보호주의를 요구하는 북부의 이해가 서로 충돌했다는 점이었다. 전자의 경우 해외로부터 수입할 수 있었으며, 후자의 경우 남북전쟁을 통해 북부의 주도권이 확고해지면서 해결될 수 있었다. 아울러 미국은 대서양에 이어 태평양을 향해 펼쳐진 시장의 존재로 인해 결정적인 발전이 가능했다.

만약 자본주의로의 발전에 그처럼 다양한 경로가 존재한다면 홉스봄이 강조해 마지않는 이중혁명의 의미를 어떻게 받아들여야 할까? 사실 홉스봄 자신은 한편으로는 이중혁명을 주어진 사회의 선진성과 후진성을 판별하는 데 활용하고 있지만, 다른 한편으로는 온전하게 이중혁명을 경험한 나라가 도대체 존재하지 않는 까닭에 양자를 하나의 묶음으로 강조하는 것을 그다지 합리적이라고 생각하지 않왔다. 엄밀하게 말하면 이중혁명은 자유주의적 자본주의의 발전에서 원인이라기보다는 사후적으로만 그렇게 규정될 수 있을 뿐이다.

이 시대의 발전은 소수의 나라에 해당되었고, 그 나머지 세계는 이와 같은 시대의 흐름에 뒤떨어지게 되었다. 하지만 일부의 발전과 다른 일부의 저발전은 이미 이 단계에 오면 상호 관련 속에서 진행되고 있었다. 전자는 세계의 공장으로, 후자는 식량 공급지로 기능하는 일종의 분업구조가 이 무렵부터 형성되기 시작한 것이었다. 따라서 홉스봄은 세계적 규모에서 전개되는 선진국과 저개발국의 구조적인 분기는 세계적인 자본주의 발전이 초래한 결과였으며, 이 또한 이중혁명이 초래한 결과라고 지적하고 있다.

이 시대는 재능에 따른 출세라는 새로운 기회구조를 가진 사회를 만들어냈다. 그런데 홉스봄은 여전히 외형적 제도의 변화가 사회의 변화를 가늠하는 척도가 되지 못함을 지적한다. 왜냐하면 프랑스 혁명은 귀족사회를 종결지었지만 사회적 신분계층제라는 의미의 귀족제는 종결시키지 못했기 때문이다. 봉건적 귀족사회는 혁명 이후에도 여전히 살아남았고 귀족문화는 오히려 부르주아 문화를 흡수해 나갔다. 그럼에도 낡은 체제는 숨을 거두었다고 할 수 있는데, 그것은 장기적인 추세가 낡은 체제로 하여금 끊임없는 변화를 요구했기 때문에 그러하다. 요컨대 외관상의 귀족주의에도 불구하고 사회적인 내용은 경향적으로 부르주아적이 되어갔다는 것이다.

전체적으로 중간계급이 광범위하게 진출하고 있었으며 이들은 노동빈민들과 협력해 귀족사회와 대결해갔다. 아울러 교육이 개방되어 출세할 수 있는 기회구조가 제공되었다. 그러나 홉스봄은 반복해서 그 시대는 결코 민주주의적이지도 평등주의적이지도 않았음을 강조한다. 왜냐하면 그것이 만들어낸 사회 또한 관료주의가 지배하는 폐쇄된 구조였기 때문이다. 결국 이 시기에 자유주의는 또 다른 위계제 사회를 낳았다는 것이 그의 지적이다.

다른 한편 이중혁명은 역사상 최초로 자유주의적 원리 아래 내버려진 대규모의 노동빈민을 만들어냈다. 이들은 부르주아가 되기 위해 노력하거나 체념하거나 반란을 일으켰다. 1815년부터 1848년 사이에 노동빈민들의 상태는 그야말로 열악한 것이었다. 기근이라는 자연재해와 더불어 자유주의적 시장원리에 내던져진 이들은 과거처럼 사회적 보호도 받을 수 없었다. 한편으로 단순한 폭동이나 반란과 더불어 의식적인 노동운동이 등장했다. 물론 당시에는 의식화된 노동계급 자체가 적었을 뿐더러 세련된 계급의식도 존재하지 않았다. 예컨대 1830년 무렵의 총노동조합결성 시도 움직임이나 차티스트 운동 등이 그러했다. 그러나 노동계급 의식은 점차 자코뱅주의와 결합되어 정치적 색채를 띠게 되었다.

홉스봄은 이중혁명이 초래한 사회경제적 변화뿐 아니라 이 시기의 지식과 예술이라는 문화적 변화에 대해서도 상당한 관심을 기울이고 있다. 그는 이중혁명은 인간들의 의식에도 상당한 변화를 초래시켰는데, 그 가운데 가장 광범위한 것이 세속화였다고 지적한다. 물론 세속적이고 진보적인 부르주아적 계몽주의가 광범위하게 확대되었음에도 불구하고 종교에 대한 공공연하고 집단적인 반발은 존재하지 않았다. 하지만 이를 대체할 시도들은 가끔 나타나곤 했으며, 과학 분야의 발달은 종교적 신념과 이미 충돌하고 있었다. 때문에 이 시기는 비종교적 태도의 확대와 그것에 대항하는 종교적 극단주의 간의 대립이라는 차원에서 적절하게 설명될 수 있다고 지적한다. 종교는 여전히 절대왕정과 귀족정치, 그리고 사회 지배계급에 안정적인 지배의 기반을 제공했다. 세속화의 가장 두드러진 현상은 현세적·비종교적 이데올로기가 논리적인 틀을 가지고 세계를 설명하기 시작했다는 것이었다.

고전적 부르주아 자유주의 이념의 기본적인 체계는 철학적인 형태로 영국과 프랑스에서 나타났으며, 이들의 종교는 이성이었다. 그러나 이들이 그리는 인간세계는 소유하는 개인들로 이루어진, 원자화된 세계였다. 그러한 한에서 사상적인 완벽성을 보여주는 홉스보다는 소유권을 절대시한 로크가 훨씬 부르주아에 적합한 이데올로기였다. 이와 더불어 자유주의 이데올로기의 가장 강력한 무기가 애덤 스미스에 의해 제시되었다. 그에 따르면 부르주아 사회는 경쟁하고 욕구를 추구하는 개인들로 이루어져 있으며, 이들의 욕구충족 행위와 경쟁을 그대로 놔둘 때 사회는 가장 자연적인 질서를 유지할 수 있는 것이었다. 그러나 다른 한편, 노동빈민들의 현실적인 진출로 인해 부르주아 이데올로기는 위협받고 있었다.

자유주의 이데올로기가 노동빈민의 강력한 저항에 봉착하고 있는 가운데에서 사회주의 이론들이 나타나기 시작했다. 이 시기는 마르크스가 지적한 대로 공상적 사회주의자들이 활발한 활동을 벌였던 시기였다. 새로운 사회주의는 여러 측면에서 고전적 자유주의와 결별한 것이었다. 사회주의는 사회를 개인들의 합으로 간주하는 고전적 자유주의를 거부하고 집단적·공동체적 인간의 모습을 강조했다. 또한 사회주의는 진보에 대한 환호와 더불어 진화론적인 논법을 채택했다. 아울러 부르주아적 자유주의를 거부했던 다른 하나의 움직임은 보수주의의 이름으로 나타났다. 이들은 역사적 진보관념을 거부하고 죽은 과거를 부활시키고자 했다. 이와 더불어 진보주의자와 반진보주의자 사이를, 혹은 부르주아와 프롤레타리아 사이를 왔다 갔다하는 이데올로기가 있었다. 소(小)소유자이자 평범한 중간층의 이데올로기가 그것인데, 이들은 진보를 믿었으나 자유주의적 진보에는 반대했다. 이의 대표적인 사상가들은 루소와 독일의 관념철학자들이었다. 취약한 부르주아의 사상을 반영하는 이 철학은 계몽적 가부장제, 관료정치와 진보, 과학을 결합시키는 것이었다.

홉스봄은 이중혁명의 시대는 예술이 번창한 시대였다고 규정한다. 당시 예술적 업적은 특정한 나라에 한정된 것이 아니라 지역적으로 널리 분포되어 있었다. 예술 중 특히 발전한 분야는 문학이었다. 홉스봄은 이와 같은 현상이 이중혁명이 낳은 충격 때문에 도래한 것이라고 지적하고 있다. 프랑스 혁명은 예술에 영감을 불어넣었고, 산업혁명은 그 끔찍함으로 예술을 자극했는데, 그럼으로써 이중혁명의 산물인 부르주아 사회는 예술가의 존재와 창조양식을 변혁시켰다는 것이다. 뿐만 아니라 다양한 민족운동은 예술에 다양한 영감을 고취시켰다. 그는 특정한, 매우 고립된 예술이라 할지라도 사회적 영감을 반영하고 있다고 주장했으며, 무엇이라 정의하기 힘든 사조이지만 낭만주의야말로 그러한 사례에 속한다고 보았다. 사회 자체가 변화에 휩싸여 있었던 까닭에 계급적 실체가 불분명했던 낭만주의는 극좌일 수도 극우일 수도 있는 극단주의적 신념이었다. 그는 낭만주의가 혁명의 시대가 낳은 사회적 분열의 극단을 반영한다고 지적하면서 낭만주의는 온갖 종류의 원천, 즉 중세, 원시 혹은 이국 취향 그리고 프랑스 혁명 등을 근거로 발전해갔다고 설명하고 있다. 민중들의 예술은 여전히 과거로부터 전승되어온 문화로부터 아직 탈피하지 못하고 있었다. 그러나 일부 대도시에서는 빈민들과 소시민들의 문화적 욕구를 충족시키기 위한 특정한 기관들, 유랑극단, 민중오페라, 투우, 선술집, 드링크 하우스 등이 생겨났다. 근대적인 도시문화와 근대적인 민중문화는 19세기 후반이 되어서야 비로소 가능해졌다.

이 시대의 과학에 대해서도 홉스봄은, 그것이 이중혁명을 반영하고 있다고 지적한다. 특히 산업혁명은 과학에 대한 새로운 수요를 불러일으켰고, 또 새로운 과학이 출현할 수 있는 기반을 제공했다. 그러나 홉스봄은 당시의 과학 자체가 산업혁명을 가능케 할 만큼 새롭게 혁신된 것도 아니었으며, 또 산업혁명이 그다지 높은 과학적 지식에 의존한 것도 아니었다고 지적한다. 대체적으로 볼 때 이 시대에 고전적인 자연과학 분야에서 그다지 혁명적인 변화는 없었다는 것이다. 다만 열역학법칙이 증기기관에 대한 연구에서 비롯되었다거나 이외에 몇 가지 사례가 있지만, 사회적 변화 자체가 과학에 가져다준 충격이 컸다는 정도로 이 시대의 과학은 설명될 수 있을 것이다. 비록 제한된 변화만을 초래했을 뿐이었지만, 이중혁명의 결과 자본주의 세계의 형성은 불가피한 추세가 되어갔다.

6. 1848년의 자본주의 세계

홉스봄은 이중혁명에 의해 형성된 세계는, 통계학적인 기록에 의존해보면 대체적으로 모든 것들이 과거보다 많아진 사회였다고 지적한다. 알려진 세계의 면적이 늘어났고, 교통도 빨라졌으며, 인구도 증가했고, 도시화도 확대되었으며, 생산물의 양도 많아졌다. 철도의 확장과 정기선에 의한 이동도 용이해졌다. 그러나 홉스봄은 이러한 발전이 동시에 빈민들로 넘쳐나는 도시를 만들어냈고, 농촌과 도시에 거주하는 대부분의 사람들의 생활조건을 더욱 나쁘게 했다고 지적한다. 또한 아직도 많은 사람들이 농민들이었으며, 노예의 비율은 감소했지만 그들은 여전히 일부 사회를 굳건히 떠받치고 있었다. 지주 귀족들의 지위 또한 크게 달라진 게 없었다. 물론 확고부동한 귀족들이 점점 부르주아적 수입에 의존해갔던 것은 변화라면 변화였다고 할 수 있다. 반면 부르주아들의 귀족화 또한 눈에 띄게 증가했다. 중류계급의 숫자도 증가했지만, 그 수는 여전히 미약했다. 노동계급의 숫자는 가장 급속하게 증가했지만 기껏해야 몇십만 단위로 셀 수 있었다.

세계의 정치구조도 변화했다. 그러나 그 변화는 대단히 미약했으며, 절대왕정은 여전히 압도적인 통치 형태였다. 물론 1830년 혁명으로 반민주적이긴 하지만 자유주의적인 정치체제가 들어서고 있었다. 하지만 이러한 정치체제들조차 기존 귀족들과의 타협에 의해서만 유지될 수 있었다. 산업 자본가들은 비록 정치적 지배계급은 아니었지만, 지배계급으로서의 위상을 유지하고 있었다. 이 시기에 진정으로 혁명적이고 무제한적인 결과가 초래된 분야는 오히려 국제정치였다고 홉스봄은 지적하고 있다. 다시 말하면 1840년대의 세계는, 자유주의적 자본주의로의 변동이라는 측면에서는 아직도 많은 부분이 변하지 않은 채로 남아 있었지만, 지구상의 공간적 분할의 강화, 즉 중심부의 우월성이 점차 뚜렷해져갔다는 것이다.

그러므로 홉스봄이 보기에 1840년대의 세계는 한마디로 균형을 잃은 세계였다. 그것은 한편으로 자유주의적 자본주의의 급속한 발전이 나타났지만 다른 한편으로 구체제의 제도들이 여전히 유지되던 세계였다. 거꾸로 지주적 귀족제와 절대군주제가 굳건히 유지되었지만, 근저에서 그것들을 파괴하는 것들이 모습을 드러낸 그러한 세계였다. 또한 그것은 부르주아가 승리를 확보해갔던 세계였지만, 동맹자들이었던 도시빈민들에 의한 사회혁명이 임박했고, 또한 가시적이었던 그러한 세계였던 것이다.

7. '이중혁명'의 현재적 의미

홉스봄의 『혁명의 시대』는 오늘날까지 지구적인 규모로 인간들의 삶의 방식을 규정하고 있는 자본주의가 도대체 어떻게 그리고 어떤 방식으로 모습을 갖추어갔는가라는 문제를 중심으로 씌어진 세계사이다. 이 책에서 홉스봄은 산업혁명과 프랑스 혁명이라는 이중혁명

이야말로 오늘의 세계가 형성되는 과정에 핵심적인 모델로 자리잡아왔던 자유주의적인 자본주의를 가능하게 했다고 일관되게 주장한다. 봉건계급이 여전히 강력하게 존재했음에도 불구하고 자유주의적 발전의 불가피함을 강조한다는 점, 자유주의적 자본주의에 대한 혐오에도 불구하고 그것을 역사에서의 불가피한 진보로 규정한다는 점에서 홉스봄은 정통적인 마르크스주의자로서의 면모를 드러내고 있다.

어떤 측면에서 볼 때 이중혁명에 대한 홉스봄의 강조는, 19세기 이후의 모든 역사는 자유주의적 자본주의의 궁극적인 승리가 불가피했을 뿐만 아니라 그것 자체가 역사의 법칙이라는 형태로 서술될 수 있다는 근대화론의 주장과도 상통한다. 그러나 역사가로서 홉스봄은 역사 발전에서 일상적으로 나타나는 시간 지체와 각종 변이들에 대해서도 충분한 주의를 기울임으로써 흔히 보편주의적인 근대화론이 빠져들어갔던, 역사 서술에서의 목적론적인 함정으로부터 벗어나 있다.

다른 한편 『혁명의 시대』는 이중혁명이 발생했던 시대의 특성상 불가피하게도 유럽 중심의 역사 서술이라는 평가를 받고 있다. 그러나 어떤 의미에서 볼 때 이 책의 서술은 그야말로 세계사 아니 세계적 규모로 전개된 자본주의사라고 불러야 마땅할 것이다. 홉스봄 자신이 충분히 의식하면서 설명하고 있듯이 유럽에서 시작된 산업혁명은 기술 발전의 문제라기보다는 기존의 기술을 얼마나 적절하게 재조직화할 수 있는지, 그리고 그와 같은 필요성을 대두시킬 만한 시장의 요구가 존재했는지 존재하지 않았는지에 의해 가능했기 때문이다. 따라서 홉스봄의 『혁명의 시대』는 자본주의가 유럽의 필요에 종속된 나머지 세계들을 포함하는, 불가피하게 세계적인 규모에 의해서만 성립될 수 있음을 보여주고 있다. 그리고 바로 그러한 의미에서 제국주의의 지배를 경험한 바 있는 한국의 독자들은 홉스봄이 강조했던 이중혁명과 그것이 초래시킨 자본주의적인 세계의 형성과정을 자신들의 운명과 연결시켜 읽어보아야 하는 또 하나의 과제를 이 책을 통해 부여받고 있는 것이다.

서문

　이 책은 여기서 '이중혁명'(二重革命)이라고 불리는 것 ─1789년
의 프랑스 혁명 및 그와 동시대의 (영국의) 산업혁명 ─에서 비롯되
는 1789년부터 1848년까지 세계의 변혁과정을 추적한다. 따라서 이
것은 엄격한 의미에서 유럽사도, 세계사도 아니다. 나는 이 시기 이
중혁명의 영향을 받은 나라에 관해 미비하게나마 언급을 시도했으
나 그 영향이 무시될 만한 나라는 생략했다. 따라서 독자들은 이집트
에 관한 부분은 찾을 수 있어도 일본에 관한 부분은 발견하지 못할
것이며, 불가리아보다는 아일랜드, 아프리카보다는 라틴아메리카에
관한 부분을 더 많이 접하게 될 것이다. 물론 이 책에서 무시된 국가
와 민족들의 역사가 여기에 포함된 나라들보다 덜 중요하다거나 덜
흥미롭다는 뜻은 아니다.
　만약 이 책의 시각이 기본적으로 유럽적, 보다 정확하게 영국 및
프랑스적이라면 그것은 이 시기의 세계 ─또는 적어도 그 대부
분─가 유럽적 또는 영국 및 프랑스적 기반으로부터 변형되었기 때
문이다. 그러나 좀더 자세히 살펴볼 가치가 있는 몇몇 주제들 또한
다루어지지 않고 있는데, 이는 지면의 제약 때문이 아니라 이러한 주

제들이 (미국의 역사와 같이) 이 시리즈의 다른 책들에서 자세히 다루어지기 때문이다.

이 책의 목적은 자세한 서술이 아니라 해석이며, 프랑스어로 표현하자면 '고급스런 통속화'(haute vulgarisation)다. 이 책은 과거에 대한 호기심을 갖고 있을 뿐 아니라 오늘날 존재하는 세계가 어떻게 그리고 왜 형성되었는지를 알고 싶어하고, 오늘날의 세계가 어디를 향해 가고 있는지를 알고 싶어하는 지적이며 교육받은 시민들에게 알맞은 이론적 구조를 갖고 있다. 그러나 좀더 학식이 깊은 사람들을 대상으로 할 때 필요한 학문적 중장비를 이 책에 붙이는 것은 현학적이며 불필요한 짓이다. 따라서 이 책의 주(註)는 대부분 인용문과 통계숫자의 출처, 혹은 특별히 논란의 대상이 되거나 놀라운 주장의 근거를 밝히는 것으로 한정했다.

그럼에도 이 책과 같이 매우 광범위한 주제를 다루고 있는 책의 기반이 되는 자료에 대해 몇 마디 하는 것은 온당한 일이다. 모든 역사학자들은 각자 정통한 분야와 그렇지 못한(달리 표현하면, 더욱 무지한) 분야를 가지고 있다. 따라서 한정된 분야에서 벗어나면 그들은 다른 역사학자들의 연구에 크게 의존할 수밖에 없다. 1789년에서 1848년까지의 시기에 관한 이러한 2차 문헌만 해도 그 양이 엄청나게 방대한데, 설사 이 문헌을 읽는 데 필요한 모든 언어를 구사한다 해도 이를 모두 섭렵하는 것은 불가능한 일이다(그리고 사실 대부분의 역사학자들이 알고 있는 언어는 몇 가지 언어로 한정되어 있다). 따라서 이 책의 대부분은 2차 혹은 3차 문헌을 기초로 하며, 그 결과 저술가 및 전문가들이 유감으로 생각할 불가피한 압축 및 오류를 필연적으로 포함하고 있을 것이다. 좀더 깊은 연구를 위한 지침으로 참고문헌을 권말에 마련했다.

역사라는 직물을 한올 한올 풀어내다 보면 반드시 그것을 파괴하게 마련이지만, 실제로는 어느 정도 주제를 세분하는 것이 필수적이다. 나는 이 책을 크게 두 부분으로 나누려고 시도했다. 첫째 부분은 대체로 이 시기의 주된 발전적 모습들을 다루는 반면, 둘째 부분은 이중혁명의 결과 생겨난 사회를 묘사한다. 그러나 의도적으로 중복시킨 부분들이 있으며, 이러한 구분은 이론상의 문제가 아니라 단순히 편의상의 문제다.

나는 이 책의 여러 측면에 관해 함께 검토하거나, 초안 또는 교정쇄 상태로 된 이 책의 여러 장(章)을 읽어준 많은 분들께 감사한다. 그러나 그들은 내가 저지른 오류에 대해 전혀 책임이 없다. 특히 버널(J. D. Bernal), 다킨(Douglas Dakin), 피셔(Ernst Fischer), 해스켈(Francis Haskell), 쾨니히스베르거(H. G. Koenigsberger)와 레슬리(R. F. Leslie)에게 감사한다. 특히 제14장은 피셔의 견해에 힘입은 바 크다. 랠프(P. Ralph) 양은 비서 및 연구조수로서 크게 도움을 주었다. 메이슨(E. Mason) 양은 색인을 작성해주었다.

1961년 12월
에릭 홉스봄

머리말

낱말들은 때때로 기록보다 더욱 효과적인 증거가 된다. 기본적으로 이 책이 다루고 있는 60년이란 기간에 창안되거나 그 현대적 의미를 얻은 몇 개의 영어 낱말들을 생각해보자. '산업'(industry), '산업가'(industrialist), '공장'(factory), '중류계급'(middle class), '노동자계급'(working class), '자본주의'(capitalism) 및 '사회주의'(socialism) 등이 그러한 낱말들이다. '철도'(railway)는 물론, 정치적 용어로서 '자유주의적'(liberal)과 '보수적'(conservative), '국적'(nationality), '과학자'(scientist)와 '기술자'(engineer), '프롤레타리아'(proletariat) 및 '경제공황'(economic crisis)뿐 아니라 '귀족'(aristocracy)도 이에 포함된다. '공리주의자'(utilitarian), '통계학'(statistics), '사회학'(sociology) 및 그 밖의 여러 현대과학의 명칭들, 그리고 '저널리즘'(Journalism)과 '이데올로기'(ideology) 등이 모두 이때 새로 만들어지거나 개작된 낱말들이다.[1] '파업'(strike)과 '빈곤'(pauperism)도

---

1) 이들 중 대부분은 국제적으로 통용되고 있거나 또는 거의 글자 그대로 여러 언어로 번역되었다. 즉 '사회주의'(socialism)나 '저널리즘'(Journalism) 등은 거의 국제적으로 통용되고 있는 반면, 합성어인 'iron road'는 이 말이 생겨난 나

그러하다.

이러한 낱말들이(즉 그러한 명칭이 부여된 사실과 개념들이) 존재하지 않는 현대세계를 상상해보자. 인류가 농경, 야금술, 문서, 도시 및 국가를 창안했던 아득한 옛날 이래 인류 역사상 가장 커다란 변혁이 1789~1848년에 걸쳐 일어났음을 헤아릴 수 있을 것이다. 이 혁명은 전 세계를 변혁시켰으며 현재도 계속 변혁시키고 있다. 그러나 그것을 고찰함에 있어서 우리는 특정 사회구조, 정치조직 또는 국제적 세력과 자원 분포에 국한되지 않는 그것의 장기적 결과, 그리고 특정한 사회적·국제적 상황과 밀접히 관련되어 있었던 초기의 결정적 국면을 조심스럽게 구별해야 한다.

1789~1848년의 위대한 혁명은 '공업 자체'의 승리가 아니라 '자본주의적' 공업의 승리였으며, 자유와 평등 일반의 승리가 아니라 '중류계급' 또는 '부르주아적 자유사회'의 승리였다. 또한 '근대경제' 또는 '근대국가'의 승리가 아니라 상호 인접해 경쟁하고 있는 영국과 프랑스를 중심으로 하는 특정 지역(유럽의 일부와 북아메리카의 작은 부분)에 속한 여러 경제와 국가들의 승리였던 것이다. 1789~1848년의 변혁은 본질적으로 이 두 나라에서 일어나 전 세계로 파급된 한 쌍의 대변동이었다.

이러한 이중혁명 — 정치적 성격이 강한 프랑스 혁명과 (영국의) 산업혁명 — 을 그 주요한 담당자이며 상징이었던 두 나라의 역사에 속하는 것이 아닌, 보다 광범위한 지역에 걸친 화산의 분화구 한 쌍으로 파악하는 것은 결코 불합리한 일이 아니다. 또한 영국과 프랑스에서 동시에 분출(噴出)이 일어났으며, 이들이 성격상 약간 다를 뿐이라는 것은 우연적이거나 시시한 사실이 아니다. 그러나 중국 또는

라를 제외한 모든 곳에서 'railway'에 해당하는 단어의 기초가 되고 있다.

아프리카의 관찰자나 기원후 3000년경 역사가의 관점에서 볼 때 이러한 대변혁이 북서 유럽과 그 해외 연장 지역의 어디선가 일어났으며, 이 시기에 세계의 다른 지역에서 일어나리라고는 거의 기대할 수 없었을 것이라는 점에 주목하는 것이 보다 중요하다. 이것이 이 시기에 부르주아 자유주의적 자본주의의 승리 이외의 형태로 나타난다는 것은 거의 생각조차 할 수 없다는 점에 주목하는 것 또한 마찬가지로 중요하다.

1789년을 기점으로 해서, 또는 이중혁명이 휩쓸고 갈 세계의 북서부 구체제(ancien régimes)의 위기적 상황을 (적어도 돌이켜보건대) 명확히 반영하고 있는 1789년 직전의 수십 년을 기점으로 해서 역사를 한동안 거슬러오르지 않고는 그러한 심대한 변혁을 이해할 수 없다. 1776년의 미국혁명을 영국 및 프랑스에서의 혁명과 동등한 중요성을 갖는 분출로 간주하든 안 하든, 또는 단지 양대 혁명의 가장 중요한 직접적 선구자 및 양대 혁명을 자극한 것으로 간주하든 안 하든 간에, 아니면 1760~89년의 헌법상의 위기와 경제적 전환 및 동요에 근본적 중요성을 부여하든 안 하든 간에 이러한 사실들은 기껏해야 그러한 획기적 변화의 근인(近因)과 타이밍만을 명확히 해명할 수 있을 뿐 그 근본적 원인은 설명할 수 없다. 분석을 위해 역사적으로 얼마나 거슬러올라가야 하는가——17세기 중반의 영국혁명까지인가, 아니면 종교개혁과 16세기 초 유럽의 군사적 세계정복과 식민지 수탈의 시작까지인가, 아니면 더욱 올라가야 하는가 하는 것은 우리의 목적과 관련이 없다. 그 소급의 정도에 대한 깊은 분석은 이 책의 연대적 범위를 훨씬 벗어나는 일이기 때문이다.

여기서 우리는 이 변혁을 위한 사회적·경제적 세력과 정치적·지성적 도구들이, 어쨌든 나머지 지역을 변혁시키기에 충분할 만큼 큰 규모로 유럽 일부 지역에서 이미 준비되어 있었다는 점만을 관찰하면 된다. 우리의 문제는 세계시장과 사적 산업가 계급의 출현, 또는 사적 이윤의 극대화가 정부정책의 기초라는 명제에 헌신하는 국가의 (영국에서의) 출현을 추적하는 것이 아니다. 또한 기술과 과학적 지식 또는 진보에 대한 개인주의적·세속주의적 및 합리주의적 신념이라는 이데올로기의 발전과정을 추적하는 것도 아니다. 아직 그러한 것들이 충분히 강력하다거나 널리 보급된 것이었다고 가정할 수는 없다 하더라도 우리는 1780년대에 이 모든 것들이 존재했음을 당연한 것으로 간주할 수 있다.

반대로 우리는 어느 편인가 하면 이중혁명의 외양(外樣)에 그리 새로울 것이 없다는 사실, 즉 다음과 같은 부정할 수 없는 사실 때문에 이중혁명의 새로운 면을 간과하려는 유혹을 뿌리쳐야 하는 편이다. 그것은 로베스피에르나 생-쥐스트의 의복, 태도 및 산문 등이 구체제의 응접실에서도 어색하지 않았을 것이며, 개혁사상을 통해 1830년대의 부르주아 영국을 표현했던 벤담(Jeremy Bentham)이 러시아의 예카테리나 여제(女帝)에게 동일한 개혁사상을 제안했던 바로 그 사람이었으며, 중산계급의 정치경제학에서 가장 극단적인 성명이 18세기 영국의 상원의원들로부터 나왔다는 사실을 가리킨다.

따라서 우리 문제는 새로운 경제와 사회가 지닌 이러한 요소들의 존재를 설명하는 것이 아니라 이러한 요소들의 승리를 설명하는 것이며, 이전 세기에서 이러한 요소들의 점진적인 약화(弱化)와 파괴과정을 추적하는 것이 아니라 결정적인 요새 점령과정을 추적하는 것이다. 또한 이러한 갑작스런 승리가 그 영향을 가장 직접적으로 받은 나라들과 새로운 세력, 즉 이 시기에 관한 최근의 세계사 제목을 인용한다면 '정복하는 부르주아'의 폭발적인 영향 아래 내던져진 세계의 다른 지역들에게 몰고온 심대한 변화를 추적하는 일이다.

이중혁명이 유럽의 일부에서 발생했으며 가장 명백하고도 직접적인 영향이 그곳에서 제일 분명하게 나타났으므로 이 책이 다루는 역사는 지역적인 차원일 수밖에 없다. 세계혁명은 영국과 프랑스라는 두 개의 분화구로부터 밖으로 확산되었기 때문에 세계혁명이 당초 유럽으로부터 세계의 다른 지역으로 확장되고 유럽이 그 밖의 지역들을 정복하는 형태를 취했던 것 역시 불가피한 일이었다.

이 세계혁명이 가져온 가장 두드러진 세계사적 결과는 몇몇 서구 정권(특히 영국)에 의한 지구의 지배가 확립되었다는 사실이며, 이것은 사상 유례없는 일이었다. 서구의 상인들, 증기엔진, 선박 및 화기 앞에서 ― 그리고 서구의 사상 앞에서 ― 낡은 문명과 제국(帝國)들은 항서(降書)를 쓰고 몰락해갔던 것이다. 인도는 영국의 식민지가 되었고, 이슬람 국가들은 위기로 인해 동요했으며, 아프리카는 노골적인 정복을 면할 수 없게 되었다. 거대한 중국조차도 1832~42년에 서구제국이 자신을 착취할 수 있도록 국경을 개방해야만 했다. 1848년까지는 서구 자본주의 기업의 진보를 방해하는 것이 시간을 제외하고는 없었던 것처럼 서구의 정부나 실업가들이 유리하다고 생각하는 영토의 정복을 방해하는 것은 아무것도 없었다.

그러나 이중혁명의 역사가 단지 새로운 부르주아 사회의 승리의 역사만은 아니다. 그것은 또한 19세기가 다하기 전에 팽창을 수축으로 바꿀 새로운 세력이 출현하는 역사이기도 하다. 더구나 1848년이 되면서 미래에 있을 이러한 엄청난 반전(反轉)은 이미 어느 정도 나타나고 있었다. 분명 20세기 중반을 지배하는 서구에 대한 전 세계적인 반란은 당시까지는 거의 찾아볼 수 없었다. 오직 이슬람 세계에서만 서구에 의해 정복된 자들이 형세를 뒤바꿀 자신의 사상과 기술을 채택해가는 과정의 첫 단계를 관찰할 수 있다 ― 1830년대 터키 제국 안에서 일어났던 서구적 내부개혁의 시작, 그리고 무엇보다도 이집트의 모하메드 알리로부터 이러한 것이 관찰된다. 그러나 유럽 안에서는 이 새로운 사회에 대한 대체를 꿈꾸는 세력과 사상들이 이미 출현하고 있었다. 1848년에 '공산주의의 유령'은 이미 유럽을 괴롭히고 있었지만 곧 쫓겨났다. 그 후 오랫동안 공산주의는 특히 이중혁명에 의해 가장 직접적으로 변형된 서구세계에서는 실제 유령이 그러했던 것처럼 무력한 존재로 남게 되었다.

그러나 우리가 1960년대의 세계를 둘러보면, 이중혁명에 대한 반동으로 태어났으며 1848년까지는 그 최초의 고전적 공식화가 이루어진 혁명적 사회주의와 공산주의 사상이라는 역사적 세력을 과소평가할 생각이 들지 않을 것이다. 1789년의 프랑스 혁명과 랭커셔에서 근대 최초의 공장제도 건설과 더불어 시작되는 이 역사적 시기는 최초의 철도망 건설 및 『공산당 선언』 출간과 함께 끝을 맺는다.

제1부
전개과정

제1장 1780년대의 세계

18세기는 팡테옹(Panthéon)에 놓여야 한다.

• 생-쥐스트[1]

1

　1780년대의 세계에 대해 맨 먼저 이야기해야 될 것은 그것이 현대 세계에 비해 훨씬 작기도 하고 동시에 훨씬 크기도 했다는 것이다. 그것은 특히 지리적으로 작았는데, 왜냐하면 당시 가장 교육을 많이 받고 박식했던 사람일지라도 ── 말하자면 독일의 자연과학자며 여행가였던 훔볼트(Alexander von Humboldt, 1769~1859) 같은 사람 ── 인간이 거주하는 지구상의 전 지역 중 극히 일부만을 알고 있었기 때문이다(서유럽보다 과학적으로 덜 발달되고 덜 팽창주의적인 사회들에서 '알려진 세계'는 분명히 이보다 더욱 작았다. 그것은 그 영역을 벗어나면 모든 것이 알려지지 않은 상태였고 앞으로도 영원히 알려지지 않을지도 모를, 무지한 시칠리아의 농부나 미얀마의 경작자들이 죽을 때까지 그 안에서 살았던 지구상의 아주 작은 부분으로 축소된다).

---

1) Saint-Just, *Oeuvres complètes*, II, p. 514.

전부는 아니었다고 해도 해양의 대부분은 쿡(James Cook)과 같은 18세기 해양탐험가들의 괄목할 만한 경쟁에 힘입어 이미 조사되고 그에 대한 해도(海圖)도 만들어졌다. 20세기 중반까지 해저에 대한 인간의 지식이 보잘것없었음에도 불구하고 말이다. 현대적 기준에서 보면 그리 정확한 것은 아니더라도 대륙과 대부분의 섬에 대한 주요 윤곽이 알려졌다. 유럽 산맥의 크기와 높이는 꽤 정확하게 소개되어 있었다. 남미 일부 지역의 산맥들은 대충 알려져 있었으나, 아시아의 산맥들과 아프리카의 산맥들은(아틀라스 산맥을 제외하고는) 사실상 전혀 알려지지 않았다. 중국과 인도를 제외한 세계의 큰 강의 수로는 그 지역에 대한 지식을 가지고 있었던 몇 안 되는 사냥꾼, 장사꾼 또는 벌목꾼 이외에는 누구에게도 불가사의한 것이었다. 몇몇 지역 — 이 지역들은 여러 대륙에서 해안으로부터 내륙으로 몇 마일 이상 더 들어가 있지는 못했다 — 을 벗어나면 세계지도는 장사꾼이나 탐험가들의 두드러진 발자취 이외에는 하얀 여백으로 채워져 있었다. 여행가나 변경에 주둔하는 관리들에 의해 수집된 임시변통의 2차, 3차 정보가 없었다면 이 하얀 여백은 실제보다 더욱 컸을 것이다.

'알려진 세계'는 오늘날의 세계보다 작았을 뿐 아니라 인구수에서도 오늘날의 세계보다 적었다. 사실상 이용할 수 있는 자료가 없으므로 모든 인구의 측정치들은 순전히 추측일 뿐이지만, 지구에는 현재 인구의 일부 — 아마 3분의 1을 크게 넘지 않는 — 에 해당하는 사람들만 살고 있었다는 점은 분명하다.

가장 흔히 인용되는 추정치가 크게 빗나가지 않는다면 당시 아시아와 아프리카에 살았던 인구의 당시 전 세계 인구에 대한 비율은 현재의 비율보다 높았고, 1800년의 유럽 인구는 1억 8,700명 정도로(현재는 6억 명) 세계 인구에 대한 비율이 다소 낮았으며, 미주 대륙에 거주했던 인구의 세계 인구에 대한 비율은 현재 비율에 비해 분명히 훨씬 낮았다. 1800년의 경우 대개 아시아인은 세 명 중 두 명꼴이었던 것으로 추측되며, 유럽인은 다섯 명 중 한 명, 아프리카인은 열 명 중 한 명, 아메리카인 또는 오세아니아인은 서른세 명 중 한 명꼴이었을 것이다. 이처럼 훨씬 적었던 인구는 중국·인도 및 중서부 유럽의 일부 지역들처럼 집약농업이나 고도의 도시집중이 발달되고 인구밀도 면에서 현대와 견줄 수 있을 만한 자그마한 지역들을 제외하고는 지표면 위에 아주 드문드문 흩어져 살았다.

인구가 이처럼 적었듯이 사실상 인간의 주거 지역도 그러했다. 기상조건(더 이상 1300~1700년의 소소빙하기와 같은 최악의 기간만큼 춥고 축축하지는 않았지만, 오늘날보다는 다소 춥고 축축했을 것으로 추측된다)으로 인해 주거의 한계는 북극에까지 확대되지 못했다. 또한 말라리아와 같은 풍토병도 많은 지역에서의 거주를 제한하고 있었다—그 한 예로서 오랫동안 사실상 점령되지 않은 상태에 있다가 19세기 동안 점차적으로 사람들이 살기 시작했던 해안평야를 낀 남부 이탈리아를 들 수 있다. 특히 수렵과 (유럽에서의) 토지 낭비가 많은 계절적 가축이동 등 원시적 경제 형태는 아폴리아 평원과 같은 한 지역 전체를 대규모 정착이 이루어질 수 없는 곳으로 만들었다.

그러한 풍경에 대한 친근한 삽화로는 로마 대평원을 묘사한 19세기 초 여행자의 판화들, 몇몇 폐허와 가축뿐인 텅 빈 말라리아 지역 그리고 기묘한 모습의 산적 등을 들 수 있다. 물론 그 후에 경작의 대상이 된 많은 토지는 유럽에서조차 여전히 불모의 황무지, 물이 괸 소택지(沼澤地)와 거친 목초지, 삼림 등이었다.

인류는 세 번째 측면에서도 현재보다 더 작았다—즉 대개의 유럽인들은 현재보다 두드러지게 키가 작았으며 몸도 가벼웠다. 이러한 일반화의 기초가 되는 징집병의 체격에 관한 풍부한 통계로부터 한 예를 들어보면 다음과 같다. 즉 리구리아 해안의 한 군(郡)은 1792~99년에 신병의 72퍼센트가 1미터 50센티미터가 안 되었다.[2] 그렇다고 해서 18세기 후반의 남자들이 지금 남자들에 비해 허약했음을 의미하지는 않는다. 프랑스 혁명기의 야위고 발육이 덜 되었으며 훈련이 안 된 병사들은, 현재 식민지의 산악에서 활동하는 왜소한 게릴라들만이 지니고 있는 신체적 인내력을 발휘할 수 있었다. 완전군장을 한 채 하루에 30마일의 속도로 1주일 내내 행군을 계속하는 것이 보통이었다. 그러나 정예의 중기병대(重騎兵隊)나 근위대(近衛隊) 등 엘리트 연대를 형성했던 '키 큰 친구들'을 당시 왕이나 장군들이 특히 높이 평가했다는 사실에서도 짐작할 수 있듯이 현재보다 당시 인간의 체격이 매우 보잘것없었다는 사실은 변함이 없다.

그러나 여러 측면에서 세계가 오늘날보다 좁았다 하더라도 통신이 더없이 어렵고 불확실했기 때문에 실제로는 현재보다 훨씬 거대한 세계였다. 이러한 어려움을 과장하고 싶은 생각은 없다. 18세기 후반은 중세나 16세기의 기준에서 보면 풍부하고 신속한 통신의 시대였으며, 철도혁명이 아직 일어나진 않았지만 도로, 마차 그리고 우편업무 등의 발전은 상당히 괄목할 만한 것이었다. 과거에는 런던에서 글래스고까지의 여행이 10~12일 소요되었으나 1760년대와 18세기 말 사이에는 62시간으로 단축되었다. 우편마차 혹은 승합마차 제도는 18세기 후반에 창설되어 나폴레옹 전쟁 말기에 철도가 설치되기 전까지 광범위하게 확장되었는데, 이로써 통신에는 상대적 신속성뿐 아니라——파리에서 스트라스부르까지의 우편업무는 1833년에 36시간이 걸렸다——규칙성이 부여되었다.

---

2) A. Hovelacque, "La taille dans un canton ligure," *Revue Mensuelle de l'Ecole d'Anthropologie*(Paris, 1896).

그러나 육상승객 수송설비는 소규모였으며, 또한 육상화물 수송설비도 느린데다가 운임도 지나치게 비쌌다. 그렇다고 해서 공무나 상행위를 수행했던 사람들이 서로 연락을 끊고 살았던 것은 결코 아니다――보나파르트와의 전쟁 초기에 천만여 통의 편지가 영국의 우편국을 통과했던 것으로 추정된다(우리가 고찰하는 시기의 말기에는 이의 10배 정도에 달했다). 그러나 세계 인구의 대다수가 글을 읽을 수 없었기 때문에 사실상 편지는 아무런 쓸모가 없었으며, 여행은――아마 시장을 오가는 것을 제외하고는――아주 드문 일이었다. 사람이나 화물이 육상으로 이동할 때에는 거의 도보나 짐마차에 의존하는 경우가 많았는데, 19세기 초만 해도 하루에 20마일이 채 못 되는 속도의 짐마차가 프랑스 화물 운송량의 6분의 5가량을 운반했다. 급사(急使)는 급송문서를 가지고 먼 거리까지 쏜살같이 달렸다. 마부들은 승객이 12명 정도 탄 우편마차를 급히 몰았는데, 이때 이들은 골이 흔들릴 지경이었으며 가죽으로 된 새 버팀대가 부착된 경우 심한 멀미를 해야 했다. 귀족들은 개인마차를 타고 빠른 속도로 돌아다녔으나, 대부분의 세계에서는 자신의 말이나 노새 옆에서 걸어가는 짐마차꾼의 속도가 육상운송을 지배했다.

　따라서 이렇게 느렸던 육상운송에 비해 수상운송은 훨씬 간편하고 저렴했을 뿐 아니라 날씨만 좋다면 오히려 더 신속했다. 괴테가 이탈리아 여행 중 배를 타고 나폴리에서 시칠리아로 갔다가 돌아오는 데 각각 4일과 3일이 소요되었다. 그가 동일한 거리를 육로로 안락한 상태에서 여행했을 경우 소요되었을 시간을 생각하면 펄쩍 뛸 정도로 놀랄 만한 시간이다. 그러므로 항구에 가까이 있는 것은 세계에 가까이 있는 것이었다――실질적인 의미에서 런던은 노퍽의 브레클랜드에 있는 마을보다 플리머스나 리스에 더 가까웠고, 세비야는 바야돌리드보다 베라크루스에, 함부르크는 포메라니아의 시골보다 바이아에 접근하기가 더 쉬웠다. 다만 수상운송의 주된 약점이 있다면 배가 아주 이따금씩 운항되었다는 것이다.

1820년만 해도 함부르크와 네덜란드로 가는 영국 우편물은 한 주에 두 번, 스웨덴과 포르투갈로 가는 것은 한 주에 한 번, 북아메리카로 가는 것은 한 달에 한 번씩 모아서 보냈다. 그러나 보스턴 및 뉴욕과 파리의 연결이 마라마로스의 카르파티아 지역과 부다페스트의 연결보다 더 밀접했다는 사실은 의심할 바가 없다. 그리고 거대한 대양 너머로 화물과 사람들을 대량 수송하는 것이 더 손쉬웠듯이 ─ 예를 들어 4만 4,000명이 5년(1769~74)에 걸쳐 북아일랜드의 항구에서 아메리카로 배를 타고 가는 것이 똑같은 항구에서 5,000명을 3세대에 걸쳐 던디로 수송하는 것보다 더 쉬웠다 ─ 마찬가지로 시골과 도시를 연결하는 것보다 멀리 떨어진 각국의 수도들을 서로 연결하는 것이 더 쉬웠다. 바스티유 감옥의 함락 소식은 13일 내에 마드리드의 민중들에게 도착했다. 그러나 수도 파리에서 불과 133킬로미터 정도 떨어진 페론에는 28일이 지나도록 '파리로부터의 소식'이 전달되지 않았다.

따라서 1789년의 세계는 당시 대부분의 사람들에게는 말할 수 없이 거대했다. 그들 대부분은 징병과 같이 무시무시한 운명에 의해 강제로 끌려가지 않는 한 자신이 태어난 고장이나 교구에서 살다가 죽었다 ─ 바로 1861년까지도 프랑스의 90개 현(縣) 가운데 70개 현에 거주하는 사람들 10명 중 9명 이상은 자신의 출생 현에서 살았다. 그들에게 지구상의 나머지 지역들은 정부관리들의 활동무대이거나 소문의 대상일 뿐이었다.

소수의 중류계급이나 상류계급을 대상으로 한 신문밖에 없었으며 ─ 1814년에 프랑스 신문의 통상 발행부수는 5,000부였다 ─ 어쨌든 글을 읽을 줄 아는 사람도 거의 없었다. 소식은 여행자와 일부 유동인구—상인과 도부꾼, 순회영업하는 직인(職人), 이주하는 장인(匠人)과 계절 노동자, 순회수사(巡廻修士)와 순례자로부터 밀수꾼, 도적, 그리고 장이 선 곳에 모인 사람들에 이르기까지 자유인과 부랑인들로 뒤섞인 다수의 사람들—를 통해 대다수 사람에게 전해졌다. 또한 사람들은 전쟁 중에 마주쳤거나, 평화 시에 수비대로서 거주 지역에 주둔했던 병사들을 통해서도 소식을 들었다. 물론 국가나 교회 등의 공식 경로를 통해서도 소식은 전해졌다. 그러나 그러한 전국적 또는 전(全) 기독교적인 조직에 속한 현지 요원들조차도 대다수는 현지인이거나 비슷한 생활이 보장된다는 전제 아래 평생 근무하기 위해 현지에 정착한 사람들이었다. 식민지를 제외하면 중앙정부에 의해 지명되어 지방관리직을 계승하기 위해 파견되는 관리는 이제 막 출현했을 뿐이었다. 국가의 하급 요원들 중에서 오직 연대급 장교들만이 여러 종류의 포도주와 여자, 그리고 자신의 고향산 말에 의해서만 위안을 받는, 현지화되지 않은 생활을 평소에 기대할 수 있었을 것이다.

2

1789년의 세계는 압도적으로 농촌적이었는데, 이러한 기초적 사실을 이해하지 못한 사람은 당시의 세계를 이해할 수 없다. 도시가 그다지 융성하지 못했던 러시아와 스칸디나비아, 그리고 발칸 제국 같은 나라에서는 전 인구의 90~97퍼센트가 농촌인구였다. 비록 쇠퇴했지만 도시적 전통을 지닌 지역에서조차도 농촌 또는 농촌인구의 구성비율이 극히 높았다. 이용 가능한 추정치에 따르면 롬바르디아가 85퍼센트, 베네치아가 72~80퍼센트, 칼라브리아와 루카니아가 90퍼센트 이상이었다.[3] 실제로 매우 번성했던 몇몇 공업 지역과 상업 지역을 벗어나 거주민 각 다섯 명 중 적어도 네 명이 도시 사람으로 이루어진 꽤 큼직한 유럽 국가를 찾기는 곤란했다. 영국에서조차도 도시인구의 수가 1851년이 되어서야 처음으로 지방 인구수를 막넘어섰기 때문이다.

'도시적'이라는 낱말은 물론 애매한 표현이다. 이 낱말은 우리 기준으로 보아 1789년까지 진정 대규모였다고 불릴 만한 유럽의 두 도시—즉 인구 100만 명의 런던과 50만 정도의 파리—와 10만여 명정도의 인구를 가진 20여 개의 도시를 포함한다. 이러한 도시는 프랑스에 둘, 독일에 둘, 에스파냐에 넷 정도, 이탈리아에 다섯 정도(지중해 연안은 전통적으로 도시의 본고장이었다) 그리고 포르투갈, 폴란드, 네덜란드, 오스트리아, 아일랜드, 스코틀랜드, 터키에 각각 하나씩 있었다. 그러나 이 낱말은 또한 대다수의 도시민이 실제로 거주했던 수많은 지방 소도시들도 포함하는데, 그 실제의 규모는 공공건물과 명사들의 저택들로 둘러싸인 교회 광장에서 들판까지 산책하는 데 몇 분밖에 걸리지 않을 정도였다. 여기서 고찰하는 시기의 후반(1834년) 무렵에조차 오스트리아 전 인구의 19퍼센트에 해당하는 도시 거주민 중 4분의 3 이상이 주민수 2만 명 미만의 지방소도시에서 살고 있었다. 도시에 사는 오스트리아인의 절반은 인구2,000~5,000명 규모의 지방 소도시에서 살았다.

프랑스 일주에 나선 프랑스 직인들은 이러한 지방 소도시들을 거쳐갔으며, 이후 수세기 동안 침체로 인해 원형대로 보존된 이들 지방소도시의 16세기 모습을 독일 낭만파 시인들은 자신들의 시에서 조용한 풍경의 배경을 묘사함으로써 그대로 되살렸다. 이 소도시들의

3) L. Dal Pane, *Storia del Lavoro dagli inizi del secolo XVIII al 1815*(1958), p. 135; R. S. Eckers, "The North-South Differential in Italian Economic Development," *Journal of Economic History*, XXI(1961), p. 290.

위론 절벽처럼 가파른 에스파냐식 대성당들이 우뚝 솟았다. 이 소도시의 진흙탕 속에서 차시드 유대인들(Chassidic Jews)은 기적을 행하는 그들의 랍비들을 숭배했고, 정통파 랍비들은 법칙의 신학적 난해성에 관해 논쟁했다. 고골리의 감찰관은 부자들을 공포에 질리게 하기 위해, 그리고 치치코프는 죽은 영혼의 매입을 깊이 생각하기 위해 이러한 소도시들로 향했다. 그러나 이러한 소도시들은 또한 혁명을 수행하거나 자신을 따르는 첫 민중을 얻게 될 야심 차고 열렬한 젊은 이들을 배출한 곳이기도 하다. 로베스피에르는 아라스, 그라쿠스 바뵈프는 생캉탱, 나폴레옹은 아작시오 출신이었다.

이러한 지방 소도시들은 작았음에도 불구하고 도시적이었다. 지방의 진짜 도시민들은 영리하고 유식한 사람이 그저 힘이나 세고 느릿느릿하며 무식하고 멍청한 사람들을 경멸하듯이 주변의 시골을 멸시했다(진실로 세상을 잘 아는 사람의 수준에서 볼 때 활기 없는 시골 소도시가 자랑할 만한 무엇을 지니고 있었다는 것은 아니다. 독일의 풍속 코미디는 시골뜨기들을 조롱하는 것만큼이나 잔인하게 크래빈켈(Kraehwinkel, 매우 작은 자치시)을 조롱했다).

지방 소도시와 농촌 또는 소도시 점유 지역과 농촌 점유 지역 사이의 경계는 매우 분명했다. 다수의 나라에서 물품세 장벽이나 오래 된 성벽의 선으로도 때로는 이 둘을 갈라놓았다. 프러시아와 같이 극단적인 경우에는 징세 대상 시민을 적절한 감독 아래 두고자 했기 때문에 정부는 도시와 농촌의 활동을 거의 완전하게 구별했다. 그렇게 엄격한 행정적 구분이 없었던 지역에서조차도 지방 소도시민들은 종종 신체적으로 농부들과는 달랐다. 동유럽의 광활한 지역에서 그들은 슬라브, 마자르 또는 루마니아인의 호수에 떠 있는 독일, 유대 또는 이탈리아인의 섬이었다. 주변의 농부와 같은 국적과 종교를 가진 지방 소도시민일지라도 다르게 보였다──그들은 다른 옷을 입었고

(실내에서 노동을 착취당하는 사람들이나 제조업에 종사하는 사람들을 제외하고) 대부분 농부들보다 키가 컸다——아마 말랐을지는 모르겠지만.[4] 그들은 아마 자신이 남보다 이해가 빠르며 꽤 많이 배웠다는 사실을 분명히 자랑스럽게 여겼을 것이다. 그러나 생활양식에서는 농촌 사람들만큼이나 자기 생활 지역 밖의 사정에 어두웠으며 폐쇄적이었다.

지방 소도시는 본질적으로 여전히 농촌의 사회와 경제에 속해 있었다. 지방 도시는 농민들의 빨랫감을 맡아서 해주는 경우를 제외하고는 거의 예외 없이 주변 농민들에게 의존하면서 살아갔다. 지방 소도시의 중류 계층과 전문 계층은 곡물과 가축 상인, 농산물 가공업자, 토지가 지주의 사유지인지 공동체 소유의 일부분인지 확정할 수 없는 문제에 대한 소송과 귀족의 토지에 관한 일을 다루었던 법률가와 공증인, 지방의 방적공이나 방직공에게 선대(先貸)하고 다시 돈을 거둬들였던 기업가적 상인들, 보다 존경받았던 정부의 대표자들, 영주 또는 교회에 종사하는 사람들이었다. 소도시의 장인과 소매상인들은 주변의 농민들이나 그들에 의존해 살아가는 소도시민들에게 필요한 것을 공급해주었다.

중세 말기의 전성기를 지나면서 지방 소도시들은 비참하게 몰락해갔다. 그것이 '자유도시'이거나 도시국가인 경우는 아주 드물었으며, 넓은 시장을 위한 제조공장의 중심지이거나 국제교역의 중간 집결지였던 경우도 더 이상 찾아보기 힘들었다. 지방 소도시는 쇠퇴해

---

4) 1823~27년경 브뤼셀의 소도시민들은 주변의 농촌 출신들보다 평균 3센티미터 정도, 루뱅의 소도시민들은 2센티미터 정도 더 컸다. 전부 19세기 이후의 것이기는 하지만 이에 관한 군사통계가 상당히 있다. Quêtelet, qu. by Manouvrier, "Sur la taille des Parisiens," *Bulletin de la Société Anthropologique de Paris*(1888), p.171.

갈수록 자신이 모든 진입자로부터 지켰던 시장의 지역적 독점에 더 완고하게 매달렸다. 젊은 급진주의자와 대도시의 협잡꾼들이 조롱했던 지방주의의 대부분은 이러한 경제적 자위(自衛)의 움직임으로부터 나왔다. 남부 유럽에서는 신사들, 때로는 귀족들조차도 토지의 지대를 수입원으로 해서 살았다. 독일의 경우 대규모 영지와 거의 비슷한 크기인 소규모의 수많은 공국(公國)에 속한 관료들은 성실하고 말없는 농민들로부터 거둔 수입으로 전하의 요청을 수행했다. 수수한 고전적 또는 로코코 스타일의 석조건물이 지배하는 소도시의 정경이 서유럽 일부에서 여전히 입증되듯이 18세기 말의 지방 소도시는 번성하고 팽창하는 공동체였을 것이다. 그러나 그 번영의 근원은 주위의 시골로부터 나온 것이었다.

3

따라서 농업문제는 1789년의 세계에서 기본적인 것이었으며, 대륙에서 최초의 체계적 경제학파였던 프랑스의 중농학파가 왜 토지와 지대가 순소득의 유일한 원천이라고 했는지를 쉽게 이해할 수 있다. 그리고 농업문제의 요점은 토지를 경작하는 사람과 그것을 소유한 사람, 즉 부를 생산하는 사람과 그것을 축적하는 사람의 관계였다.

토지 소유관계라는 관점에서 우리는 유럽 — 혹은 서유럽을 중심으로 하는 경제적 복합체 — 을 크게 세 부분으로 나눌 수 있다. 유럽의 서쪽으로는 해외 식민지가 있었다. 미국의 북부와 이보다는 덜 중요한 몇몇 독립적 영농 지역을 제외하면, 이곳 식민지의 전형적인 경작자는 강제 노동자나 사실상 농노로서 일했던 인디언, 그리고 노예였던 아프리카인이었다. 다소 드물긴 해도 차지농민(借地農民, peasant tenant), 소작농 등도 있었다(동인도의 식민지에서는 유럽 이주민에 의한 직접 경작이 더욱 드물었는데, 토지 관리인에 의한 강제의 전형적 형태는 네덜란드령 섬들에서 생산된 커피나 향료 등 농작물의 할당량을 강제로 배급하는 것이었다). 다시 말해 이 지역의 전형적인 경작자는 부자유스럽거나 정치적인 제약을 받고 있었다.

전형적인 지주는 거대한 준봉건적(quasi-feudal) 토지(아시엔다, 핀사, 에스탄시아) 또는 노예 플랜테이션의 소유주였다. 준봉건적 토지경제는 원시적이고 자기충족적이라는 특징을 지니고 있었으며, 그렇지 않더라도 어쨌든 순수하게 지역적인 수요에 연결되어 있었다. 에스파냐령 아메리카는 사실상 인디언 농노라고 부를 수 있는 사람들이 생산한 광물을 수출했으나 농산물은 별로 수출하지 않았다. 카리브 해의 섬들에 중심을 두고 남아메리카의(특히 북부 브라질) 북부 해안과 미국의 남쪽 해안을 따라 형성된 노예농장권 경제의 특징은 설탕, 그리고 이보다 비중이 낮은 담배와 커피, 염료 그리고 무엇보다도 산업혁명 이후 재배되어온 목화와 같은 매우 중요한 소수의 수출용 농작물을 생산하는 데 있었다. 따라서 이는 유럽 경제의 한 구성요소가 되었으며, 노예무역을 통해 아프리카 경제의 일부를 형성했다. 기본적으로 당시 이 지역 역사는 설탕의 쇠퇴와 면화의 상승이라는 관점에서 씌어질 수 있다.

서유럽의 동쪽, 더욱 구체적으로는 엘베강, 오늘날 체코의 서부 국경, 그다음 남쪽으로 트리에스테까지 이어지는 선 —이 선은 오스트리아를 동부와 서부로 나눈다—의 동쪽으로는 농노제 지역이 존재했다. 사회적으로 토스카나와 움브리아 지방 이남의 이탈리아와 남부 에스파냐가 이 지역에 속했던 반면, 스칸디나비아는 (덴마크와 남부 스웨덴을 제외하고) 이에 속하지 않았다. 이 광활한 지역은 기술적인 이유로 해서 자유로웠던 농민들의 지역을 포함하고 있었다. 슬로베니아로부터 볼가에 이르기까지 전 지역에 흩어져 있던 독일의 소농 식민개척자, 일리리아 오지(奧地)의 황량한 암벽 속에서 살던 사실상의 독립적인 씨족들, 최근까지 기독교인과 터키인 또는 타타르인 사이의 군사적 경계선을 형성해온 지역에 살고 있는 판두르족과 코사크족 같은 야만적인 농민전사들, 영주와 국가의 영향권 밖으로 진출했던 자유로운 개척자들 또는 대규모 영농이 불가능했던 광활한 삼림 지역에 살던 사람들이 바로 그들이다.

그러나 전체적으로 전형적인 경작자는 자유롭지 못했고, 15세기 말과 16세기 초 이후 거의 끊임없이 도를 더해온 농노제의 홍수로 전신이 거의 흠뻑 젖어 있었다. 이러한 농노제의 현상이 가장 불분명하게 나타났던 곳은 당시까지 여전히 직접적 지배 아래 있었던 발칸 지역이었다. 각 분할 단위가 비세습적인 터키인 전사(戰士)를 먹여 살릴 수 있도록 토지를 분할하는, 전(前) 봉건적인 터키의 원래 토지제도는 오래전에 이슬람교 영주의 지배를 받는 세습적 영지제도로 변질되었음에도 불구하고 이들 영주들은 영농에 거의 관여하지 않았다. 그들은 단지 가능한 정도까지만 농민을 착취할 뿐이었다. 이 때문에 다뉴브와 사베 이남의 발칸 제국은 19~20세기에 터키의 지배에서 벗어났을 때 토지 소유가 집중된 나라로서가 아닌, 극히 영세한 소농이기는 하나 본질적으로 소농국가로서 등장했던 것이다. 그러나 발칸의 농민들은 기독교인으로서 법적으로 부자유스러웠고 적어도 그들이 영주의 영향권 내에 있는 한, 농민으로서는 '사실상' 자유스럽지 못했다.

그러나 그 밖의 지역에서의 전형적인 농민은 한 주일의 대부분을 영주의 토지에 나가 강제노동을 하거나 이에 상당하는 다른 형태의 의무를 이행하는 데 바치는 농노였다. 농노들은 폴란드의 일부와 러시아에서 토지와 분리되어 판매가 가능했던 노예(chattle slavery)와 거의 비슷한 예속상태에 놓여 있었을 것이다. 1801년의 『모스크바 신문』(*Gazette de Moscou*)에는 다음과 같은 선전문이 씌어 있었다(전체 농노 중에서 가사용 농노가 많은 비율을 차지했다. 1851년 러시아에서는 가사용 농노가 전 농노의 거의 5퍼센트였다).[5]

노련하고 매우 예의바른 마부 세 명과 용모 단정하고 여러 종류의 육체노동에 능숙한 15세 및 16세의 여자 두 명을 판매함. 동 상점은 피아노, 오르간과 함께 두 명의 미용사도 팔려고 내놓았는데, 그 중 한 명은 나이가 21세이고 글을 읽고 쓰며 악기를 다루고 기수장(騎手長)의 역할을 수행할 수 있으며, 다른 한 명은 숙녀 및 신사의 머리를 손질하는 데 적당함.

서유럽과의 주요 교역통로였던 발트해의 인접 지역에서는 농노제적 농업에 의해 서부의 수입국으로 수출할 농작물이 대대적으로 생산되었다—옥수수, 아마, 삼 그리고 대부분 조선에 사용될 목재였다. 다른 지역에서는 농노제적 농업이 지방적 시장에 더욱 의존했는데 그 시장은 작센, 보헤미아 그리고 거대한 수도 빈 등과 같이 공업과 도시적 발전이 상당히 진전된, 접근 가능한 지역을 적어도 하나 정도는 포함하고 있었다. 그러나 지방적 시장의 대부분은 후진적인 상태였다. 흑해 통로의 개통과 서유럽, 특히 영국의 도시화로 인해 러시아 흑토지대의 곡물 수출은 이제 막 촉진되기 시작한 단계였다. 곡물은 소련의 산업화 시기 전까지 러시아 대외무역의 주요 상품이었다. 따라서 동부의 농노제 지역은 해외 식민지와 유사하게 식료품과 원자재를 생산하는, 서유럽에 '종속된 경제'로 간주될 수 있을 것

---

5) H. Sée, *Esquisse d'une Histoire du Régime Agraire en Europe au XVIII et XIX siècles*(1921), p. 184; J.Blum, *Lord and Peasant in Russia*(1961), pp. 455~460.

이다.

　농민의 지위가 법률적인 세부사항에서 다소 차이가 있었다고 해도 이탈리아와 에스파냐의 농노제적 지역은 유사한 경제적 특징을 가지고 있었다. 대체로 이 지역은 대규모 귀족영지로 구성된 지역들이었다. 시칠리아와 안달루시아에서는 대규모 귀족영지 중 몇몇은 로마 라티푼디움의 직계 후손이며, 라티푼디움의 노예와 콜로니(coloni)가 이 지역의 특징적 요소였다. 목장 경영, 곡물 생산(시칠리아는 예로부터 수출용 곡창지대였다) 그리고 궁핍한 농민들로부터 최대한 수탈한 것은 이 모든 것의 소유자인 공작과 남작들이 가져갔다.

　농노제 지역의 영주는 이렇게 대규모 영지의 귀족적 소유자이자 경작자 혹은 착취자라는 특징을 갖는다. 대(大)영지의 거대함은 상상을 초월했다. 예카테리나 여제는 총신들에게 4~5만 명의 농노를 하사했고, 폴란드의 라드치빌스는 아일랜드의 반만한 영지를 가지고 있었다. 포토키는 우크라이나에 3만 에이커를 소유하고 있었고, 헝가리의 에스터헤이지 가(하이든의 후원자)는 한때 700만 에이커에 가까운 영지를 소유했다. 수십만 에이커의 영지는 보통이었다.[6] 비록 종종 무시되었고 원시적이며 비능률적이었다 하더라도 그 영지들은 막대한 소득을 낳았다. 어느 프랑스인 방문객이 황량한 메디나 시도니아의 소유지에 관해 말했듯이 "포효하는 것만으로 자신에게 접근하는 것은 무엇이든지 혼비백산케 해 쫓아버리는 숲속의 사자와 같이 군림"[7]할 수 있는 에스파냐인 대공(大公)은 돈이 풍족한 영

---

6) (대략) 2만 5,000에이커(1만 헥타르)가 넘는 (8개의) 소유지들이 1918년 이후 체코슬로바키아에서 몰수되었는데, 그 가운데에는 쇼엔보른 가와 시바르젠베르크 가로부터 각각 몰수한 50만 에이커, 리히텐슈타인 가로부터 40만 에이커, 킨스키 가로부터 17만 에이커 등이 포함되어 있었다. Th. Haebich, *Deutsche Latifundien*(1947), pp. 27ff.

국 귀족을 기준으로 해도 전혀 현금이 부족하지 않았다.

그러한 대지주들 밑에서 규모와 재력이 각양각색인 시골의 신사계급 역시 농민들을 착취했다. 몇몇 나라의 경우 신사계급은 지나치게 규모가 커서 가난했고 불만을 품고 있었다. 그러나 노동과 같은 상스러운 직업에 종사하기를 꺼린다는 점과 그들의 정치적·사회적 특권에 의해 주로 비(非)귀족층과 구별되었다. 헝가리와 폴란드에서 신사계급은 총인구 가운데 열 명당 한 명꼴에 이르렀고, 에스파냐에서는 18세기 말경 거의 50만 명이었으며, 1827년에는 유럽 귀족 전체의 10퍼센트에 이르렀다.[8] 그 밖의 지역에서는 그 규모가 훨씬 작았다.

4

유럽의 나머지 지역에서 농업구조는 사회적으로 비슷했다. 말하자면 농민이나 노동자에게는 토지를 소유한 사람은 누구나 '신사'(gentleman)였고, 지배계급의 일원이었으며, 역으로(이에 의해 사회적·정치적 특권이 부여되었고 명목상 최고의 관직으로 통하는 유일한 길이었던) 귀족적 또는 품위 있는 신분은 토지 없이는 상상할 수 없었다. 대부분의 서유럽 국가에서 이러한 사고방식에 의해 암시되는 봉건적 질서는 정치적으로는 여전히 건재했다. 비록 그것이 경제적으로는 점점 시대에 뒤떨어진 것이 되어갔다고 하더라도 말이다. 봉건질서의 경제적 노후화로 인해 귀족층의 수입은 물가와 지출의 상승에 비해 점점 더 떨어져갔다. 바로 이러한 사실 때문에 자신의 양도할 수 없는 자산, 즉 출생과 신분의 특권을 더욱 지독하게 이용하

7) A. Goodwin ed., *The European Nobility in the Eighteenth Century*(1953), p. 52.
8) L. B. Namier, *1848, The Revolution of the Intellectuals*(1944); J. Vicens Vives, *Historia Economia de España*(1959).

게 되었다.

유럽 대륙 전역에 걸쳐 귀족들은 자신보다 천한 태생의 경쟁자들을 수입이 좋은 관직으로부터 밀어냈다 ─ 평민 관리의 비중이 1719년의 66퍼센트(1700년에 42퍼센트)에서 1780년에는 23퍼센트로 떨어진 스웨덴의 경우에서[9] 이 '봉건적 반동'이 프랑스 혁명(제3장 참조)을 재촉했던 프랑스에 이르기까지 그 현상은 현저히 나타난다. 그러나 지주귀족 신분으로의 진입이 비교적 용이했던 프랑스나 나아가 지주귀족의 신분이 모든 형태의 부 ─ 그것이 충분히 큰 것인 한에서 ─ 에 대한 보상이었던 영국처럼 봉건질서가 여러 가지 점에서 분명히 휘청거렸던 곳에서조차도 토지 소유와 지배계급 신분의 연관은 존재했으며 시간이 갈수록 더욱더 긴밀해졌다.

그러나 경제적으로 서구의 농촌사회는 매우 달랐다. 아직 법적 종속이라는 귀찮은 흔적을 많이 지니고는 있었지만 서구의 특징적인 농민은 중세 말기의 농노적 지위 중 많은 부분을 상실했다. 서구의 특징적인 영지는 오래전에 경제적 사업의 단위(unit of economic enterprise)로부터 지대나 다른 화폐소득을 받아내는 제도로 변했다. 이제 경작자는 각종 규모의 다소 자유로운 농민의 특징을 지니게 되었다. 그가 차지인(借地人)인 경우에는 지주에게 지대(또는 몇몇 지역에서는 수확물의 일부)를 바쳤다.

기술적으로는 토지의 자유보유자(free holder)였다고 해도 그는 여전히 군주에 대한 조세 납부와 교회에 대한 십일조 납부, 다소의 강제노동 의무를 지고 있었을 뿐 아니라 지방 영주에게는 화폐 납부로 대신되거나 대신될 수 없는(영주의 제분소로 자신의 곡물을 운반하는 의무와 같은) 여러 의무를 지고 있었다. 이 모든 것은 보다 높은 사회

─────────────

9) Sten Carlsson, *Standssamhälle och standspersoner 1700~1865*(1949).

계층의 경우 이러한 의무로부터 다소 면제되었던 사실과 대조를 이루었다.

그러나 이러한 정치적 속박이 제거된다면 유럽의 대부분은 소농농업 지역으로서 등장할 것이었다. 소농농업 지역이란 일반적으로 소수 부농들이 항상적(恒常的)인 잉여작물을 도시시장에 판매하는 상업적 농업가가 되는 경향이 있었고, 다수의 중소농들은 그들의 소유지가 너무 작아서 시간제로 농업 혹은 공업 임노동을 해야 하는 경우를 제외하면 거의 자급자족하며 살았던 지역을 의미한다.

농업이 순수한 자본주의적 형태로 한 단계 전진적 발전을 이룩했던 나라는 불과 몇 안 되었다. 이 가운데 영국이 가장 주목할 만했다. 영국에서는 토지 소유가 극히 집중되어 있었지만 특징적인 경작자는 노동자를 고용해 농업을 경영하는 중간 규모의 상업적 차지농(tenant-farmer)이었다. 영세 농지 보유자, 빈농 등과 같이 성장이 부진했던 계층이 광범하게 존재했기 때문에 이러한 사실은 아직 분명하게 드러나지는 않았다. 그러나 이러한 계층이 완전히 소멸된 후에 (대략 1760년에서 1830년에 걸쳐) 나타난 것은 소농적 농업이 아니라 농업기업가 계급과 대규모의 농업 프롤레타리아 계급이었다.

북부 이탈리아와 네덜란드의 일부 지역에서와 같이 상업투자가 전통적으로 기업영농 쪽으로 이루어졌거나 특화된 상품작물이 생산되었던 일부 유럽 지역 또한 강한 자본주의적 경향을 보였으나 이는 예외적인 것이었다. 또 하나의 예외는 유럽 후진 지역들의 불이익 그리고 가장 발전된 경제와 가까이 있어 생기는 손해가 결합되어 있었던, 불행한 섬 아일랜드였다. 여기서는 안달루시아나 시칠리아의 경우와 유사한 소수 대(大)부재지주들이 엄청난 화폐지대로써 수많은 소작인들을 착취했다.

몇몇 발달된 지역을 제외한 유럽의 농업기술은 아직도 전통적이었던 동시에 놀라울 정도로 비효율적이었다. 그 생산물은 여전히 주로 전통적인 것들이었다. 즉 당시 사람들의 주식이었던 호밀, 밀, 보리, 귀리 그리고 동유럽의 메밀, 육우, 양, 염소와 낙농제품, 돼지와 가금(家禽), 일정량의 과일과 채소, 포도주, 양모, 아마, 밧줄용 삼, 맥주용 보리 등과 같은 몇 가지 산업용 원료 등이었다. 유럽의 식료품은 여전히 지역적으로 생산되는 것들이었다. 다른 어느 것보다도 그 달콤함으로 인해 인간에게 더욱 많은 쓰라림을 가져다주었으며, 열대 지방에서 수입된 것 중 가장 중요한 식료품이었던 설탕을 제외하고 기후가 다른 지방의 생산물들은 여전히 귀했으며 사치품에 가까웠다. (명백히 가장 발전한 나라인) 영국에서 1790년대 1인당 평균 설탕 소비량은 연간 14파운드였다. 그러나 영국에서조차도 프랑스 혁명의 해에 1인당 차(茶) 평균 소비량은 1개월에 2온스도 채 못 되었다.

아메리카나 기타 열대 지역에서 수입된 새로운 작물들의 보급이 다소 늘어났다. 남유럽과 발칸 제국에서는 메이즈(인도산 옥수수)가 이미 상당히 널리 보급되어 있었으며——그것은 발칸 지방에서 이동 농민들을 소규모 농지에 정착시키는 데 도움을 주었다——북부 이탈리아에서는 쌀의 보급이 다소 증가했다. 담배 소비는 현대의 기준으로 보면 무시될 만한 것이었지만——1790년에 보통 영국인이 한 달에 1과 3분의 1온스 정도를 피우거나 코로 냄새를 맡거나 씹었다—— 재정 수입을 위해 정부 독점 형태로 여러 나라에서 재배되었다. 남유럽의 일부 지역에서는 일반적으로 양잠이 재배되었다. 가장 중요한 새 작물은 감자로서, 1에이커당 산출로 다른 어느 작물보다 많은 사람의 생계를 유지시킬 수 있었기 때문에 이미 주작물로 되어 있었던 아일랜드를 제외하면 이제 막 보급되기 시작한 단계였다. 영국과 오늘날의 베네룩스 3국이 위치하고 있는 지역을 제외하면 근채류와 (건초 이외의) 사료작물의 체계적 재배는 오히려 예외적이었으며, 나폴레옹 전쟁이 설탕용 사탕무의 대규모 생산을 불러일으켰을 뿐이었다.

물론 18세기는 농업이 정체한 세기는 아니었다. 반대로 오랜 기간에 걸친 인구 팽창, 도시화의 진전, 무역과 공업의 발달로 인해 농업발전은 촉진되었고, 또 필요로 했다. 18세기 후반에는 근대세계를 특징짓는 놀랍고도 지속적인 인구 증가가 시작되었다. 예를 들어 1755년과 1784년 사이에 브라방(벨기에)의 농촌인구는 44퍼센트 증가했다.[10] 다수의 농업개혁 운동가들은 에스파냐에서 러시아에 걸쳐 자신들의 모임, 정부보고서, 선전용 출판물의 숫자를 증대시켰는데, 이들에게 깊은 인상을 준 것은 농업발전의 진척이라기보다는 농업발전을 가로막는 장애물의 크기였다.

5

농업의 세계는 그 자본주의적 부분을 제외하고는 침체되어 있었다. 상업과 공업 그리고 이 양자와 함께 움직였던 기술적·지적 활동의 세계는 자신에 차고 활발하고 팽창적이었으며, 이러한 활동으로부터 이익을 향유했던 계층은 활동적이고 단호하며 낙관적이었다. 당시의 관찰자라면 식민지 착취와 밀접하게 관련된 방대한 무역의 전개에서 즉각 강한 인상을 받게 될 것이다.

규모 면에서 급성장하고 있던 해상무역 체제는 북대서양 유럽의 상인사회에 거대한 이익을 가져다주면서 전 지구로 그 기운을 파급시켰다. 그들도 동인도 제도[11]의 주민들로부터 물품을 강탈해 이를

10) Pierre Lebrun et al., "La rivoluzione industriale in Belgio," *Studi Storici*, II, 3~4(1961), pp. 564~565.
11) 극동 지역의 주민들도 어느 정도까지는 약탈 대상이 되었는데, 여기서 그들

유럽과 아프리카로 수출하기 위해 식민지 권력을 사용했는데, 이는 아메리카에서 급성장하고 있던 플랜테이션 체제에 투입될 노예를 사는 데 쓰였다. 아메리카의 플랜테이션은 보다 싼 값으로 보다 많은 양의 설탕과 면화 등을 대서양과 북해에 있는 항구로 수출했는데, 이곳으로부터 설탕과 면화 등은 직물, 소금, 포도주 등과 같은 유럽의 동서무역에서 전통적으로 거래되었던 공산품, 상품들과 함께 동쪽으로 재분배되었다. '발트해'로부터는 곡물, 목재, 아마 등이 들어왔다. 동유럽으로부터는 제2의 식민 지역인 이곳에서 생산되는 곡물, 목재, 아마와 아마포(이는 열대지방에 유리한 수출품이었다), 대마와 철 등이 들어왔다. 그리고 상대적으로 발달된 유럽의 경제들 — 이는 경제적으로 말한다면 영국의 아메리카 식민지 북부(1784년 이후에는 미국 북부)의 활동이 점차 활발해져가고 있었던 백인 정착민의 사회도 포함했다 — 사이의 무역망은 보다 조밀해졌다.

네이봅(nabob, 18~19세기경 인도에서 큰 돈을 벌고 돌아온 대부호 — 옮긴이)이나 플랜테이션 농장주들은 본국의 지방민들이 바라고 있던 탐욕적 꿈을 훨씬 초과하는 부를 모아서 식민지로부터 돌아왔고, 당시에 건축되거나 재건된 훌륭한 항구들 — 보르도, 브리스틀, 리버풀 — 을 무대로 활동했던 상인과 해운업자들은 당대의 진정한 경제적 승리자로 보였다. 이들에 필적할 수 있었던 것은 이익이 생기는 공직에 봉직함으로써 재산을 모았던 재무관과 고관들뿐이었는데, 이는 당시가 아직 '국왕 예하의 생기는 것이 많은 자리'라는 말이 글자 그대로의 의미를 가졌던 시기였기 때문이다.

그들과 비교하면 법관, 토지 관리인, 지방 양조업자, 상인, 농업계

은 유럽에서 수요가 증대되고 있던 차·비단·자기 등을 구매했다. 그러나 중국과 일본의 정치적 독립성 때문에 이 무역은 약탈적인 성격이 다소 덜했다.

에서 적당한 규모의 부를 축적한 그 밖의 같은 종류의 사람들로 이루어진 중류계급은 낮은 수준의 평온한 생활을 영위했으며, 제조업자마저도 천덕꾸러기보다 거의 나을 것이 없는 존재로 비쳤다. 이는 광산과 제조업이 유럽의 전 지역에서 급속히 팽창하고 있음에도 불구하고 상인이(동유럽에서는 종종 봉건영주 역시) 광산업과 제조업의 주요한 통제자로 남아 있었기 때문이다.

 이것은 팽창하던 공업생산의 주요 형태가 이른바 가내공업 제도 또는 선대제도였기 때문인데, 이 제도 아래서 상인들은 보다 넓은 시장에서 판매하기 위해 수공업자나 부업으로 비농업노동을 했던 농민들의 생산물을 사들였다. 그와 같은 교역의 발달만으로도 초기 산업 자본주의의 기초적 조건이 필연적으로 마련되었다. 자신의 상품을 파는 수공업자는 성과급을 받는 노동자와 거의 다를 바가 없었다(특히 상인이 그에게 원료를 공급하고 생산장비를 대여했을 경우). 피륙을 짜는 일을 했던 농민은 소토지를 보유하는 직공이 될 수 있었다. 공정과 기능의 전문화는 기존의 수공업적인 기술을 세분화하거나 농민 가운데 일부를 반숙련공의 복합체로 전환할 수 있었다. 기존의 장인들 혹은 특수한 일군의 동업조합들, 일군의 지방적 중개인들은 하청업자나 고용주로 전환될 수 있었다.

 그러나 이러한 분산된 형태의 생산을 핵심적으로 통제한 사람이자 파괴된 마을이나 뒷거리의 노동을 세계시장과 연결했던 사람은 바로 상인이었다. 그리고 생산자층 내부로부터 나타나는 중이거나 나타날 예정이었던 '공업경영자들'은 그들이 상인에게 직접적으로 예속되지 않았던 경우였을지라도 그와 비교하면 소경영자에 불과했다. 특히 공업이 발달했던 영국에서는 예외가 몇몇 있었다. 철기 제조업자들, 대규모 도자기 공장주였던 웨지우드(Josiah Wedgwood) 같은 사람들은 자부심에 차 있었고 존경을 받았으며, 그들의 공장은 유럽 전역으로부터 오는 호기심 어린 사람들의 방문을 받았다. 그러나 전형적인 '공업경영자'(이 말은 당시까지는 아직 만들어지지 않았다)는 공업지휘관(captain of industry)이라기보다는 공업하사관이었다.

그럼에도 불구하고 그들의 지위야 어떠했든 간에 공업은 눈부시게 번창하고 있었다. 18세기 유럽 국가들 중 가장 눈부시게 성공한 나라였던 영국이 그러한 세력을 가질 수 있었던 것은 명백히 경제발전 덕택이었다. 1780년대까지는 합리적 정책의 추구를 표방했던 대륙의 모든 정부들이 따라서 경제 성장 특히 공업발전을 촉진시켰는데, 그 결과 거둔 성과는 나라마다 달랐다.

과학은 19세기의 학풍 아래서 아직 우월한 '순수' 부문과 열등한 '응용' 부문으로 나뉘지는 않았지만 생산과정에서 발생하는 문제들을 해결하는 데 전념했다. 1780년대의 가장 놀라운 발전은 전통적으로 작업장에서의 실제와 공업의 요구에 가장 밀접하게 연결되어 있던 화학 부문의 발전이었다. 디드로와 달랑베르의 대백과사전은 진보적인 사회·정치사상의 해석일 뿐 아니라 기술과 과학 진보의 해설이기도 했다. 왜냐하면 18세기에 깊숙이 스며든 인간의 지식, 합리성, 부, 문명 그리고 자연에 대한 지배 등에서 진보에 대한 신념이었던 '계몽운동'은 그 설득력을 1차적으로 생산·상업에서의 명백한 진보와 이와 필연적으로 결합되어 있는 것으로 믿었던 경제적·과학적 합리성으로부터 끌어냈기 때문이다.

그리고 가장 위대한 승리자는 그 시대의 뚜렷한 진보에 직접적으로 관련되었으며 경제적으로도 가장 진보적인 계급이었다. 즉 상인 사회, 경제적으로 계몽된 지주들, 금융업자, 과학적 정신을 가진 경제적·사회적 행정가들, 교육받은 중류계급, 기업가들이 그들이었다. 이러한 사람들은 현역 인쇄업자이자 신문인이며 발명가이자 기업가이며 정치가이자 빈틈없는 실업가였던 벤저민 프랭클린 같은 사람을 활동적이고 독립적이며 합리적인 미래 시민의 상징으로서 환호하며 맞이했다. 이 새로운 종류의 사람들이 영국, 즉 미국에서처럼 자신의 생각을 혁명으로 구체화할 필요가 없었던 영국에서는 지역단체들을 조직했는데, 이러한 단체들은 과학·공업·정치의 진보에 기여했다. 버밍엄의 루너 소사이어티(Lunar Society)는 도자기 공장주 웨지우드, 근대 증기 엔진의 발명자인 제임스 와트와 그의 사업동료 매슈 볼튼, 화학자인 프리스틀리, 신사 생물학자인 동시에 진화론의 선구자였던 에라스무스 다윈(보다 잘 알려진 찰스 다윈의 할아버지) 그리고 대규모 인쇄업자 바스커빌 등을 그 회원으로 하고 있었다. 이들은 어디서든 프리메이슨회(會)의 집회소로 몰려들었는데, 거기서는 계급적 차이가 중시되지 않았으며, 계몽주의의 이념이 사심없이 열정적으로 보급되었다.

이 이념의 주요 중심지 두 곳이 이중혁명의 중심지인 프랑스와 영국이었다는 것은 중요한 사실이다. 비록 실제로는 그 이념이 프랑스에서 체계화되어(이것이 단지 영국적 체계화의 프랑스어판이었을 때조차) 국제적으로 널리 보급되기 시작했다 하더라도 마찬가지다. 세속적이고 합리적이며 진보적인 개인주의가 계몽사상을 지배했다. 개인을 속박해왔던 족쇄를 끊고 개인을 해방시키는 것이 계몽사상의 주요 목표였다. 즉 전 세계에 아직 그림자를 드리우고 있었던 중세의 무지한 전통주의와 ('자연적' 또는 '합리적' 종교와는 구별되는) 교회의 미신, 출생이나 기타 엉뚱한 기준에 따라 인간 지위의 높고 낮음을 구분하는 불합리로부터 인간을 해방시키는 것이 주요 목표였다. 모든 인간의 자유와 평등 그리고 이에 따르는 박애가 계몽사상의 슬로건이었다. 오래지 않아 그것들은 프랑스 혁명의 슬로건이 되었다.

개인적 자유의 지배는 가장 자비로운 결과를 초래했다. 여기서 가장 괄목할 만한 결과는 이성의 세계에서 개인적 재능의 자유로운 발휘가 비롯된다는 사실을 알았다는 것이었다. 전형적인 계몽사상가들의 진보에 대한 열정적 신념은 그의 주변에서 볼 수 있었던 기술과 지식 그리고 부와 복지, 문명의 명백한 증진을 반영했는데, 계몽사상가들은 이러한 증진이 자신들의 사상이 점차적으로 전진한 덕분이라 주장했고, 이는 어느 정도 정당한 주장이었다. 그들이 살았던 세기의 초기만 해도 많은 지역에서 마녀들이 화형에 처해졌다. 그들이 살았던 세기말에는 오스트리아와 같은 계몽된 정부들은 이미 사법적 고문뿐 아니라 노예제도도 폐지했다. 봉건계급과 교회의 기득권과 같은 진보에 대한 장애물들이 일소된다면 무엇인들 기대될 수 없겠는가?

비록 많은 계몽주의자들이 ─ 그들은 정치적으로 결정적인 역할을 했던 사람들이었다 ─ 자유로운 사회가 자본주의 사회일 것임을 당연하게 생각했다고 하더라도 '계몽'을 중류계급의 이데올로기라고 하는 것은 엄격한 의미에서 정확하지 않다.[12] 이론적으로 계몽운동의 목적은 모든 인간을 자유롭게 해방시키는 것이었다. 진보적이고 합리적이며 인본주의적인 모든 이념들이 그 속에 내재해 있었고, 실제로 그로부터 나왔다. 그러나 실질적으로 계몽운동이 요구했던 해방의 주도자는 출신보다는 능력과 실력 면에서 뛰어난 합리적인 새로운 사람들, 즉 사회의 중류계급이기가 쉬웠으며 그들의 활동으로

---

12) 튀르고(Oeuvres V, p. 244)가 그 예다. 그에 의하면, "상업의 발전을 잘 아는 사람들은 거래 혹은 산업과 같은 모든 중요한 기업이 두 종류의 인간, 즉 기업가와…… 정해진 급료를 받고 기업가를 위해 일하는 노동자 간의 협력을 요구한다는 사실도 안다. 이러한 것이 기업가와 장인(匠人), 노동자 혹은 직인(職人) 간 구별의 진정한 기원이며, 이 구별은 사물 본연의 이치에 근거를 두고 있는 것이다."

부터 나타나게 될 사회질서는 '부르주아적'이며 자본주의적인 것이었다.

대륙에서 계몽의 옹호자들 가운데 다수가 정치적 신중성과 온건함을 보였고, 이들 중 대부분이 —1780년대까지는— 계몽군주제를 신봉했다 하더라도 '계몽'을 혁명적 이념이라고 부르는 것이 보다 정확하다. 왜냐하면 계몽주의는 유럽 대부분 지역에서 당시 지배적인 사회적·정치적 질서의 철폐를 의미했기 때문이다. 구체제가 자발적으로 자신을 철폐하기를 기대할 수는 없었다. 반대로 우리가 본 것처럼 구체제는 어떠한 점에서는 새로운 사회적·경제적 세력의 진보에 대항해 자신을 강화하고 있었다. 그리고 구체제가 이미 패퇴한 영국과 네덜란드 북부의 연합 7주와 기타 지역들을 제외한 지역에서 구체제의 요새는 온건한 계몽주의자들이 신뢰했던 바로 그 군주국들이었다.

6

17세기에 혁명이 일어났던 영국과 이보다 덜 중요한 몇몇 국가들을 제외하면 절대군주제는 유럽 대륙의 모든 국가를 지배하고 있었다. 전제군주제가 지배하지 않았던 나라들은 무정부상태에 빠졌으며 폴란드의 경우처럼 이웃나라에 병합되었다. 세습군주들은 영주들로 구성된 위계질서 체제를 신의 은총에 의해 이끌어 나갔으며, 전통적 조직과 정통적 교회의 지지를 받았다. 또한 세습군주들은 자신들에게 충고할 것이라고는 오랜 역사밖에 갖고 있지 않은 제도들이 만들어내는, 점차 증대되는 혼란으로 둘러싸여 있었다.

치열한 국제경쟁 시대에서는 국가의 단결과 효율성이 필요했기 때문에 군주들이 오래전부터 귀족들과 기타 기득권 세력들의 무정부적 경향을 제한하기 위해 가능한 한 귀족 출신이 아닌 사람들을 공복(公僕)으로 쓰려 했다는 것은 사실이다. 더욱이 18세기 후반에는 이러한 필요성 때문에, 그리고 자본주의적 영국 세력이 국제무대에서 명백히 성공했다는 사실 때문에 군주들은(또는 그들의 고문들은) 대부분 경제, 사회, 행정 그리고 지적인 면에서 근대화계획을 시도하게 되었다.

당시 군주들은 요즘의 정부들이 비슷한 이유에서 '계획'이라는 구호를 채택하듯이 '계몽'이라는 구호를 채택했다. 그리고 현재와 마찬가지로 이러한 슬로건을 이론적으로 채택했던 군주들은 이를 거의 실천에 옮기지 않았으며, 이러한 슬로건을 채택했던 군주들 대부분은 '계몽된'(또는 '계획된') 사회의 배경이 되는 일반적인 이념보다는 자신의 수입과 부나 세력을 증식시키는 최신 방법을 채택함으로써 생기는 실제적 이익에 보다 관심을 가지고 있었다.

반대로 중류계급과 지식계급들 그리고 진보를 위해 전념했던 사람들은 종종 그들의 희망을 실현시키기 위해 '계몽'군주제의 강력한 중앙집권적 기구에 의지했다. 군주는 그 국가를 근대화하기 위해 중류계급과 그 이념을 필요로 했다. 미약했던 중류계급은 견고한 방어 태세를 갖추고 있던 귀족과 성직자 계급의 진보에 대한 저항을 이겨내기 위해 군주를 필요로 했다.

그러나 실제로 절대군주국이 아무리 근대적이고 혁신적이라 해도 지주귀족의 계급조직이라는 속박을 벗어난다는 것은 불가능했다(그리고 사실 그럴 의사도 거의 보이지 않았다). 결국 절대군주제는 그 계급조직에 속하는 것이었고, 그 계급조직의 가치를 상징하고 체현하는 것이었으며, 그 계급조직의 후원에 크게 의존하고 있었기 때문이다. 절대군주국이 이론적으로는 아무리 자신이 원하는 대로 자유롭게 할 수 있었다고 해도 실제로는 계몽운동이 봉건제라고 명명됐던 세계에 속해 있었는데, 이 용어는 후에 프랑스 혁명에 의해 보편화되었다.

절대군주제는 국내에서는 자신의 권위와 세입을, 국외에서는 자신의 세력을 강화하기 위해 이용 가능한 자원을 모두 사용할 준비가 되어 있었으며, 이로써 절대군주제가 요컨대 융성하는 사회의 모든 세력들을 육성하게 되는 것은 당연했다. 절대군주제는 모든 신분계급 또는 지방들을 서로 반목시켜 어부지리를 얻음으로써 자신의 정치적 지배를 강화할 준비가 되어 있었다. 그러나 절대군주제의 시야는 자신의 역사, 기능 그리고 계급 정도에서 머무를 수밖에 없었다. 절대군주제는 경제적 진보와 상승하는 여러 사회계급들이 요구했던 근본적인 사회적·경제적 변혁을 성취할 수도 없었고, 거의 원하지도 않았다.

명백한 예를 들어보자. 합리적인 생각을 하는 사람이라면 농노제와 봉건농민에 잔존해 있던 속박을 철폐할 필요성에 대해 생각해보지 않았을 리가 없는데도 그러한 사람은 고문관들 중에서조차도 거의 없었다. 그러한 개혁은 어떠한 '계몽된' 계획의 중요한 사항 중 하나로 인식되고 있었으며, 프랑스 혁명이 일어나기 전 4반세기 동안 마드리드에서 세인트피터즈버그, 그리고 나폴리에서 스톡홀름에 이르기까지 한 번쯤 그러한 계획에 동의하지 않은 군주는 사실상 없었다.

그러나 사실 1789년 이전 유일한 위로부터의 농민해방은 덴마크와 사보이처럼 작고 비전형적인 나라들과 그 밖의 몇몇 군주들의 개인 영지에서 일어났다. 그러한 것들 가운데 주요한 것이 1781년 오스트리아의 요제프 2세에 의해 시도되었다. 그러나 그것은 기득권을 가진 계층의 정치적 저항과 예상을 초월한 농민반란에 직면해 실패했으며, 미완성에 머물러야 했다. 중서부 유럽 전역에 걸쳐 농업의 봉건적 관계에 종지부를 찍은 것은 프랑스 혁명과 1848년의 혁명이었으며, 특히 프랑스 혁명은 그것이 직접적인 작용을 함으로써, 혹은 반작용을 불러일으킴으로써, 아니면 모범을 보임으로써 그러한 기능을 수행했다.

따라서 구세력과 새로운 '부르주아' 세력 사이에는 곧 현재화될 갈등관계가 잠재되어 있었다. 물론 영국과 같이 기존 정치체제에 부르주아의 승리가 이미 구현되어 있던 곳을 제외하고는 이러한 갈등은 기존 정치체제의 틀 속에서는 해결될 수 없었다. 기존의 정치체제는 세 방향으로부터 압력을 받고 있었기 때문에 더욱 취약할 수밖에 없었다. 즉 새로운 세력으로부터의 압력, 기득권을 누리고 있는 세력으로부터의 압력, 해외 경쟁국으로부터 오는 압력이 그것이었다.

가장 취약했던 지점은 신세력과 구세력의 반대가 일치되는 경향이 있었던 곳이었다. 보다 멀리 떨어졌거나 가장 통치가 허술했던 지역, 또는 식민지에서 일어났던 자치주의 운동이 그러한 경우였다. 그리하여 합스부르크 왕국의 경우 1780년대 요제프 2세의 개혁은 오스트리아-네덜란드(현재의 벨기에)에서의 폭동이나 1789년 프랑스 혁명과 자연스럽게 연결됐던 혁명운동을 야기시켰던 것이다.

유럽 국가들의 해외 식민지에 정착했던 백인 공동체들이 식민지의 이익을 엄밀히 중심부의 이익에 종속시켰던 중앙정부 정책에 반발하는 일은 보다 일반적이었다. 아일랜드에서뿐 아니라 아메리카의 전 지역에서 정착민들의 그러한 움직임은 자치 요구의 방향으로 나아갔는데—이때 이들이 요구했던 체제가 경제적으로 볼 때 항상 중심부의 경우보다 진보적인 것은 아니었다—몇몇 영국의 식민지들이 아일랜드와 같이 평화적인 방법에 의해 일시적 자치를 얻거나 미국과 같이 혁명에 의해 독립을 쟁취했다. 경제적 팽창과 식민지의 발전, '계몽된 절대주의'가 시도한 모든 개혁의 압력은 1770년대와

1780년대에 있었던 그러한 투쟁의 계기를 증대시켰다.

그러나 지방과 식민지와의 갈등은 그 자체로서는 치명적인 것이 아니었다. 역사가 오래된 군주국가들은 한두 군데 지방을 잃고도 유지될 수 있었고, 식민지 자치주의의 주요 피해자인 영국은 구체제의 취약성으로 인해 고통을 겪지 않았다. 따라서 아메리카 혁명에도 불구하고 여전히 안정적이고 활동적일 수 있었다. 주요한 권력 이동의 조건이 순수하게 국내적이었던 경우는 거의 없었다. 상황을 폭발적인 것으로 만들었던 것은 국제적 대항관계였다.

국제적 대항, 즉 전쟁만큼 한 나라의 자원력(資源力)을 철저하게 시험했던 것은 없었기 때문이다. 이 시험을 통과하지 못하면 그 나라들은 동요되거나 심한 손상을 입거나 쓰러졌다. 이러한 하나의 주요한 대항관계가 18세기 유럽의 국제무대를 지배했으며, 이 대항관계는 되풀이해 발생하는 전면전들, 즉 1689~1713년, 1740~48년, 1756~63년, 1776~86년 그리고 이 책의 대상 기간과 겹치는 1792~1815년에 발생한 전면전들의 핵심이었다.

이것은 영국과 프랑스 간의 투쟁이었는데, 이는 어떤 의미에서는 신·구체제의 전쟁이기도 했다. 왜냐하면 프랑스가 무역과 식민지 국가를 급속히 확장시킴으로써 영국의 적대감을 불러일으키기도 했지만 프랑스는 동시에 가장 막강하고 뛰어나며 영향력 있었던, 한마디로 고전적이고 귀족적인 절대군주 국가였기 때문이다. 구(舊)사회질서에 대한 신질서의 우위를 이 양대 강국 사이의 투쟁보다 더욱 생생하게 예증해주는 것은 어느 곳에서도 찾을 수 없다. 이는 영국인들이 이 모든 전쟁에서 프랑스인들을 압도했던 정도가 다르기는 했으나 단 한 번을 제외하고는 전부 승리했기 때문만은 아니다. 그들은 전쟁을 준비하고 전비를 조달하고 전쟁을 치르는 일을 상대적으로 보다 쉽게 해냈다. 반면 군주국가 프랑스는 영국보다 훨씬 크고 인구도 많았으며 잠재적 자원도 풍부했지만, 그러한 일이 지나치게 힘겨운 것이었다.

7년 전쟁(1756~63)에서 패한 후 아메리카 식민지의 반란은 프랑스에게 적에게 역습을 가할 기회를 부여했으며, 프랑스는 그 기회를 포착했다. 그리고 실제로 영국은 뒤이은 전쟁에서 참패했으며, 그 결과 영국이 가진 아메리카 대륙의 식민지 중 가장 중요한 부분을 상실했다. 이는 새로이 등장한 아메리카 합중국의 동맹국인 프랑스가 승리했음을 의미했다. 그러나 그 대가는 엄청났으며 그로 인해 프랑스 정부는 곤경에 처하게 되었다. 불가피하게 국내적 정치위기의 시대를 맞이한 프랑스 정부는 그 결과 이 국내적 정치위기로부터 6년 후의 프랑스 혁명을 배양하고 있었던 것이다.

7

이제 유럽(또는 보다 정확하게는 북·서유럽)과 세계의 다른 지역 간의 관계를 대충 살핌으로써 이중혁명 직전의 세계에 대한 이 예비조사를 마무리하는 일이 남았다. 유럽(그리고 그 국외 연장 부분인 백인정착민 사회)에 의한 정치·군사적인 완전한 세계지배는 이중혁명 시대의 소산으로 나타날 것이었다.

18세기 후반까지도 유럽 이외의 지역에서는 몇몇 거대한 세력과 문명이 완전히 동등한 입장에서 백인 무역상과 선원 그리고 군인들에게 맞서고 있었다. 당시 만주(淸) 왕조 아래서 그 세력이 절정에 달했던 중국제국은 어느 누구의 희생물도 아니었다. 반대로 문명의 흐름은 동에서 서를 향해 달렸으며, 유럽의 철학자들은 이질적이었지만 수준 높은 문명의 가르침에 수긍했고, 예술가와 장인(匠人)들은 종종 오해되곤 했던 극동의 테마를 그들의 작품 속에 표현했으며, 극동의 새로운 물건들(도자기)을 유럽적 용도에 맞게 응용했다. 이슬람 세력들은 (터키와 같이) 이웃 유럽 국가들(오스트리아와 무엇보다도 러시아와 같은)의 무력에 의해 주기적으로 동요했지만, 19세기와 같은 몸집만 크고 무력한 존재는 결코 아니었다. 아프리카는 사실상 유럽의 군사적 침투가 이루어지지 않았던 지역이었다. 희망봉 주변의 소지역을 제외하면 백인의 활동은 해안에 위치한 교역소에 한정되어 있었다.

그러나 유럽의 교역과 자본주의적 기업에 의한 급속하고도 광범위한 팽창은 이미 이러한 문명과 세력들의 사회질서를 잠식하고 있었다. 이는 아프리카의 경우 전례 없이 활발하게 이루어졌던 끔찍한 노예무역을 통해, 인도양 주변에서는 경쟁적인 식민화 세력의 침투를 통해, 중근동에서는 교역과 군사적 충돌을 통해 진행되었다. 이미 유럽에 의한 직접 정복은 16세기 에스파냐와 포르투갈인들 그리고 17세기 북아메리카 백인 정착민들의 선구적 식민지 개척에 의해 오래전부터 이전 점유 지역을 벗어나 상당히 뻗어나가기 시작했다. 영국인들에 의해 커다란 변화가 이루어졌는데, 그들은 사실상 무굴 왕조를 쓰러뜨리고 인도의 일부 지역(특히 벵골)에 대한 직접적인 영토 지배를 이미 확립시켜놓고 있었다. 우리가 다루는 시대가 되면 영국인들은 인도 전체의 지배자와 관리자가 되는데, 이는 이러한 목표를 향한 제1보였다.

서구가 기술적·군사적으로 우월하며 유럽 이외 지역의 문명들이 상대적으로 약하리라는 사실은 이미 예견되는 바였다. 소수 유럽 국가들과 유럽의 자본주의 세력이 전 세계에 대한 완전한 지배—비록 그것이 현재의 시점에서 보았을 때 명백히 일시적인 것이기는 했으나—를 이룩했던 세계사 중 4세기, 즉 이른바 '바스코 다 가마의 시대'는 이제 절정에 도달할 참이었다. 이중혁명은 또한 비록 그것이

비유럽 세계의 궁극적인 반격을 위한 상황과 장비를 비유럽 세계에
제공할 것이었지만, 유럽의 팽창을 불가항력으로 만들 것이었다.

제2장 산업혁명

그러한 일들은 그 효과와 원인 그리고 결과가 어떠한 것이든 간에 무한한 장점을 가지며, 가는 곳마다 사람들로 하여금 사고하게 한다는 장점을 가지게 될, 매우 재간 있고 유용한 사람들의 재능에 커다란 명예가 된다……. 탐구와 사고와 야망이 부재하는 속에서 사람들을 선조가 걸어온 바로 그 행로에 묶어두는 생기 없고 멍청한 무관심과 나태한 부주의를 제거하라. 그러면 당신은 틀림없이 선을 행하는 것이 된다. 브린들리, 와트, 프리스틀리, 해리슨, 아크라이트와 같은 사람들이 살아가는 과정 속에서 또 이러한 사람들의 작업으로부터 얼마나 훌륭한 일련의 사고와 노력의 정신이 솟아나왔으며 얼마나 많고 힘찬 노력이 솟아나왔던가. ……와트의 증기기관을 보고도 자신이 추구하는 바를 성취하려고 노력함에 있어 고무되지 않을 사람이 있겠는가?
• 아서 영, 『영국과 웨일스 여행』[1]

이같이 더러운 하수구로부터 인간이 가진 근면의 가장 커다란 흐름이 흘러나와 온 세상을 기름지게 한다. 이 더러운 하수구로부터 순금이 흘러나온다. 여기서 인류는 가장 완전하고 가장 야만적인 발전을 이룩하며 문명은 기적을 행하고 문명인은 거의 야만인으로 변한다.
• 1835년에 토크빌이 맨체스터에 관해 한 말[2]

---

1) Arthur Young, *Tours in England and Wales*, London School of Economics edition, p. 269.
2) A. de Toqueville, *Journeys to England and Ireland*, ed. J. P. Mayer(1958), pp.

1

산업혁명, 우선 영국으로부터 시작해보자. 이는 언뜻 보기에 종잡을 수 없는 출발점처럼 여겨진다. 왜냐하면 이 혁명의 영향은—어쨌든 영국 이외 지역에서는—이 책이 다루고 있는 시기의 상당히 뒷부분이 되기 전까지는 아직 확실한 것이라고 느낄 수 없기 때문이다. 1830년 이전에는 확실히 산업혁명의 영향을 느낄 수 없었으며, 1840년경 이전에는 아마도 산업혁명의 영향은 느껴지지 않았다고 할 수 있다. 현금 거래관계라고 하는 금과 지폐로 맺어진 무자비한 사회적 유대를 제외하고는 모든 사회적 유대가 붕괴해버린 세상(이는 칼라일의 표현이다)인 자본주의 사회의 발흥이 문학과 예술을 사로잡기 시작했던 것은 1830년대에 들어서면서부터였다. 자본주의 사회의 발흥에서 가장 비범한 문학적 기념비라고 할 수 있는 발자크의 『인간희극』(Comédie Humaine)도 1830년대에 발표되었다.

1840년이 지나서야 산업혁명의 사회적 영향에 대한 방대한 양의 공식·비공식 문헌들이 쏟아져나오기 시작했다—영국의 의회와 정부의 주요한 보고서들 그리고 통계조사, 빌레르메의 『노동자들의 정신적·육체적 상태에 관한 표』(Tableau de l'état physique et moral des ouvriers), 엥겔스의 『영국 노동자계급의 상태』(Condition of the Working Class in England), 벨기에에서의 뒤프쇼(Ducpetiaux)의 연구, 그리고 독일에서 에스파냐·미국에 이르기까지 당황하고 놀라워했던 수많은 관찰자들이 있었다. 1840년대가 되어서야 산업혁명과 공산주의의 자손이며 사회운동—「공산당선언」의 유령—과 결부되어 있었던 프롤레타리아는 대륙을 가로질러 건넜다. 산업혁명이라는 이름마저

107~108.

도 그것의 유럽에 대한 비교적 완만한 영향을 반영하고 있다. 영국에서는 그 낱말이 만들어지기 이전에 사실적으로 프롤레타리아는 존재했다. 1820년대에 영국과 프랑스의 사회주의자들은——이들 자신도 전례 없는 집단이었다——아마도 프랑스의 정치적 혁명에서 유추해 그 낱말을 만들었다.[3]

그럼에도 불구하고 두 가지 이유에서 산업혁명을 먼저 고려해도 좋다. 첫째로 사실 산업혁명은 바스티유 감옥이 습격당하기 전에——논점을 회피한 표현을 사용한다면——'발발'했기 때문이며, 둘째로 산업혁명을 제외하고는, 우리가 다루는 시대의 보다 명확한 인물들과 사건들이 탄생한 기반이 되었던 역사의 일반적 여파와 그것의 복잡하고 불규칙적인 리듬을 이해할 수 없기 때문이다.

"산업혁명이 발발했다"라는 말은 무엇을 의미하는가? 그것은 1780년대의 어느 시점에서 인간 역사상 최초로 인간사회의 생산력을 속박하던 굴레가 벗겨지고 그 후 인간과 재화, 용역을 끊임없이 신속하게 그리고 현재까지는 무한하게 증식시킬 수 있게 되었음을 의미한다. 이는 오늘날 경제학자들에게 전문적인 용어로 표현하자면 '자립적 성장으로의 도약'으로 알려져 있다.

이전의 사회는, 전(前) 산업적 사회구조와 불완전한 과학과 기술, 그리고 이로 인해 발생했던 주기적 붕괴와 기근, 죽음 등이 생산에 부여했던 한계를 벗어날 수 없었다. '도약'이란 물론 지진이나 커다란 유성처럼 비(非)기술적 세계를 습격하는 현상들 가운데 하나가 아니었다. 유럽에서 도약의 전사(前史)는 역사가의 기호나 그의 특별한 관심 범위에 따라 최대한 1000년경까지 거슬러올라갈 수 있으며

---

3) Anna Bezanson, "The Early Uses of the Term Industrial Revolution," *Quarterly Journal of Economics*, XXXVI, 1921~22, p. 343; G. N. Clark, *The Idea of the Industrial Revolution* (Glasgow, 1953).

이보다 이른 시기, 즉 13세기, 16~17세기의 마지막 수십 년 동안에 있었던 비상(飛上)의 시도는 마치 어린 오리새끼의 실험과 같이 서툴게 '산업혁명'이라는 이름이 붙여짐으로써 실제 이상으로 부각되어왔다.

18세기 중반부터 도약을 위한 가속과정이 너무나 분명하게 관찰되므로 이전 역사학자들은 산업혁명이 시작된 시점을 1760년으로 추정하는 경향이 있었다. 그러나 조심스레 연구를 행한 대부분의 전문가들은 1760년대보다는 1780년대를 결정적인 시기로 잡는다. 왜냐하면 우리가 분별할 수 있는 한 그때에야 모든 관련 통계지수들이 '도약'을 특징짓는 갑작스럽고 급격하며 거의 수직에 가까운 상승세를 나타냈기 때문이다. 말하자면 경제는 공중에 뜨게 되었다.

보수적인 역사가들 사이에서 —어쩌면 선동적인 개념 앞에서 어떤 수줍음을 느꼈던 때문인지 모르겠으나— 산업혁명의 존재를 부정하고 대신 '가속화된 발전'과 같은 평범한 용어로 교체하려는 풍조가 한때 있었다. 그러나 이 과정을 산업혁명이라고 부르는 것은 논리적이며 확고부동한 전통과도 일치한다. 1780년대 무렵에 일어났던 급작스럽고도 질적이며 근본적인 변혁이 혁명이 아니라면 혁명이라는 낱말은 상식적인 의미를 갖지 않게 된다. 산업혁명은 실로 시작과 끝을 갖는 일종의 에피소드가 아니었다. 그 후로 혁명적인 변화가 규범화되었다는 사실이 산업혁명의 본질이었기 때문에 그것이 언제 '완료'되었는가를 묻는 것은 무의미하다. 그것은 현재도 계속 진행 중이다. 기껏해야 우리는 경제적 변혁이 충분히 진행되어 가능한 기술의 범위 안에서 원하는 것은 대체로 무엇이든 생산할 수 있는 충분히 공업화된 경제, 전문적 용어를 사용하면 '성숙한 공업경제'가 확정된 때가 언제였던가를 물을 수 있을 뿐이다.

영국의, 따라서 세계의 이 같은 초기 공업화 기간은 아마 이 책이 다루는 시기와 거의 일치할 것이다. 왜냐하면 초기 공업화 기간이 1780년대의 '도약'과 함께 시작되었다면 이는 1840년대 영국에서의 철도, 대규모 중공업 건설과 함께 끝났다고 할 수 있기 때문이다. 그러나 혁명 그 자체, 즉 '도약기'의 시점은 그와 유사한 문제들의 경우만큼이나 정확하게 1780년에서 1800년 사이의 어느 시점이라고 측정될 수 있을 것이다. 즉 프랑스 혁명과 동시대적이거나 약간 앞서는 것이다.

어쨌든 이것은 농업과 도시의 발명 이래 아마 세계사적으로 가장 중요한 사건이었을 것이다. 그리고 그것은 영국에 의해 시작되었다. 이것이 우연한 일이 아니었다는 것은 명백하다. 만일 18세기에 산업혁명의 선두 경쟁전이 벌어졌다면 오직 하나의 선도자만이 존재했다. 당시 포르투갈에서 러시아에 이르기까지 유럽에 있는 모든 계몽 군주국들의 총명하고 경제적으로 결코 고지식하지 않았던 대신들과 공복들에 의해 촉진된 산업과 상업의 발전은 상당했다. 그들은 오늘날의 관료들만큼이나 '경제성장'에 관심을 가지고 있었다. 비록 그들의 공업복합체가 너무 작고 국지적이어서 영국의 그것과 같이 세계적으로 혁명적 영향을 발휘할 수 없었다고 해도, 예를 들면 리에주나 작센 같은 몇몇 소국들과 여러 지역에서는 매우 인상적인 공업화가 수행되었다. 그러나 산업혁명 이전에도 영국은 총생산과 총교역량에서는 아직 주요한 잠재적 경쟁자와 견줄 만한 정도였지만 1인당 생산과 교역의 경우는 이미 주요 잠재적 경쟁자보다 훨씬 앞서 있었던 것으로 보인다.

무엇 때문에 영국이 앞섰든지 간에 그것이 과학과 기술의 우위에 입각한 것은 아니었다. 자연과학의 경우 프랑스가 영국보다 확실히 앞서 있었다. 이러한 프랑스의 우위는 프랑스 혁명에 의해 — 적어도 수학과 물리학 분야에서 — 더욱 현격해졌는데, 그 이유는 프랑스 혁명이 과학을 장려했던 데 반해, 영국의 반동세력은 과학을 의심했기 때문이다. 사회과학 부문에서 경제학조차도 영국인들은 압도적인 앵글로색슨족의 테마로서 인식시키기에 충분할 정도의 우위를 아직 보유하지 못하고 있었다. 그러나 산업혁명의 결과 경제학에서는 영국인들이 이론의 여지 없이 수위에 올랐다. 1780년대 경제학자는 애덤 스미스의 책도 읽었겠지만 그뿐 아니라 — 아마 더욱 유리했을지도 모르는 것으로서 — 케네, 튀르고, 뒤퐁 드 느무르, 라부아지에와 같은 프랑스 중농주의자와 국민소득 계산자들의 책, 한두 명의 이탈리아 학자가 쓴 책도 읽었을 것이다.

프랑스는 자카드식 직조기(1804) — 영국에서 고안된 것보다 더 복잡한 기계 — 와 보다 개선된 선박 등의 독창적인 발명품을 생산해 냈다. 독일 사람들은 영국에는 없었던 프러시아의 베르크아카데미(Bergakademie)와 같은 기술 훈련기관을 가지고 있었으며, 프랑스에서는 프랑스 혁명 이후 독특하고도 인상적인 파리 이공과대학(Ecole Polytechnique)이 창설되었다.

그러나 영국의 교육은 한마디로 형편없는 웃음거리였다. 비록 엄격한 시골 학교와 제임스 와트, 토머스 텔퍼드, 라우든 매캐덤, 제임스 밀과 같이 총명하고 열심히 공부하며 발전을 추구하고 합리주의적인 젊은이들을 계속 남부 지방으로 보냈던 칼뱅주의적인 스코틀랜드에 있는 엄격하고 불온하며 민주적인 대학들이 그 부족함을 다소 보충했다고는 하지만 말이다. 영국에 두 개뿐인 대학이었던 옥스퍼드와 케임브리지는, 영국 국교의 교육체계에서 배제되었던 비국교도가 설정한 아카데미들을 제외하고는 졸음 오는 퍼블릭 스쿨 혹은 그래머 스쿨(public or grammer schools)과 마찬가지로 지적으로 무익했다. 자손을 교육시키려는 귀족가문들조차도 가정교사나 스코틀랜드 대학에 의존했다. 퀘이커교도인 랭커스터(그리고 영국 국교측의 경쟁자들)가 19세기 초에 일종의 초보적인 읽고 쓰는 능력에 대한 자발적인 대량 생산체제를 확립하기 전에는 영국에는 초등교육 체계가 없었다. 그런데 이러한 과정을 거쳐 교육체계가 확립된 후 영국에는 내내 교파 간의 분규가 따라다녔다. 또한 빈민들을 교육시키는 것은 사회적으로 우려되었으므로 빈민에 대한 교육이 억제되었다.

다행스럽게도 산업혁명을 수행하는 데 지적인 정교함은 거의 필요 없었다.[4] 산업혁명에서 기술적 발명품들, 즉 비사(飛梭), 제니 방적기, 뮬 방적기 등은 매우 간소한 것이었으며 작업장에서 실험을 행하는 영리한 장인의 범위와 목공·기계공 그리고 자물쇠 제조공들의 조정능력의 범위를 벗어나지 않았다. 과학적으로 가장 복잡한 기계였던 제임스 와트의 회전식 증기기관(1784) 발명조차 거의 같은 세기 내내 이용이 가능했던 물리학 지식 정도만을 필요로 했으며 ― 증기기관에 대한 엄밀한 이론은 1820년대 들어서 비로소 프랑스인 카르노에 의해 개발되었다 ― 증기기관을 실제 사용한 수세대의 경험 ― 그 대부분이 광산에서의 경험이었다 ― 에 의존할 뿐이었다. 적당한 조건이 주어진 가운데 산업혁명의 기술혁신은 화학산업을

---

4) "한편으로 그들이 그것을 아무리 현학적으로 행한다고 해도 영국인들이 고전작가들에 관한 연구로부터 자신의 정치적 생명을 위해 소중한 것들을 풍부하게 끌어낸다는 사실을 보는 것은 유쾌한 일이다. 의회의 웅변가들이 흔히 효과적으로 고전작가들을 인용했는데 이러한 관행은 의회에서 호의적으로 받아들여졌고, 또한 효력도 없지 않았다. 다른 한편으로 공업화 경향이 뚜렷하고 국민들로 하여금 공업 발달에 기여하는 과학과 기술에 익숙케 할 필요성을 명백히 가지고 있었던 국가의 청소년 교육과정에서 이러한 과목들이 빠진 경우는 거의 볼 수 없다는 사실에 놀랄 수밖에 없다. 자신의 직업에 관련된 정식교육을 받지 못한 사람들이 그럼에도 불구하고 매우 많은 일을 이루고 있다는 사실은 마찬가지로 놀라운 것이다." W. Wachsmuth, *Europaeische Sittengeschichte* 5, 2(Leipzig, 1839), p. 736.

제외하고는 사실상 저절로 이루어졌다. 물론 이것이 초기 공업가들이 과학에 관심이 없었으며 그 실제적 이익을 구하지 않았다는 것을 의미하지는 않는다.[5]

그러나 그 적절한 조건이 영국에서는 뚜렷이 존재했다. 영국에서는 당시 100년도 더 전에 처음으로 왕이 공식적 재판을 받았고 국민에 의해 처형되었으며, 그때부터 사적 이윤과 경제발전이 정부 정책의 최고 목적으로 받아들여져왔다. 농업문제에 대한 영국 특유의 혁명적 해결방식이 토지를 거의 독점화했는데, 그 토지는 토지가 없거나 영세한 토지만을 보유하는 농민들을 고용하는 차지기업농에 의해 경작되었다. 예전부터 내려온 촌락 공동경제의 많은 잔재들이 인클로저법(1760~1830)과 사적 거래에 의해 일소되어야 할 부분으로서 여전히 존재하긴 했지만 더 이상 '영국 농민'이라는 말은 프랑스, 독일 또는 러시아 농민과 같은 의미에서 쓸 수 없게 되었다.

농업경영은 이제 주로 시장을 목적으로 해서 이루어졌다. 공장제 수공업(매뉴팩처)은 오래전에 비봉건적 지방에 널리 퍼져 있었다. 농업은 이미 공업화 시기에 담당해야 할 세 가지 기초적인 역할을 수행할 채비를 갖추고 있었다. 즉 급속히 늘어나는 비농촌인구에 식량을 공급하기 위해 생산과 생산력을 증대시키는 것, 그리고 보다 근대적인 경제 부문에서 이용될 자본 축적을 위한 메커니즘을 제공하는 것이 그것이었다(나머지 두 기능은 아마 영국에서 덜 중요했던 것 같다―즉 일반적으로 국민의 대부분을 차지하는 농촌인구 사이에서 충분히 큰 시장을 창출하는 것과 자본수입의 확보를 촉진하는 수출초과

---

5) A. E. Musson & E. Robinson, "Science and Industry in the late Eighteenth Century," *Economic History Review*, XIII, 2, Dec. 1960; R. E. Schofield, 「중부지방 공업에 대한 연구」; Lunar Society, *Isis* 47(March 1956), 48(1957); *Annals of Science* II(June 1956) 등 참조.

를 공급하는 것). 상당한 양의 사회간접자본 — 전체 경제가 순조롭게 앞으로 나아가기 위해 필요한 값비싼 일반 설비 — 이 특히 해운, 항만 시설, 도로 그리고 수로 개선과정에서 이미 창출되고 있었다. 정치는 이윤과 연결되어 있었다. 기업인의 특정 요구는 그 밖의 기득권을 누리고 있는 층의 저항에 부딪힐지도 몰랐다. 앞으로 보게 되듯이 농지균분론자들은 1795년과 1846년 사이에 산업가의 진보를 가로막기 위해 마지막 장애물을 설치할 예정이었다. 그러나 대체로 돈이면 다 통하는 세상이었다. 산업가들이 사회 지배층으로서 인정받기 위해 필요한 것은 바로 충분한 돈이었다.

기업가는 확실히 돈을 많이 모을 수 있는 절호의 기회 앞에 놓여 있었는데 이는 18세기가 유럽의 번영기였으며 별 어려움이 없는 경제 확장기였기 때문이다. 이는 볼테르가 언급한 팡글로스 박사의 행복에 찬 낙관론의 현실적 배경이었다. 완만한 인플레이션의 도움과 함께 이러한 팽창이 조만간 몇몇 나라들을 전(前) 공업경제 단계에서 공업경제 단계로 나아가게 했다고 주장하는 것은 당연하다.

그러나 문제가 그렇게 간단하지는 않다. 실제로 18세기 공업 확장의 대부분은 즉각적으로 또는 예측이 가능한 장래에 산업 '혁명'으로, 즉 기존의 수요에 의존하지 않고 자신의 시장을 창출할 만큼 방대한 양을 급속히 감소하는 비용으로 생산하는 기계화된 '공장제'의 창출로 이어지지는 못했다.[6] 예를 들어 건축업이나 영국 미들랜드와 요크셔의 국내용 금속제품 — 못·칼·가위 등 — 을 생산하는 수많은 소규모 기업들은 이 시기에 매우 크게 확장했으나 그것은 항상 기존 시장의 함수로서 확장되었다. 1850년에는 1750년보다 훨씬 많이

---

6) 현대의 모터 산업이 그 좋은 예다. 현대적 규모의 산업을 창출했던 것은 1890년대에 존재했던 자동차에 대한 수요가 아니라 그에 대한 현대적 대규모 수요를 낳았던 값싼 차를 생산할 수 있는 능력이었다.

생산했지만 생산방식은 본질적으로 100년 전과 같은 것이었다. 어떠한 종류의 팽창이나 다 좋은 것은 아니었다. 필요했던 것은 버밍엄보다는 맨체스터를 낳았던 특정 종류의 확장이었다.

더욱이 선구적 산업혁명은 가장 싼 시장에서 사서 가장 비싼 시장에서 판다는 당시의 최고 계율에 의해 지배되는 수많은 기업가들과 투자가들이 엇갈리는 결정을 내리는 가운데 경제성장이 이루어지는 독특한 역사적 상황 아래서 일어났다. 자신들에게는 보다 익숙한(그리고 과거에는 보다 수익성이 높았던) 영업활동을 하는 것보다는 산업혁명을 준비함으로써 극대이윤이 얻어지리라는 사실을 그들은 어떻게 발견하게 되었을까? 산업혁명이 시장의 확대를 전례 없이 지속시킬 것이라는, 당시까지는 아무도 알 수 없었던 사실을 그들은 어떻게 배우게 되었을까? 산업사회의 주요한 사회적 기반이 18세기 후반 영국에서 이미 마련되어 있었다고 가정한다면, 그들에게는 두 가지가 필요했다. 첫째는 가능한 한 들어가는 비용이 그다지 크지 않고 단순한 기술혁신에 의해 산출량을 재빨리 증대시킬 수 있었던, 제조업자에게 이미 특별한 보수를 가져다주었던 하나의 산업이고, 둘째는 하나의 생산국가에 의해 광범위하게 독점되는 세계시장이었다.[7]

이러한 고찰은 여러 가지 점에서 우리가 다루는 시기의 모든 국가에 적용된다. 예를 들어 모든 국가에서 공업성장의 주도권은 대량 소비재 — 유일한 것은 아니었지만 주로 직물이었다[8] — 의 제조업자

---

7) "구매력은 인구, 1인당 소득, 운송비용 그리고 교역에 대한 제약 등과 더불어 천천히 증대되었을 따름이었다. 그러나 시장은 확대되고 있었으며, 지극히 중요한 문제는 대량 소비재를 생산하는 어떤 생산자가 언제쯤 빠르고 끊임없이 생산을 확장시키기에 충분할 만큼 시장을 장악하게 될 것이냐 하는 것이었다." K. Berrill, "International Trade and the Rate of Economic Growth," *Economic History Review*, XII(1960), p. 358.

8) W. G. Hoffmann, *The Growth of Industrial Economies*(Manchester, 1958), p. 68.

가 잡았는데, 이는 대량 소비재에 대한 대규모 시장이 이미 존재하고 있었고, 기업가들은 이 시장의 팽창 가능성을 분명히 볼 수 있었기 때문이다. 그러나 다른 점에서 이 고찰은 영국에만 적용된다. 선구적 공업가들은 가장 힘든 문제들을 안고 있었기 때문이다. 일단 영국이 공업화하기 시작하자 다른 나라들 역시 선구적 산업혁명이 자극했던 급속한 경제적 팽창의 혜택을 누리기 시작했다. 더욱이 영국의 성공은 그것에 의해 이룩될 수 있는 것이 무엇인지를 보여주었으며, 영국의 기술은 모방되고 영국의 기술과 자본은 수입될 수 있었다. 독일 작센의 직물산업은 스스로 발명할 능력이 없어서 때때로 영국 기술자의 감독 아래 영국 발명품을 복사했다. 코커릴처럼 대륙을 좋아했던 영국인들은 벨기에나 독일 여러 지역에서 개업을 했다. 1789년과 1848년 사이에 유럽과 아메리카에는 영국의 전문가, 증기기관, 면제품 생산기계 그리고 각종 투자가 쇄도했다.

영국은 그러한 이점을 누리지 못했다. 반면 영국은 경쟁국의 시장을 장악하기에 충분한 경제력을 갖춘 적극적인 국가였다. 실제로 한 세기에 걸친 영국과 프랑스의 투쟁에서 최후의 결정적인 국면이었던 1793~1815년의 전쟁은 모든 경쟁국들을 신생 미국을 제외한 비유럽 지역에서 사실상 제거하는 것이었다. 더욱이 영국은 자본주의적 조건 아래서 산업혁명을 선도하기에 극히 적합한 하나의 공업을 가지고 있었으며, 영국에서 면공업 발전과 자국의 식민지 팽창을 가능케 했던 경제적 상황을 지니고 있었다.

2

영국의 면공업은 다른 나라와 마찬가지로 해외무역의 부산물로서 성장했는데, 해외무역은 영국 면공업을 위한 원료(당초 생산물은 퍼스티언, 즉 면과 아마의 혼방직이었으므로 정확히 말한다면 원료 가운데 하나)를 공급했고, 유럽의 제조업자들이 자신의 모방품을 가지고 장악하려고 하는 시장을 이미 석권하고 있는 인도산 면제품 칼리코를 들여왔다. 우선 유럽의 제조업자들이 정교하고 공들인 제품보다는 값싸고 조악한 것들을 보다 잘 복제할 수 있고, 이 경우에 보다 경쟁력을 가질 수 있었다 해도 그들은 별 성과를 거두지 못했다. 그러나 다행히도 오래되고 강력한 기득권 보유 계층인 모직물 업계에서 주기적으로(순수히 상업적 이해관계만을 갖는 동인도회사가 인도로부터 가능한 한 많이 수출하려 했던) 인도산 면포의 수입 금지조치를 얻어넘음으로써 본국의 수입 대체적인 면공업은 기회를 얻게 되었다. 모직보다 쌌기 때문에 면직과 혼합면직은 국내에서는 대단치 않았으나 적당한 규모의 유용한 시장을 얻었다. 그러나 급속한 팽창을 위한 주요한 기회는 해외에서 얻게 되었다.

식민지 무역은 면공업을 창출했으며 계속 이를 육성했다. 18세기에 면공업은 브리스틀, 글래스고, 특히 노예무역의 대중심지였던 리버풀과 같은 주요 식민지 무역항의 인접 지역에서 발전했다. 비인간적이지만 급속히 팽창하고 있었던 상업은 그 성장의 단계마다 면공업을 자극했다. 사실 이 책과 관련되는 전 기간에 노예와 면화는 나란히 행진해나갔다. 아프리카의 노예들은 적어도 부분적으로는 인도의 면제품과 교환되었다. 그러나 인도 면제품의 공급이 인도 내부와 주변에서 일어나는 전쟁이나 폭동에 의해 중단되면 랭커셔가 뛰어들 수 있었다. 노예가 요구되었던 서인도제도의 플랜테이션들은 영국의 공업을 위한 원면을 대부분 공급한 대신 농장주들은 얼마간의 맨체스터 면제품 인환권을 구매했다. '도약' 바로 전만 해도 랭커셔의 수출 면제품 가운데 대부분이 아프리카와 아메리카 시장으로 보내졌다.[9] 랭커셔는 후에 노예제도로 진 빚을 노예제를 유지함으로써 갚게 될 것이었다. 왜냐하면 1790년대 이후 랭커셔 면공장들에 원면 수요의 대부분을 공급했던 미국 남부의 노예 플랜테이션은 랭커셔 면공장들의 탐욕스럽고 치솟는 수요에 의해 유지되고 확대되었기 때문이다.

면공업은 이처럼 자신과 연결되었던 식민지무역에 이끌려서 아주 매끄럽게 출발했다. 식민지무역은 대규모의, 그리고 급속하며 예측할 수 없는 팽창을 약속했고, 이러한 팽창은 기업가가 그에 대처하기 위해 혁명적 기술을 채택하도록 만들었다. 1750년과 1769년 사이에 영국 면제품 수출은 10배 이상 늘어났다. 그러한 상황에서 가장 많은 면제품 인환권을 들고 시장에 처음 뛰어든 사람에 대한 보수는 천문학적이었으며, 그것은 기술적 모험에 뛰어드는 데 수반되는 위험에 충분히 값하는 것이었다. 해외시장, 특히 그 가운데서도 가난하고 뒤떨어진 '저개발 지역들'은 때때로 눈부시게 팽창했을 뿐 아니라 꾸준히 그리고 외견상 끝없이 확장되었다. 확실히 그 가운데 주어진 일부분은 분리시켜놓고 보면 공업적 기준에서 볼 때 소규모였으며, 여러 '선진경제들' 간의 경쟁으로 그것이 분할될 경우 더욱 작아졌다.

그러나 우리가 보아온 것처럼 어느 한 선진경제가 매우 긴 기간에 그것의 거의 전부 또는 전부를 고스란히 독점했다고 가정한다면 그 전망은 정말 무한대였을 것이다. 영국의 면공업은 정부의 적극적인 후원에 힘입어 성공했다. 판매 면에서 볼 때 1780년대의 첫 몇 해를 제외하고 산업혁명은 국내시장에 대한 수출시장의 승리로 표현될 수 있다. 1814년이 되면 영국은 국내에서 사용되는 매 3야드의 면포에 대해 4야드를, 1880년이 되면 매 8야드에 대해 13야드를 수출

---

9) A. P. Wadsworth & J. de L. Mann, *The Cotton Trade and Industrial Lancashire*(1931), chapter VII.

했다.[10) 팽창하는 이 수출시장에서는 오래전부터 영국 상품의 주요
한 해외 판로였던 반(半)식민지와 식민지 시장이 개가를 올렸다. 전
쟁과 봉쇄에 의해 영국이 대부분의 유럽 시장에 접근할 수 없었던 나
폴레옹 전쟁 기간 중에도 이것은 지극히 당연한 일이었다. 그러나 전
쟁 후에도 유럽 시장은 자신의 이익을 계속 옹호했다. 1820년 유럽이
다시 한 번 영국 물품에 대한 수입을 개방했을 때 유럽은 1억 2,800만
야드의 영국 면포를 사들였으며, 미국을 제외한 아메리카와 아프리
카 그리고 아시아는 8,000만 야드를 구매했다. 그러나 1840년에는 유
럽이 2억 야드를 사들인 반면, '저개발' 지역은 2억 5,900만 야드를
사들였다.

왜냐하면 영국의 공업은 이들 지역 내에서 전쟁, 다른 민족의 혁명
과 자신의 제국주의적 지배라는 방법을 통해 독점을 확립시켜놓았
기 때문이다. 다음 두 지역은 특별히 관찰할 만한 가치가 있다. 라틴
아메리카는 나폴레옹 전쟁 중에 영국으로부터의 수입에 사실상 전
적으로 의존하게 되었으며, 에스파냐와 포르투갈과 관계를 끊은 이
후로는 유럽 내 잠재적인 영국의 경쟁국들이 행해온 정치적 간섭
으로부터도 차단되어 영국의 거의 완전한 경제적 종속국이 되었다.
1820년 이 빈곤한 대륙은 이미 유럽이 수입했던 양의 4분의 1 이상에
달하는 영국 면포를 사들였으며, 1840년에는 유럽 수입량의 거의 반
정도를 사들였다.

또한 앞서 본 바와 같이 동인도는 동인도회사의 장려에 힘입어 여
전히 전통적인 면제품 수출국이었다. 그러나 영국에서 산업자본가
들의 이해관계가 지배적으로 되자 동인도의 상업적 이해관계는 (인

---

10) F. Crouzet, *Le Blocus Continental et l'Economie Britannique*(1958), p. 63에 의하면
1805년에 수출 면직물의 비중이 3분의 2에 이르고 있었다.

도의 이해관계는 말할 것도 없이) 밀려났다. 인도의 공업은 체계적으로 해체당했으며 인도는 랭커셔의 면제품 시장이 되었다. 1820년 인도는 1,100만 야드만을 수입했으나 1840년에는 이미 1억 4,500만 야드를 수입하고 있었다. 이는 단순히 랭커셔 시장의 만족스러운 팽창만을 의미하는 것은 아니었다. 그것은 세계 역사상 획기적인 사건이었다. 왜냐하면 처음부터 유럽은 동양에서 자신이 판매한 것보다 항상 더 많은 것을 수입해왔다. 이는 동양이 서양으로 향료·비단·면포와 보석류 등을 보낸 대가로 요구할 만한 것이 서구에는 거의 없었기 때문이다.

산업혁명의 면직물은 이제까지 지금(地金)의 수출과 약탈에 의해 균형이 유지되어왔던 관계를 처음으로 역전시켰다. 보수적이고 자족적인 중국인들만이 여전히 서양과 서양 지배 아래의 경제권이 판매하려는 물품의 구매를 거부하고 있었다. 그러나 그것은 1815년에서 1842년 사이에 군함의 도움을 받은 서구 상인들이 인도로부터 동양으로 대량 판매될 수 있었던 이상적 상품인 아편을 발견해냈을 때 이미 끝났다.

따라서 면제품은 사적 기업인들을 산업혁명이라는 모험으로 유인하기에 충분할 정도로 방대한 가능성과, 산업혁명을 요구하기에 충분할 정도로 갑작스런 팽창을 제공했다. 다행히 면제품은 산업혁명을 가능케 했던 그 밖의 조건들 또한 제공했다. 면제품 생산에 대변혁을 일으킨 새로운 발명품들 ── 제니 방직기, 수력방직기, 뮬 방직기, 그리고 바로 뒤에 나온 역직기(力織機) ── 은 아주 간단하고 값이 쌌으며 보다 많은 산출로써 거의 즉각적으로 목적을 달성해냈다. 약간의 차입자금으로 출발한 소자본가들은 필요하다면 이러한 발명품들을 조금씩 설치해나갈 수 있었다. 왜냐하면 18세기의 대규모로 축적된 부를 지배했던 사람들이 공업에 거액을 투자할 생각을 별로 갖고 있지 않았기 때문이다. 공업의 확장에 필요한 자금은 경상이윤으로부터 쉽게 조달할 수 있었는데, 이는 공업에 의한 방대한 시장 점령과 꾸준한 물가상승이 엄청난 이윤율을 가져다주었기 때문이다.

훗날 영국의 한 정치인은 다음과 같이 공정하게 술회했다. "랭커셔를 번영시켰던 부의 폭은 5퍼센트나 10퍼센트가 아니라 수백 퍼센트 내지 수천 퍼센트였다." 1789년 포목상 점원 노릇을 하던 로버트 오언은 맨체스터에서 100파운드를 빌려 공장을 시작했는데, 1809년에 그는 '현금으로' 8만 4,000파운드를 내고 뉴 라나크 공장에 대한 동업자들의 권리를 사들였다. 물론 이것은 사업의 성공담치고는 그다지 대단한 것이라고도 할 수 없다. 하지만 1800년경 영국 총가구수의 15퍼센트가 채 못 되는 가구가 연간 50파운드 이상의 소득을 올리고 있었고, 이 가운데 4분의 1만이 연간 200파운드 이상을 벌었다는 사실을 기억해야 한다.[11]

그러나 면제품 제조업은 다른 이점을 가지고 있었다. 모든 원료는 해외로부터 왔으며, 따라서 원료의 공급은 유럽 농업에 의거한 보다 완만한 절차가 아니라 식민지에서 백인들이 이용할 수 있었던 과감한 절차 — 노예제와 새로운 경작 지역의 개척 — 에 의해 확대될 수 있었고, 이러한 확대는 기득권을 가진 농업가들에 의해 방해를 받지도 않았다.[12] 영국의 면공업은 1790년대부터 1860년대까지 자신의 번영과 직결되어 있던 면화 공급을 담당할 지역을 새로 개척된 남부에서 발견했다. 또 제품 생산의 중요한 부문들(특히 방적 부문)에서 면공업은 값싸고 효율적인 노동력의 부족으로 어려움을 겪었으며,

---

11) P. K. O'Brien, "British Incomes and Property in the early Nineteenth Century," *Economic History Review*, XII, 2(1959), p. 267.

12) 예를 들어 해외로부터의 양모 공급은 이 책이 다루는 전 기간 동안 그 중요성이 무시될 수 있는 것이었으며, 1870년대 와서야 중요한 요인이 되었다.

그 결과 기계화가 진행되었다.

아마포산업과 같은 산업은 초기에는 식민지적 팽창이라는 면에서 오히려 더 많은 가능성을 지녔지만, 장기적으로 저렴하고 생산이 기계화되지 않은 빈곤한 농촌 지역(아일랜드와 주로 중유럽)——아마포산업이 발달한 것은 주로 이런 지역에서였다——에서 매우 쉽사리 증대될 수 있었다는 사실 때문에 어려움을 겪었다. 왜냐하면 18세기에는 작센과 노르망디에서도 공업을 확장하는 방식은 분명 공장을 짓는 것이 아닌 이른바 '가내공업' 내지 '선대'제도를 확장하는 것이었기 때문이다. 그 제도 아래서 노동자들은——때때로 전직 독립 장인들이나 농한기에 시간이 남아돌던 전직 농민들은——자신의 집에서 자기 소유의 도구나 고용주화되어가고 있던 상인들로부터 빌린, 따라서 다시 돌려주어야 했던 도구를 가지고 원료를 제품으로 완성시켰다.[13]

실로 영국과 경제적으로 진보되어 있던 나머지 지역에서는 공업화 초기 단계의 확장이 대부분 이러한 형태로 지속적으로 이루어졌다. 면업에서조차도 방직과 같은 공정은 원시적 수직기가 물레보다 효율적인 도구였기 때문에 기계화된 방적공장이라는 핵을 위해 일하는 다수의 가내공업적 수직공들을 창출함으로써 확대되었다. 어느 곳에서나 방직공정은 방적공정보다 한 세대 후에 기계화되었으며, 덧붙여 말하면 수직공들은 공업이 더 이상 그들을 필요로 하지 않게 되었을 때에야 자신의 끔찍한 운명에 대해 때때로 반항하면서 질질

---

13) '가내공업제'(domestic system)는 가내 생산 또는 수공업 생산으로부터 근대 공업으로 이행해가는 도상에 존재하는 하나의 일반적 공업발전 단계이며 여러 가지 형태를 취할 수 있는데, 그 가운데 몇몇은 공장에 매우 가까운 형태를 취한다. 18세기의 어떤 저자가 '매뉴팩처'(manufacture)라는 용어를 쓴다면 이것은 모든 서구제국에서 거의 항상 가내공업제를 의미하는 것이었다.

끌어온 삶을 마쳤다.

3

이와 같이 영국 산업혁명의 역사를 주로 면업의 측면에서 보아온 전통적 견해는 옳은 것이다. 면업은 혁명을 겪은 첫 산업이었고, 그 밖의 다른 어떤 산업이 다수의 사적 기업가들로 하여금 혁명을 수행하게끔 할 수 있었으리라는 생각은 하기 어렵다. 1830년대가 되어서도 면업은 공장이나 '제작소'(mill, 이 명칭은 가장 널리 보급되었던 동력 중기계를 사용하는 전前 공업적 시설의 이름에서 유래되었다)가 지배적 지위를 차지했던 유일한 영국의 산업이었다. 처음에는(1780~1815) 주로 방적 소면(梳綿)과 몇몇 보조적 작업 분야에서, 1815년 이후에는 방직 분야에서도 점점 지배적 지위를 차지하게 되었다. 신공장법이 대상으로 했던 '공장들'은 1860년대까지는 오로지 직물공장, 그 가운데서도 주로 면공장들이었다.

다른 직물 분야의 공장생산은 1840년대 이전에는 완만하게 발전하고 있었으며, 다른 공업의 경우는 무시할 만했다. 1815년까지 수없이 많은 다른 산업에서 사용되었던 증기기관조차도 그것을 선구적으로 사용했던 광업 이외의 분야에서는 그리 많이 사용되지 않았다. 1830년경 다소나마 근대적인 의미의 '공업'과 '공장'은 여전히 거의 전적으로 영국의 면업 분야만을 의미할 따름이었다.

이는 도시의 급속한 성장에 크게 자극받아 기타 소비재, 특히 기타 직물들,[14] 음식·음료, 도자기 그리고 기타 가정용품 생산에서 기술

---

14) 시장에 내다 팔 수 있는 종류의 공산품을 소유했던 모든 나라에서 직물이 압도적 비중을 차지하는 경향이 있었다. 실레지아(1800)에서 직물은 공산품 총액의 74퍼센트를 차지하고 있었다. Hoffmann, 앞의 책, p. 73.

혁신을 향해 나아갔던 세력들을 과소평가하려는 것이 아니다.

그러나 첫째, 이러한 산업들은 훨씬 적은 인구를 고용했다. 1833년 면업에 직접 고용되거나 그 고용에 의존하고 있던 사람 수는 150만 명 정도였는데, 이러한 수준을 멀리서나마 따라붙고 있던 산업조차 없었다.[15]

둘째, 그외 다른 산업에 파급되는 변혁능력이 훨씬 작았다. 양조업은 대부분의 측면에서 기술적·과학적으로 훨씬 발달되고 기계화되어 있었으며 면업 이전에 이미 혁명을 겪은 산업이었다. 그러나 더블린의 거대한 기니스 양조장이 증명해주듯이 양조업은 주변 경제에 거의 영향을 주지 못했다. 이 양조장이 세워졌어도 더블린과 아일랜드 경제의 나머지 부분은(그 지역의 미각은 변했겠지만) 이전과 다를 바가 없었다.[16] 면업으로부터 파생된 수요는──신공업 지역의 보다 많은 건물과 다양한 활동에 대한 수요, 기계에 대한 수요, 화학적 개선, 공업용 조명에 대한 수요, 해상운송과 그 밖의 많은 활동에 대한 수요──그 자체로서 1830년대까지 영국의 경제성장 대부분을 설명하는 데 충분하다.

셋째, 면업의 확장이 매우 방대한데다 영국의 대외무역에서 차지했던 비중이 대단히 컸기 때문에 면업은 전체 경제의 움직임을 좌우했다. 영국으로 수입된 원면의 양은 1785년의 1,100만 파운드에서 1850년의 5억 8,800만 파운드로 증가했다. 면직물 생산은 4,000만 야드에서 20억 2,500만 야드로 증가했다.[17] 면제품은 1816~48년에 영국 총수출품의 연간 신고액 중 40~50퍼센트를 차지했다. 면업이 번

---

15) E. Baines, *History of the Cotton Manufacture in Great Britain*(London, 1835), p. 431.

16) P. Mathias, *The Brewing Industry in England*(Cambridge, 1959).

17) M. Mulhall, *Dictionary of Statistics*(1892), p. 158.

창하면 경제가 번창했으며, 그것이 침체하면 경제 역시 침체했다. 면제품 가격의 움직임에 따라 영국의 무역수지가 결정되었다. 오로지 농업만이 이에 필적할 만한 힘을 가지고 있었는데, 이 힘조차 뚜렷이 감퇴되고 있었다.

면업과 이에 의해 지배되는 공업경제의 확대는 "이전에 가장 비현실적인 상상력이 반드시 가능하리라고 생각했을 모든 것을 비웃을"[18] 정도였지만 그럼에도 불구하고 면업을 위시한 공업경제의 진보는 결코 순조롭지 못했다. 1830년대와 1840년대 초반이 되자 영국 근대사의 어떤 다른 시기에서도 찾아볼 수 없는, 혁명적 소요는 차치하고라도 성장에 따른 주요한 문제들이 발생하기 시작했다. 이러한 산업 자본주의 경제의 전반적인 비틀거림은 이 시기 영국 국민소득의 감소 현상으로 뚜렷이 나타나고 있다.[19] 최초로 나타난 이 일반적인 자본주의의 위기는 또한 순수히 영국적인 현상도 아니었다.

가장 심각한 결과는 사회적인 것이었다. 새로운 경제로 이행됨에 따라 사회혁명의 근원이 되는 빈곤과 불만이 생겨났다. 그리고 실제로 도시공업 빈민들의 자생적 봉기 형태인 사회혁명이 발발했으며, 이는 대륙에서 1848년의 일련의 혁명과 영국에서 거대한 규모의 차티스트 운동을 발생시켰다. 불만은 노동빈민층에게만 국한되어 있지 않았다. 새로운 경제에 적응하기 어려웠던 소규모 실업가들, 프티부르주아, 경제의 특수한 부분들 역시 산업혁명과 그 결과의 희생물이었다. 단순했던 노동자들은 그들이 겪고 있는 고생의 원인으로 간주되는 기계들을 부숨으로써 새로운 체제에 반항했다. 그러나 놀랄 정도로 많은 지방 사업가와 농민경영자들도 노동자들의 이러한 러

---

18) E. Baines, 앞의 책, p. 112.

19) Phyllis Deane, "Estimates of the British National Income," *Economic History Riview*(April 1956/April 1957).

다이트 운동에 깊이 공감했는데, 이는 그들 역시 자기 자신을 소수의 잔인한 이기적 혁신가들의 희생물이라고 생각했기 때문이다.

노동자의 소득을 생존비 수준에 묶어둠으로써 공업화 자금으로 전환되었던, 그리고 부자들이 풍부한 생활의 즐거움을 누릴 수 있게끔 했던 이윤을 축적할 수 있도록 한 노동의 착취는 프롤레타리아의 반항을 초래했다. 그러나 빈자로부터 부자로, 소비로부터 투자로의 이러한 국민소득의 전환에 대한 또 다른 측면은 또한 소규모 기업가들의 반항을 초래했다. 대규모 전주(錢主)들, 즉 국민들이 세금으로 낸 것을 받아먹고 있던 '공채 소유자들'(제4장 참조) ── 이들이 받아먹은 금액은 국민소득의 약 8퍼센트에 상당했다[20] ── 에 대한 반항감은 노동자들보다 소규모 사업가들, 농업경영자들이 더욱 많이 가지고 있었을 것이다. 그것은 그들이 받고 있는 불이익으로 인해 개인적인 분노를 느낄 만큼 소규모 사업가나 농업경영자들이 화폐와 신용에 대해 충분히 알고 있었기 때문이다.

자신이 필요로 했던 신용을 전부 조달할 수 있었던 부자들은 나폴레옹 전쟁 이후 엄격한 통화 수축과 화폐적 정통주의 때문에 경제가 압박을 받아도 괜찮았다. 어려움을 겪은 것은 소규모 기업가들이었으며 그들은 19세기 내내 모든 나라에서 신용 완화와 금융적 비정통주의를 요구했다.[21] 노동자들과 바야흐로 무산계급으로 전락할 찰나에 있었던 불만에 찬 프티 부르주아는 따라서 공통의 불만을 가지고 있었다. 이러한 불만은 '급진주의', '민주주의' 혹은 '공화주의'라

---

20) P. K. O'Brien, 앞의 책, p. 267.
21) 영국의 나폴레옹 전쟁 이후 급진주의로부터 미국의 인민당원에 이르기까지 농업경영자와 소기업가들을 포함하는 모든 항의운동들은 금융적 비정통주의에 대한 요구에 의해 식별될 수 있다. 그들은 모두 '통화 변덕쟁이들' (currency cranks)이었다.

는 대중운동들 속에서 그들을 결합시켰다. 이러한 대중운동 가운데 1815년에서 1848년 사이에 가장 강력했던 것은 영국의 급진주의자들, 프랑스의 공화주의자들, 잭슨을 지지하는 미국의 민주당원들이었다.

그러나 자본가들의 관점에서 보았을 때 이러한 사회적 문제들은 어떤 큼직한 우연에 의해 그것들이 사회질서를 전복시키는 한에서만 경제의 진보와 관련해 의미를 갖는 것이었다. 반면 경제과정에는 그것의 근본적 원동력인 이윤을 위협하는 일정한 선천적 결점이 있는 것처럼 보였다. 왜냐하면 자본의 수익률이 제로가 되면 이윤만을 위해 생산하는 경제는 경제학자들이 상상하며 겁냈던 '정상상태'(定常狀態, stationary state)로 서서히 떨어지게 될 것임이 틀림없었기 때문이다.[22]

이런 결점들 가운데 가장 명백한 세 가지는 호황과 침체의 경기순환, 이윤율 저하 경향 및 (같은 내용이지만) 유리한 투자기회의 부족이었다. 이 가운데 첫 번째 것은 자본주의 자체에 대한 비판자들의 경우를 제외하고는 심각한 것으로 받아들여지지 않았다. 이 비판자

---

22) 정상상태에 관해서는 J. Schumpeter, *History of Economic Analysis*(1954), pp. 570~571을 참조할 것. 정상상태라고 하는 개념이 결정적으로 정식화(定式化)된 것은 밀(John Stuart Mill)의 *Principles of Political Economy*, Book IV, chapter iv에서다. 즉 "한 나라가 오래전부터 대규모 생산과 저축을 하기 위한 대규모의 순소득을 보유해왔고, 따라서 매년 자본을 크게 증식시킬 수 있는 수단이 오래전부터 존재해왔을 때 통상적으로 이윤율이 최저의 수준에 있다는 것, 따라서 그 나라가 정상상태의 직전에 있다는 것은 그러한 나라가 가지는 특징들 중 하나다. ……현재와 같은 자본의 연례적 증가의 계속만으로도—자본 증가의 효과를 상쇄시키는 상황이 발생하지 않는다면—수년 후에 순이윤율을 최소로 축소시키는 데 충분할 것이다." 그러나 1848년에 이 책이 발행되기 전에 상쇄력—철도에 의해 유발된 발전의 물결—은 이미 그 모습을 드러냈다.

들은 최초로 경기순환에 관해 연구했으며, 경기순환을 자본주의적 경제과정의 유기적인 구성요소로 파악하고, 자본주의에 내재하는 모순의 표현으로 파악했던 최초의 사람들이었다.[23]

실업, 생산의 감소, 파산 등을 초래하는 주기적인 경제공황은 잘 알려져 있었다. 18세기 유럽 대륙에서는 공황이 일반적으로 일정한 농업적 재난(흉작 따위)을 반영하는 것이며, 농업상의 교란이 우리가 다루는 시기가 끝날 때까지 발생했던 가장 광범위한 불황들의 주요 원인이라고 주장되어왔다. 영국의 경우 적어도 1793년부터 소제조업 및 금융 분야의 주기적 공황 역시 잘 알려져 있는 것이었다. 나폴레옹 전쟁 이후 호황과 붕괴— 1825~26년, 1836~37년, 1846~48년의 — 의 주기적 드라마는 평화시에 한 나라의 경제생활을 명백히 지배했다. 이 책이 다루는 역사적 시기 가운데 중요한 10년인 1830년대가 되면, 공황이 적어도 무역과 금융 부문에서 규칙적이고 주기적인 현상임이 어렴풋하게 인식되었다.[24]

그러나 일반적으로 사업가들은 여전히 공황이 특별한 실수—예를 들면 미국의 주식에 대한 과잉투기—또는 자본주의 경제의 순조

---

23) 스위스의 시몽드 드 시스몽디와 보수적이며 농업 중심적 심성을 갖고 있던 맬서스는 1825년 이전에 이미 이러한 방향으로 주장을 폈던 최초의 인물들이었다. 새로운 사회주의자들은 자신들의 공황이론을 자본주의 비판의 근본원리로 삼았다.

24) 급진주의자 웨이드(John Wade)의 *History of the Middle and Working Classes*, 은행가인 오버스톤(Lord Overstone)의 *Reflections suggested by the perusal of Mr. J. Horsley Palmer's pamphlet on the causes and consequences of the pressure on the Money Market*(1837), 반(反)곡물법 운동가인 윌슨(J. Wilson)의 *Fluctuations of Currency, Commerce and Manufacture: Referable to the Corn Laws*(1840)에서 이러한 사실에 대한 인식이 발견된다. 프랑스에서는 1837년에 블랑키(A. Blanqui, 유명한 혁명가의 형)가, 1840년에 브리온(M. Briaune)이 이러한 사실을 인식하고 있었다. 다른 사람들도 이러한 사실을 인식하고 있었던 것이 명백하다.

로운 운영에 대한 외부의 간섭에 의해 야기된다고 생각했다. 공황이 체제 내의 근본적인 문제점들을 반영하는 것이라고는 믿어지지 않았던 것이다.

그러나 사람들은 면공업이 매우 분명하게 예증하고 있던 이윤율의 하락에 대해서는 그렇게 생각하지 않았다. 처음에 면업은 무한히 유리한 조건으로부터 이익을 얻고 있었다. 기계화로 인해 노동의 생산성이 크게 증대되었는데(즉 생산물 단위당 노동비용이 크게 감소되었는데), 노동력은 대개 부녀자와 아이들로 구성되었기 때문에 임금은 어떤 경우든 말도 안 될 정도로 낮은 것이었다.[25] 1833년 글래스고의 면공장에서 일했던 1만 2,000명의 직공 가운데 오직 2,000명만 평균 11실링이 넘는 주급을 벌었다. 131개 맨체스터 공장들의 경우 평균 임금은 12실링보다 낮았으며, 이 가운데 21개만 평균 임금이 그보다 높았다.[26] 그리고 공장의 건축비용은 비교적 저렴했다. 1846년에는 약 1만 1,000파운드를 가지고 기계 410대를 보유하는 공장을 세울 수 있었는데, 그 비용에는 대지와 건물비용도 포함된다.[27] 무엇보다도 주요 비용이었던 원료비용은 1793년 휘트니(Eli Whitney)가 조면기(繰綿機)를 발명한 후 미국 남부에서 면화 재배가 급속히 팽창함으로써 엄청나게 줄어들었다. 여기에 기업가들이 이윤 인플레이션(즉 그들이 제품을 만들 때보다 판매할 때 가격이 높아지는 일반적 경향)이라는 보너스를 누렸다는 사실을 덧붙인다면 우리는 제조업자 계급

---

25) 베인스(E. Baines)는 1835년에 모든 방적공과 방직공의 평균 임금을 주당 10실링으로——매년 2주일의 무급휴가를 감안해——그리고 수직공의 평균 임금을 주당 7실링으로 추정했다.

26) E. Baines, 앞의 책, p. 441; A. Ure & P. L. Simmonds, *The Cotton Manu-facture of Great Britain*(1861), pp. 390ff.

27) Geo. White, *A Treatise on Weaving*(Glasgow, 1846), p. 272.

이 왜 그리 흥분했는지를 이해하게 될 것이다.

1815년 이후 이러한 유리한 조건들은 줄어드는 이윤에 의해 점점 상쇄되는 듯이 보였다. 첫째, 산업혁명과의 경쟁으로 인해 완제품 가격은 지속적으로 그리고 급격히 떨어졌지만 몇몇 생산요소의 가격은 그렇지 않았다.[28] 둘째, 1815년 이후 일반적인 가격환경은 디플레적이었지 인플레적인 것이 아니었다. 즉 이윤은 특별히 증가하기는커녕 다소 감소했다. 따라서 1784년에 방사(紡絲) 1파운드의 판매가격이 10실링 11펜스이고, 원료비용이 2실링이었음에 반해(이윤은 8실링 11펜스), 1812년에는 판매가격이 2실링 6펜스, 원료비용이 1실링 6펜스였으며(이윤은 1실링), 1832년에는 가격이 11.25펜스, 원료비용이 7.5펜스로 기타 비용과 이윤을 포함하는 이윤은 따라서 4펜스에 불과했다.[29]

물론 영국의 ─그리고 발달된 모든 나라의 ─공업 전체에 관한 일반적인 상황은 그다지 비극적인 것은 아니었다. 1835년 면업의 옹호자이자 면업 사가(史家)였던 한 인물은 극히 조심스런 표현을 사용해 "이윤은 제조업자에게 거대한 자본 축적을 허용할 만큼 충분하다"고 기술했다.[30] 총매상고가 급증함에 따라 체감하는 이윤율 속에서도 총이윤은 역시 급증했다. 필요한 것은 지속적이며 천문학적인 확장뿐이었다. 그럼에도 불구하고 이윤 폭의 축소는 저지되거나 적어도 그 진행 속도가 늦춰져야 한다고 생각되었다. 이것은 오직 비용을 줄임으로써만 가능했다. 모든 종류의 비용 가운데에서 임금 ─매컬러크(McCulloch)는 임금이 원료비의 세 배에 달한다고 생각했

---

28) M. Blaug, "The Productivity of Capital in the Lancashire Cotton Industry during the Nineteenth Century," *Economic History Review*(April 1961).

29) Thomas Ellison, *The Cotton Trade of Great Britain*(London, 1886), p. 61.

30) E. Baines, 앞의 책, p. 356.

다——을 줄이는 것이 가장 쉬웠다.

임금은 직접적인 임금 삭감, 값비싼 숙련공을 값싼 기계 감시공으로 대체하거나 기계의 경쟁을 통해 줄일 수 있었다. 기계의 경쟁 결과 볼튼에서는 수직공의 평균 주급이 1795년의 33실링과 1815년의 14실링에서 1829~34년의 5실링 6펜스(보다 정확하게는 4실링 1.5펜스의 순소득)로 떨어졌다.[31] 그리고 사실 나폴레옹 전쟁 이후 시대에는 화폐임금이 꾸준히 떨어졌다. 하지만 50만 명의 수직공들이 굶어 죽었던 것은 사실이었으나 노동자들을 모두 굶겨 죽일 작정이 아니라면 그러한 임금 하락에는 생리학적인 한계가 있었다. 생계비가 하락하는 한에서만 임금도 이 한계 이하로 떨어질 수 있었다.

면공업자들은 생계비가 지주세력의 독점에 의해 인위적으로 높게 유지되고 있다고 보았다. 또한 전후에 지주로 구성된 국회가 영국 농업의 주위를 에워쌌던 높은 보호관세, 즉 곡물법(Corn Laws)을 발표함으로써 이러한 사정이 더욱 악화되었다고 생각했다. 더욱이 곡물법은 영국 수출의 본질적 성장을 위협한다는 또 하나의 불이익을 초래하고 있었다. 아직 공업화되지 못했던 세계의 나머지 지역이 자신의 농업제품을 판매할 수 없었다면 영국만이 공급할 수 있었던——그리고 공급해야 했던——공업제품의 대금을 이 지역에서 어떻게 지불할 수 있었겠는가? 따라서 맨체스터의 면공업계는 일반적으로는 지주세력, 특수하게는 곡물법에 대해 점점 필사적으로 호전성을 띤 저항의 중심지가 되었고, 1838~46년의 반곡물법동맹의 중추세력이 되었다.

그러나 곡물법은 1846년까지 철폐되지 않았고, 곡물법이 철폐되었어도 생계비가 곧바로 하락하지는 않았다. 철도와 증기선의 시대가

---

31) E. Baines, 앞의 책, p. 489.

오기 전에 심지어 자유로운 식료품 수입이 이루어졌다고 해도 생계비가 크게 저하되었을지는 의심스럽다.

공업은 이와 같이 기계화(즉 노동 절약에 의한 비용 절감), 합리화와 함께 생산과 판매를 확대하고, 그렇게 함으로써 이윤 감소를 단위당 소이윤의 대량 집적에 의해 보충할 것을 강요당하고 있었다. 이것이 성공할 것인가는 아직 미지수였다. 이미 살펴본 바와 같이 생산과 수출의 증대는 어마어마했으며, 1815년 이후에는 그때까지 손으로 했거나 부분적으로만 기계화되어 있던 작업, 특히 방직의 기계화도 엄청나게 발달했다. 이때 기계화는 더 이상의 기술혁명보다는 주로 당시 존재하고 있던, 또는 약간 개선된 기계를 채용하는 형태를 일반적으로 취했다. 기술혁신에 대한 압력이 대단히 증대되었음에도 불구하고——1800~20년 사이에 면방적 분야 등에서 새로운 특허품이 39개 있었고, 1820년대 51개, 1830년대 86개, 그리고 1840년대에는 156개에 달했다[32]——1830년대 영국의 면업은 이미 기술적으로 안정되어 있었다. 반면 직공 1인당 생산이 나폴레옹 전쟁 이후의 시기에 증대되긴 했지만 혁명적으로 증대되었던 것은 아니었다. 작업능률이 대폭적으로 촉진되었던 것은 19세기 후반에 들어와서였다.

자본의 이자율에서도 이윤율에 비견될 만한 하락 경향이 존재했는데, 이 시대의 이론은 이자율을 이윤과 동일시하는 경향이 있었다. 그러나 이자율에 관해 고찰하기 위해서는 공업발전의 다음 국면인 기초 자본재 산업의 건설로 넘어가야 한다.

---

32) A. Ure & P. L. Simmonds, 앞의 책, vol. I, pp. 317ff.

4

어떠한 공업경제도 그것이 적절한 자본재 생산능력을 소유하기 전에는 일정 수준을 넘어 발전할 수 없다는 건 자명한 이치다. 현대에 이르러서도 한 나라의 산업적 잠재력에 대한 가장 믿을 만한 유일한 지표가 철강 생산량이 되는 것은 이 때문이다. 그러나 사적 기업이 처한 상황 아래서 자본재 생산능력의 발전을 위해 필요한 극히 많은 비용이 드는 자본투자를 면제품이나 기타 소비재 생산의 공업화 경우와 같은 이유로 이룰 가능성은 그다지 없다는 것 또한 명백하다.

면제품이나 기타 소비재의 경우에는 이미 적어도 잠재적으로나마 대규모 시장이 존재한다. 어떤 원시인일지라도 옷을 입고 가정용품과 식품을 필요로 한다. 단지 문제는 이렇게 방대한 시장을 어떻게 기업가들의 영역 안으로 충분히 그것도 재빨리 집어넣느냐 하는 것이다. 그러나 예를 들어 거더(girder)와 같은 철제 중장비의 경우에는 그러한 시장이 존재하지 않는다. 그러한 시장은 오로지 산업혁명의 과정 속에서 생겨나게 될 뿐이다(그것도 항상 그런 것은 아니다). 시장이 명백히 존재하기도 전에, 꽤 큰 방적공장에 비교할 때 규모가 그리 크지 않은 제철소를 설립하려는 경우에조차도 필요한 대규모 투자에 자금을 고정시키려는 사람은 건전한 기업가이기보다는 투기가와 모험가 그리고 공상가일 가능성이 더 크다.

실제로 프랑스에서는 이러한 투기적인 기술 모험가들의 집단인 생시몽주의자들이 장기적인 대규모 투자를 요하는 유형의 공업화에서 주요한 선전원으로 활동했다.

이와 같이 불리한 사정은 야금업, 그 가운데서도 특히 철 야금업의 경우에서 찾아볼 수 있었다. 1780년대에 연철법과 압연 같은 몇몇 단순한 기술혁신에 의해 철 생산능력은 증대되었지만, 비군사적 수요의 경우 여전히 대단치 않은 수준에 머물렀다. 군사적 수요는 1756년 과 1815년 사이에 계속된 전쟁에 힘입어 만족스러울 만큼 대규모였 지만 워털루 전쟁 이후에는 그것도 급속히 줄어들었다. 수요 자체가 영국을 세계적인 철 생산국으로 만들기에 충분할 만큼 크지 않았다. 1790년에 영국은 생산 면에서 프랑스를 40퍼센트 정도 앞지르고 있 었지만, 1800년 영국의 생산량은 대륙 총생산량의 반에도 훨씬 못 미 쳤는데, 이후 시대의 기준으로 보았을 때 생산량은 25만 톤이라는 작 은 수치였다. 세계의 철 생산량 가운데 영국이 차지하는 부분은 이후 수십 년간 계속 줄어드는 경향을 보였다.

다행히 이같이 불리한 사정은 탄광업이 주종을 이루었던 광업의 경우에는 덜한 편이었다. 왜냐하면 석탄은 19세기 공업의 주요한 동 력원이었을 뿐 아니라 영국에서는 삼림이 비교적 적다는 사실 때문 에 국내의 주된 연료로 사용되는 유리한 사정이 있었기 때문이다. 도 시들, 특히 런던의 성장으로 16세기 후반 이래 석탄업은 급속히 확대 되었다. 18세기 초의 탄광업은 물을 퍼내기 위해 최초의 증기기관(주 로 콘월의 비철금속 광업에서 비슷한 용도로 사용하기 위해 고안된)까 지 이용하고 있었던, 본질상 원시적인 근대공업이었다. 따라서 탄광 업은 이 책이 다루는 기간에 주요한 기술혁명을 거의 필요로 하지 않 았거나 경험하지 않았다. 탄광업에서 기술혁신이 의미하는 바는 생 산방법의 변혁이라기보다는 생산방법의 개선이었다. 그러나 탄광업 의 생산능력은 이미 막대했으며 세계적 기준으로 보면 천문학적이 었다. 1800년에 영국은 약 1,000만 톤의 석탄, 즉 세계 생산량의 약 90퍼센트가량을 생산했던 것으로 추측된다. 영국의 경쟁국인 프랑 스는 100만 톤도 채 생산하지 못했다.

이 막강한 산업은 비록 현대적 규모의 거대한 공업화를 이룰 수 있 을 만큼 빨리 팽창하고 있지는 않았지만, 자본재산업을 변혁시킬 기본적 발명품인 철도의 발명을 자극하기에는 충분했다. 왜냐하면 탄광들은 대량의 고성능 증기기관뿐 아니라 거대한 양의 석탄을 막장으로부터 수갱(竪坑)까지, 그리고 특히 갱구로부터 선적 지점까지 운반할 효율적인 운송수단을 필요로 했기 때문이다. 운반차량들이 달렸던 '목재 궤도'나 '철도'는 이런 필요에 대한 명백한 해답이었다. 이 운반차량들을 외부에서 작동시키는 정치(定置)기관을 이용해 움직이게 한다는 것은 사람의 마음을 끄는 일이었으며, 고정되어 있지 않은 엔진을 이용해 차량을 움직이게 한다는 것 역시 그다지 비실용적인 일로는 보이지 않았을 것이다.

결국 부피가 큰 상품의 육상 수송비용이 너무 비쌌기 때문에 이러한 단거리 운송수단의 사용이 장거리 운송에도 유리하게 확대될 수 있으리라는 생각이 내륙 탄전을 소유한 사람의 머릿속에 떠올랐을 가능성은 높다. 최초의 근대적 철도는 바로 더럼(Durham)의 내륙 탄전에서 해안까지의 노선(1825년의 스톡턴-달링턴선)이었다. 기술적으로 철도는 광산, 특히 북부 영국 탄광의 자식이다. 스티븐슨(George Stephenson)은 타인사이드(Tyneside)의 '기관사'로서 인생을 출발했으며 여러 해 동안 거의 모든 '기관차 운전사들'은 그가 태어난 고장의 탄전에서 모집되었다.

19세기 공업화의 산물 중 유일하게 철도만이 글로 씌어진 대중시의 심상(心像) 속에 완전히 흡수되었다는 사실이 입증하는 것처럼 산업혁명 과정에서 나타난 어떠한 기술혁신도 철도만큼 상상력을 자극하지는 못했다. 철도 건설이 영국에서 기술적으로 가능하며 수익성이 있다고 밝혀지자마자(1825~30년경), 철도 건설계획은 서구세계의 대부분 지역에서 수립되었다──비록 그 계획의 실행은 전반적으로 지연되었지만 말이다. 최초의 단거리 노선들이 미국에서는 1827년, 프랑스에서는 1828년과 1835년, 독일과 벨기에에서는

1835년, 그리고 러시아에서조차도 1837년까지는 개통되었다.

그 이유는 철도만큼 새 시대의 힘과 속도를 극적으로 일반인들에게 확실히 드러내 보여주었던 것도 없었다는 사실에 있었다. 극히 초기의 철도조차도 현저한 기술적 성숙성을 가지고 있었기 때문에 이러한 '드러내 보임'은 한결 더 인상적인 것이 되었다(예를 들어 1830년대에도 시간당 60마일의 속도가 가능했고, 이후 증기철도의 속도 면에서의 개선은 그리 현저한 것이 아니었다). 연기를 내뿜는 거대한 뱀처럼 생긴 철도가 바람 같은 속도로 여러 국가와 대륙을 가로질러 미끄러져 달리는 모습은 기술을 통한 인간 승리의 상징이었다. 철도의 개착(開鑿), 다리와 역, 제방들 앞에서 피라미드, 로마의 수로, 중국의 만리장성마저 빛을 잃었다.

사실 경제적 관점에서 볼 때 철도 건설에 소요되는 막대한 비용이야말로 철도의 주요한 장점이었다. 장기적으로 볼 때도 여태까지 높은 운송비용 탓에 세계시장에서 단절되어 있었던 나라들을 개방시킬 수 있다는 점과, 철도가 인간과 상품에 가져다준 속도 증대와 대량의 육상통신은 매우 큰 중요성을 지니게 될 것이었다. 1848년 이전에 철도는 경제적으로 덜 중요했다. 왜냐하면 영국 이외 지역에서는 철도가 거의 없었고, 영국 내에서는 지리적인 이유로 육지로 둘러싸인 커다란 나라에 비해 운송문제가 훨씬 덜 복잡했기 때문이다.[33]

그러나 경제발전을 공부하는 학생의 관점에서 보았을 때 철강과 석탄, 중기계, 노동력, 그리고 자본투자에 대한 철도의 막대한 수요가 이 단계에서는 더욱 중요했다. 왜냐하면 자본재산업들이 면공업이 변혁되었던 것만큼이나 심대하게 변혁되기 위해 필요로 했던 바

---

33) 영국 내에는 바다로부터 70마일 이상 떨어진 곳이 없으며, 19세기의 주요 공업지대는 한 곳을 제외하면 해안에 접해 있거나 해안에 다다르기 쉬운 범위 안에 위치해 있다.

로 그 막대한 수요를 철도가 제공했기 때문이다. 철도 탄생 이후 첫 20년(1830~60) 동안 영국의 철 생산은 68만 톤에서 225만 톤, 즉 세 배로 증가했다. 석탄 생산량도 1830~50년에 1,500만 톤에서 4,900만 톤으로 세 배가 되었다. 이러한 극적인 증가는 주로 철도 덕택이었는데, 왜냐하면 선로 평균 1마일마다 궤도용으로만 300톤의 철이 필요했기 때문이다.[34] 사상 처음으로 강철의 대량 생산을 가능케 했던 공업상의 진보는 이후의 수십 년 동안 이루어졌다.

이처럼 갑작스럽고 막대하며 극히 본질적인 팽창이 발생했던 이유는 기업가들과 투자가들이 아주 분별 없는 열정을 가지고 철도 건설에 투신했기 때문이다. 1830년, 전 세계에는 수십 마일의 철도가 있었는데, 이는 주로 리버풀에서 맨체스터까지의 선로로 구성되어 있었다. 1840년에는 철도 길이가 4,500마일이 넘었고, 1850년에는 2만 3,500마일을 넘어섰다. 이 가운데 대부분은 1835~37년과 특히 1844~47년의 이른바 '철도열'이라고 알려진 몇몇 투기적 광란의 폭발 속에서 계획되었으며, 주로 영국의 자본, 철, 기계 그리고 기술로 건설된 것이었다.[35]

이러한 투자 붐은 확실히 무분별한 것이었다. 왜냐하면 사실 투자가들에게 다른 형태의 기업보다 훨씬 더 유리했던 철도는 거의 없었으며, 철도는 극히 적정한 수준의 이윤만을 낳거나 아니면 대부분 전혀 이윤을 내지 못했기 때문이다. 1855년 영국 철도에 투자된 자본의 평균 이자율은 3.7퍼센트에 불과했다. 철도회사 발기인들, 투기자

34) J. H. Clapham, *An Economic History of Modern Britain*(1926), pp. 427ff; M. Mulhall, 앞의 책, p. 121, p. 332; M. Robins, *The Railway Age*(1962), pp. 30~31.
35) 1848년 프랑스 철도에 투입된 자본 가운데 3분의 1은 영국인 소유였다. Rondo E. Cameron, *France and the Economic Development of Europe 1800~1914*(1961), p. 77.

들 등은 철도산업으로부터 엄청난 성공을 거두었으나 평범한 투자가들은 전혀 성공하지 못했다. 그러나 1840년에는 2,800만 파운드가, 1850년에는 2억 4,000만 파운드가 기대를 품고 철도에 투자되었다.[36]

왜 그랬을까? 산업혁명의 첫 두 세대 동안 영국의 안락하고 부유했던 계급들이 모든 소비와 투자의 가능성을 초과할 정도로 방대한 양의 소득을 빠른 속도로 축적했다는 사실을 염두에 두어야 할 것이다(1840년대 연간 투자 가능 잉여금은 약 6,000만 파운드로 추정되었다[37]). 봉건과 귀족사회는 아마 이 금액의 대부분을 분방한 생활과 사치스런 건물 그리고 기타 비경제적 활동에 낭비할 수 있었을 것이다.[38] 영국에서조차도 정규 소득이 막대했던 데번셔 공작은 자신의 상속인에게 19세기 중엽 100만 파운드의 빚을 물려주게 되었다(이 상속인은 150만 파운드를 더 빌려 부동산 가격을 증진시키는 데 힘을 기울임으로써 이 빚을 갚았다).[39]

그러나 주요한 투자가들이었던 중류계급의 대부분은 비록 1840년까지는 그들이 투자뿐 아니라 소비지출을 행할 만큼 충분히 부유하다고 느끼긴 했겠지만, 아직 소비자라기보다는 저축자들이었다. 중류계급의 부인들은 이 무렵 증가하는 예의 교본의 가르침을 받아 '숙녀들'로 탈바꿈하기 시작했으며, 중류계급의 예배당은 넓고 비용이 많이 드는 양식으로 다시 건축되기 시작했다. 그들은 심지어 충격적인 형태의 시청과 고딕 그리고 르네상스 양식을 모방한 거대한 공

---

36) M. Mulhall, 앞의 책, pp. 497, 501.

37) L. H. Jenks, *The Migration of British Capital to 1875*(New York and London, 1927), p. 126.

38) 물론 그러한 소비도 역시 경제를 자극시키나 이 자극은 매우 비효율적이며 공업발전으로 나아가게 하는 자극이라고는 말할 수 없다.

39) D. Spring, "The English Landed Estate in the Age of Coal and Iron," *Journal of Economic History*, XI, I(1951).

공건물들을 건축함으로써 자신들의 집단적 영광을 축복하기 시작했는데, 그 건물들을 짓는 데 들었던 정확한 비용을 도시의 역사가들은 자랑스레 기록했다.[40]

현대의 사회주의 사회 또는 복지사회라면 아마 이렇게 축적된 방대한 부의 일부를 사회적 목적을 위해 배분했을 것이다. 그러나 우리가 다루는 이 시기에는 이와 같은 일이 일어날 가능성은 거의 없었다. 중류계급은 사실상 조세 부담을 지지 않았으므로 배고픈 대중들 사이에서 부의 축적을 계속했는데, 대중들의 굶주림은 중류계급의 축적에 대응하는 것이었다. 중류계급은 또한 자신의 저축을 모직 양말 속이나 금괄찌로 쌓아두는 데 만족하는 농민들이 아니었기 때문에 그 저축을 활용할 수 있는 유리한 투자기회를 찾아내야 했다. 그러나 어디서 그 기회를 찾을 것인가? 예를 들어 기존의 공업들은 그 값어치가 너무 떨어져 투자에 동원될 수 있는 잉여의 작은 부분 이상을 흡수할 수 없었으며, 면공업의 규모가 두 배로 된다고 가정해도 그 자본은 잉여의 일부분만을 흡수할 뿐이었다. 필요한 것은 잉여의 전부를 충분히 흡수할 정도로 커다란 스펀지였다.[41]

해외투자는 분명한 하나의 가능성이었다. 세계의 나머지 지역 — 주로 나폴레옹 전쟁의 피해를 복구하려고 노력하고 있던 구정부들과 막연한 목적을 위해 기세당당하게 멋대로 돈을 차입하고 있던 신정부들 — 에서는 무한한 차관을 애타게 갈망하고 있었다. 영국의 투

---

40) 19세기의 전통을 가진 몇몇 도시들은 결코 공공건물 건축을 중단하지 않았다. 그러나 랭커셔의 볼턴(Bolton)과 같은 전형적인 신흥 공업중심지는 1847~48년 이전에는 실리적이지 못하거나 과시적인 건물은 거의 짓지 않았다. J. Clegg, *A Chronological History of Bolton*(1876).

41) 면공업의 총자본 — 고정자본과 운전자본 — 은 매컬러크에 의해 1833년에는 3,400만 파운드로, 1845년에는 4,700만 파운드로 추정되었다.

자가들은 선뜻 돈을 빌려주었다. 그러나 슬프게도 1820년대에 매우 유망하게 보였던 남아메리카에 대한 차관과 1830년대에 투자가들을 유혹했던 북아메리카에 대한 차관은 너무나 빈번히 가치 없는 종잇조각으로 변해버렸다. 즉 1818년과 1831년 사이에 공여되었던 25건의 외국 정부에 대한 차관 가운데(발행가격 4200만 파운드의 약 반을 차지하고 있던) 16건이 1831년 채무 불이행상태에 빠졌다. 이론상 이런 차관들은 투자가들에게 7~9퍼센트의 수익을 가져다주어야 했으나 실제로 투자가들은 1831년 평균 3.1퍼센트를 받았을 뿐이었다. 1870년대까지 전혀 이자 지불을 하지 않은 1824년과 1825년의 5퍼센트였던 그리스 차관과 같은 경우를 경험하고도 낙담하지 않을 사람이 누가 있겠는가?[42] 그러므로 1825년과 1825~37년의 투기 붐 속에서 해외로 유출되고 있었던 자본이 실망을 덜 안겨줄 사용처를 찾았던 것은 당연하다.

존 프랜시스는 1851년의 시점에서 철도열을 되돌아보면서 "공업가들과 함께 항상 통상적인 투자양식을 앞지르는, 축적된 부가 합법적이며 정당하게 사용되는 것을 보았던" 부자에 관해 묘사했다.

……그는 자신의 청년 시절에는 화폐가 전시(戰時) 대부에 투입되는 것을 보았고, 성년 시절에는 화폐가 남아메리카의 광산에서 낭비되고 도로를 만들고 노동력을 고용하며 사업을 증대시키는 것을 보았다. (철도에 의한) 자본의 흡수는 성공적이지 못할 경우라도 최소한 철도를 생산한 나라로 자본이 흡수된 것이 된다. 해외의 광산이나 해외차관과는 달리 철도는 고갈되거나 완전히 가치 없는

---

42) Albert M. Imlah, "British Balance of Payments and Export of Capital, 1816~1913," *Economic History Review*, V (1952. 2), p. 24.

것으로 될 수는 없었다.[43]

　자본이, 예를 들어 건축과 같은 다른 형태의 국내투자를 발견할 수 있었을지 없었을지는 아직까지 그 해답이 확실치 않은 학문적인 문제다. 사실 자본이 철도를 발견해내면서 특히 1840년대 중반 그와 같이 철도산업에 밀려들지 않았더라면 그처럼 대규모로 그리고 급속하게 건설될 수 있었으리라고는 생각되지 않는다. 그것은 운 좋은 경우였는데, 왜냐하면 철도가 사실상 경제성장의 모든 문제들을 단번에 해결하게 되었기 때문이다.

　5

　공업화의 기동력을 추적하는 것은 역사가의 임무 가운데 일부분일 뿐이다. 임무의 다른 일부분은 경제자원의 동원과 재배치의 과정 그리고 새롭고 혁명적인 길을 가도록 요구되었던 경제와 사회의 적응과정을 추적하는 것이다.

　동원되고 재배치되어야 했던 첫 번째의, 그리고 아마 가장 중요했던 요소는 노동이었다. 왜냐하면 공업경제란 농업(농촌)인구의 급격한 감소와 비농업(점차로 도시의)인구의 급격한 증가 그리고 거의 틀림없이 우리가 고찰하는 시대에서와 같은 인구 전반의 급격한 증가를 의미하기 때문이다. 그러므로 공업경제는 우선 주로 국내 농업으로부터의 식품 공급이 급격히 증가하는 것, 즉 '농업혁명'을 의미한

---

43) John Francis, *A History of the English Railway*, II(1851), p. 136. 랭커셔의 축적된 잉여의 철도에 대한 압력에 관해서는 H. Tuck, *The Railway Share-holder's Manual*(7th edition, 1846), 서문; T. Tooke, *History of Prices*, II, pp. 275, 333~334도 참조.

다.[44]

영국에서 소도시와 비농업적 거주지의 급속한 성장은 자연히 농업의 발전을 오래전부터 자극시켜왔다. 전(前) 공업적 형태의 농업은 다행히도 매우 비효율적이어서 매우 조그만 개선—축산, 윤작, 시비(施肥), 농지배정 그리고 새로운 작물의 채택에 관한 약간의 합리적인 배려—으로도 그에 어울리지 않을 만큼 커다란 결과를 낳을 수 있었다. 그러한 농업의 변화는 산업혁명에 선행했으며, 첫 단계의 급속한 인구증가를 가능케 했다. 영국의 농업은 농산물 가격이 비정상적으로 높은 수준으로 유지되었던 나폴레옹 전쟁 기간이 끝나자 농산물 가격이 하락함으로써 심한 고통을 받았지만 당연히 기동력은 계속 작용했다.

기술과 자본투자의 측면에서 보면 우리가 다루는 시기에 일어난 변화는 농학과 농업기술이 성숙된 시기라고 할 수 있는 1840년대까지는 아마도 대단한 것은 아니었던 것 같다. 막대한 생산 증대로 인해 1830년대 영국의 농업은 18세기 중엽 인구 규모의 2~3배에 달했던 규모의 인구가 필요로 했던 곡물의 98퍼센트를 공급할 수 있었는데,[45] 이러한 생산 증대는 18세기 초에 처음 시도되었던 영농방식의 일반적인 채택과 합리화 그리고 경작 지역의 확대 등에 의해 이룩되었다.

이 모든 것들은 기술적 변혁보다는 사회적 변혁, 즉 개발 경지와 공동목초지를 기반으로 하는 중세적 공동경작의 청산('인클로저 운동')과 자급자족, 소농경영 그리고 토지에 대한 구식의 비상업적 태

---

44) 비록 1780년대부터 영국이 식료의 순수입국이 되었다고 하더라도 철도와 증기선의 시대 이전에—즉 1848년 이전에—해외로부터 방대한 양의 식료를 수입할 수 있는 가능성은 제한되어 있었다.

45) M. Mulhall, 앞의 책, p. 14.

도를 일소함으로써 이룩되었다. 16~18세기의 예비적 진화과정 덕분에 영국은 소수의 대지주와 적당한 수의 상업적 차지기업농 그리고 다수의 농업 노동자로 구성된 나라로 만들 수 있었다. 이처럼 과격한 농업문제의 해결은, 이따금 농촌의 빈민과 전통주의적 향신층(鄕紳層, country gentry)의 반항을 받았지만 최소한의 분쟁만을 수반하면서 이루어졌다. 1795년 이후 몇몇 주에서 향신 치안판사들에 의해 자발적으로 채택된 구빈제도인 스핀험랜드 제도(Speenhamland System)는 현금 거래관계의 침식에 대항해 구농촌사회를 보호하려는 최후의 체계적 시도로 간주되어왔다.[46]

농업세력들은 1815년 이후 농업공황에 직면해 경제학의 모든 정설에도 굴하지 않고 곡물법으로써 농업을 보호하고자 했는데, 곡물법은 부분적으로는 수익성이라는 기준에 의해서만 평가되는 다른 산업과 똑같은 것으로 농업을 다루려는 경향에 대항한 선언이었다. 그러나 곡물법은 이미 농촌으로 자본주의가 궁극적으로 침투하는 데 대항하는 후위(後衛) 전투가 되었으며, 1830년 이후 중류계급의 급격한 전진의 물결 속에서 1834년 신구빈법 제정과 1846년 곡물법 철폐에 의해 결국 패배하고 말았다.

경제적 생산성이라는 관점에서 볼 때 이러한 사회적 변혁은 엄청난 성공이었지만 인간의 고통이란 측면에서 볼 때는 비극이었다. 이 비극은 농촌빈민들을 궁핍화하고 타락시켰던 1815년 이후의 농업불황에 의해 심화되었다. 아서 영(Arthur Young)과 같은 인클로저와 농업 진보에 대한 열렬한 옹호자조차도 1800년 이후에는 그것의 사회적 영향에 의해 동요되었다.[47]

---

46) 이 제도 아래서 빈민들은 필요한 경우 지방세로 이루어진 보조금에 의해 최저 생활비 임금을 보장받도록 되어 있었는데, 의도는 좋았으나 이 제도는 결국 전보다 심한 빈민화를 초래했다.

그러나 공업화의 관점에서 볼 때 이 사회적 영향이라는 것 역시 바람직한 결과들이었다. 왜냐하면 공업경제는 노동력을 필요로 하기 때문이다──이전의 비공업 부문을 제외하고 다른 어떤 곳에서 노동력이 나올 수 있었겠는가? 국내 농촌인구와 해외로부터의(주로 아일랜드인의) 이민 형태에 의한 농촌인구가 가장 분명한 원천이었는데 여기에 잡다한 소생산자와 빈민노동자들이 추가되었다.[48] 사람들은 새로운 직업으로 유인되어야 했으며, 그들이 애초에 이러한 유혹을 받지 않고 자신의 전통적인 생활방식을 고수하려고 한다면[49]──이것이 가장 있을 수 있는, 가능성이 높은 경우였는데──그들을 억지로 새로운 직업으로 유입하는 수밖에 없었다. 경제적·사회적 곤란은 가장 효율적인 채찍이었으며 보다 높은 수준의 화폐임금과 도시의 보다 많은 자유는 채찍을 보충하는 당근이었다.

여러 가지 이유로 인해 자신의 역사적·사회적 정박지로부터 흘러들어온 사람들을 존중하는 경향을 가진 세력들은 19세기 후반에 비해 우리가 고찰하는 시기에는 아직 비교적 약했다. 1850년 이후 보편화되었던 대규모 이민을 발생시키기 위해서는 아일랜드의 기근과

---

47) *Annals of Agric*, XXXVI, p.214.

48) 다른 견해에 의하면 노동공급은 이러한 이전으로부터가 아니라 우리가 알고 있는 바와 같이 매우 급속했던 총인구의 증가로부터 나온다고 한다. 그러나 이러한 주장은 요점을 놓치고 있다. 공업경제에서는 비농업노동력의 숫자뿐 아니라 비율도 급격히 증가해야만 한다. 이는 그렇지 않았더라면 촌락에 머물러 그들의 조상들처럼 살았을 사람들이 그들 인생의 어떤 단계에서 어딘가 다른 곳으로 이주하지 않으면 안 된다는 것을 의미한다. 왜냐하면 도시의 자연증가율은 어떠한 경우에도 일반적으로 촌락보다 낮은 경향이 있었는데도 도시는 그 자연증가율보다 빨리 성장하기 때문이다. 이는 농촌인구가 현실적으로 감소하는 경우에도, 불변인 경우에도, 그리고 증가하는 경우에 있어서 조차도 그러하다.

49) Wilbert Moore, *Industrialization and Labour*(Cornell, 1951).

같은 정말로 놀라운 재난이 필요했다(1835~50년에 850만 명의 인구 가운데서 150만 명이 이민했다). 그럼에도 불구하고 그러한 세력들은 다른 곳에 비해 영국에서 가장 강력했다. 그러한 세력이 없었더라면 영국의 공업발전도 저해되었을 것이다.[50) 프랑스의 공업발전의 경우 공업에서 요구되는 노동력이 공업으로 흘러들어가는 것을 프티부르주아지와 농민층의 안정성과 상대적 안락함에 의해 저해되었던 것을 보면 말이다.

충분한 숫자의 노동자들을 얻는 것과 적절한 가격 그리고 기술을 갖춘 충분한 노동력을 얻는다는 것은 별개의 문제였다. 20세기의 경험에 의하면 후자의 문제는 전자의 문제와 마찬가지로 중요한 동시에 전자보다 해결하기 어려운 문제다. 첫째, 모든 노동자들은 공업에 적합한 방식으로 일하는 법을, 즉 농업의 계절적 기복 또는 독립수공업자의 자제된 방종함과는 전적으로 다른 규칙적이며 중단되지 않는 매일의 작업 리듬 속에서 일하는 법을 배워야 했다. 모든 노동자들은 화폐의 자극에 반응하는 법도 배워야 했다. 당시 영국의 고용주들은 오늘날 남아프리카의 고용주들처럼 항상 노동자들의 '게으름' 또는 최저생활비 주급을 벌 때까지 일하고 나면 일을 중단하는 전통적인 경향에 대해 불평했다. 이에 대한 해답은 가혹한 노동규율(벌금, 고용주의 입장에서 법을 적용하는 '주인과 하인'〔Master and Servant〕 규약 등등)에서 구했으나 무엇보다도─가능한 곳에서는─최저소득을 벌기 위해서는 노동자가 한 주 내내 꾸준히 일해야 할 만큼 적은 보수를 그들에게 지급하는 관행에서 구해졌다.

노동규율의 문제가 더욱 급박했던 공장에서는 다루기 쉬운, 그리

---

50) 그렇지 않으면 미국과 같이 영국은 방대한 이민에 의존해야만 했을 것이다. 사실 영국은 부분적으로 아일랜드인의 이민에 의존했다.

고 보다 값싼 부녀자와 아동을 고용하는 것이 편리하다는 사실을 깨닫게 되었다. 1834~47년에 영국 면공장의 전 노동자 가운데 약 4분의 1이 성인남자이며 반 이상이 부녀자들이고 그 나머지가 18세 이하의 소년들이었다.[51]

노동규율을 확고히 하는 또 하나의 보편적인 방식은 청부제(Subcontract) 혹은 숙련노동자들이 그들의 미숙련 조수에게 실제적인 고용자가 되게끔 하는 관행이었다. 이 방식은 초기 단계의 산업화가 소규모 또는 점진적으로 진행되는 과정을 반영하는 것이었다. 예를 들어 면공업에 고용된 소년의 약 3분의 2와 소녀의 3분의 1이 이와 같이 '숙련공들에 의해 직접적으로 고용되어' 있었고, 따라서 보다 면밀히 감시되었으며, 엄격한 의미의 공장 밖에서는 그러한 제도가 보다 광범위하게 보급되었다. 물론 재(再)고용자에게는 이 고용된 조수가 게으름을 피우지 못하도록 할 직접적인 금전상의 유인이 있었다.

충분히 숙련된 혹은 기술적 훈련을 받은 노동자를 모집하거나 훈련시키는 일은 더욱 힘들었다. 물론 건축업과 같은 많은 직업들이 사실상 변화되지 않은 채 존속되고 있었지만 근대공업에서는 공업화 이전의 기술들이 거의 쓸모가 없었기 때문이다.

다행히도 1789년 이전 수세기 동안 영국의 완만한 반(半)공업화로 인해 방직과 금속처리 부문에서 적절한 기술이 많이 축적되어 있었다. 이리하여 대륙에서는 금속 정밀작업에 익숙한 소수의 장인 가운데 하나인 자물쇠 제조공이 기계제작공의 조상이 되었던 데 반해, 영국에서는 물방아를 만드는 장인과 이미 광산과 그 주변에 흔했던

---

51) M. Blaug, 앞의 책, p. 368. 그러나 13세 이하의 아동들은 1830년대에 급격하게 감소했다.

'기사' 또는 '기관사'가 그러했다. 영어로 '기사'(engineer)가 숙련된 금속세공인과 디자이너, 설계자를 나타내는 것도 우연한 일이 아니다. 즉 보다 높은 수준의 기술자들은 대부분 이와 같이 기계에 숙련되어 있었고, 자립적인 사람들로부터 모집될 수 있었으며, 실제로 모집되었기 때문이다. 사실 영국의 공업화는 보다 높은 수준의 숙련공들의 이처럼 계획되지 않은 공급에 의존했는데, 대륙에서는 그럴 수 없었다. 이 사실은 영국이 일반교육과 기술교육에 놀랄 만큼 소홀했음을 설명해준다. 하지만 영국은 이 소홀함의 대가를 후에 치르게 될 것이었다.

노동공급에서 이 같은 문제와는 달리 자본공급의 문제는 중요치 않았다. 대다수의 다른 유럽 국가들과는 달리 영국에서는 즉각 투자될 수 있는 자본의 부족은 없었다. 주된 어려움은 18세기에 자본의 대부분을 지배했던 사람들——지주, 상인, 해운업자, 금융업자 등등——이 새로운 공업에 자본투자 하기를 꺼렸다는 점이다. 따라서 새로운 공업들은 종종 소규모 저축과 대부금으로 창업되어 이윤의 재투자에 의해 발전해야 했다. 국지적인 자본 부족으로 초기의 공업가들——특히 자력으로 출세한 사람들——은 더욱더 부지런하고 검약하며 탐욕스러워져갔는데, 노동자들은 이에 상응해 더욱 착취당했다. 그러나 이는 국민적 투자잉여의 불완전한 흐름을 반영하는 것이지 국민적 투자잉여의 불충분함을 나타내는 것은 아니었다. 반면 18세기의 부자들은 공업화에 이익이 되는 일정한 사업가들에게 기꺼이 자신의 자금을 투자했으며, 특히 운송업(운하, 부두 설비, 도로 그리고 후에는 철도에도)과 광산업에 투자하기를 원했다. 광산업의 경우 지주들은 그들이 광산을 스스로 경영하지 않는 경우일지라도 광산으로부터 광산 사용료를 징수했다.

교역과 금융——공금융이든 사금융이든——에서는 어떠한 기술상의 어려움도 없었다. 은행과 은행권, 환어음, 주식, 해외무역 그리고 도매상업에 관한 전문적 사항들, 마케팅에 관해 사람들은 충분히 익숙해져 있었으며, 이러한 것들을 취급할 수 있거나 취급법을 쉽게 배울 수 있는 사람들은 풍부하게 공급되었다. 더욱이 18세기 말에는 정부정책이 상공업 제일주의와 군건히 결합되어 있었다. 이와는 반대되는 내용을 갖는(튜더 왕조기의 사회 입법과 같은) 법령들은 안 쓰이게 된 지 오래였으며 ─ 농업에 관계되는 부분을 제외하고 ─ 1813~35년에 결국 폐지되었다.

이론상으로는 영국의 법과 금융 그리고 상업제도는 다듬어지지 못한 상태였으며, 경제발전을 돕기보다는 방해하도록 고안되어 있었다. 예를 들면 영국에서는 주식회사를 구성하려는 경우 사람들은 거의 항상 많은 비용을 들여 의회에서 '개별법'(private act)이 통과되도록 해야 했다. 프랑스 혁명은 프랑스인들에게 ─ 그리고 그 영향을 통해 대륙의 나머지 나라들에도 ─ 그러한 회사 설립을 위한 훨씬 더 합리적이고 효율적인 절차를 제공했다. 그러나 실제로는 여러 가지 문제에도 불구하고 영국인들은 더할 나위 없이 잘 운영해나갔으며, 그들과 경쟁하는 다른 국민들보다 훨씬 더 잘 해나갔다.

이처럼 오히려 우연적이고 비계획적이며 경험적인 방식으로 최초의 주요한 공업경제는 세워졌다. 현대의 기준으로 보면 이 경제는 소규모이고 고풍스러웠으며, 이 고풍스러움은 오늘도 여전히 영국의 특색을 이루고 있다. 1848년의 기준으로 보면 이 경제는 기념비적인 것이었다. 하지만 이 경제 내에 속한 새로운 도시들은 다른 곳의 도시들보다 추악한 형상을 지니고 있었고, 이 경제가 내포하는 프롤레타리아는 다른 곳의 프롤레타리아보다 형편이 나빴으며,[52] 창백한

---

52) "전체적으로 1830~48년에는 노동계급의 상태가 프랑스보다 영국에서 명

대중들이 그 속을 이리저리 서둘러 헤치고 다녔던 안개 자욱하고 연기로 가득한 대기는 외국의 방문객들을 괴롭혔기 때문에 이 경제는 동시에 다소 끔찍한 것이기도 했다.

그러나 이 경제는 증기기관으로 말 100만 마리의 힘을 합친 것과 같은 힘을 낼 수 있었으며 1,700만 개가 넘는 기계방추로 연간 200만 야드의 면직물을 생산했다. 연간 거의 5,000만 톤의 석탄을 캐냈으며, 연간 1억 7,000만 파운드에 상당하는 상품을 수입하고 수출했다. 영국의 교역량은 가장 근접하게 쫓아오는 경쟁국이었던 프랑스 교역량의 두 배였는데, 1780년에는 영국의 교역량이 프랑스의 교역량을 막 앞질렀던 것을 생각하면 놀라운 규모였다. 영국의 면화 소비량은 미국의 두 배, 프랑스의 네 배였다. 영국은 경제적으로 발전된 지역의 선철 총생산량 가운데 반 이상을 생산했으며, 1인당 선철 사용량은 제2의 공업국(벨기에)의 두 배, 미국의 세 배, 프랑스의 네 배 이상이었다. 2~3억 파운드였던 영국의 자본투자 ─ 그 가운데 4분의 1은 미국에, 약 5분의 1은 남아메리카에 투자되었다 ─ 는 세계 각지로부터 상품 주문과 배당금을 영국으로 가져왔다.[53] 영국은 실제로 '세계의 공장'이었다.

그리고 가장 싼 시장에서 구매해 가장 비싼 시장에서 무제한 판매하는 것을 유일한 법칙으로 삼았던 상인과 기업가들에 의해 영국에서 시작된 산업혁명이 세계를 변혁시키고 있다는 사실을 모두 알고 있었다. 이를 방해할 수 있는 것은 아무것도 없었다. 과거의 신과 왕들은 현재의 사업가와 증기기관 앞에서 무력한 존재였다.

백히 더욱 나빴던 것 같다"고 현대의 한 역사학자는 결론짓고 있다. H. Sée, *Histoire Economique de la France*, vol. II, p. 189 n.

53) M. Mulhall, 앞의 책; Albert M. Imlah, 앞의 책, II, 52, pp. 228~229. 이러한 추정의 정확한 시기는 1854년이다.

제3장 프랑스 혁명

세계가 이제까지 보아온 가장 중요한 혁명들 가운데 하나가 무르익어가는 장엄한 모습에 존경과 감탄으로 뿌듯해하지 않은 영국인이 있다면, 그는 미덕과 자유에 대한 어떠한 감각도 가지고 있지 않은 사람임이 틀림없다. 이 위대한 도시에서 지난 3일 동안 일어난 사건을 목격하는 행운을 가졌던 우리나라 사람이라면 누구나 내 말이 과장이 아님을 증명할 것이다.
•『더 모닝 포스트』(1789. 7. 21)에 게재된 바스티유 함락 기사

계몽된 국민들은 곧 이제까지 자신들을 지배해온 사람들을 공판에 회부할 것이다. 왕들은 사막으로, 자신들을 닮은 야수의 무리 속으로 도망칠 것이며, 자연은 자신의 권리를 되찾을 것이다.
• 생-쥐스트, 「프랑스 헌법에 대해」, 1793년 4월 24일
  국민공회에서의 연설

1

19세기 세계의 경제가 주로 영국 산업혁명의 영향 아래 형성되었다면 그 정치와 이데올로기는 주로 프랑스 혁명에 의해 형성되었다. 영국은 비(非)유럽 세계의 전통적인 경제적·사회적 구조를 파괴한 경제적 폭약, 즉 철도와 공장의 모델을 19세기 세계에 제공했다. 그러나 프랑스는 그 세계의 혁명들을 만들어냈으며 이 혁명들에 이념

을 부여해 몇 가지 삼색기가 사실상 생성돼가는 모든 국민들의 상징이 될 정도였다. 1789년과 1917년 사이에 유럽의 (또는 실로 세계의) 정치는 주로 1789년의 원칙들 또는 보다 선동적인 1793년의 원칙들에 대한 찬반을 둘러싼 투쟁이었다. 프랑스는 세계 대부분에 자유주의적이고 급진 민주주의적인 정치 용어와 논점들을 제공했다. 또한 민주주의로는 최초의 위대한 실례, 개념 그리고 용어를 제공했다. 프랑스는 대부분의 국가에 법전과 과학적·기술적 조직의 모델 그리고 미터법을 제공했다. 근대세계의 이데올로기는 프랑스의 영향을 통해 비로소 이제까지 유럽의 사상에 저항해왔던 오래된 문명들 속으로 침투해 들어갔다. 이것이 프랑스 혁명의 성과였다.[1]

우리가 보아왔듯이 18세기 후반은 유럽의 구체제와 그 경제체제에게는 위기의 시대였으며 18세기의 마지막 수십 년은 정치적 격동으로 들끓었다. 이 정치적 격동은 때때로 반란의 국면에 이르거나, 때로는 본국으로부터의 분리로 치달았던 식민지 자치운동이라는 국면에 이르렀다. 이는 미국(1776~83)에서뿐만 아니라 아일랜드 (1782~84), 벨기에와 리에주(1787~90), 네덜란드(1783~87), 제네바, 심지어 ─논의된 바와 같이 ─영국(1779)에서도 그러했다. 이같은 정치적 불안이 단기간에 자주 일어났다는 것은 매우 인상적이어서 최근 몇몇 역사가들이 '민주혁명의 시대'라고 말했을 정도다. 그러나 프랑스 혁명은 비록 가장 극적이고 광범위했다고 하더라도

---

1) 영국의 영향과 프랑스의 영향 간의 이러한 차이가 너무 강조되어서는 안 된다. 이중혁명의 어떤 중심도 자신의 영향을 인간활동의 특정 분야에 한정시키지 않았으며 양자는 경쟁적이라기보다는 보완적이었다. 그러나 양자가 가장 명확하게 수렴되었을 때조차도 ─예를 들면 양국에서 거의 동시에 발명 및 명명된 '사회주의'의 경우가 그러했는데 ─그것들은 다소 다른 방향으로부터 수렴되었다.

그것은 당시의 민주혁명 중 하나에 불과했다.[2]

　구체제의 위기가 순수히 프랑스적인 현상이 아니었던 한 그러한 관찰은 중요성을 지닌다. 이와 마찬가지로 20세기에서 비슷하게 중요한 위치를 점유하는 1917년의 러시아 혁명이 —1917년보다 몇 년 전에— 오랜 터키 제국과 중국제국을 결국 멸망시켰던 운동들과 같은 유사한 일군(一群)의 운동 중에서 가장 극적인 것에 불과했다고 주장될 수 있다. 그러나 이러한 관찰은 요점을 놓치는 것이다. 프랑스 혁명은 고립된 현상이 아니었다. 그것은 동시대의 다른 어떤 혁명보다 훨씬 근본적인 것이었으며, 따라서 그 결과도 훨씬 심대했다.

　첫째, 프랑스 혁명은 러시아를 제외하고 가장 강력하고 인구가 많은 유럽 국가에서 발생했다. 1789년에는 유럽인 다섯 명 중 대략 한 명이 프랑스인이었다.

　둘째, 프랑스 혁명은 그 이전이나 이후의 모든 혁명 중에서 유일한 대중사회 혁명이었으며, 이에 비견될 만한 어떠한 격변보다도 훨씬 더 급진적이었다. 미국의 혁명가들과 정치적인 공감 때문에 프랑스로 이주했던 영국의 '자코뱅파들'이 프랑스에서는 자신들이 온건주의자라고 느꼈던 것은 우연한 일이 아니다. 토머스 페인은 영국과 미국에서는 극단주의자였지만, 파리에서는 지롱드 당원 중에서도 가장 온건한 사람에 속했다. 대체로 말해서 아메리카 대륙에서는 혁명의 결과 영국, 에스파냐, 포르투갈의 정치적 지배만이 배제되었을 뿐 이전과 거의 마찬가지로 진행되고 있었다. 그러나 마담 뒤바리의 시대가 발자크의 시대에 의해 대체되었다고 하는 것이 프랑스 혁명의 결과였다.

---

2) R. R. Palmer, *The Age of Democratic Revolution*(1959); J. Godechot, *La Grande Nation*(1956), vol. I, Chapter 1 참조.

셋째, 동시대의 모든 혁명들 가운데 프랑스 혁명만이 보편적이었다. 프랑스의 군대는 세계혁명을 일으키기 위해 출발했으며, 프랑스의 사상은 실제로 세계혁명을 일으켰다. 미국혁명은 미국 역사에서 중요한 사건이었지만 그 혁명에 직접 관련된 국가들을 제외하고는 다른 곳에서는 주요한 발자취를 거의 남기지 못했다. 프랑스 혁명은 모든 국가에서 획기적인 사건이 되었다. 1808년 이후 라틴아메리카의 해방을 가져온 반란들을 야기시켰던 것은 미국혁명의 반향이라기보다는 프랑스 혁명의 반향이었다. 프랑스 혁명의 직접적인 영향은 벵골까지 뻗어나갔는데, 거기에서는 람 모한 로이(Ram Mohan Roy)가 프랑스 혁명에 고무되어 최초의 힌두 개혁운동과 근대 인도 민족주의의 초기 형태를 창시했다(1830년 영국을 방문한 그는 프랑스 혁명의 원리들에 대한 자신의 열의를 보이기 위해 프랑스 배로 여행할 것을 주장했다). 프랑스 혁명이 "이슬람 세계에 진정한 영향을 미친 서구 기독교 세계 최초의 거대한 사상운동"[3]이었다는 표현은 적절한 것이다. 그리고 이슬람 세계에 대한 기독교 세계의 그러한 영향은 즉각적으로 나타났다. 19세기 중반에는 오직 사람의 출생지나 거주지만을 표현했던 '와탄'(vatan)이라는 터키 말이 프랑스 혁명의 영향을 받아 '조국'과 같은 말로 변화되어가고 있었으며, 1800년 이전에는 '노예상태'의 반대를 나타내는 법률용어였던 '자유'라는 낱말이 새로운 정치적 내용을 획득해가고 있었다. 프랑스 혁명의 간접적 영향은 보편적인데, 왜냐하면 프랑스 혁명은 이후의 모든 혁명운동에 모델을 제공했기 때문이며, 기호에 따라 해석된 프랑스 혁명의 교훈들은 근대의 사회주의와 공산주의 속에 통합되었다.[4]

---

3) B. Lewis, "The Impact of the French Revolution on Turkey," *Journal of World History*, I(1953~54), p. 105.

4) 이는 미국혁명의 영향을 과소평가하자는 것이 아니다. 확실히 미국혁명은 프

이리하여 프랑스 혁명은 그 시대의 전형적 혁명으로서 비록 가장 두드러진 혁명 중 하나라고 부른다 할지라도 같은 종류의 혁명들 중 하나에 불과한 것은 아니다. 그러므로 프랑스 혁명의 기원은 유럽의 일반적인 사정뿐 아니라 프랑스의 특수한 상황 속에서도 찾아야 한다.

프랑스 혁명의 특성은 아마 국제관계에서 가장 잘 나타날 것이다. 18세기 내내 프랑스는 영국의 중요한 경제적 경쟁국이었다. 1720년과 1780년 사이에 네 배로 증가했던 프랑스의 대외무역은 영국의 불안을 야기시켰으며, 프랑스의 식민지체제는 서인도제도와 같은 일정한 지역에서는 영국의 그것보다 더 강력했다. 그러나 프랑스는 사실상 자본주의적 이해관계에 의해 대외정책이 이미 결정되어 있었던 영국과 같은 강국은 아니었다. 프랑스는 유럽의 오래된 귀족적 절대군주국들 가운데 가장 강력하고 여러 측면에서 가장 전형적인 국가였다. 바꾸어 말하면 프랑스에서는 구체제의 통치기구와 기득권 세력 그리고 신흥세력 사이의 충돌이 다른 곳보다 가장 첨예한 형태로 나타났다.

신흥세력은 자신이 원하는 것을 상당히 정확하게 알고 있었다. 중농주의 경제학자인 튀르고는 토지의 효율적인 이용, 기업과 무역의 자유, 하나의 동질적인 민주적 영역에 대한 통일적이고 효율적인 통치와 국가자원의 개발, 합리적이고 공정한 행정과 과세를 방해하는 모든 제한과 사회적 불평등의 철폐 등을 지지했다. 그러나 1774년에서 1776년 사이 루이 16세의 재정총감으로서 이러한 계획을 적용하

랑스 혁명을 자극하는 데 일정한 기여를 했고, 보다 좁은 의미에서 라틴아메리카 여러 나라에 ─프랑스 혁명과 경쟁하며 또 때때로 프랑스 혁명과 교대해─국가구조의 모델을 제공했으며, 때때로 민주적·급진적 운동을 고무했다.

려던 그의 시도는 애석하게도 실패했으며, 이 실패는 시사하는 바가 크다.

이러한 성격의 개혁은 그 분량이 적당하기만 하다면 절대군주제와 양립할 수 없거나 절대군주의 환영을 받을 수 없는 것은 아니었다. 그러한 개혁은 절대군주의 기반을 강화했기 때문에 우리가 본 바와 같이 당시 이른바 '계몽 전제군주들' 사이에서 널리 보급되었다. 그러나 대부분의 '계몽 전제주의' 국가들에서 그러한 개혁은 적용 불가능한, 단지 이론적인 장식이었거나 또는 그 나라의 정치적·사회적 구조의 일반적 성격을 변화시킬 가능성이 없는 것이었다. 그렇지 않으면 이러한 개혁은 귀족이나 기타 기득권 세력의 저항 앞에서 실패해 이전보다 다소 정돈된 상태로 되돌아가게 마련이었다. 다른 곳에서보다 프랑스에서 이러한 개혁은 더욱 빨리 실패했는데, 그것은 기득권 세력의 저항이 보다 유효했기 때문이다. 그러나 이러한 실패의 결과는 군주제의 경우 더욱 비극적이었으며, 이전 상태로 되돌아가기에는 부르주아적 변화를 추구하는 세력이 너무 강력했다. 그 결과들은 이 세력들이 그들의 희망을 걸 대상을 계몽군주제로부터 인민 혹은 '국민'으로 바꿔놓았을 뿐이었다.

그럼에도 불구하고 이러한 일반화는 혁명이 왜 그때 발발했으며, 왜 그와 같이 비범한 경로를 취했는지를 이해하는 데까지 우리를 인도해주지 못한다. 이를 위해서는 프랑스라는 화약상자를 폭발시킨 불똥이 제공됐던, 이른바 '봉건적 반동'을 고찰해보는 것이 가장 유용하다.

프랑스인 2,300만 명 가운데 귀족, 즉 국민 가운데 의심할 바 없는 '제1신분'을 형성했던 40만 명 정도 되는 사람들은 프로이센이나 다른 곳에서와 같이 하층계급의 침입으로부터 절대적으로 보호되고 있지는 못했지만 충분히 안전했다. 그들은 보다 잘 조직된 성직자들만큼 세금을 많이 면제받는 것은 아니었지만 몇 가지 세금 면제와 봉건적 공조(貢租)를 징수할 권리 등을 포함한 상당한 특권을 누렸다.

그러나 정치적으로 그들이 처한 상황은 이만큼 훌륭한 것은 아니었다. 전제군주제는, 그 에토스(ethos)에서는 전적으로 귀족주의적이고 심지어 봉건적이었던 반면, 귀족들로부터 정치적 독립과 책임을 빼앗아갔으며, 그들의 오래된 대표기관들―신분의회와 고등법원―을 가능한 축소시켰다. 이러한 사실은 상류귀족과 여러 가지 목적, 주로 재정적·행정적 목적을 위해 비교적 근래에 국왕에 의해 창출된 법관귀족들을 계속해서 괴롭혔다. 법관귀족은 정부 내부의 귀족화된 중류계급으로서 이들은 잔존하는 법정과 신분의회를 통해 최대한 귀족과 부르주아로서 이중의 불만을 표명했다.

경제적으로 보았을 때 귀족들의 걱정은 결코 무시될 수 있는 정도는 아니었다. 전통과 출생에 의해 돈벌이를 하는 사람들이라기보다는 전사(戰士)였던 귀족들―귀족들은 심지어 영업을 하거나 전문직을 갖는 것이 공식적으로 금지되었다―은 소유지의 수입에 의존하거나, 그들이 대귀족 또는 궁정귀족과 같은 혜택받은 소수에 속하는 경우라면 부잣집과의 결혼, 궁정연금, 증여 그리고 한직(閑職)에 의존했다. 그러나 귀족신분에 따르는 지출은 대규모였으며 점점 증대하고 있었지만, 그들의 소득은―자기가 재산을 관리하더라도 그들이 능률적인 재산관리자인 경우는 드물었기 때문에―감소하고 있었다. 인플레이션은 지대와 같은 고정수입의 가치를 감소시키는 경향이 있었다.

그러므로 귀족들이 일반적으로 인정된 신분적 특권이라는 자신의 주요 자산을 이용한 것은 당연했다. 18세기 내내 다른 많은 나라에서와 같이 프랑스에서도 그들은 꾸준히 관직을 잠식해갔다. 이러한 현상은, 절대왕정이 이 관직들을 기술적으로 유능하고 정치적으로 해롭지 않은 중류계급 출신들로 채우기를 희망한 상태 속에서도 지속되었다. 1780년대에는 군대에서 장교 임명장을 사는 데조차도 귀족 표시인 사등분문(四等分紋)이 필요했고, 모든 주교는 귀족들이었으며, 국왕의 행정기관에서 중추부인 지방장관직조차도 대부분 귀족들이 탈환해 가지고 있었다. 따라서 귀족계급은 관직 쟁탈경쟁에 성공함으로써 중류계급을 격분시켰을 뿐 아니라 지방과 중앙 행정기관을 손에 넣음으로써 국가 자체의 토대를 허물어뜨렸다.

또한 귀족들—특히 다른 재원을 거의 갖지 못했던 비교적 가난한 지방의 향신(鄕紳)들—은 농민들로부터 화폐 또는 보다 드물게는 부역을 강요할 수 있는 매우 커다란 봉건적 권리를 통해 최대한 짜냄으로써 소득 감소에 대항하려 했다. 폐물이 된 이러한 종류의 권리를 부활시키거나 또는 현존하는 권리로부터 수입액을 극대화시키기 위해 일종의 전문직인 봉건법학자가 나타났다. 그 가운데에서 가장 유명한 사람이었던 그라쿠스 바뵈프(Gracchus Babeuf)는 1796년 근대 사상 최초의 공산주의적 반란에서 지도자가 될 인물이었다. 따라서 귀족계급은 중류계급뿐 아니라 농민들도 격분시켰다.

전체 프랑스인의 약 80퍼센트를 구성하고 있던 이 방대한 계급의 지위는 결코 훌륭한 것이 아니었다. 사실 그들은 일반적으로 자유로웠으며 부분적으로는 토지 소유자이기도 했다. 실제로 귀족 영지는 전체 토지의 5분의 1만을 차지하고 있었으며 성직자의 소유지는 전체 토지의 6퍼센트 정도였을 것으로 추정되는데, 이 비율은 지역마다 달랐다.[5] 예를 들면 몽펠리에(Montpellier) 주교 관구 내에 농민들이 이미 토지의 38~40퍼센트를, 부르주아지가 18~19퍼센트를, 귀족들이 15~16퍼센트를, 성직자가 3~4퍼센트를 소유했던 반면, 5분

---

5) H. Sée, *Esquisse d'une Histoire du Régime Agraire*(1931), pp. 16~17.

의 1은 공동지였다.[6] 그러나 실제로는 대다수 농민이 토지를 갖지 못하거나 소유지가 충분치 못했는데, 이러한 토지의 부족은 당시 일반적이었던 기술적 후진성에 의해 증대되었으며, 일반적인 토지 결핍은 인구증가에 의해 격화되었다. 봉건 공조와 십일조 그리고 세금은 농민소득 중에서 큰 부분을 가져갔고, 그 부분은 점점 증대해갔다. 게다가 인플레이션은 나머지 부분의 가치를 감소시켰다. 그것은 시장에 내다 팔 잉여를 언제나 보유하고 있는 소수의 농민들만이 가격상승으로 인해 이익을 얻을 뿐, 나머지 농민들은 가격상승에 의해 피해를 입는다는 것을 의미했다. 특히 품귀시세가 지배하는 흉작시기에는 더욱 그러했다. 혁명이 일어나기 전 20년 동안 농민의 사정은 이러한 이유들로 인해 점점 나빠져갔다.

전제군주국의 재정적 곤란으로 사태는 절정에 달하게 되었다. 왕국의 행정과 재정구조는 시대에 많이 뒤떨어진 것이었으며, 우리가 본 바와 같이 1774년에서 1776년 사이의 개혁으로 이를 개선하려는 시도는 고등법원을 필두로 하는 기득권 세력의 저항에 부딪혀 실패했다. 그리고 프랑스는 미국의 독립전쟁에 말려들게 되었다. 영국에 대한 승리는 최종 파산이라는 희생을 대가로 얻어진 것이며, 이리하여 미국혁명은 프랑스 혁명의 직접적인 원인이라고 주장할 수 있다.

여러 가지 방편이 시도되었지만, 그때마다 성공의 정도는 감소되고 있었다. 그 나라의 진정한, 그리고 상당한 조세 부담능력을 동원하는 근본적인 개혁을 제외하고는 어떠한 시도도 지출이 수입을 적어도 20퍼센트 초과하고 있었으며, 유효한 절약이 전혀 불가능한 상황에 대처할 수 없었다. 왜냐하면 베르사유의 사치가 종종 이러한 위기의 원인으로 비난을 받아왔지만 궁정경비는 1788년에 총지출

---

6) A. Soboul, *Les Campagnes Montpelliéraines à la fin de l'Ancien Régime*(1958).

의 6퍼센트에 달했을 뿐이기 때문이다. 전쟁과 해군 그리고 외교에 따른 지출이 전체 지출의 4분의 1을 구성했고, 기존 부채의 이자 지불액이 2분의 1을 구성했다. 전쟁과 부채—아메리카 전쟁과 그 부채—는 군주국에게 힘겨운 짐을 지워주었다.

이러한 정부의 위기는 귀족계급과 고등법원에 기회를 부여했다. 그들은 자신의 특권이 확대된다는 전제 없이는 지불하기를 거부했다. 절대주의 전선(戰線)을 최초로 파괴시켰던 것은 1787년 정부의 요구를 수락하기 위해 소집된, 엄선되었지만 반항적인 '명사회의'였다. 두 번째로, 그리고 결정적으로 파괴했던 것은 1614년 이래 잊혀왔던 왕국의 옛 봉건적 의회인 삼부회를 소집하고자 하는 필사적인 결정이었다. 이리하여 혁명은 국가를 재탈환하려는 귀족계급의 시도로부터 시작되었다.

이러한 시도는 두 가지 이유에서 오산을 범했는데, 그것은 '제3신분'—귀족이나 성직자가 아닌 모든 사람을 대표하는 것으로 생각되었던 의제적(擬制的) 실체로서 실제로는 중류계급에 의해 지배되고 있었다—의 독자적인 의향을 과소평가했다는 것과 심각한 경제적·사회적 위기를 간과하고 그 위기 속으로 자신의 정치적 요구를 던져넣었다는 것이다.

프랑스 혁명은 근대적 의미에서 조직된 당이나 운동 또는 하나의 체계적인 강령을 수행하려는 사람들에 의해 이루어지거나 이끌어지지는 않았다. 혁명 이후의 인물인 나폴레옹이 나오기까지 프랑스 혁명은 20세기의 혁명들에서 우리가 친숙해진 '지도자들'마저도 거의 내세우지 않았다. 그럼에도 불구하고 상당히 응집력 있는 한 사회집단 안에서의 일반적 사상들이 놀랄 만큼 일치되면서 혁명운동에 유효한 통일성을 부여했다. 그 집단은 '부르주아지'였으며, 사상은 '철학자들'과 '경제학자들'에 의해 정식화되고 프리메이슨이나 비공식적 모임들 안에서 보급되었던 고전적인 자유주의 사상이었다. 그러한 측면에서는 '철학자들'이 혁명에 대해 책임이 있다고 주장하는 것은 일견 타당하다. 그들이 없었다 해도 혁명은 일어났겠지만, 그들이 없었더라면 구체제가 단순히 붕괴했을 뿐 새로운 체제로 효율적이고도 신속하게 전환되기는 힘들었을 것이다.

1789년의 이데올로기는 가장 일반적인 형태에서는 프리메이슨적 이데올로기였고, 이는 모차르트의 「마적」(1791)에서와 같은 순결한 장엄함으로써 표현되었다. 이 작품은 최고의 예술작품들이 자주 선전에 동원되는 것처럼 그 시대의 위대한 선전적 예술작품들 가운데 가장 초기의 것 중 하나였다.

보다 명확하게는 1789년에 있었던 부르주아들의 요구가 같은 해의 유명한 「인간 및 시민의 권리선언」에서 잘 나타난다. 이 문서는 귀족특권의 위계적 사회에 반대하는 선언이지만 민주주의적 혹은 평등주의적 사회를 지지하는 것은 아니다. 그 문서는 "사람들은 태어나면서부터 자유롭고 자유롭게 살아가며 법 아래 평등하다"고 제1조에 쓰고 있지만, 그것은 또한 "공동의 이익이라는 근거 위에서만"이라는 사회적 차별의 존재 여지를 남기고 있다. 사유재산은 신성하고 양도할 수 없으며 침범할 수 없는 자연권이었다. 사람은 법 앞에서 평등했으며 출세의 길은 재능에 대해 평등하게 개방되어 있었으나, 경주가 핸디캡 없이 시작되었다 해도 주자들이 함께 결승점에 들어오는 일은 없을 것이라는 점도 마찬가지로 가정되어 있었다. 그 선언서는 귀족적 위계질서 또는 절대주의에 대항해 "모든 시민들은 법의 제정에 협력할 권리를 가진다"고 말했으나 그것은 "개인적으로 또는 그들의 대표자를 통해서"인 것이다. 또 이 선언이 기본적인 통치기관으로 생각하는 대의제 의회는 반드시 민주적으로 선출된 의회는 아니었으며, 이 선언에 함축되어 있던 정체(政體)도 왕을 제거할 정체는 아니었다.

대부분의 부르주아 자유주의자들에게는, 대의제 의회를 통해 자기를 표현하는 재산 소유자의 과두정치에 기초를 둔 입헌군주제가 민주공화제에 비해 더 마음에 드는 것이었다. 비록 그들의 이론적 열망에 대한 보다 논리적인 표현이 민주공화제였다 할지라도 그러했다──물론 후자를 지지하는 데 주저하지 않았던 일부 사람도 있었다. 그러나 대체적으로 1789년의 고전적·자유주의적 부르주아 그리고 1789년에서 1848년 사이의 자유주의자는 민주주의자라기보다는 입헌정치와 시민적 자유, 사기업(私企業)의 보증이 있는 세속적 국가, 납세자 그리고 재산 소유자에 의한 통치를 신봉하는 사람이었다.

그럼에도 불구하고 공식적으로는 부르주아 계급의 이익뿐 아니라 '인민'의 일반의지도 표현하고자 했고 그 인민이 그다음에는 '프랑스 국민'이 되었다. 이는 중요한 동일시다. 국왕은 더 이상 신의 은총에 의한 프랑스와 나바르(Navarre) 왕 루이(Louis)가 아니라 신의 은총과 국가의 헌법에 의한 프랑스 국민의 왕 루이였다. 선언은 "모든 주권의 원천이 본질적으로 국민에 있다"고 말하고 있다. 그리고 아베 시에예스(Abbé Sieyès)가 말했듯이 국민은 지상에서 자신의 이해 위에 있는 어떠한 이해도 인정하지 않았으며, 그 자신의 것 이외에 어떠한 법이나 권위도──인류 전체의 그것이나 다른 여러 국민의 그것도──받아들이지 않았다.

확실히 프랑스 국민과 그 영향을 받은 다른 나라 국민들은 처음에는 자신의 이해가 다른 국민들의 이해와 충돌하는 것이라고는 생각하지 않았으며, 반대로 자신이 전제정치로부터 여러 국민들을 보편적으로 해방시키는 운동을 시작하거나 이에 참여하고 있다고 생각했다. 그러나 실제로는 국민적 대항(예컨대 프랑스 사업가들과 영국 사업가들 간의 경쟁)과 국민적 종속(예컨대 정복되거나 해방된 국민들이 위대한 국민의 이해에 의해 종속)이 1789년의 부르주아가 그에 관해 최초로 공식적 표현을 부여했던 민족주의 속에 포함되어 있었다. '국민'과 동일시되었던 '인민'은 혁명적인 개념이었는데, 이는 인민을 표현하는 것을 의도했던 부르주아 자유주의적 강령보다 더욱 혁명적인 것이었다. 그러나 이것은 두 개의 날을 가진 개념이기도 했다.

농민과 노동빈민은 무식하고 정치적으로 온건하거나 미성숙했으며, 선거방식이 간접적이었기 때문에 거의 다음과 같은 종류의 사람들로 구성되는 610명이 선출되어 제3신분을 대표했다. 그 인원의 대부분은 지방에서 중요한 경제적 역할을 수행하고 있던 법률가였으며 또 약 100명 정도는 자본가와 실업인들이었다. 중류계급은 격렬하게 싸워서 귀족과 성직자의 대표단을 합한 것만큼 큰 대표단을 쟁취하는 데 성공했는데, 이는 공식적으로 인구의 95퍼센트를 대표하는 집단으로서는 지나치다고 할 수 없는 야심이었다.

이제 그들은 삼부회를 '신분'에 따라서 토의하고 투표하는 전통적·봉건적 기구—이러한 상황 아래서는 귀족과 성직자가 항상 제3신분을 투표수로 누를 수 있었다—로부터 개개의 대표 그 자체로 투표하고 개개의 대표들로 구성되는 의회로 전환시킴으로써 그들의 잠재적 다수표를 이용할 수 있는 권리를 얻기 위해 단호하게 싸웠다. 이 문제에 대해 최초의 혁명적인 진전이 일어났다. 삼부회가 개회된 지 약 6주 후에 평민은 왕·귀족·성직자의 기선을 제압하기 위해 그들 자신과 그들이 제시한 조건 아래 합세할 용의가 있는 모든 사람들을 모아 헌법개정 권리를 가진 국민의회를 만들었다. 반혁명의 기도가 있었으므로 그들은 자기들의 요구를 사실상 영국의 하원을 모방해 정식화하게 되었다. 재기는 뛰어났으나 평판이 좋지 않았던 전(前) 귀족 미라보가 왕에게 "전하, 당신은 이 의회에서는 이방인이며

여기서 발언할 권리가 없습니다"라고 말했듯이 절대주의는 종말을 고했다.[7]

왕과 특권계급이 연합한 저항 앞에서 제3신분은 성공을 거두었는데, 왜냐하면 제3신분은 교육을 받은 지식인인데다가 전투적인 소수의 견해뿐 아니라 훨씬 강력한 세력인 여러 도시, 특히 파리의 노동빈민과 곧이어 혁명적인 농민들의 견해도 대표했기 때문이다. 제한된 개혁을 요구하는 소요를 혁명으로 전환시킨 것은 삼부회의 소집이 심각한 경제적·사회적 위기와 동시에 일어났기 때문이다.

여러 복합된 이유들로 인해 1780년대 후반은 프랑스 경제의 사실상 모든 부문이 커다란 어려움을 겪는 시기였다. 1788년, 그리고 1789년의 흉작과 함께 그해 겨울 혹한의 추위가 이 위기를 격심하게 했다. 흉작은 농민들에게 심각한 고통을 주었는데, 그것은 흉작이 발생하면 대규모 생산자들은 곡물을 기근(飢饉)가격으로 팔 수 있었던 반면, 보유지가 충분치 못했던 대다수 농민들은 종자용 곡물까지 다 먹어버려야 했거나, 특히 새로운 수확기 바로 전의 수개월(즉 5~7월) 동안 기근가격으로 식품을 구매해야 했기 때문이다. 또한 흉작은 도시빈민들에게도 고통을 주었는데, 그들의 생계비용——빵이 주식이었다——은 다른 때보다 두 배는 되었을 것이다. 농촌의 궁핍이 제조업자의 시장을 축소시키고 따라서 공업불황을 낳게 됨에 따라 흉작은 그들에게 더욱 큰 고통을 안겨주었다.

따라서 농촌빈민들은 절망적인 상태에서 폭동과 강도로 동요하고 있었고, 도시빈민들은 생계비용이 급증했던 바로 그 시점에서 일자리가 없어졌으므로 이중으로 절망적이었다. 정상적인 상황에서였다면 맹목적인 폭동 이상의 것은 거의 발생하지 않았을 것이다. 그러나

---

7) A. Goodwin, *The French Revolution* (1959 ed.), p. 70.

1788년과 1789년에는 왕국 안의 주요한 격변, 즉 선전과 선거운동이 사람들의 절망에 정치적 전망을 부여했다. 선전과 선거는 향신계급과 압제로부터의 해방이라는 대지를 뒤흔들 만한 거대한 사상을 도입했다. 폭도화한 민중들이 제3신분의 대표자들 배후에 서 있었다.

반(反)혁명은 잠재적인 대중봉기를 현실적인 것으로 전환시켰다. 비록 군대가 더 이상 완전히 신뢰할 수 있는 것은 아니었다 하더라도 구체제가 필요한 경우 군대를 동원해 반격을 가했던 것은 당연한 일이었다. 만일 루이 16세가 실제보다 덜 하찮고 덜 바보 같은 인간이었으며 또 그가 덜 우둔하며 덜 무책임한 여자와 결혼했고 또 덜 위험한 조언자들의 말에 귀를 기울일 준비가 되어 있었다면, 루이 16세는 패배를 인정하고 즉각 자신을 입헌군주로 전환시켰으리라고 추측할 수 있는 것은 오직 비현실적인 공상가들뿐이다.

실제로 반혁명은 이미 굶주리고 의심에 차 있으며 전투적으로 되어 있던 파리의 대중을 동원했다. 이 동원의 가장 충격적인 결과는 국왕의 권위를 상징하는 국가의 감옥인 바스티유의 점령이었는데, 여기서 혁명가들은 무기를 발견할 것을 기대했다. 혁명의 시기에는 상징의 몰락만큼 강력한 것도 없다. 7월 14일을 프랑스의 국경일로 만들었던 바스티유 점령은 전제주의의 몰락을 실증했으며, 전 세계는 이것을 해방의 시작으로 맞이했다. 도시의 시민들이 그를 보고 시계를 맞추었을 정도로 습관이 규칙적이었던 엄격한 철학자 쾨니히스베르크의 이마누엘 칸트마저도 이 소식을 들었을 때 오후 산책시간을 연기했는데, 이로 인해 쾨니히스베르크 사람들은 세상을 뒤흔드는 사건이 실제로 발발했음을 믿게 되었다고 한다. 보다 중요한 것은 바스티유 함락이 혁명을 지방도시와 농촌으로까지 확산시켰다는 점이다.

농민혁명은 방대하고 무형(無形)·무명(無名)의 운동이었지만 저항할 수 없는 것이었다. 농민폭동이라는 유행병을 돌이킬 수 없는 격변으로 바꾸어놓은 것은 지방도시의 봉기와, 1789년 7월 말과 8월 초에 걸친 이른바 대공포(Grande Peur), 즉 확연하게 드러나지는 않지만 광범한 농촌지역에 급속히 퍼져나가고 있던 대중공포의 파도의 결합이었다.

7월 14일 이후 3주 이내에 프랑스 농촌봉건제의 사회구조와 왕정 프랑스의 국가기구는 해체되었다. 국가권력 중에 남아 있었던 것은 결속이 의심스러운 연대들, 강제력이 없는 국민의회, 그리고 부르주아가 무장시킨 파리의 '국민방위군'을 모델로 하여 창설했던 도시 또는 지방에 있는 중류계급의 많은 행정기관이 전부였다. 중류계급과 귀족계급은 이제는 더 이상 회피할 수 없게 된 사태를 즉각적으로 받아들였다. 즉 정치상황이 안정되었을 때에는 높은 보상가격이 결정되어 있는 봉건적 특권을 모두 공식적으로 철폐했다. 봉건제도가 최종적으로 철폐된 것은 1793년이 되어서였다. 8월 말이 되자 프랑스 혁명은 또한 공식적인 선언, 즉 「인간 및 시민의 권리선언」도 획득했다. 반대로 국왕은 언제나처럼 어리석게 저항했으며, 중류계급에 속한 혁명파의 분파들은 대중적 격변의 사회적 암시에 놀라 보수주의의 시기가 왔다고 생각하기 시작했다.

요컨대 프랑스 혁명과 이후 모든 부르주아 혁명적 정치에 분명히 나타날 주요한 형태가 이제는 분명해졌다. 이러한 극적이며 변증법적인 변동이 미래의 세대를 지배할 것이었다. 몇 번이고 되풀이해서 우리는 온건한 중류계급의 개혁가들이 완강한 저항이나 반혁명에 대항해 대중들을 동원하는 것을 볼 것이다. 대중들이 온건파의 목표를 넘어서 그들 자신의 사회혁명을 향해 전진하며, 온건파들은 반동주의자와 제휴하는 보수적 집단, 대중에 대한 통제력을 상실할 위험을 무릅쓰고라도 대중의 도움을 얻어 아직 달성되지 못한 나머지 목표들을 수행하려고 결심한 좌파집단으로 분열됨을 우리는 보게 될 것이다. 이와 같이 반복되고 변화하는 저항의 패턴 — 대중동원, 좌경, 온건파의 분열과 우경 — 을 통해 마침내 중류계급 대부분이 이제부터는 보수적인 진영에 들어가버리거나 사회혁명이 중류계급을 격퇴했다.

프랑스 혁명 이후 대부분의 부르주아 혁명에서 온건한 자유주의자들은 매우 초기 단계에서부터 보수진영으로 후퇴 또는 이행하게 될 것이었다. 사실 19세기에는 온건한 자유주의자들이 혁명의 예상할 수 없는 결과를 두려워해 왕 및 귀족계급과의 협상을 선호했고 결코 혁명을 시작하려 하지 않게 된 경우를 우리는 점점 더 많이 보게 된다. 이러한 현상은 독일에서 가장 두드러졌다.

프랑스 혁명의 특색은 자유주의적인 중류계급의 한 분파가 반(反)부르주아 혁명의 경계에 이를 정도로, 또 실제로 이 경계를 넘어설 정도로 혁명적이었다는 사실이다. 이들은 자코뱅파였으며, 그 이름은 어느 곳에서나 '급진적인 혁명'을 상징하게 되었다.

왜 그랬는가? 물론 부분적으로는 프랑스의 부르주아지가 프랑스 혁명 이후의 자유주의자들처럼 두려움의 대상인 프랑스 혁명에 대한 무서운 기억을 아직 가지고 있지 않았기 때문이다. 부르주아의 안락과 기대에 비해 자코뱅 정권이 혁명을 너무 멀리까지 추진했다는 사실은 1794년 이후가 되면 온건주의자들에게 명백해졌다. 즉 '1793년의 태양'이 다시 떠오른다면 그것은 비(非)부르주아 사회를 비추게 될 것이라는 사실이 혁명가들에게 명백해졌을 것이다.

당시에는 자코뱅파를 대신해 통일된 사회적 대안을 제시할 수 있는 계급이 존재하지 않았기 때문에 그들은 급진주의를 유지할 수 있었다. 이러한 계급은 산업혁명의 과정 속에서 '프롤레타리아'로서 혹은 보다 정확하게 말하면 그에 기초를 둔 이데올로기와 운동으로서 나타났을 뿐이다.

프랑스 혁명에서 노동계급—또한 이것조차도 고용은 되어 있지만 대부분 비공업적인 임금취득자들의 집단에 대한 잘못된 명칭이다—은 아직 중요한 독립적 역할을 하지 못했다. 그들은 굶주리고 있었고 폭동을 일으켰으며 아마 공상을 하고 있었겠지만, 실제로 그들은 비(非)프롤레타리아적 지도자를 따랐다. 농민은 누구에게도 정치적 대안을 제공하지 못하며, 단지 상황이 지시하는 대로 거의 저항할 수 없는 세력 혹은 거의 움직일 수 없는 대상이 될 뿐이었다.

부르주아 급진주의에 대한 유일한 대안은, 대중의 지지 없이는 무력할 수밖에 없는 사상가 혹은 투사들의 소규모 집단을 제외하면 노동빈민층 수공업자, 소매상인, 직인, 소기업주 등으로 구성되는 무형의 그리고 대부분 도시적인 운동이었던 '상퀼로트'(Sansculottes)였다. 상퀼로트는 특히 파리의 '지구'(地區)들이나 지방의 정치 클럽에서 조직되었으며 혁명의 주된 공격세력—실제의 시위운동가, 폭도, 바리케이드 설치자—을 제공했다. 마라(Marat)와 에베르(Hébert) 같은 언론인 그리고 지방의 대변자들을 통해서 그들은 정책을 공식화했는데, 그 정책의 이면에는 막연하고 상호 모순되는 사회적 이상이 가로놓여 있었다. 즉 부자에 대한 적의를 띤 (소)사유재산에 대한 존중, 정부보증의 일자리, 빈민을 위한 임금과 사회보장, 극단적·평등주의적·자유주의적이며 지방화된 직접적인 민주주의와 결합되고 있었다. 사실 상퀼로트는 '부르주아'와 '프롤레타리아'라는 양 극단 사이에 존재했고, 대체로 가난했기 때문에 전자보다는 후자에 종종 가까웠을 것으로 생각되는 막대한 숫자의 '소(小)소유자'의 이해관계를 나타내고자 한 중요한 정치적 경향의 한 분파였다.

우리는 그러한 정치적 경향을 미국에서도(제퍼슨주의와 잭슨적 민주주의 또는 인민주의로서), 영국에서도('급진주의'로서), 프랑스에서도(미래의 '공화주의자'와 급진 사회주의자의 선조로서), 이탈리아에 서도(마치니주의자와 가리발디주의자로서), 또 다른 곳에서도 볼 수 있다. 대개 그러한 정치적 경향은 혁명 이후의 시기에는 중류계급적 자유주의의 좌파로서 자리 잡는 경향이 있었다. 이 중류계급적 자유주의의 좌파는 좌측에는 적이 없다는 과거의 원칙을 저버리지 않으려 했으며 위기의 시기에는 '화폐의 벽'이나 '경제적 왕당파' 또는 '인류를 못박아 매다는 금십자가'에 대항해 반란을 일으킬 준비가 되어 있었다.

그러나 상퀼로트주의도 현실적인 대안을 제시하지 못하기는 마찬가지였다. 자신의 이상이었던 촌락민과 소(小)수공업자의 빛나는 과거 또는 소농업자나 직인들이 은행가와 백만장자들 때문에 고통을 받지 않는 빛나는 미래는 실현될 수 없었다. 역사는 그들과는 정반대로 움직였다. 그들이 할 수 있었던 것은 기껏해야 역사의 진로에 장애물을 설치하는 것이었는데 ─ 그들은 1793~94년에 이를 실제로 달성했다 ─ 이는 당시부터 거의 지금까지 프랑스의 경제성장을 방해해오고 있다. 사실상 상퀼로트주의는 너무나 무력한 현상이었기 때문에 그 이름조차 대개는 잊혔거나 오직 자코뱅주의의 동의어로서만 기억되고 있는데, 자코뱅주의는 혁명력(革命曆) 2년에 상퀼로트주의에게 지도권을 부여했다.

2

승리를 거둔 온건파 부르주아지는 1789년에서 1791년 사이에 이제는 제헌의회(Assemblée Constituante)를 통해 자신의 목표였던 프랑스의 거대한 개혁과 합리화에 착수했다. 혁명이 낳은 가장 현저한 국제적 결과인 미터법과 유대인의 선구적 해방을 비롯해 혁명 후에도 계속 존속했던 혁명의 제도상 성과의 대부분은 이 시기에 시작되었다.

경제적으로 제헌의회의 관점은 전적으로 자유주의적이었다. 농민에 대한 정책은 공동지의 인클로저와 농업 기업가의 장려였고, 노동계급에 대한 정책은 노동조합의 금지였으며, 소규모 수공업자에 대한 정책은 길드와 조합의 철폐였다. 성직자의 권력을 약화시키고, 지방과 농민기업가를 강화시키며, 다수의 농민들에게 그들이 수행한 혁명활동에 상응하는 대가를 지불한다는 3중의 이점을 가졌던 1790년 이후의 교회령과 망명귀족령 몰수 그리고 매각이라는 조치를 제외하고 제헌의회는 일반 민중에게 거의 만족을 주지 못했다. 1791년의 헌법은, '능동적인 시민들'의 분명히 다소 광범위했던 재산제한 선거권에 기반을 둔 입헌군주제라는 이름으로 지나친 민주주의를 저지했다. 수동적인 시민들은 자신의 이름에 맞게 수동적으로 살아가도록 요망되었다.

그러나 실제로 이러한 일은 일어나지 않았다. 군주제는 이전에는 혁명적이었던 유력한 부르주아 당파에 의해 강력하게 지지되고 있었다고 해도 새로운 체제에 자기 자신을 내맡길 수는 없었다. 궁정은 지배력을 행사하는 평민들 무리를 국왕의 사촌형제들로 구성된 십자군에 의해 쫓아내고 신권(神權)에 기반한 가장 가톨릭적인 프랑스의 국왕을 올바른 지위로 복귀시킬 것을 꿈꾸었으며, 이를 위해 음모를 꾸몄다. 교회를 파괴시키려는 것이 아니라 교회의 로마에 대한 절대주의적 충성을 파괴시키려는 목적으로 시도되었던 성직자시민헌법(Constitution Civil du Clergé, 1790)은 다수의 성직자와 그들의 신도들을 반대파가 되게 했다. 이는 국왕이 프랑스로부터 절망적 도피를 시도하게끔 몰아갔는데, 이 시도는 자멸적인 것임이 입증되었다. 그는 1791년 6월 바렌(Varenne)에서 다시 잡혔으며, 그 후의 대중적 힘은 공화주의에 의해 움직여갔다. 그것은 전통적으로 자신의 인민을 저버리는 국왕들은 충성을 요구할 권리도 상실하기 때문이다.

다른 한편 온건파의 통제되지 않았던 자유기업 경제는 식료품 가격 수준을 두드러지게 변동시켰으며, 따라서 도시빈민 특히 파리에 사는 도시빈민의 호전성을 강화했다. 빵의 가격은 파리의 정치적 온도를 온도계만큼이나 정확하게 기록하고 있었으며 파리의 대중들은 결정적인 혁명세력이었다. 새로운 프랑스의 삼색기(三色旗)가 옛 국왕의 흰색에 파리의 청색과 적색이 결합되어 만들어진 데에는 그 이유가 있는 것이었다.

전쟁의 발발은 사태를 절정으로 몰고 갔다. 전쟁의 발발은 1792년의 제2혁명으로, 혁명력 2년의 자코뱅 공화국으로, 결국은 나폴레옹으로 이르게 했다. 바꾸어 말하면 전쟁의 발발은 프랑스 혁명의 역사를 유럽의 역사로 전환시켰다.

두 세력, 즉 극우파와 온건좌파는 프랑스를 전면전으로 밀고 나아갔다. 국왕과 프랑스 귀족 그리고 서부 독일의 여러 도시에 진을 치고 있었던 늘어만 가는 망명귀족과 성직자들에게는 외국의 개입만이 구체제를 복귀시킬 수 있다는 것은 명백해 보였다.[8] 국제적 상황이 복잡하고 다른 나라들이 비교적 정치적으로 평온했기 때문에 그러한 개입은 그리 쉽사리 조직되지 않았다. 그러나 귀족들과 신에 의해 임명된 다른 나라의 지배자들로서는 루이 16세가 권력을 회복하는 것이 계급적 결속의 행위일 뿐 아니라 프랑스로부터 전파된 무시무시한 사상의 보급을 막는 중요한 안전장치이기도 하다는 사실을

---

8) 약 30만의 프랑스인들이 1789년과 1795년 사이에 망명했다. C. Bloch, "L'émi-gration française au XIX siècle," *Etudes d'Histoire Moderne & Contemp*, I(1947), p. 137. 그러나 D. Greer, *The Incidence of the Emigration during the French Revolution*(1951)은 훨씬 더 작은 숫자를 시사하고 있다.

분명히 알고 있었다. 따라서 프랑스의 재정복을 기도하는 세력들이 해외에서 점점 늘어갔다.

동시에 온건 자유주의자들 자신, 그 가운데서도 특히 지롱드파가 주도하는 상업적인 현(縣)의 대표자들 둘레에 들끓었던 한 무리의 정치인들은 호전적인 세력이었다. 이는 부분적으로 모든 진정한 혁명은 보편화하는 경향을 가지고 있기 때문이다. 해외에 있는 수많은 프랑스 혁명의 지지자들과 마찬가지로 프랑스인에게 프랑스의 해방은 자유의 보편적인 승리 중 최초의 일부분이었을 뿐이며, 이러한 태도는 압제와 폭정 아래 신음하고 있는 모든 민족들을 해방시키는 것이 혁명의 조국이 가진 의무라는 신념으로 발전했다. 온건하든 극단적이든 상관없이 혁명가들 사이에는 자유를 전파하려는 진정 숭고하고 고결한 열정이 있었다. 프랑스 국민의 대의와 예속된 모든 인류의 대의를 분리시켜 생각할 수는 없었던 것이다.

프랑스의 혁명운동과 다른 나라의 혁명운동들은 이후 적어도 1848년까지는 이러한 견해를 받아들이거나 그 견해를 알맞게 변형시키게 될 것이었다. 1848년까지 유럽의 모든 해방계획은, 프랑스인의 지도 아래 유럽의 반동을 타도하기 위한 여러 국민의 연합봉기에 따라 결정되었다. 1830년 이후 이탈리아나 폴란드의 운동처럼 여타 국민적이며 자유주의적인 반항운동 역시 자신의 국민들을 어떤 의미에서 메시아로, 즉 자신의 자유에 의해 다른 모든 국민들을 자유로 이끌도록 운명지어진 메시아로 보는 경향이 있었다.

또한 조금 현실적으로 생각한다면 전쟁은 수많은 국내문제들을 해결하는 데 도움을 줄 수 있었다. 새로운 체제가 갖는 어려움을 망명 귀족과 외국 전제군주의 음모 탓으로 돌리고 대중의 불만을 이 음모로 향하게 하는 것은 매력적이며 속 들여다보이는 일이었다. 특히 실업인들은 불확실한 경제 전망과 통화의 평가절하 그리고 그 밖의 문제들은 간섭의 위협이 해소되어야만 개선될 수 있다고 주장했다. 실업인들과 그들의 이론가들은 영국의 기록을 일별(一瞥)하고는 경제적 우월이 조직적인 침략의 소산이라고 생각했을지도 모른다. 확실히 18세기는 성공적인 기업가가 평화와 결합되어 있던 세기는 결코 아니었다. 더욱이 곧 분명해지겠지만 전쟁은 이윤을 낳도록 할 수 있었다. 이러한 모든 이유로 인해 소수의 우파와 로베스피에르의 지도 아래 있던 소수의 좌파를 제외한 새로운 입법의회의 대다수는 전쟁을 주장했다. 또한 이러한 이유들 때문에 전쟁이 일어났을 때 혁명의 정복은 해방과 착취 그리고 정치적 일탈(逸脫)을 아울러 가져오게 될 것이었다.

1792년 4월 전쟁은 포고되었다. 사람들은 패전을 충분히 그럴듯하게 국왕의 태만과 반역 탓으로 돌렸는데, 이 패전은 급진화를 가져왔다. 파리의 상퀼로트파 대중의 무장활동에 의해 8월과 9월에 군주제는 타도되었고 일체불가분(一體不可分)의 공화국이 설립되었다. 인류사의 새로운 시대가 혁명력 1년의 제정과 함께 선언되었다. 프랑스 혁명 기간 중 가장 냉혹하고 영웅적인 시대였을 이때는 정치범의 대량학살과 국민공회(Convention Nationale)—의회정치사상 아마 가장 주목할 만한 의회—의 선거 그리고 침략자에 대한 총력적인 저항의 요구가 행해지는 가운데 시작되었다. 국왕은 투옥되었고, 외국의 침략은 발미(Valmy)에서의 그다지 극적이라고 할 수 없는 포병전에 의해 저지되었다.

혁명전쟁들은 자신의 논리를 강요한다. 새로운 국민공회의 지적인 정당은 지롱드당이었는데, 그들은 대외적으로는 호전적이고 대내적으로는 온건했으며, 대기업과 지방의 부르주아지를 대표하는 대단히 지적(知的)이고 매력적이며 재치 있는 의회 연설가들로 이루어진 단체였다. 그들의 정책은 사실 불가능했다. 왜냐하면 확정된 정규군을 가지고 제한된 전쟁을 벌이는 국가들이라야 제인 오스틴의 소설에 나오는 당시의 영국 숙녀와 신사들처럼 전쟁과 국내문제를 완전히 분리시켜주는 것을 바랄 법했기 때문이다.

프랑스 혁명은 제한된 전쟁을 벌였던 것도 아니고 확립된 정규군을 가지고 있지도 못했다. 왜냐하면 프랑스 혁명의 전쟁은 세계혁명이라는 최대의 승리와 전면적인 반(反)혁명을 의미하는 최대의 패배사이를 왔다갔다 했으며, 그 당시의 군대 ─ 구(舊) 프랑스 군대 중에서 남겨진 것 ─ 는 무능하며 믿을 만하지 못했기 때문이다. 공화국의 총지휘관이었던 뒤무리에마저 머지않아 적진으로 탈주할 정도였다. 승리가 단지 외국의 간섭을 패퇴시키는 일을 의미하더라도 오직전례 없고 혁명적인 방식만이 그러한 전쟁에서 승리를 가져다줄 수있었을 것이다. 실제로 그러한 방법이 발견되었다.

젊은 프랑스 공화국은 그 위기의 과정 속에서 총력전을 발견 혹은발명했는데, 총력전이란 징병과 배급, 엄격하게 통제된 전시경제 그리고 국내외에서의 군인과 민간인 구별을 실질적으로 철폐하는 국가자원의 총동원이었다. 이 발견이 뜻하는 바가 얼마나 무서운 것인가는 우리 자신의 역사 시대에야 비로소 분명해졌다. 1792~94년의 혁명전쟁이 예외적인 에피소드로 남아 있었기 때문에 대부분의 19세기 관찰자들은 이러한 사실을 깨달을 수 없었다. 단지 그들은 전쟁은 혁명을 가져오고 혁명은 그것이 없었더라면 이길 수 없었을 전쟁에서 승리를 가져온다는 것 ─ 후기 빅토리아 시대의 풍요로움 속에서는 이것조차도 잊혔다 ─ 만을 관찰했다. 오늘날에야 겨우 자코뱅 공화국과 1793~94년의 '공포정치'가 근대적 총력전이라는 견지이외의 점에서는 얼마나 무의미한가를 알 수 있다.

상퀼로트는 혁명전쟁 정부를 환영했다. 이는 그들이 반혁명과 외국의 간섭은 이렇게 함으로써만 타파될 수 있다고 주장했기 때문일 뿐 아니라, 혁명전쟁 정부의 방식이 국민을 동원하고 사회정의를 보다 가까이 가져왔기 때문이기도 했다. 그러나 상퀼로트는 어떠한 유효한 근대전 수행 노력도 그들이 소중히 여겼던 지방분권적 자발적 직접민주주의와 양립할 수 없다는 사실을 간과했다.

반면 지롱드당은 자신들이 야기했던 대중혁명과 전쟁의 결합이 가져올 정치적 결과를 두려워하고 있었다. 지롱드당은 좌파와의 경쟁을 위한 어떠한 준비도 갖추고 있지 않았다. 지롱드는 국왕을 재판하거나 처형하는 것을 원하지 않았지만 경쟁상대인 '산악파'(자코뱅파)와 이 혁명적 열정의 상징을 놓고 경쟁해야 했다. 산악파는 위신을 얻었지만 지롱드는 그렇지 못했다. 다른 한편 지롱드당은 전쟁을 확대해 그것을 일반적·이데올로기적 해방의 성전으로 만들고 최대의 경제적 경쟁국인 영국에 직접 도전하려 했다. 지롱드당은 이 목적을 이루는 데 성공했다. 1793년 3월에 프랑스는 유럽의 대부분과 전쟁 중이었고, 외국의 병합 ─ 이는 프랑스의 '자연적 경계'에 대한 프랑스의 권리라는 새로 창안된 원칙에 의해 정당화되었다 ─ 이 시작되어 진행되고 있었다.

그러나 전쟁의 확대는, 전황이 악화되면 될수록 좌파의 권력을 강화시킬 뿐이었는데, 좌파만이 전쟁에서 승리할 수 있었다. 후퇴하고 있었으며 책략 면에서 압도당하고 있던 지롱드당은 결국 좌파에 대해 무분별하게 공격하는 지경에까지 몰렸는데, 이 공격은 이내 파리에 대한 지방의 조직된 반란으로 전환될 것이었다. 상퀼로트에 의한 민첩한 공격은 1793년 6월 2일 지롱드당을 타도했다. 자코뱅 공화국이 도래했다.

3

교육받은 비전문가가 프랑스 혁명을 생각할 때 그의 머릿속에 주로 떠오르는 것은 1789년의 사건들이지만 그 가운데서도 특히 혁명력 2년의 자코뱅 공화국이다. 위엄을 부리는 로베스피에르와 밀통하고 있던 거구의 당통, 생-쥐스트의 냉정한 혁명적 우아함, 거친 마라, 공안위원회, 혁명재판소 그리고 기요틴은 우리가 가장 분명하게 가지고 있는 영상들이다. 1789년 미라보와 라파예트, 1793년의 자코뱅 지도자들 사이에서 나타난 온건파 혁명가들은 이름조차도 역사가를 제외한 모든 사람들의 기억에서 빠져나가버렸다. 지롱드당은 하나의 집단으로서만 기억될 뿐이며, 아마도 지롱드당을 따랐던, 정치적으로는 무시할 만하지만 낭만주의적인 여성들——롤랑 부인(Mme Roland) 또는 샤를로트 코르데(Charlotte Corday)——때문에 기억되고 있을지도 모른다. 전문가가 아니면 누가 브리소(Brissot)와 베르니오(Vergniaud), 가데(Guadet) 그리고 나머지 사람들의 이름이나마 알고 있겠는가?

보수파에게는 이 시대가 피에 굶주린 히스테리라는 영속적인 테러의 이미지로만 비칠 것이다. 그러나 20세기의 기준에 의하면, 또 사실 1871년의 파리 코뮌 이후의 대량학살과 같은 사회혁명에 대한 보수적 탄압을 기준으로 하면, 이 시기의 대량학살은 비교적 온건한 것으로서 14개월 동안 1만 7,000명이 공식 처형되었다.[9] 혁명가들, 특히 프랑스의 혁명가들은 공포정치를 최초의 인민공화국, 즉 그 후 모든 반란의 인스피레이션(inspiration)으로 보아왔다. 어쨌든 공포정치 시대는 일상의 인간적 기준으로 측정될 시대는 아니었다.

---

9) D. Greer, *The Incidence of the Terror*(Harvard, 1935).

그것은 사실이다. 그러나 공포정치를 지지했던 견실한 중류계급의 프랑스인에게 공포정치는 병적인 것도, 신의 계시도 아니었다. 그것은 무엇보다도 자신의 나라를 보전할 수 있는 유일하고도 유효한 방법이었다. 이것을 자코뱅 공화국이 해냈던 것이며, 그 업적은 초인적인 것이었다. 1793년 6월 프랑스의 80개 현 중 60개가 파리에 대해 반란을 일으키고 있었고, 독일 제후(諸侯)의 군대가 북쪽과 동쪽에서 프랑스를 침입하고 있었으며, 영국인들은 남쪽과 서쪽에서 공격해왔다. 프랑스는 고립무원의 상태에 빠져 파산 지경에 있었다.

그러나 14개월 후 전(全) 프랑스는 확고한 통제 아래 침입자들을 추방하고, 프랑스 군대가 벨기에를 점령해 거의 계속적이고도 손쉬운 군사적 승리의 20년에 바야흐로 돌입하려는 참이었다. 더구나 1794년 3월에는 이전의 세 배에 달하는 군대가 1793년 3월에 쓰인 비용의 절반으로 운영되었다. 프랑스 통화 ― 프랑스 통화라기보다는 이를 대부분 대체했던 아시냐 지폐 ― 의 가치는 과거나 미래와는 현저히 대조적으로 대체로 안정되어 있었다. 확고한 공화주의자였지만 후에 나폴레옹의 가장 유능한 지사(知事) 중 하나가 되었던 공안위원회의 자코뱅파 위원인 장봉 생앙드레(Jeanbon St. André)가 1812~13년의 패배로 인해 흔들리는 제정(帝政) 프랑스를 경멸의 눈으로 바라본 것은 조금도 이상할 것이 없다. 혁명력 2년의 공화국은 더 적은 재원을 가지고 더 악화된 위기에 대처했던 것이다.[10]

10) "여러분들은 어떤 종류의 정부가 (승리했는가를) 알고 있습니까? ……국민 공회의 정부입니다. 빨간 보닛을 쓰고 거친 모직 의류를 입고 나무신을 신은, 보잘것없는 빵과 질이 나쁜 맥주를 먹고 살았으며 너무 피곤해서 더 이상 깨어 있는 상태로 논의를 할 수 없을 때에는, 그들 집회실의 마룻바닥에 깔려 있는 요 위로 잠을 자러 갔던 열정적인 자코뱅당원의 정부입니다. 프랑스를 구했던 것은 그러한 종류의 사람들입니다. 여러분! 나도 그들 중 한 사람이었습니다. 그리고 여기서 내가 들어가려 하고 있는 황제의 거처를 자랑

이러한 영웅적 시기를 통해 기본적으로 지배권을 장악한 국민공회의 대다수와 마찬가지로 중류계급의 선택 역시 단순했다. 즉 중류계급의 관점에서 보았을 때 나타나는 모든 결점에도 불구하고 공포정치를 선택하느냐 아니면 혁명의 파괴, 국민국가의 해체, 그리고 아마도 나라의 소멸—폴란드의 예가 있지 않았는가?—을 택하느냐 하는 것이었다. 프랑스의 이러한 절망적인 위기가 없었더라면 중류계급 중 다수가 덜 냉혹한 정권과 확실히 덜 엄격히 통제되는 경제를 택했으리라는 것은 매우 있었음직한 일이다. 이후 로베스피에르의 몰락으로 경제적 통제의 해체와 부정한 암거래의 유행을 가져오고, 덧붙여 말한다면 이것이 진척되어 결국 급성 인플레이션과 1797년의 국가적 파산이 발생했다. 그러나 가장 좁은 관점에서 보았을 때조차도 프랑스 중류계급의 장래는 통일된 강력한 중앙집권적 국민국가의 장래에 달려 있었다. 그리고 어쨌든 근대적 의미에서의 '국민'과 '애국심'이라는 낱말을 사실상 창조했던 이 혁명이 '위대한 국민'을 단념할 수 있었겠는가?

자코뱅 정권의 첫 일은 지롱드당에 속한 지방명사들의 반대에 대항해 대중의 지지를 획득하며 이미 동원된 파리 상퀼로트의 지지를 유지하는 것이었다. 혁명전쟁 수행을 위한 상퀼로트의 요구 중 일부—일반적 징병('국민총동원'), '배신자'에 대한 테러, 일반적 가격통제('최고가격')—는 어쨌든 자코뱅의 상식과 일치하는 것이었으나 다른 요구들은 꽤나 골치아픈 것이 될 것이었다. 이제까지 지롱드당에 의해 지연되어온 다소 급진화된 새 헌법이 포고되었다. 이 고귀하기는 하나 비현실적인 문서에 의해 사람들에게는 보통선거, 반란

으로 여기듯이 나는 이 사실을 자랑스럽게 여깁니다." J. Savant, *Les Prefets de Napoléon*(1958), pp. 111~112에서 인용.

권, 노동 또는 생계유지의 권리, 그리고 ─ 무엇보다도 중요한 것으로서 ─ 모든 사람의 행복이 정부의 목표이며 인민의 권리는 손에 넣을 수 있어야 할 뿐 아니라 실시되는 것이어야 한다는 공식성명이 제공되었다. 그것은 근대국가에 의해 포고된 최초의, 진정으로 민주주의적인 헌법이었다.

보다 구체적으로 자코뱅은 모든 잔존해 있던 봉건적 권리들을 무상으로 철폐했으며, 몰수된 망명귀족들의 토지를 소규모 구매자가 매입할 수 있는 가능성을 증진시켰다. 몇 개월 후 산도밍고의 흑인들이 영국인에 대항해 공화국을 위해 싸우도록 조장하기 위해 프랑스 식민지에서 노예제를 폐지했다. 이러한 조치들은 가장 광범위한 결과들을 가져왔다. 자코뱅은 아메리카에서 투생-루베르튀르(Toussaint-Louverture)라는 최초의 당당한 독립혁명 지도자를 창출하는 데 기여했다.[11]

프랑스에서 자코뱅은 경제적으로는 퇴행적이지만 혁명과 공화국에 열정적으로 헌신했으며, 이후 내내 국민생활을 지배해온 중소 규모의 토지 소유 농민과 소규모 수공업자 그리고 소매상인들로 구성된 견고한 요새를 확립시켰다. 급속한 경제발전의 본질적 조건인 농업과 소기업의 자본주의적 변형은 속도가 늦추어져 극히 완만하게 진행되었고 이와 함께 도시화와 국내시장의 확대, 노동계급의 증가, 그리고 덧붙여 말한다면 장래의 프롤레타리아 혁명의 진전 속도도 늦추어졌다. 대기업과 노동운동은 프랑스에서는 오랫동안 소수현상,

---

11) 나폴레옹의 프랑스가 아이티를 탈환하는 데 실패한 것은 남아 있던 모든 아메리카 나라들을 청산하는 주요한 이유 중 하나였는데, 남아 있던 아메리카 제국은 루이지애나 매입(1803)에 의해 미국에 매각되었다. 이리하여 미국이 대륙 전체에 걸친 강국으로 발돋움한 것은 자코뱅주의가 미국으로의 확산이 가져온 또 다른 결과라 할 수 있다.

즉 길모퉁이의 식료품점과 소토지 보유농 그리고 카페 소유자들의 바다에 의해 둘러싸인 섬으로 존재할 운명에 있었다(제9장 참조).

새 정부는 자코뱅과 상퀼로트의 동맹을 대표하고 있었으므로 그 중심은 따라서 눈에 보이게 왼쪽으로 기울었다. 이러한 사실은 재건된 공안위원회에 그대로 반영되었는데, 공안위원회는 급속히 프랑스의 유효한 전시내각이 되었다. 공안위원회는 강력했고 방탕했으며 아마 부패했지만 무한한 재능을 가진 보기보다 온건했던 혁명가 당통(그는 최후의 왕정을 대신했다)을 잃고 로베스피에르를 얻었는데, 그는 가장 영향력 있는 위원이 되었다. 미덕을 개인적으로 독점했다는, 다소 과도한 의식을 지닌 멋쟁이이며, 냉혈하고 광신적인 이 변호사에 대해 냉정했던 역사가는 거의 없다. 왜냐하면 오늘날까지도 로베스피에르는 어떤 인간도 중립일 수 없는 무시무시하고 영광스러운 혁명력 2년의 체현자(體現者)이기 때문이다. 물론 그는 호감을 주는 사람은 아니었다. 그가 옳았다고 생각하는 사람들조차도 오늘날 스파르타식 낙원의 건축가인 젊은 생-쥐스트의 빛나는 수학적 엄격함을 선호하는 경향이 있다.

로베스피에르는 위대한 사람은 아니었으며, 종종 편협했다. 그러나 그는 혁명을 부상시킨 인물 중에서 그 주위에 숭배가 생겨났던—나폴레옹을 제외하면—유일한 인물이다. 이는 역사적으로 보듯이 로베스피에르에게 있어 자코뱅 공화국은 전쟁에서 이기기 위해 창출된 하나의 장치가 아니라 하나의 이상이었기 때문이다. 그것은 정의와 미덕의 무섭고도 영광스러운 통치이며, 이러한 통치 아래 국민이라고 하는 관점에서는 선량한 시민들이 모두 평등했고, 인민들은 반역자들을 죽였다. 장 자크 루소(제13장의 4 참조)와 정의에 대한 투명한 신념은 로베스피에르에게 힘을 주었다. 그는 단지 국민공회에 속한—결코 전능하지는 않지만 가장 강력했던—소위원회에 불과했던 공안위원회의 한 위원이었을 뿐이기 때문에 공식적인 독재권력이나 심지어 관직조차도 갖고 있지 않았다. 그의 권력은 인민—파리의 대중—의 권력이었으며, 그의 공포정치는 그들의 공포정치였다. 인민들이 로베스피에르를 버렸을 때 그는 몰락했다.

로베스피에르와 자코뱅 공화국의 비극은 그들 자신이 이러한 지지를 멀리해야만 했다는 사실에 있었다. 자코뱅 공화국 정권은 중류계급과 노동대중 간의 동맹이었다. 그러나 중류계급 자코뱅의 경우 상퀼로트에 대한 양보는 오로지 그것이 재산 소유자를 위협하지 않으면서 대중을 정권에 결합시켰기 때문에, 그리고 결합시켰던 한에서만 참을 수 있는 것이었다. 문제는 이 동맹 안에서는 중류계급 자코뱅이 결정적이었다는 점이다. 더욱이 전쟁의 필요 때문에 어떤 정부든 중앙집권화하고 통제를 강화하지 않을 수 없었는데, 이 과정에서 상퀼로트의 세력 확장에 기반이 된 클럽과 지구(地區)의 자유롭고 지방적이며 직접적인 민주주의, 임시의용군, 자유토론선거가 희생되었다. 1936~39년의 에스파냐 내란 동안 무정부주의자의 희생 아래 공산주의자들 세력이 강화되어간 것과 동일한 과정이 에베르류의 상퀼로트를 희생으로 하여 생-쥐스트류의 자코뱅을 강화시켰다.

1794년에는 통치와 정치는 일체(一體)였으며, 공안위원회나 국민공회의 직접 대리인에 의해—지방파견위원을 통해—그리고 지방의 당조직과 결합되어 있는 대규모의 자코뱅 관리들에 의해 수행되었다. 끝으로 전쟁의 경제적 필요는 대중의 지지를 멀어지게 했다. 도시에서는 가격통제와 배급이 대중에게 이익을 주었지만, 이에 상응하는 임금동결이 그들에게 타격을 주었다. 농촌에서는 도시의 상퀼로트가 제일 먼저 주창했던 식량의 조직적인 징발로 농민들을 멀어지게 했다.

따라서 대중은 후퇴했고 불만을 가지게 되었으며 혹은 당혹하고 분개하면서 수동적인 태도를 취하게 되었다. 상퀼로트적 방식의 가장 목청 높은 대변자였던 에베르주의자들이 재판을 받고 처형된 이후에는 특히 그러했다. 그동안 보다 온건한 지지자들은 이제 당통에 의해 지휘되는 우파 반대측에 대한 공격을 보고 놀랐다. 이 당파는 수많은 폭리꾼과 투기꾼, 암시장 상인 그리고 기타 부정한 방식으로 자본을 축적한 분자들에게 피난처를 제공하고 있었는데, 당통 자신이 도덕과 무관한 폴스태프적인(Falstaffian) 자유연애와 방만한 소비를 체현하고 있었기 때문에 더욱 그럴 수밖에 없었다.

이러한 자유연애와 방만한 소비는 사회혁명의 초기에 항상 나타나는데, 이는 반드시 혁명을 지배하게 되는 엄격한 퓨리터니즘에 패배당할 때까지는 계속된다. 역사상 당통파는 항상 로베스피에르파에게 또는 로베스피에르파처럼 행동하는 척하는 사람들에게 패배한다. 왜냐하면 강경하고 편협한 헌신은 보헤미안주의가 성공할 수 없는 곳에서 성공할 수 있기 때문이다. 그러나 로베스피에르가 부패를 일소했기 때문에 온건파의 지지를 얻고 부패일소가 결국 전쟁수행에 도움을 주었다 하더라도 자유로운 돈벌이에 대한 더 이상의 제약은 사업가들에게는 가중되는 불안의 요소였다.

마지막으로 대다수의 의견은 당시 다소 공상적이며 관념적인 탈선들—상퀼로트의 열의에 기인하는 체계적인 탈(脫)기독교화 운동과 무신론자들에게 반격을 가하고 신성한 장 자크 루소의 가르침을 실행하려 했던, 의식(儀式)들을 완비한 로베스피에르의 최고존재 숭배라는 시민종교—을 좋아하지 않았다. 또 단두대의 꾸준한 마찰음은 모든 정치가들에게 아무도, 정말로 아무도 안전하지 않다는 사실을 상기시켰다.

1794년 4월까지 좌파도 우파도 모두 단두대로 가버렸기 때문에 로베스피에르주의자들은 정치적으로 고립되어 있었다. 단지 전쟁의 위기만이 그들의 권좌를 유지시켜주었다. 1794년 6월 말 공화국의 새로운 군대가 플뢰뤼(Fleurus)에서 오스트리아군을 결정적으로 패퇴시키고 벨기에를 점령함으로써 자신의 강함을 증명했을 때 종말은 바로 가까이에 있었다. 혁명력 테르미도르 9일(1794년 7월 27일) 국민공회는 로베스피에르를 타도했다. 그 다음날 로베스피에르, 생-쥐스트, 쿠통은 처형되었으며 며칠 후 혁명적인 파리 코뮌의 구성원들 87명도 처형되었다.

4

테르미도르는 프랑스 혁명의 영웅적이며 기억될 만한 국면의 종말이다. 즉 자신들을 브루투스와 카토로 생각했던 빨간 보닛을 쓴 예절바른 시민들과 거친 상퀼로트들의 상(像)의 종말이며, 고전적이며 고결한 인간상의 종말이다. 그러나 또한 테르미도르는 "리옹은 더 이상 존재하지 않는다"라든가 "만 명의 군사들이 신발이 없다. 당신은 스트라스부르의 모든 귀족들이 가진 신발을 거두어 수송준비를 갖춰 내일 오전 10시까지 사령부에 인도하도록"[12]이라는 무시무시한 말들이 나오는 국면의 종말이기도 하다. 이는 살아가기에 그리 편한 상황은 아니었는데, 대부분의 사람들이 굶주렸고 많은 사람들이 두려움을 안고 있었다. 그러나 이는 최초의 핵폭발만큼 끔찍하고 돌이킬 수 없는 하나의 현상이었으며, 모든 역사는 이에 의해 영원히 변화되었다. 그리고 이것이 발생시킨 에너지는 유럽 구체제의 군대를 지푸라기처럼 쓸어버리기에 충분했다.

전문적으로 혁명기라고 기술되는 시기의 나머지 기간(1794~99)에

---

12) C. Vellay(ed.), *Oeuvres Complètes de Saint-Just*, vol. II(Paris, 1908), p. 147.

프랑스의 중류계급이 직면했던 문제는 1786~91년 당초의 자유주의적 프로그램에 기초해 어떻게 정치안정과 경제발전을 성취하느냐 하는 것이었다. 1870년이 되면 프랑스 중류계급은 의회제 공화국에서 하나의 실현 가능한 방법을 발견하게 될 것이었지만, 그들은 그때부터 지금까지 이 문제를 한 번도 적절하게 해결한 적이 없었다. 급속한 정치체제의 변화——집정부(Directoire: 1795~99), 통령정부(Consulat: 1799~1804), 제정(Empire: 1804~14), 복고부르봉 군주제(1815~30), 입헌군주제(1830~48), 공화국(1848~51), 제정(1852~70)——는 자코뱅 민주공화국과 구체제라는 이중의 위험을 피하면서 부르주아 사회를 유지하려는 시도들이었다.

테르미도르파의 가장 큰 약점은, 그들이 부활된 귀족적 반동과 로베스피에르의 몰락을 이내 후회하게 된 자코뱅-상퀼로트적 파리 빈민들 양쪽으로부터 압력을 받고 있었기 때문에 어떠한 정치적 지지도 획득하지 못했다는 사실이다. 그들은 기껏해야 정치적 용인을 받고 있는 정도였다. 1795년 그들은 자신들을 이 양자로부터 지키기 위해 견제와 균형의 정교한 헌법을 고안해냈으며, 좌(左)와 우(右)로의 주기적 경도(傾倒)에 의해 가까스로 균형을 유지할 수 있었다. 그러나 반대파를 쫓아내기 위해 그들은 점점 더 군대에 의존해야 했다. 이러한 상황은 기묘하게도 현대 프랑스의 제4공화국과 유사한 상황이었으며, 또 그 결과도 유사했다. 이는 바로 장군의 지배였다.

그러나 집정부가 군대에 의존한 것은 주기적 정변과 음모——1795년의 각종 정변과 음모, 1796년 바뵈프의 음모, 1797년 프뤽크티도르(Fructidor), 1798년 플로레알(Floréal), 1799년 프레리알(Prairial)[13]——를 진압하기 위한 것만은 아니었다. 취약하고 인기도

---

13) 이 이름들은 혁명력의 달(月) 이름이다.

없는 정권에게 권력유지를 위한 유일하고도 안전한 보증은 아무것도 하지 않는 것이었다. 그러나 중류계급은 진취성과 확장을 필요로 했다. 군대는 이 명백히 해결 불가능한 문제를 해결했다. 군대는 정복했다. 군대는 자급(自給)했다. 뿐만 아니라 군대에 의한 약탈과 정복은 정부로서도 수지맞는 일이었다. 가장 똑똑하고 유능한 군지도자였던 나폴레옹 보나파르트가 결국 취약한 민간정부를 제거하기로 결정했던 것이 과연 놀라운 일이었을까?

이 혁명군은 자코뱅 공화국의 가장 무서운 산물이었다. 혁명군은 혁명적 시민의 '국민총동원'에서 이내 직업적 전사의 군대로 바뀌었는데, 이는 1793년에서 1798년 사이에는 징병이 없었던데다가 군대생활이 적성에 맞지 않는 사람들이 대량으로 탈주했기 때문이다. 따라서 혁명군은 혁명의 특성을 지닌 동시에 기득이권의 특성 또한 가지게 되었는데, 이는 전형적인 보나파르트주의적 혼합이라 할 수 있다. 혁명에 의해 이 혁명군에는 전례 없는 군사적 우수성이 부여되었는데, 나폴레옹의 훌륭한 지휘력은 이 군사적 우수성을 이용하게 된다.

혁명군은 항상 즉석 징집군적인 측면을 가지고 있었는데, 이러한 혁명군 안에서는 거의 훈련을 받지 않은 신병이 고참병으로부터 훈련과 사기를 보고 익혔으며, 정식 병영훈련은 무시해도 좋을 정도였고 병사들은 인간취급을 받았다. 공로, 즉 전투에서의 수훈에 의한 승진이라는 절대적 규칙에 의해 용기에 기초한 단순한 계급제도가 창출되었다.

이러한 사실과 오만한 혁명적 사명감 때문에 프랑스군은 보다 정통적인 군대처럼 물자에 의존하지 않을 수 있었다. 프랑스군은 유효한 보급체계를 가진 적이 없었는데, 이는 그들이 본국으로부터 독립해 생활하고 있었기 때문이다. 프랑스군은 보잘것없는 자체 수요를 조금이나마 충족시킬 수 있는 무기산업의 지원을 받은 일도 없었다. 그러나 프랑스군은 전투에서 매우 재빨리 승리를 거두었으므로 무기를 거의 필요로 하지 않았다. 1806년 대규모의 프러시아 군대는 전 군단을 통틀어 1,400발의 포탄밖에 쏘지 않았던 군대 앞에서 무너졌다. 장군들은 무한한 공격적 용기와 현장에서의 창의에 상당히 의존할 수 있었다.

나폴레옹과 그 밖의 극소수 사람들을 제외하면 프랑스군의 장군과 참모들은 대부분 무능했다. 이는 혁명적 장군 혹은 나폴레옹의 원수(元帥)들이 대개의 경우 두뇌보다는 용감성과 지도력 때문에 승진한 강인한 특무상사형 혹은 위관형(尉官型)이었기 때문이다. 영웅적이었으나 매우 어리석었던 네이(Ney) 원수는 극히 전형적인 예였다. 나폴레옹은 여러 전투에서 승리를 거두었으나 그의 원수들은 대체로 전투에서 졌다.

프랑스군은 그 불완전한 보급체계에도 불구하고 벨기에, 북부 이탈리아, 독일과 같은 부유하고 약탈 가능한 나라들에서는 부족할 것이 없었다. 앞으로 보게 되겠지만 폴란드나 러시아 같은 황야지대에서는 이 불충분한 보급체계가 붕괴되었다. 위생시설이 전혀 없었기 때문에 사상자 수는 증대되었다. 1800년에서 1815년 사이에 나폴레옹은 자기 병력의 40퍼센트를 잃었다. 이 가운데 약 3분의 1은 탈주에 의한 것이었지만, 이 손실병력 가운데에서 90~98퍼센트는 전투 중에 죽은 것이 아니라 상처와 병, 피로, 추위 때문에 죽은 사람들이었다. 간단히 말해 혁명군은 전 유럽을 돌발적이고 격렬한 전투를 통해 단숨에 정복해갔는데, 이는 그렇게 할 수 있었기 때문만이 아니라 그렇게 하지 않으면 안 되었기 때문이기도 하다.

당시 군대는 부르주아 혁명이 재능에 대해 개방해놓았던 다른 많은 출셋길과 마찬가지로 하나의 출셋길이었다. 따라서 군대에서 성공한 사람들은 다른 부르주아와 마찬가지로 내부적 안정 속에서 기득권을 가지고 있었다. 군대에 내재하는 자코뱅주의에도 불구하고 군대가 테르미도르 이후 정부의 중심이 되고, 군대의 지도자 보나파르트가 부르주아 혁명을 마감하고 부르주아 정권을 시작하기에 적합한 사람이 되었던 이유는 바로 여기에 있다.

자신이 태어난 야만적인 섬 코르시카의 기준에서 볼 때 그는 점잖은 집안 태생이긴 했지만, 나폴레옹 보나파르트는 전형적인 출세주의자였다. 1769년에 태어난 그는 전문적 능력이 필요불가결한 육군 내 몇 안 되는 부문 중 하나였던 포병대에서 완만한 출세과정을 걸어나갔는데, 그는 야심적이었고 불만을 품고 있었으며 혁명적이었다. 혁명과정에서, 특히 그가 열렬히 지지했던 자코뱅 독재 아래서 그는 결정적으로 중요한 한 전선(戰線)에서 한 지방위원 — 그는 우연히도 나폴레옹과 같은 코르시카인이었는데 이러한 사실이 그의 장래에 해가 되었으리라고는 생각되지 않는다 — 에 의해 훌륭한 재능과 장래성 있는 군인으로 인정받게 되었다.

혁명력 2년에 그는 장군이 되었다. 그는 로베스피에르의 몰락에도 불구하고 살아남았으며 파리에서 유익한 인간관계를 형성할 줄 아는 재능 덕분에 그 어려운 때를 넘기면서 앞으로 전진할 수 있었다. 1796년 이탈리아 출정에서 그는 기회를 포착했는데, 이탈리아 원정에 의해 공화국의 의심할 바 없는 제1의 군인이 되었으며 민간정부 당국으로부터 사실상 독립적으로 행동했다. 1799년 외국의 침략에 의해 집정부의 취약성과 나폴레옹의 절대적 필요성이 명백해졌을 때, 권력은 반쯤 그에게 떠맡겨진 상태였고 그는 나머지 반을 움켜쥐었다. 그는 제1통령(le Premier Consul)이 되었으며, 다음에는 종신통령, 다음에는 황제가 되었다.

그리고 그의 출현과 함께 집정부 시대에 해결 불가능했던 문제들은 마치 기적처럼 해결 가능한 것으로 변했다. 수년 이내에 프랑스는 민법전을 탄생시키고, 교회와 협약을 맺었으며, 부르주아적 안정의 가장 현저한 상징인 국립은행을 설립했다. 이리하여 세계는 최초의 현세적 신화를 가지게 되었다.

나폴레옹의 신화는 1세기에 걸쳐 존재했기 때문에 나이 들거나 시대에 뒤진 나라에 사는 독자들은 그것을 알고 있을 것이다. 그 1세기 동안 나폴레옹의 흉상이 없는 중류계급의 진열장은 완전한 것일 수 없었고, 재치 있는 팸플릿 작자들은 농담삼아서라도 나폴레옹은 인간이 아니라 태양의 신이라고 주장할 수 있었다. 이러한 신화의 놀라운 힘은 나폴레옹이 거둔 승리에 의해서도, 나폴레옹이 확실히 가지고 있었던 천재성에 의해서도 적절히 설명될 수 없다.

비록 권력이 그를 다소 역겨운 인간으로 만들긴 했지만 한 인간으로서 그는 의심할 바 없이 매우 총명하고 재주가 많으며 지적이고 상상력이 풍부한 사람이었다. 장군으로서 그에게 필적할 사람은 없었으며, 통치자로서의 그는 뛰어나게 유능한 입안자(立案者), 장(長), 행정가였으며, 부하들이 하는 일을 이해하고 감독하기에 충분한 다방면에 걸친 지성을 갖추고 있었다. 한 개인으로서의 그는 위대함의 느낌을 발산하고 있었던 것으로 보인다. 그러나 이에 관해 증언하는 사람—괴테와 같은—들 대부분은 명성의 절정에 있는 나폴레옹을 보았던 것이므로 그때에는 이미 신화가 그를 둘러싸고 있었다. 그는 분명히 매우 위대한 사람이었고 또—아마도 레닌을 제외하고— 그의 초상화는 오늘날 적당한 교육을 받은 사람이라면 대체로 역사 초상 화랑에서 가장 쉽사리 알아볼 수 있을 것이다(작은 키, 이마 위로 빗어내린 머리카락, 반쯤 열린 조끼 속으로 찔러넣은 손이라는 세 개의 등록상표에 의해 알아보는 것에 불과할지라도). 그를 20세기의 위인 후보자들과 비교하는 것은 아마도 무의미할 것이다.

왜냐하면 나폴레옹의 신화는 그의 공적에 기초를 두고 있다기보다는 당시에는 유례 없었던 입신출세에 관한 사실들에 기초하고 있기 때문이다. 세계를 뒤흔든 과거의 유명한 사람들은 알렉산드로스 대왕처럼 왕으로 출발했거나 카이사르와 같이 귀족으로 출발했다. 그러나 나폴레옹은 '꼬마 하사'였으며 여기에서 출발해 오로지 개인적 재능만을 가지고 한 대륙을 지배하는 위치에 올라섰다. 이는 엄격하게 말하면 진실은 아니다. 그러나 그의 출세는 이러한 설명을 타당하게 만들 정도로 눈부시고 대단한 것이었다. 젊은 보나파르트처럼 책을 탐독하고 서투른 시와 소설을 끼적거리며 루소를 숭배했던 젊은 지식인은 누구든지 이 이후에는 자신의 한계를 인정하지 않고 자기 이름의 두문자(頭文字)가 월계수로 둘러싸이는 것을 상상할 수 있었다. 모든 사업가들은 이제부터 자신의 야망에 걸맞은 이름을 가지게 되었다. 즉 그들 자신이 진부한 표현이라고 말하는 '재계(財界)의 나폴레옹' 혹은 산업계의 나폴레옹이 그것이다.

모든 평민들은 태어나면서부터 왕관을 쓰도록 되어 있었던 사람들보다 위대해진, 일개 평민의 모습을 보고 감격했다. 이중혁명이 야심가에게 세계를 개방했던 바로 그때에 나폴레옹은 그 야심에 개인적 이름을 부여했다. 그러나 그는 그 이상이었다. 그는 18세기의 문명인이었으며 호기심 많고 계몽된 합리주의자였다. 그러나 그는 19세기의 낭만주의적 인간이 되기에 충분할 정도로 루소의 제자로서의 측면도 갖추고 있었다. 그는 프랑스 혁명이 탄생시킨 사람이었으며, 안정을 가져온 사람이었다. 한마디로 나폴레옹은 전통과 손을 끊은 모든 사람들이 자신의 꿈속에서 스스로와 동일시할 수 있던 인물이었다.

그러나 프랑스 사람들에게 그의 신화는 훨씬 간단한 이유에서였다. 즉 프랑스의 오랜 역사 속에서 그는 가장 성공적인 지배자였다.

그는 외국에서 영광된 승리를 거두었다. 국내에서 또한 오늘날까지 존재하고 있는 프랑스의 여러 제도상의 기구를 확립 또는 재확립했다. 확실히 그의 사상의 대부분——아마도 전부——은 혁명과 집정부가 예기했던 바다. 그의 개인적 공헌이라면 그것을 오히려 보다 보수적·위계적·권위주의적으로 만들었다는 데 있다. 그러나 그의 선행자들은 예기했고, 그는 실행했다.

프랑스 법이라는 위대하고 빛나는 기념비, 즉 비(非)앵글로색슨적 부르주아 세계 전체의 모델이 되었던 법전은 나폴레옹 법전이었다. 지사(知事) 이하 관리의 계층제도, 법원·대학·학교의 계층제도는 나폴레옹의 것이었다. 군대·관계(官界)·교육계·법조계와 같은 프랑스의 공적인 생활에서의 훌륭한 '출세가도'는 오늘날에도 아직 나폴레옹적인 형태를 남기고 있다.

그는 그의 전쟁으로부터 돌아오지 못한 약 25만 명의 프랑스인을 제외하고는 모든 프랑스 사람들에게 안정과 번영을 가져다주었다. 영국인들은 확실히 자신들이 자유를 위해 전제(專制)와 싸우고 있다고 생각했으나 1815년 대부분의 영국인은 1800년경보다 가난하고 사정이 어려웠다. 반면 대부분의 프랑스인들이 더 나은 형편이었음은 거의 확실하다. 아직 무시해도 좋을 정도였던 임금노동자들을 제외하면 프랑스 혁명이 가져다준 실질적·경제적 이익을 상실한 사람은 아무도 없었다. 나폴레옹이 몰락한 후에도 비정치적인 프랑스인들, 특히 비교적 부유한 농민들의 이데올로기로서 보나파르트주의가 존속했던 것은 그렇게 불가사의한 일이 아니다. 1851~70년에 걸쳐 보나파르트주의를 일소하는 데에는 제2의, 보다 소형의 나폴레옹이 필요했다.

나폴레옹이 파괴했던 것은 단 하나였다. 즉 자코뱅 혁명, 평등·자유·박애의 꿈, 압제를 뿌리치기 위해 인민들이 장엄하게 봉기한다는 꿈이었다. 이것이 나폴레옹의 신화보다 더 강력한 신화였음을 우리는 보게 될 것이다. 왜냐하면 나폴레옹이 몰락한 후 19세기의 여러 혁명들을 고무했던 것은 그 자신의 나라에서조차 바로 이 신화였으며 그에 대한 추억이 아니었기 때문이다.

제4장 전쟁

혁신의 시대에는 새롭지 아니한 것은 모두가 해롭다. 이제 군주
국가의 군사기술은 우리에게 맞지 않는다. 왜냐하면 우리는 그
들과는 다른 사람들이며, 우리의 적도 전과는 다른 적이기 때문
이다. 국민들의 권력과 정복, 즉 그 빛나는 정치와 전쟁행위는
언제나 단 하나의 원리인 하나의 강력한 단일제도에 의존한다.
……우리 국민은 이미 하나의 국민적 성격을 지니게 되었다. 우
리의 군사조직은 적의 그것과 달라야 한다. 그래서 다음과 같이
될 것이니, 이 또한 좋은 일이다. 즉 프랑스 국민이 열성과 숙련
을 갖추었기 때문에 무서운 국민이라면, 그리고 또 적이 어설프
고 열성 없고 우둔하다고 한다면, 그때 우리의 군사들은 맹위를
떨치게 될 것임이 틀림없기 때문이다.
 • 생-쥐스트가 혁명력 1년 1월 19일(1793년 10월 10일)에
    공공복지위원회를 대표해 국민의회에 제출한 보고의 한 구절

전쟁이 신의 힘으로 결정된다는 것은 진실이 아니다. 지구가 피
에 굶주렸다는 것도 진실이 아니다. 하느님 자신이 전쟁을 저주
하고, 전쟁을 수행하는 사람들, 그것을 남몰래 두려워하면서 지
켜보는 사람들 모두 전쟁을 저주한다.
 • 알프레드 드 비니, 『전쟁의 고역과 장엄』

1

1792~1815년에 유럽에서는 전쟁이 거의 끊이지 않았다. 그것들은

때때로 유럽 밖에서 일어난 전쟁들과 겹쳐 하나가 되기도 했고, 우연히 때를 같이하기도 했다. 예를 들면 1790년대와 1800년대 초에 서인도와 레반트 그리고 인도에서 있었던 전쟁들, 그 후 해외에서 때때로 있었던 해전들, 1812~14년 미국에서 있었던 전쟁들이 곧 그것들이다. 이 전쟁들에서 이기고 지는 것은 중요한 결과를 낳았다. 그 전쟁들이 세계의 지도를 바꾸어놓은 것이다. 그러므로 우리는 먼저 그것을 살펴보지 않으면 안 된다. 그러나 우리는 선뜻 눈에 잘 보이지 않는 또 하나의 문제도 살피지 않으면 안 될 것이다. 전쟁의 현실적 전개과정이 낳은 여러 결과들과 군사적 동원, 군사작전, 그리고 그 결과로 취해진 정치적·경제적인 여러 조치들이 어떠한 것이었는가 하는 문제다.

그 20년 동안에 전혀 다른 종류의 적대적인 요인 두 개가 서로 대결하고 있었다. 하나는 국가로서의 대결이요, 또 하나는 제도 또는 체제로서의 대결이었다. 이해가 얽힌 대망을 품은 하나의 국가로서 프랑스는 역시 같은 종류의 다른 국가들과 대결하고(또는 동맹을 맺고) 있었다. 다른 한편으로 프랑스는 프랑스 대혁명의 주체로서 세계의 여러 나라 국민들에게 전제를 무너뜨리고 자유의 대의를 받들 것을 호소했다. 그리고 보수주의 반동세력들은 이에 반대해 맞섰다.

혁명전쟁 초기의 묵시록적인 몇 해가 지나고 난 뒤 이들 두 갈래의 대결·갈등의 차이가 줄어들었음에는 의문의 여지가 없다. 나폴레옹 시대의 말기에 가면 프랑스 군대가 어떤 나라에 승리하거나 점령 또는 집어삼켰을 경우 전과는 달리 해방의 요소보다는 제국주의적 정복과 착취의 요소가 늘 월등히 강하게 지배했고, 그렇기 때문에 국제적 전쟁이 국제적인(각 나라에 있어서는 국내적인) 시민전쟁과 뒤엉키는 일이 (전보다) 훨씬 드물게 되었다.

또 그 역으로, 반혁명세력들 역시 프랑스에서 대혁명이 이루어놓은 성과들 중 많은 것들을 역전시키는 것이 불가능함을 알고 단념하기 시작했다. 그 결과 선과 악의 대립처럼 다투는 것을 지양하고 정상적으로 기능하는 국가와 국가들 사이의 협상으로서 평화조건을 (일정한 유보조건의 범위 안에서) 교섭함을 꺼리지 않게 되었다. 반혁명적 국가들은 심지어 나폴레옹의 첫 패전이 있은 지 몇 주일 지나지 않아서 프랑스를 하나의 대등한 상대로서 동맹과 반동맹, 허장성세의 속임수와 위협공갈, 전쟁 따위의 전통적인 게임 안으로 다시 맞아들이려고까지 했다. 당시의 외교는 이러한 게임을 통해 강대국들 사이의 관계를 규제해갔던 것이다. 그런데도 전쟁의 이중성, 즉 국가 간의 싸움이자 사회제도 간의 싸움이라는 이중적 성격은 그대로 남아 있었다.

사회적인 측면에서 보면 교전국들은 (그 사회적 조건들이) 불균등한 여러 나라들로 갈라져 있었다. 프랑스라는 나라 자체를 별도로 치면 이데올로기 면에서 프랑스 편으로 기울어 있는 중요한 나라는 단 한 나라뿐이었다. 바로 미국이었다. 그 나라가 혁명을 통해 탄생되었다는 사정과, 그리고 「인권선언」에 대해 공감한다는 관계로 미국은 이데올로기 면에서 프랑스 지향성을 지니게 되었을 것이다. 사실 미국이 프랑스와 동맹관계에 있었던 것은 아니지만 그때로서는 공통의 적인 영국과 최소한 한 번은 전쟁을 한 사이였다는 이유로 미국은 프랑스 편으로 확실히 기울었다. 그러나 미국은 대부분의 경우 중립을 지켰다. 미국과 영국의 알력을 사상적 측면에서 설명할 필요는 없다. 나머지 미국 이외 프랑스의 사상적 동맹자는 독자적 권력을 가진 국가권력이라기보다는 다른 나라 내부의 당파이거나 여론의 논조로서 존재했을 따름이었다.

아주 포괄적인 의미에서는 교육받은 재능 있는 계몽사상가라면 누구나 거의 모두 프랑스 혁명에 공명했다고 말할 수 있다. 어쨌든 자코뱅 독재 때까지는 그러했고, 또 그보다도 더 오래도록 그러했던 예도 허다했다(베토벤은 나폴레옹이 황제가 된 후 비로소「영웅교향곡」을 그에게 헌정했던 것을 취소했다). 프랑스 혁명을 초기에 지지했던 유럽의 특출한 재사와 천재들의 명단을 열거한다면 1930년대의 에스파냐 공화파에 대한 거의 보편적이고 비슷했던 동정과 지지만이 이에 필적할 만하다는 것을 알 수 있다.

영국에서는 시인 워즈워스, 블레이크, 콜리지, 로버트 번스, 사우디, 그리고 과학자 조지프 프리스틀리, 저명한 버밍엄 월광협회 회원 몇 사람,[1] 그리고 철공업자 윌킨슨이나 엔지니어인 토머스 텔퍼드 같은 공업기술자와 산업가들, 휘그당원 또는 비국교도 일반 지식인들이었다. 독일에서는 칸트, 헤르더, 피히테, 셸링, 헤겔과 같은 철학자와 실러, 횔덜린, 빌란트와 노(老)클로프시토크와 같은 시인, 그리고 음악가 베토벤을 들 수 있다. 스위스에서는 교육가 페스탈로치, 심리학자 라바터, 화가 푸에슬리, 이탈리아에서는 반교권적 견해를 가진 사람들이 거의 모두 그러했다. 그러한 지식인들의 지지는 프랑스 혁명파의 마음을 기쁘게 해주었고, 그래서 혁명 프랑스는 외국의 저명한 동조자들, 혁명의 원리를 지지하는 것으로 믿어지는 사람들에게 프랑스의 명예시민권을 증정해 예우를 다했다.[2] 그러나 베토벤이나 로버트 번스 같은 사람은 그 어느 쪽도 정치적으로나 군사적으로 그다지 중요한 인물은 아니었다.

---

1) 제임스 와트의 아들은 실제로 프랑스로 건너가 그의 아버지를 놀라게 했다.
2) 예컨대 영국의 프리스틀리, 벤담, 윌버포스, 클라크슨(노예해방운동가), 제임스 매킨토시, 데이빗 윌리엄스, 독일의 클로프시토크, 실러, 캄페 그리고 아나카시스 클로츠, 스위스의 페스탈로치, 폴란드의 코스추스코, 이탈리아의 고라니, 네덜란드의 코르넬리우스 드 파우, 미국에서는 워싱턴, 해밀턴, 매디슨, 토머스 페인, 조엘 발로 등이다. 이들 모두가 혁명의 동조자였던 것은 아니다.

정치적으로 진지한 친(親)자코뱅주의 또 친프랑스적 감정은 주로 프랑스에 인접한 일정 지역들, 사회적 조건들이 비슷하거나 문화적으로 늘 접촉이 있는 일정 지역(네덜란드 등 저지低地 국가들, 라인란트, 스위스, 사보이)에 존재해 있었고 이탈리아에도, 그리고 조금 다른 이유 때문에 아일랜드와 폴란드에도 있었다.

영국의 경우 일반 민중들의 잉글랜드 민족주의가 지닌 전통적인 반프랑스적인 편견이 없었던들 자코뱅주의는 아마 틀림없이 공포정치 이후까지도 보다 큰 정치적 중요성을 가진 현상이 되었을 것이다. 잉글랜드인들의 민족주의에는 비프스테이크를 먹는 존 불(John Bull, 전형적인 영국인―옮긴이)이 깡마른 대륙인들에게 가진 경멸(이 무렵의 대중 만화가들은 프랑스인들을 모두 성냥개비같이 깡마르게 그렸다)과, 스코틀랜드인들의 누대(累代)의 맹방이며 잉글랜드인들에겐 결국 누대의 숙적(宿敵)이 되는 프랑스인에 대한 적개심이 섞여 있었다.[3]

영국의 자코뱅주의는 무엇보다도 장인층 또는 노동자 계급 사이의 현상이었다는 점에서 독특했다. 적어도 초기의 일반적 열정이 식은 뒤로는 그러했다. 통신협회(Corresponding Society)는 노동자 계급이 이룬 최초의 독립된 정치조직이었다고 말할 수 있다. 그러나 영국의 자코뱅주의는 페인(Thomas Paine)의 (아마 100만 부는 팔렸을) 『인간의 조건』에서 독특한 호소력을 가진 말을 발견했고, 또 휘그당 계통으로부터 약간의 정치적 후원을 받고 있었다. 휘그당은 그들의 부와 사회적 지위로 그들 자신은 박해를 면했지만, 영국의 시민적 자유의 전통, 그리고 협상에 의해 프랑스와 평화를 유지하는 것이 바람직하

---

3) 이 일은 스코틀랜드의 자코뱅주의가 훨씬 더 유력한 대중적인 힘을 가졌다는 사실과 무관하지 않을지 모른다.

다는 견해, 이 두 가지를 옹호하고 나설 용의가 있는 세력이었다. 그러나 영국 자코뱅주의의 참다운 약점은 다음과 같은 사실에 잘 나타나 있다. 즉 스피드헤드 함대가 전쟁의 결정적 단계에 반란을 일으켜 놓고는, 일단 그들의 경제적 요구가 충족되자 반란을 일으킨 바로 그 자들이 프랑스와 싸우기 위해 출동하는 것을 허용해달라고 요란하게 요구해 마지않았다는 사실 말이다.

이베리아 반도와 합스부르크 왕가가 지배하는 중유럽 또는 동유럽, 스칸디나비아, 발칸의 여러 나라들과 러시아 등에서는 친자코뱅주의 세력이 보잘것없었다. 그것은 일부 열렬한 청년들, 약간의 계몽주의적 지식인들, 그리고 헝가리의 이그나티우스 마르티노비치(Ignatius Martinovics)나 그리스의 리가스(Rhigas)와 같이 자기 나라의 민족해방 또는 사회적 해방을 위한 투쟁의 역사에서 선구자라는 명예로운 자리를 차지한 몇몇 소수의 사람들뿐이었다.

그러나 그들은 완고하고 무식한 농민계급과 동떨어져 있는 것은 고사하고라도 중류계급과 상류계급 사이에서마저 자신들의 생각에 대해 이렇다 할 대중적 지지를 얻지 못했던 까닭에 그들의 자코뱅주의는 오스트리아에서 그랬던 것처럼 겨우 음모를 꾸미는 단계에서 간단히 진압되고 만다. 그리하여 소수의 조그마한 학생 음모가들에 의한 활동이나 혹은 1792년 자코뱅 밀사(密使)들로부터 싹이 터서 마침내 강력하고 투쟁적인 에스파냐 자유주의의 전통이 출현하게 되는 데는 그로부터 다시 한 세대의 세월이 흘러야 했다.

진상은 이러했다. 즉 프랑스 밖에서 자코뱅주의는 대부분 그 직접적인 이데올로기적 호소를 교육받은 중류계급을 향해 던졌고, 따라서 그 정치적인 힘은 그들이 그것을 얼마만큼 효율적으로 사용하는가, 그리고 그것을 사용할 용의가 얼마만큼 강한가 하는 데 좌우되었다는 것이다. 그러한 점에서 폴란드는 프랑스 혁명으로부터 대단히 강렬한 감명을 받을 충분한 조건이 구비되어 있었다. 프로이센인과 러시아인들, 그리고 오스트리아인들이 한패거리가 되어 덤비는 탐욕에 맞서려는 폴란드인들에게 프랑스란 나라는 그들이 진작부터 후원을 받기를 바라오던 으뜸가는 외국세력이었던 것이다. 폴란드 국토의 극히 넓은 지역은 이미 러시아와 프로이센 그리고 오스트리아 3개국이 병합해버린 상태였으며, 머지않아 완전히 그들 세 나라에 의해 분할당하게 되어 있었다. 폴란드가 자기 나라를 집어삼키려는 도살자에게 저항할 수 있으려면 먼저 강력한 국내개혁이 필요했다. 그러한 개혁의 필요성은 그 나라의 뜻있는 사람들이 모두 한결같이 바라는 바였는데, 프랑스는 그러한 국내개혁의 한 모델이 되었다. 그래서 1791년의 폴란드 개혁헌법은 프랑스 혁명의 영향을 의식적으로 크게 받아들였던 것이며, 이것은 별로 놀라운 일이 아니었다. 그것은 근대헌법 가운데서 프랑스 혁명의 영향을 나타낸 최초의 예였다.[4] 폴란드에서는 혁신적인 귀족층과 향신들의 자유로운 행동이 보장되는 상황이었다.

그러나 헝가리에서 귀족층과 향신들은 그러한 처지에 있지 못했다. 헝가리에서는 빈 중앙정부와 지방자치론자들 사이에서 이 나라 특유의 갈등·대립에 자극을 받은 지방 향신들이 폴란드의 경우와 유사한 저항운동에 관심을 갖고 있었는데도 그러했다(괴뫼르 군郡은 루소의 『사회계약론』에 어긋나는 일이라고 해 검열제의 폐지를 요구하기까지 했다). 그 결과 자코뱅주의는 훨씬 약해지기도 했거니와 그 영향력도 훨씬 뒤떨어졌다.

다시 아일랜드의 예를 보면, 민족적 불만과 농업문제를 둘러싼 불

---

4) 폴란드는 본질적으로 귀족계급과 향신계급의 공화국이었기 때문에 그 헌법은 오직 피상적인 의미에서만 '자코뱅적'이었다. 귀족들의 지배는 폐지된 것이 아니라 오히려 보강되었다.

만이 '자코뱅주의'에게 정치적인 힘을 주었는데, 그 힘은 '아일랜드인 연합'(United Irishmen) 지도자들의 자유로이 사고하는 프리메이슨적인 이데올로기가 감당하기에도 과도할 정도의 열렬한 지지를 보냈다. 즉 가장 가톨릭적인 그 나라에서 교회는 신을 갖지 않는 프랑스의 승리를 기도하는 예배를 올렸고, 아일랜드인들은 프랑스인들이 자기 나라에 쳐들어오면 이를 환영할 채비를 갖추고 있었다. 로베스피에르를 동정해서가 아니라 잉글랜드인들을 미워했기 때문이며, 자기들과 함께 손잡고 잉글랜드인들과 싸울 동맹자를 찾고 있었기 때문이다.

한편 에스파냐는 가톨릭 신앙과 가난이 유난히 두드러진 나라였지만 자코뱅주의는 이 나라에서 제대로 발을 붙이지 못했다. 그 까닭은 에스파냐인을 억압하는 외국세력이라곤 없었고, 또 그런 일을 할 만한 유일한 외국이 있다면 그것은 다름 아닌 프랑스일 것이라는, 아일랜드 경우와는 정반대의 이유 때문이었다.

폴란드와 아일랜드는 어느 쪽도 친자코뱅주의의 전형적인 예라 할 수 없었다. 프랑스 혁명의 실제 프로그램에 대해 그들은 거의 귀를 기울이지 않았다. 프랑스 혁명의 프로그램은 프랑스와 유사한 사회적·정치적 문제들을 안고 있는 나라에서만 호소력이 있었던 것이다. 그러한 나라들은 두 그룹으로 나뉘었다. 즉 토착적인 '자코뱅주의'가 정치권력을 잡을 가능성이 상당히 큰 나라들과, 프랑스가 정복함으로써 그것을 가능하게 할 수 있는 나라들이다. 저지대의 여러 나라와 스위스의 몇몇 지방, 그리고 아마도 이탈리아의 몇몇 나라들이 첫째 그룹에 속했고, 서부 독일과 이탈리아의 대부분은 둘째 그룹에 속했다. 벨기에(오스트리아령 네덜란드)는 벌써 1789년에 반란을 일으킨 바 있었다. 데물랭(Camille Desmoulin)이 그의 잡지 이름을 '프랑스와 벨기에의 혁명'이라 붙였던 사실은 흔히들 잊고 있긴 해도.

혁명주의자들 중 친프랑스적 분자(민주주의적 '불꽃파')는 보수적인 '침묵파'(Statists)보다 분명 약했지만 그래도 그들이 좋아하는 프랑스가 자기 나라를 점령한 데 대해 진정한 혁명적 지지를 제공할 만큼은 강했다. 연합한 여러 주(州)에서 프랑스와의 동맹을 추구하는 '애국자당'이 혁명을 고려하고 있을 만큼 강력하게 커 있었다. 다만 혁명이 외부의 원조 없이도 성공할 수 있을 것인지는 의문이었다. 그들은 중류계급 하층부, 그리고 그 밖에도 거상대가(巨商大家)들이 지배하는 과두정치(寡頭政治)에 대항하는 결속된 세력들을 대표하고 있었다. 스위스에서는 프로테스탄트의 몇몇 주(州)에서 좌익분자들이 언제나 우세했고, 프랑스의 매력 또한 강했다. 여기서도 또 프랑스군에 의한 점령은 그 지방의 혁명세력을 만들어냈다기보다는 기왕에 있어온 세력을 보강해준 꼴이었다.

서부 독일과 이탈리아에서는 그렇지 않았다. 독일의 자코뱅들은 프랑스군의 침입을 환영했다. 특히 마인츠와 서남 지방에서 그러했다. 그러나 그들 자체의 힘만으로 정부에 타격을 입힐 수 있을 만큼의 상황이었다고는 말할 수 없다.[5] 이탈리아의 경우 계몽주의와 프리메이슨주의의 보급으로 인해 프랑스 혁명은 교육받은 사람들 사이에서 매우 인기가 있었다. 그러나 그 고장의 자코뱅주의는 나폴리왕국에서만 세력이 강했던 것 같다. 그곳에서는 자코뱅주의가 거의 모든 개화된(즉 반교권적인) 중간계급, 그리고 일부 신사계급의 마음을 사로잡고 있었으며, 남부 이탈리아적 분위기 속에서 크게 성행했던 비밀집회와 비밀결사를 통해 잘 조직되어 있었다. 그러나 그곳에서도 사회혁명적 대중들과 접촉이 전혀 이루어지지 않아 쓴잔을 마시지 않으면 안 되었다. 즉 프랑스군 진입 소식이 전해지자 나폴리

---

5) 프랑스 군인들은 위성국으로 라인란트 공화국을 수립하는 일에도 실패했다.

공화국이 쉽사리 선포되었지만, 교황과 국왕의 기치 아래 우익이 일으킨 사회혁명에 의해 역시 쉽사리 전복되고 말았다. 농민들과 나폴리의 빈민들이 자코뱅을 '마차를 가진 자들'로 보았기 때문이었는데, 그렇게 본 게 전혀 터무니없는 일은 아니었다.

그러므로 개괄적으로 말하면 외국의 친자코뱅주의가 갖는 군사적 가치는 주로 프랑스의 점령에 대한 보조적 역할의 수행에 있었고, 피정복 지역에서 정치적으로 믿을 수 있는 행정요원에 대한 공급원으로서의 역할에 있었다. 또 실제로 내부에 자코뱅주의가 강했던 지역은 위성국적인 공화국이 되고, 그 후 편의에 따라 프랑스에 병합되는 경향을 보였다. 즉 벨기에는 1795년에 병합되었고, 네덜란드는 같은 해 바타비아 공화국이 되었다가 마침내 보나파르트 일족의 왕국 중 하나가 되었다. 라인강 좌안도 프랑스에 병합되었고, 나폴레옹 치하에서 여러 위성국들(베르크 대공국 ─ 지금의 루르 지역 ─ 과 베스트팔렌 왕국 같은 나라)과 프랑스에 직접 병합된 나라들이 북서 독일을 가로질러 더욱더 뻗어나갔다. 스위스도 1798년 헬베티아 공화국이 되었고, 이어서 결국은 병합되었다. 이탈리아에서는 잇달아 공화국들이 생겨났다. 키살피네 공화국(1797), 리구리아 공화국(1797), 로마 공화국(1798), 파르테노페아 공화국(1798) 등인데, 이들은 결국 대부분 위성국(이탈리아 왕국, 나폴리 왕국)이 되었지만 부분적으로는 프랑스의 영토로 병합되었다.

프랑스 밖의 자코뱅주의는 군사적으로도 이처럼 중요한 의미가 있었는데, 프랑스 안의 외국인 자코뱅주의자들 역시 공화정치의 전략 수립에 중요한 역할을 했다. 그것은 살리체티 그룹(Saliceti group)의 경우에 특히 두드러졌다. 덧붙인다면 이 그룹은 이탈리아인인 나폴레옹 보나파르트가 프랑스 군대 안에서 승진하는 데 적지 않은 역할을 했고, 또 뒤이어 이탈리아에서 나폴레옹이 행운을 잡는 데도 큰 공헌을 했다. 그러나 그것, 또는 그것들이 결정적 역할을 했다고는 아무도 주장하지 못할 것이다.

만약 효과적으로 이용되었더라면 결정적 역할을 했을 것이라고 생각되는 외국의 친프랑스 운동이 꼭 하나 있었다. 그것은 아일랜드의 자코뱅 운동이었다. 아일랜드 혁명이 프랑스의 침입과 결합되었더라면, 특히 그때가 영국이 프랑스와 교전하는 유일한 나라였던 1797~98년이었다면 영국은 강화를 할 수밖에 없었을 것이다. 그러나 기술적 문제상 그 넓은 바다를 건너 침공한다는 것은 어려운 일이었고, 또 그렇게 하려는 프랑스의 노력도 엉거주춤한, 제대로 계획되지 못한 것이었다. 그리고 1798년의 아일랜드 반란은 대중적 지지를 크게 받았음에도 불구하고 어설프게 조직되어 쉽사리 진압되고 만다. 그러므로 프랑스와 아일랜드의 공동작전에 대한 이론적 가능성을 왈가왈부 억측한다는 것은 부질없는 일일 것이다.

그러나 프랑스군이 외국 혁명세력의 지원을 얻었던 만큼 프랑스에 대항하는 측 역시 그러했다. 프랑스의 점령과 맞서 싸운 자연발생적인 민중저항운동이 사회혁명적인 요소를 지녔던 것은 부인할 수 없을 테니 말이다. 비록 저항운동을 벌인 농민들이 그러한 요소를 교회와 국왕이라는 전투적 보수주의의 용어로써 표현하기는 했지만 그것이 사회혁명적 요소임은 분명했다. 금세기 들어 완전히 혁명전쟁과 동일시되기에 이른 군사전술인 게릴라 활동, 즉 파르티잔 활동은 1792년부터 1815년 사이에는 거의 완전히 반프랑스 측의 독점적 영역이었다.

프랑스 자체 내에서도 방데당(黨)이나 브르타뉴의 부엉이당 등이 1793년부터 1802년까지 간간이 중단되기는 했지만 왕당파적 게릴라전을 벌였다. 외국에서는 1798~99년에 남부 이탈리아의 도적떼들이 벌인 것이 아마 반프랑스 게릴라 활동의 선구였을 것이다. 1809년 여인숙 주인 안드레아스 호퍼가 이끈 티롤인들이, 그러나 무엇보다도 1808년 이래 에스파냐인들이, 그리고 또 러시아인들도 1812~13년에 어느 만큼 게릴라 활동으로 상당한 성공을 거두었다. 반프랑스군 측의 이러한 혁명적 전술이 가진 군사적 중요성이 프랑스군을 위한 외국 자코뱅주의의 군사적 중요성보다도 더 컸다는 사실은 무척이나 역설적이다.

프랑스 군대가 패배하거나 철수한 뒤 본래의 프랑스 국경 밖 지역에서는 친자코뱅 정권이 잠시도 버텨낼 수 없었다. 그러나 티롤과 에스파냐, 그리고 어느 정도까지는 남부 이탈리아도 그들의 정규군대나 지배자가 패배한 후에도 그 전보다 더 중대한 군사적 문제를 프랑스에게 안겨주었다. 이유는 명백하다. 이들 지역에서 일어났던 것이 농민운동이었기 때문이다. 반프랑스적 민족주의가 지방의 농민계급에 뿌리를 박은 것이 아니었을 경우에 그 군사적 중요성은 보잘것없었다. 복고적인 애국주의가 1813~14년의 이른바 독일 '해방전쟁'을 낳았지만, 그것을 프랑스에 대한 민중의 저항에 뿌리를 박은 것이었다고 생각한다면 그것만은 선의의 허구라고 할 수밖에 없다.[6] 에스파냐에서는 군대가 패전하자 국민들이 프랑스군을 막았지만 독일에서는 정규군이 전적으로 정통적인 수법으로 프랑스군을 격퇴시켰기 때문이다.

그래서 사회적으로 말하면 그 전쟁은 프랑스와 그 인접 지역 대 그 밖의 지역과의 싸움이었다고 해도 크게 왜곡된 것은 아닐 것이다. 구식의 강대국 사이의 세력관계라는 관점에서 보면 쌍방의 진용은 좀 더 복잡했다. 여기서의 기본적인 국제관계는 프랑스와 영국 사이의

---

6) 예컨대 W. von Groote, *Die Entstehung d. Nationalbewusstseins in Nordwestdeutschland 1790~1830*(1952)을 참조할 것.

싸움이었으며, 그것이 거의 1세기 동안 유럽의 국제관계를 지배했다. 영국의 입장에서 보면 이것은 거의 전적으로 경제적인 것이었다. 영국은 그들의 무역의 유럽 시장에 대한 완전지배, 그리고 결국은 공해(公海)의 지배까지도 의미하게 될, 식민지 및 해외시장의 전면적 제패를 달성하는 길목에서 부딪힌 그들의 첫째 경쟁국을 제거하기를 바랐다.

전쟁의 결과 영국은 기대한 바에 크게 모자라지 않는 그 무엇을 실제로 달성했다. 그러한 목표란, 유럽에 있어 중요한 항로상의 지점을 지배한다든가, 혹은 이들 지점이 강력한 나라들의 수중으로 들어가는 일이 없도록 다지는 것 이외의 다른 영토적 야심을 의미하는 것은 아니었다. 그 밖의 일에 대해서는 어떤 잠재적 경쟁국이 다른 나라들에 의해 견제되는 그러한 대륙국가들 간의 처리 방안이라면 무엇이든 만족했다. 멀리 해외에서의 영국의 목표가 의미하는 바는 다른 국민들의 식민제국을 전면적으로 파괴하는 일과 그 상당 부분을 자기들이 집어삼키는 일, 바로 그것이었다.

이러한 정책은 그 자체만으로도 잠재적 동맹국들 중 일부를 프랑스 편으로 붙게 하기에 족했다. 왜냐하면 해운·무역·식민에 종사하는 모든 나라가 그러한 영국의 정책을 의혹과 적의에 찬 눈으로 보았기 때문이다. 사실 이들 나라의 통상적 태도란 중립을 지키는 일이었다. 왜냐하면 전쟁 중에 자유로이 무역을 한다는 것은 상당한 이익을 가져다주기 때문이었다. 그러나 영국인들은 중립국의 선박을 자기네들보다는 프랑스에 원조를 주는 병력으로 보는 경향(전적으로 사실과 부합되는 이야기다)이 있었기 때문에 그들은 때때로 전투에 휘말려들었고, 이런 일은 1806년 이후 프랑스의 봉쇄정책이 그들을 반대편으로 밀어넣을 때까지 계속되었다. 대부분의 해운국들은 너무나 약했다. 말하자면 그들은 유럽에 위치해 너무나 차단돼 있었으므로 영국의 골칫거리가 되기에는 미약했다. 하지만 1812~14년의 미영전쟁은 그러한 갈등의 결과로 일어난 것이었다.

프랑스의 영국에 대한 적의는 뭔가 좀더 복잡한 데가 있었지만, 그런 가운데서도 영국과 마찬가지로 전면적 승리를 요구하는 요소가 프랑스 혁명으로 크게 힘을 얻게 되었다. 혁명이 프랑스의 부르주아지에게 권력을 넘겨주었기 때문이다. 프랑스의 부르주아지는 영국과 마찬가지로 그들 나름대로 욕심이 무한정 많았다. 아무리 작게 잡아도 영국에 이기려면 영국의 상업을 파괴할 필요가 있었고, 나아가 장래에 영국이 다시 복귀하는 일이 없도록 튼튼히 다져두려면 그 상업의 영구적 파괴가 필요했다. 그들은 영국이 상업에 의존하는 나라라고 믿었는데, 그 생각이 크게 잘못된 것은 아니었다(프랑스와 영국의 싸움은 고대 로마와 카르타고의 싸움과 비슷하다는 생각이 프랑스인들의 마음에 크게 자리 잡고 있었는데, 프랑스인들의 정치적 상상력이란 이렇게 고전적인 데가 있었다).

프랑스의 부르주아지는 좀더 야심적인 분위기 속에서는 프랑스 자체의 정치적·군사적 수단만으로, 예컨대 그 경쟁 상대국이 얼씬도 못할 거대한 시장, 그들의 포획물과도 같은 큰 시장을 독자적으로 만들어냄으로써 영국이 누려왔던 명백한 경제적 우위를 상쇄할 수도 있으리라는 희망을 품어볼 수도 있었다.

이러한 두 가지 생각은 영국과 프랑스의 싸움을 다른 어떤 것들과도 달리 지속적이고도 완강한 것이 되게 했다. 그 어느 쪽도 실제로 완전한 승리를 얻지 않고는 화해하려고 하지 않았다(이것은 오늘날에는 흔한 일이지만 당시로서는 드문 일이었다). 두 나라 사이의 잠깐 동안의 평화(1802~1803)는 두 나라가 그것을 유지하기를 크게 바라지 않았기 때문에 끝장이 났다. 순전히 군사적인 관점에서 볼 때 전세가 교착상태에 빠져 있었던 것을 생각해보면 이와 같은 것은 더욱 주목할 만한 일이었다. 즉 1790년대 말이 되면 영국군이 효과적으로 대륙에 손을 뻗칠 수 없을 뿐 아니라 프랑스 또한 효과적으로 거기서 뚫고 나올 수 없다는 것이 명백해졌다.

또 다른 반프랑스 세력은 그만큼의 혈투는 아니었지만 싸움을 계속했다. 그들은 자신들의 정치적 야망을 모두 희생시키면서까지 무슨 일이 있더라도 하고야 말겠다는 것은 아니었지만, 어쨌든 프랑스 혁명을 전복시키기를 바랐다. 그러나 1792~95년 이후 그것은 이미 실현될 수 없다는 것이 분명해졌다. 오스트리아는 이탈리아에 있는 속령과 세력권 그리고 독일에 대한 그들의 지도적 위치가 프랑스에 의해 직접적으로 위협받았기 때문에 부르봉 왕가와의 혈연관계를 더욱 강화해가면서도, 가장 일관성 있게 반프랑스적 입장을 취하면서 프랑스에 대항하는 모든 주요한 연합관계에 빠짐없이 참가했다.

러시아는 이따금 반프랑스적 입장을 취했다. 즉 1795~1800년과 1805~17년, 그리고 1812년에 프랑스와 교전한 데 불과했다. 프로이센은 반혁명에 대한 공명, 오스트리아에 대한 불신, 그리고 폴란드와 독일에 대한 그 자신의 야망 등으로 엇갈려 있었는데 독일과 폴란드에 대한 프로이센의 야망은 프랑스의 주도권 행사로 득을 보고 있었다. 그러므로 프로이센은 때때로, 그리고 반(半)독자적으로 전쟁에 참가했다. 1792~95년, 1806~1807년(이때 프로이센은 비참하게 패퇴했다), 그리고 1813년의 전쟁이 곧 그것이었다.

그 밖에도 때때로 반프랑스 연합에 참가한 그외 나라들의 정책이란 비교적 동요의 양상을 보여주고 있다. 그들은 프랑스 혁명에는 반대했다. 그러나 정치는 필경 정치였고, 그들에게는 추구해야 할 다른 이해관계가 있었으며, 프랑스에게 영구불변으로 적대심을 가져야만 할 국가적 이해관계가 없었다. 하물며 상대가 유럽 지역의 주기적 재분할을 좌지우지하는 전승국인 프랑스인 만큼 더욱 그러했다.

유럽의 여러 나라들 사이에 이와 같이 외교적 야망과 이해관계가 변함없이 얽혀 있다는 사실은 프랑스에게 적지 않은 잠재적 동맹국을 만들어주었다. 왜냐하면 항상 서로 경쟁하고 긴장을 조성하면서 지내는 국가들의 항구적인 체제 안에서는 A에 대한 적대는 곧 반(反)A에 대한 동정을 의미했기 때문이다. 그 가운데서 가장 믿을 만한 잠재적 동맹국은 독일계의 약소 제후들이었다. 그들은 오래전부터—보통 프랑스와 동맹을 맺고—황제(즉 오스트리아)의 여러 제후국들에 대한 지배력을 약화시키는 데 관심을 기울여왔거나, 날로 강대해져가는 프로이센의 세력으로부터 괴로움을 당하는 소국들이었다. 서남부 독일의 여러 나라들—바덴, 뷔르켐베르크, 바바리아 등 나폴레옹의 라인 동맹(1806)에서 중핵이 된 나라들—과 프로이센의 숙적이자 그 피해자였던 작센이 그 가운데 가장 중요한 나라들이었다. 작센은 사실 나폴레옹을 위해 끝까지 남은 가장 충실한 동맹국이었는데, 이 사실은 부분적으로 그 나라의 경제적 이해관계에 의해 설명될 수 있다. 작센은 고도로 발달한 제조업 중심지로서 나폴레옹의 '대륙체제'(대륙봉쇄—옮긴이)로 득을 보고 있었던 것이다.

그러나 반프랑스 진영의 분열과 프랑스가 의지할 수 있을 만한 동맹국들의 잠재적 가능성을 모두 고려한다고 하더라도 계산상으로는 반프랑스 연합국의 세력이 프랑스 편보다 훨씬 더 강했다. 어쨌든 당초는 그러했다. 그런데도 이 무렵의 전쟁에 관한 군사적인 역사 기록은 프랑스군의 연전연승의 역사, 놀라운 승리의 역사였다. 외국의 공격과 국내의 반혁명이 결합한 초기의 공세(1793~94)가 격퇴된 후 전쟁이 끝날 때까지 프랑스군이 수세에 몰려 위급했던 것은, 1797년 제2차 연합이 스보로프가 이끄는 만만치 않은 러시아군을 동원해 서유럽에서 그 최초의 군사행동을 일으켰을 때인 매우 짧은 기간뿐이었다. 실제 1794년부터 1812년에 이르는 동안 그 모든 전쟁과 육전(陸

戰)의 목록을 살펴보면 그것은 사실상 프랑스군의 끊임없는 승리 그 것이었다.

그 이유는 프랑스가 수행하고 있던 혁명 속에서 찾을 수 있다. 앞에서 이미 고찰한 것처럼 프랑스 혁명이 외국에 미친 정치적 방열(放熱)작용은 결정적인 것이 못 되었다. 기껏 우리가 주장할 수 있는 것은 그것으로써 반동국가의 주민들이 자신들에게 자유를 가져다줄 프랑스군에게 저항하는 것을 막았다는 것뿐이었다. 그러나 실제로는 18세기 여러 나라들의 정통적인 군사적 전략·전술은 전투에 시민이 참가하는 것을 기대하지도 환영하지도 않았다. 예를 들면 프리드리히 대왕은 러시아군에 저항하는 싸움에 나서겠다고 한 충성스러운 베를린 시민에게 전쟁은 그것을 직업으로 삼는 군인에게 맡기라고 단호하게 말했던 것이다.

그러나 혁명은 프랑스군의 전법을 변혁시켰고, 그들을 구체제의 군대보다도 훨씬 더 우수한 군대로 만들었다. 기술적인 면에서는 구식 군대 쪽이 훈련이 더 잘되어 있었고, 규율도 있었다. 또 해전의 경우처럼 그러한 성격이 결정적인 의미를 갖는 경우 프랑스군의 열세는 두드러졌다. 프랑스 수병들은 노략질 잘하는 훌륭한 사략선원(私掠船員)이었고, 치고 달아나는 식의 좋은 기습대원이었다. 하지만 그것으로는 충분히 훈련된 수병과 특히 유능한 해군사관, 즉 혁명으로 많이 처형되어 자리가 빈 장교계급의 부족을 메울 수는 없었다. 왜냐하면 그 계급은 거의가 노르망디나 브르타뉴의 왕당파적 향신 출신들이 차지하고 있었으며, 그것은 임시변통으로 단시일 안에 만들어낼 수 없는 것이었기 때문이다. 영국군과 프랑스군 사이의 여섯 차례 대해전과 여덟 차례 소해전에서 프랑스군이 입은 인적 손실은 영국의 약 열 배나 되었다.[7]

그러나 임기응변의 편성, 기동성, 신축성, 그리고 무엇보다도 순전히 공격적인 용기와 사기가 효과를 발휘하는 곳이라면 프랑스군은 무적이었다. 이러한 장점은 어느 한 사람의 군사적 천재에 좌우되는 것이 아니었다. 왜냐하면 나폴레옹이 병권을 잡기 이전에도 프랑스군의 군사적 기록은 충분히 눈부신 바 있었고, 또 프랑스군 장성들의 자질은 매우 뛰어났다. 그러나 이것은 부분적으로는 국내와 국외의 프랑스군 간부들의 나이가 젊어졌다는 데 기인하는 것으로 보아도 될 것이다. 이 젊어지는 현상은 어떤 혁명이든 간에 혁명이 낳은 주요한 결과의 하나이기도 했다. 1806년 당시, 강력한 프로이센군의 장군 142명 가운데 79명이 60세 이상이었고, 전체 연대사령관의 꼭 4분의 1이 60세 이상이었다.[8] 그러나 1806년 당시 나폴레옹(24세에 장군이 됨), 뮐러(26세에 여단사령관이 됨), 네이(27세에 여단장), 다부 등은 모두 26세에서 36세 사이의 젊은 나이였다.

2

프랑스군의 승리 일색이었던 육전의 군사작전에 관해 상세히 논의할 필요는 없을 것이다. 프랑스군은 1793~94년에 걸쳐 혁명을 수호했다. 1794~98년에는 저지대의 여러 나라들, 라인란트, 에스파냐의 여러 지방, 스위스와 사보이(그리고 리구리아)를 점령했다. 1796년에는 나폴레옹의 그 유명한 이탈리아 전역(戰役)으로 프랑스군은 이탈리아 전역을 수중에 넣고, 제1차 반프랑스 연합을 격파했다. 하지만 나폴레옹의 말타, 이집트, 시리아에 대한 원정은 영국의 해군력에 의해 그 기지로부터 차단당하고, 나폴레옹의 부재를 틈탄 제2차 반프

7) M. Lewis, *A Social History of the Navy, 1793~1815*(1960), pp. 370, 373.
8) Gordon Craig, *The Politics of the Prussian Army 1640~1945*(1955), p. 26.

랑스 연합이 프랑스군을 이탈리아로부터 몰아내 독일로 쫓아냈다. 연합군이 스위스에서 패전(취리히 전투, 1799)해 프랑스 본국은 적군의 침공을 모면할 수 있었다.

이윽고 나폴레옹이 귀국해 대권을 잡자 얼마 안 가 프랑스는 다시 공세를 취했다. 1801년 프랑스는 대륙의 나머지 연합국들로 하여금 평화를 받아들이지 않을 수 없게 했고, 그것은 1802년 영국도 마찬가지였다. 1794~98년에 정복했거나 지배하게 된 지역에서 프랑스의 패권은 별 문제 없이 그대로 계속되었다. 프랑스를 무찌르려는 새로운 기도가 1805~1807년에 걸쳐 재개되었지만 그것은 오히려 프랑스의 세력권을 러시아 국경에까지 뻗게 했을 뿐이었다.

오스트리아는 1805년 모라비아의 아우스터리츠 전투에서 패전해 화평을 강제당하고 말았다. 그리고 프로이센도 뒤늦게 단독으로 전쟁에 뛰어들었지만 1806년 예나와 아우어시테트에서 격멸당한 끝에 해체되었다. 러시아는 아우스터리츠에서 패했는데도 또다시 아일라우(1807)에서 호되게 당하고, 다시 프리들란트에서 패했다(1807). 하지만 군사적 대국으로서의 힘은 손상을 입지 않고 그대로 유지되었다. 틸지트 조약(1807)은 스칸디나비아와 터키령 발칸 반도를 제외한 유럽 대륙 전역에 대한 프랑스의 패권을 확립시켰는데, 러시아에 대해서는 정당한 경의를 베풀면서 처우했다. 오스트리아는 1809년 프랑스의 지배를 뿌리치고 자유를 되찾으려 했으나 아스페른-에슬링의 전투와 바그람의 싸움에서 패했다. 그러나 프랑스가 나폴레옹의 형 조제프를 에스파냐 국왕으로 책봉한 데 대한 에스파냐 사람들의 반란이 영국군에게 작전의 기회를 제공하여, 이베리아 반도에서는 끊임없는 군사활동이 계속되었다. 그들의 군사활동은 영국군의 주기적인 패전과 철수(예컨대 1809~10년의 그것)에도 영향받지 않고 그대로 계속되었다.

그러나 프랑스군은 해상에서는 이 무렵에 완전히 패배당하고 있었다. 트라팔가 해전(1805) 이후, 프랑스는 해협을 가로질러 영국으로 침공해 들어갈 기회뿐 아니라 해외와 접촉을 유지할 기회마저 상실했다. 영국을 패배시키는 길은 경제적 압력을 가하는 방법 외에는 없어 보였고, 나폴레옹은 이것을 대륙봉쇄(1806)를 통해 효과적으로 수행해보려고 했다. 그러나 이 봉쇄를 강행하는 데 따른 어려움이 틸지트 조약체제의 안정을 뒤흔들고, 마침내 러시아와의 결렬로 치닫게 되었는데, 이것이 나폴레옹 운명의 갈림길이 된다. 러시아는 침공당했고 모스크바가 점령되었다. 나폴레옹의 적들 대부분이 유사한 사정 아래서 그렇게 했듯이 차르가 이때 만약 강화를 맺었더라면 그 도박은 (나폴레옹이) 이긴 도박이 되었을 것이다. 그러나 차르는 그렇게 하지 않았다. 그리하여 나폴레옹은 뚜렷한 승산이 보이지 않는 끝없는 전쟁을 계속 싸워나가느냐 아니면 후퇴하느냐 하는 양자택일의 기로에 직면했다. 그 두 가지 모두가 똑같이 비극적인 결과를 가져올 것이었다.

프랑스군의 전법은, 이미 우리가 앞에서 보아온 바와 같이 군대가 자기 나라를 떠나서도 충분히 살아갈 수 있을 만큼 부유하고 인구가 조밀한 곳에서 이루어지는 속전속결의 전법이었다. 이와 같은 방법은 그것이 처음으로 적용되었던 롬바르디아 또는 라인란트에서는 효과를 거두었고, 나아가 중유럽에서도 가능했다. 그러나 폴란드나 러시아처럼 광막하고 텅 비어 있으며 가난한 곳에서는 전적으로 실패할 수밖에 없었다. 나폴레옹의 패배는 러시아의 겨울 때문이라기보다는 그가 자신의 대군에게 적절한 보급을 해주지 못한 데서 온 것이었다. 모스크바로부터의 후퇴는 원정군을 거의 전멸시켰다. 국경을 넘어 앞서거니 뒤서거니 러시아로 쳐들어갔던 61만 명 가운데 다시 러시아 국경을 넘어 돌아온 수는 10만 명 남짓에 불과했다.

이러한 상황 아래서 프랑스에 대항하는 마지막 동맹이, 프랑스의 숙적과 피해국만이 아니라 이제 분명히 승자가 될 것 같은 편에 붙기를 원하는 모든 자들에 의해 결성되었다. 오직 작센 왕만이 프랑스에 대한 집착을 버리지 못해 이에 참가하지 않았다. 대부분 훈련 없는 신병으로 새로이 편성된 프랑스 육군은 라이프치히에서 패했다(1813). 나폴레옹의 눈부신 기략에도 불구하고 동맹국은 가차없이 진격해 들어갔으며, 영국군 역시 이베리아 반도에서 프랑스 쪽으로 쳐들어갔다. 파리가 점령되었고, 황제는 1814년 4월 6일 퇴위했다. 그는 1815년에 다시 권력을 되찾으려고 기도했으나 그것은 워털루의 싸움(1815년 6월)으로 끝장나고 만다.

3

몇십 년에 걸친 전쟁과정을 통해 유럽의 정치적 국경은 몇 번이고 고쳐 그려졌다. 여기서 우리는 이러저러한 곡절을 겪으면서도 나폴레옹의 패배 후에도 그대로 남아 있었을 만큼 충분히 항구적인 변화들만을 골라 살펴볼 필요가 있을 것이다.

그러한 변화 가운데 가장 중요한 것은 유럽의 정치지도, 특히 그 가운데서도 독일과 이탈리아의 정치지도에 나타난 전반적인 합리화였다. 정치지리학적으로 말하면 프랑스 혁명은 유럽의 중세시대에 종지부를 찍었다. 몇 세기에 걸쳐 발달해온 근대국가의 특성이란 영토적으로 불가분하게 통일되어 있고, 국경이 확연히 그어진 한 지역이면서 단일한 주권당국에 의해 단일한 행정적·법률적 제도로써 통치된다는 점이다(프랑스 혁명 이후 그것은 단일 '국민' 또는 단일 어족을 대표하는 것이라고 주장되겠지만, 이 단계에서는 영토적 주권국가란 아직 그런 것을 의미하지는 않았다).

유럽 특유의 봉건국가라도, 예컨대 중세의 잉글랜드 경우처럼 비록 그와 같이 보이긴 했지만 반드시 그와 같은 요건을 갖추었던 것은 아니었다. 봉건국가는 그보다는 훨씬 더 '봉건영지'(estate)의 틀에 맞춘 것이었다. '베드퍼드 공작의 영지'라는 말이 의미하는 바는 단일 구획 안에 전체 영지가 있다는 것이 아니고, 또 영지 전체가 그 소유자에 의해 직접 관리되고 있다는 것도, 동일한 차지기간(借地期間)과 동일한 조건으로 점유되고 있다는 것도 아니었다. 또 차지자가 그 토지를 다시 남에게 차지시키는 일(sub-tenancies)이 배제되었다는 것도 아니었다. 이처럼 서유럽의 봉건국가들은 오늘날이라면 도저히 용납되지 않을 복잡성을 특징으로 하고 있었다. 1789년 무렵이면 벌써 이러한 복잡성은 거추장스럽게 여겨지고 있었다. 프랑스에 있는 교황령의 도시 아비뇽과 같이 외국의 영토가 마치 섬처럼 남의 나라 영토 깊숙한 곳에 자리잡고 있기도 했다. 한 국가 안의 영토들이 역사적인 이유에 의해 지금은 마침 다른 국가의 일부가 되어 있는 다른 영주에 종속되어 있음으로써 근대적인 말로 표현하면 이중주권 아래 있기도 했다.[9] 관세장벽의 형태를 지닌 '국경'들이 같은 국가의 여러 다른 주와 주 사이를 가로지르고 있기도 했다.

신성로마 황제의 제국에는 황제 개인의 사유재산인 공국들(principalities)도 포함되어 있었는데, 이러한 황제의 사유 공국들은 몇 세기가 지나는 동안 자꾸 쌓여가기만 했지 한 번도 적절한 표준화 내지 통일을 겪은 적이 없었다. 합스부르크 왕가의 수장(首長), 즉 황제 또한 1804년까지만 해도 자신의 그 모든 영지에 대한 지배권을 나

---

9) 이러한 종류의 것 중에서 살아남은 단 하나의 나라가 안도라 공화국이다. 이 나라는 에스파냐의 우르겔 주교와 프랑스 공화국 대통령의 2중 종주권(宗主權) 아래 있다.

타내는 단일 칭호마저 갖고 있지 않았다.[10]

그런가 하면 신성 로마 제국은 프로이센 왕국과 같이 그 자체로서 하나의 강대국인 나라(프로이센 자체도 1807년까지는 그러한 나라로서 통일되어 있지는 않았다)를 비롯해 갖가지 다양한 영토들과 크고 작은 제후국들(principalities), 독립된 도시공화국, 그리고 크기가 흔히 몇 에이커에 불과하면서도 마침 상위의 영주가 따로 없이 '제국 직속'이 된 기사령(free imperial knights)에 이르기까지 갖가지 영토들에 대한 제왕적 권위를 보유하고 있었다. 그러나 이들 영토 하나하나를 두고 볼 때 설령 그 가운데 어떤 것은 덩치가 크다 해도 그것이 조금씩조금씩 취득되거나 세습재산이 분할되고 재통합되는 등 긴 역사의 장난으로 영토적 통일성과 표준화가 결여되어 있었던 점은 마찬가지였다.

근대적 통치 단위에 대해서는 경제와 행정, 이데올로기 그리고 권력 등을 복합적으로 고려해 최소한의 영토와 인구 규모를 요구하게 되며, 바로 이러한 고려 때문에 예컨대 오늘날 우리가 리히텐슈타인의 유엔 가입 자격문제를 생각한다면 무언가 막연하나마 불안을 느끼게 마련이다. 그러나 그 당시에는 그러한 복잡한 고려는 전혀 적용되지 않았다. 그 결과, 특히 독일과 이탈리아에서는 작은 나라 난쟁이처럼 왜소한 나라가 얼마든지 있었다.

혁명과 그에 따른 전쟁으로 이 과거의 유제(遺制)들은 많이 폐기되었다. 그것은 부분적으로는 영토의 통일과 표준화를 바라는 혁명적 열정에 의해, 그리고 또 부분적으로는 약소국가들이 여러 차례 그리고 이례적으로 장기간에 걸쳐 인접 강대국의 야욕 앞에 노출된 결과

---

10) 그는 한 사람의 개인으로서는 오스트리아 공작이자 헝가리 왕, 보헤미아 왕, 그리고 티롤 백작 등에 불과했다.

일어난 것이었다. 신성 로마 제국과 같은 전 시대의 형식적 잔재와 도시국가나 도시제국 같은 것은 대부분 모습을 감추었다. 즉 신성 로마 제국은 1806년 사라졌고, 제노아와 베네치아 같은 오랜 공화국도 1797년 없어졌으며, 또 전쟁 말기에는 독일의 자유시들도 네 개로 줄어들었다. 또 하나 중세의 특징적 잔재였던 독립교회국가도 같은 길을 걸었다. 주교공국(主敎公國), 예컨대 쾰른, 마인츠, 트레베스, 잘츠부르크, 그 밖의 것들이 자취를 감추었고, 중부 이탈리아의 교황령국가 몇 나라만이 1870년까지 살아남았을 뿐이다.

프랑스는 병합, 강화조약, 국제회의 등의 방법에 의해 계획적으로 독일 정치지도의 개편을 기도했고(1797~98년과 1803년), 그 결과—신성 로마 제국 직속의 기사령과 이와 유사한 것들은 계산에 넣지 않더라도—신성 로마 제국의 234개 영토가 40개로 줄어들었다. 이탈리아에서는 수십 년에 걸친 정글전쟁이 이미 정치구조를 단순화시켜놓은 바 있어 왜소 국가들은 북부와 중부 이탈리아 국경지대에만 존재할 뿐이었지만, 변화는 독일만큼 심하지는 않았다. 이러한 변화는 대개의 경우 몇몇 건전한 군주국가들에게 이득을 주었으므로 나폴레옹의 패퇴는 그와 같은 변화를 영속화하는 결과를 가져왔다. 오스트리아는 베네치아 공화국 영토를 프랑스 혁명군의 군사행동을 통해서 얻은 까닭에 굳이 그것을 복귀시킬 생각은 하지 않았는데, 그것은 1803년에 취득한 잘츠부르크를 그들이 가톨릭교를 존중한다는 이유만으로 도로 내놓을 생각을 하지 않았던 것과 마찬가지 일이었다.

유럽 이외의 곳에서 전쟁으로 인한 영토 변화는 영국에 의한 다른 나라 식민지의 대량 합병과 프랑스 혁명에 의해 고취되었거나(산도밍고의 경우), 혹은 식민지가 본국으로부터 일시적으로 분리됨으로써 가능해졌거나, 혹은 또 (에스파냐령과 포르투갈령 아메리카의 경우처럼) 강요된 식민지 해방운동의 결과로 일어난 것이었음은 물론이다. 이러한 변화가 프랑스의 희생 위에서 이루어졌든, 반프랑스 측의 희생 위에서 이루어졌든(이 경우가 더 많았다) 간에 그것이 이미 거의 취소될 수 없다는 것은 영국의 해상 지배권이 보장하는 바였다.

영토의 변화 못지않게 중요한 것은 프랑스에 의한 정복을 통해 직간접으로 도입된 제도상의 변화였다. 프랑스의 힘이 그 절정에 달했던 때(1810) 프랑스는 라인강 좌안의 독일 전역, 벨기에, 네덜란드, 동으로는 뤼벡에 이르는 북부 독일, 사보이, 피에몬테, 아펜니노 산맥 서쪽으로 나폴리 국경에 이르는 리구리아와 이탈리아, 카린티아 아래로부터 달마티아를 포함한 일리리아의 여러 주들을 프랑스의 일부로서 직접 통치했다. 프랑스의 동족(同族)왕국, 위성왕국 또는 위성공국들은 에스파냐와 이탈리아의 나머지 지역, 라인란트-베스트팔렌의 나머지 지역, 그리고 폴란드의 대부분을 지배하고 있었다.

이 모든 영토(바르샤바 대공국은 제외)에서 프랑스 혁명과 나폴레옹 제국이 낳은 제도들이 자동적으로 시행되거나, 아니면 그 지방행정의 명백한 모델이 되었다. 즉 봉건제도가 정식으로 폐기되고 프랑스 법전이 적용되었던 것이다. 이러한 변혁들은 국경을 뜯어고친 일보다도 훨씬 역전(逆轉)의 가능성이 적다는 것이 사실로 입증되었다. 그래서 나폴레옹 법전은 그대로 살아남아 존속했다. 아니면 벨기에, 라인란트(그것이 프로이센의 일부가 된 후에도), 이탈리아와 같은 나라에서 (일단 폐지되었다가) 그 나라 법률의 기초로서 되살아났다. 봉건제도는 한번 정식으로 폐지된 후에는 어느 곳에서도 부활된 적이 없었다.

프랑스의 적들 가운데서도 머리가 제대로 도는 자들은 새로운 정치제도가 훌륭했기 때문에, 또는 어찌 됐든 자기들이 그것과 비등한 개혁을 도입하지 못했기 때문에 프랑스에 패했다는 것을 잘 알고 있었다. 그래서 전쟁 중에는 프랑스에 의한 정복에 의해서뿐 아니라 그것에 대한 반동으로서 많은 변혁이 이루어졌다. 그리고 몇몇 경우에는—에스파냐의 경우처럼—이 두 가지 동인이 모두 작용해 변화가 이루어졌다. 한쪽에서는 나폴레옹의 협력자인 '아프란체사도스'(afrancesados)가, 또 다른 한편에서는 카디스(Cadiz)가 이끄는 반프랑스 군사혁명회의의 지도자들이 실질적으로 동일한 형태의 에스파냐를 마음에 그리면서 프랑스 혁명적 개혁노선에 따라 근대화를 밀고 나갔으며, 한쪽이 달성하지 못한 것을 다른 한쪽이 시도하곤 했다.

반동에 의한 개혁의 좀더 명백한 실례—왜냐하면 에스파냐의 자유주의자들은 무엇보다도 먼저 개혁가였으며, 그들이 반프랑스적이었던 것은 하나의 역사적 우연에 의한 것이었으니까—는 프로이센이었다. 프로이센에서 어떤 형태의 농민해방이 제도화되고, 징병제적 요소를 가미한 군대가 조직되며, 법률·경제·교육의 각 분야에 걸쳐 개혁이 단행된 것은 전적으로 프리드리히 대왕의 군대와 국가가 예나와 아우어시테트에서 괴멸당한 데서 받은 충격 때문이었으며, 그 패배를 역전시키겠다는 목적이 압도적으로 우세했다.

사실 러시아와 터키의 서쪽, 스칸디나비아 남쪽의 유럽 대륙에 있는 나라들 중 이 20년 동안의 전쟁이 끝난 후, 국내의 여러 제도가 프랑스 혁명의 확대 또는 그 모방의 영향을 받지 않은 나라는 하나도 없었다고 해도 과언이 아니다. 지극히 반동적이었던 나폴리 왕국마저도 법률상 봉건제도가 폐지된 후 실제로 다시는 그것을 복귀시키지 못했다.

그러나 국경과 법률 그리고 통치제도상의 이들 변화는 몇십 년에 걸친 이 혁명전쟁이 가져온 제3의 영향, 즉 정치적 분위기의 뿌리 깊은 변화에 비하면 아무것도 아니었다. 프랑스 혁명이 일어났을 때 유럽 여러 나라의 정부들은 비교적 태연한 태도를 보였다. 제도가 갑자기 바뀌고, 반란이 일어나며, 왕조들이 무너지고, 국왕이 시해되거나 처형되는 따위의 사실만으로는 18세기 통치자들에게 큰 충격을 줄 수 없었다. 그들은 그런 일들을 늘상 보아왔으며, 그런 일들이 세력 균형과 자기 자신들의 상대적 지위에 어떤 영향을 미치는가 하는 관점에서만 주로 생각해왔기 때문이다. 구체제 아래서 프랑스의 외무대신을 지낸 유명한 베르젠(Vergennes)은 다음과 같이 썼다.

내가 제네바로부터 축출해낸 반란분자는 영국의 앞잡이인데, 한편 아메리카에서의 반란군은 앞으로 장구한 우호관계를 약속하고 있다. 나의 그들 각자에 대한 정책은 그들의 정치체제에 따라 정해지는 것이 아니라, 프랑스에 대한 그들의 태도에 따라 정해진다. 이것이 나의 국가이성이다.[11]

그러나 1815년에는 혁명에 대한 전혀 다른 태도가 지배적이었고 또 그것이 열강들의 정책을 지배했다.

한 나라의 혁명이 전 유럽의 현상이 될 수 있다는 것, 즉 그 혁명의 원리가 국경을 넘어 퍼져나가고, 더욱 고약하게도 혁명의 십자군이 한 대륙의 정치체제를 풍비박산시킬 수 있다는 것을 이제 알게 된 것이었다. 사회혁명이 일어날 수 있다는 것, 즉 국가는 왕국과는 따로이 존재하는 그 무엇이고, 백성들은 그 지배자와는 독립해 존재하는 그 무엇이며, 가난한 사람도 그 지배계급과는 독립해 존재하는 그 무엇이라는 것을 이제 알게 된 것이다.

1796년 드 보날(De Bonald)은 이렇게 말했다. "프랑스 혁명은 역사

---

11) A. Sorel, *L'Europe et la révolution française*, I(1922 ed.), p. 66.

상 독특한 사건이다."[12] 이 말은 오해를 불러일으킨다. 실제 프랑스 혁명은 하나의 전 세계적인 사건이었다. 어느 나라도 그것을 피하지는 못했다. 프랑스 병사들은 안달루시아로부터 모스크바까지 ──몽골군 이래 어느 정복집단보다도 광막한 지역에 걸쳐서, 그리고 또 고대 노르웨이인을 제외한 유럽의 어느 단일 군사력이 해낸 것보다도 분명히 더 넓은 지역에 걸쳐서 ── 전쟁을 벌이면서 그들 조국의 혁명에 대한 세계성을 다른 어떤 것도 그렇게 해낼 수 없을 만큼 효과적으로 펼쳐나갔다. 그리고 그들 병사가 에스파냐로부터 일리리아에 이르기까지 퍼뜨린 원리와 제도는 여러 정부들이 알고 있었듯이, 그리고 국민들 자신도 이윽고 알게 되었듯이 보편적(세계적)인 원리들이었다. 도적이면서 애국자이기도 했던 한 그리스인 콜로코트로네스는 다음과 같이 말함으로써 그들의 느낌을 남김없이 표현했다.

내 판단에 의하면 프랑스 혁명과 나폴레옹의 행동은 세계의 눈을 뜨게 했다. 그 전에는 국민들은 아무것도 몰랐다. 백성은 국왕이 지상의 신이라고 생각했고, 왕이 한 일이면 무엇이든 훌륭하다고 말해야 한다고 생각했었다.[13]

4

우리는 지금까지 20여 년에 걸친 전쟁이 유럽의 정치구조에 미친 영향을 살펴보았다. 그런데 전쟁의 실제과정, 즉 군사동원과 군사작전, 그리고 거기서 나온 정치적·경제적 조치의 결과들은 무엇이었

---

12) *Considérations sur la France*, Chapter IV.
13) L. S. Stavrianos, "Antecedents to Balkan Revolutions," *Journal of Modern History*, XXIX(1957), p.344에서 인용.

을까?

역설적인 일이지만, 실제로는 유혈(流血)과 관계가 적었던 나라일수록 그 결과는 더 컸다. 다만 프랑스는 예외였으니, 그 나라는 다른 어느 나라보다도 전쟁으로 인한 인명손실이 많았고, 간접적인 인구손실도 많았다. 프랑스 혁명과 나폴레옹 시대의 사람들은 다행스럽게도 참으로 놀랍도록 국가를 폐허로 만들어버릴 수 있었던 야만적 전쟁을 치른 두 시대—17세기의 전쟁과 현세기의 전쟁—의 중간 시대를 살았다.

1792~1815년 사이의 전쟁에 휘말렸던 지역 중 그 어느 곳도 중유럽과 동유럽이 17세기의 30년 전쟁이나 17세기의 북부전쟁에서 황폐화했던 것만큼, 또 스웨덴이나 폴란드가 18세기 초에 그러했던 것만큼, 혹은 또 세계의 대부분이 20세기의 전쟁들이나 내전으로 그러했던 것만큼 폐허화하지는 않았다. 군사작전이 어느 곳보다도 오래 끌었고, 또 민중의 저항과 보복 때문에 전쟁의 양상이 한결 더 야만스러웠던 이베리아 반도마저도 그만큼 황폐화하지는 않았던 것이다.

1789년 이전에 이루어졌던 장기간의 경제적 향상이 의미하는 바는 기근이나 그와 유사한 일, 전염병과 흑사병 따위가 전쟁과 약탈이 가져온 참상에다 그리 대단한 것을 보태지 않았다는 것이다. 어쨌든 1811년까지는 그러했다(대규모 기근은 전쟁 후 1816~17년에 일어났다). 군사작전의 양상은 격렬한 속전속결의 경향을 보였으며, 사용된 병기—비교적 기동적인 경화기(輕火器)였다—도 근대적 척도에서 보면 그다지 파괴적이지 않았다. 포위 공격과 농성 수비 등은 그리 흔한 일이 아니었다. 화재가 집이나 생산수단을 위협하는 가장 위험한 재해였지만, 그와 동시에 작은 집이나 농가는 다시 짓기도 쉬웠다. 공업화 이전의 경제에서 물질적 파괴 중 재빨리 수습하기가 실제로 가장 어려웠던 것은 수목의 파괴, 즉 과수(果樹)나 올리브밭의 파괴였다. 이러한 수목의 성장에는 몇 년이 걸리는 법이기 때문이다. 그러나 그러한 파괴가 그리 흔히 있었던 것 같지는 않다.

따라서 20년에 걸친 이 기간에 순전한 인명 피해는 근대적 표준에서 볼 때 그리 놀랄 만큼 많았던 것 같지는 않다. 다만 실제로는 그 어느 나라 정부도 그 인명 피해를 계산해보려고 시도조차 하지 않았으니, 프랑스의 경우와 그 밖의 몇몇 특별한 사례를 제외하고는 현대에 와서 우리가 추산하는 그때의 인명 피해란 모두 억측에 가깝도록 막연한 것일 뿐이다. 이 20년 동안의 인명 피해 수가 100만 명[14]이라고 하는 것은 4년 반에 걸친 제1차 세계대전 중 어느 한 주요 교전국의 피해, 그리고 1861~65년의 미국 남북전쟁 사망자가 60만 내외였다는 것에 비하면 많다고 할 수 없다.

20년 이상에 걸친 전면전쟁에서 가령 200만 명이 죽었다고 해도 그 시대 기근이나 유행병의 엄청났던 치사(致死)능력을 상기해보면 특별히 대단하게 살육적이라고는 할 수 없지 않을까. 1865년 근세에 와서까지도 에스파냐에서 있었던 콜레라의 창궐은 23만 6,744명의 희생자를 냈던 것으로 보고되어 있으니 말이다.[15] 실제로 어느 나라도 이 기간 중 이렇다 할 인구 증가율의 감퇴를 보이고 있지 않다. 물론 프랑스는 예외일 것이다.

전투요원 이외의 유럽 주민들 대부분에게는 전쟁이란 아마도 자신들의 정상적인 인생행로를 이따금 일시적으로 흔드는 의미를 가지는 데 불과했을 것이다. 전쟁이 의미하는 바가 그러한 것도 포함하는 것이라면 말이다. 제인 오스틴의 (소설에 나오는) 시골에 사는 가족

14) G. Bodart, *Losses of Life in Modern Wars*(1916), p. 133.

15) J. Vicens Vives ed., *Historia Social de España y America*, IV, ii(1956), p. 15.

들은 마치 전쟁이 없는 것처럼 할 일을 다하고 있다. 프리츠 로이터 (Fritz Reuter)의 메클렌부르크 사람들은 외국군에게 점령당했던 시절을 하나의 드라마라기보다는 조그마한 일화처럼 회상하고 있다. 연로한 퀴겔겐 씨는 작센(거기는 '유럽의 싸움터' 중 하나였는데, 벨기에와 롬바르디아가 그러했듯이 그 지리적·정치적 위치 때문에 군대와 전투를 불러들이는 곳이었다)에서 보냈던 어린 시절을 회상하면서 군대가 행진하거나 드레스덴에서 숙영하는 이상했던 몇 주일간이라고만 기억할 뿐이었다.

전쟁에 말려든 무장병력의 수는 비록 근대적 표준에서 보면 각별히 많은 것이 아니었지만, 이전 전쟁들의 통례에 비하면 훨씬 많았던 게 분명하다. 징병제만 하더라도 그 대상이 되는 사람들 중 극히 일부분만 징집되었음을 의미했을 뿐이다. 나폴레옹 치하의 코트도르 현(縣)은 주민 35만 명 중 1만 1,000명, 즉 3.15퍼센트의 인력을 공급한 데 불과했다. 또 1800년부터 1815년 사이에 프랑스의 총인구 중 불과 7퍼센트밖에 징집되지 않았는데, 이에 비해 제1차 세계대전에서는 그보다 짧은 기간에 21퍼센트가 징집되었다.[16] 그러나 절대수로서 그것은 매우 큰 숫자였다. 1793~94년의 징집을 통해(77만 명에 달하는 이론상의 소집 인원 중에서) 약 63만 명을 무장시켰다. 1805년 나폴레옹의 평시병력은 약 40만 명 남짓했다. 또 1812년 러시아와 전쟁을 시작했을 때 대원정군(大遠征軍)은 유럽 대륙의 다른 부분, 특히 에스파냐에 나가 있던 프랑스 군대를 계산에 넣지 않고도 70만 명(그 가운데 30만 명은 프랑스인이 아님)을 헤아렸다.

프랑스의 적국들은 상시 동원병력이 훨씬 더 적었다(영국은 예외)는 이유 때문인지는 몰라도 그 수가 상대적으로 매우 적었다. 예를

---

16) G. Bruun, *Europe and the French Imperium*(1938), p. 72.

들면 오스트리아는 1809년의 강화조약으로 1813년에는 15만 명의 병력을 보유할 권리가 있었으나 실제로 동원할 수 있는 수는 6만 명 뿐이었다. 그러나 영국은 놀랍도록 많은 병력을 동원하고 있었다. 영국군은 그 절정기(1813~14)에 30만 명의 정규 육군, 14만 명의 수병과 해병대를 유지하기에 충분한 예산에 대한 의회 승인을 얻어놓고 있었는데, 그 동원병력 면에서 프랑스군이 전쟁의 대부분 기간에 감당했던 것보다도 상대적으로 더 무거운 부담을 지고 있었다.[17]

인명 피해는 비록 20세기의 대량학살 기준으로 보면 대단한 것이 아니었지만 그럼에도 불구하고 매우 컸다. 그러나 이상하게도 피해자 중에서 실제로 적군에 의해 해를 입은 자는 얼마 되지 않았다. 1793년과 1815년 동안 영국 수병 가운데 프랑스군에 의해 죽음을 당한 수는 6~7퍼센트밖에 되지 않았다. 80퍼센트는 병사(病死)이거나 사고사였다. 전쟁터에서 죽을지도 모를 위험률은 매우 낮았다. 아우스터리츠의 전투에서 발생한 사상자 가운데 실제로 전투에서 죽은 사람은 겨우 2퍼센트밖에 되지 않았고, 워털루 전투에서도 실제로 전사한 사람은 8퍼센트나 9퍼센트에 지나지 않았다. 진실로 무서운 전쟁의 위험은 태만, 불결, 빈약한 조직, 허술한 의료체제, 위생지식의 결여 등이었다. 그러한 것이 부상병과 포로를, 그리고 (열대지방과 같은) 적절한 기후조건 아래서는 사실상 모든 사람을 몰살시키다시피 했던 것이다.

실제의 군사작전은 직간접적으로 사람을 죽이고 생산시설을 파괴시켰다. 그러나 앞에서 이미 살펴본 바와 같이 살상이나 파괴는 그

---

17) 이 숫자들은 의회가 승인한 금액에 의거한 것이며, 실제로 징집된 숫자는 틀림없이 그보다 적었을 것이다. J. Leverrier, *La Naissance de l'armée nationale*, 1789~94(1939), p. 139; G. Lefebvre, *Napoléon*(1936), pp. 198, 527; M. Lewis, 앞의 책, p. 119; *Parliamentary Papers*, XVII(1859), p. 15.

어느 것도 한 나라의 생활과 발전의 정상적인 행정(行程)에 중대한 장애가 될 정도는 아니었다. 전쟁에 따르는 경제적 필요, 그리고 경제전쟁이 훨씬 더 뿌리 깊은 결과들을 일으켰다.

18세기의 척도에서 볼 때, 혁명과 나폴레옹 전쟁은 유례 없이 비용이 많이 들었다. 또 금전적 비용이 많이 들었다는 게 인명 피해보다도 더 크게 당시 사람들의 마음에 감명을 준 것도 사실이다. 확실히 워털루의 싸움 이후의 세대에게는 인명 피해의 감소보다도 전쟁을 위해 지불하는 재정부담이 덜어진 것이 훨씬 더 두드러졌다. 1821년에서 1850년까지의 여러 전쟁에 든 비용은 연평균으로 1790~1820년 사이에 벌어진 전쟁비용의 10퍼센트 이하인 데 비해, 전사자의 연평균은 그에 앞선 시대의 것에 비해 25퍼센트보다 조금 적은 정도에 머물렀던 것으로 추정된다.[18]

이 비용은 어떻게 조달되었는가? 전통적인 방법으로는 화폐 인플레이션(정부 공채를 위한 통화의 신규 발행)과 차관 그리고 최소한의 특별과세 등을 겸하는 방법이었다. 최소한의 특별과세라 함은 세금이 일반의 불만을 조성하게 마련이고, 또 (그것이 의회나 삼부회의 승인을 받지 않으면 안 되는 곳에서는) 정치적 분쟁을 야기하게 마련이기 때문이었다. 그러나 전쟁에 따르는 터무니없는 재정수요와 전시의 비상조건은 이 모든 것들을 타파하거나 변혁시켰다.

첫째, 세상은 불태환지폐(不兌換紙幣)에 익숙해진다.[19] 대륙에서는 정부의 채무를 갚기 위해 종잇조각을 인쇄해 찍어내는 것이 너무나 손쉬웠기 때문에 도저히 그것을 거역할 수 없음을 알게 되었다.

18) Mulhall, *Dictionary of Statistics: War.*
19) 실제로는 어떤 종류의 지폐이든, 다시 말하면 그것이 청구에 따라 지금(地金)으로 태환될 수 있는 것이든 아니든 간에 지폐 그 자체가 18세기 말까지는 비교적 드물었다.

프랑스의 아시냐 화폐(1789)는 당초에는 5퍼센트의 이자가 붙는 프랑스 재무성 발행 채권에 불과했으며, 궁극적으로는 처분하게 될 교회소유 토지의 판매대금을 예기하고 계획했던 것이었다. 그러한 것이 몇 달 가지 않아 통화로 전환되었고, 꼬리를 문 재정위기는 그때마다 그것을 점점 더 대량으로 발행하게 했다. 동시에 일반의 공공신용이 떨어진 탓에 그 가치는 급격히 하락했다.

전쟁이 일어났을 때 그것은 약 40퍼센트 하락했고, 1793년 6월에는 약 3분의 2가 떨어졌다. 자코뱅 정권은 그래도 아시냐의 가치를 곧잘 유지했으나, 테르미도르 이후의 경제통제 해제 소동은 그 값을 끝없이 떨어뜨려서 액면가격의 300분의 1이 되었고, 마침내 1797년의 공식적인 국고 파산으로 이 화폐 에피소드에 종지부가 찍힌다. 그런데 이 에피소드는 그 후의 1세기를 통해 프랑스인에게 어떤 종류의 지폐에 대해서도 편견을 갖게 했다.

프랑스 이외의 다른 나라 지폐들은 그만큼 비극적인 길을 걷지는 않았다. 그러나 러시아 통화는 1810년의 액면가격의 20퍼센트로 하락했고, 오스트리아의 경우(1810년과 1815년 두 차례에 걸쳐 평가절하되었음)는 10퍼센트로 하락했다. 영국은 전비조달을 할 때 그러한 특정 형태를 취하는 것을 피했고, 또 은행권에 충분히 익숙해져 있었으므로 그것을 덮어놓고 외면하지는 않았다. 하지만 잉글랜드 은행은 방대한 정부수요—주로 차관이나 보조금으로 해외에 보내졌다—와, 그리고 또 한 가지 지금(地金)에 대한 민간의 청구라든가 기근이든 해의 특별부담이라는 이중의 압력을 버텨내지 못했다. 그리하여 1797년에 민간고객에 대한 금 지불을 정지시켰고, 이로써 불태환통화가 '사실상' 유효통화가 되었다. 1파운드짜리 지폐는 그것이 낳은 한 결과였다. 그러나 이 '종이 파운드'는 대륙의 통화들처럼 심하게 하락한 일이 한 번도 없었으며—그 최저기록은 액면가격의 71퍼센트였으나 1817년에는 98퍼센트로 회복되었다 — 뿐만 아니라 당초 예상했던 것보다 훨씬 오래 지속했다. 지금(地金) 지불은 1821년에 가서야 비로소 재개되었다.

과세를 대신할 수 있는 또 하나의 대안은 차관이었다. 그러나 가장 번영을 누리고 재정문제에 별의별 경험을 쌓은 부유한 나라들조차 도 전비부담이 예상 이상으로 과대하고 장기화됨으로써 눈앞이 아찔해질 만큼 공공부채가 증가하자 겁을 집어먹게 되었다. 기본적으로 차관에 의존해 전비를 조달한 지 5년 만에 영국은 직접세로 전비를 조달하려는 전례 없는 상서롭지 못한 수단을 강구하지 않을 수 없게 되었고, 이 목적을 위해 소득세를 도입했다(1799~1816). 그 무렵 영국 내 부의 증가가 급속히 진행되고 있었기 때문에 이것은 완전히 가능한 일이었다. 그리하여 그 후 전비는 기본적으로 경상수입에 의해 지불되었다. 만약 처음부터 적절한 과세가 시행되고 있었던들 국채가 1793년의 2억 2,700만 파운드에서 1816년 8억 7,600만 파운드로 증가하는 따위의 일은 일어나지 않았을 것이고, 부채에 따르는 경비가 1792년 1,000만 파운드에서 1815년 3,000만 파운드로 증가하는 일은 일어나지 않았을 것이다. 이 3,000만 파운드라는 금액은 '전쟁 직전 해의 정부 총지출보다도 더 큰 금액'이었다.

이러한 부채가 초래한 사회적 결과의 중요성은 매우 컸다. 왜냐하면 사실상 그것은 주민 전체가 내놓는 조세수입 중 점점 더 많은 부분이 부유한 소수 '공채 보유자' 계층의 호주머니 속으로 들어가는 깔때기 역할을 했기 때문이다. 코베트(William Cobbett)와 같은 가난한 자와 소사업가, 소농업가의 대변인들은 이 소수의 공채 보유계층에 대해 언론을 통해 우레 같은 공격을 퍼부어댔다.

군사적 동맹국에게 보조금을 주어 지원하는 정책을 오래도록 계속하고 있던 영국 정부는 주로 해외에서(적어도 반프랑스적인 측에서)

빚을 얻어냈다. 1794년부터 1804년 사이에 영국 정부는 그와 같은 목적을 위해 8,000만 파운드의 빚을 얻었다. 그 주요한 직접 수익자는 베어링 가문(Barings), 로스차일드 가문(Rothchilds) 같은 국제금융 재벌들로—이들은 영국의 것이든 외국의 것이든 국제금융의 일대 중심지가 된 런던에서 일하는 경우가 점점 더 많아졌다—이들은 이러한 거래의 중개자로서 활동했다(로스차일드 재벌의 창시자 마이어 암셸 로스차일드는 1798년 그의 아들 네이던을 프랑크푸르트에서 런던으로 보냈다). 이들 국제금융업자가 크게 활약하는 시대가 전후에 도래했는데, 그때 이들은 구체제를 위해서는 그들의 복구사업을, 그리고 새로운 체제를 위해서는 그들의 안정을 돕기 위한 대규모의 차관을 대주게 된다. 그러나 16세기 독일의 대은행들이 그렇게 한 이후로는 아무도 못하던 일, 즉 베어링이나 로스차일드가 세계금융을 휘어잡아 지배한 시대의 기초는 바로 전쟁 중에 닦인 것이었다.

그렇다 해도 전시금융의 전문적인 세부문제 따위는 큰 전쟁 때면 있게 마련인 일로, 평시 사용으로부터 전시 이용으로 자원의 일대 전용(轉用)이 가져온 전반적인 경제적 효과에 비하면 별로 중요한 일이 아니다. 전쟁 노력을 전적으로 민간경제로부터 끌어낸 것으로 보는 것, 다시 말하면 민간경제의 희생에 의존하는 것으로 보는 것은 분명히 잘못이다. 군대는 어느 정도까지는 전쟁이 아니라면 실업상태에 있을 사람들이나 그 나라 경제의 테두리 안에서는 고용될 수 없는 사람들까지도 동원하게 되는 것이다.[20]

전시산업은 단기적으로는 인간과 자재를 민간시장으로부터 딴데로 돌리지만, 장기적으로 볼 때 평시 같으면 이윤에 대한 고려 때문

---

20) 스위스와 같이 인구 과잉인 산악 지역에서는 이것이 용병(傭兵)으로 이민을 가는 전통의 강한 기초가 되었다.

에 무시당했을 발전들을 자극시킬 수 있는 법이다. 철강공업이 그러했다는 것은 사람들의 입에 널리 오르내리는 유명한 이야기다. 철강공업은 이미 우리가 본 바와 같이(제2장 참조) 면공업과 같은 급속한 성장의 가능성을 누릴 수가 없었기 때문에 전통적으로 정부와 전쟁을 통해 자극을 구했다. 라드너(Dionysius Lardner)는 1831년 다음과 같이 썼다. "18세기에 주철공장은 대포제작소와 동일시되었다."[21] 그러므로 평화적 사용으로부터 전용된 자본적 자원의 일부는 자본재 산업과 기술개발 부문에 대한 장기투자라는 성격을 가졌던 것으로 보아도 무방할 것이다.

혁명과 나폴레옹 전쟁이 이와 같은 경위를 거치면서 낳은 기술혁신 가운데는 유럽 대륙의 사탕무공업(서인도제도에서 수입되던 자당蔗糖의 대용)이라든가 통조림 식품공업(이것은 영국 해군이 군함 안에서 오랫동안 저장할 수 있는 식품을 찾아 연구한 결과 생겨난 것이다) 등이 있다. 그러나 그 모든 사정을 다 고려해도 대규모 전쟁이란 역시 자원의 일대 전용을 의미하며, 그와 동시에 또 서로 해양봉쇄를 하고 있는 사정 아래서는 일국경제의 전시 부문과 평시 부문이 동일한 희소자원을 두고 직접 빼앗고 빼앗기는 경쟁을 하고 있음을 의미할 수도 있는 것이었다.

이와 같은 경쟁이 낳은 하나의 분명한 결과는 바로 인플레이션이었다. 완만히 상승하던 18세기적 물가수준의 경사는 경쟁시대가 되자, 비록 그 일부는 통화의 평가절하에 따른 것이기는 했지만, 사실 모든 나라에서 급상승했다는 사실을 우리는 알고 있다. 이것은 그 자체로서 소득 재분배를 의미하거나 그것을 반영하는 것이며, 그와 같은 소득 재분배에는 다음과 같은 경제적 결과가 따르게 되었다. 예를

---

21) *Cabinet Cyclopedia*, I, pp. 55~56('Manufactures in Metal').

들면 임금가득자(賃金稼得者)로부터 사업가로(임금은 보통 물가상승을 따르지 못하기 때문에), 또 제조업으로부터 농업으로, 즉 잘 알려진 바와 같이 전시 고물가를 환영하는 농업으로 가는 소득 재분배가 곧 그것이다.

역으로, 전시수요가 끝나면 지금까지 전쟁에 사용되었던 대량의 자원 — 인력을 포함해서 — 이 풀려서 평시시장으로 돌아가게 된다. 그리고 언제나 그러하듯 거기에 대응하기 위한 재조정의 문제가 보다 긴박하게 제기되는 것이다. 그 명백한 사례를 들면 다음과 같은 것이 있다. 1814년과 1818년 사이 영국 육군의 병력은 같은 시기의 맨체스터 인구보다 많은 15만 명가량이나 줄었다. 밀과 보리의 가격 수준은 1813년의 1쿼터당 108.5실링에서 1815년의 68.2실링으로 하락했다. 사실 전후의 재조정기는 유럽 전역에 걸쳐 비상한 경제적 곤란의 시기였다는 것, 그리고 그 곤란은 1816~17년의 대흉작에 의해 더욱 가중되었다는 사실을 우리는 알고 있다.

그러나 우리는 보다 더 일반적인 문제를 생각해보지 않으면 안 된다. 전쟁으로 인한 자원의 전용이 각기 다른 여러 나라에서 얼마만큼 그 나라의 경제발전을 저해시키거나 지연시켰을까? 이 문제는 프랑스와 영국, 즉 둘 다 경제대국이요 가장 무거운 경제적 부담을 안았던 두 나라에게는 특히 중요한 문제다. 프랑스가 짊어진 짐은 전쟁의 후기 단계로 갈수록 전쟁으로 말미암은 것이 아니게 되어간다. 왜냐하면 후기의 전쟁은 외국인들의 희생 위에서 대부분 자급자족하도록 정립되어갔기 때문이다. 정복군인 프랑스의 군대는 외국 땅에서 약탈하고 징발했으며 또 사람과 물자 그리고 금전에 대한 세금 부과를 강행했다. 1805~12년에 이탈리아의 조세수입 중 약 절반은 프랑스 몫으로 돌아갔다.[22] 이것만으로는 여전히 목표미달이었겠지만, 그래도 그렇지 않은 경우에 비해 화폐기준으로나 실물(實物)기준으로나 전쟁을 훨씬 값싸게 수행할 수 있게 된 것은 분명했다.

프랑스 경제가 정말로 무너진 것은 10년에 걸친 혁명과 내란 그리고 혼란 탓이었다. 이러한 원인들은 예컨대 센강 하류 지방(루앙)에서 제조업의 총거래액을 1790년의 4,100만 프랑에서 1795년의 1,400만 프랑으로 감소시켰고, 거기서 일하는 노동자 수를 24만 6,000명에서 8만 6,000명으로 감소시켰다. 영국의 해상봉쇄로 인한 무역상의 손실도 여기에 포함시켜야 할 것이다.

영국이 짊어진 짐은 자기 나라가 전쟁을 하는 데 드는 비용뿐 아니라 대륙의 동맹국에게 베풀어온 전통적인 재정보조 때문에 다른 나라의 전쟁비용 일부까지도 포함하고 있었다. 금전 면에서 보면 영국은 전쟁 중 어느 나라보다도 가장 무거운 부담을 졌다. 영국의 전비는 프랑스 전비의 세 배에서 네 배 사이에 달했다.

이러한 일반적인 문제에 대한 해답은 프랑스 쪽이 영국의 경우보다도 얻기가 쉽다. 왜냐하면 프랑스 경제가 비교적 정체상태에 머물러 있었지만 혁명과 전쟁이 없었던들 프랑스의 상공업은 거의 틀림없이 더 많이, 그리고 더 빨리 확장되었을 것이기 때문이다. 프랑스 경제가 나폴레옹 시대에 대단히 실질적인 발전을 이루었다고는 하지만 그것은 1790년대의 후퇴와 가속적인 자극의 상실을 만회하지 못했다. 영국의 경우는 해답이 프랑스의 경우처럼 분명하지 않다. 왜냐하면 영국 경제의 신장은 한때 혜성과 같이 화려했으므로 문제는 만약 전쟁이 없었다면 그 신장이 더 빨라졌겠느냐 하는 것뿐이다. 오늘날 일반적으로 받아들여지는 답은 더 빨라졌으리라는 것이다.[23]

22) E. Tarlé, *Le blocus continental et le royaume d'Italie*(1928), pp. 3~4, 25~31 ; H. Sée, *Histoire Economique de la France*, II, p. 52 ; M. Mulhall, 앞의 책.

23) Gayer, Rostow and Schwartz, *Growth and Fluctuation of the British Economy*, 1790~1850(1953), pp. 646~699 ; F. Crouzet, *Le blocus continental et l'économie*

다른 나라들의 경우 일반적으로 이 문제는 두 나라만큼 중요성이 부 각되지는 않을 것 같다. 그들 나라에서는 경제발전이 더디거나, 합스 부르크 제국의 경우처럼 변동적이었기 때문이다. 또 전쟁수행에 따 른 양적 충격이 비교적 작았기 때문이기도 하다.

물론 위와 같은 단순화된 표현은 논점을 흐리게 한다. 17세기와 18세기에 영국이 노골적으로 경제적인 목적을 위해 벌였던 전쟁들 마저도 그 자체만으로, 또는 경제에 자극을 주는 것만으로 경제를 발 전시킨 것이 아니었다. 승리에 의해, 다시 말하면 경쟁상대를 제거하 고 새 시장을 획득함으로써 경제를 발전시킬 수 있었던 것으로 보아 야 할 것 같다. 산업의 파괴라든가 자원의 전용 따위의 형태로 나타 나는 전쟁의 '비용'은 전쟁의 '이익'과 대비시켜서 헤아릴 수 있는 것이며, 또 그 이익이란 교전했던 경쟁 상대국들의 전후 재조정된 상 대적 위치로써 표현되는 것이다.

이러한 기준에서 보면 1793~1815년의 전쟁들은 명백히 그 전쟁 자체를 보상하고도 남음이 있다. 영국은 경제성장의 경미한 둔화라 는 비용을 치렀다고는 하지만 그래도 그 경제성장은 엄청난 것이었 고, 그러한 희생으로써 자기에게 가장 가까이 육박한 경쟁상대를 결 정적으로 제거했다. 그 후 60여 년 동안 '세계의 공장'이라는 지위를 누렸다는 점에서 그 사실은 입증된다.

모든 공업지표 또는 상업지표에 비추어보아도 영국은 1789년 당 시에 비해 훨씬 더 멀리 경쟁 상대국을 앞지르고 있었다. 경쟁상대를 잠깐이나마 일시적으로 제거해내고서 해상무역과 식민지시장을 사 실상 독점한 것이, 영국 공업화에서 가일층의 전진을 위한 기본적인 전제조건이 되었다고 본다면 그것을 이룩하는 데 지불한 대가란 대

Britannique(1958), pp. 868 ff.

단치 않은 것이었다. 1789년 당시 영국은 이미 장기적 전쟁 없이도 그 경제적 우위를 확보할 수 있을 만큼 앞서 있었다고 주장하는 입장에 지지를 표명한다 해도, 우리는 역시 다음과 같이 생각할 수 있다. 즉 경제적 경쟁에서 잃은 기반을 정치적·군사적 수단으로써 회복하려고 한 프랑스의 위협으로부터 그 우위를 지키는 데 지불한 비용은 지나치게 비싼 것이 아니었다라고.

제5장 평화

열강의 협조가 존재한다는 것이야말로 유럽의 모든 나라에 다소간 남아 있는 혁명의 타고 남은 불길에 대한 단 하나의 완전한 안전장치다. 또······ 정상적인 시대에나 문제삼을 사소한 다툼은 중지하고, 사회질서의 기성원리들을 지키기 위해 함께 버티는 것이야말로 진정한 지혜로움이다.
 • 캐슬레이[1]

러시아의 황제는 앞으로 가장 큰 사업을 밀고 나갈 수 있는 유일하고도 완전한 주권자다. 그는 오늘날 유럽에서 형성되어 있는, 진정 마음대로 움직일 수 있는 유일한 군대의 두령이다.
 • 겐츠, 1818년 3월 24일[2]

전쟁과 혁명이 거의 하루도 그칠 날이 없는 20년 이상의 세월 끝에 승리를 거둔 구체제는 강화와 평화유지라는 문제에 직면했다. 그것들은 특히 어렵고 위험스러운 문제들이었다. 20년간의 파괴로 남은 쓰레기는 쓸어내야 했고, 빼앗겼던 영토는 재분배해야 했다. 그러나 그보다 중요한 것은, 앞으로 유럽에서 그 어떤 대전쟁도 있어선 안

---

1) Castlereagh, *Correspondence*, Third Series, XI, p. 105.
2) Gentz, *Depêches inédites*, I, p. 371.

된다는 지각 있는 정치가들의 명백한 결론이었다. 그도 그럴 것이 그러한 전쟁은 곧 새로운 혁명을 의미하며, 따라서 곧 구체제의 붕괴를 의미한다는 것이 거의 확실했다. 벨기에의 레오폴드 왕(빅토리아 여왕의 숙부이며, 다소 답답한 데가 있기는 해도 현명했던)은 후일에 닥칠 위기에 대해 시의적절하게도 이렇게 말했다. "사회적 병폐에 시달리고 있는 유럽의 오늘날 형편으로는…… 전면전쟁이 일어나면 그것은 전대미문의 것이 될 것이다. 그리고 내가 유럽에 대해 아는 바로는 그러한 전쟁은 유럽의 모습을 바꾸어놓을 것이고 결국 유럽의 전체 구조를 뒤엎어놓을 것이다."[3] 국왕과 정치가들이 그전보다 현명해진 것도, 평화를 더 좋아하게 된 것도 아니었다. 그전보다 겁이 더 많아진 것이었다.

그들은 또한 전례 없는 성공을 거두었다. 나폴레옹의 패배와 1854~56년의 크리미아 전쟁 사이에 유럽에서는 전면전쟁이란 사실상 없었고, 강대국과 강대국이 싸움터에서 대결한 적도 없었다. 둘 이상의 나라가 휘말려든 전쟁은 크리미아 전쟁 말고는 1815년부터 1914년 사이 전혀 없었던 것이 사실이다. 20세기에 사는 시민들은 이러한 (평화적) 업적의 위대함을 높이 평가해야 할 것이다. 당시의 국제정세가 조용하기는커녕 분쟁의 기회는 얼마든지 있었으니 이 일은 더욱더 인상적이다. 혁명운동(제6장에서 살펴보게 되겠지만)이 일어나서 힘겹게 얻어낸 국제적 안정을 파괴한 예가 비일비재했다.

1820년대는 특히 남유럽과 발칸의 나라들 그리고 라틴아메리카에서, 1830년대 이후에는 서유럽 특히 벨기에에서, 그리고 다시 1848년의 혁명 전야에 그러했다. 터키 제국은 내부 분열과 서로 경쟁하는 열강들—주로 영국, 러시아, 그리고 정도는 덜했지만 프랑스—의

---

3) J.Richardson, *My Dearest Uncle, Leopold of the Belgians*(1961), p.165.

야망에 의해 양면으로 위협을 받아 쇠망의 길을 걸어갔고, 그리하여 '동방문제'는 위기를 몰고 오는 항구적인 불씨가 되었다. 1820년대에는 그리스에서, 1830년대에는 이집트에서, 1839~40년에 특히 격심한 분쟁을 겪은 끝에 가라앉기는 했지만, 이 항구적인 불씨가 폭발할 가능성은 여전히 남아 있었다. 영국과 러시아는 근동(近東)과 아시아에서 두 제국 사이의 완충지대를 두고 최악의 관계에 있었다. 프랑스 또한 1815년 이전에 그 나라가 차지하고 있던 것보다 낮은 지위를 감수할 생각은 조금도 없었다. 그러나 이 모든 여울과 소용돌이에도 불구하고 외교를 실은 배들은 그 어려운 물길을 충돌 없이 항해하고 있었다.

우리의 현 세대는 전면전쟁의 회피라는 국제외교의 기본적 임무에 너무나도 극적인 실패를 거듭해왔기 때문에 1815~48년의 정치가들과 그 정치가들의 방법을 존경의 눈으로 되돌아보는 경향이 있다. 그 정치가들의 바로 뒤를 이은 후계자들은 그런 존경심을 느끼지 않았는데도 말이다.

1814년부터 1835년까지 프랑스의 외교정책을 통괄했던 탈레랑(Talleyrand)은 오늘날에도 프랑스 외교관의 모범으로 여겨지고 있다. 캐슬레이(Castlereagh), 캐닝(George Canning), 파머스턴(Palmerston) 백작 등은 각기 1812~22년과 1822~27년에, 그리고 1830~52년까지 비(非)토리 정권[4) 때마다 영국 외상을 지냈던 사람들이다. 그 당시를 돌이켜보는 후인(後人)들의 눈에는 외교의 거인으로 비치는 그런 존재가 되었지만 이는 다소 잘못된 점이 없지 않다. 나폴레옹의 패배 이후 1848년 그 자신의 실각 때까지 전 기간을 오스트리아 수상의 자리에 있었던 메테르니히 공(公)의 경우 오늘날에

---

4) 즉 1834~35의 몇 달 동안과 1841~46년을 제외한 전 시기에 걸쳐서 그러하다.

와서는 그를 모든 변화에 반대하는 완고한 변화의 적으로만 보던 종래의 경향이 덜해지고, 그 대신 현명하게 안정을 유지한 사람으로 보는 경향이 더 많아졌다. 그러나 알렉산드르 1세(1801~25)와 니콜라이 1세(1825~55) 치하의 러시아와, 이 책이 다루는 시대 동안 별달리 주목할 만한 것이 없는 프로이센에서는 이상화할 만한 외상을 찾아내기란 성실한 눈으로 알뜰히 살핀다 해도 불가능하다.

　어떤 의미에서 위의 칭찬은 타당하다. 나폴레옹 시대 이후 유럽 문제의 처리가 다른 경우들보다 더 공정할 것도, 더 도의적일 것도 없었지만 그것은 현실주의적이고 분별 있는 처리였다. 그러한 처리를 주도한 사람들의 목적이 완전히 반자유주의적이며 반민족적, 즉 반혁명적이었음을 생각해보면 말이다. 프랑스에 대한 전면적 승리라는 점을 이용하려는 기도는 전혀 볼 수 없었다. 그렇게 함으로써 프랑스인들을 자극해 자코뱅주의의 새로운 발작을 유발해서는 안 되기 때문이었다.

　패전국의 국경이라는 것이 1789년 당시의 그것에 비해 조금이나마 더 좋아졌고, 재정적 배상액도 터무니없지는 않았다. 외국군에 의한 프랑스 점령도 단기간에 그쳤으며, 1818년에는 '유럽협력체제'(concert of Europe)의 정회원으로서 프랑스를 받아들이기까지 했다(1815년에 나폴레옹이 복귀를 시도했다가 실패한 사건이 없었더라면 이러한 조건들마저 좀더 온건한 것으로 완화되었을 것이다). 부르봉 왕가는 부활했지만 왕실이 그 백성의 위험스런 정신 앞에 양보하지 않으면 안 된다는 것으로 양해가 성립되었다. 프랑스 혁명이 가져왔던 중요한 변화들은 모두 그대로 받아들여졌고, 발화장치라고나 불러야 할 헌법—물론 극히 온건한 형태의 것이었다—도 복위한 절대군주 루이 18세가 '자유의사에 따라 양보한' 헌장이라는 거짓 외관을 갖추어 프랑스 국민들에게 허용되었다.

유럽의 지도는 여러 국민들의 열망도, 프랑스 군대의 이런저런 계제에 의해 쫓겨났던 그 많은 왕후들의 권리도 아랑곳하지 않고 고쳐 그려졌다. 그러나 전쟁을 통해 새로이 출현한 5대 강국, 즉 러시아, 영국, 프랑스, 오스트리아, 프로이센의 힘의 균형이라는 문제에는 상당한 고려가 기울여졌다. 실제로는 다섯 나라 중 첫 세 나라만이 문제였다.

영국은 해운과 상업상 중요한 지점을 지배하거나 보호권을 확보하는 편을 택할지언정 대륙에 대한 영토적 야심은 없었다. 영국은 말타섬과 이오니아의 여러 섬들, 그리고 헬리골랜드섬을 확보했고, 시칠리아섬에 대해서는 주의 깊은 감시의 눈을 떼지 않았으며, 노르웨이를 덴마크로부터 스웨덴으로 이양케 함으로써 명백히 가장 큰 이득을 보았다. 이리하여 단일국가가 발트해의 어귀를 지배하는 것을 막을 수 있게 되었기 때문이다.

또 네덜란드와 벨기에(이전의 오스트리아령 네덜란드)의 합병도 영국에 최대의 이득을 준 것이 명백했다. 그러한 합병은 라인강과 셸트강의 하구를 무해한 나라의, 그러나 프랑스의 벨기에에 대한 잘 알려진 야망에 저항할 만큼 강력한 ─ 특히 남쪽 요새들의 도움을 받았을 때 ─ 나라의 소유로 돌아가게 했기 때문이다. 이 두 결정은 벨기에인들과 노르웨이인들의 불만을 야기했기 때문에 후자는 1830년 혁명 때까지밖엔 존속하지 못했다. 그 대신 프랑스와 영국 사이에 약간의 마찰이 있은 끝에 영국이 고른 국왕을 받드는 영세중립의 소왕국(小王國)이 들어섰다.

물론 유럽 밖에서는 영국의 영토적 야심이 훨씬 더 컸다. 하기야 영국 해군이 세계의 전 해역을 완전히 지배하고 있었으므로 어떤 영토든 그곳에 실제로 영국 국기가 꽂혀 있고 없고 하는 것은 대체로 별 문제가 되지 않았을 터였다. 다만 한 가지 예외는 인도의 북서 국경지방이었다. 그곳에서는 약소하거나 혼란상태에 있는 제후국들이나 지역들이 대영제국과 러시아 제국을 갈라놓고 있을 뿐이었기 때문이다. 그러나 영국과 러시아의 적대적 경쟁관계는 1814~15년에 다시 처리해야만 하는 분쟁 지역에 대해 거의 아무런 영향도 미치지 않았다. 유럽에서 영국의 이해관계가 요구한 것은 어느 나라도 너무 강대해서는 안 된다는 것, 오직 그것뿐이었다.

지상(地上) 군사력의 측면에서 결정적 강대국이었던 러시아는 스웨덴의 희생 위에서 베사라비아, 그리고 폴란드의 대부분을 수중에 넣어 그 한정된 영토적 야망을 채웠다. 러시아는 폴란드에서 러시아와의 동맹에 항상 호의적이었던 폴란드인 정파(政派)들에 의한 자치를 허용했다(1830~31년의 반란이 있은 후 이 자치는 철폐되었다). 폴란드의 나머지 부분은 프로이센과 오스트리아가 분할해 가졌고, 크라코 도시 공화국만은 예외였지만 이 또한 1846년의 반란 이후 살아남지 못했다.

러시아는 그 밖의 지역들에서는 프랑스 동쪽에 있는 모든 절대주의적 공국들에 대해 우회적이지만 실효가 없다고는 결코 말할 수 없는 패권을 행사하는 것으로 만족했다. 러시아의 주요 관심사는 혁명을 회피하는 데 있었기 때문이다.

이 목적을 위해 알렉산드르 황제는 신성동맹의 결성을 주도했다. 거기에 오스트리아와 프로이센은 가담했으나 영국은 참가하지 않았다. 영국인의 눈에는 유럽의 대부분에 미치게 될 사실상의 패권을 러시아에게 부여할 이 협약이 이상적인 것으로 보이지 않을 게 분명했다. 그러나 그것은 군사적 현실을 반영한 것이었다. 그러한 협약체제는 프랑스에게 프랑스의 옛 적국들이 허용하리라고 생각한 것보다도 더 큰 힘을 다시 허용하거나, 아니면 또 감당할 수 없는 전쟁의 희생을 치르거나 하지 않고는 피할 수 없는 것이었다. 프랑스의 강대국으로서의 지위는 명백히 승인되었다. 그러나 거기까지가 다른 나라에서 받아들이기로 마음먹은 한계선이었다.

오스트리아와 프로이센은 실제로는 이름뿐인 강대국에 지나지 않았다. 국제적 위기에 처했을 때 나타난 오스트리아의 그 약체성 때문이었는데 그러한 생각은 옳았다. 또 프로이센은 1806년에 무너졌던 사실 때문에 그렇게 간주되었던 것인데 프로이센을 그렇게 본 것은 잘못이었다. 이 두 나라의 중요한 기능은 유럽의 안전판(安全瓣) 구실이었다. 오스트리아는 빼앗겼던 이탈리아의 여러 주들, 그리고 이탈리아와 달마티아에 있던 베네치아의 전(前) 영토를 도로 찾았으며, 또 거의가 합스부르크 왕가의 친척들이 통치하고 있던 북부와 중부 이탈리아의 비교적 작은 공국들에 대한 보호권을 도로 찾았다(다만 피에몬테-사르디니아는 예외였다. 그것은 그 전의 제노바 공화국을 흡수해 오스트리아와 프랑스 사이의 좀더 효과적인 완충국 구실을 하게 된다). 이탈리아의 어느 곳에서 질서상 문제가 생겼을 때 오스트리아가 당직 경찰 노릇을 한다는 것이었다. 오스트리아의 유일한 관심사는 안정이었던 까닭에 ── 안정 이외의 다른 어떤 것도 오스트리아의 해체를 가져올 위험이 있었다 ── 유럽 대륙의 현상을 깨뜨리는 어떤 기도에도 반대하는 항구적인 안정보장 역할로서 오스트리아는 믿을 만했다.

예로부터 프랑스에 동조하는 경향이 강한 제후국들이 있는 서부 독일 지역, 즉 프랑스에 지배당할 가능성이 많은 지역에 상당한 강대국을 두어야 한다는 것이 영국의 희망이었다. 이 같은 영국의 희망으로 득을 본 것이 프로이센이었다. 그리하여 프로이센은 라인란트를 차지하게 되었다. 라인란트가 지닌 그 엄청난 경제적인 잠재적 가능성 따위는 당시의 귀족 외교가들로서는 짐작조차 못했다. 또한 러시아의 폴란드를 향한 팽창이 지나치다고 생각한 영국이 러시아와 분쟁을 일으켰을 때 이 분쟁 또한 프로이센에게 이득을 주었다. 전쟁의 위협으로 몇 차례 단락지어진 복잡한 협상을 총결산한 결과는 프로이센이 가진 폴란드 영토 일부를 러시아에게 내주고, 그 대신 부유하고 공업이 발달된 작센 지방의 절반을 차지한다는 것이었다. 영토와 경제적인 면에서 프로이센은 1815년의 협약에 의해 다른 어느 강대국보다도 많은 것을 얻었고, 이로써 프로이센은 실질적 자원 면에서 비로소 강대국이 되었다. 당시의 정치가들은 1860년대가 되기 전까지 이 사실을 깨닫지 못했다.

오스트리아, 프로이센, 그리고 일군(一群)의 독일계 군소 군주국들—이 군주국들의 주된 국제적 기능은 유럽의 여러 왕가들에게 좋은 혈통을 제공하는 일이었다—은 독일연방(German Federation)을 형성했고, 연방 내부에서 오스트리아가 수령국(首領國)으로서 지닌 위치에 도전하는 나라는 없었지만 구성국들은 서로 살피고 감시했다. 독일계 군소국가들은 전통적으로 프랑스 쪽으로 끌려가는 경향이 있었으므로 독일연방의 주요한 국제적 기능은 그 소국들을 프랑스의 궤도 밖으로 묶어두는 일이었다. 민족주의자들의 부인에도 불구하고 그들 군소 군주국가들은 나폴레옹의 위성국으로서 결코 불행하지 않았던 것이다.

1815년의 정치가들은 아무리 면밀하게 다듬어진 국제협약이라도 국가 간의 대항이 일으키는 긴장과 사정의 변화를 장기적으로 감당해내지는 못한다는 것을 알 만큼은 현명했다. 결국 그들은 정기적인 국제회의라는 방법으로 평화를 유지하는, 다시 말해 모든 미결문제를 그것이 발생했을 때 해결하는 메커니즘을 마련하기로 했다. 물론 이러한 회의의 중요한 결정은 '열강'(Great Powers)—이 말 자체가 이 시대에 만들어진 술어다—이 내리는 것으로 양해되었다. '유럽 협력체제'(concert of Europe)—이 또한 이 무렵부터 새로이 쓰이기 시작한 말이다—는 오늘날의 국제연합(UN)이기보다는 유엔안전보장이사회 상임이사국들의 모임에 해당하는 것이었다. 그러나 정기회의가 열린 것은 불과 몇 년간—프랑스가 정식 회원국으로 가입한 1818년부터 1822년까지—뿐이었다.

회의제도는 나폴레옹 전쟁 후 몇 년, 즉 1816~17년의 기근과 불황이 겹쳐 영국을 포함한 유럽 도처에서 사회혁명에 대한 터무니없는 공포가 생생하게 지속된 그 몇 년을 버텨내지 못해 무너지고 말았다. 1820년 무렵 경제적 안정이 회복된 후 1815년의 협약체제를 교란시킨 일들은 그 하나하나가 모두 열강들의 엇갈리는 이해관계를 노출시킨 것뿐이었다. 1820~22년 소요와 폭동의 첫 파동에 직면했을 때, 오스트리아만이 이러한 모든 (혁명)운동은 사회질서의 유지를 위해, 그리고 오스트리아의 영토보존을 위해 즉각 자동적으로 진압해야 한다는 원칙을 고수했다. 독일, 이탈리아, 에스파냐의 문제에 직면했을 때 '신성동맹'의 세 군주국(러시아, 프로이센, 오스트리아)과 프랑스는 의견을 같이했다. 다만 프랑스는 에스파냐에서 국제경찰로서의 역할을 기꺼이 수행하긴 했지만(1823), 유럽의 안정에 관심을 기울이기보다는 프랑스 자신의 외교적·군사적 활동의 범위를 넓히는 데 더 많은 관심을 쏟았다. 특히 프랑스의 대외투자가 많이 깔려 있는 에스파냐와 벨기에 그리고 이탈리아에서 더욱 그러한 관심을 노골화했다.[5]

영국은 거기에 가담하지 않았다. 그 까닭은 첫째로—특히 능소능대한 유연성을 지닌 캐닝이 완고한 보수주의자 캐슬레이의 자리를 이어받아 외상이 된(1822) 후—절대주의적 유럽에서 정치적 개혁은 조만간 불가피하다고 확신했기 때문이고, 그와 동시에 영국의 정

---

5) R. Cameron, 앞의 책, p. 85.

치가들은 절대주의에 대해 아무런 동정도 가지고 있지 않았기 때문이다. 게다가 국제경찰적 원리를 적용하면 영국에 대항하는 경쟁세력(특히 프랑스)을 라틴아메리카로 불러들이는 결과가 되고 말 것이라고 믿었기 때문이다. 앞에서 이미 살펴본 바와 같이 이때 라틴아메리카는 이미 영국의 경제적 식민지, 그것도 극히 중요한 경제적 식민지였다. 그래서 영국은 라틴아메리카에 있는 여러 나라들의 독립을 지지했다. 이는 미국이 1823년 먼로 선언(Monroe Declaration)을 통해 라틴아메리카 여러 나라들의 독립을 지지했던 것과 마찬가지 이유였다. 먼로 선언은 실제로는 아무런 가치가 없었으나—라틴아메리카의 독립을 수호한 그 무언가가 있었다면 그것은 바로 영국의 해군력이었다—흥미 있는 예언적 요소를 상당히 가지고 있었다.

그리스 문제에 관해서는 열강들의 분열이 더욱 심했다. 러시아는 혁명을 지극히 싫어했지만, 그리스 정교도들의 (혁명)운동은 어쨌든 러시아에게 득을 주게 되어 있었다. 그들의 혁명운동은 터키를 약화시킬 것이고, 또 어떤 식으로든 그들은 주로 러시아의 도움에 의존해야만 했기 때문이다(뿐만 아니라 러시아는 터키에 개입해 그리스 정교도를 보호할 조약상의 권리를 가지고 있었다). 영국은 러시아가 단독으로 터키 문제에 개입하는 것을 두려워하고 있었다. 뿐만 아니라 친그리스 세력의 압력과 경제적 이해관계가 겹친데다가, 또 영국은 대체로 터키의 붕괴를 막을 길이 없다면 차라리 터키를 조직적으로 무너뜨리는 편이 최상책이라고 확신하고 있었다. 이 모든 것들이 작용해 영국의 그리스에 대한 태도는 적대적인 것에서 중립으로, 중립에서 다시 친그리스적 개입으로 옮겨갔다. 이리하여 그리스는 러시아와 영국의 도움으로 독립을 쟁취했다(1829). 국제관계에 미치는 손상을 최소한으로 줄이기 위해 그 많은 독일 소공국(小公國)들의 왕자 가운데 한 사람을 데려다가 왕으로 앉히고 그리스는 왕국이 되었다. 이러한 진행과정을 보면 그 왕국은 러시아의 단순한 위성국이 되지는 않을 것이었다. 그러나 이로써 1815년 협약의 항구성과 국제회의제, 그리고 모든 혁명은 억압되어야 한다는 원칙은 휴지가 되고 말았다.

1830년에 일어난 일련의 혁명들은 협약체제를 완전히 파괴하고 만다. 왜냐하면 혁명의 유행병은 소국들만이 아니라 강대국인 프랑스에까지도 번졌기 때문이다. 이 혁명의 파동으로 결국 라인강 서쪽의 유럽 전역은 신성동맹이 행한 경찰활동의 유효권 밖으로 떨어져 나갔다.

한편, '동방문제'—터키의 불가피한 해체에 어떻게 대처할 것인가 하는 문제—는 발칸의 여러 나라와 레반트를 열강들, 특히 러시아와 영국의 싸움터가 되게 했다. '동방문제'로 인해 힘의 균형이 깨지고 만 것이다. 그도 그럴 것이 모든 것이 러시아의 힘을 강화시켜 주는 방향으로 돌아갔기 때문이다. 러시아의 첫째 외교적 목표는 그 후에도 그랬듯이 지중해를 향한 러시아의 접근을 좌우하는 유럽과 소아시아 사이의 해협에 대한 지배권을 장악하는 일이었다. 이것은 외교적·군사적으로 중요했을 뿐 아니라 우크라이나의 곡물 수출이 증가함에 따라 경제적으로도 긴급한 일이었다.

영국은 항시 인도에 대한 통로에 깊은 관심을 갖고 있었던 까닭에 그에 대한 상당한 위협이 되는 한, 강대국(러시아)의 남하를 크게 우려했다. 영국은 어떤 대가를 치르더라도 터키를 밀어서 러시아의 팽창에 대항케 해야만 했다(이 정책에는 또 그 무렵 매우 만족스럽게 증대하고 있던 영국의 대對 레반트 무역을 유리하게 해주는 추가적 이점이 있었다).

불행하게도 이러한 영국의 정책은 전적으로 실현 불가능한 것이었다. 터키 제국은 적어도 군사적으로는 구제 불능의 상태까지 전락하지는 않았다. 하지만 터키의 군사력은 내란(아직은 그것을 손쉽게 무찌를 수 있었다)에 대해, 그리고 러시아와 불리한 국제정세의 겹친 힘에 대해 고작 지연작전을 벌일 수 있는 것에 불과했다. 또 터키는 스스로 근대화를 추진할 능력도 없었고, 그렇게 하겠다는 상당한 의사도 보이지 않고 있었다. 근대화의 시작 비슷한 것이 1830년대 마무드 2세(1809~39) 아래서 착수된 바 있기는 했지만 말이다. 그러므로 오직 영국의 직접적인 외교적·군사적 지원(바로 전쟁의 위협)만이 러시아의 증가하는 영향력으로 인해 갖가지 문제를 안고 있는 터키의 붕괴를 막아낼 수 있을 것이었다.

이 때문에 '동방문제'는 나폴레옹 전쟁 후의 국제정세에서 가장 폭발적인 문제, 다시 말하면 전면전쟁을 일으킬 가능성이 있는 유일한 문제가 되었다. 또 그것은 실제로 1854~56년에 전면전쟁을 일으키고야 말았다. 하지만 국제적 도박의 주사위를 러시아에겐 유리하게, 영국에겐 불리하게 한 바로 그 사태가 또한 러시아로 하여금 타협 쪽으로 기울게 했다.

러시아는 그 외교적 목적을 두 가지 방법으로 달성할 수 있을 것이었다. 즉 터키를 패배시켜 분할하고 그 귀결로서 수도 콘스탄티노플과 해협을 점령하느냐, 아니면 힘없이 굽실거리는 터키를 사실상의 보호령으로 만드느냐 하는 두 갈래의 길이 있었다. 하지만 둘 중 어느 하나는 언제나 문이 열려 있었다. 다시 말하면 러시아 황제의 눈으로 볼 때 콘스탄티노플은 전면전쟁을 할 만한 값어치가 없었다. 그러한 이유로 1820년대의 그리스 전쟁은 분할·점령정책에 맞추어 수행되었다. 러시아는 내심 바랐을 수도 있을 법한 많은 것을 얻지는 못했다. 그러나 굳이 자기 이득을 고집하려 하지는 않았다. 대신에 러시아는 궁지에 몰려 강력한 보호국의 필요성을 절감하고 있던 터키를 상대로 엄청나게 유리한 강화조약을 운키아르 스켈레시에서 체결했다(1833).

영국은 격분했다. 그래서 1830년대 영국에서는 대중적인 러시아 혐오증의 씨가 뿌려졌고, 이로 인해 러시아는 영국의 대를 물린 숙적이라는 이미지가 생겨났다.[6] 영국의 압력에 직면한 러시아는 이때 한 걸음 후퇴했지만 1840년대에 다시금 터키 분할정책으로 되돌아갔다.

그러므로 동방문제에 관한 영국과 러시아의 대항관계는 공공연한 무력 사용이 풍기는 것에 비해 그리 심각한 것은 아니었다. 뿐만 아니라 영국은 프랑스의 부활을 훨씬 더 두려워하고 있었으므로 이러나저러나 그 중요성은 줄어들게 되어 있었다. 사실은 '큰 노름'(Great Game)이라는 말이 두 나라의 관계를 오히려 더 잘 나타낸 표현일 것이다. 이 말은 훗날 동양의 완충적 경계지대(아프가니스탄)에서 활약했던 두 제국의 모험가와 밀정꾼들이 외투 밑에 칼을 품고 벌인 활동에 대해 쓰이게 된 말이다.

사태를 진실로 위험하게 만든 것은 터키 내부에서 일어난 해방운동의 예측할 수 없는 향방과, 다른 열강들의 간섭이었다. 이들 가운데서도 오스트리아는 그 자체가 엉성한 다민족국가로서 터키의 안정을 허물어뜨리고 있는 바로 그 민족들—발칸 반도의 슬라브족, 특히 세르비아인들—의 운동으로부터 위협을 받고 있었던 까닭에 이 문제에 대해 적극적이지는 않더라도 상당한 관심을 갖고 있었다. 그러나 그러한 위협은 후일 제1차 세계대전의 직접적 계기를 제공하게 되지만 당장에는 그리 급박한 위협이 되지는 않았다.

프랑스는 레반트에서 오랫동안 외교적·경제적 영향력을 행사해

---

6) 사실 영국과 러시아의 관계는 경제적 상호 보완관계에 의거해 전통적으로 가장 친선적인 관계에 있었는데, 나폴레옹 전쟁 이후 비로소 악화되기 시작한 것에 불과하다.

왔고, 주기적으로 옛 세력을 회복·확대하려고 시도했으므로 한결 더 골치 아픈 존재였다. 특히 프랑스는 나폴레옹의 이집트 원정 이래 그 나라에 대한 영향력이 강대했고, 사실상 이집트에서 독립된 지배자 구실을 하고 있던 파샤(터키의 고관 칭호—옮긴이) 모하메드 알리는 어느 정도 그의 뜻대로 터키를 분열시키거나 결합시킬 수도 있는 위치에 있었다.

사실 1830년대 동방문제의 위기(1831~33년과 1839~41년)는 본질적으로 모하메드 알리와 그 명목상의 종주국의 관계에서 생긴 위기였으며, 후자의 경우 프랑스가 이집트를 지원함으로써 문제가 복잡해진 것이었다. 그러나 러시아가 콘스탄티노플을 두고 전쟁을 할 생각이 없는 한, 프랑스가 그렇게 할 수 없는 일이었고, 또 그렇게 하기를 원하지도 않았다. 외교적 위기들이 있기는 했다. 그러나 크리미아 전쟁이라는 에피소드를 별개의 일로 친다면 결국 19세기의 어느 시점에서도 터키를 두고 싸운 전쟁은 없었다.

이와 같이 이 시기의 국제적 분쟁과정을 살펴보면, 이 시기 국제관계의 불씨들이 일대 전쟁을 불붙일 만큼 폭발성이 있는 것이 못 되었다는 사실이 명백해진다. 열강들 가운데 오스트리아와 프로이센을 문제삼기에는 그들이 너무 약했다. 영국은 아무 불만이 없었다. 그 나라는 1815년 무렵에는 모든 분야에서 가장 완벽한 승리자가 되어 있었다. 프랑스와 20년간에 걸쳐 전쟁을 치르고 난 영국은 세계에서 유일하게 공업화된 경제와 유일한 해군대국—1840년의 영국 해군은 영국 이외 모든 나라의 해군 총계와 맞먹을 만큼 함선을 보유하고 있었다—그리고 사실상 독보적인 식민대국으로 등장한 것이다. 영국의 외교정책에서 단 한 가지 큰 관심사인 팽창주의, 즉 영국의 무역과 투자의 확장을 가로막는 것이라곤 아무것도 없어 보였다. 러시아는 배가 부를 대로 부른 상태는 아니었지만 그 영토적 야심은 한정된 것이었고, 자신들의 전진을 가로막을 수 있는—혹은 그렇게 할 수 있을 것 같아 보이는—것은 전혀 없었다. 그리고 적어도 사회적으로 위험한 전면전쟁을 정당화할 아무것도 존재하지 않았다.

프랑스만이 '불만을 품은' 강대국이었고, 그 나라만이 또 안정된 국제질서를 파괴할 힘을 가지고 있었다. 그러나 프랑스가 그렇게 할 수 있으려면 한 가지 조건이 충족되어야 했다. 즉 프랑스가 국내적으로는 다시금 자코뱅주의의 혁명적 에너지를, 국외적으로는 자유주의와 민족주의의 혁명적 에너지를 동원할 수 있어야 한다는 것이었다. 프랑스가 루이 14세 때 또는 프랑스 혁명 당시처럼 자체 인구와 자원만으로 둘 또는 그 이상의 강대국 연합과 대등하게 맞서 전쟁한다는 것은 이제는 두 번 다시 있을 수 없는 일이었다. 1780년의 프랑스 인구는 영국의 2.5배였는데 1830년에는 3 대 2 이하가 되어 있었다. 1780년 당시 프랑스인의 수는 러시아의 인구와 거의 같았다. 그러나 1830년에는 프랑스인의 수가 러시아인의 거의 절반이었다. 게다가 프랑스의 경제발전 속도는 영국, 미국 그리고 조금 뒤에는 독일에 비해서도 치명적으로 뒤떨어졌다.

그러나 그 어느 프랑스 정권도 국제적 야심을 위해 자코뱅주의를 택하기에는 그 값이 너무 비쌌다. 1830년에, 그리고 1848년에 또다시 프랑스에서 집권체제가 전복되고 다른 곳에서도 절대주의 체제가 흔들리거나 파괴되었을 때 열강들은 몸을 떨었다. 그들은 무사히 넘어간 데 안도했겠지만 잠 못 이루는 밤을 보냈다. 1830~31년에 폴란드인들이 반란을 일으켰을 때 프랑스의 여론은 (유럽의 자유주의자들이 그러했듯이) 폴란드인들에게 동정적이었지만, 프랑스의 온건파들은 폴란드인들을 위해 손가락 하나도 빌려줄 생각을 못했다. 고령이면서도 정열적이었던 라파예트는 영국의 파머스턴 경에게 다음과 같이 썼다. "폴란드는 어찌 된 일입니까? 폴란드를 위해 귀하는 무엇을 하렵니까? 그리고 우리는 무엇을 해야 합니까?"[7] 영국으로부터는 대답이 없었다.

유럽에서 일어나는 혁명의 힘을 빌리면 프랑스는 쉽사리 그들 자신의 힘을 강화할 수 있었다. 실제로 모든 혁명가들은 프랑스가 그렇게 하기를 원했다. 그러나 그러한 혁명전쟁에 뛰어드는 것이 의미할 결과에 대해 프랑스의 온건 자유주의 정부는 메테르니히가 그랬듯이 두려워하고 있었다. 1815년부터 1848년 사이에 프랑스의 어느 정부도 그들 자신의 국가 이익을 위해 전체적 평화를 위태롭게 하는 일은 하려 들지 않았다.

물론 유럽의 세력 균형권 바깥에서는 팽창과 호전성만이 횡행하고 있었다. 백인들의 나라가 취득한 영토는 대단히 광대했지만 그래도 한정되어 있었다. 영국은 그들 해군의 세계제패와 세계적 규모의 무역 이권에 결정적인 중요성을 갖는 여러 지점들을 점령하는 것으로 만족했다. 예컨대 영국은 아프리카의 남쪽 끝(나폴레옹 전쟁 때 폴란드로부터 빼앗은 것), 실론, 싱가포르(이 시기에 건설되었다), 홍콩 등을 갖고 있었고, 또 노예무역에 대한 반대투쟁—이것은 국내의 인도주의적 여론과 영국 해군의 전략적 이익을 모두 만족시키는 것이었으며, 영국 해군은 그 세계적 독점을 강화하는 데 이것을 이용했다—이 급박해짐에 따라 아프리카의 해안선을 따라 몇 개의 발판을 구축·유지하기에 이른다.

그러나 몇 가지 중요한 예외가 있기는 했지만 전체적으로 볼 때 영국인들의 견해는 이러했다. 즉 영국이 무역할 수 있도록 상대국의 문호가 열려 있고, 달갑잖은 침입자를 영국 해군이 막아줄 수 있다면 점령에 따른 행정비를 부담하지 않고도 더 값싸게 수탈할 수 있어 좋

7) F. Ponteil, *Lafayette et la Pologne*(1934).

다는 것이었다. 중대한 예외란 다름 아닌 인도와, 그에 관계되는 모든 곳들이었다. 인도는 어떤 값을 지불하더라도 놓지 않아야 했다. 가장 반(反)식민주의적 견해를 가진 자유무역론자라도 이것만은 의문시하지 않았다. 인도시장은 점차 그 중요성을 더해가고 있었고(제2장의 2 참조), 인도를 방치하면 그 시장이 피해를 볼 게 틀림없다고 생각했다.

인도는 극동을 개방시키는 열쇠였으며, 아편무역과 그 밖에 유럽의 장사꾼들이 원하는 이윤 많은 상거래의 문을 열어주는 열쇠였다. 그리하여 중국은 1839~42년의 아편전쟁으로 개방되었다. 결국 1814년부터 1849년 사이에 영국령 인도제국의 크기는 그 아대륙(亞大陸)의 3분의 2만큼이나 더 커졌다. 이러한 확장은 마라타, 네팔, 버마, 라지푸트, 아프가니스탄, 신디, 시크 등등 여러 종족들과의 일련의 전쟁 결과 얻은 것이었다. 이제 영국의 세력망은 인도에 이르는 직행 루트를 좌우하는 중동 지역에 바짝 다가서게 되었다. 인도에 이르는 직행 루트는 수에즈 지협의 지상 횡단으로 보완을 받아 1840년 P&O 항로(반도·동양기선회사)의 기선에 의해 뚫리게 된 것이었다.

영토확장주의자로서의 악명은 러시아인들 쪽이 훨씬 더 높았지만(적어도 영국인들 사이에선) 그들이 실제로 정복한 땅은 영국에 비하면 별것 아니었다. 이 시기에 러시아 황제가 실제로 손아귀에 넣은 것은 사람이 살지 않는 우랄 지방 동쪽 키르기스 초원지대의 광대한 땅과 경합이 치열했던 코카서스 산악지대뿐이었다. 한편 미국은 박복한 멕시코인들의 내부반란을 이용하거나 전쟁을 통해 오리건주의 국경 남쪽, 즉 서부 전체를 사실상 차지했다. 한편 프랑스는 그 팽창주의적 야망을 알제리로 국한하지 않으면 안 되었다. 그들은 1830년에 엉뚱하게 날조된 구실을 내세워 그곳을 침략했고, 뒤이은 17년 동안 알제리인들에 의한 저항운동의 토대를 완전히 괴멸시켰다.

그런데 국제 평화협정의 한 가지 조항, 즉 국제 노예무역의 폐지에 관해서는 여기서 따로 언급하지 않으면 안 되겠다. 국제 노예무역을 폐지한 이유는 인도주의적인 동시에 경제적인 것이었다. 노예제란 소름끼치는 성질의 것인 동시에 또 (경제적으로는) 지극히 비효율적인 것이었다. 뿐만 아니라 칭찬받아 마땅한 이 운동의 주도적인 세력이었던 강대국 영국의 관점에서 보면, 1815~48년의 경제는 18세기의 그것과는 달리 인신매매나 설탕 매매가 아니라 면제품의 판매에 의존하는 것이었다.

노예제의 폐지는 서서히 실현되어갔다(물론 프랑스 혁명이 이미 노예제를 쓸어 없앤 곳은 예외였다). 영국인들은 1834년에 그들의 식민지 —주로 서인도제도 —에서 노예제를 폐지했다. 하기야 그때 그들은 대규모 기업농업(Plantation agriculture)이 남아 있는 곳에서는 아시아로부터 수입해온 계약노동자로 그것을 대체하려던 참이었다. 프랑스인들은 1848년의 혁명 때까지는 다시 그것을 공식적으로 폐지시키려고 하진 않았다. 1848년 당시의 세계에는 대단히 많은 노예제가, 따라서 비합법적인 노예무역이 여전히 남아 있었다.

제6장 혁명

자유, 거인의 음성을 가진 이 나이팅게일은 가장 깊이 잠든 사람까지도 깨운다. ……오늘날 자유를 위해서, 혹은 그것에 대항해서 투쟁하는 것 말고 달리 무엇인가를 생각한다는 것이 어떻게 가능하단 말인가. 인류를 사랑할 수 없는 사람도 폭군으로서 거인이 될 수는 있다. 하지만 어떻게 무관심할 수야 있겠는가?

• 루트비히 뵈르네, 1831년 2월 14일[1]

균형을 잃은 정부는 사회의 중류계급이 큰소리치면 깜짝 놀라서 겁을 집어먹고 혼란에 빠져버리는데, 임금과 백성 사이에 위치한 그들은 왕권을 유린하고 백성의 목소리를 가로채기도 합니다.

• 메테르니히가 러시아 황제에게 보낸 서한(1820)[2]

1

역사의 진로를 방해하려는 통치자들의 기도가 1815년 이후의 한 세대 동안처럼 결정적으로 그 무위성을 드러낸 적은 달리 없었다. 프

---

1) Ludwig Börne, *Gesammelte Schriften*, III, pp. 130~131.
2) *Memoirs of Prince Metternich*, III, p. 468.

랑스 혁명을 좌절시키려고 20년 이상 힘써왔던 모든 강대국들의 지상목표는 제2의 프랑스 혁명 또는 프랑스 혁명과 같은 유형의 혁명이 유럽 전역으로 확산되는 험악한 사태를 방지하는 일이었다. 유럽 전역에 걸쳐 지반을 다진 반동적인 절대주의에 동조하지 않을 뿐 아니라 개혁의 필요성을 꽤나 잘 인식해온 영국마저도 사정은 마찬가지였다. 그들은 다른 어떤 국제적인 사태보다도 프랑스의 자코뱅 세력의 팽창을 두려워해 이를 막는 것을 지상 과제로 삼았다. 그런데도 유럽의 역사에서 혁명주의가 그렇게 만연하고 일반화하며, 의도적인 선전의 힘에 못지않게 자생적인 감염에 의해 번져나갈 가능성이 그처럼 농후했던 적은 없었다. 다른 지역의 역사에서도 그러한 현상은 아주 드문 일이었다.

1815년부터 1848년 사이에 유럽에서는 큰 혁명의 물결이 세 차례 있었다(아시아와 아프리카는 아직 무풍지대였다. 아시아 최초의 큰 혁명은 인도 반란과 중국 태평천국의 난이었는데, 이것은 1850년대에 일어났다). 첫 물결은 1820년부터 1824년 사이에 일어났다. 유럽에서는 혁명의 물결이 에스파냐(1820), 나폴리(1820), 그리스(1821)를 진원지로 해서 주로 지중해 지역에 국한되었다. 그리스를 제외하고 이들 봉기는 모두 진압되었다.

에스파냐 혁명은 중남아메리카 지역의 해방운동을 부활시켰는데, 1808년에 나폴레옹의 에스파냐 정복을 계기로 대두됐던 이 운동은 그동안 불과 몇 안 되는 망명객들의 집단으로 줄어들어 있던 터였다. 에스파냐계 남아메리카의 위대한 세 명의 해방자 시몬 볼리바르(Simon Bolivar), 산 마르틴(San Martin), 베르나르도 오이긴스(Bernardo O'Higgins)는 각각 대(大)콜롬비아(지금의 콜롬비아 공화국, 베네수엘라 공화국 그리고 에콰도르 공화국으로 구성되어 있었다), 아르헨티나(그러나 지금의 파라과이와 볼리비아에 속하는 내륙지역과 반다 오리엔탈(지금의 우루과이)의 카우보이들이 아르헨티나 그리고 브라질 사람들과 싸웠던 강변 평원 너머의 팜파는 제외), 그리고 칠레의 독립을 쟁취했다. 산 마르틴은 급진주의자인 영국 귀족 코크런 (Cochrane) ─ C. S. 포레스터의 『혼블로워 선장』(*Captain Hornblower*)의 원 주인공 ─ 이 지휘하는 칠레 함대의 지원을 받아 에스파냐의 마지막 본거지인 페루의 부왕령(副王領)을 해방시켰다. 1822년까지 에스파냐령 남아메리카는 해방되었으며, 타고난 극기력과 선견지명을 가진 온건한 산 마르틴은 볼리바르와 공화체제에 이 지역을 맡겨놓고 유럽으로 은퇴했다. 그는 오이긴스가 보내주는 연금을 가지고 빚에 쪼들리는 영국 사람들의 피신처였던 볼로뉴 해변에서 그 고귀한 생애의 나머지 부분을 보냈다.

한편 멕시코의 농민 게릴라 잔당을 소탕하라는 사명을 띠고 파견되었던 에스파냐의 장군 이투르비데는 에스파냐 혁명의 영향을 받아 오히려 농민 게릴라와 의기투합, 1821년 멕시코의 항구적 독립을 확립시켰다. 브라질은 나폴레옹을 피해 망명해 있던 포르투갈 왕실이 다시 유럽으로 돌아가자, 뒤에 남아 있던 섭정(攝政)이 1827년에 조용히 포르투갈로부터 떨어져나가 독립했다. 미국은 이 신생국가들 중에서도 매우 중요한 위상을 지닌 나라들에 대해서는 즉각적으로 승인했고, 영국도 곧 뒤따라 승인하면서 통상협정을 체결하는 등 배려를 아끼지 않았다. 프랑스도 사실상 1820년대가 끝나기 전에 그러한 조치를 취했다.

혁명주의의 두 번째 물결은 1829년부터 1834년 사이에 일어나 러시아 서쪽의 유럽 전역에 영향을 미쳤으며, 또 북아메리카 대륙에 영향을 미쳤다고 보아야 할 것이다. 잭슨(Andrew Jackson) 대통령의 일대 개혁기(1829~37)는 유럽의 격변과 직접적인 관련은 없었지만 역시 그 일환으로 간주해야 하기 때문이다. 유럽에서는 부르봉 왕가의 타도가 다른 갖가지 봉기를 자극했다. 벨기에가 네덜란드로부터 독립했다(1830). 폴란드는 상당한 군사행동 끝에 겨우 진압되었다(1830~31). 이탈리아와 독일의 여러 지역이 선동의 소용돌이에 말려들었다. 스위스에서는 자유주의가 팽배해 오늘날의 평온과는 거리가 먼 상태에 있었다. 에스파냐와 포르투갈에서는 자유주의자들과 성직자들 사이에 본격적인 내란의 시대가 시작되었다.

심지어 그것은 영국에까지 번져나갔다. 영국이 가진 화산, 즉 가톨릭 해방령(1826)을 쟁취한 아일랜드라는 화산의 폭발과 의회개혁운동의 재개 위협이 혁명의 물결로 작용한 것이었다. 1832년의 의회개혁법은 프랑스의 1830년 7월혁명에 상당하는 것으로 실상 그것은 파리로부터 전해진 소식에 크게 자극받은 것이었다. 이 시기는 근대사에서 영국의 정치적 사건들이 대륙의 그것과 평행관계를 이루어 발생했던 유일한 시기라 해도 좋을 것이다. 그것은 휘그당과 토리당의 자제가 없었던들 혁명을 방불케 하는 사태로 발전했을지도 모를 지경에까지 이르렀다(1831~32). 이 시기는 영국의 정치를 그와 같은 관점에서 분석한다 해도 전적으로 억지분석이라고 할 수만은 없는, 19세기 가운데 유일한 시기였다.

그러므로 1830년대 혁명의 물결은 1820년의 그것보다 훨씬 중대한 사태였다. 실질적으로 그것은 서유럽에서 귀족세력이 부르주아 세력 앞에 명백히 패배했음을 부각시킨 시기였다. 그 후 50년 동안 은행가, 대기업가, 그리고 때로는 최고위관리들도 포함되는 대부르주아지가 지배계급으로 행세하게 된다. 귀족계급은 스스로 모습을 감추거나 제1차적으로 부르주아 정책을 추진하는 데 동의하면서 대부르주아지의 지배를 받아들였다. 대부르주아지 정책들은 군소기업, 불만을 품은 기업인과 소부르주아, 그리고 초기 노동운동의 선동 등 외부로부터 교란을 당하고는 있었지만 아직 보통선거와 같은 도전은 없었다. 대부르주아지의 정치제도는 영국과 프랑스와 벨기에에서 기본적으로 같았다. 즉 입헌군주제 아래서 재산 또는 교육수준에 따라 투표권을 제한함으로써 민주주의를 막는 안전장치를 갖춘 자유주의적 제도가 그것이었다(프랑스의 경우 처음에는 유권자 수가 16만 6,000명에 불과했다). 사실 이것은 프랑스 혁명 후의 가장 온건한 부르주아적 첫단계 제도였던 1791년의 헌법[3])과 매우 흡사한 제도였다.

그러나 미국의 경우 잭슨의 민주주의는 이보다 한 걸음 앞선 것이었다. 서유럽에서 승리를 누리고 있던 세력에 해당하는 비민주적인 유산과두지배자(有産寡頭支配者)들이 무제한의 정치적 민주주의 앞에 패배하고 만 것이다. 그러한 민주주의는 서부 개척자들, 소농민, 도시빈민의 선거권에 의해 압도적인 힘으로 권력의 자리에 들어선 것이었다. 이것은 놀라운 혁신이었다. 선거권의 확대 실시가 조만간 불가피하다는 것을 깨달을 만큼은 현실적이었던 온건 자유주의 사상가들은 그 추세를 걱정스러운 심정으로 살필 수밖에 없었다. 그 가운데 특기할 만한 인물은 토크빌(Alexis de Toqueville)인데, 그의 저서『미국의 민주주의』(1835)는 이에 관해 어두운 결론을 내리고 있다.

그러나 앞으로 살펴보겠지만, 1830년은 한결 과격한 정치 혁신을 기록하고 있다. 영국과 프랑스의 정치에서 노동계급이 하나의 독자적이고 자각적인 세력으로 출현하고, 또 대단히 많은 유럽의 나라에서 민족주의 운동이 출현했던 것이다.

이와 같은 큰 정치적 변동의 뒤에는 경제적·사회적 발전이 가져온 큰 변화가 있었다. 사회생활의 어느 국면을 관찰하든 1830년은 하

---

3) 실제로 1791년보다 훨씬 제한된 선거권을 규정하고 있다.

나의 전환점이었다. 1789년부터 1848년에 이르는 어느 해를 보아도 1830년만큼 크게 기억되어야 할 해는 없다. 유럽 대륙과 미국의 공업화 및 도시화의 역사에서, 그리고 인간의 사회적·지리적인 이동의 역사에서, 그리고 예술과 사상의 역사에서도 이 해는 똑같이 두드러진 해로 우리의 시선을 끌어당긴다. 그리고 영국과 서유럽 전체로 볼 때 1830년이라는 해는 새로운 사회의 발전과정에서 이후 수십 년 동안 일어날 위기의 서막을 올린 해였다. 이 위기의 수십 년은 1848년 혁명들의 패배와 1851년 이후의 거대한 경제적 비약으로 막을 내렸다.

혁명의 물결 중 세 번째 것이자 최대의 것인 1848년 혁명의 파도는 바로 이 위기의 산물이었다. 프랑스, 이탈리아 전역, 독일계의 여러 국가들, 합스부르크 제국의 대부분 지역, 그리고 스위스(1847)에서 거의 동시에 혁명이 일어났고, 프랑스에서는 일시적이나마 승리하기까지 했다. 양상이 그만큼 심각하지는 않았지만 불온한 움직임은 에스파냐, 덴마크, 루마니아에도 파급되었고, 산발적인 형태로 아일랜드, 그리스, 영국으로도 번져나갔다. 유럽 전역에 불길처럼 일제히 번져간 이 자연발생적인 혁명의 물결만큼 이 시기의 반란분자들이 꿈꾸던 세계혁명의 문턱까지 가까이 다가선 예는 일찍이 없었다. 그리고 이 혁명의 파도는 이 책이 다루는 한 시대의 종막을 이루었다. 1789년에는 단 한 나라의 봉기였던 것이 이제는 전 유럽 대륙에 걸쳐 '국민들의 봄'(the springtime of peoples)으로 활짝 피어났다는 느낌인 것이다.

2

18세기 말의 혁명과는 달리 나폴레옹 시대 이후의 혁명은 의도적인 것이었으며, 혹은 또 계획적이기까지 했다. 그도 그럴 것이 프랑스 혁명이 남긴 가장 엄청난 유산은 어디서든 반란을 일으키는 사람들이 일반적으로 써먹을 수 있도록 마련된 정치적 격변의 모델이요 패턴이 되어주었기 때문이다. 그러나 이것은 1815~48년의 혁명들이 불과 몇 안 되는 불만을 품은 선동자들의 소행에 불과했다는 말은 아니다. 그 당시에 전면적으로 활용되었던 첩자와 경찰들이 그들의 상전에게 보고한 것처럼 말이다.

그 당시의 혁명들은 유럽에 다시금 강요된 정치체제가 그 대륙의 정치적 여건에 몹시 부적합했던데다가 급속한 사회 변동기를 맞아 그 같은 상태가 갈수록 심해졌기 때문에, 그리고 경제적·사회적인 불만이 일련의 사태 폭발을 사실상 불가피하게 할 정도로 격심했던 까닭에 발생한 것이었다. 그러나 1789년의 혁명이 만들어낸 정치적 모델은 이러한 불만에 하나의 구체적인 목표를 주고, 불온한 상태를 혁명으로 전환시켜 무엇보다도 유럽 전체를, 정부를 뒤엎으려는 단일한 운동──아마 단일한 물결이라 함이 더 좋을 것이다──으로 묶어주는 역할을 했다.

그와 같은 모델은 몇 가지가 있다. 그러나 그것들은 모두 1789년에서 1797년에 이르는 사이에 프랑스가 경험한 바에 연유하는 것이었다. 이는 1815년 이후 반정부운동의 3대 조류에 대응하는 것으로서 온건 자유주의자(사회적으로 볼 때 중류계급 상층부와 자유주의적인 귀족계급에 속하는 사람들)와 급진적 민주주의자(사회적으로 중류계급 하층부와 새로 대두한 제조업자들의 일부, 지식인의 일부, 불만을 품은 향신계급에 속하는 사람들) 그리고 사회주의자(사회적으로 볼 때 '노동빈민', 즉 새로이 대두한 산업 부문의 노동자 계급에 속하는 사람들)로 분류되어 있었다.

그런데 어원적으로 보면 이들 모두가 그 당시의 국제주의적 경향을 반영하고 있다. '리버럴'(liberal), 즉 '자유주의자'라는 말은 그 어원이 프랑스어와 에스파냐어이고, '래디컬'(radical), 즉 '급진주의자'라는 말은 어원이 영어다. '소셜리스트'(socialist), 즉 '사회주의자'라는 말은 영어와 프랑스어다. '컨서버티브'(conservative), 즉 '보수주의자' 역시 부분적으로는 어원이 프랑스어인데, 이와 같은 사실은 선거법 개정기에 영국과 대륙의 정치가 독특한 상호관계에 의해 밀접히 얽혀 있었음을 보여주는 또 하나의 증거다.

이들 3대 조류 중 첫째 것을 고취시킨 것은 1789~91년의 혁명이었다. 그것이 추구한 정치적 이상은 일종의 준(準)영국적 형태의 입헌군주제였다. 그것은 1791년의 헌법으로 처음 도입되었는데, 재산에 의해 (선거권이) 제한되는, 따라서 과두정치적인 의회주의 제도였다. 앞서도 말한 것처럼 1830~32년 이후 프랑스, 영국, 벨기에 정치체제의 표준형이 되었다.

제2의 조류는 1792~93년의 혁명에 의해 고취되었다고 보는 것이 가장 좋은 설명이 될 것이다. '복지국가'적 성향을 가진 민주공화국이 그 정치적 이상이 되었다. 부유층에 대해 약간의 적대감을 가진 이러한 정치적 이상형은 1793년의 이상주의적인 자코뱅 헌법에 대응하는 것이었다. 하지만 이러한 급진적 민주주의 편에 선 사회집단이 구색을 끌어다 맞춘 혼란스럽고 기묘한 집합체였던 만큼 이 프랑스 혁명적 모형에 대해 꼭 이렇다고 정확한 딱지를 붙이기는 어려운 일이다. 아마도 1793년 헌법을 만들었던 자코뱅주의가 그것을 가장 잘 대표한다고 해야겠지만, 그 가운데에는 1792~93년 당시에 지롱드주의, 자코뱅주의, 심지어 상퀼로트주의라 불렀던 것들의 요소들이 결합되어 있었으니까 말이다.

셋째 것을 고취한 것은 혁명력 2년과 테르미도르 이후의 반란들이었다. 그 가운데서도 정치적 측면에서 근대 공산주의적 전통의 시초가 되는 극렬파 자코뱅당원과 초기 공산주의자들의 의미심장한 반란, 즉 바뵈프의 '평민당'의 모의였다. 그것은 상퀼로트주의와 로베스피에르주의의 산물이었지만, 중류계급과 부유층에 대한 강렬한 증오심 말고는 상퀼로트로부터 물려받은 것이라곤 별반 없었다. 바뵈프주의자의 혁명 모델은 정치적으로는 로베스피에르와 생-쥐스트의 전통 속에 있었다.

절대주의적 정부들의 눈으로 볼 때 이 같은 운동은 모두가 똑같이 안정과 질서를 해치는 것이었다. 다만 그 가운데 어떤 것은 다른 것보다 더 의식적으로 혼란을 파급시키는 데 주력하는 것으로 보였고, 또 어떤 것은 무지하고 가난한 대중을 자극할 염려가 컸기 때문에 다른 것보다 더 위험한 것으로 여겨졌다(그렇기 때문에 메테르니히의 비밀경찰은 라므네의 『신자의 말씀』(*Paroles d'un Croyant*, 1834)의 보급에 대해 우리가 보기에는 터무니없을 정도로 지나치게 관심을 쏟았는데, 그 까닭은 그의 저술이 비정치적인 가톨릭교의 입장에서 말을 하면서도 노골적인 무신론적 선전에 영향받지 아니하는 백성의 마음을 움직이게 될지도 모른다고 생각했기 때문이다).[4] 그러나 실제로 반정부운동은 1815년 당시 정권들에 대한 공통된 증오 이상의 것이 아니었고, 또 반대세력의 전통적인 공동전선은 이유야 어떻든 절대군주제와 교회와 귀족정치에 반대했다. 1815~48년 시대의 역사는 이러한 연합전선의 해체의 역사인 것이다.

3

왕정복고기(1815~30)의 반동 선풍은 체제에 반대하는 모든 사람

---

4) Vienna, Verwaltungsarchiv: Polizeihofstelle H 136/1834, *passim*.

들 위에 한결같이 덮쳤다. 그 암흑 속에서는 보나파르트주의자와 공화주의자, 온건주의자와 급진주의자를 분간하기도 거의 어려울 지경이었다. 아직 그 무렵에는 영국을 제외하고 자각적인 노동계급 혁명가나 사회주의자를 적어도 정치무대에서는 찾아볼 수 없었다. 영국에서는 1830년 가까이 가면 오언주의적 '협동조합운동'의 비호 아래 정치와 이데올로기 면에서 독자적인 프롤레타리아적 경향이 나타났다. 영국 이외의 곳에서는 대체로 대중들의 불만은 정치적이거나 아니면 외견상 정통주의적이었고, 교회의 테두리 안에 서 있는 것이었다. 즉 악과 혼란밖에 가져온 것이라곤 아무것도 없어 보이는 새로운 사회에 대한 무언의 저항이었던 것이다.

따라서 대륙에서의 정치적 저항은 거의 예외 없이 부유한 자들 또는 교육받은 자들의 소수집단에 한정되어 있었다. 부유한 자와 교육받은 자는 사실 대부분의 경우 같은 의미였다. 그도 그럴 것이 좌파 세력의 강력한 보루인 파리 공과대학(에콜 폴리테크니크)마저도 전체 학생의 불과 3분의 1—특히 반체제적인 그룹이었다—만이 거의가 육군과 관료의 하위직을 거쳐온 소부르주아지 출신이었으며, '민중계급' 출신은 0.3퍼센트에 불과했다. 빈민 가운데서도 의식적으로 좌파의 편에 선 자들은 중류계급적 혁명의 고전적 슬로건을 받아들인 것이다. 그러나 그것은 온건한 것이기보다는 급진파 민주주의적인 것이었으며, 아직은 사회적 도전의 일정한 색채를 띤 데 지나지 않았다.

영국의 노동빈민들이 되풀이해서 들고 일어났던 고전적 강령은 '인민헌장'(People's Charter)의 6개 조항에 표명된 바와 같은 단순한 의회개혁의 프로그램이었다.[5] 이 프로그램은 실질적으로 페인

---

5) ① 성년 남자의 선거권 ② 비밀투표 ③ 평등한 선거구 ④ 의원의 보수 ⑤ 매년 선

(Thomas Paine) 시대의 '자코뱅주의'와 다를 게 없었으며, 예컨대 제임스 밀이 제창했던 바와 같은 공리주의적 중류계급 개혁자들의 정치적 급진주의와 전적으로 양립할 수 있는 것이었다(갈수록 자각되어가는 노동계급과의 연결을 논외로 할 경우 그러하다). 왕정복고기의 유일한 차이점은 노동계급의 급진적 분자들이 중류계급적 개혁가들의 말보다는 자신들과 같은 말씨로 그러한 이야기를 하는 사람들에게 설교를 듣기 원했다는 점이다. 그러한 설교자들이란 웅변가 헌트 (Hunt, 1773~1835), 혹은 코베트(William Cobbet, 1762~1835)와 같은 재기 넘치는 정력적인 명문장가, 그리고 물론 토머스 페인과 같은 사람들이었다.

결국 이 시기에는 사회적인 차이나 민족적 차이까지도 아직은 유럽의 반정부세력을 서로 이해할 수 없는 진영으로 뚜렷이 갈라놓지는 않았다. 대중정치의 정상적인 틀이 이미 확고히 뿌리 내린 영국과 미국을 제외한다면(비록 영국에서는 1820년대 초까지도 자코뱅주의를 반대하는 히스테리적인 분위기 때문에 그것이 억압되기는 했지만) 유럽의 모든 나라에서 반정부세력의 정치적 전망은 대동소이했으며, 혁명을 성취하는 방법도(절대주의의 연합전선으로 말미암아 유럽의 거의 모든 지역에서 평화적 개혁의 가능성은 사실상 배제되어 있었으므로) 대동소이한 것이었다.

모든 혁명주의자들은 자신들을 이렇게 간주했다. 무지하고 잘못된 생각을 하고 있는 무기력한 일반 대중들 속에서 그들 대중의 궁극적 이익을 위해 일하고 있는 진보적 세력의 작은 엘리트 집단이라고. 그들의 이러한 생각에는 약간의 정당성이 있었다. 일반 민중이란 해방이 오면 그것을 틀림없이 환영은 하겠지만, 해방을 준비하는 데 그들

거(의원 임기 1년) ⑥ 후보자에 대한 재산 제한의 폐지.

이 큰몫을 할 것으로 기대할 수는 없는 일이었으니까. 대부분의 혁명가들은 적어도 발칸 서쪽에서는 단 하나의 적, 즉 러시아 황제 지도 아래의 절대주의적인 국왕들의 동맹체를 상대로 자기들이 싸우고 있는 것이라고 생각했다. 따라서 그들은 혁명을 하나로 통합된 불가분의 것으로 생각했다. 민족해방이나 지역적 해방의 총화라기보다는 하나의 유럽적인 단일현상으로 여겼던 것이다. 그들은 대부분 동일한 형태의 혁명조직 또는 비밀반란동지회와 같은 동일 조직을 채택하려는 경향을 보였다.

프리메이슨적 모델을 따라 제각기 다채로운 의례와 격식 그리고 위계질서를 갖춘 이들 비밀결사는 나폴레옹 시대 말기에 접어들면서 꼬리를 물고 속출했다. 가장 국제적인 것이라는 이유로 비밀결사단체 중 매우 잘 알려진 것은 '의좋은 사촌' 또는 '카르보나리' (Carbonari, 숯구이당)였다. 이것은 동부 프랑스의 프리메이슨이나 그와 유사한 다른 비밀결사들로부터 이탈리아에 나가 있었던 반나폴레옹계 프랑스 장교들을 통해 1806년 이후 남부 이탈리아에서 그 형태를 갖추었다. 그리고 다른 유사한 단체들과 함께 북쪽으로 번졌으며, 1815년 이후에는 지중해를 건너 번져나갔다.

이와 같은 조직, 또는 거기에서 파생했거나 그것과 유사한 것들은 멀리 러시아에서도, 그리스에서도 볼 수 있었다. 러시아의 경우 그러한 결사들은 '데카브리스트'(12월당원)들과 결합해 1825년 근대 러시아 역사상 최초의 반란을 일으켰다. 카르보나리의 시대가 최고조에 달한 것은 1820~21년이며, 그 후 1823년에는 거의 모든 결사가 사실상 파괴되고 말았다. 그러나 카르보나리주의는 (일반적인 의미에서) 혁명조직의 기간(基幹)으로서 그 명맥을 유지했는데, 어쩌면 그리스의 자유를 돕는다는 적절한 사명(헬레니즘 애호)으로 그와 같은 명맥 유지가 가능했던 것으로 보인다. 1830년 혁명이 실패한 후로는 폴란드와 이탈리아의 정치 망명자들에 의해 더욱 멀리 번져나 갔다.

이데올로기에서는 숯구이당, 즉 카르보나리와 그 유사 조직들은 잡다한 양상을 보였다. 그들은 다만 반동에 대한 증오라는 하나의 공통점에 의해 결합된 것에 불과했다. 급진주의자들, 그 가운데서도 특히 좌파계의 자코뱅주의자와 바뵈프주의자는 혁명주의자 중에서도 가장 결의가 굳었으며 그러한 이유로 갈수록 결사들에 대한 영향을 증대시켰다. 바뵈프의 옛 동지였던 필리포 부오나로티(Filippo Buonarroti)는 그러한 결사의 가장 유능하고 지칠 줄 모르는 공모자였다. 다만 그의 주의주장은 대부분의 다른 동지들보다도 훨씬 더 좌익으로 치우쳤던 것 같다.

모든 비밀결사들은 적어도 그 최고 수뇌급에서는 조직들을 하나로 결합시켜 국제적인 일대 규모로 발전시키려는 기도가 끊임없이 있었을 것이다. 하지만 동시적인 국제혁명을 일으키기 위해 그들의 노력들이 하나로 통합된 적이 있었던가 하는 문제는 아직도 많은 논란의 여지가 남아 있다. 그 일의 진상이야 어떠했든 카르보나리적인 폭동들이 속속 터져나온 것은 1820~21년의 일이었다.

프랑스에서 그것은 완전한 실패로 돌아갔다. 그 나라에서는 혁명을 위한 정치적 여건들이 전혀 마련되지 않았고, 또 음모자들은 반란의 여건이 성숙하지 않는 상황 아래서 반란의 단 하나의 유효한 지렛대 역할을 할 만한 불만에 찬 군대에 접근할 길을 전혀 갖지 못했기 때문이다. 프랑스 군대는 그때, 그리고 19세기를 통해 내내 행정기구의 일부였다. 즉 어떤 성격의 정부든 간에 '공식' 정부면 무엇이든 그 명령을 수행했다.

이들 반란은 이탈리아의 몇몇 나라들과, 특히 에스파냐에서는 일시적이나마 완전히 성공했다. 에스파냐에서는 '순수한' 반란이 군대의 '혁명선언'(pronunciamento)에서 그 가장 효과적인 방식을 발견한 것이다. 그들 자신의 독자적인 비밀조직으로 장교동지회를 구성하고 있었던 자유주의적인 영관급 장교들은 그들의 연대에게 자신들을 따라 반란에 참가하라고 명령했고, 연대는 그 명령을 따랐다(1825년에 러시아의 데카브리스트당 모의자들은 그들의 근위연대에 대해 똑같은 것을 기도했으나 지나친 결과가 되지 않을까 두려워하다가 실패했다).

장교들의 비밀조직 — 그것은 흔히 자유주의적인 경향을 띠었다. 새로운 군대는 귀족 출신이 아닌 청년에게도 출세의 길을 열어주었기 때문이다 — 과 프로눈시아멘토('혁명선언')는 이후 이베리아 반도와 라틴아메리카의 정치무대에 단골로 상연되는 프로가 되었고, 또 카르보나리 시대가 남긴 가장 영속적이고도 문제점이 많은 정치적 유산의 하나가 되기도 했다. 곁들여 여기서 지적해두고자 하는 것은 프리메이슨과 같은 격식과 위계질서를 갖춘 비밀결사는 군인들에게 가장 크게 어필했다는 점인데, 그 이유는 이해할 만하다. 새로운 에스파냐의 자유주의적 정부는 유럽 반동세력의 뒷받침을 받은 프랑스의 침공에 의해 타도되고 말았다.

1820~21년의 혁명 중에서 오직 하나만이 살아남을 수 있었다. 그것은 부분적으로는 진정한 인민의 반란을 일으키는 데 성공한 덕분이었으며, 또 한편으로는 유리한 외교적 상황에 힘입은 것이었다. 1821년 그리스의 반란이 곧 그것이었다.[6] 그러므로 그리스는 국제적으로 자유주의를 고취시키는 자극이 되었다. 또 그리스인들에 대한 조직적인 지원과 많은 의용군의 참전을 불러일으켰던 헬레니즘 애호운동은 1820년대 유럽의 좌익들을 결속·단합시키는 데 기여하

---

6) 그리스에 대해서는 제7장을 참조할 것.

기도 했다. 그것은 1930년대 에스파냐 공화파에게 국제적 지원이 베풀어졌던 것과 비슷한 사정이었다.

1830년의 여러 혁명은 사태를 완전히 바꾸어놓았다. 이미 앞에서 본 바와 같이 그러한 혁명들은 격심하고도 광범위한 경제적·사회적 동요와 가속화하는 사회적 격변이 일반화된 시대가 낳은 첫 산물들이었다. 그것은 두 가지 크나큰 결과를 가져왔다. 첫째, 1789년의 모델에 따른 대중정치와 대중혁명이 다시금 가능해졌으며, 따라서 오로지 비밀결사에만 의존할 필요성이 작아졌다는 것이다. 부르봉 왕가가 파리에서 타도된 것은, 왕정복고의 정치로서 통용되던 정치 내부에서 생긴 위기가 경제불황이 몰고 온 민중들의 불안 그리고 동요와 겹쳤다는 그 특징적 양상 때문이었다. 대중은 무기력하기는커녕 1830년 7월 파리 혁명에서 바리케이드를 전무후무하게 무수히 많은 곳에 구축했다(사실 1830년은 바리케이드를 민중반란의 상징으로 삼았다. 파리에서의 바리케이드 혁명의 역사는 적어도 1588년까지 거슬러 올라가지만, 1789~94년에는 그리 중요한 역할을 하지 않았다).

둘째, 결과는 다음과 같은 것이었다. 즉 자본주의의 발전과 함께 '인민' 및 '노동빈민'—즉 바리케이드를 구축한 사람들—은 갈수록 '노동계급'으로서 새로운 산업 프롤레타리아와 동일시할 수 있게 되었다. 그리하여 프롤레타리아적 사회주의 혁명운동이 생겨나게 되었다.

1830년의 혁명은 또 좌파의 정치에 두 가지 다른 변화를 가져왔다. 그것은 급진주의자로부터 온건파가 갈라져 나가게 했고, 또 새로운 국제정세를 조성했다. 그렇게 함으로써 혁명운동을 사회적으로 서로 다른 부분으로 분해하는 데 기여했을 뿐 아니라, 서로 다른 국민적 부분으로 분해해 나갔다.

국제적으로 볼 때, 이 혁명은 유럽을 양대 지역으로 갈라놓았다. 라인강 서쪽 지역에서는 단결된 반동세력에 의한 지배의 손아귀를 영영 분쇄해버렸다. 온건한 자유주의가 프랑스와 영국 그리고 벨기에에서 승리했다. 자유주의(좀더 급진적인 유형)는 스위스와 이베리아 반도에서는 완전히 승리하지 못했다. 그러한 곳에서는 민중에 기초를 둔 자유주의적 가톨릭 운동과 반자유주의적 가톨릭 운동이 서로 대항하고 있었기 때문이다. 그러나 신성동맹은 라인강의 동쪽 지역에서 해왔던 것처럼 이들 지역에 대해서는 이제 간섭할 수 없게 되었다.

1830년대 포르투갈과 에스파냐에서 벌어진 내란에서는 절대주의 세력과 온건파 자유주의 세력이 각기 자기네 편을 지원했다. 다만 자유주의 세력 쪽이 좀더 정력적이었고, 외국의 급진주의적 의용군과 동조세력으로부터 약간의 원조를 받고 있었다. 이 같은 외부 원조는 1930년대에 나타날 에스파냐 지지운동을 예고해주는 것이었다.[7] 그러나 그 밑바닥의 흐름을 보면 이 나라들의 쟁점들은 그들 나라 내부의 힘의 균형에 의해 판가름나도록 내맡겨졌던 것을 알 수 있다. 이 말은 곧 판가름이 쉽사리 나지 않았다는 의미가 된다. 즉 잠깐 동안의 자유주의의 승리(1833~37년, 1840~43년)와 보수주의의 재등장이 서로 오가면서 미결상태에 머물러 있었다는 말이다.

라인강의 동쪽에서는 얼핏 보기에 사태가 1830년 이전과 달라진 것이 없었다. 혁명이란 혁명은 모두 진압되었기 때문이다. 독일과 이탈리아에서 일어난 봉기는 오스트리아 사람들의 손으로, 또는 그들

---

7) 영국인들이 에스파냐에 관심을 가진 것은 1820년대에 그들이 접촉하게 된 에스파냐의 자유주의적 망명객들을 통해서였다. 영국의 반가톨릭주의적 입장도 에스파냐의 그 놀라운 유행 — 보로(George Borrow)의 *Bible in Spain*과 머리 (Murray)의 유명한 *Handbook of Spain*에 의해 불후의 것이 되었다 — 을 반카를로스주의 쪽으로 돌아서게 하는 데 일정한 역할을 했다.

의 지원으로 진압되었고, 가장 심각한 양상을 보였던 폴란드의 봉기는 러시아 사람들에 의해 진압되었던 것이다. 게다가 이 지역에서는 민족적인 문제가 여전히 다른 어떤 문제들보다도 우선했다. 모든 국민들이 민족이라는 기준에서 볼 때 너무 작거나 너무 큰 국가에서 살고 있었다. 다시 말하면 작은 공국(公國)으로 갈라져 있거나, 나라가 없어 통일을 잃은 민족 구성원으로서 살고 있거나(독일, 이탈리아, 폴란드), 다민족제국(합스부르크 제국, 러시아 제국, 터키 제국)의 구성원으로서 살고 있었고 혹은 또 이 두 가지를 겸한 자격으로 살고 있었다. 네덜란드인들과 스칸디나비아인들에 대해서는 여기서 특별히 논할 필요가 없을 것이다. 그들은 크게 말해서 비절대주의권(圈)에 속해 있었지만, 유럽의 다른 지역에서 벌어진 극적인 사건들의 범위 밖에서 비교적 조용히 지내고 있었다.

두 지역의 혁명 사이에는 많은 공통점이 남아 있었다. 1848년의 혁명이 비록 양 지역의 모든 부분에서 일어났던 것은 아니지만 어쨌든 두 지역에서 함께 일어났다는 사실이 그것을 증명해준다. 그러나 그 두 지역 내의 혁명적 열의에는 현저한 차이가 나타났다. 라인강 서쪽 지역에서는 영국과 벨기에가 전반적인 혁명적 리듬에 호응하기를 멈춘 데 반해 에스파냐, 포르투갈, 그리고 그보다는 덜했지만 스위스가 그 고장 특유의 사정들이 얽힌 고질적인 내부 투쟁에 휘말렸다. 그러나 그들의 위기는 이제 우연한 일치(1847년 스위스 내란의 경우)가 아니고는 다른 지역의 혁명과 때를 같이해 일어나는 일은 없었다.

유럽의 다른 지역에서는 적극적으로 '혁명적'인 민족들과 수동적이거나 별로 열의가 없는 민족들 사이에 뚜렷한 차이가 나타났다. 그래서 알프스 주변 나라들과 그 밖의 슬라브계 나라들로부터는 위험한 소식이 들려오는 일이 없었던 반면, 합스부르크 제국의 비밀경찰은 쉴 새 없이 날뛰는 헝가리인들과 폴란드인들, 이탈리아인들, 그리고 오스트리아계가 아닌 독일인들의 문제 때문에 끊임없이 골머리를 앓아야 했다. 러시아의 두통거리는 그때까지만 해도 폴란드뿐이었고, 터키 사람들은 그때까지는 발칸 지역 슬라브족들의 평온을 기대할 수 있었다.

이와 같은 차이점은 발전 속도와 사회적 조건의 차이를 반영하는 것이었는데, 나라에 따른 이와 같은 차이는 1830년대와 1840년대에 차츰 더 두드러지게 나타나면서 정치적인 중요성을 더해갔다. 그래서 영국의 앞선 공업화는 영국 정치의 리듬을 바꾸어놓았다. 유럽 대륙의 대부분 지역은 1846~48년에 가장 격심한 사회위기를 겪었으나, 영국은 그것에 상당하는 것으로 1841~42년에 순전히 산업적인 불황을 겪었다(제9장 참조). 반면 1820년대에는 러시아에서도 에스파냐나 프랑스의 경우처럼 군대의 반란으로 자유를 쟁취할 수 있을 것이라고 젊은 이상주의자들은 그럴듯한 희망을 걸었을지 모르나, 1830년을 겪은 후에는 러시아의 사회적·정치적 여건이 혁명을 일으키기에는 에스파냐보다도 훨씬 그 성숙도가 뒤진다는 사실을 간과할 수 없었다.

그렇지만 혁명문제들은 서쪽과 동쪽이 같은 성격의 것은 아니면서도 서로 비교될 수는 있었다. 혁명문제가 온건파와 급진파 간의 긴장을 고조시켰다는 점에서 그러했다. 서쪽에서는 온건파 자유주의자들이 왕정복고를 위한 반정부 공동전선에서 탈퇴해, 혹은 밀접한 동조관계에서 빠져나와 집권자의 세계 또는 잠재적인 집권자 편으로 옮겨 앉았다. 뿐만 아니라 급진파의 노력으로—그들이 아니고 그 누가 바리케이드 위에서 싸웠겠는가?—권력을 잡은 후, 그들은 곧 급진파를 배반했다. 민주주의니, 공화국이니 하는 따위의 위험한 것들은 어떤 것이든 용납할 수 없다는 것이었다. 왕정복고기에는 자유주의적 반대파였고, 7월왕정 아래서는 수상이었던 기조(Guizot)가 이렇게 말했다.

> 그렇게 오래도록 민주주의의 깃발 아래 있던 격언(格言)들과 정열
> 들, 그것들을 정당화시킬 수 있는 마땅한 대의명분과 그럴싸한 구
> 실은 이제 없어졌다. 이전에 민주주의였던 것이 이제는 무정부주
> 의가 되었으며, 민주주의 정신이란 것도 이제는, 그리고 앞으로 오
> 래도록 혁명정신 이외의 다른 그 무엇일 수도 없을 것이다.[8]

여기에 그치지 않았다. 영국에서는 1834~35년의 오언식 노동조
합 총연합운동과 차티스트(인민헌장) 운동이 선거법 개정안에 반대
하는 사람들과 그것을 제창하는 사람들 양쪽으로부터 적대시되는
처지에 놓였다. 1839년에 차티스트 운동을 진압하기 위해 배치되었
던 군대의 지휘관은 중류계급 급진주의자로서 그들이 요구하는 사
항 중 여러 항목에 동조하긴 했지만 결국 그들을 제지했다. 프랑스에
서는 1834년의 공화주의자 봉기에 대한 탄압이 전환점을 이루었다.
같은 해에 농업노동자조합을 결성하려던 성실한 감리교도 노동자
들('톨퍼들의 순교자들') 여섯 명이 테러를 당한 사실은 영국 노동계
급의 운동에 대해 취해졌던 공세와 같은 궤의 공세를 보여주는 것이
었다.

그러므로 급진주의자, 공화주의자, 그리고 새로운 프롤레타리아
운동은 자유주의자와의 동맹관계라는 전열(戰列)에서 이탈해 나갔
다. 온건파는 반정부적인 처지에 있을 때에도 이제는 좌파세력의 슬
로건이 된 '민주사회공화국'이라는 구호가 주는 악몽에 이미 시달려
왔던 터였다.

---

8) Guizot, *Of Democracy in Modern Societies*(London, 1838), p. 32.

유럽의 다른 지역에서는 어떠한 혁명도 승리를 거두지 못했다. 패배의 원인에 대한 조사와 승리의 전망에 대한 분석에서 온건파와 급진주의자가 갈라졌고, 새로운 사회혁명적 경향이 나타났다. 온건파—휘그당적 색채를 띤 지주들과 그 당시에 존재했던 중류층 사람들—는 적절히 인상적인 정부에 의한 개혁과 자유주의적인 새로운 세력의 외교적 지원에 희망을 걸어보기도 했다. 하지만 그처럼 인상적인 정부를 갖기란 어려웠다. 이탈리아에서는 사보이가 자유주의에 대해 동정적인 입장을 지키면서 온건파 세력의 지지를 끌어모으고 있었다. 그들은 나라의 궁극적인 통일을 위해 이들의 지지에 기대를 걸었다. 신임 교황 피오 9세의 재위 중(1846) 잠시나마 '자유주의적 교황정치'라는 기이한 현상이 일어났던 데 자극받은 일단의 자유주의적 가톨릭교도들은 같은 목적을 위해 교회의 힘을 빌려보겠다는 아주 허망한 꿈을 꾸기도 했다.

독일에서는 대부분의 국가치고 자유주의에 적대적이 아닌 나라는 하나도 없었다. 그런데도 일부 온건파들—프로이센의 역사적 선전가들이 말하는 것만큼 많지는 않았다—은 적어도 '독일 관세동맹'을 그 아래에 거느린 프로이센 쪽을 기웃거리는 것을 망설이지 않았고, 나아가 바리케이드 쪽보다는 적절히 변화된 군주통치라는 꿈을 품어보는 것을 멈추지 않았다. 폴란드에서는 온건한 혁명의 전망을 러시아 황제의 지원에 의존하려는 정치세력인 차르토리스키(Czartoryskis)에 희망을 걸었던 데 실패하게 되자, 온건파들이 고작할 수 있었던 일은 서쪽으로부터의 외교적 개입이라는 헛된 희망에 매달리는 것뿐이었다. 그러나 1830년부터 1848년까지의 상황으로는 그 어느 것도 아무런 실현성이 없었다.

프랑스가 프랑스 대혁명과 혁명이론에 의해 그들에게 부여된 국제적 해방자라는 역할을 수행하지 않은 데 대해서는 급진주의자들도 실망했다. 사실 이러한 실망은 1830년대 민족주의의 고조(제7장 참조), 각국의 혁명 전망에 나타난 차이에 대한 새로운 인식과 더불어 왕정복고 기간 중에 혁명주의자들이 지향했던 통일된 국제주의를 무산시키고 말았다. 전략적 전망에는 아무런 변화도 없었다. 실현 가능성이 희박했던 러시아 혁명을 논외로 한다면, 유럽이 해방되려면 신(新)자코뱅주의적인 프랑스의 출현과, 아마도 (마르크스가 생각했듯이) 급진주의적 입장에서 유럽에 개입하는 영국의 출현, 이 두 가지야말로 예나 다름없이 필요불가결한 것이었다.[9]

그럼에도 불구하고 카르보나리 운동의 시대에 프랑스 중심의 국제주의에 대한 민족주의적 반동이 고개를 들었다. 이러한 감정은 1830년 이후 좌파세력의 대부분을 사로잡았던 낭만주의의 새로운 유행(제14장 참조)과 잘 맞아떨어졌다. 더없이 좋은 대조를 이루었던 것은 점잖은 18세기 음악의 대가이며 합리주의자였던 부오나로티와 요령부득의 무의미한 자기 극화(劇化)를 일삼는 마치니(Giuseppe Mazzini, 1805~72)였다.

마치니는 카르보나리 운동에 반대하는 반동의 주창자가 되어 '청년 유럽 운동'으로 연결되는 여러 민족적 음모('청년 이탈리아', '청년 독일', '청년 폴란드' 등)를 조직했다. 어떤 의미에서 혁명운동의 이 같은 분극화(分極化)는 현실적인 것이었다. 왜냐하면 1848년이 되면 이러한 운동이 실상 여러 나라에서 개별적으로, 자연발생적으로, 그리고 동시에 일어나게 되니까. 하지만 다른 의미에서 보면 문제는 달랐다. 그들 나라에서 일제히 일어나도록 자극한 요인은 여전히 프랑스로부터 오고 있었는데, 프랑스가 해방자의 역할을 꺼렸기 때문에

---

9) 이 같은 전반적인 혁명전략에 관한 가장 명쾌한 논의가 1848년의 혁명 기간 중에 나온 『신(新)라인 신문』에 실린 마르크스의 여러 논문 가운데 포함되어 있다.

그들의 노력은 깨져버리고 마는 것이었다.

급진주의자들이 낭만주의자였든 아니든 그들은 이데올로기적·현실적 이유 때문에 왕후군주들이나 열강을 믿으려는 온건파의 태도를 배척했다. 각 국민은 스스로 자신의 해방을 쟁취할 태세를 갖추어야 했으며, 그것은 다른 어느 누구도 그 일을 대신 해주지 않을 것이기 때문이었다. 이러한 감정은 또 같은 시기의 프롤레타리아 사회주의 운동에도 그에 걸맞게 각색되어 이용되었다. 직접 행동으로 그것을 쟁취해야 한다는 것이었다. 어쨌든 민중은 여전히 수동적인 상태여서 이 같은 감정은 주로 카르보나리류의 발상으로 형성되었다. 결과적으로 그것은 별로 실효성이 없는 것으로 밝혀졌다.

그러나 마치니의 사보이 침공 기도와 같은 어리석은 시도와 1831년의 패배 이후에 자국 내에서 유격전을 계속하거나 그것을 부활시키려 했던 지속성 있는 노력 사이에는 천양지차가 있었다. 하지만 기존의 병력도 없이, 혹은 기존의 병력과 싸우면서 권력을 잡으려고 한 급진주의자들의 결심은 그들의 대열에 또 하나의 분열을 일으켰다. 그들은 사회혁명이라는 대가를 치르고서 그렇게 하려고 했던 것일까, 아니면 그러한 마음의 준비도 없이 그렇게 하려고 했던 것일까?

4

이 문제는 미국을 제외한 모든 곳에서 발화상태에 있었다. 미국에서는 잭슨의 민주주의가 이미 민중을 정치에 끌어들였으므로 이 문제에 대해 새삼스럽게 결정하고 안 하고 하는 것은 문제가 될 수 없었다.[10] 미국에서 1828~29년에 노동당(Workingmen's Party)이 출현했다고는 하지만, 급속도로 팽창하는 이 광대한 나라에서는 유럽형

사회혁명이 중대한 쟁점이 되지는 않았다. 부분적인 불만이야 없었던 것은 아니지만 말이다. 그것은 라틴아메리카에서도 불붙어오를 양상은 보이지 않았다. 라틴아메리카에서는 아마도 멕시코를 예외로 하고는 정치에 관여하는 어느 누구도 인디언(농민과 농촌노동자), 흑인노예 또는 심지어 '혼혈인'(소농민, 기술자, 도시빈민)을 정치에 끌어들이려고는 생각조차 하지 않았다.

그러나 도시의 가난한 사람들에 의한 사회혁명이 현실적인 가능성을 지니고 있던 서유럽과 유럽의 광대한 농업혁명 지역에서는 일반 대중에게 호소할 것인가 안할 것인가가 긴급하고도 피할 수 없는 문제였다.

서유럽에서는 가난한 사람들, 특히 도시에 사는 가난한 사람들의 불만이 점차 증대되어가는 양상이 도처에서 역력히 나타났다. 심지어 제국의 수도 빈에서 서민들과 소부르주아의 태도를 충실히 비춰주는 거울 역할을 하는 변두리의 대중극장조차도 그것을 반영했다. 나폴레옹 시대에 이 극장에서 공연된 연극은 즐거운 정서성(Gemütlichkeit)을 합스부르크 왕가에 대한 소박한 충성심에 곁들이는 식이었다. 1820년대 거기에서 공연된 연극의 으뜸가는 작가였던 페르디난트 라이문트(Ferdinand Raimund)는 요정 이야기와 슬픔, 그리고 단순하고 전통적인, 자본가 없는 사회의 소박함을 잃어버린 데 대한 노스탤지어로 무대를 가득 채웠다.

그러나 1835년부터는 통렬한 변증법적 위트를 구사하는, 일차적으로 사회정치 풍자가였던 인기작가 요한 네스트로이가 그곳을 지배했다. 그는 1848년에 이미 열렬한 혁명가적인 파괴자로서 그의 본성을 드러냈다. 심지어 르아브르를 경유해 미국으로 이민 가는 독일 사

---

10) 물론 남부 지방의 노예는 예외였다.

람들까지도, 1830년대에 가난한 유럽 사람들의 꿈의 고향이 되기 시작한 미국으로 건너가는 이유로서 "거기엔 국왕이 없다"는 점을 들었다.[11]

서유럽에서는 도시사람들의 불만이 보편화되어 있었다. 프롤레타리아적 사회주의 운동은 주로 이중혁명의 나라들, 즉 영국과 프랑스에서 볼 수 있었다(제11장 참조). 영국에서는 그것이 1830년경에 가난한 노동자들의 대중운동이라는 극히 성숙한 형태로 나타났다. 그가난한 노동자들은 휘그당원들과 자유주의자들이 십중팔구 자신들을 배반할 것을 알고 있었고, 자본가를 자신들의 확실한 적으로 보았다. '인민헌장'을 쟁취하겠다는 그 거창한 대중운동은 그들이 성취한 가장 가공스러운 성과였다. 인민헌장 운동, 즉 차티스트(Chartist) 운동은 1839~42년 최고의 전성기에 달했지만, 1848년 이후까지도 그 세력을 그대로 지니고 있었다.

영국의 사회주의 운동, 즉 '협동조합' 운동은 이보다 훨씬 약했다. 그것은 그들의 주의주장(그것은 1820년대 초부터 주로 장인층과 숙련노동자들 사이에서 전파되었다)에 노동계급의 전투적 분자들 중 대부분을 규합시킴으로써, 그리고 노동계급의 전국적 '총연합'(오언의 감화 아래 그들은 심지어 자본주의 경제를 거치지 않고 바로 전반적인 협동조합경제를 수립하려고까지 했다)을 창립하려는 야심적인 의도를 가지고 1829~34년에 막을 올렸다.

1832년의 선거법 개정에 실망한 노동운동은 대부분 이들 오언주의자, 협동조합주의자, 원시적인 혁명적 생디칼리스트들을 바라보며 그 지도를 바랐다. 그러나 그들이 효과적인 정치적 전략과 지도력을 전개하지 못한데다가 고용주들과 정부의 조직적인 공세에 부딪혀

---

11) M. L. Hansen, *The Atlantic Migration* (1945), p. 147.

이 운동은 1834~36년에 파괴되고 만다. 이와 같은 실패로 사회주의 운동가들은 노동자 선동운동의 주류에서 약간 밖으로 밀려난 선전과 계몽집단으로, 아니면 1844년부터 랭커셔의 로치데일에서 시작되었던 협동조합 점포 형태의 보다 온건한 소비조합의 개척자로 전락하고 말았다.

그래서 다음과 같은 역설을 낳게 된 것이다. 영국 노동빈민이 벌인 혁명적 대중운동의 절정인 인민헌장 운동, 즉 차티즘은 1829~34년의 운동에 비해 정치적으로는 성숙된 것이었지만 이데올로기적으로는 약간 뒤졌다는 역설 말이다. 그러나 이것은 지도층의 무능력, 각 지방 및 각 부문 간의 차이와 의견대립, 그리고 거대한 청원운동 이외에 통일된 전국적 행동을 취할 줄 몰랐던 무능력 따위로 말미암아 패배로부터 그 운동을 구출해내지는 못했다.

프랑스에서는 영국의 경우에 견줄 만한 가난한 산업노동자들의 대중운동은 없었다. 1830~48년 프랑스에서 일어난 '노동계급운동'의 전투적 분자들은 주로 숙련 수공업 분야와 리옹의 견직업과 같은 전통적인 가내공업과 선대제(先貸制) 공업의 중심지에서처럼 구식의 도시 장인들로 이루어져 있었다(으뜸가는 혁명주의자들이었던 리옹의 견직공들은 임금노동자가 아니었으며, 일종의 소도가(小都家, small master)였다). 더욱이 여러 갈래의 새로운 '유토피아' 사회주의(생시몽, 푸리에, 카베 등을 따르는 사람들)는 실제로 1848년의 혁명 벽두에는 그들의 작은 비밀결사들과 집단들 ― 특히 푸리에 지지자들 ― 이 노동계급 지도부의 핵심으로서, 그리고 대중행동의 조직자로서 역할하기에 이르지만, 그 당시에는 정치선동에 관심이 없었다.

한편 프랑스에는 정치적으로 고도로 발달한 강력한 좌파 자코뱅 주의자와 바뵈프주의의 전통이 있었는데, 이 세력의 중요한 부분이

1830년 이후 공산주의자가 되었다. 이 세력의 가장 두려운 지도자가 부오나로티의 제자인 블랑키(Auguste Blanqui, 1805~81)였다.

사회분석과 사회이론으로 볼 때, 블랑키주의는 사회주의의 필요성에 관한 주장과, 착취당하는 임금노동자인 프롤레타리아가 사회주의의 건설자가 되어야 하고 또한 중류계급이(이젠 상류계급이 아니라) 사회주의의 주요한 적이 되리라는 것에 대한 명확한 관찰을 제외하고는 사회주의에 기여한 바가 별로 없다. 정치적 전략과 조직의 관점에서 볼 때, 블랑키주의는 혁명주의의 전통적 기관인 비밀음모 결사를 프롤레타리아적 조건에 맞도록 뜯어고치고—그러한 과정에서 왕정복고기의 격식주의와 환상적인 외양의 대부분을 벗어던졌다—자코뱅 혁명의 전통적인 방법, 즉 반란과 집중적 민중독재를 노동자들의 주의주장에 맞게 적응시켰다.

근대 사회주의 혁명운동은 그들이 추구해야 할 목표가 정권 탈취와 뒤이은 프롤레타리아 독재가 아니면 안 된다는 확신을 이들 블랑키주의자들로부터 얻어냈다(블랑키주의자들은 또 그것을 생-쥐스트와 바뵈프 그리고 부오나로티로부터 끌어냈다). 프롤레타리아 독재라는 말은 블랑키주의자들이 지어낸 말이다. 블랑키주의의 약점은 부분적으로는 바로 프랑스 노동운동의 약점이었다. 대규모의 대중운동이 없는 가운데 블랑키주의는 그에 앞섰던 카르보나리 운동이 그러했듯이 거의 아무것도 없는 상태에서 반란을 계획했고, 따라서 실패로 이끌어가는 일—1839년의 반란 기도가 그러했다—이 많았던 엘리트들의 운동 이상의 것이 되지 못했다.

노동계급과 도시혁명, 사회주의는 서유럽에서는 지극히 현실적인 위험을 지닌 것처럼 보였다. 비록 영국이나 벨기에와 같이 가장 공업화된 국가에서는 그 나라 정부와 고용자 계급이 비교적 침착하고 태연한 태도—이것은 정당한 태도였다—로 이를 대했지만 말이다.

규모는 컸지만 분열되어 있었고 제대로 조직되지 않아 엉망으로 이끌렸던 차티스트 운동가들이 일으킨 공공질서에 대한 위협이 영국 정부를 크게 괴롭혔다는 증거는 없다.[12]

한편 농촌 주민들은 혁명주의자들에게 힘을 주는 일도, 지배자에게 겁을 주는 일도 별로 없었다. 영국에서는 1830년대 말에 남부 지방과 동부 지방의 굶주린 농장노동자들 사이에서 폭동과 기계파괴 선풍이 급속도로 번져나가자, 정부가 한때나마 겁을 먹고 어찌할 바를 몰라했다. 자연발생적으로 일어나 광범위하게 퍼졌다가 급속도로 가라앉은 이 "마지막 노동자 반란"[13]에서 프랑스의 1830년 7월혁명의 영향을 찾아볼 수 있는데, 이 반란에 대한 처벌은 차티스트 운동가들에 대한 것보다 훨씬 더 잔인했다. 그것은 선거법 개정운동 시기의 훨씬 더 긴박한 정치정세에 비추어볼 때 아마도 예상할 수 있는 일이었다. 그러나 농촌의 불온상태는 곧 정치적으로 점차 없어져가는 형태로 그 양상이 바뀌었다. 독일의 서부 지역은 어느 정도 예외였지만, 경제발전이 뒤진 다른 지역에서는 심각한 양상의 농업혁명 운동은 기대할 수도 없었고 계획되지도 않았다.

거의 모든 혁명주의자들이 보였던 전적으로 도시적인 구상들은 농민들에게는 이렇다 할 매력을 주지 못했다. 이베리아 반도를 제외한 서유럽 전역 중 오직 아일랜드에서만 '리본멘'(Ribbonmen)이나 '화이트보이'(Whiteboy)와 같은, 널리 퍼진 비밀 테러 결사조직에 의한 대규모의 토착적인 농업혁명 운동이 있었다. 그러나 아일랜드는

---

12) F. C. Mather, "The Government and the Chartists" in A. Briggs ed., *Chartist Studies*(1959).

13) 1838년의 *Parliamentary Papers*, XXXIV, 질문 53에 대한 답변(1830년과 1831년 농민폭동과 방화사건의 원인과 결과)을 참조할 것. 예컨대 Lambourn, Speen (Berks), Steeple Claydon(Bucks), Bonington(Glos), Evenley(Northants).

사회적으로나 정치적으로 이웃나라들과는 별개의 세계에 속해 있었다.

그러므로 사회혁명 문제는 중류계급의 급진주의자들, 즉 불만을 품은 기업인, 지식인 그리고 아직도 1830년대의 온건자유주의적인 정부에 대해 반대 입장에 있었던 그 밖의 사람들의 집단을 분열시켰던 것이다. 영국에서는 이 문제가 '중류층 급진주의자들'을 분열시켜 차티스트 운동을 지지하려 드는 사람 또는 그것에 동조하려는 사람들(버밍엄 또는 퀘이커 교도인 조지프 스터지의 완전참정권동맹(Complete Suffrage Union)에서처럼), 그리고 맨체스터의 곡물법 반대동맹원들처럼 귀족제도와 인민헌장 운동에 대해서 다 같이 투쟁할 것을 고집하는 사람들로 갈라지게 했다. 비타협파는 자신들이 가진 계급의식의 보다 큰 동질성, 넉넉히 쓸 수 있었던 자금능력, 그리고 자신들이 설치했던 선전광고 기구의 효율성 등에 자신감을 갖고 우위를 누렸다.

프랑스에서는 루이 필리프에 대한 공식적 반대파의 허약성과 혁명적인 파리 민중의 주도권(initiative)으로 말미암아 결정이 다른 방향으로 급선회했다. "그래서 우리는 공화주의자가 되었다"고 1848년 2월혁명 후에 급진주의적 시인 베랑제(Béranger)는 말했다. "어쩌면 그 시기가 다소 일렀고, 그 속도도 너무 빨랐다. ……나는 좀더 신중한 순서를 택하고 싶었다. 그러나 우리는 시기를 잘 선택하지도 않았고, 대열을 정비하지도 않았으며, 행진 코스를 결정하지도 않았다."[14] 중류계급 급진주의자들이 극좌파로부터 떨어져나가는 현상이 프랑스에서는 이 혁명 후에야 비로소 나타났다.

독립적인 장인들, 소매상인들, 농민들, 그 밖의 유사한 사람들로 이

---

14) R. Dautry, *1848 et la Deuxième République*(1848), p. 80.

루어진 불만을 품은 소부르주아지는 숙련 노동자의 대군과 함께 서유럽에서 급진주의의 주류를 형성하는 세력이었는데, 이들 소시민들에게 그 혁명문제는 다소 곤혹스러운 것이었다. 그들은 무력한 사람이라는 처지에서는 가난한 사람들을 동정해 부유한 사람들과 맞섰고, 소(小)재산 소유자라는 처지에서는 부유한 사람들 편에 서서 가난한 사람들과 대립하는 입장에 섰다. 그러나 이처럼 어느 쪽에 동조할 것인가를 가지고 자기분열에 빠진 그들이 그 결과 도달한 곳은 정치적 충성의 큰 변화 속이 아니라 주저와 회의의 세계였다. 하지만 중요한 대목에서 그들은 비록 허약하나마 여전히 자코뱅주의자이고 공화주의자이며 민주주의자였다. 그들은 미래의 찬탈자들이 실제로 권력을 잡을 때까지는 그 민중전선에서 변함없는 구성분자의 자리에 머물렀다.

5

혁명적 유럽의 나머지 지역에서는 불만을 품은 군소 향신들과 지식인이 급진주의의 중심을 이루고 있었는데, 이러한 곳에서는 문제가 한결 더 심각했다. 왜냐하면 일반 대중은 모두 농민들이었는데, 영주나 도시사람들하고는 민족이 다른 경우가 많았기 때문이다. 즉 헝가리의 슬라브인과 루마니아인, 동폴란드의 우크라이나인, 오스트리아 일부의 슬라브인 경우가 그러했다. 그리고 가장 가난하고 실력 없는 지주들은 자신들에게 소득의 원천이 되는 자기 신분을 포기할 수는 없었지만, 이러한 그들이 가장 급진적인 민족주의자인 경우가 허다했다. 농민층 대부분은 무지와 정치적 수동성의 상태에 머물러 있었다. 그리하여 그들의 혁명에 대한 지지는 예상보다 직접적인 것이 못 되었던 게 분명하지만 그렇다고 해서 불씨가 꺼져 있지는 않았다. 1840년대가 되면 그들의 정치적 피동상태를 그렇게 당연한 것으로 볼 수는 없게 되었다. 1846년 갈리치아의 농노반란은 1789년의 프랑스 혁명 이래 최대의 농민폭동이었다.

혁명의 불길이 있기는 했지만 그것이 어느 정도 말뿐인 측면도 없지는 않았다. 경제적으로 볼 때, 동유럽과 같은 후진 지역을 근대화시키기 위해서는 농지개혁을 하거나, 최소한 오스트리아와 러시아 그리고 터키 제국에 남아 있는 농노제도만은 폐지되어야 했다. 정치적으로 보면, 농민들이 일단 능동적인 태도를 취하게 되는 날이면 그들의 요구를 들어주기 위해 어떤 조치를 취하지 않으면 안 되리라는 점은 더없이 명백했으며, 적어도 혁명주의자들이 외국 지배에 대항해서 투쟁했던 나라에서는 더욱 그러했다. 왜냐하면 혁명주의자들이 농민을 자기네 편으로 끌어들이지 않는다면 반동세력이 자기들 편으로 끌어갈 것이기 때문이었다.

정통적인 국왕, 황제, 교회 따위는 어쨌든 다음과 같은 전술적인 이점을 누리고 있었다. 즉 전통주의적인 농민들이란 그들의 영주나 지주보다는 그들의 국왕이나 황제와 교회를 더 믿고 있었고, 아직도 원칙적으로 그들에게서 정의를 기대할 수 있다는 생각을 버리지 않고 있다는 점이 그것이었다. 또 군주들도 필요하다면 능히 농민들을 움직여 향신계급에 대항케 할 용의가 충분히 있었다. 예컨대 나폴리의 부르봉 왕가는 1799년에 나폴리의 자코뱅에 대해 아무런 망설임도 없이 그렇게 했다. 1848년 롬바르디아의 농민들은 민족주의자들의 봉기를 진압한 오스트리아군의 장군을 맞아 "라데츠키 장군 만세!"를 외쳤고, "지주들에게 죽음을!"이라고 부르짖었다.[15] 후진국가의

---

15) St. Kiniewicz, "La Pologne et l'Italie à l'époque du printemps des peuples," *La pologne du Xe Congrés International Historique*(1955), p. 245.

급진주의자들이 당면한 문제는 농민들과의 동맹을 모색할 것인가 아닌가에 있었던 것이 아니라, 그러한 동맹을 성립시키는 데 성공할 수 있겠는가 하는 것이었다.

따라서 그러한 나라들의 급진주의자들은 민주주의자와 극좌파 두 집단으로 갈라졌다. 민주주의자들(폴란드의 폴란드 민주협회, 헝가리에서는 코슈트Kossuth의 추종자들, 이탈리아에서는 마치니의 추종자들에 의해 대표되었다)은 농민계급을 혁명의 대의로 끌어들여야 한다는 필요성을 인정했다. 필요한 경우 농노제를 폐지하고 소(小)경작자에게 소유권을 허용함으로써 그렇게 하려는 것이었지만, 그들은 무엇보다도 그 봉건적 권리를 자발적으로 포기할 귀족들—그들에겐 보상을 할 것이었다—과 자국의 농민계급 사이에 평화적 공존이 이루어지기를 희망했다.

그러나 농민폭동이라는 바람의 강도가 폭풍의 수준에 이르지 않았던 곳, 다시 말하면 이탈리아의 대부분에서처럼 제후에 의한 착취의 공포가 크지 않은 곳에서는 민주주의자들이 사실상 농업문제에 관한 구체적인 강령은커녕 사회적인 강령 같은 것조차 마련해두는 일은 거의 없었다. 그들은 정치적 민주주의니, 민족해방이니 하는 일반론만 논하기를 즐겨 일삼았다.

극좌파는 사실 혁명투쟁을 외국 지배자와 국내 착취자에 대한 일반민중의 투쟁이라고 생각했다. 그들은 민족혁명과 사회혁명을 동시에 추진하게 되는 20세기 혁명가들의 생각을 앞지르기라도 하듯 제국주의 지배 아래서 기득권을 누리는 사례가 허다했던 귀족들이나 허약한 중류계급이 과연 새로운 국민을 독립과 근대화로 이끌어갈 수 있을 것인지 의심했다. 그리하여 그들 자신의 강령은 서유럽의 초기 사회주의로부터 큰 영향을 받게 되었다. 그러나 마르크스 이전의 대부분의 '유토피아' 사회주의와는 달리 그들은 사회비평가이자

동시에 정치적 혁명가였다. 1846년에 단명으로 그쳤던 크라코 공화국은 농민들의 부담을 전적으로 없애버렸고, 도시의 가난한 사람들에게는 '국영 작업장'을 약속했다. 그리고 남부 이탈리아의 카르보나리들 중 가장 선진적 분자들은 바뵈프주의적-블랑키주의적 강령을 채택하기까지 했다.

하지만 아마도 폴란드를 예외로 하면, 이러한 경향의 사상은 상대적으로 약세였다. 그 영향력을 더욱 약화시킨 것은 실질적으로 취학 중인 소년, 학생, 그리고 향신계급이나 평민 출신의 탈(脫)계급적 지식인과 소수의 이상주의자들에 의해 구성되어 있던 극좌적 운동들이 농민들을 자기 대열로 끌어들이려고 최선을 다했지만 농민들을 동원하는 데 실패하고 말았기 때문이다.[16]

이와 같이 유럽의 후진 지역의 경우 급진분자들은 그들의 문제를 효과적으로 해결하지 못했다. 그 까닭은 부분적으로는 그들의 지지자들이 농민층에게 제때에 충분히 양보하기를 꺼렸던 때문이며, 또 부분적으로는 농민들이 정치적으로 성숙하지 못했기 때문이기도 했다. 이탈리아에서는 1848년 혁명이 무기력한 농민들을 사실상 제쳐놓고 수행되었으며, 폴란드(이곳에서는 1846년의 봉기가 오스트리아 정부의 부추김을 받아 폴란드인 향신계급에 대한 농민반란으로 급속히 발전했다)에서는 프로이센령 포즈나니아에서 일어난 것 말고는 1848년에 어떠한 혁명도 일어나지 않았다. 헝가리와 같은 가장 앞선 혁명적 국민들 사이에서도 향신층이 시행한 농지개혁의 제약성은 민족해방을 위한 싸움에 농민들을 끌어들이지 못했다. 그리고 동유럽의 대부분 지역에서는 제국 군복을 입은 슬라브 농민들이 독일인

---

16) 그러나 로마냐 또는 남서 독일의 일부와 같이 농민들이 소규모 자작농이거나 소작농을 하는 지역에서는 마치니형 급진주의가 1848년과 그 후에 상당한 민중의 지지를 확보하는 데 성공했다.

과 마자르인 혁명주의자들을 썩 잘 짓누르는 진압군 역할을 했다.

6

그러나 비록 지방적인 조건의 차이, 민족성, 계급 등에 의해 갈라져 있기는 했지만 1830~48년의 혁명운동은 그래도 많은 공통점을 지니고 있었다. 첫째, 이미 살펴본 바와 같이 그것은 대체로 망명객인 경우가 많았던 중류계급과 지식인 음모가들의 소수집단으로 남아 있거나, 아니면 유식층의 비교적 좁은 세계에 국한되었다(물론 혁명이 일어났을 때 일반 대중은 그들의 계급성을 발휘했다. 1848년 밀라노 반란 때 사망한 350명 가운데 학생, 사무원, 또는 지주 가문 출신은 10여 명에 불과했다. 74명은 부녀자들이었고, 나머지는 장인 또는 노동자들이었다).[17] 둘째, 그들은 정치적 처리절차와 전략·전술의 유형에 공통점을 가지고 있었는데, 이것은 모두 1789년 혁명의 경험과 유산에서 유래된 것이었다. 그리고 그들은 강력한 국제적 단결의식을 가지고 있었다.

첫째 요인은 쉽게 설명할 수 있다. 정상적인(혁명 직전 또는 혁명 직후가 아닌) 사회생활의 일부로서 이루어진 대중선동과 대중조직의 오랜 전통은 미국과 영국, 그리고 어쩌면 스위스, 네덜란드, 스칸디나비아를 제외한 다른 곳에서는 거의 없었다. 뿐만 아니라 그러한 토대를 위한 조건도 영국과 미국 말고는 없었다. 차티스트들의 신문인 『노던 스타』가 1839년 4월에 세운 기록과 같이 하나의 신문이 6만 부 이상의 주간 발행부수와 그보다 훨씬 더 많은 독자를 가진다는 것은 다른 곳에서는 전혀 생각할 수 없는 일이었다.[18] 반관적(半官的)인

---

17) D. Cantimori in F. Fejtö ed., *The Opening of an Era: 1848*(1948), p. 119.

신문이나 혹은—1830년대 이후는—오락을 위한 간행물이 프랑스 같은 나라에서 2만 부 이상 팔릴 수 있었던 것으로 보이지만, 신문의 발행부수는 일반적으로 5,000부 내외가 보통이었다.[19]

심지어 벨기에나 프랑스 같은 입헌국가에서도 극좌파의 합법적 운동은 이따금 허용되었을 뿐이며 그들의 조직은 불법화되는 일이 많았다. 따라서 법치국가를 형성하고 있는 제한된 계급들 사이에서만 환상적 민주정치가 존재했던 것이며, 더러는 그것이 불우한 처지에 있는 사람들에게 파급되는 일도 있었지만 대중정치의 기본적인 장치들—정부에 압력을 가하는 공개적인 선전활동, 대중조직, 청원운동, 일반 민중을 대상으로 하는 순회강연 따위—이 허용되는 일은 극히 드물었다. 영국 아닌 다른 곳에서는 대중적 서명운동이나 공개시위를 통해 보통선거권을 쟁취한다든가, 차티스트 운동이나 곡물법 반대운동가들이 시도했던 대중선전 또는 압력 캠페인으로 인기 없는 법률을 폐지시키는 따위의 일은 그 누구도 상상조차 할 수 없었다. 헌법을 크게 고친다는 것은 합법성과의 결별을 의미했다. 하물며 대규모의 사회적 변동은 더욱 그러했다.

비합법적 조직이란 원래 합법적인 조직보다 그 규모가 작은 법이며, 따라서 그 사회적 구성도 대표성이 아주 약하게 마련이다. 비밀결사 카르보나리가 블랑키주의적 조직과 같은 프롤레타리아 혁명적 조직으로 발전해 나가는 과정에서는 그 구성상 중류계급이 상대적으로 줄어들고 노동계급 출신 회원이 증가하는 결과, 다시 말하면 숙련 수공업자와 떠돌이 숙련 노동자들의 수가 증가하는 결과를 가져왔다. 1830년대 후반에서 1840년대에 블랑키주의자들의 조직은 하

18) D. Read, *Press and People*(1961), p. 216.
19) Irene Collins, *Government and Newspaper Press in France, 1814~81*(1959).

층계급적 구성이 매우 강했던 것으로 전해진다.[20]

'독일망명자동맹'(이것은 훗날 '정의동맹'이 되고, 다시 마르크스-엥겔스의 '공산주의자동맹'이 된다)도 역시 그러했는데, 이 조직의 근간을 이룬 것은 국외로 추방된 독일인 품팔이 장인들이었다. 그러나 이것은 예외적인 경우였다. 음모가들의 대부분은 여전히 지적인 전문직업인 계층과 하층 신사계급 출신의 사람들, 학생, 언론인과 그 부류에 속하는 사람들로 구성되어 있었다. 다만 젊은 장교들의 참여는 이베리아 반도의 국가들을 제외하면 카르보나리 운동의 전성기에 비해 적었던 것 같다.

더욱이 유럽과 미국의 모든 좌파세력은 어느 시점까지는 같은 적을 상대로 투쟁을 계속했다. 그들의 소망과 강령도 같은 것이었다. '민주주의동지회'(Fraternal Democrats) ── '영국, 프랑스, 독일, 스칸디나비아, 폴란드, 이탈리아, 스위스, 헝가리, 그리고 그 밖의 다른 나라 출신들'로 구성되어 있었다 ── 는 그 '원칙선언'에서 "우리는 모든 세습적 '카스트제'에 따르는 불평등과 차별을 부인하고 배척하며 규탄한다"고 선언하고, 이어서 다음과 같이 그 입장을 밝혔다.

따라서 우리는 국왕, 귀족을 비롯하여 재산을 가졌다 하여 특권을 독점하는 계층을 찬탈자로 본다. 전체 인민에 의해 선출되어 전체 인민에 대해 책임을 지는 정부, 이것이 우리의 정치적 신조다.[21]

20) E. J. Hobsbawm, *Primitive Rebels*(1959), pp. 171~172; V. Volguine, "Les idées socialistes et communistes dans les sociétés secrètes"(*Questions d'Hi-stoire, Histoire*, II, 1954, pp. 10~37); A. B. Spitzer, *The Revolutionary Theories of Auguste Blanqui*(1957), pp. 165~166 등을 참조할 것.
21) G. D. H. Cole and A. W. Filson, *British Working Class Movements, Select Documents*(1951), p. 402.

이러한 선언 내용에 그 어느 급진주의자나 혁명주의자가 이의를 달 수 있겠는가? 부르주아라면 그가 정치적 특권(투표권이 재산상의 자격 제한에 의해 부여되던 1830~32년의 정치체제에서 그러했던 것처럼)을 누리지는 못하더라도 재산 소유를 경제적 자유로서 누릴 수 있는 국가를 원했을 것이다. 또 만약 사회주의자나 공산주의자라면, 재산은 사회화되어야 한다는 것이다. 국왕, 귀족 그리고 특권에 대항해서 이전에 한데 뭉쳤던 사람들이 서로 맞서게 되고, 부르주아와 노동자 사이에 근본적인 대립을 이루게 되는 시기가 온다는 것 —영국에서는 차티스트 운동 시절에 벌써 그것이 와 있었다— 은 의심할 여지가 없는 일이었다. 그러나 1848년 이전에는 다른 어느 곳에서도 그러한 시기가 도래하지 않았다. 다만 그때로서는 몇몇 나라의 대(大)부르주아지만이 정부 진영에 가담하고 있었다.

가장 의식적인 프롤레타리아적 공산주의자마저 여전히 자신들을 일반적인 급진적 민주주의 운동의 극좌파로만 생각했고, 또 그렇게 처신했다. 그리고 그들은 보통 '부르주아 민주주의' 공화국의 성취가 사회주의의 새로운 발전을 위해 없어서는 안 될 예비과정이라고 생각했다. 마르크스와 엥겔스의 「공산당선언」은 부르주아지에게 장차의 전쟁을 선언하는 선전포고였지만, 그러나 —적어도 독일에 관한 한— 그것은 현재의 동맹관계를 선언하는 것이기도 했다. 독일의 가장 선진적인 중류계급 세력이었던 라인란트의 산업가들은 1848년 마르크스에게 그들의 급진주의적 기관지 『신(新)라인 신문』을 편집해달라고만 단순히 요청했던 것이 아니었다. 마르크스도 또한 그 일을 수락했을 때 그 신문을 단순히 공산주의자들의 기관지로서가 아닌 독일 급진주의 세력의 대변자이자 지도자로서 편집한 것이었다.

유럽의 좌파세력은 단지 세계관이 같다는 점에 그치지 않았다. 그들은 혁명이 어떤 것인가에 관해 1789년의 혁명에서 얻어낸 교훈과

1830년의 경험을 가미시킨 공통된 혁명상(革命像)을 가지고 있었다. 즉 국가의 정치정세에 위기가 일어나서 급기야 폭동에 이르게 되리라는 것이었다(전반적인 정치적·경제적 기상상태를 무시한 가운데 엘리트들이 중심이 되어 일으키는 소소폭동이나 봉기 따위에 대한 카르보나리류의 생각은 이베리아 반도 지역 국가들의 경우를 제외하고는 갈수록 평가가 떨어졌다. 이탈리아에서의 그러한 갖가지 종류의 시도 ─ 예컨대 1833~34년, 1841~45년의 그것 ─ 와 1836년에 나폴레옹의 조카인 루이 나폴레옹이 기도했던 소폭동이 비참하게 실패했던 까닭에 그러했다). 수도에 바리케이드를 치고, 혁명주의자들은 왕궁, 의사당 또는 (1792년을 상기하는 급진주의자들 중에는) 시청으로 가서 그들의 삼색기를 게양하고 공화국과 임시정부를 선포한다. 그 나라는 이제 새로운 체제를 받아들인 것이다. 수도가 지니는 결정적인 중요성은 널리 인정되었다. 혁명주의자들에 대한 군사작전을 용이하게 하기 위해 1848년 이후 정부는 수도의 도시계획을 재정비하기 시작했지만 말이다.

무장한 시민들로 일종의 민병대를 편성하고, 제헌회의를 구성하기 위해 민주주의적 선거를 실시하며, 임시정부가 항구적인 정부가 되고, 새로운 헌법이 발효한다. 그러고 나서 거의 틀림없이 일어나게 마련인 다른 나라의 혁명에 대해 새 정권은 동지적 원조를 베풀게 될 것이다. 그 뒤로 어떤 일이 일어날 것인지는 혁명 후의 시기에 속하는 문제이며, 어떤 일을 해야 하고 어떤 일을 하지 말아야 하는가에 대해서는 1792~99년에 프랑스에서 일어났던 일들이 꽤 확고한 모델이 될 것이었다. 혁명주의자들 중 가장 자코뱅적인 사람들의 마음은 당연히 국내외의 반혁명세력에 반대해 혁명을 수호하는 문제로 대번에 쏠리게 될 것이었다. 대개 좌파로 기운 정치가일수록 지롱드적 연방주의와 지방분권주의, 즉 권력의 분산에 반대하고 자코뱅적 중앙집권의 원칙과 강력한 행정부 쪽을 택하려는 경향이 많았다고 할 수 있다.

이와 같은 공통된 견해는 강력한 국제주의 전통에 의해 튼튼히 보강되었다. 그러한 전통은 어느 특정 국가—프랑스, 좀더 정확히 말하면 파리—의 전통적인 리더십을 자동적으로 받아들이기를 거부했던 분리주의적 민족주의자들 사이에서도 살아 있었다. 모든 국민들의 대의명분은 동일한 것이었다. 그것은 거의 모든 유럽 국민들의 해방이 전제정치의 패배를 함축적으로 의미하게 될 것이라는 분명한 사실을 고려하지 않더라도 마찬가지였다. 민족적 편견(민주주의 동지회가 주장했듯이 '어느 시대에서나 인민을 억압하는 자들이 이용해온 그 편견')은 형제적 우애의 세계에서는 없어질 것이었다. 마치니의 '청년 유럽'—종래의 카르보나리적·프리메이슨적 국제조직에 대항하도록 구상되었던 것—에서 시작해 1847년의 '만국통일민주협회'(Democratic Association for the Unification of All Countries)에 이르기까지 국제적인 혁명기구를 설치하려는 시도는 끊이지 않았다.

여러 민족주의 운동들 사이에 존재했던 국제주의는, 여러 나라들이 독립을 획득하고 그 국민들 사이의 관계가 생각했던 것만큼 우애적이지 못하다는 것이 밝혀지면서 그 중요성을 잃어가는 경향을 보였다. 그러나 사회주의 혁명운동들 사이에서는 프롤레타리아적 성향을 받아들이는 경향이 차츰 증대하는 가운데 국제주의가 힘을 더해갔다. 그리하여 '인터내셔널'(International)은 하나의 조직으로서, 그리고 구호로서 이 세기 후반의 사회주의 운동에서 불가결한 요소가 될 것이었다.

1830~48년의 국제주의를 보강해준 우연한 요인은 망명이었다. 유럽 대륙의 좌파세력에 속한 정치적 투사들 대다수가 한동안은 망명

생활을 했고, 몇십 년을 망명 생활로 보낸 사람도 많았다. 그들은 수적으로 비교적 제한된 몇몇 피난처 또는 망명처로 모여들었다. 예컨대 프랑스와 스위스, 그리고 정도는 덜했지만 영국과 벨기에가 그런 곳이었다(아메리카 대륙으로 망명한 사람들도 더러 있기는 했지만 그곳은 일시적인 망명을 하기엔 너무나 먼 곳이었다).

그와 같이 망명한 사람들 중에서 가장 큰 부분을 차지한 것은 1831년의 패배로 말미암아 국외로 추방된 5,000명 내지 6,000명에 이르는 폴란드 사람들이었다.[22] 그다음으로 많았던 것은 이탈리아와 독일 사람들이었다(이 두 나라 사람들의 외국 망명은 중요한 인물들의 비정치적인 이민이나 다른 나라에서 정착해 살고 있는 같은 국적의 이민집단에 의해 더욱 조장되었다). 1840년에 이르러서는 러시아의 부유한 지식인들이 외국 유학 중에 서유럽의 혁명사상을 흡수하거나, 니콜라이 1세 치하의 감옥과 군사훈련장을 합친 듯한 국내 분위기보다도 좀더 온화한 곳을 찾아 해외 거류민의 소집단을 이루기도 했다. 동유럽, 중남아메리카, 그리고 레반트 지역의 여러 나라들에게 문화적 태양이었던 두 도시, 즉 파리와 이보다 훨씬 훗날에 그렇게 된 빈에는 작은 나라나 후진적인 나라의 학생과 부유한 사람들 또한 찾아들었다.

망명자들의 집결지에서는 망명자들이 조직활동을 하고, 논쟁을 벌이며, 싸우고, 또 서로 헐뜯기도 하며, 출신국의 해방을 계획하거나 남의 나라를 해방시킬 계획을 세우거나 했다. 폴란드 사람들과, 정도의 차이는 있지만 이탈리아 사람들(망명 중이던 가리발디는 중남아메리카의 여러 나라 해방을 위해 투쟁했다)이 사실상 혁명투사들의 국제

---

22) J. Zubrzycki, "Emigration from Poland," *Population Studies*, VI(1952~53), p. 248.

부대가 되었다. 1831년부터 1871년 사이에 벌어진 유럽의 봉기나 해방전쟁치고 폴란드 출신의 군사전문가나 투사가 끼여들지 않은 것은 하나도 없었다. 1837년 차티스트 운동 중에 영국에서 벌어졌던 단한 건의 무장봉기조차 예외는 아니었던 것으로 전해지고 있다.

그러나 그것은 비단 폴란드인이나 이탈리아인에 국한된 이야기는 아니었다. 여러 나라의 민족해방을 위해 싸운 전형적인 망명투사였던 덴마크(본인이 이 나라 출신임을 자처했다)의 하로 하링(Harro Harring)은 마치니의 '청년 독일', '청년 이탈리아', 그리고 이보다 다소 색채가 희미한 '청년 스칸디나비아'의 일원으로서 그리스(1821)와 폴란드(1830~31)를 위해 싸웠고, 바다 건너 중남아메리카 합중국 계획을 위한 투쟁에 참여했으며, 뉴욕에서도 활동하다가 1848년의 혁명을 위해 유럽으로 돌아갔다. 그러한 활동을 하는 한편으로 그는 '인민', '핏방울', '한 인간의 말씀', '한 스칸디나비아인의 시' 등의 제목으로 책들을 출간했다.[23]

공통된 운명과 이상이 이들 국외 추방자들과 여행자들을 하나로 결속시켰다. 그들은 거의 모두가 가난했으며 경찰의 감시, 비합법적인 통신과 연락, 정탐, 어디서나 얼굴을 내미는 앞잡이 도발꾼 따위의 문제에 똑같이 부딪히고 있었다. 1930년대의 파시즘이 그러했듯이 1830년대와 1840년대의 절대주의는 그것을 공동의 적으로 여기는 사람들을 뭉치게 했다.

그 당시에도 1세기 뒤와 마찬가지로 세계의 사회위기를 설명하며 이에 대한 해결책을 마련해준다고 주장하는 공산주의가 수도 파리

---

23) 그는 불행하게도 마르크스의 반감을 샀다. 마르크스는 『망명위인전』(*Die Grossen Maenner des Exil*, in Marx/Engels, *Werke*, Berlin, 1960, vol. 8, pp. 292~298) 가운데서 자신의 무서운 풍자적 독설의 선물을 약간 베풀어 그의 이름을 후세에 남겼다.

에 투사들과 단순한 지적 호기심에 이끌린 사람들을 끌어들여, 이 도시가 지니는 보다 가벼운 종류의 매력에다 하나의 심각한 매력을 추가했다("프랑스의 여성이 없었던들 인생은 살 보람이 없을 것이다. 하지만 거기 바람기 많은 젊은 여공들이 있으니 얼씨구 살아나 보세!").[24] 이들 망명객의 집결지에서 망명자들은 인류해방의 계획을 세웠고, 임시적이기는 하나 곧잘 항구적인 것이 되기도 했던 망명인 사회를 이루었다. 그들은 반드시 상대편의 입장에 찬성하는 것은 아니었으나 서로 상대편을 알고 있었고, 또 그들이 같은 운명에 처해 있다는 것을 알고 있었다. 그들은 1848년에 일어나는 유럽 혁명, 그리고 실패로 돌아간 유럽 혁명을 함께 준비하면서 기다리고 있었다.

---

24) Engels to Marx, March 9, 1847.

제7장 민족주의

어느 나라 백성이나 각기 특수한 사명을 지닌다. 그 사명들은 인류의 전체적 사명의 완수를 향해 협조하게 될 것이다. 그러한 사명이 곧 그 나라 국민의 국민성을 형성한다. 국민성은 신성한 것이다.

• 「청년 유럽 운동 회칙」(1834년)

위대한 게르마니아가 한 손에는 지구의 가장 동떨어진 구석까지도 문명의 빛을 던져줄 계몽의 횃불을, 또 한 손에는 중재자의 저울을 들고서 자유와 정의의 청동대(靑銅臺) 위에 서게 되는…… 그러한 날이 올 것이다. 지금 우리에게 힘이 곧 정의임을 과시하면서 모멸의 구둣발로 우리를 짓밟는 그 사람들, 바로 그 백성이 우리 (조국) 게르마니아에게 그들의 분쟁을 해결해달라고 구걸하게 될 것이다.

• 함바흐 축제에서 행한 지벤파이퍼의 연설 중에서(1832년)

1

앞에서 이미 보았듯이 1830년 이후로 혁명을 지지하는 운동 전반에는 분열이 일어났다. 그러한 분열이 낳은 산물 중에서 특히 주목할 만한 것이 하나 있다. 즉 자각적인 민족주의 운동이 곧 그것이다.

이러한 사태발전을 가장 잘 상징하는 것으로서 1830년 혁명 직후에 주세페 마치니가 직접 설립했거나 혹은 그에게 고취받아 생겨났던 청년 이탈리아 운동, 청년 폴란드 운동, 청년 스위스 운동, 청년 독일 운동, 청년 프랑스 운동 등 청년 '운동'들이 있었다. 1840년대의 청년 아일랜드 운동 또한 이와 유사한 것으로, 이것은 19세기 초의 음모적인 결사들인 피니어 회(Fenians)나 아일랜드 공화주의 동지회(이 조직의 행동대인 아일랜드 공화군(Irish Republican Army)을 통해 더 잘 알려져 있다)를 모델로 한 것들 중 성공을 거두어 오랫동안 유지된 유일한 예다. 이러한 운동들은 그 자체로는 그다지 중요한 것이 아니었다. 거기에 마치니가 끼여 있다는 사실만으로도 이 운동이 전혀 실효성 없는 것이 되기에 충분하다고 해도 과언이 아니었다.

그러나 그 운동은 상징적으로는 극히 중요했다. 그 후의 민족주의 운동들이 '청년 체코' 또는 '청년 터키' 따위의 호칭을 선택했던 사실은 그 상징적 중요성이 어떠했는지를 우리에게 말해준다. 이들 운동은 유럽 혁명운동이 민족 단위로 분해됨을 나타내는 것이었다. 이와 같이 민족 단위로 갈라진 각 부분들이 모두 대동소이한 정치강령과 전략·전술을 가지고 있었고, 심지어 그들이 사용한 깃발마저도 거의 한결같은 일종의 삼색기였다. 유럽 혁명운동의 구성원들은 그들 자신의 요구와 다른 국민들의 요구 사이에서 아무런 모순도 발견하지 못했다. 그들은 실상 모두가 자신들을 동시에 해방시키게 될, 그들 모두의 것인 하나의 형제적 결사 같은 것을 마음속에 그리고 있었던 것이다.

다른 한편으로 (유럽 혁명의) 각 부분들이 바야흐로 자국에 대해 제1차적인 관심을 쏟았다. 그들은 만인을 위한 구세주 역할을 맡고 나섬으로써 그와 같은 개별적인 민족적 관심을 정당화하려는 경향을 보이기 시작했다. 즉 (마치니에 의하면) 이탈리아를 통해, (미츠키

에비치에 의하면) 폴란드를 통해 온 세계의 고통받는 인민들은 자유로 인도될 것이었다.

하지만 이러한 태도는 보수주의적 정책이나 실로 제국주의적 정책들에도 쉽사리 적응, 변용될 수 있는 성질의 것이었다. 예컨대 우리는, '신성 러시아'가 곧 '제3로마 제국'이라 부르짖은 슬라브주의자들, 그리고 세계는 앞으로 독일정신에 의해 (그 병폐를) 치유할 수 있을 것이라고 장광설을 늘어놓았던 독일인들에게서 그 산 증거를 보게 된다.

이러한 민족주의의 모호성은 명백히 그 뿌리를 프랑스 혁명으로까지 소급해 찾아볼 수 있다. 그러나 프랑스 혁명 당시에는 위대한 혁명의 나라는 단 하나뿐이었고, 실제로 그러했듯이 그 나라를 혁명의 사령부로 그리고 세계의 해방에 필요한 원동력의 나라로 간주했다는 것은 충분히 이유 있는 일이었다. 파리로 눈을 돌리는 것은 합당한 일이었다. 그리고 실체가 분명치 않은 '이탈리아'나 '폴란드' 또는 '독일'(실제로는 몇 안 되는 음모가와 망명객들에 의해 대표되고 있을 뿐이었다)에 눈을 돌린다는 것은 이탈리아인이나 폴란드인, 독일인에게만 의미가 있는 일일 따름이었다.

새로운 민족주의가 민족혁명을 추구하는 결사의 구성원들 사이에서만 일어난 현상이었다면 그것은 더 이상 주목할 만한 것이 못 된다. 그러나 그것은 이중혁명의 결과로 1830년대의 정치의식에까지 나타나고 있던 훨씬 강력한 세력들을 반영했다. 이 세력들 중 가장 직접적으로 강력했던 것은 불만에 가득 찬 소(小)토지 소유자, 즉 향신들과 많은 나라에서 출현한 민족적인 중류계급 그리고 하층 중류계급들이었으며 이 두 계급의 대변자는 주로 직업적인 지식인들이었다.

소(小)지주적 향신들이 수행한 혁명적 역할을 가장 잘 보여주는 사례는 아마도 폴란드와 헝가리의 경우일 것이다. 그곳에서는 전체적으로 볼 때 대지주인 명문거족들이 절대주의 그리고 외국 지배와 타협해 잘 지낼 수 있었고 그것이 바람직한 일이기도 하다는 것을 깨닫고 맛을 들인 지 오래였다. 헝가리의 명문대가들은 대체로 가톨릭 신자였으며, 빈의 황실사회에서 중심적 존재로 인정받은 지도 오래였다. 그들 중에서 1848년의 혁명에 참가한 자는 거의 없었다. 옛 제치포스폴리타(Rzeczpospolita, 중세 폴란드 공화왕국시대의 국명 — 옮긴이)의 기억이 남아 있는 이 나라는 그 명문거족들도 민족정신을 잃지 않고 있었다. 그러나 그들의 준(準)민족적 당파들 중에서 가장 유력했던 일파, 즉 차르토리스키계의 한 파는 그 당시 파리 랑베르 호텔이라는 호화로운 망명지에서 활동하면서 언제나 러시아와의 동맹에 호의를 보였고, 반란보다는 외교절충 쪽을 택하는 입장을 계속 견지했다.

경제적으로 볼 때, 그들은 그야말로 엄청난 방탕은 아니더라도 그들이 필요로 하는 것에 불편을 느끼지 않을 만큼은 부유했다. 또 그들이 하려고만 했다면 그들의 영지에 충분한 투자를 해서 그 시대의 경제적 팽창의 물결을 타고 이득을 볼 수도 있는 처지였다. 이 계급 출신의 몇 안 되는 온건한 자유주의자의 한 사람으로 경제적 개량의 대표자 격이었던 세체니(Széchenyi) 백작은 새로운 헝가리 과학아카데미에 1년간의 수입인 약 6만 플로린을 기부했다. 그의 생활수준이 영리와 관계없는 그 같은 후한 기부행위로 인해 타격을 받았다는 증거는 하나도 없다.

그 반면에 혈통 외에는 가난에 시달리는 일반 농민들과 거의 다를 바 없는 수많은 향신들 — 헝가리의 주민 가운데 여덟에 한 사람은 신사 신분을 자처했다 — 은 그들의 소유지를 수익성 있게 가꿀 만한 돈도 없었거니와, 독일인이나 유대인들과 맞서 경쟁해가면서 중류계급으로 처신하기 위한 재산을 모은다는 것은 엄두도 내지 못했다. 그들이 지대(地代)만으로 창피를 면할 만큼의 살림을 살아가지 못한다면, 그리고 세상이 변해서 군인으로 입신할 기회마저 빼앗기고 만다면, 그럴 경우 그들이 아주 무식하지 않다면 법률이나 행정 같은 어떤 지적(知的)인 직업을 가질 것을 생각해볼 수도 있었을 것이다. 그러나 부르주아적 활동을 할 생각은 하지 못했을 것이다. 이러한 향신들은(헝가리에서 그랬듯이) 칼뱅주의와 주(州) 조직이라는 이중의 벽 뒤에 숨어, 오래전부터 각기 제 나라에서 절대주의와 외국인들 그리고 명문거족들의 지배에 대한 반대의 아성(牙城)이 되어 있었다. 그들의 이러한 반대와 불만, 그리고 향신들에게 더 많은 일자리가 돌아오기를 바라는 소망이 바야흐로 민족주의와 융합했던 것은 당연한 일이다.

이 시대에 출현했던 민족적 사업가 계급에게 오히려 이러한 민족주의적 요소가 덜했다는 것은 역설적이라 아니할 수 없다. 통일이 되지 않은 독일과 이탈리아 같은 곳에서는 명백히 대규모의 통일된 국민단위시장이 유리하다는 것은 당연했다. 그래서 「세계에서 제일가는 우리 독일」(Deutsch-land über Alles)의 작사자는 거두절미의 생략화법으로,

    햄과 가위여, 장화와 각반이여,
    양모와 비누와 면사와 맥주여,[1]

라고 노래했다. 그 까닭은 민족정신이 달성해주지 못했던 국민적 통일의 진정한 의미를 이러한 것들이 관세동맹을 통해 실현시켜주었

---

1) Hoffmann v. Fallersleben, "Der Deutsche Zollverein," *Unpolitische Lieder*.

기 때문이다. 하지만 예컨대 제노바의 선주들(그들은 훗날 가리발디에게 커다란 재정적 지원을 베풀게 되는데)이 지중해 전역을 상대로 교역할 때의 보다 큰 번영을 마다하고 이탈리아의 국민적 시장이 지니는 가능성 쪽을 선호했다고 보아야 할 증거는 별로 없다. 뿐만 아니라 여러 민족들로 구성된 거대한 다민족제국에서는 특정 지방에 생겨난 공업 중심지 또는 상업 중심지들이 차별대우에 대해 투덜거리는 일도 있었겠지만, 속으로는 장차 국가로 독립했을 때의 좁은 시장보다는 당시 그들에게 개방되어 있던 큰 시장 쪽을 더 좋아했을 것임이 명백하다.

러시아 전역을 두 발로 누비면서 사업을 하던 폴란드 산업가들은 그때까지만 하더라도 폴란드의 민족주의에 별반 참여하지 않았다. 팔라츠키(Palacky)가 체코인들을 대표해서 "만약 오스트리아가 존재하지 않는다면 그것을 만들어내야 한다"고 말했을 때, 그 말은 단지 독일 사람들과 맞서기 위해 군주정치를 지원할 것을 호소하는 데 그치는 것이 아니라, 비록 판도는 크지만 체코가 없었던들 후진적이었을 오스트리아 제국에서 경제적으로 가장 앞서 있었던 체코 지역의 경제적인 득실에 대한 건전한 판단을 대변한 것이었다. 벨기에의 경우처럼 때로는 산업계의 이해가 민족주의 운동을 이끌어갔던 예도 간혹 있었다. 벨기에의 강력한 선진적 공업사회는 1815년 네덜란드에 합쳐진 후 강력한 네덜란드의 상업사회 지배 아래 놓여 자기들이 불리한 처지에 있다고 생각해서 그랬던 것이지만, 어째서 불리하다고 생각했는지 그 이유는 의심스럽다. 어쨌든 이것은 예외적인 경우였다.

이 단계에서 중류계급적인 민족주의 운동에서 큰몫을 담당한 것은 하급 그리고 중급의 전문적 자유직업 계층, 행정가 계층과 지식인 계층, 다시 말하면 교육받은 계층이었다(물론 이들은 특히 후진적인 나라들에서는 사업가 계급과 구별되지 않았다. 이러한 나라들에서는 재산 관리인, 공증인, 변호사 그리고 이와 유사한 사람들이 농촌에서 부를 축적하는 사람들의 주종을 이루고 있었다). 정확히 표현한다면 중류계급적인 민족주의 운동의 전위부대는 교육의 진전으로 인해 종래 소수 엘리트들만이 차지했던 분야로 진출해나간 많은 '신인'들의 전선을 따라 투쟁을 벌였다. 학교와 대학의 발전은 민족주의 발전을 측정하는 척도가 되는데, 그 까닭은 바로 학교 특히 대학이 민족주의의 가장 의식적인 기수가 되었기 때문이다. 1848년과 그리고 다시 1864년에 슐레스비히-홀슈타인을 에워싸고 독일과 덴마크 사이에 벌어졌던 분쟁은 1840년대 중반에 킬 대학과 코펜하겐 대학이 이 문제를 가지고 충돌했을 때 이미 예상되었던 일이었다.

'교육받은' 사람들의 수는 여전히 적었지만 그 진보는 놀라운 것이었다. 프랑스에서 국립고등학교(lycées)의 학생 수는 1809년부터 1842년 사이에 두 배로 늘어났으나(7월왕정 아래서 특히 급속히 증가했지만) 그럼에도 불구하고 1842년 현재의 수는 1만 9,000명을 약간 밑도는 수에 지나지 않았다(당시 중등교육을 받고 있던 아동의 총수는 약 7만 명이었다[2]). 러시아의 경우 인구가 6,800만 명이던 1850년 무렵 중등학생 수는 약 2만 명이었다.[3] 대학생 수가 늘고 있기는 했지만 중등학생 수보다는 당연히 적었다. 1806년 이후 해방이념에 의해 그토록 들끓었던 프로이센의 고등교육을 받는 청년들의 수가 1805년 현재 1,500명을 크게 웃돌지 않았다는 것은 실감하기 어려울 정도다. 1815년 이후 부르봉 왕가의 화근이 되었던 파리 공과대학이 1815년부터 1830년까지 배출해낸 학생 총수가 1,581명이었다는 것

2) G. Weill, *L'Enseignement Secondaire en France 1802~1920*(1921), p. 72.
3) E. de Laveleye, *L'Instruction du Peuple*(1872), p. 278.

은 1년 동안에 새로 받아들인 학생 수가 100명 정도였다는 것을 말해
준다.

1848년 혁명 당시 학생들의 혁명적 활동이 두드러졌던 사실은 그
당시 유럽 대륙 전체의 대학생 수가 비(非)혁명적이었던 브리튼제도
(諸島)의 그것을 포함해서 통틀어 4만 명을 넘지 않았다[4]는 것을 소
홀히 생각하게 한다. 그러한 가운데서도 학생 수는 증가해갔다. 러
시아에서는 1825년의 1,700명에서 1830년의 4,600명으로 늘어났다.
설령 그 수가 늘어나지 않았다 하더라도 사회변혁과 대학들의 변모
(제15장 참조)는 그들에게 한 사회집단으로서의 자각을 갖게 했다.
1789년 당시 파리 대학에는 대충 6,000명의 학생이 있었다. 그러나
아무도 그 사실을 기억하지 않는 것은 그들이 프랑스 대혁명에서 어
떠한 독자적 역할도 하지 않았기 때문이다.[5] 그러나 1830년에 이르
러서는 그만한 수를 가진 학생의 존재를 그 누구도 소홀히 보아넘길
수 없었다.

소수의 엘리트들은 외국어로 활동할 수가 있다. 그러나 교육받은
기간적(基幹的) 요원의 수가 충분히 많아질 만큼 많아지면 그 나라
국어의 존재를 무시할 수 없게 된다(1840년대 이후 인도의 여러 주에
서 공용어를 에워싸고 벌어졌던 투쟁들은 이것을 입증하는 실례다). 그
래서 교과서나 신문이 처음으로 그 나라의 민족어로 발행되는 순간,
즉 그 언어가 일종의 공용어로 처음 사용되는 순간은 한 민족의 발전

---

4) F. Paulsen, *Geschichte de Gelehrten Unterrichts*, II(1897), p. 703; A. Daumard, "Les
   élèves de l'Ecole Polytechnique 1815~48"(*Rev. d'Hist. Mod. et Contemp*, V, 1958);
   1840년대 초기의 한 표준학기의 경우 독일과 벨기에의 학생 총수는 약 1만
   4,000명이었다. J. Conrad, "Die Frequenzver-hältnisse der Universitäten der
   hauptsächlichen Kulturländer"(*Jb. f. Nationalök. u. Statistik*, LVI, 1895, pp. 376ff.).
5) L. Liard, *L'Enseignement Supérieur en France 1789~1889*(1888), pp. 11ff.

에서 결정적으로 중요한 단계를 표시하는 것이 된다.

1830년대에는 유럽의 많은 지역에서 이와 같은 단계가 나타났다. 그 무렵 최초로 천문학·화학·인류학·광물학·식물학에 관한 체코어 저작물이 저술되거나 완성되었다. 그리고 루마니아에서는 종래 사용되어왔던 그리스어 대신에 루마니아어로 된 교과서가 처음으로 나왔다. 1840년 헝가리 의회의 공용어로서 라틴어 대신 헝가리어가 채택되었다. 물론 부다페스트 대학은 빈의 지배 아래 있었던 까닭에 1844년까지도 라틴어에 의한 강의를 폐지하지 않았다(하지만 헝가리어를 공용어로 사용케 하려는 투쟁은 1790년대 이래로 단속적이나마 계속되어왔었다). 자그레브에서는 가이(Gai)라는 사람이 『크로아티아 가제트』(나중에 『일리리안 내셔널 가제트』가 되었다)를 1830년부터 발간해 종래의 갖가지 방언들을 처음으로 문어체(文語體)로 바꾸어 놓았다.

독일에서 발행된 독일어 서적의 수는(라틴어와 프랑스어로 발간된 것과 비교해) 1830년부터 처음으로 90퍼센트 수준을 꾸준히 웃돌게 되었고, 프랑스어로 된 서적의 비율은 1820년 이후 4퍼센트 이하로 떨어졌다는 사실은 흥미 있는 일이긴 하지만[6] 오래전부터 공식적으로 국어를 가졌던 나라들에서는 변천의 자취를 파악하기가 쉽지 않다. 좀더 일반적으로는 서적 발행의 증가가 우리에게 하나의 비교적인 지표를 제공해준다. 독일에서 1821년에 발간된 서적 수는 약 4,000종으로 1800년과 대동소이했지만, 1841년에는 1만 2,000종으로 증가했다.[7]

---

6) Paulsen, 앞의 책, pp. 690~691. 18세기 초에 독일에서 발행된 서적은 60퍼센트 정도만이 독일어로 된 것이었다. 그 뒤로는 독일어 서적의 비율이 상당히 꾸준하게 증가를 거듭했다.

7) *Handwörterbuch d. Staabwissenschaften* (2nd ed.), art. Buchhandel.

물론 유럽인이나 비유럽인의 대다수는 여전히 교육을 받지 못하는 형편이었다. 사실 독일인, 네덜란드인, 스칸디나비아인, 스위스인, 그리고 미국인을 제외하고는 다른 어느 나라 사람들도 글을 해독한다고는 할 수 없었던 것이 1840년 당시의 상황이었다. 개중에는 거의 전부가 문맹자인 나라들도 더러 있었다. 1827년 현재 글을 해독하는 사람의 비율이 0.5퍼센트도 채 안 되었던 남부 슬라브인들(이보다 훨씬 뒤에도 오스트리아 군대에 편입된 달마티아 출신 병사들 중 문자 해독자는 불과 1퍼센트였다)이나, 글을 해독하는 사람의 비율이 2퍼센트였던 러시아인(1840), 그리고 에스파냐인, 포르투갈인(이곳에서는 이베리아 반도 전쟁 후에야 취학아동 수가 겨우 8,000명이 되었던 듯하다), 이탈리아인(롬바르디아인과 피에몬테인 제외)들과 같은 문맹국에 가까운 여러 지역에 사는 사람들이 그러했다. 심지어 영국, 프랑스, 벨기에마저도 1840년대 문맹률이 40퍼센트 내지 50퍼센트에 달했다.[8]

글을 모른다는 것이 정치의식에 장벽이 되지는 않는다. 그러나 사실상 근대적인 형태의 민족주의가 강력한 대중세력이 되었다고 볼 만한 증거는 이중혁명으로 이미 변혁을 겪은 나라들, 예컨대 프랑스, 영국, 미국 그리고 ─영국의 경제적·정치적 종속국으로 되어 있었던 까닭에 ─아일랜드 등과 같은 나라들 이외의 곳에서는 찾아볼 수가 없다.

민족주의와 식자(識字)계급을 같은 선상에 두고 논한다는 것은, 이를테면 러시아의 민중들이 러시아인이 아닌 다른 사람들이나 사물에 접했을 때 자신들을 '러시아인'이라고 생각하지 않았다고 주장하는 것이 되지는 않는다. 그러나 일반 대중의 경우 국민성의 가장 기

---

8) Laveleye, 앞의 책, p. 264.

본이 되는 것은 여전히 종교였다. 에스파냐인은 가톨릭교도로서, 러시아 사람은 러시아 정교 신자로서, 각기 에스파냐인 또는 러시아인이 되는 것이었다.

그러나 그와 같은 낯선 대면은 비록 전보다 잦아지는 편이기는 했지만 아직도 드문 일이었다. 가령 이탈리아인으로서의 국민감정이란 대다수의 민중들에게는 아직도 전적으로 생소한 것이었다고 보아야 할 것이다. 왜냐하면 그들은 문장으로 옮길 수 있는 문어체의 민족어를 사용하기는커녕 서로 거의 알아들을 수 없는 방언을 사용하고 있었던 것이다. 심지어 독일에서조차 나폴레옹에 반대하는 민족적 감정의 정도를 지금까지도 크게 과장하고 있지만, 서부 독일에서는 프랑스가, 특히 병사들 사이에서 극히 인기가 좋았다. 프랑스는 이 병사들을 거리낌없이 고용했을 정도였다.[9] 교황이나 황제에 대해 애착심을 가졌던 주민이라면 마침 프랑스인이었던 그들의 적에 대해 분노를 표시했을 수도 있겠지만, 이것이 민족의식과 같은 감정을 의미할 수는 없는 일이다. 하물며 하나의 민족국가에 대한 욕구를 의미하는 것은 더더욱 아니었다.

게다가 민족주의를 대표했던 층이 중류계급과 향신층이었다는 사실은 가난한 사람들의 불신을 사기에 충분했다. 폴란드의 급진적 민주혁명주의자들은 남부 이탈리아의 카르보나리나 다른 음모가들처럼 농민들을 움직여보려고 진지한 시도를 벌였다. 심지어 농지개혁을 제안하기까지 했다. 그러나 그들은 거의 완벽하게 실패했다. 1846년 갈리티아의 농민들은 폴란드의 혁명가들이 실제로 농노제의 폐지를 선언했는데도 그들에게 반대해 향신들을 학살하고 황제의 관리들에게 의지하는 쪽을 택했다.

---

9) W. Wachsmuth, *Europäische Sittengeschichte*, V, 2(1839), pp. 807~808.

주민들을 그 고장으로부터 내쫓은 일(인구이동)은 아마도 19세기에 일어난 가장 중요한 현상임이 틀림없다. 바로 이러한 일이 그 뿌리 깊고 해묵은 지방적 전통주의를 파괴시켰다. 그러나 1820년대에 이르기까지는 세계의 대부분 지역에 이주 또는 이민하는 사람이 거의 없었다. 다만 예외가 있다면 군대나 굶주림에 쫓긴 강제이동, 혹은 철따라 북부 지방으로 건축업을 하러 가는 중부 프랑스 지방의 농민, 독일의 떠돌이 장인(匠人)과 같은 전통적인 이동집단들뿐이었다.

그 당시의 실향(失鄕)은 19세기 특유의 정신질환이 된 가벼운 형태의 향수병(그것은 수많은 감상적인 유행가에 반영되었다)을 의미하는 것이 아니라, 낯선 고장에서 근무하는 늙은 스위스인 용병들 사이에서 의사들이 임상적으로 처음 발견했던 격렬한 치사성(致死性) 향수병 또는 마음병을 의미했다. 혁명전쟁 때의 강제징병으로 이것이 드러났는데 특히 브르타뉴인들 사이에 두드러진 현상이었다. 멀리 북쪽에 있는 숲의 나라가 끌어당기는 힘은 워낙 강해서, 에스토니아 출신의 어떤 하녀는 훌륭한 고용주였던 작센의 퀴겔겐스 집안에서 자유로이 지낼 수 있었는데도 그것을 마다하고 고향에 가 농노의 신세로 되돌아갔을 정도였다.

특히 미국으로의 이주가 가장 편리한 지표가 되는데 1820년대부터 미국으로의 이민은 두드러지게 증가했다. 그러나 이주가 비로소 제법 큰 비중을 보이게 된 것은 1840년대 들어서였다. 그 시기에는 175만 명이 북대서양을 건너갔다(이것은 1830년대와 비교하면 세 배 가까운 것이었다). 그런데 잉글랜드제도를 제외하고 이주를 잘하는 유일한 나라는 그때까지만 해도 독일이었다. 이 나라는 그들의 아들들을 정착농민으로 동유럽과 미국으로 보냈고, 떠돌이 장인으로 또 용병으로 유럽 대륙 일대에 내보낸 오랜 내력을 가지고 있었다.

1848년 이전에 진정한 대중적 기반을 가지고 일관성 있는 형태로 조직되었던 서구 민족운동으로 꼽을 수 있는 것은 단 하나뿐이다. 이 운동은 자신을 가장 튼튼한 전통을 가지고 있는 교회와 일체화시킨다는 엄청난 이득을 누리기까지 했다. 즉 그 운동은 다름 아니라 오코넬(Daniel O'Connel, 1785~1847)이 지도했던 아일랜드 합병철회운동(合併撤回運動)이었다.

오코넬은 농민 출신의 언변 좋은 변호사이자 선동가로, 그때까지 후진적이었던 대중의 정치의식을 일깨운 최초의 카리스마적 민중 지도자였다. 1848년까지 그와 같은 지도자는 오직 그 한 사람을 꼽을 수 있을 뿐이었다(1848년 이전에 그와 비교가 될 만한 인물은 영국의 차티스트 운동을 상징하는 또 한 사람의 아일랜드인 오코너(Feargus O'Conner, 1794~1855), 그리고 1848년 혁명 이전에도 뒷날의 대중적 존경이라고 할 수 있는 것을 한몸에 받았던 코슈트(Louis Kossuth, 1802~94) 정도가 아닐까 여겨진다. 1840년대 코슈트의 명성은 실제로는 향신계급의 옹호자로서 얻어졌으나, 후일 민족주의 사가들이 그를 성자로 치켜세우는 통에 그의 초기 활동은 파악하기가 어려워졌다).

오코넬이 이끄는 가톨릭 연맹(Catholic Association)은 가톨릭 해방(1829)을 성공적으로 쟁취한 투쟁에서 대중의 지지를 얻었고, 또 반드시 정당화될 수는 없는 것이지만 결국 국교회 목사들의 신뢰까지 얻었다. 그러나 오코넬의 가톨릭 연맹은 어떤 의미에서든 향신(the Gentry)들과는 연계되어 있지 않았다. 향신들이란 어떤 경우든 프로테스탄트이고 또 영국을 편드는 아일랜드인들이었기 때문이다. 그 운동은 농민들의 운동이었으며, 가난에 쪼들리는 섬 아일랜드의 토착 하층 중류계급의 것이었다.

'해방자'(오코넬)는 그 끔찍스러운 한 세기 동안 내내 아일랜드 정치를 움직이는 원동력이 되었던 농민반란이라는 대중운동의 그칠 줄 모르는 파도의 힘에 의해 지도자의 위치에 올라섰다. 이 농민반란적 대중운동은 테러리스트의 비밀결사로 조직화되었고, 이것이 이 번에는 아일랜드인들의 생활을 짙게 물들이고 있던 편협한 향당적 (鄕黨的) 지방주의를 깨뜨리는 데 한몫했다. 하지만 오코넬이 목표로 했던 것은 혁명도 민족독립도 아니었다. 그가 노린 것은 영국의 휘그 당과의 협정 또는 협상을 통해 온건한 중류계급이 아일랜드의 자치 를 실현한다는 것이었다. 사실 그는 민족주의자가 아니었고, 더더구 나 농민 혁명가도 아니었다. 그는 온건한 중류계급적 자치론자였던 것이다.

실상 뒷날에 아일랜드 민족주의자들이 그에게 퍼부은 주요한 비난 은 그가 전 아일랜드인들을 영국에 대항해 들고 일어나게 할 수 있었 는데도 의도적으로 그렇게 하기를 거부했다는 것이었는데, 이것은 근거 없는 비난은 아니다(이러한 비난은 인도의 역사에서 오코넬과 비 슷한 위치를 차지하고 있던 간디에 대해 인도의 급진적 민족주의자들이 퍼부었던 비난과 거의 같은 종류였다). 그러나 이 일로 해서 그가 지도 했던 운동이 아일랜드 국민 대중들의 진정한 지지를 받고 있었다는 사실 자체가 달라지지는 않는다.

2

근대적 부르주아 세계가 자리 잡은 지역 이외의 곳에서는 외세의 지배(이 말은 보통의 경우 이민족에 의한 지배보다는 다른 종교에 의한 지배를 의미하는 것으로 이해된다)에 대한 민중반란이 일어나고 있었 는데, 이것은 때로는 이후 민족운동의 선구가 되는 양상을 보였다. 터키 제국에 대한 반란, 코카서스 지방의 러시아인에 대한 반란, 인 도의 국경 안으로 그리고 그 주변을 잠식해 들어가는 영국의 통치력 에 대한 투쟁 따위가 곧 그러한 예였다. 후진적인 지역 중에서도 무장투쟁적인 농민들과 목축민들이 살고 있는 곳에서는 씨족 단위로 조직을 이루어 족장이나 산적의 우두머리 또는 점쟁이 예언가들의 부추김을 받아, 외국의 지배(혹은 종교를 달리하는 자들의 지배라 함이 더 좋을 것이다)에 대한 저항을 벌였다. 이러한 저항은 그다지 서사시(敍事詩)적이지 못한 나라들에서 발생하는 엘리트 중심의 민족주의 운동과는 전혀 다른, 바로 인민전쟁과 같은 형태로 일어나기도 했다.

그러나 이러저러한 반란 속에서 근대적 민족주의의 성격을 너무 많이 읽어내려고 하는 것은 현명치 못하다. 사실인즉 1803~18년과 1845~49년 마라타족(봉건적·군사적인 힌두 부족)이나 시크교도(호전적인 힌두교 분파)의 영국인에 대한 저항들은 그 어느 것도 뒷날의 인도 민족주의 운동과 거의 아무런 관계가 없었고, 또 독자적인 민족주의를 낳은 바도 없다.[10] 야만적이고 영웅적이며, 내부에 반목과 불화가 심했던 코카서스족은 뮤리드교(Muridism)라는 엄숙한 회교 교파 속에서 러시아인 침략에 반대하는 단합의 일시적 근거를 발견했고, 샤밀(Shamyl, 1797~1871)을 그 주요 지도자로 받들었다. 하지만 오늘에 이르기까지도 코카서스 국민이란 존재하지 않으며, 소비에트 연방의 몇 개 소(小)공화국으로 흩어져 사는 조그만 산악민족의

---

10) 시크족의 운동은 대체로 오늘날까지도 그 독특한 모습 그대로 남아 있다. 마하라슈트라에서 이루어진 전투적인 힌두족의 저항 전통은 이 지역을 인도 민족주의의 초기 중심지로 만들었고, 특히 틸라크(B. G. Tilak)와 같은 초기 지도자──극히 전통주의적인 지도자──가운데 몇몇을 배출하기도 했다. 그러나 이것은 기껏해야 지역적인 운동이었으며 이 운동의 주류로부터는 거리가 먼 것이었다. 마라타 민족의 민족주의와 같은 것이 오늘날까지도 존재하고 있는지 모르나 그것의 사회적인 기반을 이루는 것은 경제적으로, 그리고 최근까지는 언어상으로도 지배적인 위치를 차지했던 구제라티족에 대한 저항, 마라타족의 수많은 노동계급이나 불우한 처지에 있던 하층 중류계급의 저항이었다.

군소집단을 이루고 있을 뿐이다(그루지아인과 아르메니아인들은 근대적 의미의 국민을 형성했지만 그들은 샤밀 운동에는 관계하지 않았던 백성이다).

베두인족에게는 아라비아의 와하비 교파나 지금은 리비아가 되어 있는 곳에서의 시누시 교파와 같은 엄숙한 회교 교파가 힘을 떨치게 되었다. 그들은 오로지 알라 신을 믿는 단순한 신앙, 그리고 목축과 약탈행위 같은 단순한 생활양식을 수호하기 위해 세금이니 파샤니 도시니 하는 타락과 싸웠던 것이다. 하지만 오늘날 우리가 아랍 민족주의라고 알고 있는 것 —20세기의 산물—은 도시에서 생겨난 것이지 방랑과 유목의 야영지에서 생긴 것은 아니다.

발칸의 여러 나라에서 있었던 터키인에 대한 저항, 특히 남부와 서부의 좀처럼 굽힐 줄 모르는 산악민족들 사이의 저항마저 근대적인 민족주의의 관점에서 소홀히 해석할 일은 아니다. 비록 이 민족들의 음유시인이나 용사들—이 두 종류의 사람들은 시인이자 전사(戰士)를 겸했던 몬테네그로의 사제(司祭)들 경우처럼 동일인물인 경우가 많았다—이 알바니아의 스칸데르베그와 같은 준(準)국민적 영웅의 영광을 상기시켜주기도 하고, 또 터키에 대항해 외로운 싸움을 벌이다가 코소보에서 패한 세르비아의 비극을 상기시켜주기도 하지만, 그것을 너무 쉽사리 근대적 민족주의 관점에서 해석해서는 안 될 것이다.

지방의 행정기관 또는 쇠망해가는 터키 제국에 대항해 필요할 때 반란을 일으키는 일만큼 당연한 일도 없었다. 하지만 오늘날 우리가 유고슬라비아인으로 알고 있는 사람들과 터키 제국 안의 유고슬라비아인들을 한덩어리로 단결시킨 것은 다름 아닌 경제적 후진성이라는 공통점 이외에는 아무것도 없었다. 그리고 유고슬라비아라는 개념 자체도 자유를 위해 실제로 싸웠던 사람들의 소산이라기보다는 오히려 오스트리아-헝가리의 지식인들이 만들어낸 개념이었다.[11] 그리스 정교를 믿는 몬테네그로인들은 굽힐 줄 모르고 터키인들과 싸웠다. 하지만 그와 똑같은 열정을 가지고 그들은 종교를 달리하는 알바니아인 가톨릭교도와 싸웠고, 또 역시 종교는 다르지만 같은 슬라브족인 회교도 보스니아인들과도 싸웠던 것이다. 보스니아인들은 터키인들에 대해 반란을 일으켰다. 보스니아인들은 대부분 터키인들과 같은 종교를 받드는 처지였지만 숲이 우거진 다뉴브 평야의 그리스 정교도인 세르비아인들에게 뒤질세라 알바니아 국경지대의 그리스 정교를 믿는 '옛 세르비아인'들보다도 더 열정적으로 터키인들과 싸웠다.

발칸의 민족들 중 19세기에 처음으로 들고 일어난 것은 돼지상인이자 산적이었던 영웅적인 '검은 조르제'(Black George, 1760~1817)의 지도 아래 일어났던 세르비아인들이었다. 그러나 그들은 봉기(1804~1807)의 초기 단계에서는 터키 지배에 대한 반대를 내세우지조차 않고 오히려 그 반대로 지방 통치자의 악정(惡政)에 반대해 터키의 술탄(회교국의 황제―옮긴이)을 지지했다. 발칸 반도 서부의 산악부족들이 일으킨 반란의 초기 역사에서 그 지방의 세르비아인, 알바니아인, 그리스인, 그 밖의 민족들이 19세기 초에 일종의 비(非)민족적인 자치공국(公國)으로 만족하지 않았으리라는 것을 시사하는 대목은 별로 찾아볼 수 없다. 이 자치공국이란 막강했던 한 태수(太

11) 현재의 유고 정권이 종래 세르비아 국민으로 분류되어오던 백성들을 세르비아와 보스니아, 몬테네그로, 마케도니아 그리고 코소보-메토히자 따위의 훨씬 더 현실적이고 세분화된 민족공화국들과 그 밖의 단위로 가른 사실은 주목할 만하다. 19세기 민족주의의 언어적 기준에서 본다면 이들은 거의 모두가 단일한 '세르비아' 민족에 속했으며, 불가리아인에 가까운 마케도니아인과 코스메트에 있는 소수의 알바니아인들만이 예외였다. 그런데도 이들은 사실상 단일한 세르비아 민족주의를 발전시킨 적이 없었다.

守), 즉 '야니나의 사자'인 알리 파샤(1741~1822)가 한때 에피로스에 세운 것이었다.

양을 치며 살아가는 부족들과 산적떼의 영웅들이 어떠한 현실적인 통치권력에 대해 끊임없는 투쟁을 벌이면서 중산계급의 민족주의 그리고 프랑스 혁명의 이념과 융합되었던 예는 오직 하나뿐이다. 그리스의 독립투쟁(1821~30)이 바로 그것이다. 그러므로 그리스가 여러 곳에서 민족주의자들과 자유주의자들의 신화와 영감의 원천이 되었다고 해도 이상할 것이 없다. 그도 그럴 것이 오직 그리스에서만 국민 전체가 유럽의 좌파 입장과 동일시해도 무방한 그러한 식으로 압제자에게 항거해서 일어났기 때문이다. 그리고 또 그것에 대응해 일어났던 유럽 좌파의 지지, 그곳에서 죽어간 시인 바이런이 선두를 섰던 그 유럽 좌파의 지지라는 힘이 그리스 독립을 쟁취하는 데 상당한 힘이 되었기 때문이다.

그리스인들의 대다수는 발칸 반도의 잊힌 다른 전사(戰士) 겸 농부나 부족들과 별로 다를 것이 없었다. 그런데 그 일부는 국제적인 상인계급과 행정가 계층을 형성해 터키 제국 전역과 그 밖의 지역에 위치한 식민지, 또는 소수민족 사회에서 뿌리를 내려 살아가고 있었다. 발칸 민족들의 대다수가 속했던 그리스 정교회의 공용어와 그 교회의 고위 성직(聖職)이 모두 그리스어와 그리스인들의 것이었으며, 그러한 그리스인들은 콘스탄티노플의 주교를 수장(首長)으로 삼고 있었다. 그리스의 관리들은 어느새 봉신적(封臣的) 제후로 변신해 다뉴브 지역의 제후국들(현재의 루마니아)을 통치하고 있었다. 어떤 의미에서는 발칸 지역과 흑해 지역, 그리고 레반트 지방의 교육받은 계층과 상인계급은 민족적 뿌리야 어떻든 모두가 바로 그들 활동의 성격으로 인해 그리스화되어 있었다.

이 같은 그리스화는 18세기에 그 전보다도 더욱 힘차게 진행되었는데, 이것은 주로 그 현저한 경제적 확장에 힘입은 것이었다. 그러한 경제적 확장은 그리스인의 진출 범위와 접촉을 한층 넓혀주기도 했다. 새로이 번창하기 시작한 흑해의 곡물 교역은 그리스화의 물결을 이탈리아, 프랑스, 영국의 산업 중심지까지 뻗어나가게 했고, 러시아와의 유대를 강화시켰다. 또 발칸 무역의 발달은 그리스 상인과 그리스화한 상인들을 중유럽으로까지 진출시켰다. 최초로 그리스어 신문이 발간된 곳은 빈이었다(1784~1812). 농민반란을 일으켰던 사람들의 정기적인 국외 이주와 재(再)이주는 망명자들의 사회를 한층 증강시켰다.

프랑스 혁명의 사상—자유주의, 민족주의, 그리고 프리메이슨적 비밀결사에 의한 정치조직의 방법—이 뿌리를 내린 것은 이 같은 코스모폴리탄적인 그리스화의 확산을 통해서였다. 그 정체가 분명하지는 않으나 아마도 범(汎)슬라브주의적이었을 초기 혁명운동의 지도자인 리가스(Rhigas, 1760~98)는 프랑스어를 구사했으며, 「라 마르세예즈」를 그리스의 상황에 맞게 각색해 불렀다. 1821년의 반란을 주동한 비밀 애국결사 '필리케 헤타이리아'(Philiké Hetairia)는 1814년에 새로운 러시아의 대곡물항(港) 오데사에서 설립된 것이었다.

그들의 민족주의는 어느 정도 서유럽에서 일어난 엘리트들의 운동과 비슷한 데가 있었다. 다뉴브 지역의 제후국에서 지방의 그리스인 유력자들의 지도 아래 그리스 독립을 위한 반란을 일으킨다는 계획은 달리 설명할 길이 없다. 왜냐하면 이들 비참한 농노지대에서 그리스인이라고 말할 수 있는 사람들이란 오직 영주·주교·상인·지식인들뿐이었기 때문이다. 아주 당연하게도 반란은 비참하게 실패했다(1821). 그러나 다행히도 이 헤타이리아는 다시 그리스의 산악지대(특히 펠로폰네소스 반도)에 있던 용감한 산적들과 무법자들, 족장들의 무정부상태를 규합하기 시작했다. 이것은—어쨌든 1818년 이후로는—똑같이 그 지방의 도적떼들을 규합하려고 시도했던 남부 이탈리아의 향신 카르보나리보다는 상당히 큰 성공을 거두었다. 이 무장한 도적떼(Klephts) 중에는 자코뱅당원들의 말투로 성명서를 작성하는 '서기'를 거느렸던 예도 많았는데, 서적(書籍)상의 학문에 대한 존경과 관심은 고대 헬레니즘이 전해준 유품이었다.

하지만 그들에게 근대적인 민족주의가 큰 의미가 있었는지는 의문스럽다. 그들이 대표하는 어떤 것이 있었다면 그것은 남자라면 영웅이 되거나 법의 테두리에서 쫓겨난 신세가 되면 산속으로 들어가 정부에 저항하는 것이 당연한 일이며, 농민들이 당하는 불의를 시정하는 것을 보편적인 정치적 이상이라고 보는 이 반도의 해묵은 풍조였다. 산적이자 가축상인이었던 콜로코트로네스(Kolokotrones) 같은 사람이 일으킨 반란을 위해 서구형 민족주의자들은 지도부가 되어주었으며, 또 그 반란이 순수하게 지방적인 것에 그치지 않고 범헬레니즘 양상을 띠게 했다. 그 반대급부로서 서구형 민족주의자들은 그들로부터 한 민족의 무장된 대중봉기라는 독특하고도 가공스러운 거사(擧事)를 얻어냈던 것이다.

그리스의 새로운 민족주의는 독립을 쟁취하기에 충분한 것이었다. 비록 중류계급이 지도세력이 되고 무장 도적집단이 분열했으며 강대국들이 개입하는 등의 사정들이 복합적으로 작용함으로써 그러한 민족주의가 서유럽 자유주의적 이상의 보잘것없는 풍자화를 만들어내긴 했지만 말이다. 우리는 그러한 풍자화를 그 후 라틴아메리카와 같은 지역에서 흔히 보게 될 터였다.

그러나 그것은 또한 헬레니즘을 그리스 내부에만 국한시킴으로써 발칸의 여러 민족들에게 잠재적인 민족주의를 불러일으키거나 그것을 격화시키는 역설적인 결과를 낳기도 했다. 그리스인이라는 사실이 발칸의 유식한 그리스 정교도가 교회의 성직에 취임하는 자격요건이라는 것 이상의 의미를 별로 지니지 않았던 시절에는 그리스화는 진전되어 나갔다. 하지만 그것이 그리스에 대한 정치적 지지를 의미하게 되자 그리스에 동화된 발칸의 지식계급들 사이에서조차 그리스화는 후퇴하고 말았다. 이러한 의미에서 그리스 독립은 발칸의 다른 여러 민족들의 민족주의가 진전하기 위한 불가결의 전제조건이었다.

유럽 이외의 곳에서는 민족주의를 거론한다는 것이 매우 어려운 일이다. 붕괴해버린 에스파냐와 포르투갈 두 제국의 뒷자리에 들어선 그 수많은 라틴아메리카의 공화국들(정확히 말하면 브라질은 1816년에 독립 군주국이 되어 1889년까지 군주국으로 있었다)은 그 국경이라 해야 지방에서 일어난 반란들의 어느 한쪽을 밀어준 귀족들 간에 이루어진 영지 분배를 반영한 것에 불과했는데, 이 공화국들이 다시 그런대로 정치적인 기득권과 영토적 야심을 품기 시작하고 있었다. 베네수엘라의 시몬 볼리바르나 아르헨티나의 산 마르틴이 당초에 품었던 범(汎)아메리카주의의 이상은 실현될 수 없는 것이었다. 하긴 이슬람에 대항하는 그리스 정교도의 단합을 나타내는 유물인 범발칸주의가 끈질기게 살아남아 지금까지도 명맥을 유지하고 있는 것처럼 범아메리카주의도 에스파냐어에 의해 하나로 통합되어 있는 모든 지역들에서 하나의 강력한 혁명적 주류로서 지금까지 버텨오고 있기는 하지만 말이다.

이 대륙이 광활하고도 기복이 크다는 것, 멕시코(이곳의 사정이 중앙아메리카의 대세를 좌우했다)와 베네수엘라 그리고 부에노스아이레스가 각기 독립적으로 반란의 초점이 되어 있었던 것, 그리고 외부의 작용에 의해 해방된 페루가 에스파냐 식민주의의 중심지라는 특수한 문제 등 여러 사정들이 자연스레 심각한 분열상태로 빠져들게 했다.

하지만 라틴아메리카에서의 혁명은 귀족과 군인들 그리고 프랑스

풍에 물든 진보파들의 소집단이 벌인 소행이었고, 가난한 백인 가톨릭교도들은 피동적인 입장에 머물렀으며, 원주민들은 무관심하거나 오히려 적대적이었다. 오직 멕시코에서만은 '과달루페의 성모 마리아' 깃발 아래 행진했던 농민들, 즉 원주민 인디언들이 주동한 민중운동에 의해 독립이 쟁취되었고, 그 결과 멕시코는 이후 라틴아메리카 대륙의 다른 나라들과는 달리 정치적으로 선진적인 길을 걷게 되었다. 하지만 우리가 다루고 있는 시대에 있어 라틴아메리카에서 정치적으로 결정적인 역할을 하는 그 얼마 되지 않은 계층의 사람들이 콜롬비아, 베네수엘라, 에콰도르 등의 나라들에 대해 '민족의식'의 맹아 이상의 것이 있었다고 말한다면 그것은 시대착오적인 생각이라 해야 할 것이다.

동유럽의 여러 나라에서 민족주의의 원형적인 것이 있기는 했다. 그러나 그것은 민족적 반란이 아니라 오히려 보수주의적인 방향으로 나아가는 역설적 현상을 보였다. 슬라브 민족은 러시아와 발칸의 몇몇 사나운 거점들을 제외하고는 도처에서 압박받고 있었다. 그러나 앞에서 이미 본 것처럼 그것은 마자르인 지주들과 도시의 착취자들이었다. 이들 압제자들의 민족주의란 슬라브족에게 국민으로서 존재할 여지를 전혀 허용하지 않았다. 예컨대 바덴(독일 남서부에 있는)의 공화주의자와 민주주의자들이 제안한 독일합중국이라는 급진적인 프로그램마저도 일리리아인들(크로아티아인과 슬로바키아인)의 공화국을 이탈리아의 트리에스테에 있는 수도와 함께 그 속에 포함시키고, 모라비아인의 공화국을 올로모우츠에 위치한 수도와 함께 편입시키며, 보헤미아인들의 공화국도 프라하를 필두로 그 속에 포함시키는 것으로 구상되어 있었다.[12]

---

12) J. Sigmann, "Les radicaux badois et l'idée nationàle allemande en 1848,"

그러므로 슬라브의 민족주의자들이 당장에 희망을 걸 수 있는 것은 오스트리아와 러시아의 황제일 수밖에 없었다. 온갖 형태의 슬라브 민족 단결운동은 러시아 지향적(志向的)인 성격을 띠었다. 특히 1846년의 봉기가 실패로 돌아간 뒤에 닥친 패배와 절망의 시기에 슬라브의 반란자들 — 심지어 반(反)러시아적 폴란드인까지도 — 은 그러한 생각들을 중심으로 결속했다. 크로아티아인들의 '일리리아주의'와 온건한 체코 민족주의는 오스트리아 지향성을 나타냈는데, 이들은 합스부르크 제국의 통치자들로부터 사려 깊은 지원을 받았다. 합스부르크 지배체제의 유력한 각료 두 사람은 — 콜로브라트(Kolowrat)와 경찰조직의 책임자였던 세들니츠키(Sedlnitzky) — 체코인이었다. 1830년대에는 크로아티아인들의 문화적 갈망이 보호되었고, 1849년에 이르면 콜로브라트는 1848년 혁명의 회오리가 불어닥쳤을 때 매우 유용했음이 입증된 한 조치를 실제로 제안해 그 실현을 보았다. 즉 크로아티아인 군사 도독(都督)을 크로아티아 지방의 수반으로 임명해 헝가리와의 군사적 국경선에 대한 지휘권을 관장케 함으로써 고분고분하지 않은 마자르인들을 견제하게끔 하는 조치를 제안했던 것이다.[13]

그러므로 1848년 당시 혁명주의자였다는 것은 곧 슬라브인들의 민족주의적 포부에 반대한다는 것과 동일한 것이 되고 말았다. 그리하여 '진보적'인 국민들과 '반동적'인 국민들의 말없는 반목이 1848년의 혁명을 실패로 몰아가는 데 크게 작용했다.

그 밖의 곳에서는 민족주의와 유사한 것을 찾아볼 수 없다. 왜냐하면 그럴 만한 사회적 조건이 갖추어져 있지 않았기 때문이다. 사실

Etudes d'Histoire Moderne et Contemporaine, II(1948), pp. 213~214.

13) J. Miskolczy, *Ungarn und die Habsburger-Monarchie*(1959), p. 85.

뒷날 민족주의를 형성하게 될 세력들이 이 단계에서 맞서 반대하고 있던 세력은 다름 아닌 전통, 종교, 그리고 대중적 빈곤이라는 세 가지 연합된 힘이었다. 다시 말해서 서유럽의 정복자와 착취자들의 침략에 대해 가장 강력하게 저항한 세력들이었던 것이다. 아시아의 여러 나라에서 성장한 현지(現地) 부르주아지 분자들은 외국 착취자들의 비호 아래 성장했으며, 대부분은 그 착취자들의 대리인, 중개인, 그리고 그 종속물들이었다. 예컨대 봄베이의 파르시 교도(the Parsee Community)가 그러한 예였다. 비록 교육받고 개화된 아시아인들이 어떤 외국 지배자나 기업의 하급 직원 또는 매판은 아니었다 할지라도(터키에서 사방으로 흩어져 살던 그리스인들의 처지와 다를 바 없는 형편이었다) 그들이 해야 할 최우선의 정치적 과제는 서유럽화하는 일이었다. 즉 전통적인 통치자와 전통적인 피통치자의 통일된 저항을 무릅쓰고 프랑스 혁명 사상과 과학기술의 근대화 이념을 도입해 민중들에게 보급시키는 일(남부 이탈리아의 향신층-자코뱅주의자들이 처했던 상황도 마찬가지였다)이었다.

그러므로 그들은 자기 나라 국민들로부터 이중으로 단절되어 있었다. 민족주의적 신화가 이러한 절연(絕緣)을 희미하게 덮어버린 때도 가끔 있었다. 한편으로는 식민주의와 초기 토착 중류계급 사이의 결탁관계를 은폐하고, 다른 한편으로는 초기의 반(反)외세적 저항을 뒷날의 민족주의 운동의 빛깔로 채색했던 것이다. 그렇지만 아시아나 이슬람의 여러 나라들, 그리고 아프리카에서는 더더욱 진보파와 민족주의, 그리고 이 두 가지와 민중들 사이의 접목은 20세기에 이르기까지도 이루어지지 않고 있다.

이처럼 동양에서의 민족주의는 서양의 영향과 서양의 정복이 가져다준 결과로서의 산물이었다. 아마도 이러한 관계가 가장 명백하게 나타난 동양의 한 나라로서 생각되는 것은 최초의 근대적 식민지 민족운동[14]의 기초가 다져졌던 이집트다. 이 나라에는 나폴레옹에 의한 정복으로 서양의 사상과 방법 그리고 기술이 들어왔다. 그리고 이러한 것들의 가치는 한 사람의 유능하고 야심적인 토착민 출신의 군인 모하메드 알리(Mohamed Ali)에 의해 곧 인정되었다. 프랑스군의 철수에 뒤이은 혼란의 시대에 프랑스인들의 지지를 얻어 권력을 잡고 터키로부터 사실상의 독립을 얻어낸 모하메드 알리는 외국의(주로 프랑스의) 기술적 원조를 얻어 능률적으로 서유럽화를 추구하는 전제체제(專制體制) 건설에 착수했다.

1820년대와 1830년대의 유럽 좌파들이 그에게 지지를 보냈다. 자국 내의 반응이 너무나 한심스러워 의기소침해 있던 이들 좌파들은 이 계몽적 독재자가 원하는 것이면 무엇이든 도와주었다. 엉뚱한 생시몽주의자의 한 분파는 사회주의를 주창하는 것과 투자 은행가들 그리고 엔지니어들에 의한 산업개발을 옹호하는 양쪽 일에 똑같이 매달려 있었는데, 한때 이들은 알리에게 집단적 원조를 해주어 경제 개발에 관한 계획을 만들어주었다(그들에 관해서는 제13장의 2 참조). 그리하여 생시몽주의자들은 수에즈 운하(생시몽주의자인 레셉스에 의해 건설되었다) 건설의 토대를 닦아주었지만, 그와 동시에 앞을 다투며 설치는 유럽의 사기꾼들 무리들에 의해 협상된 거액의 차관에 이집트의 지배자들이 치명적으로 의존하지 않을 수 없게 된 상황의 기초를 만들어내기도 했다. 이제 이집트는 이 차관 때문에 제국주의적 경쟁과 반제국주의자들의 반란 중심지로 변하게 되었다.

그러나 모하메드 알리는 다른 어느 동양적 전제군주와 마찬가지로 민족주의자는 아니었다. 뒷날의 민족주의의 기초가 된 것은 그나 그 나라 사람들의 열망이 아니라 그가 추진했던 서구화였다. 이집트

---

14) 아일랜드의 민족운동은 예외다.

가 이슬람 세계에서 최초의 민족주의 운동을 낳고 또 모로코가 그 마지막 민족주의 운동을 낳았다고 한다면, 그 이유는 다음과 같을 것이다. 모하메드 알리가 (충분히 이해가 가는 지정학적 이유로) 서구화 물결의 커다란 길목에 있었던 반면, 스스로 폐쇄된 상태에 있었던 이슬람교도 수장(首長)의 제국인 모로코는 저 멀리 서쪽의 외진 곳에 위치해 서구화의 길목에 있지 않았고 또 그러한 시도도 하지 않았기 때문이다. 민족주의도 근대세계의 그렇게 많은 다른 특성들과 마찬가지로 이중혁명의 산물인 것이다.

제2부 결과

제8장 토지

나는 너의 상전이고, 나의 상전은 차르다. 차르는 나에게 명령할
권리가 있고, 나는 그 명령에 따라야 하지만, 너에게 명령할 권
리는 차르에겐 없다. 나의 영지에서는 내가 차르이니, 나는 지상
에서 너의 신(神)이다. 나는 너에 대해 하늘에 계신 하느님께 책
임을 져야 한다. ……말은 먼저 거친 무쇠빗으로 열 번이고 빗질
을 해야 한다. 그런 다음에야 부드러운 솔로 솔질할 수 있다. 나
도 무쇠빗질 하듯 너를 모질게 다루지 않으면 안 되겠지만, 내가
언젠가는 부드러운 솔질을 하게 될지 누가 알랴. 하느님은 천둥
과 벼락으로 공기를 맑게 하신다. 그와 마찬가지로 내 마을에서
는 내가 필요하다고 생각할 때는 언제고 천둥과 불벼락을 내려
깨끗이 할 것이다.
• 러시아의 한 영주가 농노에게 일러준 말[1]

암소 한두 마리에 돼지 한 마리, 거위 몇 마리를 가지게 되면 농
민들은 으레 같은 사회계급의 동료들보다 높아진 것으로 생각
한다. ……가축들을 따라 어슬렁거리면 게으른 버릇이 몸에 밴
다. ……밤낮 하던 일이 싫어지고, 제멋대로 방종에 빠져든다.
마침내 반쯤 굶은 송아지나 돼지를 팔아 게으르고 무절제한 생
활을 일삼는다. 그다음에는 흔히 어미소를 팔아치우는 일이 따
른다. 그리고 서글픈 실의에 빠진 암소 주인은 그 전에 밥벌이를
했던 그날그날의 규칙적인 노동의 길로 돌아갈 생각은 하지 않
고…… 그에겐 전혀 받을 자격이 없는 구호(救護)를 구빈금(救貧

---

1) Haxthausen, *Studien… über Russland*, II(1847), p.3.

金)으로부터 끌어내려고 한다.

• 서머싯에 관한 농업성의 군사보고(1798년)[2]

1

1789년부터 1848년까지는 토지에 어떤 일이 일어났는가에 따라 인간들 대부분의 생사가 좌우되었다. 따라서 이 책이 다루는 시기에서 이중혁명이 토지의 소유 그리고 보유와 농업에 미친 충격은 가장 파국적인 현상이었다. 그도 그럴 것이 정치혁명이든 경제혁명이든 그 어느 쪽도 토지를 못 본 체할 수는 없는 일이어서 최초의 경제학 학파인 중농학파도 토지를 부(富)의 유일한 원천으로 생각했던 것이다. 토지문제의 혁명적 변혁이 모든 급속한 경제발전의 전제이거나 귀결이라고 볼 수는 없을지도 모른다. 그러나 그것이 부르주아 사회의 필연적인 전제조건이 되며 또 그 귀결이라는 것에 대해서는 그 누구도 의견을 달리하지 않았다.

세계의 전통적인 농지제도와 농촌의 사회관계라는, 얼어붙은 거대한 만년설(萬年雪)이 기름진 경제성장의 토양을 뒤덮고 있었다. 이 토양이 이윤을 추구하는 사기업에 의해 경작되게 하려면 무슨 일이 있어도 이 얼음장을 녹여야만 했다. 바로 세 가지 변화가 있어야만 했다. 첫째, 토지는 사적(私的) 소유자에 의한 소유와 자유로운 매매가 가능한 일종의 상품으로 변해야 했다. 둘째, 시장을 위해 토지는 그 생산적 자원을 개발하려고 하며 이성, 즉 계몽된 자기이해와 이윤 동기에 의해 움직이는 계급의 사람들에게로 소유가 넘겨져야 했다.

---

2) J. Billingsley, *Survey of the Board of Agriculture for Somerset*(1798), p. 52.

셋째, 방대한 농촌인구는 증대하는 비(非)농업 부문 경제를 위해 적어도 그 일부는 어떻게든 자유로이 이동하는 임금노동자로 전환되어야만 했다.

생각이 보다 깊거나 보다 급진적인 일부 경제학자들은 또한 네 번째 바람직한 변화가 있다는 것을 알고 있었다. 그 네 번째 것은 불가능하지는 않았지만 대단히 어려운 변화였다. 왜냐하면 모든 생산요소의 완전한 이동성을 전제로 하는 경제체제에서는 '자연적 독점'(natural monopoly) 상태의 토지는 전적으로 적합한 것이 아니었기 때문이다. 땅의 넓이는 한정되어 있고 그 하나하나가 비옥성과 이용성이 다른 까닭에 보다 기름진 땅의 소유자는 불가피하게 특별한 이익을 누리게 되어 다른 사람들에게 지대(地代)를 부과하게 될 것이었다. 이 부담을 어떻게 제거하거나 경감시킬 것인가──예컨대 적절한 과세, 토지 소유의 집중화를 방지하는 법률 제정, 심지어 국유화에 의해──하는 문제는 특히 공업화된 잉글랜드에서 격렬한 논란거리가 되었다(이러한 논의는 철도와 같은 또 다른 '자연적 독점'에도 번졌다. 이런 이유로 철도의 국유화가 사기업 경제와 모순되는 것으로 간주되지 않았고 실제로 널리 국유화가 시행되었다[3]). 그러나 이런 것들은 부르주아 사회에서의 토지문제이고, 당면 과제는 부르주아 사회를 제자리에 들어앉히는 일이었다.

두 개의 커다란 장애물이 이러한 과제 앞에 가로놓여 있었다. 이 장애물들은 모두 정치와 경제의 결합된 조치를 필요로 하는 것이었다. 전(前) 자본주의적 지주와 전통적인 자영(自營) 농민층이 바로 그들이었다. 한편 이 과업을 수행하는 데에는 여러 가지 길이 있을 수 있었다. 그 가운데 가장 급진적인 방식이 영국과 미국의 그것이었

---

3) 잉글랜드에서조차 이 문제는 1840년대에 벌써 진지하게 제안되었다.

다. 두 나라는 다 같이 자영 농민층을 없애버렸으며, 한 나라는 지주까지도 없애버렸던 것이다.

고전적인 방식을 채택한 영국은 약 4,000명 내외의 토지 소유자가 전체 토지의 약 7분의 4를 소유하고,[4] 그 토지는 1851년 당시의 수에 의하면 약 125만 명 내외의 노동자와 머슴을 고용하는 25만 명의 농장 경영자(farmers)에 의해 경작되는 나라가 되었다(총면적의 4분의 3은 50에이커에서 500에이커에 이르는 규모의 농장이었다). 소(小)토지 소유자들이 존재할 만한 여지도 없지는 않았으나 스코틀랜드의 고지대나 웨일스의 일부를 제외하면 유럽 대륙적인 의미의 자영농이 영국에도 존속했다고 말하는 것은 현학적인 학자들이나 할 법한 말이었다.

고전적인 미국식 해결방식이란 토지 소유자가 직접 그것을 점유하여 영농하는 영농방식을 말하는 것으로, 그들은 고용할 노동력의 부족을 집약적인 기계화의 힘으로 메웠다. 허시(Obed Hussey)의 수확기(1833)와 매코믹(Cyrus McCormick)의 수확기(1834)는 순수하게 상업적인 농업경영자와 토지투기를 행하는 기업가들에게 없어서는 안 될 역할을 했다. 그들은 땅을 강점하거나 또 나중에는 정부로부터 거의 공짜나 다름없는 헐값으로 불하를 받아가면서 뉴잉글랜드로부터 서부를 향해 미국적 생활방식을 보급시켜 나갔다.

프로이센식의 고전적 해결방식은 사회적인 관점에서 볼 때 가장 비혁명적이었다. 그 내용은 봉건적 지주를 자본주의적 농장경영자로, 농노를 고용된 농업노동자로 바꾸어놓는 것이었다. 융커(Junker)들은 종래 농노를 부려서 농사를 지어 그 수확물을 수출시장에 내보

---

4) 숫자는 1871~73년의 『신토지대장』에 의거함. 그러나 이 숫자가 1898년의 사정을 나타낸 것이 아니라고 믿을 이유는 없다.

내던, 그 메마른 영지에 대한 지배권을 그대로 유지했다. 다만 그들은 이제 농노가 아니라 농노 신분에서 ─ 그리고 토지로부터도 ─ 해방된 농민의 손을 빌려 경작하게 되었을 뿐이다. 포메라니아의 예를 보면 19세기 후반 약 2,000개에 달하는 대규모 영지가 전체 토지의 61퍼센트를 차지했다. 그 나머지 토지를 약 6만에 달하는 중소 규모의 토지 보유자들이 차지하고 있었으며, 그 나머지 인구들은 전혀 토지를 갖지 못했다. 이것은 물론 극단적인 하나의 예다.[5]

1849년 당시 프로이센에서 토지 없는 농촌노동자, 또는 실질적으로는 품삯을 받고 고용되어 일하는 농촌노동자의 수가 거의 200만 명에 달했을 것으로 추정된다.[6] 그러나 1773년에 나온 크뤼니츠의 『가정경제 및 농업경제 백과사전』에는 '노동자'라는 말이 아예 언급도 되어 있지 않았을 정도로 농촌노동자 계급은 대단치 않게 여겨졌던 것이 사실이다.

자본주의적인 의미에서 볼 때 농업문제의 체계적인 해결방식으로 남은 마지막 것으로 덴마크식 방법을 들 수 있을 것이다. 이 또한 상업적으로 영농을 하는 중소 규모의 농장을 대량으로 조성한 것이 주요 내용이었다. 그러나 이것은 주로 1780년대의 계몽적 전제정치 아래서 이루어졌으므로 이 책에서 다룰 성질의 것은 아니다.

북아메리카에서의 농지문제의 해결은 사실상 거의 무제한으로 얼마든지 토지를 공급받을 수 있었던 특수한 사정, 봉건적 관계들이나 전통적인 농민적 집산주의의 유제(遺制)가 전적으로 결여된 것 등과 같은 사정 위에서 이루어질 수 있었다. 북아메리카에서는 순수히 개인주의적인 영농방식을 가로막는 장애물이라고는 사실상 단 한 가

---

5) *Handwörterbuch d. Staatswissenschaften*(Second Ed.), art. Grundbesitz.

6) Th. von der Goltz, *Gesch. d. Deutschen Landwirtschaft*, II(1903); Sartorius v. Waltershausen, *Deutsche Wirtschaftsgeschichte 1815~1914*(1923), p. 132.

지, 북아메리칸 인디언의 여러 부족들이 존재한다는 대단찮은 것뿐이었다. 인디언들의 토지—보통 영국이나 프랑스 또는 아메리카의 각국 정부들과 협정에 의해 보장된 땅들이었다—는 집단적으로 소유되는 공유지로서 흔히 수렵장인 경우가 많았다. 완전히 양도가 가능한 개인재산을 유일한 합리적 제도이자 가장 '자연적'인 제도라고 보는 사회적 관점과 그렇게 보지 않는 관점 사이의 전면적 충돌이 가장 첨예하게 나타난 갈등은 아마도 양키들과 아메리칸 인디언들 간의 이 같은 대결일 것이다. 이와 관련해서 그 당시 인디언 문제 담당 장관이었던 사람의 말을 들어보자.

인디언들로 하여금 문명의 혜택을 누리지 못하게 한 여러 원인들 중에서도 가장 고약하고 결정적인 것은 그들이 지나치게 많은 땅을 공유지로 가지고 있었다는 사실, 그리고 너무 많은 연금(年金)을 탈 권리를 가졌다는 사실이다. 전자는 그들에게 정착하지 않고 방랑하는 오랜 습성에 몸을 내맡기기에 충분한 여지를 주었다. 후자는 '재산의 개인성'과 정착해서 가정을 이루는 것이 이롭다는 것을 그들로 하여금 배우지 못하게 했으며, 나태심과 검약심의 결여를 조장해 타락한 취미나 욕구를 충족시켜줄 수단을 그들에게 제공하는 꼴이 되었다.[7]

그러므로 사기와 약탈, 그 밖의 강제적인 방법으로 그들의 땅을 빼앗는 일은 그들에게 이로울 뿐 아니라 도덕적이기도 하다는 논법이었다.

토지에 관한 부르주아-개인주의적 합리주의를 이해하지 못할 뿐

---

7) L.A. White ed., *The Indian Journals of Lewis, Henry Morgan* (1959), p. 15에서 인용.

아니라 원하지도 않았던 것은 유목적이고 원시적인 인디언들만이 아니었다. 사실 농민들 중에서도 개화되어 있고 욕심이 많으며 '힘 좋고 정신이 멀쩡한' 소수 사람들 말고는 위로는 가장 높은 봉건영주로부터 아래로는 극빈한 목부(牧夫)에 이르기까지 농촌인구의 대부분이 이것을 극도로 싫어했다.

영주들과 전통적 농민들의 이 같은 저항을 분쇄할 정치적·법률적 혁명을 통해서 비로소 합리적 소수파를 합리적 다수파로 역전시킬 수 있는 조건들이 조성될 수 있었던 것이다. 이 책에서 다루는 시대에서 서유럽의 대부분과 그 식민지의 농업관계의 역사는 다름 아닌 바로 그러한 정치적·법률적 혁명의 역사인 것이다. 다만 그것이 지니는 의미와 귀결은 이 세기의 후반기에 이르기 전에는 충분히 알 수가 없었던 것뿐이다.

이미 앞에서 말한 바와 같이 그 혁명의 첫째 목적은 토지를 상품화하는 일이었다. 귀족들의 영지 위에 씌워져 있던 한사상속제(限嗣相續制), 그리고 그 밖에 매각이나 분할을 금지하는 제도가 타파되어야만 했다. 따라서 토지 소유자들은 경제적으로 무능할 경우 파산이라는 유익한 형벌을 받아야만 했다. 그럼으로써 경제적으로 보다 능력 있는 자가 그 땅을 사들여 제 것으로 만드는 일이 가능해질 것이었다. 그 가운데서도 특히 가톨릭 국가들과 이슬람 국가들(프로테스탄트 국가들은 오래전부터 그렇게 하고 있었다)에서는 교회가 소유한 광대한 토지를 비경제적 미신의 중세기적 영역 밖으로 끌어내어 상품 시장과 합리적 개발에 맡겨지도록 문을 활짝 열어야 했다. 그들의 땅 앞에는 비(非)교회화와 매각이 기다리고 있었다. 마찬가지로 광대한 읍촌(邑村) 공동체의 집단소유지 — 따라서 이용도가 낮은 토지 — 즉 공유지, 공유목초지, 공유임야 등도 개인 기업가들이 사들일 수 있게 되어야만 했다. 이런 공유지 앞에 기다리고 있는 것은 분할과

'인클로저'(enclosure)였다. 이 땅의 새로운 구입자가 기업정신이 왕성하며 굳세고 건실할 것임은 거의 의심할 필요가 없었다. 이와 같이 해서 농업혁명의 두 번째 목적들이 달성될 것이었다.

그러나 그러한 목적들의 달성은 오직 다음과 같은 조건에서만 가능하다. 자영농민층이 자신들의 재산을 자유로이 처분할 수 있는 계급으로 변화 상승한다는 조건인데, 그들 가운데 많은 사람들이 그러한 새로운 계급으로 올라서리라는 것은 틀림없는 사실이었다. 그리고 이 한 걸음의 전진은 자동적으로 세 번째 목표, 즉 부르주아가 되지 못한 사람들로 구성될 대량의 '자유' 노동력 창출이라는 목표를 달성시켜줄 것이었다. 따라서 농민들을 경제 외적인 속박과 의무(농노적 토지 보유, 농노 신분, 영주에 대한 공납제, 강제노동, 노예제 등등)로부터 해방시키는 일 또한 필요불가결했다.

여기에는 또 하나 결정적으로 중요한 이점이 있었다. 즉 능률에 따라 보다 많은 보수를 받을 수 있다는 유인(誘因)을 똑똑히 눈앞에서 본 자유로운 임금노동자와 자유로운 농장경영자 쪽이 농노나 빚에 묶인 반(半)노예와 노예들의 강제노동보다 훨씬 능률적인 일꾼이라는 것은 불을 보듯 명백하게 드러났다.

꼭 한 가지 조건이 더 충족되어야 했다. 토지에 붙어먹고 사는 많은 사람들 가운데 대다수의 사람들을 토지에서 뿌리째 뽑아내어 자유로이 움직일 수 있게 해야 한다는 조건이 바로 그것이었다. 그들은 전 인류사를 통해 땅에 발이 묶여 살아왔지만 그 토지가 생산적으로 이용될 때가 오면 기껏 남아도는 잉여인구가 되고 말 사람들이었다.[8] 그렇게 해야만 비로소 그들은 좀더 자신들의 노동력을 많이 필

---

8) 이리하여 1830년대 초에 고용이 가능했던 잉여노동의 풀(pool)은 잉글랜드의 도시와 공업지대에서는 총인구의 여섯 명에 한 명꼴, 프랑스와 독일에서는 20명에 한 명꼴, 오스트리아와 이탈리아에서는 25명에 한 명꼴, 에스파냐에서

요로 하는 도시와 공장으로 옮겨갈 수 있게 될 것이었다. 바꾸어 말하면 이것은 농민들이 다른 여러 속박들과 함께 그들의 토지도 잃지 않으면 안 되었다는 말이다.

이것은 유럽 대부분 지역에서 흔히 '봉건제도'라고 알려져 있는 전통적인 법률적 · 정치적 제도의 복합체가 아직도 폐기되지 않고 남아 있는 곳에서는 그것이 폐기되어야 한다는 것을 의미했다. 개괄적으로 말해서 1789년부터 1848년에 이르는 기간에 봉건주의는 지브롤터에서 동(東)프로이센에 이르는 지역, 그리고 발트해로부터 시칠리아섬에 이르는 지역에서 — 대개는 프랑스 혁명의 영향을 직간접으로 받아서 — 폐지된 바 있었다. 중유럽에서는 그것에 상응하는 변화가 겨우 1848년에야 일어났고, 러시아와 루마니아에서는 1860년대에 가서야 실현되었다. 유럽 이외의 곳을 보면 그것과 허울만 비슷한 변화가 남북아메리카에서 있기는 했지만 브라질, 쿠바, 그리고 1862~88년까지 노예제가 존속했던 미국 남부 등은 커다란 예외로 남아 있었다. 유럽 국가들의 직접통치 아래 있었던 몇몇 식민지들, 특히 인도와 알제리의 일부 지역에서도 역시 유사한 법률적 혁명이 도입되었다. 터키, 그리고 잠시나마 이집트에서도 그러했다.[9]

이러한 의미의 봉건제도가 이미 폐지되어 없어졌거나, 또는 (전통적인 농민적 집산제도는 존재해도) 봉건제도 그 자체가 실제로 존재한 적이 없는 영국과 그 밖의 몇 나라를 예외로 하면 이 혁명을 성취하는 실제적 방법은 어디서나 매우 비슷했다. 영국에서는 대(大)소유지를 수용(收用)하는 입법조치가 필요하지도 않았지만 정치적으로 가능한 일도 아니었다. 왜냐하면 대토지 소유자와 그 토지를 경작

는 30명에 한 명꼴, 러시아에서는 100명에 한 명꼴인 것으로 추정되었다. L. V. A. de Villeneuve Bargemont, *Economie Politique Chrétienne*, vol. II(1834), pp. 3ff.

9) C. Issawi, "Egypt since 1800," *Journal of Economic History*, XXI, i(1961), p. 5.

하는 영농자들은 이미 부르주아 사회에 잘 적응해나가고 있었기 때문이다. 농촌 지역에서 부르주아가 최종적으로 승리한 데 대한 농민들의 저항—1775년부터 1846년 사이—은 격렬했다. 그러나 그러한 저항은 순수히 개인주의적 이윤의 원리가 파괴적인 기세로 몰아치는 데 대한 일종의 전통주의적 항의를 불명확한 형태로나마 내포한 것이었다. 그러나 그들의 가장 명확한 불만들의 원인은 훨씬 간단했다. 즉 혁명전쟁과 나폴레옹 전쟁 시대의 고율가격(高率價格)과 고율지대(高率地代)를 불황기에도 그대로 유지하고자 하는 욕심 바로 그것이었다. 그들의 불만은 봉건적 반동으로서의 것이기보다는 농업 압력단체로서의 성격이 더 강했다. 따라서 법률이라는 칼날의 가장 날카로운 부분은 자영농민층의 잔재인 오막살이농민(cottagers)과 노동자에게로 돌려졌다.

개별적이고도 전반적인 '인클로저' 입법에 의한 약 5,000에 달하는 '울타리치기'(enclosure)에 의해, 1760년 이래 약 600에이커의 공동경지와 공유지가 해체되어 개인 보유지로 전환되었다. 그 밖에도 인클로저법을 보완할 보다 덜 공식적인 여러 조치들이 취해지기도 했다. 1834년에 제정된 구빈법(救貧法)이 의도한 것은 농촌빈민들의 살림살이를 못 견딜 만큼 어렵게 해서 그들이 무어든 상관없이 주어진 일을 좇아 옮겨가지 않을 수 없게 하려는 것이었다. 아니나다를까 그들은 곧 그렇게 해서 농촌을 떠나기 시작했다. 1840년대에 들어서면 몇몇 주(州)에서 이미 인구의 '절대적 감소'에 직면했고, 1850년부터는 토지로부터의 이탈이 일반화되었다.

1780년대 개혁의 일환으로 덴마크에서는 봉건제도를 폐지했다. 그러나 그 나라에서 이루어진 개혁의 주된 수혜자는 지주가 아니라 소작농과 자작농들이었다. 개방경지가 폐지된 후 그들 소작·자작농들은 개방경지 가운데 그들이 경작하던 몫들을 합쳐 개인 소유지로 만들도록 장려되었다. 이것은 '인클로저'와 유사한 과정이었는데, 이러한 과정은 1800년까지는 대부분 끝나게 된다. 대토지들은 종래 거기에서 살고 있던 소작인들에게 분할·매각되는 일이 많았다. 다만 나폴레옹 전쟁 후의 불황으로 이 과정의 진행은 1816년부터 1830년 무렵까지 지연되기는 했지만 말이다. 이 불황을 버텨내는 일이 소작인들보다는 소(小)소유자들에게 더 힘겨운 일이었던 것은 분명했다. 이리하여 1865년 무렵에 이르면 덴마크는 주로 독립자영농민의 나라로 변해 있었다.

스웨덴에서도 그와 비슷한, 그러나 그만큼 철저하지는 못했던 개혁이 유사한 효과를 거두었다. 19세기 후반에 이르면 전통적인 공동체적 경작, 즉 대상분담경작제(帶狀分擔耕作制, strip system)가 사실상 자취를 감추었다. 이 나라에서 전에는 봉건적이었던 지역들이, 자유로운 농민층이 언제나 우세했던 나머지 지역들에 동화되어버린 것이었다. (1815년 이후에는 스웨덴의 일부였고 그 전에는 덴마크의 일부였던) 노르웨이에서도 자유로운 농민층이 압도적으로 우세했다. 어떤 지역에서는 대규모의 농장경영을 세분하는 경향을 보였다. 그것은 보유지를 통합하는 경향에 의해 상쇄되면서도 눈에 띌 정도였다. 그 순전한 결과는 농업생산성의 급격한 증가 ─ 덴마크에서는 18세기의 마지막 25년 동안 가축의 수가 두 배로 늘어났다[10] ─ 였지만, 그것은 인구의 급격한 증가와 더불어 일자리를 구하지 못하는 농촌빈민의 증가를 의미하기도 했다. 19세기 중반 이후 그들이 겪어야만 했던 고난은 19세기의 인구이동 움직임 가운데서도 최대 규모의 이민파동(대부분 미국행)을 불러일으켰다. 불모지였던 노르웨이, 그

---

10) B. J. Hovde, *The Scandinavian Countries 1720~1860*, vol. I(1943), p. 279. 평년 작 수확기에 600만 톤(1770년)에서 1,000만 톤까지 능가한 일에 관해서는 *Hwb. d. Staatwissenschaften*, art. Bauernbefreiung 참조.

리고 조금 뒤에는 스웨덴, 그리고 그만큼 많지는 않았지만 덴마크 농촌빈민들의 물결이 이어졌다.

2

프랑스에서는 앞에서도 말한 바와 같이 혁명에 의해 봉건제도가 타도되었다. 농민들의 압력과 자코뱅주의는 자본주의 발전의 기수들이 아마도 그만두기를 바랐을 정도로까지 농업개혁을 밀고 나갔다(제2장의 5, 제3장의 3 참조). 따라서 전체적으로 볼 때 프랑스는 지주와 농업노동자의 나라나 상업적 농장경영자의 나라가 된 것이 아니라, 갖가지 형태의 농민적 토지 소유자의 나라가 되었다. 이 농민적 토지 소유자들은 그 후로 그들의 토지를 빼앗으려고 위협하지 않는 정치체제인 한 그들의 주요한 지지기반이 되었다.

쉽사리 증명할 수는 없지만 토지를 가진 농민들의 수가 약 50퍼센트 이상—400만 명에서 650만 명—으로 증가했다는 놀라운 추측이 지금까지도 전해 내려오고 있다. 우리가 확실히 알 수 있는 것은 토지 소유자의 수가 줄지 않았고, 어떤 지역에서는 다른 지역에서보다 더 많이 증가했다는 것뿐이다. 토지를 소유한 자작농민의 수가 1789년과 1801년 사이에 40퍼센트나 증가한 모젤 현(縣)의 경우가 자작농의 수에 변화가 없었던 노르망 위르 현[11]의 경우보다 전형적인 것인지 아닌지는 앞으로의 연구 결과를 기다려야 할 일이다. 토지에 관련된 조건들은 전체적으로 좋은 편이었다. 1847~48년에 임금노동자들[12]의 경우 말고는 실질적인 곤란을 겪는 계층은 없었다. 따

---

11) A. Chabert, *Essai sur les mouvements des prix et des revenus 1798~1820*, II(1949), pp. 27ff; I. l'Huillier, *Recherches sur l'Alsace Napoléonienne*(1945), p. 470.

12) 예컨대 E. Labrousse ed., *Aspects de la Crise…1846~51*(1956)에서의 G.

라서 농촌으로부터 도시로 유출된 잉여노동력도 많지 않았는데, 이것이 프랑스 산업의 발전을 지연시킨 하나의 요인이 되었다.

유럽의 남부 지역 대부분과 저지대 국가들(네덜란드와 그 주변 국가들—옮긴이), 스위스와 서부 독일 등지에서는 프랑스 정복군, 혹은 이들에게 협력하거나 영향을 받은 그 나라의 토착 자유주의자들에 의해 봉건제도가 타파되었다. 프랑스 정복군은 단호히 "프랑스 국민의 이름으로…… 10분의 1세(稅)와 봉건제도와 영주권의 폐지를 즉각 선포"했던 것이다.[13] 그리하여 1799년까지는 이러한 법률혁명이 프랑스 동부에 인접한 나라들과 북부 그리고 중부 이탈리아까지 휩쓸었다. 그러나 이러한 법률혁명은 대개의 경우 이미 상당히 진행되어 있는 진보를 마무리하는 것에 불과했다.

1798~99년의 유산된 나폴레옹 혁명 후 부르봉 왕가가 복귀했기 때문에 남이탈리아 본토에서는 1808년까지 그것이 지체되었다. 또 시칠리아섬은 영국군의 점령으로 법률혁명이 이루어지지 못했지만, 1812년과 1843년 사이에 봉건제도가 정식으로 폐지되었다. 에스파냐에서는 1811년에 카디스(Cadiz)의 반(反)프랑스적인 자유주의적 의회(Cortes)가 봉건제도를 폐지시켰고, 1813년에는 일종의 한사상속제를 폐지시켰다. 그러나 프랑스와의 오랜 합병으로 뿌리 깊은 변화를 겪은 지역 이외의 곳에서는 으레 그렇듯 구체제가 복귀되어 이 원리들의 실제적 적용을 지연시켰다. 그러므로 프랑스식 개혁들은 라인강 동쪽의 북서 독일과 같은 지역, 그리고 1805년까지 프랑스의 통치나 지배 아래 있지 않았던 '일리리아'의 주들(이스트리아, 달마티아, 리구자, 그리고 나중엔 슬로베니아와 크로아티아의 일부)에서는

Desert, p. 58.

13) J. Godechot, *La Grande Nation*, II(1956), p. 584.

법률혁명을 완성시켰다기보다는 출발시키고 지속시켰다고 보아야
한다.

그러나 농업적 관계들의 철저한 혁명을 밀고 나가는 데 프랑스 혁
명이 유일한 힘이었던 것은 아니다. 토지의 합리적 이용을 주장하는
순전히 경제적인 논의들이 프랑스 혁명 이전의 계몽적 전제군주들
에게 큰 감명을 주었기 때문에 이와 유사한 해결책이 이미 나와 있었
다. 합스부르크 제국에서는 요제프 2세가 1780년대에 실제로 농노
제를 폐지시키고 많은 교회 소유 토지를 교회에서 분리시킨 바 있었
다. 러시아령 리보니아의 농노들도 같은 이유로, 그리고 그들의 끊임
없는 반란에 힘입어, 그들이 스웨덴 치하에서 다소 일찌감치 누릴 수
있었던 농민적 토지 소유자라는 신분을 정식으로 되찾을 수 있었다.
그러나 그것은 그들에게 조금도 도움이 되지 않았다. 왜냐하면 욕심
많은 전능(全能)한 지주들이 농노해방을 농민수탈의 도구에 그치게
만들었기 때문이다. 농민들에 대한 그 알량한 법률적 보호책마저도
나폴레옹 전쟁 후로는 깡그리 없어졌다. 1819년부터 1850년 사이에
농민들은 그들 땅의 적어도 5분의 1을 잃었고, 반면 귀족들의 직할소
유지는 60퍼센트 내지 180퍼센트나 증가했다.[14] 이와 같이 하여 땅
을 가지지 않은 노동자라는 계급이 이 땅을 경작하게 되었다.

프로이센에서는 세 가지 요인 — 프랑스 혁명의 영향과 경제문제
에 관한 관리들의 합리적 거론, 그리고 귀족들의 탐욕 — 이 1807년
에서 1816년 사이의 프로이센 농민해방을 결정지었다. 프랑스 혁명
은 명백히 결정적인 영향을 미쳤다. 혁명군이 프로이센을 완전히 무
너뜨렸고, 그럼으로써 프랑스의 패턴을 따라 근대적 방법을 취하지
않는 낡은 체제가 얼마나 무력한가를 극적으로 실증해 보였으니 말

---

14) A. Agthe, *Ursprung u. Lage d. Landarbeiter in Livland*(1909), pp. 122~128.

이다.

리보니아의 경우와 마찬가지로 프로이센의 농민해방도 농민계급이 종래 누려왔던 하찮은 법률적 보호의 폐지와 결합되어 있었다. 농민은 강제노동과 봉건적 공납(貢納) 대신, 그리고 그들이 새로이 얻게 된 재산권 대신 많은 것들을 잃어야 했다. 그 가운데서도 특히 그들은 종래 점유했던 땅의 3분의 1 또는 절반, 혹은 그에 상당하는 금액이라는 기둥뿌리가 흔들릴 만큼의 것을 전(前) 영주에게 지불해야 했다. 과도기의 길고도 복잡한 법률과정은 1848년 무렵에도 완성될 날이 아득해 보이게 했지만, 이때는 벌써 영주들이 이 조치를 통해 크게 득을 보았고, 비교적 소수의 넉넉한 농민들도 새로 얻은 재산권 덕분에 다소 득을 볼 수 있었다. 반면 대다수의 농민들은 형편이 전보다 뚜렷이 악화되었고, 또 토지 없는 노동자의 수도 급격히 증가하고 있었다는 것이 명백히 드러났다.[15)]

그 결과는 경제적 관점에서 보면 장기적으로는 매우 유익한 것이었다. 비록 대규모의 농업적 변혁이 흔히 그러하듯 단기적 손실은 심

---

15) 지방에 이렇다 할 산업발전이 없었고, 주종이 되는 한두 가지 수출 작물(주로 양곡)이 생산되었다는 사실이 대규모 토지 소유와 땅을 못 가진 노동자의 출현을 촉진시켰다. 그와 같은 사정은 그와 같은 체제에 이용당하기 십상이었다(이 당시 러시아에서는 상업적 양곡판매고의 90퍼센트가 영지의 소출이었으며, 농민들의 점유지에서 나오는 소출은 10퍼센트에 불과했다). 반면에 지방산업발전에 따라 인근 도시에 식량을 공급할 시장이 생기고, 그것이 계속 성장하고 다양하게 변화해가는 곳에서는 농민 또는 소(小)농장경영자가 유리했다. 그래서 프로이센에서는 농민해방이란 다름 아닌 농노로부터의 토지수탈이었던 반면, 보헤미아에서는 해방된 농민들이 1848년 이후 독립자영농으로 모습을 바꾼 것이었다. 러시아에 관해서는 Lyashchenko, 앞의 책, p. 360; 프로이센과 보헤미아의 비교에 관해서는 W. Stark, "Niedergang und Ende d. Landwirtsch. Grossbetriebs in d. Boehm. Ländern"(*Jh. f. Nat. Ök.* 146, 1937, pp. 434ff) 참조.

각했지만 말이다. 프로이센의 소와 양의 보유수는 1830~31년에 가서야 겨우 19세기 초의 수준을 회복했지만 그 가운데서 지주들의 몫은 더 커졌고 농민들이 차지한 몫은 오히려 전보다 줄어들었다. 한편 경작면적은 세기의 전반기 동안 줄잡아 3분의 1을 조금 넘게 증가했다.[16] 농촌의 잉여인구 증가는 급격하고도 뚜렷했다. 그리하여 농촌의 사정은 여러 모로 뚜렷이 악화되었고——1846~48년의 기근은 아일랜드와 벨기에를 제외한다면 아마 제일 심각했던 것 같다——농민들로 하여금 제 고장을 버리고 이민을 떠나게 할 유인(誘因)은 얼마든지 있었다. 사실 독일은 아일랜드의 기근 이전에는 어느 나라보다도 많은 이민을 내보낸 나라였다.

이리하여 부르주아적 토지 소유제를 튼튼히 뿌리 내리게 하기 위해 실제로 취해졌던 법률적 조치들은 앞에서도 본 것처럼 대부분 1789년부터 1812년 사이에 취해진 것이었다. 그 결과가 피부로 느껴지기까지의 과정은 프랑스와 몇몇 인접 지역들을 제외한 나머지 지역에서는 훨씬 더뎠다. 그것은 주로 나폴레옹의 패배에 뒤이어 나타난 사회경제적 반동의 힘 때문이었다.

일반적으로 말하면, 자유주의를 전진시키는 그 어떤 조치도 법률 혁명을 이론의 차원에서 실천의 차원으로 더욱 전진시키게 되며, 구체제의 부활은 항상 그러한 혁명을 지연시키는 법이다. 가톨릭계 여러 나라에서 특히 자유주의를 추구하는 요구들 중에서도 가장 긴급한 일은 교회가 소유 토지를 분할시키고 세속화시켜서 매각처분하는 것이었다. 그러므로 에스파냐에서 1820년에 자유주의 혁명이 일시적 승리를 얻어 새로운 '해방'(desvinculación)의 법률이 제정되었

---

16) F. Lütge, "Auswirkung der Bauernbefreiung," *Jb. f. Nat. ök.*, 157(1943), pp. 353ff.

는데, 그것은 귀족들이 자기네 땅을 마음대로 처분할 수 있게 되었다는 의미였다. 그러나 그것은 절대주의의 부활로 1823년 폐기되었고, 다시 자유주의의 승리와 더불어 1836년 재확인되는 등의 곡절을 되풀이했다.

그러므로 이 책이 다루는 시대에서는 우리가 그것을 측정할 수 있는 한, 실제로 양도된 토지의 면적은 다음의 예외적 지역을 제외하고는 아직 그다지 대단한 것이 아니었다. 예외적 지역이란 중간계급의 원매자(願買者)들과 토지투기꾼들이 호기를 놓칠세라 대기하고 있던 곳들이다. 예컨대 볼로냐(북부 이탈리아)의 평원에서는 귀족들의 땅이 1789년 당시 전체 가격의 78퍼센트였던 것이 1804년에는 66퍼센트로, 다시 1835년에는 51퍼센트로 줄어들었다.[17] 반면 시칠리아에서는 전 토지의 90퍼센트가 훨씬 뒷날까지도 귀족들의 수중에 남아 있었다.[18]

그런데 예외가 하나 있었다. 바로 교회의 토지였다. 광대하지만 거의 한결같이 이용효율이 좋지 못한 알량한 영지들——1760년 무렵 나폴리 왕국 토지의 3분의 2는 교회의 것이었다고들 한다[19]——은 돌보

---

17) R. Zangheri, *Prime Ricerche sulla distribuzione della proprietà fondiaria*(1957).

18) E. Sereni, *Il Capitalismo nelle Campagne*(1948), pp. 175~176. 이 강력한 농촌 부르주아지, '사실상 이탈리아 통일을 향한 전진을 지도하고 규제한 사회적 계급'인 이 농촌 부르주아지가 바로 그 농업적인 지향 때문에 교조적(教條的)인 자유무역을 지지하는 경향으로 기울었고, 그러한 경향이 또한 이탈리아 통일에 대한 영국의 호의적 반응을 얻기는 했지만, 그와 동시에 또 이탈리아의 공업화를 뒷걸음질치게 했다고 보는 것도 일리 있는 주장이다. G. Mori, "La storia dell'industria italiana contemporanea," *Annali dell'Instituto Giangiacomo Feltrinelli*, II(1959), pp. 278~279; 또 같은 저자의 "Osservazioni sul libero-scambismo dei moderati nel Risorgimento," *Rivista Storica del Socialismo*, III, 9(1960) 참조.

19) Dal Pane, *Storia del Lavoro in Italia dagli inizi del secolo XVIII al 1815*(1958), p.

는 사람이 거의 없는 형편이었고, 그 주변에는 무수한 늑대들이 배회하고 있을 뿐이었다. 가톨릭교도의 나라인 오스트리아에서 요제프 2세의 계몽적 전제정치가 무너진 뒤에 찾아온 절대주의적 반동의 시기에도 세속화되고 분해된 수도원 영지의 원상복귀를 주장하고 나서는 사람은 아무도 없었다. 그리하여 로마냐(이탈리아)의 한 행정구역에서는 교회 소유지가 1783년 42.5퍼센트였던 것이 1812년에는 11.5퍼센트로 줄어들었다. 교회의 손을 떠난 이 땅들은 부르주아적 소유자들(24퍼센트에서 47퍼센트로 증가)에게만 넘어간 것이 아니라, 귀족의 소유로도 돌아갔다(귀족들의 몫은 34퍼센트에서 41퍼센트로 증가했다).[20] 따라서 가톨릭 국가인 에스파냐에서 단발적으로 정권을 잡았던 자유주의자들의 정부가 1845년까지 교회 소유지를 그럭저럭 절반 이상 매각처분했다고 해도 놀랄 것은 없다. 그것이 가장 두드러졌던 곳은 교회 재산이 가장 심하게 집중되어 있거나 경제발전이 가장 앞서 있었던 주들에서였다(15개 주에서 전체 교회 소유 토지의 4분의 3 이상이 매각되었다).[21]

자유주의 경제이론으로서 그들 이론가들이 자신 있게 기대했던 것과는 달리 이 같은 대규모 토지 재분배가 기업심이 왕성한 진보적 지주나 농장경영자들을 배출하는 결과를 가져오지는 않았다. 중간계급의 토지 매입자들 — 도시의 변호사, 상인과 토지투기꾼 — 로서 보면 그들이 그때까지는 감히 근접하지 못했던 옛 귀족 지주와 성직자 지주의 자리를 그대로 넘겨받아 차지하면 될 것을, 굳이 경제적으로 개발되어 있지 않은 벽지(僻地)에서 그 토지재산을 건실하게 관

119.

20) R. Zangheri ed., *Le Campagne emiliane nell'epoca moderna*(1957), p. 73.

21) J. Vicens Vives ed., *Historia Social y Economica de España y America*, IV, ii(1959), pp. 92, 95.

리하는 기업으로 바꾸는 투자와 수고를 감내할 이유가 없었다. 그들은 이전의 소유자들보다 현금을 더 존중하고 전통과 관습은 덜 존중하면서 전(前) 지주의 권력을 행사할 수 있었으니 말이다.

이리하여 남유럽 전역에는 이전 귀족들보다 좀더 거칠고 상스러운 새로운 '귀족'들의 무리가 등장해 옛 귀족들에 합세했다. 옛날의 라티푼디움(latifundium)식의 집중적 대토지 소유는 남부 이탈리아 본토에서처럼 약간 줄어들기도 했고, 시칠리아에서처럼 그대로 남아 있는 곳도 있었고, 또 에스파냐에서처럼 오히려 더 강화된 곳도 있었다. 따라서 그러한 정체(政體) 아래서는 법률혁명이 낡은 봉건제를 새로운 봉건제에 의해 보강시켜주었던 것이다. 소규모의 토지매입자, 그 중에서도 특히 토지를 사고파는 데에서 농민들은 아무런 득을 얻지 못했기 때문에 더욱더 그러했다.

그런데도 남유럽의 대부분 지역에서는 낡은 사회구조가 여전히 강력하게 남아 있었기 때문에 대량이민 따위는 생각도 할 수 없었다. 남녀 할 것 없이 조상들이 대대로 살던 곳에서 그대로 살았고, 최악의 상황일 경우 그들은 그곳에서 그대로 굶어 죽어갔다. 남부 이탈리아로부터의 대규모 탈출은 반(半)세기 후에나 일어날 일이었다.

그러나 프랑스와 독일의 일부, 그리고 스칸디나비아와 같이 농민 계급이 실제로 토지를 얻거나 토지 소유를 보장받았던 곳에서도 그들이 바랐던 것처럼 자동적으로 소(小)농장경영자라는 기업가적 계급으로 바뀌었던 것은 아니다. 이것은 비록 농민층이 토지를 원했지만 부르주아적 농업경제를 원하지는 않았다는 간단한 이유 때문이었다.

3

왜 농민들은 그것을 원하지 않았던 것일까? 그것은 낡은 전통적 제도가 비록 비효율적이고 억압적이었던 게 사실이지만 사회적으로 상당히 확실성 있는 것이었고, 또 가장 비참한 수준에서나마 어느 정도 경제적 안전을 보장해주는 제도였기 때문이다. 그 제도가 오랜 관습과 전통에 의해 성화(聖化)되어 있었음은 말할 것도 없다. 주기적으로 닥쳐오는 기근, 남자는 50세에, 여자는 30세에 벌써 늙은이로 만들어버리는 고된 노동의 부담, 이런 것들은 하느님이 하시는 일일 뿐이었다. 이러한 신(神)의 소행이 비상한 고난의 시대, 즉 혁명의 시대가 되자 비로소 인간에게 책임이 있는, 인간의 소행이 되었다. 농민들의 입장에서 볼 때 법률혁명은 약간의 법률상 권리 이외엔 그들에게 별로 가져다준 것이 없었고, 그 반면 많은 것을 빼앗아갔다.

프로이센의 경우를 보더라도 해방은 농민들에게 그들이 그 전부터 경작해오던 땅 중 3분의 2 또는 2분의 1을 주었고, 그 밖에도 강제노동의 부담을 덜어주었지만, 그와 동시에 다음과 같은 여러 권리를 농민들로부터 정식으로 박탈해갔다. 즉 농사가 흉작일 때 또는 가축병이 유행할 때 영주의 원조를 받을 수 있는 권리, 영주의 임야에서 땔감을 채취하거나 그것을 싼값으로 살 수 있는 권리, 주거를 손질하거나 새로 지을 때 도움을 받을 수 있는 권리, 살림이 아주 어렵거나 세금을 낼 때 영주에게 도움을 청하는 권리, 영주의 임야에 가축을 방목하는 권리 등등이 곧 그것들이었다. 가난한 농민들에게는 이것이 확실히 가혹한 흥정인 것처럼 여겨졌다.

교회령(領)은 비효율적으로 관리되었다고 할 수 있을지도 모른다. 그러나 바로 그렇기 때문에 농민들에겐 좋은 일이었다. 왜냐하면 교회령에서는 관습이 곧 관례적 권리로 공인되기 일쑤였기 때문이다.

공유지·공동목장·공유임야의 분할과 울타리치기(인클로저)는 빈농과 오막살이 농사꾼들로부터 자기네들도 (공동체의 일부로서) 한몫의 권리를 가졌다고 생각했던 자원과 비축(備蓄)을 빼앗은 것밖에 되지 않았다. 자유로운 토지시장(의 성립)은 그들도 언젠가는 자기 땅을 팔지 않으면 안 되리라는 것으로밖엔 생각되지 않았다. 또 농촌의 기업가계급이 창출되었다는 것은 가장 냉혹하고 빈틈없는 자들이 옛 주인 대신에, 또는 옛 주인에 곁들여 그들을 쥐어짜게 되었다는 것을 의미했을 뿐이었다. 통틀어 토지에 대한 자유주의 원리의 도입은 소리 없는 폭격과도 같았다. 그것은 농민들이 늘 그 안에서 익숙하게 살아온 사회구조를 박살내고, 그 자리에 부자 이외의 아무것도 남겨놓지 않았다. 바로 자유라는 이름의 고독이었다.

가난한 농민들, 다시 말하면 농촌인구 전체가 전력을 다해 이에 저항했던 것은 지극히 당연했다. 그리고 그 저항이 안정되고 정의로운 사회라고 하는 해묵은 관습적 이상의 이름 아래, 다시 말하면 교회와 정통적 국왕의 이름 아래 행해졌던 것도 더없이 당연한 일이었다. 프랑스의 농민혁명을 제외하면(이것마저도 1789년 당시로는 전체적으로 반反교권적, 반反군주적이라고 할 수 없었다) 이 책이 다루는 시대에서는 '외국의' 국왕 또는 교회를 상대로 한 것 이외의 모든 농민운동은 실제로 모두 성직자와 지배자들의 이익에 이바지하는 것들임이 외견상 명백했다.

남부 이탈리아의 농민들은 1799년 도시의 반(半)프롤레타리아와 함께 신성한 신앙과 부르봉 왕가의 이름으로 나폴리의 자코뱅주의자들 그리고 프랑스 군대에 대항해 사회적인 반혁명을 전개했다. 이러한 명분은 훗날 이탈리아 통일에 반대했을 때도 그러했듯이 프랑스군의 점령에 저항해 싸운 칼라브리아 지방, 풀리아 지방의 도적, 게릴라들이 내건 것이기도 했다.

에스파냐에서는 승려들과 산적 두목들이 농민들을 이끌고 나폴레옹군의 점령에 반대하는 게릴라전을 벌였다. 1830년대와 1840년대에 에스파냐에서 자유주의자들에 대항해 바스크 지방, 나바트와 카스틸랴, 레온, 아라곤 등의 지방에서 싸운 카를로스당(黨) 게릴라들의 불굴의 전투에 용기를 불어넣은 것도 바로 이 교회와 국왕, 그리고 19세기 초에 이상스러울 만큼 극성스러웠던 전통주의의 정신이었다. 1810년 멕시코의 농민들을 이끌었던 것은 '과달루페의 성(聖)처녀'(Virgin of Guadalupe)였다. 교회와 황제는 1809년 티롤에서 선술집 주인 안드레아스 호퍼(Andreas Hofer)의 지휘 아래 야만인인 프랑스인들과 싸웠다. 러시아인들이 1812년에서 1813년에 걸쳐 (나폴레옹 군대와) 싸운 것도 황제와 성스러운 전통정신을 수호하기 위함이었다. 갈리치아의 폴란드인들도 우크라이나 지방의 농민들을 궐기시킬 수 있는 단 한 가지 길은 그리스 정교회, 또는 합동 동방 가톨릭교회 성직자들의 힘을 빌리는 것임을 잘 알고 있었다. 그들은 결국 실패하고 마는데, 그 까닭은 농민들이 향신들보다도 황제 쪽을 좋아했기 때문이다.

프랑스는 1791년과 1815년 사이의 시기에 공화주의와 보나파르트주의가 중요한 농민 분파를 손에 넣고 있었고, 또 많은 지역에서 교세가 위축되어가고 있었지만, 프랑스 이외의 곳에서는 극소수의 지역—로마냐와 에밀리아의 교회령이 그러했듯이 외국인 지배자가 교회를 지배해 오랜 원망의 대상이 되어온 곳들이 가장 명백한 예들이었다—이외에는 오늘날 우리가 좌파적 농민운동이라 부르는 그런 소요가 일어났던 곳은 거의 없었다. 그러나 그 프랑스에서조차 브르타뉴나 방데 같은 지방은 여전히 일반 민중들이 부르봉 왕조를 지지하는 아성이었다. 유럽의 농민계급이 자코뱅 또는 자유주의자들, 즉 법률가·상점주·영지관리인·관리·지주들과 함께 궐기하지 못한 사실이, 프랑스 혁명의 결과 토지를 얻지 못했던 나라들에서의 1848년 혁명의 운명을 결정지었다. 또 프랑스 혁명이 그들에게 토지를 가지게 했던 곳에서는 그 토지를 잃게 되지 않을까 하는 보수적인 두려움, 혹은 현상(現狀)에 대한 만족감이 그들을 똑같이 비활동적으로 만들었다.

물론 농민들은 그들이 아는 바가 거의 없는 현실의 왕을 위해서가 아니라 정의로운 왕, 즉 그 사실을 알기만 하면 그 아랫사람들이나 영주들의 잘못을 처벌해줄 이상(理想)의 왕을 위해 궐기했던 것이다. 농민들은 현실의 교회를 위해서도 곧잘 들고일어나곤 했다. 그 까닭은 마을의 성직자란 바로 다름 아닌 그들 또래의 한 사람이었고, 성자들 또한 그들의 것이었지 다른 어느 누구의 것도 아니었기 때문이다. 또 가장 허술하게 묵혀둔 교회령도 깡그리 긁어가다시피 하는 욕심쟁이 세속 지주들에 비하면 참을 만한 지주였기 때문이다. 티롤이나 나바르와 같이 농민들이 토지를 가지고 있고 자유스러웠던 곳, 또는 빌헬름 텔(Wilhelm Tell)이 실제로 살았던 곳으로 가톨릭교를 믿는 (왕이 없는) 스위스의 여러 주에서 그 전통주의는 그들의 상대적 자유를 자유주의의 침입으로부터 지켜주는 방책 구실을 했다.

땅을 가지지 못한 곳에서는 농민들이 한층 더 혁명적이었다. 외국인들과 부르주아들의 정복에 저항하자고 호소하면 그 호소가 승려나 왕, 혹은 그 밖의 어느 누구의 호소이든 간에 신사층이나 도시의 법률가들 집을 약탈하는 일뿐 아니라, 북을 치고 성자의 깃발을 들고 종교적 격식에 따라 행진을 해서 토지를 차지하고 분배하는 일, 지주를 죽이고 그들의 부녀자를 능욕하고 법률문서를 불태우는 일 따위를 일으키기 일쑤였다. 그도 그럴 것이 농민들이 가난하고 땅을 가지지 못했다는 것은 실로 그리스도와 국왕의 참뜻에 어긋나는 일이라고 그들은 생각했기 때문이다.

농노제와 대토지 소유가 존재하는 지역, 혹은 토지가 과도하게 세분되어 있는 지역에서는 농민운동이 반동세력을 위한 동맹세력으로서는 아주 믿지 못할 존재였는데, 그 까닭은 이들 농민층 속에 사회혁명적인 불안요소의 기반이 확고히 뿌리 내리고 있었기 때문이다. 이러한 형식상 정통주의적인 혁명주의를 좌파적 혁명주의로 돌아서게 하는 데 필요한 것은 오직 한 가지, 즉 국왕과 교회가 그 고장의 부자들 편이라는 점을 의식하는 것뿐이었다. 가리발디가 주도한 인민주의적 급진주의는 아마 그러한 운동의 최초의 예일 것이다. 그리하여 나폴리의 산적떼들은 한편으로는 여전히 성스러운 교회와 부르봉 왕가에 충성의 인사를 보내면서도 가리발디에게 열렬한 지지의 환호를 보냈던 것이다. 마르크스주의와 바쿠닌주의가 이윽고 훨씬 더 효과적인 것으로 나타날 것이었다. 그러나 농민폭동이 정치적 우파의 손에서 정치적 좌파의 편으로 넘어가는 일은 1848년 이전에는 아직 제대로 시작되지 않았다. 왜냐하면 부르주아 경제가 토지에 미친 그 엄청난 충격은 국지적 성격에 그치던 농민폭동을 유행병처럼 만연시켰지만, 그러한 충격이 비로소 실제로 나타나게 되는 것은 이 세기 중반 이후의 일이었다. 특히 1880년대의 대(大)농업공황기와 그 후의 일이었다.

4

법률혁명은 앞에서 본 바와 같이 유럽 대부분의 곳에서 외부와 위로부터 부과됨으로써 실현되었다. 즉 긴 세월에 걸쳐 지반이 약해져서 생기는 산사태 같은 것이기보다는 일종의 인위적인 지진 같은 것으로 나타났다. 아시아와 아프리카에서와 같이 부르주아 경제에 의해 정복당한 전적으로 비부르주아적인 경제에 이러한 법률혁명이 강행된 경우에는 이러한 성격이 더욱 명백히 드러났다.

알제리의 경우를 보면 프랑스 정복군이 맞닥뜨린 것은 본질적으로 중세적인 사회였다. 그 사회는 튼튼한 기초 위에서 활발히 운영되는 종교학교제도를 가지고 있었고, 그 학교제도는 여러 종교재단의 자금으로 운영되었다.[22] 농민 출신의 프랑스 병사들은 그들의 피정복자들보다 문맹률이 높았던 것으로 알려진다.[23] 그 학교들은 단지 미신의 온상이라고 간주되어 폐쇄당했고, 교단의 토지들은 그 목적도 이해하지 못하고 그 땅이 법률상 매매될 수 없다는 것도 이해하지 못하는 유럽인들이 사들이는 대로 방치되었다. 학교의 교사들은 보통 강력한 종교단체들의 구성원이었으므로 프랑스 정복군의 손이 미치지 않는 곳으로 옮겨가서 압둘 카디르(Abd-el-Kader)가 거느리는 반란군의 힘을 증강시켜주게 된다. 토지의 경우도 간단히 매매될 수 있는 사유재산으로 만들기 위한 조직적인 이행과정이 시작되었다. 그러나 그 온전한 효과가 실제로 나타나는 것은 훨씬 뒷날의 일이다. 개인적 권리와 의무, 집단적 권리와 의무가 복잡하게 거미줄같이 얽힘으로써, 예컨대 카빌리아 같은 곳에서는 토지가 개인적 소유의 무화과나무 잎새와 같은 토막과 조각의 무정부상태에 빠지는 것을 막는 구실을 했던 것이다. 그런 복잡한 거미줄의 효용을 유럽의 자유주의자들이 어찌 참으로 이해할 수 있었겠는가?

알제리는 1848년에 이르기까지도 정복되었다고 할 수가 없었다. 인도의 광대한 지역은 그때까지 30년이 넘도록 영국인들의 직접적 통치 아래 놓여 있었다. 유럽인 이주자들은 아무도 인도인의 땅을 취

---

22) 이 토지들은 중세 기독교도의 나라들에서는 자선 또는 의례적 목적들을 위해 교회에 기부된 토지에 해당한다.

23) M. Emerit, "L'état intellectuel et moral de l'Algérie en 1830," *Revue d'Histoire Moderne et Contemporaine*, I(1954), p. 207.

득하려 하지 않았으므로 단순한 토지수탈의 문제는 일어나지 않았다. 자유주의가 인도 농촌생활에 미친 충격의 예는 편리하고 효과적인 토지과세의 방안을 찾으려는 영국인 지배자들의 시도로 인해 일어났다. 영국인들의 탐욕이 법률적 개인주의와 손을 잡은 결과 파국을 몰고 온 셈이었다. 영국의 통치 이전에 인도의 토지 보유관계는 전통적이었으며, 외국 정복자들에 의해 정기적으로 짓밟힘을 받아 변화를 겪는 사회가 모두 그러하듯 매우 복잡했다.

그러나 대체로 말하면 두 가지 튼튼한 기둥으로 지탱되어 있었다. 즉 토지가 ─ 법률상으로나 사실상으로 ─ 정치적 집단(종족, 씨족, 촌락공동체, 그리고 결사)에 속해 있다는 것과, 정부는 그 토지가 생산해내는 소출의 일부를 받는다는 것이었다. 어떤 토지는 어떤 의미에서 양도될 수 있는 것이었고, 또 어떤 농업관계는 소작관계라 해석될 수도 있었다. 그리고 어떤 농촌적 지불은 지대(地代)라고 볼 수도 있었지만, 사실은 거기엔 지주도 소작인도 사적 토지 소유권도 혹은 영국적 의미의 지대도 존재하지 않았다.

이런 것들은 영국인 행정가들과 지배자들의 구미에 전혀 맞지 않을 뿐 아니라 이해할 수도 없는 일이었다. 때문에 그들은 자신들에게 익숙한 농촌제도를 만들어내는 일에 착수했다. 벵골은 직접통치 아래 들어간 최초의 광대한 땅이었다. 그곳에서는 무굴 제국의 지조(地租)를 일종의 징세청부농가(徵稅請負農家, tax-farmer) 또는 위탁대리인이라고 할 수 있는 '제민다르'(Zemindar)가 거두고 있었다. 그것은 다음과 같은 점에서 영국의 지주 또는 영주에 비견될 수 있었다. 즉 그들은 (동시대의 영국 지조와 마찬가지로) 자신의 전(前) 소유지에 대해 산정·부과된 세금을 도맡아 납부하는 계급으로서, 오직 그들을 통해 세금 징수업무가 조직되어야 했다. 토지에 대한 그들의 놀랄 만한 관심 덕분에 토지가 잘 가꾸어질 수 있었으며, 외국인에 의한 지배체제를 정치적으로 지지함으로써 그들 지위의 안전을 누릴 수 있는 계급이었던 것이다. 뒷날 타인마우스(Teign-mouth) 경은 벵골에서 행해진 지조 수입의 '항구적 해결방법'에 대해 설명한 한 비망록에서 다음과 같이 쓰고 있다.

> 나는 이들 '제민다르'(세금청부인―옮긴이)를 토지 소유자로 본다. 그들은 그 토지 소유권을 상속권에 의해 물려받는다. ……매각 또는 저당으로 그들이 토지를 처분할 수 있는 권리는 이 기본적 권리에서 나온 것이다…….[24]

갖가지 다양한 형태의 이른바 제민다르 제도, 즉 징세청부제도는 뒷날 영국령 인도의 전체 경지면적 중 약 18퍼센트나 되는 지역에 실시된다.

수세(收稅)제도의 두 번째 유형은 '라이오트와리'(Ryotwari, 소작인이 직접 납세하는 제도―옮긴이)라는 제도였다. 이것은 편의를 위해서라기보다는 욕심 때문에 생긴 것으로, 끝내는 이 제도가 영국령 인도의 절반 이상에서 실시되기에 이른다. 영국인 지배자들은 이 제도를 실시하면서 그들 스스로 동양적 전제주의의 승계자임을 자처했다. 동양적 전제자(專制者)란 그들의 견해에 의하면 '모든' 토지의 최고 지주였다(이런 견해가 전적으로 그들의 독창적인 견해인 것은 아니다). 그리하여 그들은 개개의 농민을 소(小)토지 소유자, 아니 그보다도 오히려 소작인으로 간주했고, 그들 개개 농민별로 세액을 산정·부과하는 지극히 힘든 일을 시도했다. 유능한 관료들이 하는 일이 늘

---

24) R. Dutt, *The Economic History of India under early British Rule*(n.d. Fourth ed.), p. 88.

그렇듯이 지극히 간결 명확하게 표현된 이 제도의 배후 원리는 가장 순수하게 표현된 농업자유주의 바로 그것이었다. 이 제도에 필요한 일은 골드스미드(Goldsmid)나 윈게이트(Wingate)의 말을 빌리면 다음과 같은 것이었다.

공동책임은 다음 몇 가지 경우로 한정되어야 한다. 즉 경지가 공동으로 소유되었거나 공동상속인에 의해 세분되었을 경우에 한할 것, 토지의 소유권을 인정할 것, 전대(轉貸) 소작인은 지대의 징수와 같은 운영에 대해 완전한 자유와 매각의 자유를 토지 소유자에게 보장할 것, 각 경지에 대한 과세의 비례배분에 의해 토지의 매각 또는 이전이 시행될 수 있는 편의를 도모해줄 것.[25]

마드라스 사세청(司稅廳, 1808~1818)의 강력한 반대에도 불구하고 농촌공동체라는 존재는 완전히 무시되었다. 마드라스 사세청은 사태를 훨씬 올바르게 판단하고 있었다. 농촌공동체를 상대로 한 집단적 세금 징수방법이 훨씬 더 현실적이라 생각했고, 한편으로는 또 그것이 사유재산에 대한 최선의 보장이 된다고 농촌공동체를 (매우 전형적으로) 변호했던 것이다. 하지만 탁상공론과 탐욕이 승리했고, 그리하여 '사유재산의 은총'이 인도 농민계급에게 베풀어졌다. 이와 같은 제도의 불이익은 너무나 명백했다. 따라서 그 후 정복 또는 점령된 북부 인도의 몇몇 곳——그것은 뒷날 영국령 인도의 약 30퍼센트를 차지했다——에서는 기존의 집단소유제를 인정하는 부분적인 노력이 반영되어 제민다르 제도가 약간 수정되었다. 그것은 펀자브 지방에서 특히 두드러졌다.

---

25) R. Dutt, *India and the Victorian Age*(1904), pp. 56~57.

자유주의적 원리는 강제적인 수탈과 합세해 인도 농민들을 쥐어짜는 죔쇠(screw)를 한 바퀴 더 회전시켰다. 세금부담을 급격히 증대시키게 된 것이다(봄베이의 지조수입은 1817~18년 영국에 정복당한 후 4년 만에 2배 이상으로 증가했다). 공리주의자의 우두머리였던 제임스 밀(James Mill)의 영향으로 맬서스와 리카도의 지대 이론이 인도 세수(稅收) 이론의 기초가 되었다. 그들의 지대론에 의하면 토지로부터의 수입은 가치와는 아무 관계가 없는 순수한 잉여에 불과했다. 어떤 토지는 다른 것들에 비해 더 비옥하다는 것, 오직 그것 때문에 지대는 발생하는 것이며, 지주들은 경제 전체에 점점 더 유해한 여러 결과를 일으키면서 이 지대를 수탈해간다는 것이었다. 따라서 지대의 전부를 몰수한다고 해도 한 나라의 부에는 아무 영향을 주지 않는다고 주장했다. 영향이 있다고 해도 아마 그것은 건전한 기업가의 발목을 잡고 몸값을 요구하는 식으로 이루어지는 토지귀족들의 비대화를 저지할 수 있을 뿐이라는 것이다.

영국처럼 농업관계 이해 당사자들이 정치적으로 강력한 힘을 가진 나라에서는 실질적인 토지국유화와 다름없는 효과를 가져오게 될 급진적 해결은 불가능했다고 보아야 할 것이다. 그러나 인도와 같은 곳에서는 어떤 이데올로기를 신봉하는 정복자의 전제적 권력은 능히 그것을 강행할 수 있었다. 이 점에 관해서는 분명히 두 갈래의 자유주의적 주장이 엇갈리고 있었다.

18세기 휘그당의 행정가들과 사업가들 측에서는 근근이 입에 풀칠이나 하는 무지한 소(小)소유자들에 의한 농업자본 축적, 그리고 그러한 축적에 의한 경제의 개량 따위는 있을 수 없다는 상식적인 견해를 가지고 있었다. 따라서 그들은 벵골주의 유형을 따른 '항구적 해결'을 지지했다. 벵골주의 유형은 지주계급의 힘을 북돋워주고, 세율을 (체감세율에 의해) 고정시킴으로써 저축과 개량을 장려한다는 것이었다. 가공스러운 학자 제임스 밀을 필두로 하는 공리주의적 행정가들은 토지귀족을 또다시 만들어내게 될 위험을 무릅쓰기보다는 토지국유화와 소규모 소작농을 대량으로 배출해야 한다는 편에 섰다.

만약에 인도가 그 당시에 영국과 아주 조금이라도 비슷한 데가 있었더라면, 휘그당의 입장이 압도적인 설득력을 가졌을 것이다. 그리고 1857년에 인도 대반란(Indian Mutiny)을 겪은 후 실제로 그렇게되었다. 하지만 실상 이 두 견해는 하나같이 인도의 농업에는 적합하지 않은 엉뚱한 것들이었다. 게다가 영국 본토에서 산업혁명이 진전됨에 따라 동인도회사가 오래도록 추구해온 특수한 부문적 이해는차츰 영국 산업의 전반적 이해에 종속되었다. 동인도회사의 부문적관심사는 무엇보다도 단물을 수탈할 만한 제법 번창하는 식민지를보유하는 일이었다. 그러나 영국 산업 전반의 이해와 관심사는 그 무엇보다도 경쟁상대가 아닌 시장으로서, 즉 소득의 원천으로서 인도를 보유한다는 것이었다.

따라서 영국에 의한 엄격한 통제와 전보다 현저히 높은 세수를 보장해주는 공리주의적 정책이 선택되었다. 영국에 의한 통치 이전에는 전통적 조세의 상한선이 소득의 3분의 1이었는 데 비해 영국인들에 의한 과세표준은 소득의 2분의 1이었다. 이론에만 치우친 공리주의가 명백한 궁핍화를 가져왔고, 이어서 1857년의 대반란이 터진 다음에야 세금은 비로소 전처럼 터무니없지는 않은 수준으로 끌어내려졌다.

경제적 자유주의가 인도에 적용된 결과 나온 것은 개화된 대토지소유자의 집단도 아니었고 건실한 독립자영농 계층도 아니었다. 그것은 단지 불안정한 요소를 하나 더 끌어들인 데 지나지 않았다. 불안정한 요소란 농촌에 빌붙어 사는 기생충들과 착취자들(예컨대 영

국의 인도 지배에 고용된 새로운 관리들),[26] 토지 소유의 상당한 변동
과 집중, 그리고 농민들의 부채와 빈곤의 증대가 거미줄같이 얽힌 복
합적 요소를 말한다. 콘포르 지구(우타르프라데시)에서는 동인도회
사가 그곳을 차지했을 때 소유지의 84퍼센트 이상이 세습적 토지 소
유자의 소유였다. 그것이 1840년에 가서는 전 소유지의 40퍼센트가
새로이 사들인 사람들 소유로 돌아가 있었고, 1872년에는 62.6퍼센
트가 그러했다. 뿐만 아니라 북서부 주(우타르프라데시)의 세 지구에
서는 원주민의 손을 떠난 3,000개 이상의 소유지, 또는 촌락 중에서
대략 전체의 5분의 3 이상인 750개 이상이 대금(貸金)업자의 수중으
로 넘어가 있었다.[27]

 이 시대에 영국의 인도 지배를 이룩한 공리주의적인 관료들의 조
직적인 계몽주의적 전제정치에 대해 할 이야기는 많다. 그들은 평화
와 공익사업의 커다란 발전, 효율적인 행정, 믿을 수 있는 법률, 상층
부가 청렴한 정부 등등을 가져다주었던 것이 사실이다. 그러나 경제
적으로는 실패했으며, 그것도 가장 요란스럽고 골치 아프게 실패했
다. 제정 러시아를 포함한 유럽의 여러 나라 정부들, 또는 유럽형의
정부들 통치 아래 있던 지역을 통틀어 인도는 가장 대규모의, 그리고
가장 살인적인 기근을 끊임없이 겪었고 그것을 떨쳐버릴 수 없었다.

---

26) B. S. Cohn, "The initial British impact on India"(*Journal of Asian Studies*, 19,
  1959~60, pp. 418~431)를 보면, 베나레스 지방(우타르프라데시 지방)에서는
  관리들이 토지를 대규모로 취득하기 위해 그들의 지위를 이용했다. 이 세기
  의 종반에 가서는 대토지 소유자 74명 중 23명이 토지를 처음 취득하는 자격
  을 행정관리들과의 결탁을 통해 얻었다.(p. 430)

27) Sulekh Chandra Gupta, "Land Market in the North Western Provinces(Utter
  Pradesh) in the first half of the nineteenth century," *Indian Economic Review*,
  IV, 2, August(1958). 또 같은 저자의 매우 시사하는바 많고 선구적인 업적
  인 「북서 지역들에서의 1857년 반란의 농업적 배경」을 참조할 것(*Enquiry*, N.
  Delhi, Feb. 1959).

그리고 그것은 아마도 ─ 초기에 대한 통계자료는 없지만 ─ 한 세기가 지날수록 점점 더해갔던 것 같다.

자유주의적 토지법을 적용하려는 시도가 있었던 또 다른 거대한 식민지(또는 전식민지)는 라틴아메리카였다. 이곳에서 에스파냐 사람들이 벌인 구식의 봉건적 식민활동은 백인 식민자들이 원하는 땅을 손에 넣을 수 있었던 한, 기본적으로 집단적·공동체적인 원주민들의 토지제도에 반대하는 어떤 편견도 나타내지 않았다. 그러나 독립한 나라의 정부들은 자신들을 고무시킨 프랑스 혁명의 이론과 벤담주의 이론의 정신에 따라 자유주의화를 밀고 나갔다.

그리하여 볼리바르는 페루에서 공유지의 개별적인 소유를 선포했고(1824), 대부분의 공화국들은 에스파냐 자유주의자들의 방식을 따라 한사상속제를 폐지시켰다. 대부분의 공화국에서 엄청나게 광대한 대농장(목장·농장·경작지)이 여전히 지배적인 토지 소유 단위가 되어 있기는 했지만 귀족 소유지의 해방은 어느 정도 토지 소유자의 교체와 분산을 초래했을 법도 하다. 그러나 공유재산에 대한 공격은 이렇다 할 효과를 거두지 못했다. 또 실상 그것은 1850년 이후까지는 본격적으로 촉진되지 않았다. 그리하여 정치적 자유주의화가 그랬던 것과 마찬가지로 경제적 자유주의화도 인위적일 수밖에 없었다. 의회와 선거, 토지법 등등이 있었음에도 불구하고 이 대륙은 전과 거의 다름없는 처지에 머물러 있었다.

5

토지 보유제도에 일어난 혁명이 전통적 농경사회의 붕괴에 대한 정치적 국면이었다면, 새로운 농촌경제와 세계시장에 의한 전통 농경사회의 침식은 그 경제적 국면이었다. 그러한 경제적 변화는

1787년부터 1848년까지의 아주 대단찮은 이민율에서도 짐작할 수 있듯이 아직 불완전한 것이었다. 19세기 후반의 대농업공황 이전까지는 철도와 증기기선에 의해 단일한 세계적 농업시장이 형성되기 시작했다고는 거의 말할 수 없었다. 지역적 농업은 거의가 국제적 경쟁 또는 지역 상호간의 경쟁을 모르는 채 보호받고 있었다. 산업상의 경쟁은 그 많은 촌락수공업과 가내공업의 영역에까지는 아직 침범해 들지 않고 있었다. 예외가 있었다면 아마도 그 가운데 몇몇 것들을 전보다 더 큰 시장을 상대로 생산하게끔 되었다는 것뿐이다.

자본주의 농업이 이미 성공한 지역을 제외하고는, 새로운 농업방법이 농촌에 침투되는 과정은 매우 완만했다. 다만 새로운 경제작물, 특히 사탕무의 재배가 눈부시게 발전했다. 이것은 (영국의) 자당(蔗糖)과 그 밖의 식용작물, 특히 옥수수와 감자에 대한 나폴레옹의 차별대우 때문에 보급된 것이었다. 순수한 경제적 수단에 의해 농업사회에 참다운 대변동이 일어나기 위해서는 고도로 공업화된 경제의 바로 이웃에 위치한 까닭에 정상적인 발전을 억압당하고 있다든가 하는 따위의 이례적인 경제위기가 필요했다.

아일랜드, 그리고 그보다는 덜하지만 인도 또한 실제로 그러한 위기에 처해 있었고, 그러한 대변동이 실제로 일어났다. 인도에서 일어난 일은 그때까지 농업소득을 추가로 보충해주던, 번성을 누리던 농촌 가내공업이 불과 몇십 년 만에 사실상 파괴되었다는 것, 다시 말하면 인도의 비(非)공업화, 바로 그것 이외에는 아무것도 아니었다. 1815년부터 1832년 사이에 인도에서 수출한 토산 면제품의 경우 130만 파운드나 되던 것이 10만 파운드 이하로 격감했고, 반면 영국 면제품의 수입은 16배 이상으로 증가했다. 어떤 관찰자는 이미 1840년에, 인도가 '잉글랜드의 농장'으로 전락함에 따라 일어날 비참한 결과들에 대해 다음과 같이 경고했다.

인도는 제조업의 나라다. 온갖 종류의 인도 제조업은 장구한 세월 존속해왔으며, 공정한 경쟁을 시킨다면 그 어느 나라도 결코 인도를 당해낼 수 없었을 것이다. ……이제 인도를 농업국으로 만든다는 것은 인도에게는 공정하지 못한 일이 될 것이다.[28]

하지만 이러한 설명은 오해를 일으키기 십상이다. 왜냐하면 다른 여러 나라들과 마찬가지로 인도에서도 많은 지역에서 제조업의 성장이 농업경제의 필요불가결한 일부가 되어 있었기 때문이다. 따라서 비공업화는 농촌 자체를 수확이라는 단 한 가지 불안정한 재산에 전보다도 더 크게 의존하게 한 것이다.

아일랜드의 사정은 더 극적이었다. 그곳에서는 영세하고 경제적으로 후진적이며 매우 불안정한 소작농민들이 생존 유지에 급급한 정도의 농사를 짓고 있었으며, 소수 외국인 부재지주들에게 최대한의 지대를 지불하고 있었다. 아일랜드는 북동 지방(걸스터)을 제외하면, 이 나라의 식민지 종주국인 영국 정부의 중상주의 정책에 의해 비공업화의 길을 걸은 지 오래였고, 좀더 시대가 진전되자 영국 공업과의 경합으로 계속 비공업화의 길을 걷지 않으면 안 되었다. 단 한 가지 기술혁신 ── 종래 지배적이었던 농작물 종류를 감자로 바꾼 일 ── 이 인구의 대량 증가를 가능하게 했다. 감자의 1에이커당 부양인구는 목초나 다른 대부분의 작물의 경우에 비해 훨씬 컸기 때문이다.

지주들은 지대를 내는 소작인의 수가 최대한으로 많기를 바랐고, 또 나중에는 확장을 거듭하는 영국시장에 수출할 새로운 노동력의 필요성이 증대해갔다. 이것이 소규모 토지 보유의 증가를 촉진시켰다. 즉 1841년 카노트에서 비교적 크다고 하는 보유지의 전체 중

---

28) R. P. Dutt, *India Today* (1940), pp. 129~130.

64퍼센트가 5에이커 이했다. 1에이커 이하의 무수한 소토지는 아예 계산에 넣지 않더라도 그러했다. 이리하여 18세기부터 19세기 초에 걸쳐 그러한 조그만 땅조각 위에서 인구는 계속 늘어만 갔다. 그들은 감자 10 내지 12파운드 ─ 적어도 1820년대까지는 그러했다 ─ 와 약간의 우유, 그리고 때로 청어 약간을 자기 몫으로 맛보면서 살아가고 있었다. 서유럽에서는 달리 유례를 찾아보기 어려울 정도의 가난을 겪고 있었던 것이다.[29]

그 밖에는 달리 일거리가 없었으므로 ─ 공업화는 배제되어 있었으니까 ─ 그대로 두면 도달하게 될 끝이 무엇인가는 능히 예견할 수 있는 일이었다. 근근이 경작할 수 있는 소택지(沼澤地)의 마지막 한 조각까지 갈고 일구어 마지막 감자밭을 만드는 그때까지 계속 인구가 증가하고 나면 그다음에 닥쳐올 것은 파국이었다. 프랑스와의 전쟁이 끝나고 얼마 지나지 않아 그 조짐이 나타났다. 누구나 쉽사리 이해할 만한, 농업에 대한 불만이 대중적으로 팽배해 있던 이 나라 백성들에게 식량부족과 전염병이 덮쳐 인구를 대량으로 솎아냈다. 1840년대 중반의 흉작과 병충해는 이미 사형이 선고된 백성들에게 총살 집행부대를 보낸 것에 지나지 않았다.

이 책이 다루는 시대의 유럽 역사상 최악의 인간적 파국이라 할 1847년의 아일랜드 대기근으로 얼마나 많은 인명이 희생되었는지는 아무도 모르며, 또 앞으로도 결코 정확히 알 수 없을 것이다. 대충 어림잡아도 약 100만 명을 헤아리는 사람들이 굶어죽거나 굶주림이 원인이 되어 죽었다. 그 밖에 100만 명이 1846년에서 1851년 사이에 이 굶주림의 섬을 탈출해 이민을 떠났다. 1820년 아일랜드에는 약

---

29) K. H. Connell, "Land and Population in Ireland," *Economic History Review*, II, 3(1950), pp. 285, 288.

700만 명이 채 못 되는 인구가 살고 있었다. 1846년에는 약 850만 명 정도 되었던 것 같다. 이것이 1851년에는 650만 명으로 줄었고, 그 후로는 이민 때문에 인구가 계속 줄어가기만 했다. 한 교구의 목사는 중세 암흑시대의 역사가 같은 말투로 이렇게 썼다. "오, 이 무서운 굶주림! 아아, 그 잊지 못할 해의 액병(厄病)의 냉혹함이여!"[30] 출생이 전혀 없어서 골웨이 교구와 메이요 교구에 세례를 받으러 오는 아이가 아무도 없었던 세월에 생겼던 일이다.

1789년과 1848년 사이에 인도와 아일랜드는 농민들이 살아가기에는 최악의 나라였다. 그렇다고 마음대로 선택하라고 했을 때 잉글랜드의 농장노동자가 되는 쪽을 택하겠다고 나서는 사람은 아무도 없었을 것이다. 농민계급의 이와 같은 불행한 상태는 1790년대 중반 이후 두드러지게 악화되었다. 이 점에 관해 일반적으로 받아들여지고 있는 견해는 그것이 부분적으로는 경제적인 여러 힘들에 의해 일어난 것이고, 또 한편으로는 농민들을 더욱더 가난으로 몰아넣은 '스핀험랜드 제도'(Speenhamland System)로 말미암아 야기된 사태라는 것이었다. '스핀험랜드 제도'란 구빈세(救貧稅)를 재원으로 노동자에게 임금을 보조함으로써 최저임금을 노동자에게 보장하겠다는 선의적인 것이었지만 또한 잘못 저질러진 시도이기도 했다. 그것이 가져온 주된 효과는 농장경영자에게 농업노동자의 임금인하를 장려하게 된 것과 이에 따른 노동자들의 사기저했다.

노동자들의 절망적이며 무지막지한 폭동의 들먹임이 어떠한 것이었는지는 1820년대의 수렵법 위반의 증대, 1830년대와 1840년대의 방화죄 그리고 소유권 침해의 사례들에 잘 나타나 있다. 그 가운데서

---

30) S. H. Cousens, "Regional Death Rates in Ireland during the Great Famine," *Population Studies*, XIV.I(1960), p.65.

도 특히 절망적이고 구할 길 없는 '마지막 노동자 봉기', 즉 1830년대 말 켄트주에서 시작되어 다른 많은 주들로 자연발생적으로 번져나가 결국 야만적으로 진압되었던 폭동의 유행병으로 그 정도를 헤아려볼 수 있다.

더 싼 품삯을 받고도 일을 하든가, 아니면 이민을 가는 것이 경제적 자유주의자들이 내놓은 노동문제 해결방안이었다. 그들이 늘 그랬듯이 민첩하고도 매정한 제안이었다. 전례 없이 냉혹하다고 할 만한 신구빈법(新救貧法)은 새로운 노역장(거기서는 분별 없는 생식이라는 감상적이고도 비맬서스적인 습관을 억제하도록 처자와 떨어져 살아야 했다) 안에서만 빈민구제를 하게 하고, 교구(parish)의 최저생활비 보장을 최소화하는 내용으로 되어 있었다. 이에 따라 구빈법 운영에 소요된 비용은 급격히 줄어들었다(그래도 최소한 100만 명의 영국인이 이 책이 다루는 시대의 마지막까지 구호 대상 빈민으로 남아 있었다). 그리하여 노동자들도 차츰 이동하기 시작했다. 농업이 불황국면으로 빠져든 이래 노동자들의 형편은 계속 매우 비참한 상태였다. 이러한 상태는 1850년까지는 실질적으로 이렇다 할 만큼 개선되지 않았다.

농업노동자들은 아주 동떨어지고 외진 곳에 사는 사람들의 경우 전부터 늘 그러했던 것보다 더 나빠졌다고 할 수는 없었지만 일반적으로 어느 곳에서나 참으로 비참하게 살고 있었다. 감자의 발견이라는 불행한 일이 북유럽 대부분에서 농업노동자들의 생활수준을 쉽사리 끌어내릴 수 있게 했으며, 그리하여 예를 들어 프로이센 같은 곳에서는 1850년대 또는 1860년 이전까지는 그들의 형편이 실질적으로 개선되지 않았다. 기근의 시기에는 소(小)토지 보유자의 형편은 절망적이었지만 자급자족하는 농민들의 형편은 다소 나았던 것 같다. 프랑스와 같은 농업국에서는 나폴레옹 전쟁 시대의 붐 이후에 닥친 전면적 농업불황의 영향이 다른 곳에 비해 약했다. 실제로 1840년대에 해협 건너편을 내다본 프랑스 농민은 자신들과 영국 노동자들의 형편을 각기 1788년의 두 나라 형편과 비교해보면서 과연 어느 쪽이 잘 해왔는가에 대해 어떠한 의문도 가질 필요가 없었다.[31] 한편 대서양 저편에 있던 미국의 농장노동자들은 구(舊)세계 농민층의 처지를 살펴보고서 자신들이 그쪽에 살고 있지 않다는 행운을 스스로 축복해 마지않았다.

---

31) "나는 국내에서나 국외에서 대부분 농민층 또는 노동자들과 어울려 몸담고 살아왔지만 사실 프랑스 농민만큼 예절 바르며 깨끗하고 부지런하며 검소하고, 수수하면서도 좋은 옷차림을 한 사람들을…… 나는 알지 못한다. 이런 점에서 프랑스 농민들은 스코틀랜드의 농업노동자들 중 많은 사람들과 뚜렷한 대조를 이루고 있다. 후자는 극도로 불결하고 상스럽다. 또 프랑스 농민들은, 노예적이고 정신이 망가졌으며 극도로 호구의 방도에 궁해 있는 잉글랜드의 농업노동자들 중 대부분, 그리고 또 옷도 제대로 걸치지 못하고 사는 야만적인 아일랜드의 농업노동자들과 현저한 대조를 이루고 있다……." H. Colman, *The Agricultural and Rural Economy of France, Belgium, Holland and Switzerland*(1848), pp. 25~26.

제9장 산업세계를 향해

이 시대는 기술자들에게 참으로 영광스러운 시대다.
• 증기 해머의 발명자 제임스 내스미드[1]

진보파들이여!
그따위 말을 하는 자들에겐
기관차의 힘을, 기선(汽船)을, 철도를 자랑해줍시다.
• A. 포미어[2]

1

1848년까지 제대로 공업화되었다고 할 수 있는 나라는 영국 한 나라뿐이었다. 그 결과 영국 경제가 세계를 지배했다. 아마도 1840년대에는 미국과 중·서유럽이 부분적으로 산업혁명의 문턱에 이미 들어섰거나 들어서려 하고 있었다. 미국이 언젠가는 영국의 중대한 경쟁상대가 되리라——1830년대 리처드 코브던은 20년 안에 그렇게 될 것이라고 생각했다[3]——는 것이 그때 벌써 상당히 확실한 일로 생각되

---

1) W. Armytage, *A Social History of Engineering*(1961), p. 126에서 인용.
2) R. Picard, *Le Romantisme Social*(1944), pt. 2, cap. 6에서 인용.
3) J. Morley, *Life of Richard Cobden*(1903 ed.), p. 108.

었는데, 이는 터무니없는 추측은 아니었다. 그리고 1840년대에는 독일인들 또한 —아마 다른 나라 사람들은 그렇게까지 생각하지는 않았겠지만— 자기 나라의 공업화가 급격하게 진전되고 있다는 사실에 주목하고 있었다.

그러나 그러한 전망이 곧 실현되지는 않았다. 1840년대까지는 비(非)영어사용권 세계의 산업적 변모가 실제로는 아직 그리 대단한 것은 아니었다. 예컨대 1850년까지 에스파냐, 포르투갈, 스칸디나비아, 스위스와 발칸 반도 전체를 합한 철도 선로의 길이는 100마일이 채 못 되었으며, 유럽 대륙 이외 대륙(미국은 제외)의 것을 모두 합친 철도의 길이는 이보다도 더 짧았다. 영국과 그 밖의 몇몇 조그만 지역들을 제외하면 1840년대의 세계는 경제·사회 면에서 1788년에 비해 크게 달라진 것이 없다고 볼 수 있었다. 그 당시 세계인구의 대부분은 그 전과 다름없이 대부분 농민들이었다. 1830년 당시 서양의 도시 가운데 인구가 100만 이상인 도시는 확실히 하나뿐(런던)이었다. 50만 이상이 하나(파리), 10만 이상의 도시 —영국을 제외하면— 라고는 유럽에서 19개에 지나지 않았다.

영국 이외의 지역에서 일어난 이러한 완만한 변화는 다음과 같은 것을 의미했다. 즉 경제적 운동은 이 책이 다루는 시대가 끝날 때까지는 산업의 호황과 불황이 번갈아 되풀이되는 새로운 리듬이 아니라, 풍작과 흉작이라는 예로부터의 해묵은 리듬에 의해 지배되었다. 1857년의 공황은 그 규모가 세계적인 동시에 농업의 흉작이 아닌 다른 어떤 일이 원인이 되어 일어난 공황으로서는 아마도 최초의 것이었다. 여기서 지적할 것은 이 일이 가장 광범한 정치적 귀결들을 낳았다는 사실이다. 공업 지역과 비공업 지역의 변화 리듬이 1780년과 1848년 사이에 서로 엇갈리고 있었던 것이다.[4]

1846~48년에 유럽의 많은 지역으로 불길처럼 번졌던 경제공황은

농업(의 작황)에 의해 지배된 구형의 불황이었다. 그것은 어떤 의미에서는 경제학에 있어 구체제(앙시앵 레짐)의 마지막이자 아마도 최악의 경제적 파탄이었다. 그러나 영국은 그렇지 않았다. 그 나라에서는 순전히 '근대적'인 이유 때문에 일어난 초기 산업주의 시대 최악의 파국을 1839~42년 사이에 이미 겪은 바 있었다. 그리고 실상 그 파국은 상당한 수준의 곡가(穀價)하락과 시기를 같이하여 일어났던 것이다.

영국에서 사회불안이 자연발생적으로 발화점(發火點)에 도달한 것은 1842년 여름 사전계획 없이 일어났던 차티스트(Chartist, 인민헌장 운동)의 총파업(이른바 '보일러 마개 폭동')에 의해서였다. 대륙에서 그러한 자연발생적인 사회적 발화가 일어났을 무렵 영국은, 유럽에서 영국보다 더하건 덜하건 공업화된 지역인 벨기에가 그러했던 것처럼 오랜 빅토리아적 확장의 시대에 최초로 찾아든 순환적 불황의 고통을 겪고 있었던 것에 불과했다. 마르크스가 예견한 대로 유럽 대륙의 혁명들은 영국에서 이에 호응하는 움직임이 없는 한, 실패로 돌아갈 운명에 있었다. 그러나 영국과 유럽 대륙은 그 발전이 불균등한 까닭에 유럽 대륙은 (영국의 호응 없이) 단독으로라도 일어날 수밖에 없었던 것을 마르크스는 예견하지 못했다.

그럼에도 불구하고 1789년에서 1848년까지의 시기에서 중요한 점은, 그 경제적 변화가 훗날의 기준에서 보면 미미한 것이었다는 게 아니라, 어떤 기본적인 변화가 진행되고 있었다는 것이다. 기본적 변화의 첫 번째는 인구통계적인 변화였다. 세계의 인구——특히 이중혁명의 궤도 안에 들어 있던 세계의 인구——는 전례 없는 '폭발'적 증

---

4) 공업 부문의 세계적인 승리는 양 지역의 변화의 리듬을 다시 하나로 합치게 하는 추세를 보였다. 엇갈릴 때와는 다른 양상으로나마 그러했다.

가를 시작해 약 150년 만에 몇 곱절이나 증가했다. 19세기 이전에는 거의 모든 나라가 국세조사와 같은 기록을 갖고 있지 않았으며 기록이 있다 해도 이것들은 일반적으로 도무지 믿기 어려운 것이었으므로[5] 이 시대에 어느 정도 급속하게 인구가 증가했는지는 정확히 알 수 없다. 어쨌든 인구증가는 확실히 유례 없는 것이었고 또 (아마도 사람이 거의 살지 않고 그때까지는 이용률이 낮은 공간에 자리 잡고 있었던 러시아와 같은, 인구가 희박한 나라들은 제외하고) 그것은 경제적으로 선진적인 나라에서 가장 두드러졌다.

미국의 인구는 (이민의 유입으로 불어났을 뿐 아니라 그 대륙의 무한한 토지와 자원에 힘입어) 1790년에서 1850년까지 거의 여섯 배, 즉 400만에서 2,300만 명으로 증가했다. 연합왕국(영국을 지칭하는 것으로 잉글랜드와 스코틀랜드, 웨일스 그리고 북부 아일랜드와 주변 섬들로 구성됨―옮긴이)의 인구는 1800년과 1850년 사이에 거의 두 배, 1750년과 1850년 사이에 거의 세 배가 되었다. 프로이센의 인구는 (1848년의 국경선 기준으로) 1800년에서 1846년 사이에 거의 두 배가 되었고, (핀란드를 제외한) 유럽·러시아의 인구도 마찬가지였다. 노르웨이와 덴마크, 스웨덴, 네덜란드 그리고 이탈리아에서도 인구증가는 1750년과 1850년 사이에 거의 두 배가 되었으나, 이 책이 다루는 시기 중의 증가율은 그렇게 이례적으로 높은 것이 아니었다. 에스파냐와 포르투갈의 인구는 3분의 1이 증가했다.

유럽 이외의 지역에 관한 우리의 지식은 이보다 더 적을 수밖에 없다. 그러나 중국의 인구는 18세기와 19세기 초에 급격한 비율로 증가했으며, 그것은 유럽의 개입과 중국정치사 특유의 전통적인 주기적

---

5) 영국에서 최초의 국세조사는 1801년에 이루어졌고, 비교적 충실한 국세조사라 할 수 있는 최초의 것은 1831년의 것이다.

운동으로 말미암아 영화롭던 만주조(滿洲朝)의 통치가 붕괴되기 전까지는 더욱 그러했다. 만주조, 즉 청(淸)나라는 이 시대에 전성기를 누리고 있었다.[6] 라틴아메리카의 인구증가는 아마도 에스파냐에 비교될 만했던 것 같다.[7] 그 밖의 아시아 지역에서는 인구가 폭발적으로 증가했다고 볼 만한 아무런 징표도 없다. 아프리카의 인구는 제자리걸음을 하고 있었던 것 같다. 다만 백인 개척자들이 정착해 거주하기 시작한 일정한 공간만이 오스트레일리아의 경우처럼 굉장한 속도로 증가했다. 오스트레일리아에는 1790년만 해도 백인 주민이라곤 전혀 없었는데, 1851년에는 50만 명이 살고 있었다.

이러한 현저한 인구증가가 경제에 엄청난 자극을 준 것은 당연한 일이다. 하지만 우리는 이것을 경제혁명의 외래적 원인으로 볼 것이 아니라, 경제혁명이 가져온 하나의 결과로 보아야만 한다. 왜냐하면 경제혁명이 없었던들 그렇게도 급속한 인구증가는 일정 기간 이상 유지될 수 없었을 것이기 때문이다(실제로 부단한 경제혁명에 의해 그것이 보완되지 못했던 아일랜드에서는 인구증가가 유지될 수 없었다). 인구증가는 보다 많은 노동력을 산출해냈다. 그것은 무엇보다도 더 '젊은' 노동력, 더 많은 소비자를 산출해냈던 것이다. 우리가 다루고 있는 시대의 세계는 그 전의 어느 세계보다도 훨씬 더 젊은 세계였다. 어린이들, 젊은 부부, 한창때의 사람들로 가득 차 있는 세계였다.

두 번째는 교통·통신의 변화였다. 철도는 비록 영국, 미국, 벨기에, 프랑스, 독일 같은 나라에서는 벌써 상당한 실제적 중요성을 갖게 되

---

6) 중국에서 왕조(王朝)가 교체되는 주기는 보통 약 300년이었다. 만주조가 득세한 것은 17세기 중반의 일이다.

7) R. Baron Castro, "La poblacion hispano-americana," *Journal of World History*, V(1959~60), pp. 339~340.

었지만 1848년에는 아직 그 요람기를 채 벗어나지 못했다. 그러나 철도가 도입되기 이전에도 교통·통신수단의 개량은 그 전 시대의 기준에서 보면 깜짝 놀랄 만한 것이었다. 예컨대 오스트리아 제국은(형가리를 제외하고) 1830년과 1847년에 도로망을 3만 마일이나 확장함으로써 주요도로의 총길이가 두 배하고도 3분의 1만큼이나 증가했다.[8]

벨기에는 1830년과 1850년 사이에 도로망을 거의 두 배로 늘렸다. 에스파냐마저도 프랑스의 점령 덕분에 그 보잘것없던 주요도로의 길이를 거의 두 배로 늘렸다. 미국은 사업규모가 어느 나라보다도 거대했다. 미국의 우편마차 도로망은 여덟 배 이상, 즉 1800년의 2만 1,000마일에서 1850년의 17만 마일로 뻗어갔다.[9]

한편 영국이 운하망을 건설하는 동안 프랑스 역시 2,000마일에 달하는 운하를 건설했는가 하면(1800~47), 미국 또한 이리 운하와 체서피크-오하이오 운하 같은 주요 수로를 개통시켰다. 서양세계의 선박 총톤수는 1800년과 1840년대 초 사이에 두 배 이상이 되었으며, 이미 증기선들이 영국과 프랑스를 연결하고 있었고(1822), 다뉴브강을 정기적으로 오르내리고 있었다(1840년에는 범선이 900만 톤이었던 데 비해 증기선은 약 37만 톤이었다. 그러나 실제 수송능력 면에서 증기선은 전체 수송능력의 6분의 1에 해당했다). 미국인들은 여기서도 또 세계 최대의 상선단(商船團) 소유국 자리를 영국과 다투면서 다른 나라들을 보기 좋게 추월했다.[10]

---

8) J. Blum, "Transportation and Industry in Austria 1815~1848," *Journal of Modern History*, XV(1943), p. 27.

9) Mulhall, 앞의 책, Post Office.

10) 미국인들은 1860년까지는, 즉 강철선으로 영국이 또다시 패권을 잡기 전까지는 그들의 목적을 거의 달성했다.

이렇게 해서 달성된 수송속도와 수송능력의 개량을 우리는 결코 과소평가하지 않을 것이다. 러시아의 황제 차르를 상트페테르부르크에서 베를린까지 4일 만에 태우고 간 역전(驛傳)마차 서비스(1834)는 신분이 낮은 사람들은 감히 이용할 수 없었던 게 확실하다. 그러나 (프랑스와 영국을 본뜬) 새로운 속달우편은 일반사람들도 이용할 수 있었다. 그것은 베를린에서 마그데부르크까지를 종전의 이틀 반 대신 한 시간 반 만에 주파해냈다. 철도와, 1839년의 롤런드 힐(Rawland Hill)의 빛나는 발명인 우편물의 표준요금제도는 (1841년에 나온 붙이는 우표의 도움으로) 우편물의 수량을 몇 곱절로 크게 늘렸다. 그러나 이 두 가지가 발명되기 전에도, 그리고 영국과 같이 앞선 나라가 아닌 곳에서도 우편물은 급속히 증가했다. 예컨대 1830년에서 1840년 사이에 매년 프랑스로 부쳐진 편지의 수는 6,400만 통에서 9,400만 통으로 늘어났다. 범선은 더 빨라졌고 좀더 믿을 만한 것이 되었다. 그뿐 아니라 평균적으로 선박의 크기도 커졌다.[11]

이러한 개량들이 기술적인 면에서는 철도만큼이나 큰 자극을 주지는 않았을 것이라는 점에는 의문의 여지가 없다. 강 위에 떠 있는 산뜻한 곡선의 매력적인 교량, 인공적인 큰 수로나 도크, 돛을 활짝 펴 달고 백조처럼 미끄러져 가는 멋진 쾌속 범선, 우아한 신식 우편마차 등은 산업디자인 중에서도 가장 아름다운 디자인의 산물임이 틀림없고, 그것은 지금도 마찬가지다. 그러나 여행이나 수송을 용이하게 하고 도시와 농촌, 가난한 지역과 부유한 지역을 연결하는 수단으로서 철도는 참으로 감탄을 금할 수 없을 만큼 효과적이었다.

인구의 증대도 철도에 힘입은 바가 컸다. 왜냐하면 전(前) 산업시대에 인구증가가 억제된 것은 정상적 사망률이 높았기 때문이라기

---

11) Mulhall, 앞의 책.

보다는 기근과 식량부족──매우 국지적 범위로 자주 있었다──이 몰고 온 주기적인 비극적 대재해 탓이었다. 이 시대의 서유럽 세계에서 기근의 위협이 전보다 약화되었던 것은(1816~17년과 1846~48년 같은 흉작이 유럽 전체를 휩쓸었던 해들은 제외하고) 그것이 통치나 행정효율의 전반적인 개선에 힘입은 바 컸지만, 무엇보다도 주로 수송력의 개선 때문이었다(제10장 참조).

셋째로 상업과 인구이동이 양적인 면에서 큰 변화를 보였다. 그것은 물론 어디서나 그러했다는 것은 아니다. 예컨대 (이탈리아의) 칼라브리아나 풀리아의 농민들이 제 고장을 버리고 딴 곳으로 옮겨 살려고 채비를 했다든가, 또는 (러시아의) 니즈니 노브고로드(고리키)의 시장에 해마다 들어온 물건량이 경이적으로 늘어났다는 것을 보여주는 아무런 징표도 우리는 찾아볼 수 없다.[12] 그러나 이중혁명의 시대 전체로 볼 때 인간과 재화(財貨)의 이동량은 이미 산사태와도 같은 기세를 띠고 있었다. 1816년과 1850년 사이에 약 500만 명에 달하는 유럽인들이 자기 나라를 떠나 이민을 했으며(그들 중 5분의 4는 남북아메리카로 향했다), 각 나라의 내부적 이주의 흐름도 전보다 훨씬 커졌다. 1780년과 1840년 사이에 서양세계의 국제무역의 총액은 세 배 이상 늘어났고, 1780년과 1850년 사이에는 네 배 이상 증가했다. 그 후의 것을 기준으로 해서 보면 이만한 증가세는 물론 매우 보잘것없는 것이라 할 수 있다.[13] 그러나 이전을 기준으로 본다면──

---

12) P. A. Khromov, *Ekonomicheskoe Razvitie Rossii v. XIX-XX Vekakh*(1950), Table 19, pp. 482~483. 그러나 판매량의 증가는 더 빨랐다. 또 J. Blum, *Lord and Peasant in Russia*, p. 278 참조.

13) 이렇게 해서 1850년과 1888년 사이에 2,200만 명의 유럽인이 이주했다. 그리고 1889년의 국제무역 총액은 1840년의 6억 파운드 이하에서 34억 파운드 가까이로 뛰어올랐다.

이 역시 결국 그 당시 사람들이 자신들의 시대를 비교한 것이었지만—그러한 증가세란 그들이 꿈에도 생각할 수 없었던 엄청난 증가세였다.

2

더욱이 문제가 되는 것은 1830년경 이후—1830년 전후는 이 책이 다루는 시대를 연구하는 역사가로서는 그 개별적 관심분야가 무엇이건 소홀히 보아넘겨서는 안 될 하나의 전환점이다—경제적·사회적 변화의 템포가 눈에 띄게 급속히 가속화되었다는 점이다. 영국 이외의 곳에서는 프랑스 혁명과 그에 따른 전쟁이 가져온 당장의 진전이 상대적으로 아주 적었다. 그러나 미국은 예외였다. 미국은 독립전쟁 후 비약적으로 발전해 1810년까지 경지면적을 배가시켰고, 선박보유 톤수를 일곱 배로 늘렸다. 한마디로 미래의 능력을 과시하고 있었던 것이다(조면기뿐 아니라 증기선과 일관작업 공정의 조기발전—올리버 에번스의 컨베이어벨트가 붙은 제분기—도 이 시기에 미국이 발전시켰다).

후일의 산업을 위한 수많은 기초, 특히 중공업의 기초가 나폴레옹 시대의 유럽에서 조성되었지만, 그것들은 나폴레옹 전쟁이 종결되면서 살아남지 못하는 경우가 대다수였다. 전쟁 종결은 도처에 위기를 몰고 왔던 것이다. 전체로 볼 때 1815년부터 1830년까지의 시대는 후퇴의 시기이거나 기껏해야 완만한 회복의 시기였다. 각 나라마다 자기 나라의 재정을—보통 디플레이션 정책을 통해—재건했다(러시아는 1840년에 가서야 마지막으로 그렇게 했다). 공업은 공황 및 외국과의 경쟁으로 인한 타격으로 흔들리고 있었다. 미국의 면공업은 크게 타격을 입었다. 도시의 발달은 완만했으며, 프랑스의 농촌인구는 1820년까지도 도시인구와 같은 속도로 증가했다. 농업이 쇠퇴했으며, 특히 독일의 경우 더 했다. 무섭게 팽창하고 있던 영국 경제는 별개의 것으로 치더라도 이 시대의 경제성장을 관찰한 사람으로서 비관론 쪽으로 기울 사람은 없었을 것이다. 그러나 영국과 아마도 미국을 제외한 다른 어느 나라도 산업혁명의 바로 문턱을 넘어서려 하고 있다고 판단한 사람은 거의 없었을 것이다.

새로운 산업을 나타내는 명백한 지표가 될 만한 것을 살펴보기로 하자. 증기기관과 증기동력량(蒸氣動力量)이 곧 그것인데 영국과 미국 그리고 프랑스를 제외하고는 1830년대 세계 어느 곳에서도 그러한 지표들이 통계학자의 주의를 끌 만한 것이 못 되었다.

그러나 사태는 1830년 이후(또는 그 무렵) 급속히 그리고 철저하게 달라졌다. 그 변화가 얼마나 급속하고 철저했는지 1840년이 되면 산업주의의 특징적 사회문제들 ── 예컨대 새로운 프롤레타리아, 무절제하고 무리한 도시화의 진행이 가져오는 공포 따위 ── 이 서유럽에서 일상적으로 진지한 토론거리가 되었고, 정치가와 행정가들이 꿈속에서 시달리는 두통거리가 되었다. 1830년과 1838년 사이에 벨기에의 증기기관차 수는 두 배, 그 마력 수는 거의 세 배, 즉 354대(1만 1,000마력)에서 712대(3만 마력)가 되었다. 1850년에는 작은 나라에 불과했던 이 나라는 이젠 고도로 공업화되어 거의 2,300대에 6만 6,000마력의 증기기관을 가졌고,[14] 600만 톤에 가까운 석탄을 생산(1830년의 세 배)하고 있었다. 1830년 벨기에의 광업 분야에는 주식회사가 하나도 없었다. 그러나 1840년에는 석탄 생산량의 거의 절반을 주식회사들이 생산하고 있었다.

이 20년 동안 근대산업의 기반이 조성된 나라들, 예컨대 프랑스나

---

14) R. E. Cameron, 앞의 책, p. 347.

독일계 여러 나라들, 오스트리아, 그 밖의 여러 나라들이나 그러한 지역에 관한 유사한 자료를 일일이 인용하는 것은 지루한 일이 될 것이다. 독일의 크루프스(Krupps)는 1835년 처음으로 증기기관을 설치했고, 1837년에는 대(大)루르 탄전에 최초의 샤프트가 내려졌다. 또 최초의 코크스로(爐)가 1836년 보헤미아의 제철 중심지인 비트코비체에 설치되었다. 롬바르디아에 팔크(Falck)에 의해 최초의 압연시설(壓延施設)이 설치된 것은 1839~40년의 일이었다. 한결 더 지루한 이야기지만, 대량 산업화 시대가 실제로 시작된 것은──벨기에와 프랑스는 아마 예외겠지만──1848년 이후부터였다. 1830년부터 1840년까지는 오늘날까지도 귀에 익은 유명한 공업 중심지와 유명한 회사들이 생겨난 시기였지만, 성숙기는커녕 아직 청춘기에도 이르지 못한 단계였다.

오늘날 1830년대를 돌이켜보면서 그 격정적인 기술 실험의 분위기와, 만족할 줄 모르고 혁신을 계속하는 기업의 분위기가 무엇을 의미했는지를 우리는 알고 있다. 그것은 미국 중서부의 개척을 의미했다. 하지만 사이러스 매코믹(Cyrus McCormick)의 최초 수확기(1834)와 1838년 시카고에서 동부로 수송된 최초의 78부셸의 밀은, 1850년 이후 상황에 의해 비로소 역사상 제 위치를 확보하게 된다. 1846년에 100대의 수확기 제작을 감행한 공장이 다음과 같은 말로 그 용감성을 축복받아야 했던 그러한 시대였던 것이다.

수확기의 제작이라는 위험한 기업을 시작할 만한 대담성과 용기 그리고 정력을 가진 사람을 발견한다는 것은 정말로 어려운 일이다. 그리고 농업경영자들에게 그것을 보급해 어쨌든 그들의 곡물을 거두어들이게 하는 일, 즉 그러한 혁신에 호의를 가지게 하는 일도 마찬가지로 무척이나 어려운 일이다.[15]

그것은 또 유럽의 철도와 중공업의 조직적인 건설을 의미했으며, 이에 따른 투자기법의 혁명을 의미하기도 했다. 만약 페레르(Pereire) 형제가 1851년 이후 산업자금 조달의 대모험가가 되지 않았던들 우리는 다음과 같은 기능을 하는 '금융회사'(landing and borrowing office)에 거의 주의를 기울이지 않았을 것이다. "금융회사에서 공업은 가장 부유한 은행가들의 보증과 중개를 얻어 가장 유리한 조건으로 모든 자본가들로부터 돈을 빌리게 된다"는 것이었다. 헛된 일이 되고 말았지만 그들은 이 계획을 1830년 새로운 프랑스 정부에 제시했었다.[16]

영국에서 그랬듯이 소비재 ── 일반적으로 직물, 그러나 때로는 식료품도 ── 가 이들 산업화의 폭발을 선도했지만, 자본재 ── 철, 강철, 석탄 등 ── 역시 이미 산업혁명 때보다 그 중요성을 더해갔다. 1846년에는 벨기에의 공업고용 중 자본재 산업이 17퍼센트를 차지한 데 비해 영국은 8,9퍼센트였다. 1850년에는 벨기에 전체의 공업용 증기동력 중 4분의 3을 광산용 야금(冶金)이 차지했다.[17]

영국의 경우가 그랬던 것처럼 평균적인 새로운 산업시설 ── 공장, 용광로 또는 광산 ── 은 규모가 작았으며, 값싸고 기술적으로 혁신되지 않은 가내 노동, 선대(先貸)된 원료를 가공하는 하도급(下都給) 노동이 저변에 깔려 있었다. 이러한 노동은 공장과 시장의 수요에 따라 발생하고 성장하며, 공장과 시장이 더욱 발전하면 결국 파괴되어 사라지고 마는 것이었다. 벨기에에서는 양모(羊毛)공장·아마공장·면공장의 노동자 수가 한 공장시설당 각각 평균 30명, 35명, 43명에 불

---

15) S. Giedion, *Mechanization Takes Command*(1948), p. 152에서 인용.

16) R. E. Cameron, 앞의 책, pp. 115ff.

17) R. E. Cameron, 앞의 책, p. 347; W. Hoffmann, *The Growth of Industrial Economies*(1958), p. 71.

과했으며(1846), 스웨덴에서는 섬유공장의 평균 노동자 수가 단지 6~7명에 지나지 않았다(1838).[18]

그런가 하면 한편으론 영국보다 더한 집중의 징후가 나타나고 있었다. 이러한 집중은 산업이 비교적 늦게 개발된 곳에서, 때로는 농업적 환경 속에서 뚝 떨어진 섬처럼 나타났다. 먼저 길을 닦은 선구자들의 경험을 이용하면서 그들보다도 고도로 발달된 기술에 의존할 수 있고, 또 흔히 정부로부터 좀더 계획된 지원을 받을 수 있었던 경우에는 그러한 것을 기대할 만했다. 보헤미아에서는(1841) 전체 면방적공의 4분의 3이 종업원 100명 이상의 공장에 고용되어 있었으며, 거의 2분의 1은 종업원 수 200명 이상인 15개 공장에 고용되어 있었다(한편 직조織造는 1850년대까지는 거의 모두가 수직기手織機로 이루어졌다).[19]

이러한 현상은 바야흐로 전면에 나서려고 하는 중공업 부문에서 더욱 두드러졌다. 예컨대 벨기에의 주물공장에는 평균 80명의 노동자가 일하고 있었고(1838), 벨기에의 탄광에서는 평균 150명이 일했다(1846).[20] 2,000명이나 고용하고 있던 세렝의 코커릴 공장 같은 거대 산업의 경우는 말할 것도 없었다.

산업계의 풍경은 그리하여 마치 섬들이 여기저기 산재한 여러 호수와도 같았다. 나라 전체를 호수에 비한다면, 섬은 공업도시들과 (중부 독일과 보헤미아의 산악지대에서 흔히 볼 수 있는 농촌의 제조업망 같은) 농촌의 제조업 단지, 또는 공업지대를 의미했다. 예컨대 프랑스의 뮐루즈, 릴 또는 루앙, 프로이센의 엘버펠트-바르멘(신앙심

---

18) W. Hoffmann, 앞의 책, p. 48; Mulhall, 앞의 책, p. 377.

19) J. Purs, "The Industrial Revolution in the Czech Lands," *Historica*, II(1960), pp. 199~200.

20) R. E. Cameron, 앞의 책, p. 347; Mulhall, 앞의 책, p. 377.

깊은 면직물 도가都家 집안이었던 프리드리히 엥겔스 집안이 살던 고장)과 같은 섬유도시, 남부 벨기에 또는 작센 같은 곳들이 그러했다. 또 독립적 장인들, 겨울철에 제품을 시장에 내놓는 농민들, 가내공업의 종사자들과 도가의 선대재료(先貸材料)를 가공하는 하도급 노동자들로 된 광범한 대중을 호수에 비기면, 섬들이 대표하는 것은 갖가지 규모의 작업장·공장·광산·주조공장들이었다. 눈에 띄는 풍경은 여전히 대부분 물이었다. 혹은 또 — 좀더 현실에 가까운 비유를 한다면 — 눈에 띄는 대부분의 풍경은 공업 중심지 또는 상업 중심지를 둘러싸고 그것들에 매달려 있는 소규모의 생산 토대들이었다. 그리고 일찍이 봉건제의 부속물로 생겨났던 가내공업과 그 밖의 공업들도 그대로 존속했다. 하지만 이들의 대부분, 예컨대 실레지아의 아마(亞麻)공업 등은 급격히 비참한 쇠퇴의 길을 걷고 있었다.[21]

대도시들은 소비, 수송, 일반잡역 등의 일을 하는 노동자와 숙련 수공업자들로 구성된 방대한 인구를 가지고 있기는 했지만 그 도시 자체가 공업화되어 있지는 않았다. 인구가 10만 이상 되는 세계의 여러 도시 가운데 리옹을 별도로 하면, 오직 영국과 미국의 도시에만 명백히 공업 중심지라 할 만한 것이 있었다. 예를 들어 밀라노(이탈리아) 같은 곳도 1841년에는 단지 두 대의 작은 증기기관밖에 가지고 있지 않았다. 전형적인 공업 중심지란 것도 사실은 유럽 대륙에서나 영국에서도 중소 규모의 지방도시이거나 아니면 촌락 단지에 불과했다.

그러나 한 가지 중요한 점에서, 대륙의 공업화 — 그리고 어느 정도까지는 미국의 공업화 — 는 영국의 그것과 달랐다. 사기업(私企業)에 의한 공업화의 경우 그 자연발생적 발전의 전제조건은 영국보

---

21) H. Kisch, "The Textile Industries in Silesia and Rhineland," *Journal of Economic History*, XIX, December 1959.

다 훨씬 불리했다. 이미 앞에서 말한 바와 같이 영국은 약 200년 동안에 걸쳐 차분히 채비를 갖춘 뒤였으므로 생산요소들 가운데 정말로 부족한 것이라곤 없었다. 또한 자본주의의 본격적인 발전을 저해하는 제도상의 장애물이라 할 만한 것도 없었다.

다른 나라들에서는 그렇지 않았다. 예를 들면 독일에서는 자본의 부족이 뚜렷했다. 독일 중류계급 사람들의 아주 검소한 생활수준(이것이 아름답게 변형되어 매력적인 비더마이어Biedermeier식 실내장식으로 발전되었지만)이 그것을 입증해주고 있다. 바이마르에 있는 괴테의 집은 영국의 클래펌 교파(敎派)가 말하는 수수한 은행가들의 안락함의 수준보다도 오히려 높았지만(그러나 아주 높지는 않은), 괴테가 그 시대의 독일 수준으로는 대단히 부유한 사람이었다는 사실을 사람들은 흔히들 잊고 있다. 1820년대에는 베를린의 궁중(宮中)부인들과 왕녀들까지도 1년 내내 검소한 아마옷을 입고 있었다. 그 부인네들이 비단옷을 가지고 있었다고 해도 그것은 특별한 경우를 위해 아껴두었다.[22] 도장인(都匠人, master)과 뜨내기장인(Journeyman), 도제(apprentice)로 이루어진 전통적인 길드(guild)제도가 여전히 사업경영, 숙련노동, 그리고 실로 모든 경제적 변화의 앞길을 가로막고 있었다. 예컨대 프로이센의 경우 숙련수공업자가 반드시 길드에 소속해야 한다는 의무는 1811년에 가서야 비로소 폐지되었다. 그러나 길드 자체는 폐지되지 않았다. 더구나 길드의 구성원들은 당시 자치체의 입법에 의해 정치적으로 대단히 큰 힘을 갖고 있었다. 길드제 생산은 1830년대와 1840년대까지 거의 그대로 존속했다. 다른 곳에서는 기업 자유의 완전한 도입을 1850년대까지 기다려야만 했다.

---

22) O. Fischel and M.V. Böhn, *Die Mode, 1818~42* (Munich, 1924), p. 136.

조그마한 나라들 대부분은 각기 스스로의 지배권과 기득권을 가지고 있어서 이것이 이들의 합리적 발전을 더욱 저해했다. 프로이센이 1818년과 1834년 사이에 자신의 이익을 위해, 그리고 그들이 놓여 있던 전략적 위치의 압력에 의해 일반관세동맹체제(오스트리아는 제외되었음)를 세우는 데 성공한 것만이 단 한 가지 승리라면 승리라 할 수 있었다. 중상주의적이고 가부장적이었던 이들 소국의 정부들은 갖가지 규제와 행정상의 감독을 힘없는 자기 나라 백성들에게 강요했는데, 이런 것들은 사회의 안정에는 도움이 되지만 사기업가들에게는 몹시 귀찮은 것들이었다. 프로이센의 국가권력은 수공업 제품의 품질과 공정가격을 통제하고, 실레지아의 아마직물 가내공업의 활동을 통제했으며, 라인강 오른쪽 지역에 있는 광산 소유자들의 조업활동을 통제했다. 광산을 열려면 정부의 인가가 필요했고, 사업을 시작한 후에도 그 인가는 취소될 수 있었다.

이러한 사정(다른 여러 나라에서도 비슷한 예를 볼 수 있다) 속에서 산업발전은 분명히 영국과는 다른 방식을 취하지 않을 수 없었다. 유럽 대륙의 모든 나라 정부는 산업개발에 보다 강력한 힘을 휘둘렀다. 이는 정부가 전부터 그것에 익숙해 있었기 때문이기도 했지만, 그렇게 하지 않으면 안 되었기 때문이다. 네덜란드 연방의 국왕 윌리엄 1세는 1830년에 '저지제국(低地諸國) 국민산업촉진협회'를 설립하고 거기에 국유지를 하사하는 동시에 그 출자액의 약 40퍼센트를 국왕이 출자하고 기타 출자자 전원에게는 5퍼센트를 보증해주었다. 한편 프로이센에서는 국가가 광산의 대부분을 계속 직접 운영했다. 철도망의 건설은 예외 없이 정부에 의해 계획되었고, 건설사업 자체도 국가가 직접 하지는 않더라도 정부가 유리한 특권을 부여하거나 투자에 대한 보증을 해주는 식으로 장려했다.

사실 오늘에 이르기까지 이윤을 추구하는 사기업에 의해 철도건설이 전적으로 추진되어온 것은 오직 영국뿐이며, 철도사업의 투자자와 기업가들에게 특별배당금과 보증 등 특혜가 주어지지 않는 유일한 나라였다. 철도망이 가장 빨리, 그리고 가장 훌륭하게 계획된 나라는 벨기에였다. 벨기에의 철도망은 1830년대 초에 계획된 것으로, 이는 새로 독립한 이 나라를 네덜란드에 본거를 둔(주로 수로水路에 의한) 교통조직으로부터 분리시키기 위해 세운 것이었다. 프랑스에서는 1833년에 이미 체계적인 철도건설을 의회에서 확정시켰는데도 연기되었다. 그것은 정치적인 어려움에다가 보수적인 대부르주아지가 안전한 투자를 버리고 투기적인 투자로 옮기는 것을 꺼렸던 사정 등이 겹쳤기 때문이다. 오스트리아는 국가에서 1842년 철도건설을 결정했는데도 자원의 빈곤으로 연기되었으며, 프로이센의 계획도 마찬가지였다.

대륙의 기업들이 영국의 기업들에 비해 적절하게 근대화된 회사법·상법·은행법과 금융기관에 훨씬 더 많이 의존했던 것 역시 비슷한 이유 때문이었다. 실상 프랑스 혁명은 법체계와 금융제도 둘 다 마련해주었다. 즉 법적으로 보장된 계약의 자유를 강조하고 환(換)어음과 기타 상업어음(의 유통)을 승인하며, 주식회사제(영국과 스칸디나비아를 제외한 유럽 전역에서 채택된 주식회사나 합자회사와 같은 것)에 의한 기업활동의 기초를 닦아놓은 나폴레옹 법전은 그와 같은 이유 때문에 세계의 일반적인 모델이 되었던 것이다.

더욱이 페레르 형제와 같은 혁명적인 젊은 생시몽주의자들의 창의력 넘치는 두뇌에서 나온 산업자금 조달방식은 널리 환영받았다. 그들의 최대 승리는 1850년대의 세계적 호황기에 이르러서야 비로소 이루어질 수 있었다. 그러나 1830년대에도 이미 벨기에에서는 '국민산업촉진협회'가 페레르 형제가 구상한 바와 같은 투자은행업을 실제로 시작했고, 네덜란드의 금융업자들도 생시몽주의자들의 발상을 채택했다. 하지만 대부분의 사업가들은 여전히 그것에 귀를 기울이지 않았다. 페레르 형제의 착상이란, (돈이) 저절로 산업개발 부문으로 흘러들어가는 것이 아니라, 그 돈의 주인들이 투자하고 싶어도 어디다 투자해야 할지 모르는 유의 국내 자본자원을 동원하되, 은행이나 투자신탁을 통해 동원한다는 것이었다. 1850년 이후로 그것은 유럽 대륙(특히 독일) 특유의 현상을 불러일으켰다. 대은행이 은행인 동시에 투자가로서 활동하며, 그럼으로써 산업을 지배하고 초기 산업집중을 촉진시키는 현상을 불러일으키게 된 것이다.

3

그러나 이 시대의 경제발전은 프랑스라는 하나의 거대한 역설적 존재를 내포하고 있었다. 이론상으로 보면 그 어느 나라도 프랑스보다 더 급속한 발전을 할 수는 없을 것이었다. 앞에서도 이미 언급한 대로 프랑스는 자본주의적 발전에 이상적으로 적합한 제도들을 갖추고 있었다. 프랑스 기업가들의 창의성과 발명의 재능은 유럽에서 거의 독보적이었다. 프랑스인들은 백화점과 상업광고를 처음으로 발명 또는 개발했다. 그들은 당시 최고수준을 자랑하는 프랑스 과학의 지도 아래 사진술(니세포르 니에프스와 다게르), 르블랑(Leblanc)의 소다 제조법, 베르톨레(Berthollet)의 염소표백법, 함석과 전기도금법 등등 온갖 기술혁신과 기술적 성과를 발명하거나 개발해냈다.

프랑스의 금융업자들은 세계에서도 가장 창의력이 뛰어난 업자들이었다. 그 나라는 방대한 여유자본을 가지고 있었기 때문에 그 나라 기술 전문가들의 도움을 얻어 이것을 유럽 대륙 곳곳에 수출했다. 1850년 이후에는 심지어 '런던 일반버스회사'와 같은 데까지도 수출할 정도였다. 1847년까지 약 22억 5,000만 프랑에 달하는 자본이 해외로 나가 있었다.[23] 이 금액은 (해외 투자금으로서는) 영국 다음으로 많은 것이었으며, 다른 나라에 비하면 천문학적으로 많은 금액이었다. 파리는 국제금융의 중심지로서 그 규모가 런던에 비해서도 아주 근소하게 뒤떨어졌을 뿐이었으며, 실상 1847년과 같은 위기의 시절에는 런던보다도 오히려 더 힘이 강력했다. 1840년대 프랑스 기업들은 유럽의 여러 곳 ─ 피렌체, 베네치아, 파도바, 베로나 등 ─ 에 가스 회사를 설립했고 에스파냐, 알제리, 카이로, 알렉산드리아 전역에 가스 회사를 설립할 수 있는 특허를 따내기도 했다. 또 프랑스 기업은 (독일과 스칸디나비아를 제외한) 유럽 대륙 전역의 철도건설사업에 자금을 대려고 했다.

그런데도 프랑스의 경제발전은 그 바탕에 있어 다른 나라들보다 속도가 뚜렷이 느렸다. 프랑스의 인구는 조용히 늘고는 있었지만 비약적인 증가는 보이지 않았다. 도시의 팽창도 (파리를 제외하고는) 대단한 것이 아니었으며, 1830년대 초에는 약간 줄어들기까지 했다. 1840년대 말 프랑스의 공업력이 유럽 대륙의 다른 모든 나라보다 강대했던 것은 틀림없지만 ─ 프랑스의 증기동력 보유량은 유럽의 다른 국가들의 것을 모두 합친 것과 맞먹었다 ─ 영국에 비해서는 상대적으로 뒤졌으며, 독일에 비해서도 곧 뒤지게 되었다. 여러 이점을 가졌고, 또 일찍이 출발했는데도 불구하고 실상 프랑스는 영국이나 독일, 미국과 필적할 만한 대공업국으로는 발전하지 못했다.

이 패러독스에 대한 설명은, 우리가 이미 앞에서도 살펴본 바와 같이(제4장의 1 끝부분 참조) 프랑스 혁명 자체에서 찾아야 한다. 프랑스 혁명과정에서 국민의회의 힘으로 이루어졌던 많은 것들이 로베스피에르의 손에 의해 없어졌던 것이다. 프랑스 경제의 자본주의적

---

23) R. E. Cameron, 앞의 책, pp. 79, 85.

부문은 농민층과 소부르주아지라는 확고한 토대 위에 세워진 상부 구조에 불과했다. 도시로 흘러들어간 땅 없는 자유노동자의 흐름은 프랑스의 경우 이따금 뚝뚝 떨어지는 낙숫물 격밖에 되지 않았다. 다른 나라에서는 진보적인 공업가를 부자로 만들었던 규격화된 값싼 제품들이 프랑스에서는 충분한 규모의 시장을 확보하지 못했고, 그러한 시장마저 계속 확대되지 않았다. 자본은 풍부하게 저축되었지만, 그 자본을 무엇 때문에 하필 국내 산업에 투자하겠는가 하는 사고가 만연했다.[24] 현명한 프랑스 기업가들은 사치품만 생산했고, 대중 소비용품은 만들지 않았다. 현명한 프랑스 금융업자 또한 국내 산업보다는 외국 산업을 밀어주었다. 사기업(私企業)과 경제성장은 후자가 다른 형태의 기업보다도 높은 이윤을 사기업에게 줄 때에만 같이 앞으로 나아가는 법이다. 사기업은 프랑스를 통해 다른 나라들의 경제성장을 촉진시켜주었지만 프랑스 국내에서는 그렇지 않았다.

프랑스와는 극단적으로 반대되는 처지에 있었던 것이 미국이다. 이 나라는 자본이 부족해 곤란을 겪었지만 그것을 얼마든지 수입할 준비가 되어 있었고, 영국은 또 얼마든지 자본을 수출할 기세였다. 미국은 또 심한 인력 부족으로 고생하고 있었지만, 영국과 독일은 40년대 중반 대기근 이후에 수백만 명의 잉여인구를 수출했다. 미국에서는 기술적 숙련을 쌓은 사람들이 부족했다. 그러나 이러한 사람들 ─ 랭커셔의 면공업 노동자들, 웨일스의 광부와 제철 노동자들 ─ 까지도 산업화된 지역으로부터 수입해 들여올 수 있었고, 노동을 절약하는 기계, 특히 노동을 단순화시키는 기계류를 발명해내는 그 나라 특유의 솜씨도 충분히 동원되었다.

---

24) 이 논의의 전거는 G. Lefebvre, *La révolution française et les paysans*(1932). 이것은 *Etudes sur la révolution française*(1954)에 재수록되어 있다.

미국에 부족했던 것은 얼핏 무한대로 커 보이는 그 광대한 땅과 자원을 개발할 정착인구와 수송력뿐이었다. 국내 확장의 증가만으로도 그 나라 경제가 무한한 성장을 하는 데 부족할 것이 없었다. 그런데도 미국은 식민자들과 정부, 선교사 그리고 상인들이 이미 태평양을 향해 육로로 뻗어나가거나, 아니면 그들의 무역은 ─ 세계에서 가장 다이내믹하고 세계에서 둘째로 큰 상선단(商船團)의 뒷받침을 받아 ─ 망망대해를 건너 멀리 잔지바르에서 하와이까지 밀고 나갔다. 태평양과 카리브해는 벌써 미국이라는 제국이 골라놓은 사냥밭이었다.

이 새로운 공화국의 모든 제도는 축적과 창의와 사기업을 고무하고 지원했다. 해안 도시들과 새로 점령한 내륙의 주들에 정착한 방대한 새로운 인구는 똑같이 규격화된 개인용·가정용·농장용 물품과 장비를 요구했고, 따라서 이들은 이상적인 동질적(同質的) 시장이 되어주었다. 발명과 기업에 주어지는 반대급부는 풍부했다. 증기선(1807~13), 험블택 압정(押釘, 1807), 스크루 커터(1809), 의치(義齒, 1822), 절연선(絶緣線, 1827~31), 연발 피스톨(1835), 타이프라이터와 재봉틀의 발명(1843~46), 윤전인쇄기(1846), 그리고 수많은 갖가지 종류의 농업기계 발명자들이 그러한 반대급부를 좇아 활동했다. 이 시대에 미국 경제만큼 급속히 확대된 경제도 없었다. 그러나 미국 경제가 정말로 경이로운 성장을 보이기 시작하는 것은 1806년 이후의 일이다.

단 한 가지 큰 장애물이 세계적 경제대국으로 성장하려는 미국의 앞길을 가로막고 있었다. 바로 농업도 상업적으로 경영하는 공업적인 북부와 반(半)식민지적인 남부의 갈등이 그것이었다. 북부가 하나의 독립적인 경제인 동시에 유럽 ─ 특히 영국 ─ 의 자본과 노동 숙련으로 이득을 보고 있었던 데 반해, (이러한 자원을 거의 수입하지 않았던) 남부는 전형적으로 영국에 종속된 경제였다는 것이 남북 갈등의 이유였다. 한창 성황을 누리는 랭커셔의 여러 공장에 그들이 생산하는 원면을 거의 전부 공급하는 데 성공했다는 것 자체가 바로 남부의 종속성을 영구화시켰다. 미국 남부의 원면의 경우는 오스트레일리아가 양모를, 아르헨티나가 식육류를 막 개발하려고 하던 사정과 비슷했다. 남부는 자유무역을 옹호했다. 자유무역 아래서 남부의 원면을 영국에 파는 대신 영국의 값싼 물건을 사들일 수 있었던 것이다.

이에 반해 북부는 당시에 더 싼 값으로 제품을 팔려고 드는 외국인들—즉 영국인들—로부터 이미(1816) 국내 산업을 강력히 보호해왔다. 게다가 북부와 남부는 서부를 두고도 경쟁을 벌였다. 한쪽은 노예제 농원과 후진적인 자급자족적 산지 개간민들을 위해, 다른 한쪽은 기계화된 농기구와 대량 도살시설을 위해 경쟁했던 것이다. 미시시피의 델타 지역을 지배하여 중서부로 통하는 주요 출입구로 삼았던 남부가 대륙횡단철도시대까지는 경제적으로 다소 강한 입장에 있었다. 그래서 미국 경제는 1861~65년의 내란 때까지는 그 후의 방향이 확정되어 있지 않은 유동적인 것이었다. 1861~65년의 내란은 사실상 북부 자본주의를 정점으로 하는, 그리고 북부 자본주의에 의한 미국의 통일을 의미했다.

세계경제에서 또 하나의 미래의 거인 러시아는 그때까지는 경제적으로 아직 보잘것없었다. 그러나 선견지명이 있는 경제관찰자들은 러시아의 광대한 땅과 방대한 인구 그리고 자원이 조만간에 진면목을 발휘하게 되리라는 것을 이미 예견하고 있었다. 18세기 러시아 황제가 지주와 봉건제 아래 있던 상인들을 고용주로 하고 농노를 노동자로 하여 만들어냈던 광산과 제조업체들은 서서히 쇠퇴해가고 있었다. 새로운 산업—소규모의 가내직물업—이 주목할 만한 발전을 시작한 것은 겨우 1860년대가 되어서부터였다. 우크라이나의 비옥한 흑토지대에서 서방으로 내보내는 곡물수출도 그리 대단한 발전을 한 것은 아니었다. 러시아령인 폴란드 쪽이 오히려 앞서 있었다. 그러나 동유럽의 다른 곳과 마찬가지로 북으로 스칸디나비아, 남으로 발칸 반도에 이르는 지역에서는 경제적 대변혁의 시대가 눈앞에 닥쳐 있지는 않았다.

남부의 이탈리아나 에스파냐에서도 카탈로니아와 바스크 지방의 극히 일부를 제외하고는 상황이 마찬가지였다. 북부 이탈리아에서는 경제적 변화가 훨씬 컸지만, 그곳에서도 변화는 제조업보다는 농업(이 지역에서는 언제나 농업이 투자와 기업활동의 주요대상이었다)과 해운 그리고 무역업 분야에서 훨씬 더 두드러졌다. 그러나 이들의 발전은 극심한 석탄 부족이 남유럽 전역을 제약하고 있었다. 석탄은 그 당시만 해도 유일한 공업 원동력이었으니 말이다.

이와 같이 세계의 한 부분은 대공업국을 향해 맹렬히 돌진하고 있었지만, 다른 한 부분은 뒤떨어져 있었다. 그러나 이 두 가지 현상은 결코 무관한 것이 아니었다. 경제적 침체나 불경기, 심지어 경기후퇴마저도 경제발전의 산물이었다. 왜냐하면 상대적으로 후진적인 경제가 부(富)와 공업과 상업의 새로운 중심지들의 힘 —혹은 어떤 경우 그것은 흡인력 같은 것이기도 했다— 에 저항해 버텨나간다는 것은 도저히 불가능한 일이었으니 말이다.

영국과 유럽의 일정한 지역들은 분명히 다른 경쟁국들보다도 저렴한 값으로 제품을 판매할 수 있었다. 세계의 공장 노릇을 하는 일은 그들에게 적합한 역할이었다. 후진 지역들이 식량이나 광산물을 생산해 이들 비경쟁물자를 영국의(아니면 다른 서부 유럽의) 제조업 산물과 교환하는 일만큼 '자연스러운' 일은 없다고 여겨졌다. 코브던(Richard Cobden)은 이탈리아인들에게 "당신네 나라의 석탄은 곧 태양이다."[25] 라고 말했다.

대토지 소유자나 진보적이기까지 했던 농업경영자 또는 목장경영자들이 지방권력을 장악한 곳에서는 그 교환이 쌍방에게 모두 좋은 것이었다. 쿠바의 식민농원(plantation) 주인들은 사탕수수 재배로 돈을 벌어서 그것으로 외국 제품을 수입하는 데 크게 만족했다. 외국 물건을 수입해주면 외국인들이 그 돈으로 사탕을 사들일 수 있게 될 것이었다. 토착 제조업자들의 발언권이 크거나, 아니면 그 나라 정부가 균형된 경제성장의 이익 내지 종속의 불이익만이라도 올바르게 이해한 곳에서는 그러한 상황에 썩 만족하고 있지는 않았던 것 같다. 독일의 경제학자 리스트(Friedrich List)는―여느 때처럼 그 성미에 맞는 철학적 추상(抽象)의 옷차림을 걸치고는 있었지만―국제경제라는 것을 거부하고 보호주의를 요구했다. 국제경제란 사실상 영국을 주요한, 아니 유일한 공업국이 되게 한다는 것이었다. 그리고 이미 앞에서 본 바와 같이 미국 사람들도―철학은 그 속에 지니지 않았지만―그렇게 했다.

이 모든 것이 가정하고 있었던 것은 경제란 정치적으로 독립된 것이며, 세계의 조그만 일부분의 선구적인 공업화가 그들 각자에게 떠맡기는 역할을 받아들일 수도 거부할 수도 있는 힘을 가졌다는 점이다. 식민지처럼 경제가 독립되어 있지 않은 곳에서는 아무런 선택권도 가질 수 없었다. 예를 들어 인도에서는 기존 공업이 해체되어가는 과정에 있었으며, 이집트는 보다 더 생생한 실례를 보여주었다. 왜냐하면 이집트에서는 토착적 지배자인 모하메드 알리가 실제로 자기 나라를 근대적 경제, 그것도 공업적인 경제로 바꾸려는 조직적인 노

25) G. Mori, "Osservazioni sul liberoscambismo dei moderati nel Risorgimento." *Riv. Storic. del Socialismo*, III(1960), p. 8.

력에 착수하고 있었기 때문이다.

그는 (1821년부터) 세계시장에 내다 팔 목화 재배를 장려했을 뿐
아니라, 1838년에는 1,200파운드라는 막대한 금액을 공업에 투자했
다. 이만한 돈이면 아마도 3만 내지 4만 명의 노동자가 고용되었을
것이다. 만약 이집트를 그대로 내버려두었다면 어떻게 되었을는지
모른다. 그러나 실제로는 어떤 일이 일어났는가 하면, 1838년에 맺어
진 영국·터키 간의 협정으로 말미암아 외국 상인들이 이집트로 쇄
도해 들어갔고, 이것이 모하메드 알리의 주요 무기였던 무역독점을
무너뜨리고 말았다. 또 1839~41년에 이집트가 서방에게 패배하자
모하메드 알리는 군대를 줄일 수밖에 없었고, 이에 따라 알리로 하여
금 공업화의 추진을 마음먹게 했던 유인(誘因)들은 대부분 없어지게
되었다.[26]

하지만 서양의 포함(砲艦)이 한 나라를 개항케 하여 그 나라를 대
외무역으로 끌어들인 일, 다시 말하면 세계의 공업화된 부문들이 우
위에 서 있는 경쟁 속으로 그 나라를 끌어들인 일은 19세기에 처음
있었던 일도, 마지막 일도 아니었다. 19세기 말 영국의 보호령 시대
에 있던 이집트를 본 사람 중에서 이 나라가 50년 전에 경제적 후진
성을 벗어나려고 ─ 코브던이 아니꼽게 보았을 만큼[27] ─ 근대적 방
법을 찾아 애쓴 최초의 비(非)백인국가였다는 것을 과연 어느 누군
들 알아보았겠는가.

---

26) C. Issawi, "Egypt since 1800," *Journal of Economic History*, XXI (March 1861), p. 1.

27) "이 낭비는 모두 최상품의 원면 값으로써 빚어지고 있다. 그 원면은 마땅히 우
리가 사들이지 않으면 안 될 것이다. ……해악은 이것이 전부가 아니다. 왜냐
하면 그러한 제조업에 동원되는 일손이란 농사일에서 억지로 떼어낸 바로 그
일손들이니 말이다." Morley, 『코브던의 생애』, 제3장.

이중혁명의 시대가 가져온 경제적 귀결 가운데서도 '선진국'과 '저개발국'을 갈라놓은 이러한 분열이 가장 뿌리 깊고 영속적이었다는 것은 그 후의 사실들에 의해 입증되었다. 개략적으로 말해서 1848년까지는 몇 나라가 선두 그룹에 속하는가가 분명해졌다. (이베리아 반도를 제외한) 서유럽과 독일, 북부 이탈리아, 중앙 유럽의 일부, 스칸디나비아, 미국, 그리고 아마도 영어를 사용하는 이민자들이 사는 식민지가 곧 이 그룹에 속했다.

　또 한 가지 명백했던 것은 세계의 나머지 지역은 몇몇 작은 땅덩어리를 제외하고는 모두 뒤져 있거나, 아니면 서양의 경제적 종속물——수출입이라는 서양의 비공식적 압력, 또는 서양의 군함과 군대 출동이라는 군사적 압력 때문에——로 전락했다는 사실이다. 러시아 사람들이 1930년대에 '후진국'과 '선진국' 간의 이 같은 격차를 뛰어넘는 방도를 개발해내기까지 이러한 격차는 움직일 수도 뛰어넘을 수도 없는 것으로 남아 있었고, 실상 그것은 세계의 소수 주민과 다수 주민 사이의 격차로서 오히려 날이 갈수록 크게 벌어지기만 할 것이었다. 20세기의 역사를 이 사실만큼 요지부동한 힘으로 결정한 것도 없다.

제10장 재능에 따른 출세

어느 날 나는 이러한 중류계급 신사 한 사람과 맨체스터를 거닐
었다. 나는 그에게 창피스럽고도 불결한 빈민굴 이야기를 하고,
그 도시의 공장노동자들이 사는 곳의 구역질나는 상태에 대해
그의 주의를 끌어보았다. 내 평생 이렇게 엉망으로 세워진 도시
는 본 적이 없다고 나는 단언했다. 그 신사는 참을성 있게 듣고
있더니, 길모퉁이에서 헤어지려 할 때 이렇게 말했다. "하지만
그곳에선 많은 돈을 벌고 있는걸요. 안녕히 가십시오."
• 엥겔스, 『영국 노동계급의 실상』[1]

벼락부자가 된 금융자본가들은 만찬회 식단이나 회식자 명단을
신문에 공표하는 버릇이 있다.
• M. 카프피그[2]

1

외형적 제도는 그것이 혁명에 의해 붕괴된 것이든 또는 새로이 창
건된 것이든 간에 어렵지 않게 분간할 수가 있지만, 그렇다고 그것이

---

1) F. Engels, *Condition of the Working Class in England*, chapter XII.
2) M. Capefigue, *Histoires des Grandes Operations Financières*, IV(1860), p. 255.

혁명의 영향을 헤아리는 척도가 되지는 못한다. 프랑스 혁명의 중요한 결과는 귀족사회를 종결시켰다는 것이다. 그러나 칭호 또는 그외 배타성의 가시적(可視的) 표지(標識)에 의해 구별되는 사회적 신분 계층제라는 의미의 '귀족제'를 종결시킨 것은 아니었다. 그러한 의미의 귀족제란 흔히 그 원형으로서 '혈통'의 고귀성에 의한 귀족제를 모델로 해서 만들어진 것이었다. 개인적인 출세주의에 입각해 세워진 사회는 그렇듯 눈에 보이는 제도화된 성공의 표지를 환영하는 법이다. 나폴레옹은 일종의 형식적 귀족제를 다시 만들어내기까지 했고, 그 나폴레옹이 만들어낸 귀족은 1815년 이후로는 살아남은 구(舊)귀족들과 하나로 합류해버렸다. 귀족사회의 종결은 귀족세력의 종식을 의미하는 것은 아니다.

신흥계급들은 당연히 그 전 지배계급이 만들어놓은 안락과 사치 또는 호화로움의 표준들 가운데서 자신들의 부와 권력의 상징을 찾으려고 했다. 부자가 된 체셔(Cheshire)의 포목상 마나님들은 예의범절이나 고상한 생활에 관한 수많은 책자들을 읽고 지식을 얻어 '귀부인'이 되곤 했는데, 이 때문에 이런 책들은 1840년대부터 늘어나기만 했다. 이것은 나폴레옹 시대의 전쟁 모리배들이 귀족 칭호를 좋아한 것과 같은 이유에서이고, 또한 부르주아들이 그 살롱을 "벨벳이나 금, 거울, 그리고 루이 14세풍의 의자와 그 밖의 가구들의 서투른 모조품과…… 영국 스타일의 종복(從僕)과 말 따위"로 가득 채우면서도 거기서 "귀족적 정신이라곤 찾아볼 수 없었던 것"과 마찬가지 이유에서였다. 어느 은행가는 출신을 알 수 없는 벼락출세자였는데, 그는 다음과 같이 자랑을 늘어놓았다. "내가 극장의 내 박스에 나타나면 오페라글라스가 하나같이 나를 향하고, 나는 마치 왕후와 같은 열렬한 환영을 받는다."[3] 이보다 더 득의양양한 자랑이 또 어디 있겠는가.

뿐만 아니라 프랑스처럼 주로 궁정과 귀족들에 의해 형성된 문화에서는 그 흔적도 쉽사리 없어지지 않았다. 그리하여 인간관계의 미묘한 심리적 분석에 두드러지게 치중하는 경향(이것은 17세기 귀족 작가들에게까지 거슬러올라간다)이라든가, 엽색행각과 공공연히 애인 또는 정부(情婦)를 내세우는 정식화(定式化)된 18세기적 패턴을 가지는 프랑스 산문문학은 '파리지앵'풍 부르주아 문명에 없어서는 안 될 부분이 되었다. 전에는 국왕들이 공식적으로 정부를 가지고 있었다. 그러나 이젠 성공한 주식 중매인들도 거기에 끼여들려고 했다. 고급 매춘부들은 충분한 보수를 받는 대가로 자기들에게 돈을 지불한 은행가의 성공을, 그리고 자기들 때문에 가산을 탕진하는 혈기왕성한 젊은이들의 성공을 선전해주는 은혜를 베풀었다.

프랑스 혁명은 실로 여러 면에서 그 문화의 귀족적 특성을 예외적이라 할 만큼 순수한 형식으로 보호했다. 이것은 러시아 혁명이 고전 발레와 '훌륭한 문학'에 대한 전형적인 부르주아적 태도를 예외적일 만큼 충실히 보호, 유지한 것과 같은 이유에서였다. 과거로부터 내려오는 바람직한 이 유산들은 혁명에 계승되고 흡수·동화되었으며, 시간의 경과에 따르는 통상적인 부식작용에 손상되지 않도록 혁명이 줄곧 이를 보호했다.

그러나 이제 묵은 체제는 숨을 거두었다. 비록 1832년에 브레스트의 어부들이 콜레라 열병의 유행을 정통적인 국왕을 폐위시킨 데 대한 천벌로 생각했던 것과 같은 일이 있기는 했지만 말이다. 공식적인 공화주의가 자코뱅계의 남부 프랑스나 오래도록 비기독교화되어 있던 약간의 지역을 넘어 농민들 사이에서 뻗어나가는 발걸음은 더디었다. 그러나 최초로 실시된 진정한 보통선거, 즉 1848년 5월의 선거

---

3) M. Capefigue, 같은 책, pp. 248~249, 254.

에서 부르봉 왕가를 지지하는 정통주의는 서부 프랑스와 비교적 가난한 중부의 현(縣)들에서만 나타났을 뿐이었다. 근대 프랑스 농촌 지역의 정치지리적 특성이 이때부터 벌써 뚜렷이 식별될 수 있을 만큼 나타나 있는 것을 우리는 여기서 보게 된다. 사회계층의 상층부로 올라가면 부르봉 왕가에 의한 왕정복고도 구체제를 부활시키지는 못했다. 그렇기는커녕 그것을 시도했던 샤를 10세는 오히려 축출되고 말았다.

왕정이 복고된 사회는 외국으로 망명해 있던 왕공귀족(王公貴族)들이 제자리에 복귀한 사회라기보다는 오히려 발자크의 소설에 나오는 자본가들과 출세주의자들의 사회였으며, 스탕달의 쥘리앵 소렐의 사회였다. 이 시대를 탈레랑이 "인생의 달콤했던 시대"라고 했던 1780년대로부터 갈라놓은 시대적인 벽은 지질학적인 지층의 두께만큼이나 두터운 것이었다. 발자크의 라스티냐크는 1780년대의 비귀족 출신으로 성공한 인물인 피가로보다 1880년대의 전형적인 인물인 모파상의 벨라미에 훨씬 더 가까웠고, 나아가 1940년대 할리우드의 전형적 인물인 새미 글리크에 오히려 더 가까운 인물이었다.

요컨대 혁명 후의 프랑스 사회는 그 구조와 가치에서 부르주아의 사회였던 것이다. 그것은 벼락부자와 벼락출세한 사람들, 즉 자수성가한 사람들의 사회였다. 하지만 이것은 그 나라 자체가 벼락출세한 사람들에 의해 통치되었을 때, 이를테면 그 나라가 공화주의적이거나 보나파르트주의적이었을 경우 이외에는 완전히 명백하게 적용되는 것은 아니다. 1840년 당시 프랑스 귀족의 절반이 옛 귀족가문 출신이었다는 것은 그 당시의 프랑스가 그렇게 혁명적이 아니었던 것처럼 생각될지도 모른다. 그러나 귀족들의 절반이 1789년 이전에는 평민이었다는 사실은 그 당시로서는 상상하지 못할 만큼 감동적인 일이었으며, 특히 그외 유럽 지역의 배타적인 사회계층제를 고려할 때 더욱 그러했다. "훌륭한 미국인은 죽을 때는 파리로 간다"는 말은 파리가 19세기에 어떻게 변모했는지를 단적으로 보여준다. 하긴 파리가 완전히 벼락출세자들의 낙원이 되는 것은 제2제정 후의 일이지만 말이다. 런던은, 더구나 빈과 상트페테르부르크 혹은 베를린은 돈으로 무엇이든지 살 수 있는 그런 수도는 아니었다. 파리에서는 돈으로 살 수 없는 것이 살 만한 가치가 없는 것이라는 의미였다.

새로운 사회를 지배한 이러한 현상은 유독 프랑스에서만 있었던 것은 아니다. 그렇지만 민주주의 국가였던 미국을 제외하면, 프랑스에서는 그것이 영국이나 저지대 나라들의 경우보다 더 뿌리 깊었다고는 할 수 없어도 밖으로 나타난 어떤 점에서는 더 분명하고 동시에 더 공식화되어 있었던 것이 사실이다.

영국에서는 대(大)주방장이라 하면 웰링턴(Wellington) 공작의 카렘(Carême)처럼 ― 그는 전에 탈레랑을 시중들던 사람이었다 ― 아직도 귀족을 위해 일하는 사람이거나, 아니면 수아예(Alexis Soyer)처럼 소수가 지배하는 모임에서 일하는 사람들이었다. 그런데 프랑스에서는 귀족집의 요리사들이 혁명 후 차린 고급 레스토랑이 이미 생겨나 있었다. 세계가 달라졌다는 것은 다음과 같은 고전적인 프랑스 요리 안내서의 표지를 보아도 알 수 있었다. 거기에는 "프로방스 백작 각하를 모셨던 사람이며…… 또한 현재는 리슐리외 26번가의 '런던 대요정'을 경영하는 A. 보빌리에 저(著)"[4]라고 씌어 있었다. 미식가들 ― 왕정복고기에 생겨나 1817년부터 브릴라-사바랭의 『미식가 연감』이 선전해댔던 인종들 ― 이 이제는 안주인 마님이 손수 식탁을 차리지 않은 만찬을 먹으러 '카페 앙글레'나 '카페 드 파리'를 드나들었다.

---

4) A. Beauvilliers, *L'Art du Cuisinier*(Paris, 1818).

영국에서는 신문이 아직도 교육과 비판과 정치적 압력의 한 전달
수단이었다. 지라르댕(Emile Girardin, 1836)이 정치적이긴 하지만 값
싸고 광고수입의 축적을 목적으로 한 근대적인 신문——『라 프레스』
(*La Presse*) —— 을 창간하고, 가십이라든가 연재소설, 그 밖의 여러 가
지 읽을거리로 독자를 끌었던 것은 프랑스에서였다(이러한 미심쩍
은 분야에서 이루어진 프랑스의 선구적 역할은 오늘날에도 영어의 '저
널리즘'journalism, '퍼블리시티'(publicity, 광고), 독일어의 '레클라메'
(Reklame, 광고)나 '아논스'(Annonce, 신문광고) 따위의 말에서 그 자
취를 찾아볼 수 있다).[5] 패션이나 백화점, 발자크가 찬미한 점포 진열
장[6] 등은 모두 프랑스에서 창안된 1820년대의 산물이었다. 극장의
사회적 지위가 귀족주의적인 영국에선 여전히 권투선수나 경마 기
수의 그것과 비슷했던 시대에 프랑스에서는 프랑스 혁명 덕분에 재
능에 의한 뚜렷한 출세의 길로서 '훌륭한 사회'로 끌어올려졌다. 예
컨대 메종-라피트 지구(교외를 상류사회의 주거지로 유행시킨 한 은
행가의 이름을 따서 붙인 지명)에서는 라블라슈(Lablache)와 탈마
(Talma), 그 밖의 연극계 사람들이 모스크바 공(公)의 호화로운 저택
옆에 나란히 자신의 집을 소유하고 있었다.

산업혁명이 부르주아 사회의 구조에 미친 영향은 표면적으로는 그
다지 급격하지 않았지만 실제로는 훨씬 심각한 것이었다. 왜냐하면
산업혁명은 부르주아라는 새로운 세력을 창출해냈기 때문이다. 그

---

5) 1835년에 『논쟁 신문』(*Journal des Débats*, 약 1만 부 발행)은 해마다 약 2만 프랑
   의 수입을 광고에서 얻었다. 1838년에는 『라 프레스』의 제4면은 연간 15만 프
   랑으로 임대되었고, 1845년에는 30만 프랑으로 임대되었다. H. Sée, *Histoire
   Economique de la France*, II, p. 216.
6) "마들렌에서 생드니 문(門)까지는 진열장이라는 위대한 장시(長詩)가 가지각
   색의 소절(小節)을 노래하고 있다."

새로운 부르주아 세력은 규모가 너무나 커서 비록 최상층부가 약간 동화되어 흡수되기는 했지만 공식 사교계에 흡수되지 않고 그것과 나란히 공존했다. 그것은 그들 자신의 조건에 의하지 않은 흡수를 희망하기에는 그들이 너무 자신만만하고 활력에 차 있었던 때문이기도 했다. 1820년만 해도 이들 견고한 사업가들의 대군(大軍)은 웨스트민스터에 있는 사람들 눈에는 거의 보이지 않았다. 그곳은 아직도 귀족과 그 친척들이 여전히 개혁되지 못한 의회를 지배하고 있었으니 말이다. 또 하이드 파크에서도 그러한 사업가들의 모습은 눈에 보이지 않았다. 그곳에서는 해리엇 윌슨(그녀는 꺾인 꽃인 양 처신하는 것을 거부한 점에서도 비청교도였다)과 같은 전적으로 비청교도적인 부인들이 군대와 외교계와 귀족층의 위세당당한 찬미자들에 둘러싸여 쌍두 4륜마차를 몰고 달렸으니까. 비부르주아적인 철인(鐵人) 웰링턴 공작 역시 그런 찬미자 속에 끼여 있었다.

18세기에는 상인이나 은행가, 그리고 산업가들 가운데서도 공식 사교계에 동화되어 어울릴 수 있을 만한 사람은 극히 소수였다. 로버트 필(Robert Peel) 경을 필두로 하는 면업계 백만장자들은 온건한 편이기는 했지만 실상 제법 철저한 토리당, 즉 왕당파였다. 그 무렵 그의 아들 필은 훗날의 수상이 될 수련을 쌓고 있었다. 하지만 산업화라는 쇠로 만든 쟁기는 북부의 비구름 아래서 사업가라는 인상 고약한 작물을 대량으로 길러냈다. 맨체스터는 이제 런던이 제시하는 조건에 따라오지 않게 되었다. "맨체스터가 오늘 생각하고 있는 것을 런던은 내일 생각할 것이다"라는 표어 아래 맨체스터는 수도 런던에 요구조건을 내밀 채비를 하고 있었다.

지방에서 올라온 새로운 사람들은 만만치 않은 대군(大軍)이었다. 그들은 상층부와 하층부 사이의 간격에 다리를 놓는 '중간신분'이라기보다는 오히려 하나의 계급이라는 자각을 차츰 가지게 되었으며,

그렇게 됨에 따라 그들은 한결 더 만만치 않은 존재가 되어갔다(중류계급, 즉 middle class라는 용어가 실제로 사용되기 시작한 것은 1812년 무렵이었다).

1834년에는 존 스튜어트 밀이 다음과 같은 불평의 말을 하게끔 상황이 변해 있었다. 즉 사회평론가들은 "지주와 자본가와 노동자라는 원 둘레를 영원히 빙빙 맴돌고 있으니, 결국 그들은 사회를 이 같은 세 계급으로 구분짓는 것을 마치 신의 명령이라도 되는 것처럼 생각하는 것 같다"[7]라는 것이었다. 게다가 중간신분은 이제 단순히 하나의 계급일 뿐 아니라, 처음에는 '노동빈민'(자신들의 지도를 따라야 할[8] 사람들로 그들이 가정했던 사람들)들과 협력해 귀족사회와, 그리고 나중에는 프롤레타리아와 지주 양쪽 모두와 싸우도록 조직된 하나의 계급적 전투부대였다.

가장 두드러진 예가 계급의식이 강한 단체였던 반(反)곡물법동맹이었다. 그들은 자수성가한 사람들이거나, 적어도 출생이나 가계(家系) 또는 정식 고등교육 같은 것에 거의 신세를 진 일이 없는 보잘것없는 출신성분의 사람들이었다(디킨스의 소설 『어려운 시절』에 나오는 바운더비 씨처럼 그들은 그런 사실을 거리낌없이 광고해댔다). 그들은 돈이 많았고 점점 더 부유해져갔다. 그들은 무엇보다도 자신감에 차 있었다. 신의 섭리와 과학, 그리고 역사가 모두 힘을 합해 대지(大地)를 접시에 담아 자기네에게 선물했다는 것이 그들 자신의 출세에 의해 입증되었다고 믿는, 잔인하고도 정력적인 자신감에 차 있었다.

---

7) A. Briggs, "Middle Class Consciousness in English Politics 1780~1846," *Past and Present*, 9(April 1956), p.68.

8) "중류 이하의 계급에 속하는 사람들의 의견은 그들과 가장 직접적으로 접촉하는, 지식과 덕망이 있는 계층에 의해 형성되어 있으며, 또 그들의 정신은 이 계층에 의해 그 방향이 정해져 있다." James Mill, *An Essay on Govern-ment*, 1823.

'정치경제학'은 자본주의의 미덕을 찬미하는 자수성가한 저널리스트 겸 출판업자들 ──『리즈 머큐리』의 베인스(Edward Baines, 1774~1848), 『맨체스터 가디언』의 테일러(John Taylor, 1791~1884), 『맨체스터 타임스』의 프렌티스(Archibald Prentice, 1792~1857), 그리고 스마일스(Samuel Smiles, 1812~1904) ──에 의해 몇 가지 간단한 교조적 명제로 번역되었고, 그것들이 그들에게 지적인 확신을 주었다. 그들에게 정신적 확신과 쓸모없는 귀족에 대한 경멸을 준 것은, 프로테스탄트 비(非)국교파 가운데서도 정서적인 감리교형(型)의 교파보다는 오히려 엄격한 독립교회파라든가 유니테어리언파, 침례교파라든가 퀘이커교파 등이었다.

　노동자들에게 다음과 같이 말한 고용주들을 움직이고 있었던 것은 공포도 노여움도, 더구나 연민의 정도 아니었다.

　조물주는 공정하고 형평한 하나의 법을 만들었으니, 이 법을 어지럽힐 권리가 인간에게는 없다. 인간이 그것을 어지럽히려 한다면 그는 조만간 틀림없이 그에 상응한 벌을 받게 될 것이다. ……그러므로 고용주들이 힘을 합해서 자신들의 고용인을 보다 효과적으로 억누르기 위해 무엄하게도 감히 단결하는 경우, 그들은 그러한 행위로 말미암아 신의 존엄을 모독하는 것이 되고, 따라서 신의 저주를 받게 될 것이다. 그러나 한편으로 고용인들 경우도 단결해서 당연히 고용주에게 속하는 몫을 그들로부터 억지로 얻어내려고 할 때에는 마찬가지로 형평의 법을 어기는 것이 된다.[9]

　우주에는 하나의 질서가 있었다. 그러나 그 질서는 이미 과거의 그

---

9) Donald Read, *Press and People 1790~1850*(1961), p.26.

것은 아니었다. 신은 오직 하나뿐이었으니 그 이름인즉 증기(蒸氣)였고, 그 신은 맬서스와 매컬러크 그리고 기계를 움직이는 그 누군가의 목소리를 빌려 말하는 그러한 신이었다.

그들을 대변하는 문필가들, 불가지론(不可知論)적인 18세기 지식인, 자수성가한 독보적 학자, 저술가 따위를 그럴싸한 장식틀 속에 끼워넣는다 하더라도 그들 거의가 돈을 벌기에 바빠 돈벌이와 무관한 어떤 일에도 신경 쓸 겨를이 없었다. 코브던(Richard Cobden, 1804~65)처럼 특히 성공한 사업가들은 자신들의 지식인들이 비실제적인 생각이나 지나친 궤변적 착상을 피해주는 한 그 지식인들을 높이 평가했다. 그들은 실제적인 사람들이었고, 그들 자신이 교육을 받지 못했기 때문에 경험주의의 범위를 크게 벗어나는 것은 무엇이든 믿으려 하지 않았다. 그리고 그것은 어쩌면 당연한 일이었다.

과학자 배비지(Charles Babbage, 1792~1871) 같은 이가 과학적 방법을 그들에게 제시했지만 헛일이었다. 공업 디자인과 기술교육 그리고 수송 합리화의 개척자였던 콜(Henry Cole) 경은 (독일인 콘조르트 공(빅토리아 여왕의 부군)의 헤아릴 수 없이 큰 후원을 받아) 그들 노력의 가장 빛나는 기념비인 1851년의 '대박람회'를 개최한 사람이다. 그런데도 그는 이것저것 마구 간섭하는 관료적 취미를 가진 참견꾼이라 하여 공직생활에서 쫓겨나는 신세가 되고 말았다. 그들의 이익에 직접적으로 도움이 되지 않는 한, 그들은 이런 종류의 것마저도 다른 모든 정부간섭과 마찬가지로 타기(唾棄)해버리기를 주저하지 않았다.

자수성가한 탄광 기계공인 조지 스티븐슨은 구형(舊型) 쌍두경마차(雙頭輕馬車)의 궤간(軌間) 치수를 새로운 철도에 쓰게 함으로써 — 그는 다른 어떤 것도 생각한 적이 없었다 — 창의적이면서도 사색적이고 대담한 엔지니어였던 브루넬(Isambard Brunel)을 앞질러 새로운 철도를 지배했다. 브루넬은 새무얼 스마일스가 세운 엔지니어의 신전(神殿)에 기념비라곤 아무것도 남긴 것이 없었고, 다만 "실제적인 결과와 이익을 얼마나 가져다주었느냐 하는 결과만 가지고 가늠할 때는 스티븐슨 일파 쪽이 더 안전하게 따를 만한 사람들이라는 것은 틀림없는 일"[10]이라는 저주스러운 말을 남겼을 뿐이었다.

철학적 급진주의자들은 새롭고 과학적인 기초를 가진 산업별 전문기술자를 교육하기 위해 '기공학교'(技工學校) 네트워크의 건설──기능공들이, 자연에 반(反)해 그러한 곳에서 청강하기를 고집했던 정치적으로 불행한 오류를 없애려고──에 진력했다. 그러나 1848년에는 그것들은 거의 사라져가고 있었다. 왜냐하면 그러한 기술교육이 무언가 유용한 것을 가르칠 수 있다는 일반적인 인식이 영국인(독일인이나 프랑스인과는 뚜렷이 구별되는)에게 전혀 없었기 때문이다. 한편 지성적이며 실험정신이 있는, 그러면서 교양까지 갖춘 제조업자들이 많이 있어서 새로운 영국과학진흥협회의 모임에 쇄도해 들곤 했다. 그러나 그들이 그들 계급의 표준을 대표했다고 생각하는 것은 잘못이다.

그러한 사람들은 트라팔가 해전과 대박람회 사이에 성장한 세대다. 그들의 선조들은 교양 있고 합리주의적인 지방 상인들과 비국교도의 목사들이라는 사회적인 테두리와 휘그당의 세기라는 지적인 테두리 속에서 자랐기 때문에 그들보다는 다분히 덜 야만스러운 사람들이었다. 예컨대 도자기 제조업자인 웨지우드(Josiah Wedgewood, 1730~95)는 왕립과학협회 회원인 동시에 역사협회 회원이었으며, 볼턴(Matthew Boulton)과 그의 동업자인 제임스 와트, 그리고 혁명적이었던 화학자 프리스틀리와 함께 월광협회(Lunar Society) 회원이었다

---

10) S. Smiles, *Life of George Stephenson* (1881 ed.), p. 183.

(웨지우드의 아들 토머스는 사진술을 실험하고, 과학논문을 출판했으며, 시인 콜리지를 원조했다). 18세기의 제조업자가 공장을 세우는 데 조지 왕 시대 건축한 책의 디자인을 따랐던 것은 당연한 일이었다.

그 후계자들은 그들보다 교양이 더 높았다고 할 수는 없을지라도 적어도 그들보다는 손이 크고 낭비적이었다. 1840년까지 그들은 의사(擬似) 귀족풍 저택과 의사 고딕 양식과 의사 르네상스 양식의 공회당에 아낌없이 돈을 쏟아부을 만큼 넉넉히 돈을 벌었으며, 또한 검소하고 실용적으로 지어진 교회당 또는 고전적으로 지어진 교회건물을 수직식 건축양식으로 개축할 만큼 형편이 넉넉했다. 그러나 조지 왕 시대와 빅토리아 여왕 시대 사이에 노동계급뿐 아니라 부르주아지에게도 찬바람이 휘몰아쳤다고 할 만한 시대가 있었는데, 찰스 디킨스는 이 시대의 특징을 그의 『어려운 시절』 속에 영구히 담아놓았다.

엄격하고 독선적이고 비지성적이며 위선이 몸에 배어 있을 정도로 청교도 도덕의 강박관념에 사로잡힌 경건파적 프로테스탄티즘이 이 황량한 시대를 지배했다. 영(G. M. Young)이 말한 것처럼 "덕성(德性)이 광대한 무적(無敵)의 전설을 형성해 진군했다." 그러한 프로테스탄티즘은 부도덕한 자와 약자와 죄 많은 자들(돈벌이도 하지 않고 감정적·재정적 지출을 억제하지 않는 자들)을 진흙탕 속으로 끌어넣어 짓밟았다. 그러한 자들이 진흙탕물에 빠져야 한다는 것은 너무나 명백했으며, 그들은 기껏해야 그들보다 나은 자들의 자선의 대상밖에 되지 않았다. 여기에는 약간의 자본주의 경제적인 의미가 있었다. 중소기업가들이 대기업가가 되기 위해서는 자기들의 이윤 가운데 많은 부분을 사업으로 되돌려야만 했다. 새로운 프롤레타리아 집단은 가장 가혹한 노동규율에 의해 공업적인 노동 순환으로 밀려들어가야 했고, 그들이 그것을 받아들이려 하지 않을 경우 그들은 그대로 남아서 썩을 수밖에 없었다. 그리하여 오늘날에도 그 시대 사람들에 의해 구성된 풍경을 보면 가슴이 죄어드는 듯한 느낌을 받지 않을 수 없다.[11]

코크타운에서 당신이 보게 되는 것은 가혹하게 일만 하는 광경뿐이다. 어떤 교파의 사람들이 그곳에 예배당을 짓는다고 하자. 세워진 예배당은 붉은 벽돌로 된 성스러운 창고의 꼴을 하고 있을 것이다. 때로 그 맨 꼭대기에 새장에 넣는 종을 다는 예가 있었겠지만 말이다(단 이것은 매우 장식을 (많이) 넣어 짓는 경우에 한한다). ……거리의 모든 공적 표지는 한결같이 흑백의 꾸밈 없는 자체(字體)로 씌어 있었다. 감옥이 병원이어도 좋았고 병원이 감옥이어도 좋았다. 시청은 그 두 가지 모두, 아니면 또 다른 그 어떤 것이어도 좋았다. 왜냐하면 그 어느 것도 건축양식의 품위 면에서는 시청답게 보이지 않을 것이기 때문이다. 도시의 물질적인 면으로 말하자면 도처에 있는 것은 사실, 사실, 오직 그것뿐이었고, 비물질적인 면에서도 도처에 사실, 사실, 사실만이 있었다. 산원(産院)과 묘지 사이에 있는 모든 것은 사실 그것뿐이었다. 그리고 당신이 숫자로 표현할 수 없는 것, 즉 가장 싼 시장에서 살 수 있고 가장 비싼 시장에서 팔 수 있다고 증명할 수 없는 것은 영원히 아멘(다산多産과 생명을 관장하는 고대 이집트의 양머리 모양을 한 신―옮긴이)이 아니었고, 그렇게 될 수도 없었다.[12]

---

11) Charles Dickens, *Hard Times*.

12) Léon Faucher, *Manchester in 1844*(1844), pp. 24~25 참조. "도시는 어느 정도 벤담의 유토피아를 실현하고 있다. 모든 것은 효용(效用)을 기준으로 한 결과에 의해 판단된다. 그리고 만약 '아름다운 것', '위대한 것', '고귀한 것'이 맨체스터에 뿌리 내리는 일이 있다고 해도 그것들 역시 이 기준에 따라서 펼쳐

이 같은 부르주아적 공리주의에 대한 무서울 만큼의 헌신은 복음파나 청교도들이나, 18세기적 불가지론적인 '철학적 급진주의자들'이 다 함께 나누어 가지는 바였다. 다만 18세기적 불가지론자들은 그러한 공리주의를 그들을 위해 논리적인 말로 옮겨 표현했던 것뿐이었다. 바로 그러한 부르주아 공리주의가 철도 선로와 교량과 창고 등 공리주의 특유의 기능미를 낳았던 것이며, 또 공장이라는 요새에서 내려다보이는 집들, 연기투성이이며 무수한 흑회색 또는 붉은색의 작은 집들의 대열에 대한 낭만주의적인 공포를 낳기도 했다.

그 바깥쪽에 새로운 부르주아지가 (만약 이전할 만한 돈을 모았다면) 살면서 명령과 도덕교육, 그리고 국외의 흑인 이교도들의 전도활동에 대한 원조 등을 베풀었다. 부르주아 남자들은 세계지배의 원리를 증명해주는 돈의 화신(化身)이었고, 그의 여자들은 남편의 돈 때문에 집안일을 손수하는 만족마저도 빼앗긴 채 자신들의 계급의 미덕을 한몸에 구현했다. 그녀들은 바보스럽고('착하고 얌전한 처녀가 되어라, 똑똑해지지는 마라'), 교육을 받지 못했으며, 실제적이 아니고, 이론적으로는 성별이 없으며, 소유권이 없는 피보호자였다. 그녀들은 검약과 자조(自助)의 시대에 그 존재가 허용된 유일한 사치품이었다.

제조업을 영위하는 영국의 부르주아지가 그 계급의 가장 극단적인 실례였지만, 대륙 전체에도 이와 같은 종류의 작은 집단이 있었다. 예컨대 프랑스 북부 혹은 카탈로니아 섬유공업지대의 가톨릭교도, 알자스의 칼뱅주의자, 라인란트의 루터파 독신자(篤信者)들, 중·동유럽 도처에 있는 유대교도가 그러했다. 그들은 영국에서처럼 그렇게 엄격하지는 않았다. 왜냐하면 그들은 도시생활과 가부장제의

질 것이다."

오랜 전통들과 인연을 끊기는 어려웠기 때문이다. 레옹 포셰(Léon Faucher)는 그 자신이 자유주의를 신봉했음에도 불구하고, 1840년대 맨체스터의 광경을 보고 큰 충격을 받았다. 대륙의 관찰자로서 그렇지 않을 사람이 어디 있겠는가.[13] 그러나 그들도 착실한 치부(致富)에서 생긴 자신 ─1830년에서 1845년 사이 릴에 살던 당세트 일족의 결혼 지참금은 1만 5,000프랑에서 5만 프랑으로 늘어났다[14] ─ 과 경제적 자유주의에 대한 절대적인 신뢰, 그리고 비경제적 활동의 배제 따위에서는 영국인들과 다를 바가 없었다.

릴에서 방적업으로 거대한 부를 이루어 대대로 내려온 방적업자들은 제1차 세계대전까지도 군인이라는 경력을 전적으로 경멸하는 기풍을 그대로 지켜왔다. 뮐루즈의 돌푸스 가는 그들 가문의 젊은 프레데릭 앙젤을 설득해서 유명한 파리의 이공과대학에 들어가지 못하게 했는데, 그 까닭은 앙젤이 사업가가 아닌 군인으로서 생애를 보내게 되지 않을까 두려웠기 때문이다. 귀족의 신분이라든가 족보 따위는 그들에게 그렇게 매력 있는 것이 아니었다. 나폴레옹의 원수(元帥)들처럼 그들 스스로가 시조(始祖)들이었으니 말이다.

2

따라서 이 두 혁명의 결정적인 성과는 재능 있는 사람들, 다시 말해 활동적이고 빈틈없고 근면하고도 욕심 많은 사람들에게 출세의 길을 열어놓았다는 것이었다. 그러나 미국의 경우를 제외하고는 출세의 길이 모두 열린 것은 아니었으며, 또 그 출세의 길이 사닥다리

13) Léon Faucher, *Etudes sur l'Angleterre*, I(1842), p. 322.
14) M. J. Lambert-Dansette, *Quelques familles du patronat textile de Lille-Armentières*(Lille, 1954), p. 659.

의 맨 꼭대기까지 열려 있었던 것도 아니었다. 그렇더라도 그러한 기회들이란 얼마나 엄청나고 특별한 것이었던가! 그리고 과거의 정적(靜的)인 신분제적 이상은 19세기와 실로 얼마나 동떨어져 있었던가! 하노버 왕국의 추밀고문관 폰 셸레는 한 가난한 젊은 법률가를, 제본업자였던 그 부친의 직업을 마땅히 이어가야 한다는 이유로 정부 관직에 등용하는 것을 거부했다. 그러나 이제 그러한 것들은 잘못되고 우스꽝스러운 것으로 보였다.[15] 그가 한 일은 안정된 전(前)자본주의적 사회의 낡아빠진 분별을 되풀이한 데 지나지 않았다. 1750년이었다면 제본업자의 아들은 아마도 십중팔구 자기 부친의 가업을 그대로 지켜나갔을 것이다.

그러나 이제는 그럴 필요가 없었다. 그 앞에는 성좌(星座)에 오르는 네 가지 길이 열려 있었다. 즉 사업과 교육(그것은 또한 관직과 정치 그리고 자유업이라는 세 가지 목표에 이르는 것이었다), 예술과 전쟁이 그것이었다. 전쟁은 혁명기와 나폴레옹 시대의 프랑스에서는 매우 중요한 것이었다. 그러나 그 후 계속된 오랜 평화시대에는 그 중요성을 크게 상실했고, 이 때문에 그 매력이 줄어들었다. 세 번째의 것, 즉 예술이 달라졌다는 것은 그것이 일반 대중을 즐겁게 하거나 감동시키는 각별한 재능에 대한 사회적 보수가 이젠 훨씬 많아졌다는 한에서 그러했다는 것이며, 그것은 무대의 사회적 지위가 향상되었다는 점에서도 명백했다. 그것은 마침내 에드워드 시대의 영국에서 배우가 기사 칭호를 받고 귀족이 코러스 걸과 결혼하는 등 일련의 현상을 낳기에 이른다. 나폴레옹 전쟁 후에도 이미 우상화된 가수(예컨대 '스웨덴의 꾀꼬리' 제니 린드)나 무희(파니 엘슬러), 신처럼 존

---

15) Oppermann, *Geschichte d. Königreichs Hannover*, quoted in T. Klein, 1848, *Der Vorkampf*(1914), p. 71.

경받는 연주가(파가니니와 프란츠 리스트)와 같은 특징적인 현상이 일어났다.

사업을 한다든가 교육을 받는 일 그 어느 것도 누구에게나 열려 있는 탄탄대로는 아니었다. 관습과 전통의 구속에서 충분히 해방되어 '우리 같은 사람들'에게는 그러한 일들이 허용된다고 믿고 있는 사람들, 다시 말해 개인주의적인 사회에서 어떻게 처신해야 하는가를 알고 있고, 혹은 또 '출세하는 것'을 바람직한 일로 받아들이게 된 그러한 사람들 사이에서조차 그러했다. 여행을 하려는 사람은 통행세를 지불해야만 했다. 즉 아무리 적은 돈이라도 약간의 밑천도 없이 성공의 대로를 향해 나서기는 어려웠다. 이 통행허가세가 사업의 길에 들어서는 것보다 교육의 길에 들어서려 할 때 더 비쌌던 것은 물론이다. 왜냐하면 공공교육제도를 가지고 있던 나라에서도 초등교육은 일반적으로 아주 등한시되었기 때문이다. 또 공공교육제도 자체도 정치적인 이유 때문에 읽고 쓰기와 산수, 도덕적 복종이라는 최소한의 것으로 국한되었다. 그런데 언뜻 역설인 것으로 보이지만 교육의 길이 사업의 길보다 매력적으로 보였다.

그 까닭은 교육의 길이 인간의 습관이나 생활양식 면에서 별로 혁명을 요구하는 것이 아니었기 때문이다. 학문은 비록 성직자의 학문이라는 형태를 빌려야만 했지만, 그래도 전통적 사회에서 사회적으로 인정받고 존중되는 지위를 가지고 있었으며, 사실상 완전히 부르주아적인 사회에서보다도 더 높은 지위를 차지했다. 가족 가운데 목사, 비국교파 목사 또는 유대교 목사를 한 사람이라도 있다는 것은 가난한 사람들이 바랄 수 있는 최대의 명예인 동시에 막대한 희생을 치를 만한 가치가 있는 일이었다. 이 같은 출세의 길이 한번 열리기만 하면 이러한 사회적 찬미는 비종교적인 지식인, 즉 관리나 교사 아니면 놀랍게도 변호사나 의사로까지 쉽사리 전환될 수 있었다.

더구나 학문은 명백하게 반사회적인 것으로 여겨졌던 사업의 경우만큼 반사회적인 것은 아니었다. 교육을 받은 사람은 몰염치하고 이기적인 상인이나 사용주들이 곧잘 그랬던 것처럼 자기 부류의 사람들을 돌려놓거나 갈라놓는 일을 스스로 저지르지는 않았다. 그들은 교사로서 동료들을 그들의 비참한 상태의 원인으로 여겨졌던 무지와 몽매로부터 끌어내는 데 명백히 도움을 주었다. 교육에 대한 일반적 열망은 개인적인 사업적 성공에 대한 일반적인 열망보다도 훨씬 더 조성되기 쉬웠으며, 낯선 돈벌이 기술보다도 학교 교육을 습득하는 게 훨씬 쉬웠다. 웨일스와 같이 거의 전적으로 소농민과 소상인과 프롤레타리아로 구성된 사회에서는 아들들을 교육과 성직자의 길로 가게 하려는 갈망이 부와 사업 그 자체에 대한 사회적 분노와 동시에 발전되었다.

그럼에도 불구하고 교육은 개인주의적인 경쟁과 '재능에 의한 출세', 그리고 출생과 연고에 대한 실력의 승리를 상징했다. 그것은 어떤 의미에선 돈벌이 사업만큼이나 효과적인 상징이었으며, 그러한 것은 경쟁시험이라는 장치를 통해 이루어졌다. 프랑스 혁명은 그 가장 논리적인 표현으로서 시험에 의한 계층제도를 만들어냈다. 프랑스에서는 지금도 이 계층제도가 살아 있어서, 프랑스 국민을 통치하고 교육할 지적인 엘리트를 장학금 획득자의 전국적 모임에서 순서대로 선발하고 있는 것이다.

장학금과 경쟁시험은 또한 영국의 사상가들 중에서도 가장 자각적인 부르주아 학파라 할 벤담주의적인 철학적 급진주의자들의 이상이기도 했다. 그들은 실제로—이 책이 다루는 시대가 끝난 뒤였지만—아주 순수한 형태의 장학금제도를 귀족들의 극심한 저항을 받으면서 영국 국내와 인도의 고급관리에게 부여했다. 시험 또는 기타 교육상의 테스트로 결정하는 이 같은 실력에 의한 선발은 다음의 예외를 제외하고는 일반적으로 받아들여지는 이상이 되었다. 그 예외란 (로마 교황청 혹은 영국 외무성과 같은) 유럽에서도 가장 낡아빠진 공무원 기구 내지는 미국과 같이 공직에 대한 적임 여부의 기준을 시험보다는 선거로 하기를 선호하는 경향이 있는 가장 민주적인 공무원 기구가 그것이었다. 왜냐하면 다른 형태의 개인주의적 경쟁과 마찬가지로 시험에 붙는다는 것은 자유주의적이긴 하지만 민주주의적인 것도 평등주의적인 것도 아닌 장치였기 때문이다.

교육을 재능 있는 자에게 개방함으로써 나타난 사회적인 주요 결과는 이처럼 역설적인 것이었다. 그것이 낳은 것은 사업이 자유롭게 경쟁하는 '개방사회'가 아니라 관료주의적인 '폐쇄된 사회'였다. 그러나 이 양자는 모두 각각 그 나름대로 부르주아 자유주의시대의 특징적인 제도였다. 19세기 고급관리의 정신은 기본적으로는 18세기 계몽주의의 그것이었다. 예를 들어 중·동유럽의 프리메이슨주의와 '요제프주의', 프랑스의 나폴레옹주의, 기타 라틴 각국의 자유주의와 반교권(反敎權)주의, 영국의 벤담주의 등등이 있다.

능력 있는 사람이 관직생활에서 일단 그 지위를 획득하고 나면, 경쟁이 곧 자동적인 승진으로 변해갔다는 것은 명백하다. 그러나 한 사람이 얼마나 빨리 어디까지 승진하는가는 집단적인 평등주의가 순전한 선임순(先任順) 승진을 고집하지 않는 한, (이론적으로는) 여전히 그의 능력에 달려 있었다. 그러므로 언뜻 봐서는 관료주의가 자유주의 사회의 이상과는 전혀 다르게 보였다. 그러나 능력이 있기 때문에 선발되었다는 자각, 청렴결백과 실무적 능률, 교육이라는 지배적인 분위기, 그리고 비귀족적인 출신 성분이 공무원 기구의 전체를 결속시키고 있었다.

자동적인 승진(이것은 중류계급의 조직체 바로 그것이라 할 영국 해군에서 우스꽝스럽도록 긴 과정이 되었다)을 완강히 고집하는 일은 적어도 전형적으로 귀족주의적 내지 군주정치적인 정실 특혜의 악습을 배제한다는 유리한 조건을 가지고 있었다. 그러한 이유로 경제발전이 뒤떨어져 있는 사회에서 공무원 기구는 상승세에 있던 중류계급에게 또 하나의 관심의 초점이 되었다.[16] 1848년 프랑크푸르트 의회에서 대의원 전체의 68퍼센트가 공무원 아니면 기타 관리(자유전문업이 12퍼센트, 사업가가 2.5퍼센트에 불과했다는 사실과 대비해볼 것)였다는 것은 우연한 일이 아니었다.[17]

이렇게 해서 나폴레옹 전쟁 후의 시대가 거의 어느 곳에서나 정부 기구와 활동이 두드러지게 확대된 시대였다는 것은 출세하려는 사람들에게는 다행스러운 일이었다. 그러나 그것은 점점 더 늘어가는 교육받은 시민의 양적 증가를 흡수할 만큼 크지는 않았다. 1830년에서 1850년 사이에 인구 1인에 대한 공공지출은 에스파냐 25퍼센트, 프랑스 40퍼센트, 러시아 44퍼센트, 벨기에 50퍼센트, 오스트리아 70퍼센트, 미국 75퍼센트, 네덜란드 90퍼센트 이상 증가했다(영국과 영국령 식민지, 스칸디나비아, 그리고 몇몇 후진국에서만 인구 1인당 정부지출이 이 시대, 즉 경제적 자유주의의 전성기에 달라지지 않았거나 감소했다).[18]

이러한 정부기구와 활동의 증대는 명백한 세금 소비자인 군대 규모의 증대 때문만은 아니었다. 이 시기에는 국제적인 대전쟁이 없었는데도, 나폴레옹 전쟁 전보다도 훨씬 큰 규모로 군대가 유지되었다. 1851년 현재 대국들 가운데 나폴레옹의 세력이 최강이었던 1810년

---

16) 발자크의 소설에 등장하는 관리들은 모두 중소기업 가문 출신이거나 아니면 그런 가문과 관련이 있었던 것 같다.

17) G. Schilfert, *Sieg u. Niederlage d. demokratischen Wahlrechts in d. deutschen Revolution 1848~49*(1952), pp. 404~405.

18) Mulhall, 앞의 책, p. 259.

보다도 훨씬 적은 군대를 가지고 있던 것은 영국과 프랑스뿐이었으며, 여러 나라들——예컨대 러시아, 독일계·이탈리아계 군소국가들, 그리고 에스파냐——은 사실상 더 큰 규모의 군대를 보유했다. 정부기구와 활동의 비대화뿐 아니라 국가가 옛 기능을 더욱 발전시키는 동시에 새로운 기능을 갖게 된 데도 그 원인이 있었다. 자유주의가 관료제에 적대적인 것이라고 믿는 것은 아주 초보적인 오산이다(이런 잘못된 생각은 자본주의의 논리적 주역들인 벤담주의적 '철학적 급진주의자들'마저도 갖고 있지 않았다). 자유주의는 다만 비능률적인 관료제와, 사기업에 맡겨두어야 할 일에 대해서까지 공공적 간섭이 가해지는 일, 그리고 과도한 과세에 대해서만 적대적이었을 뿐이다.

국가의 기능은 야경(夜警)이라는 기능만을 남기고 축소되어야 한다는 통속화된 자유주의적 슬로건이 있었지만, 이것은 비능률과 간섭을 제거당한 후의 국가가 사실은 그 전보다도 훨씬 더 강력하고 야심적인 국가였다는 사실을 은폐하는 것일 뿐이다. 1848년까지 국가는 이미 근대적이고 대개는 국립경찰적인 경찰력을 갖추고 있었다. 프랑스에서는 1798년부터, 아일랜드에서는 1823년부터, 잉글랜드에서는 1829년부터, 에스파냐(민병대)에서는 1844년부터 그러했다.

영국 이외의 모든 나라에서는 국가가 공공교육제도를 운영하고 있었다. 또 영국과 미국을 제외한 다른 대부분의 나라에서는 국가가 공공철도업무를 운영하거나 가지려 했다. 도처에서 사업상 그리고 사적인 통신의 필요성이 급속히 증대함에 따라 더욱더 증대해간 우편업무를 운영하는 것도 바로 국가였다. 인구의 증대는 또 국가로 하여금 이전보다도 더 큰 규모의 사법제도를 유지하게끔 했고, 또 도시나 도시에서 증대되는 사회문제는 이전보다도 더 큰 자치적 행정조직을 유지하지 않으면 안 되게 했다.

정부의 여러 기능은 낡은 것이든 새로운 것이든 점점 더 전업적

(專業的)인 직업적 관료들의 단일 국가공무원제도에 의해 수행되었다. 이러한 국가공무원제도는 중앙당국이 전 국토에 걸쳐 마음대로 이동시키기도 하고 승진시키기도 하는 관리들의 고급 제단(梯團)을 형성하고 있었다. 이와 같은 능률적인 업무제도는 부정부패와 비상근(非常勤) 요원을 제거함으로써 능히 관리의 숫자나 1인당 행정비를 축소시킬 수도 있었겠지만, 한편으로는 막강한 통치기구를 만들어냈다. 자유주의 국가의 가장 초보적인 기능, 즉 일단의 유급관리에 의한 능률적인 과세와, 세금의 징수 또는 전국적인 정규조직으로서의 농촌 경비대의 유지 같은 것은 혁명 전의 절대주의 권력이라면 감히 꿈에도 생각할 수 없는 일로 여겼을 것이다. 때로 누진소득세제[19]를 실제로 적용했던 과세수준 또한 옛 절대주의로서는 감히 상상도 못한 일이었는데, 자유주의 국가의 백성들은 그것을 감내해냈던 것이다. 그리하여 자유주의 국가인 영국의 정부지출은 1840년의 경우 독재국가인 러시아에 비해 네 배에 달했다.

이들 새로운 관료의 지위 가운데 저 유명한 나폴레옹의 병사가 언제인가 원수(元帥)의 지휘봉을 쥐게 될 것을 꿈꾸면서 그 첫단계 목표로서 배낭에 넣고 다녔다는 장교의 견장에 비길 만한 것은 정말로 거의 없었다. 1839년 당시 13만 명의 프랑스 공무원들[20] 가운데 대부분은 우체부와 교사, 하급 세리(稅吏), 사법관리 등의 부류였다. 그리고 내무성의 관리 450명과 외무성 관리 350명도 사무직이 대부분이었다. 그들은 디킨스에서 고골리에 이르는 문학작품들에서 명백히 밝히고 있듯이 아마도 다음과 같은 특권, 즉 평생토록 단조로운 리듬

---

19) 영국에서는 이것을 나폴레옹 전쟁 중 일시적으로 부과한 일이 있는데 1842년부터는 영구적으로 부과했다. 다른 중요한 나라 중 1848년 이전에 이 선례를 따른 나라는 없었다.

20) W. R. Sharp, *The French Civil Service*(New York, 1931), pp. 15~16.

으로 굶주리며 살아갈 수 있다는 보장 이외에는 부러울 것이 거의 없는 부류의 사람들이었다. 실제로 훌륭한 중간계급의 생활과 사회적으로 대등한 관리들—어떠한 관리라도 경제적으로는 점잖은 안락 이상은 바랄 수 없었다—이란 거의 없었다. '관리직종'(管理職種)이란 19세기 중반의 개혁자들이 관료적 위계제도에서 중간계급에 해당하는 것으로 고안해냈지만, 그것은 오늘날에도 영국 공무원 기구의 전체 가운데 통틀어 3,500명에 불과하다.

그럼에도 불구하고 하급관리나 화이트칼라 노동자들의 상태는 검소하기는 했어도 노동빈민 뒤에 솟아 있는 하나의 산맥이었다. 그들은 육체노동을 하지 않았다. 깨끗한 손과 하얀 칼라가 비록 상징적인 것이라고는 하나 그들을 부자 편에 붙게 했다. 그들은 보통 공적 권위의 마력을 몸에 지니고 다녔다. 남자도 여자도 자신들의 생활을 기재하는 문서를 위해 그들 앞에 줄을 지었다. 그들은 손짓 하나로 사람들을 나아가게 하고 물러서게 했다. 그들은 사람들에게 무엇을 해서는 안 되는가를 알려주었다.

좀더 후진적인 나라에서는(민주주의적인 미국에서도 마찬가지지만) 그들 관리를 통해 종형제나 조카들이 일자리를 찾을 수 있었다. 후진적이지 않은 많은 나라에서도 뇌물을 주어 그들을 매수해야 했다. 무수한 농민과 노동자들의 가족에게는, 즉 다른 사회적 승진의 전망이 어둡기만 했던 사람들에게는 하급관리나 교직, 성직은 적어도 이론적으로나마 손에 닿을 수 있는 곳에 있었으며 자기 아들이 올라갈 수 있을지도 모를 히말라야 산맥이었던 것이다.

자유전문업은 거의 그들의 시계(視界) 안에는 없었다. 왜냐하면 의사, 법률가, 교수(대륙에서는 대학 교사인 동시에 중등학교 교사를 의미했다), 또는 그 밖의 "여러 가지 일에 종사하고 있는 교육받은 사람"[21]이 되는 데는 오랜 기간의 교육과 남다른 재능, 기회가 필요했다. 1851년의 영국에는 약 1만 6,000명의 법률가(재판관을 포함하지 않고)와 불과 1,700명의 법과 학생이 있었다.[22] 그리고 약 1만 7,000명의 내과의와 외과의, 3,500명의 의학생과 조수, 3,000명 이하의 건축가와 약 1,300명의 '편집자와 저술가'가 있었다(프랑스어로 저널리스트라는 말은 아직 공식적으로 인정되어 있지 않았다). 법률과 의학은 훌륭한 전통적인 자유전문직이었다.

성직은(프로테스탄트파의 전도사를 제외하고) 아마 인구증가보다 확산이 더뎠기 때문이겠지만, 기대된 만큼의 개방을 가져오지는 않았다. 실제로 정부의 반교권(反敎權)적 열성 ── 요제프 2세는 359개의 사원과 수도원을 탄압했으며, 에스파냐인들은 중간에 잠깐씩 자유주의적 정부가 들어섰을 때마다 그들 모두를 탄압하는 데 최선을 다했다 ── 덕분에 이 직업의 어느 부분은 확대되기보다는 축소되고 있었다.

다만 한 가지, 진실로 개방되어 있는 것이 있었다. 세속인과 종교인에 의한 초등학교 교직이 그것이었다. 교직자는 주로 농민이나 장인(匠人)들, 그외 수수한 집안의 아들들 중에서 구했는데, 그 수는 서양 각국에서 결코 무시할 수 없는 것이었다. 영국에서는 1851년 자신들을 교장 또는 일반교사라고 칭했던 사람이 약 7만 6,000명이었고, 이 밖에도 2만 명 정도의 가정교사가 있었다. 이 가정교사란 교육받은 가난한 처녀로서, 그러한 점잖은 방법이 아니고는 밥벌이를 할 능력이 없고 하려고도 하지 않는 자들이 택하는 잘 알려진 마지막 수단이었다. 게다가 가르치는 직업이란 그 수효가 클 뿐 아니라 확대되어 가고 있는 전문직이었다. 보수는 빈약했지만 영국이나 미국과 같은

---

21) *The Census of Great Britain in 1851*(London, Longman, Brown, Green and Longmans, 1854), p. 57.

22) 대륙에서는 법률가의 수나 비율이 더 클 때가 많았다.

가장 속물주의적인 나라 이외의 곳에서 초등학교 교사란 인기 있는 직업이었다. 왜냐하면 만약 평민 남녀들 중에서 미래를 바라보고 무지가 추방될 수 있음을 처음으로 깨달은 그러한 시대의 이상을 대표하는 사람이 있다고 한다면 그것은 바로 교직에 종사하는 남녀들, 즉 어린이들에게 부모들이 접했던 적이 없는 기회를 주고 세계를 개방하며, 그들에게 진실과 도덕을 불어넣는 것을 자기의 생활과 천직으로 삼는 남녀들이었을 것이기 때문이다.

물론 사업은 재능에 의해 출세하는 가장 확실한 길이었다. 더구나 급속히 팽창하는 경제에서는 사업에 성공할 수 있는 기회도 당연히 컸다. 많은 기업들의 규모의 영세성, 그리고 하도급업과 소규모의 매매업이 지배적이었던 까닭에 일을 시작하는 것도 비교적 쉬웠다. 그럼에도 불구하고 물질적 조건도, 사회적·문화적 조건도 빈민에게 그다지 좋은 것은 아니었다.

첫째로—성공한 자들이 흔히 보지 못하고 넘기는 사실이지만—산업경제는 고용주나 자영업자의 숫자상의 증가보다도 더 빨리 임금노동자를 창출함으로써 그 발전이 가능했다. 한 사람이 몸을 일으켜 사업가 계급으로 올라설 때마다 훨씬 더 많은 사람들이 필연적으로 아래로 내려앉게 마련이었다.

둘째로 경제적 독립에는 기술적 능력과 마음가짐 또는 (아무리 빈약한 것이라도) 자금원이 필요한 법인데, 대개의 사람들은 그것을 전혀 가지고 있지 않았다. 다행히도 자금원을 충분히 가지고 있었던 사람들—예컨대 종교적인 소수파나 여러 종파의 구성원들이 그러했으며, 그들이 이러한 활동을 하기에 아주 적합한 사람들이라는 것은 사회학자들이 익히 아는 바와 같다—은 잘 해나갔을 것이다. 예컨대 이바노보—'러시아의 맨체스터'—의 직물제조업자가 되었던 농노들의 대다수가 '구(舊)신도'라는 종파에 소속되어 있었다.[23] 그러나 이러한 이점을 가지지 않았던 사람들에게 — 예컨대 러시아의 대다수 농민에게 — 같은 것을 기대하거나 아니면 이 단계에서 그들과의 경쟁을 기대한다는 것은 전혀 비현실적인 일이었다.

3

이제까지 출신이 좋지 않다는 이유에서뿐 아니라 공식적·집단적으로 차별을 받아 높은 자리에 오르지 못했던 소수파들은 재능에 의한 출셋길의 개방을, 그것이 어떤 종류의 것이든 다른 어느 집단보다도 더 열렬히 환영했다. 프랑스의 프로테스탄트가 프랑스 대혁명의 시기와 그 후에 공적 생활에 투신했던 열성은 놀랄 만한 것이다. 그러나 서유럽의 유대인들 사이에서 화산 폭발처럼 일어난 재능의 분출은 프랑스 프로테스탄트의 그것을 능가했다.

유대인 해방은 18세기 합리주의 사조에 의해 그 기초가 마련되었고 프랑스 혁명을 통해 마침내 실현되었다. 유대인 해방이 실현되기 전에는 유대인이 택할 수 있었던 출세의 길이란 단 두 가지뿐이었다. 상업이나 금융에 종사하거나, 아니면 유대교의 율법 해석, 즉 성직에 종사하는 일이 바로 그것이었다. 이 두 가지 모두는 그들이 좁고 격리된 '게토'(유대인 거주지구 — 옮긴이) 사회에 갇혀 사는 것을 의미했다.

그러나 몇 명 안 되는 '왕실과 줄이 닿는 유대인들'과 그 밖의 부유한 사람들만은 위험하고도 인기 없는 명성의 불빛 쪽으로 깊이 발을 들여놓지 않으려고 조심하면서도 — 영국이나 네덜란드에서도 그러

---

23) R. Portal, "La naissance d'une bourgeoisie industrielle en Russie dans la première moitié du XIX siècle," *Bulletin de la Société d'Histoire Moderne*, Deuzième Série, II(1959).

했다──유대인 사회에서 반쯤 빠져나온 상태에서 살아가고 있었다. 유대인 사회로부터의 탈출은 유대인 해방을 대체로 환영하지 않았던 야만스러운 주정뱅이 이교도들에게서만 평이 나빴던 것이 아니었다. 수백 년에 걸친 사회적인 압력으로 유대인 사회는 자기폐쇄적인 것이 되어 있었으며, 그 엄격한 정통신앙의 밖으로 조금이라도 일탈하는 자는 신앙을 버린 배신자라 해서 배척당했다. 독일과 오스트리아의 유대인 자유화의 18세기 선구자들, 그 가운데서도 특히 멘델스존(Moses Mendelssohn, 1729~86) 같은 이는 탈주자요 무신론자라 해서 매도당하곤 했다.

폴란드와 리투아니아의 옛 왕국 동부에서는 유대교도들의 일대 집단이 그들에게 적대적인 농민들 속에서 급속도로 거주지구를 넓혀가면서 자기폐쇄적이며 의심 많은 생활을 살아가고 있었다. 그들은 리투아니아에 있는 정통신앙파의 학식 있고 주지주의적인 유대교 율법학자들과, 광신적이고 빈곤에 시달린 신비주의적 하시딤 교파 중 어느 쪽에 충성을 다할 것인가를 두고 갈려 있을 뿐이었다. 1834년 오스트리아 당국에 체포된 46명의 갈리치아인 혁명가 가운데 유대인은 단 한 사람밖에 없었다[24]는 것은 매우 특이한 일이다. 그러나 서유럽의 보다 작은 사회에 사는 유대인들은 자신들에게 닥친 새로운 기회들을 두 손으로 꽉 움켜잡았다. 비록 그 대가로 명목상으로 세례를 받고 기독교로 개종해야만 했다고 해도 반쯤만 해방된 나라에서는 관직에 앉으려면 어쨌든 그러한 대가를 지불하는 것은 아직도 흔히 있었던 일이었다.

사업을 하는 사람들은 그럴 필요가 없었다. 대대로 유대족의 국제적 왕으로 행세했던 로스차일드 가문은 단순히 거부만은 아니었

24) Vienna, *Verwaltungsarchiv*, Polizeihofstelle, H 136/1834.

다. 이 시대의 정치적·군사적 변화가 국제금융업에 전례 없는 호기를 제공하기도 했지만, 그들은 그 전부터 부자였다. 또한 이 무렵에는 그들의 재력에 어지간히 어울리는 사회적 지위를 차지했고, 나아가 귀족의 지위를 바랄 수도 있게 되었다. 유럽의 왕후들은 1816년에 이르러 실제로 그들에게 귀족 지위를 수여하기 시작했다(그들은 1823년 합스부르크의 세습적 남작이 되었다).

그들의 재력보다도 더 두드러진 것은 세속적 예술과 과학 그리고 전문직업 분야에서 꽃핀 유대인 재능이었다. 20세기 기준으로 보면 아직도 대단한 것이라고는 할 수 없지만 1848년 무렵에는 19세기 최대의 유대인 사상가와 가장 성공적인 유대인 정치가가 그 원숙기에 들어서려 하고 있었다. 마르크스(Karl Marx, 1818~83)와 디즈레일리(Benjamin Disraeli, 1804~81)가 곧 그들이다. 유대인으로 대과학자는 없었고, 최고 수준은 아니지만 명성이 자자했던 유대인 수학자들이 몇 사람 있었다. 마이어베어(Meyerbeer, 1791~1864)와 멘델스존-바르톨디(Mendelssohn-Bartholdy, 1809~47)는 작곡가로서 당대의 최상급은 아니었다. 그러나 시인 하이네(Heinrich Heine, 1797~1856)는 오랫동안 명성을 유지했다. 유대인 화가로서 중요한 인물은 없었고, 유대 출신의 명연주가나 대지휘자도 없었다. 연극계의 거물로는 여배우 라헬(Rachel, 1821~58) 한 사람이 있었을 뿐이다.

그러나 사실 천재를 만들어낸다는 것이 한 민족의 해방 기준이 되는 것은 아니다. 유대인 해방이 어느 만큼 이루어졌는가 하는 것은 오히려 서유럽의 문화와 공적 생활에서 크게 두드러지지는 않았지만 한몫을 한 유대인들이 갑자기 많이 쏟아져나왔다는 것으로 가늠해야 할 것이다. 그것은 특히 프랑스에서, 그리고 그 가운데서도 독일계의 여러 나라에서 더욱 특징적인 현상이었다. 이들은 오지(奧地)에서 나온 유대인 이주민들을 위해 중세와 19세기 간의 간격을 서서히 다리놓는 언어와 사상을 준비했던 것이다.

이중혁명은 유대인들에게 이제까지 그들이 기독교 세계 아래서 향유해본 적 없는 가장 평등에 가까운 것을 주었다. 기회를 잡은 사람들은 새로운 사회에 '동화하는' 것 말고는 달리 바라는 것이 없었다. 또한 그들은 압도적으로 자유주의에 공감했는데, 그 까닭은 명백했다. 그러나 그럼에도 불구하고 유대인의 처지는 불확실하고 불안정했다. 이제 피착취 대중들은 유대인과 '부르주아'를 곧잘 동일시하게 되고, 거기서 반유대주의가 유행병처럼 번져나갔다. 그것은 선동 정치가에 의해 심각하게 이용되기 전이었는데도 불구하고 그들의 처지는 그러했다.[25]

프랑스와 서부 독일에서는(그러나 다른 데서는 아직 그렇지 않았다) 몇몇 젊은 유대인들이 한결 더 완전한 사회에 대해 몽상하고 있었다. 즉 프랑스의 생시몽주의에는 유대인적 요소가 뚜렷이 존재했던 것을 볼 수 있으며(올랑드 로드리그, 페레르 형제, 레옹 알레비, 데슈탈), 그 정도는 덜했지만 독일의 공산주의에서도 그것을 발견할 수 있다(모제스 헤스, 시인 하이네, 그리고 물론 마르크스. 그러나 마르크스는 자기 가계의 유대인적 출신 내지 관련에 대해 전적인 무관심을 보였다).

유대인이라는 입장 때문에 그들은 이례적이라 할 만큼 부르주아 사회에 동화하려고 했다. 그들은 소수파였다. 그들은 이미 도시화에 의한 질병에 거의 면역이 됐을 만큼 압도적으로 대다수가 도시인이었다. 도시에서 나타난 그들의 낮은 사망률과 질병률에 대해서는 이미 통계가들이 일찍이 주목한 바가 있었다. 유대인들은 거의 대부분

---

25) 독일의 산적이었던 신더하네스 ─요하네스 뷔클러(Johannes Bueckler, 1777~1803) ─는 집중적으로 유대인을 희생자로 택했기 때문에 크게 명성을 얻었다. 그리고 프라하에서 일어난 1840년대의 공업폭동도 역시 반유대적 성격을 띠고 있었다(빈의 행정 고문서문고古文書文庫, 경시청 관계, 1186~1845).

이 문자를 해독했고, 농업사회를 벗어나 있었다. 그들의 대다수가 이미 상업이나 전문직업에 종사하고 있었던 것이다. 자신들이 처한 그러한 형편 때문에 그들은 항상 새로운 정세나 새로운 사상을 고려해야만 했는데, 마음에 품고 있던 숨은 두려움이 무엇인가를 찾아내기 위해서라도 그럴 필요가 있었다. 그 반면, 세계의 여러 국민들 대부분은 새로운 사회에 적응하는 데 훨씬 더 어려움을 겪었다.

이것은 어느 정도 다음과 같은 이유 때문이었다. 즉 그들이 입고 있던 관습이라는 완강한 갑옷 때문에 그들은 그 새로운 사회에서 자신들이 무엇을 할 것으로 기대되고 있는지를 거의 이해할 수 없었던 것이다. 이것은 또 1840년대 유럽에서 교육을 받기 위해 파리로 온 젊은 알제리의 신사들이 국왕이 있는 수도로 초청된 것을 지극히 당연한 것으로 생각했던 것과는 달리, 결코 국왕이나 귀족과의 사교를 위해서가 아니라는 것을 알고 충격을 받았던 것과 마찬가지 일이었다. 더구나 새로운 사회는 적응하는 것이 쉽지 않았다. 중간계급이 지닌 문화와 풍습의 은총을 받아들인 자는 그 이익을 자유롭게 향유할 수 있었다. 그것을 받아들이기를 거부하든가 아니면 받아들이지 못했던 자는 전혀 새로운 사회의 참여자가 되지 못했다. 1830년의 온건한 자유주의 정치의 특징이었던 재산에 의한 선거권 제한 제도의 주장에는 단순한 정치적 편견 이상의 것이 있었다. 재산 축적의 능력을 보이지 않았던 사람은 제구실을 하는 사람이 아니며, 따라서 제구실을 하는 시민도 될 수 없다는 것이었다.

이러한 태도의 극단적인 예는 유럽의 중류계급이 기독교를 믿지 않게 되면서 나타났다. 즉 그들은 지적으로 소박한 전도사를 통해 이교도들을 기독교의 진리와 상업 그리고 바지 착용(이것들 사이에는 명확한 구별이 그어져 있지 않았다)의 풍습 쪽으로 개종시키려고 하거나, 아니면 자유주의적 입법의 진리를 강요했던 것이다. 이교도들이 이것들을 받아들이면 자유주의는 (어쨌든 혁명적인 프랑스인들 사이에서는) 그들을 모든 권리를 갖춘 완전한 시민으로 기꺼이 인정했다. 아니면 영국의 경우처럼 언젠가는 영국인과 거의 같이 훌륭하게 될 것이라는 희망을 가지도록 기꺼이 받아들였다.

이러한 태도는 나폴레옹 3세의 의회 결의에 전적으로 잘 반영되어 있었다. 그 결의란 이 책이 다루는 시대가 끝난 몇 년 후에 채택된 일이기는 하지만, 아직도 그 시대정신이 그대로 살아 있던 때에 알제리 원주민들에게 시민권을 개방한 다음과 같은 내용의 결의였다. "그는 그의 요구에 의해 프랑스 시민권을 가지는 것이 허용되며, 그러한 경우 그는 프랑스의 민법과 공법의 지배를 받는다."[26] 요컨대 그가 포기해야만 했던 것은 마호메트교뿐이었다. 그렇게 하기를 원하지 않으면 ― 하지만 원한 사람은 거의 없었다 ― 그는 그대로 백성으로 머물러 있어야 했고 시민은 아니었다.

'야만인'(본국에 있는 많은 노동빈민도 여기에 포함된다)[27]에 대한 '문명인'들의 경멸은 대단했는데, 그러한 경멸은 이러한 과시된 우월감에서 연유하는 것이었다. 중류계급의 세계는 자유롭게 모든 사람에게 개방되어 있었다. 열려 있는 문을 들어오지 못하는 사람은 개인적 지성이나 도덕적 행동력이 결여되어 있음을 나타내는 것이며, 그러한 결여 때문에 그들은 자동적으로 단죄당했다. 아니면 기껏해야 역사적 또는 인종적으로 그들을 영구히 불구로 만들 그러한 유산을 타고났음을 나타내는 데 지나지 않았다. 그렇지 않았던들 그들은

---

26) A. Girault et L. Milliot, *Principes de Colonisation et de Législation Coloniale*(1938), p. 359.

27) Louis Chevalier, *Classes Laborieuses et Classes Dangereuses*, III(Paris, 1958), pt. 2에 서는 1840년대 노동빈민에 적대하는 사람들과 우호적인 사람들 쌍방에 의한 '야만인'이라는 용어의 사용을 검토하고 있다.

벌써 그들에게 주어진 기회를 이용했을 것이었다. 그러므로 이 세기 중반의 시대는 전례가 없을 만큼 냉혹한 시대라고 할 수 있다. 왜냐하면 점잔 빼는 중류계급을 둘러싼 주변의 빈곤이 참으로 충격적인 것이었는데도, 잘사는 원주민들은 그것을 외면하는 데 익숙해져 있었기 때문에 그 무서운 참상이 외국인 방문객에게만 제대로 충격을 주고 있었으니 말이다(오늘날 인도의 빈민굴도 그러하다).

그러나 여기에서 그치지 않았다. 빈민이란 나라 밖의 야만인들과 똑같이 취급되어 마치 전혀 온전한 인간이 아닌 것처럼 이야기들을 하던 시대였던 것이다. 만약 그들의 운명이 공업노동자가 될 운명이 었다면 그들은 순전한 강제, 국가의 원조에 의해 뒷받침되는 가혹한 공장규율에 의해 적당한 훈련용 형틀 속으로 억지로 갇혀 들어가야 하는 뭇 대중에 지나지 않았다(당시 중류계급의 의견이, 법 앞에 만민이 평등하다는 원리와 의식적으로 차별적인 노동법 사이의 모순을 간과했다는 것은 특징적인 일이다. 노동법에 의하면 예컨대 1823년 영국에서 제정된 고용관계 법령은 계약위반의 경우 노동자는 투옥으로 다스려진 반면, 고용주는 처벌받는다 해도 기껏 가벼운 벌금형이었다).[28]

그들은 항상 굶어죽기 직전의 상태에 있어야 했다. 그 까닭은 만약 그렇지 않으면 그들은 인간적 동기를 얻을 수가 없어서 일하려 하지 않을 것이기 때문이었다. 1830년대 말에 빌레르메는 고용주로부터 이런 말을 들었다. "노동자는 항상 궁핍에 시달려야만 한다. 왜냐하면 그러한 때에만 그는 자기 자식들에게 나쁜 본보기를 보이지 않을 것이기 때문이다. 또 그의 착한 행실을 보증해주는 것은 그의 가난이기 때문이다."[29] 하지만 그들의 선량함에 비해 가난한 사람은 너

28) D. Simon, Master and Servant in J. Saville ed., *Democracy and the Labour Movement*(1954).

29) P. Jaccard, *Histoire Sociale du Travail*(1960), p. 248.

무 많았다. 그러나 맬서스의 법칙에 따라 그들은 굶어죽을 만큼만 굶어죽을 것이고, 그리하여 굶지 않고 살아갈 수 있는 최대한의 인구가 확정되기를 바랄 수는 있을 것이었다. 물론 그것은 불합리하게도 빈민들이 생식행위에 지나치게 탐닉함을 억제해 자기들 자신의 합리적인 인구억제를 확립하지 못했을 경우의 이야기였다.

이러한 태도로부터 출발해 불평등에 대한 공식승인에 이르는 데는 한 걸음만 내딛는 것으로 족했다. 불평등은, 1853년에 보드리야르(Henry Baudrillart)가 콜레주 드 프랑스 대학에서 교수 취임강연을 하면서 말한 것과 마찬가지로 인간사회의 3개 기둥 중 하나였고, 다른 2개는 재산과 상속이었다.[30] 이제는 형식적 평등의 기초 위에 계층적 사회가 수립되었다. 그 계층적 사회는 이전의 사회에서는 이것을 견딜 만한 것으로 만들었던 그 무엇이 결여되어 있을 뿐이었다. 상실된 것은 무엇이었는가? 인간은 의무와 권리를 가졌다는 것, 미덕은 결코 단순히 화폐의 등가물(等價物)이 아니라는 것, 그리고 하층계급은 비록 신분이 낮기는 해도 신이 정해준 장소에서 겸손하게 살아갈 권리를 가졌다는 것, 이러한 것들에 대한 일반적인 사회적 신념 바로 그것이었다.

---

30) 같은 책, p.249.

제11장 노동빈민

모든 제조업자는, 식민농원 경영자들이 노예들의 한가운데서 일당백(一當百)으로 노예들에 둘러싸여 살아가듯 공장 안에서 살아가고 있으며, 리옹에서 일어났던 파괴활동은 산 도밍고의 폭동과 다를 것이 없었다. ……사회를 위협하는 야만인들은 코카서스 지방이나 타타르 지방의 대초원지대에 있는 것이 아니라, 우리의 여러 공업도시들 변두리에 있다. ……중류계급은 이 사태의 성격을 명확히 인식해야 한다. 중류계급은 그들이 지금 어디에 서 있는가를 알아야 한다.

•『저널 드 데바』, 1831년 12월 8일에 게재된
　생-마르크 지라르댕의 논설

나라를 다스리는 양반들에겐
망토나 목에서 가슴으로 드리우는 열십자의 리본(되풀이)
이것이 없다니 안 될 말,
우리는 그것을 당신네들을 위해 만들지,
이 높은 양반들아!
하지만 가련한 신세, 우리 견직공들,
시신을 덮을 천 한 장 없이 땅에 묻히네
우리들은 비단 짜는 견직공
우리는 모두 벌거벗었네(되풀이)
언젠가 우리 세상이 오면
그때 너희들 세상은 끝장나리
낡은 세상을 장사지낼 수의(壽衣),
그때 우린 그 수의를 짤 테요

왜냐고? 벌써 저기 거역의 함성이 우렁차게 들리니 말이오
우리는 비단 짜는 견직공,
우린 이제 헐벗지 않을 거야
• 리옹 견직공들의 노래

1

빈민들로서 부르주아 사회로 가는 길목에 자신들이 놓여 있다는
것을 안 사람들, 그리고 전통사회의 아직도 좀처럼 접근하기 어려운
지역들 안에서 이제는 더 이상 실속 있는 비호(庇護)를 받을 수 없게
된 사람들, 그러한 사람들에게는 세 가지 가능성이 열려 있었다. 그
들은 부르주아가 되기 위해 노력할 수 있었다. 또는 그들은 자신들이
밑바닥에 깔려버리는 것을 감수할 수도 있었다. 아니면 폭동을 일으
킬 수도 있었을 것이다.

첫 번째 길은 우리가 이미 살펴본 바와 같이 재산 또는 교육이라
는 최소한의 입장료도 낼 수 없는 사람들에게는 기술적으로 어려웠
을 뿐 아니라 지극히 구미가 당기지 않는 일이었다. 순수히 공리주의
적·개인주의적인 사회행동체계, 즉 '각자가 혼자의 힘으로, 그리고
각자 재주껏'이라는 모토를 내건, 이론적으로 정당화된 부르주아 사
회의 정글과 같은 무정부상태를 도입하는 것은 전통사회에서 성장
한 사람들에게는 고약한 악행보다 조금도 나을 것이 없는 일로 비쳤
다. 1844년에 자기 운명에 절망하고 이에 항거해 폭동을 일으켰던 실
레지아의 한 아마(亞麻) 수직공(手織工)은 다음과 같이 말했다.[1]

---

1) 직포공 하우페, 1807년생. Alexander Schneer, *Über die Noth der Leinen-Arbeiter*

사람들은 훌륭한 기술을 발명했지만 그것이 오히려 서로 남의 살림살이를 어렵게 하며 허물어뜨리고 있다. 그러나 통탄스럽게도 이제는 그 누구도 (십계명 중의) 제7의 계율을 생각조차 하려고 하지 않는다. 그 계율은 도적질하지 말라고 명령하고 있는 것이다. 그들은 또 이 계율에 관한 루터의 주석(註釋)도 이제는 마음에 두지 않는다. 그 주석 중에서 루터는 이렇게 말하고 있지 않은가. 우리는 주님을 사랑하고 두려워할 것이다. 그래서 우리는 이웃의 재산이나 돈을 가져서는 안 되며, 또 부정한 재화나 거래에 의해 그것을 취득해서도 안 될 것이다. 그와 반대로 우리는 그를 도와서 그의 생계와 재산을 지키고 늘리도록 해주어야 한다.

이 말을 한 사람은, 자신들이 지옥의 힘에 의해 끝없이 깊은 시궁창 속으로 끌려들어가는 처지에 있음을 알게 된 모든 사람들의 생각을 대변한 것이었다. 그들은 많은 것을 바라지 않았다(부자들은 가난한 사람들에게 흔히들 자선을 베풀었다. 또 빈민들도 검소하게 살고 있었다. 왜냐하면 그 당시 하층계급의 사람들은, 옷이라든가 그 밖의 겉치레를 위한 비용을 오늘날보다 훨씬 적게 필요로 했기 때문이다). 그런데 사회에서 그들이 차지하는 이러한 하찮은 자리마저 잃게 될 것 같았다.

그래서 그들은 부르주아 사회의 가장 합리적인 제안들에 대해서까지도 저항하게 되었다. 하긴 그 제안들이 비인간적인 것과 뗄래야 뗄 수 없게 결부되어 있었던 것은 틀림없는 사실이었지만 말이다. 스핀햄랜드 제도(Speen-hamland system)에 반대하는 경제적 논쟁은 이

---

in Schlelesien…(Berlin, 1844), p. 16에 인용되어 있다.

미 결론이 난 상태였는데도 시골의 점잔빼는 지주들은 그 제도를 들여왔고, 노동자들은 그것에 매달렸다. 기독교의 자선은 가난을 경감시키는 방도로서는, 그런 자선이 얼마든지 존재했던 교황령의 예에서 볼 수 있듯이 쓸모 있다기보다 오히려 해로운 것이었다. 그런데도 그것은 전통적인 부자들 사이에서뿐만 아니라, 가난한 사람들 사이에서도 인기가 있었다. 전통적인 부자들은 그것을 평등한 권리가 가져올 폐단을 막아주는 안전장치로 소중히 여겼다(평등한 권리란 "자연이 사람을 창조할 때 그들에게 평등한 권리를 주어서 창조했고, 사회적인 여러 차별이란 공동체적 유용성의 기초 위에서만 존재해야 한다는 견해를 가진 공상가들"에 의해 제창된 것이었다[2]).

한편, 전통적인 빈민들은 자신들이 부유한 사람들의 밥상에 빌붙어 그 부스러기를 얻어먹을 '권리'가 있다고 확신하고 있었다. 영국의 경우를 보면 여러 '공제조합'(Friendly Societies)에서 그 중류계급 주동자들과 빈민 출신의 주동자들 사이에 틈이 생겼던 것을 볼 수 있다. 즉 중류계급에 속하는 사람들은 그 단체들을 전적으로 개인적 자조(自助)의 한 형태로 본 데 반해, 빈민들은 그것을 술과 음식이 따르는 잔치모임이나 의식(儀式)과 축제가 따르는 '사교단체'라는 측면에서 보았다. 그리고 그러한 것으로 간주하는 빈민들의 생각이 오히려 컸다. 이러한 경향은 그 단체들의 보험통계학적 건전성을 해치는 것이었다.

그러한 저항은 순수히 개인적인 자유경쟁이 현실적으로 자신들에게 이익이 되지 않는 측면들에 대해 부르주아들까지도 반대함에 따라 더욱 강화되었다. 개인주의를 헌신적으로 신봉하기로는 미국의

---

2) P. D. Michele Augusti, *Della libertà ed eguaglianza degli uomini nell'ordine naturale e civile*(1790); A. Cherubini, *Doctrine e Metodi Assistenziali dal 1789 al 1848*(Milan, 1958), p. 17에서 인용.

그 억센 농업경영자와 제조업자들을 따를 자가 없었고, 또—그들이 고용한 법률가들이 20세기에 이르기까지 믿고 있기로는—미국의 헌법만큼 연방정부의 아동노동법 따위처럼 자유에 대한 간섭을 반대하는 헌법도 없다는 것이었다. 그러면서도 또 앞서 우리가 보아온 바와 같이 자신들의 사업에 대한 '인위적' 보호를 그들만큼 확고히 주장한 사람들도 없었다. 즉 새로운 기계는 사기업과 자유경쟁이 가져다줄 주요한 혜택의 하나인데도, 그것을 부숴버리려고 들고일어난 것은 러다이트(Ludite)주의적 노동자들만이 아니었다. 실제로 지방의 소(小)사업가들과 농업가들도 기계파괴주의자들을 동정했던 것이다. 그들 역시 새로운 기계·기술을 도입하는 사람을 남의 살림살이를 파괴하는 자들로 보았기 때문이다. 농업경영자들이 때로 자기들의 기계를 난동자들이 파괴하는 것을 그대로 방치한 예가 실제 비일비재했다.

그래서 정부는 1803년 격한 어조의 회장(回章)을 돌려 "기계는 다른 모든 종류의 재산이 그러하듯 법률의 보호를 받을 자격이 있다"[3]는 것을 지적해야 했다. 부르주아 자유주의적 자신(自信)의 성채 안에 있지 못한 신(新)기업가들이 사회적·도덕적 질서를 파괴한다고 하는 그들의 역사적 과업에 착수하던 때에 가졌던 바로 그 주저와 회의는 빈민들의 확신을 더욱더 강화시켜주었다.

물론 노동자 가운데는 중류계급에 한몫 끼이기 위해, 혹은 적어도 검약·자조·자기향상이라는 교훈적 격언을 따르기 위해 최선의 노력을 하는 자들도 있었다. 중류계급적 급진주의와 금주운동, 프로테스탄트적 노력 따위를 고취하는 도덕적·교훈적 문헌의 집필자들은 얼마든지 있었으며, 그 가운데서도 새무얼 스마일스는 대표적인 인

---

3) E. J. Hobsbawm, "The Machine Breakers," *Past and Present*, I(1952).

물이었다. 그래서 이들의 선전은 야심적인 젊은이들의 마음을 끌고 용기를 북돋워주기도 했다.

1843년에 시작된 로이튼 금주학교(금주를 서약하고, 도박을 하지 않으며, 훌륭한 도덕적 성격을 가진 소년들—대부분 면직물 공업의 직공들이었다—만을 입교시켰다)는 20년 동안 다섯 명의 면방적 직공장(職工長), 한 사람의 성직자, 두 사람의 러시아 면방직 공장 경영관리자를 배출했고, 또 "그 밖의 많은 자들이 경영관리자, 감독, 직공장, 자격증을 소지한 교사 등 훌륭한 지위를 획득했거나 아니면 훌륭한 상점주인이 되어 있었다."[4]

그러나 이러한 현상은 앵글로색슨의 세계를 떠나서는 그렇게 흔한 일이 아니었다. 그러한 곳에서는 노동계급에서 빠져나오는 길이 이민에 의한 길을 제외하면 훨씬 더 좁았고—그 길은 영국에서도 각별히 넓었던 것은 아니다—또 급진적 중류계급이 숙련 노동자에게 미치는 도덕적·지적 영향도 좀더 미미했다.

한편 무엇인지 이해하지도 못한 채 급격한 사회적 대변동에 맞닥뜨려 가난해지고 착취당한 후에 처량하고 누추한 빈민굴 속으로, 아니면 자꾸 커져만 가는 소규모 공업촌락들의 단지(團地) 속으로 떼지어 모여들어서 도덕적 타락 속으로 빠져들어간 사람들이 분명 훨씬 더 많았다. 전통적 제도들과 행동지침을 상실한 그 많은 사람들이 그날 벌어 그날 먹는 하루살이, 그 변통의 바닥 없는 구렁텅이 속으로 어찌 빠져들지 않을 수 있었겠는가. 그곳에서는 식구들이 매주 품삯을 받는 날까지 전당포에 그들이 덮는 담요가 잡혀 있었다.[5]

---

4) *The Leisure Hour*(1881)에 실린 「몇 사람의 랭커셔 청년들에 대해」. 이 인용은 젠킨(A. Jenkin) 씨의 도움에 힘입은 것이다.
5) 1855년 리버풀의 전당포에 잡혀 있는 모든 저당품의 60퍼센트는 값어치가 5실링 이하의 것이었고, 27퍼센트는 2실링 이하의 것이었다.

맨체스터와 릴 또는 보리나주 지방에서 벗어날 수 있는 가장 빠른 길은 알코올이었다. 계획성 없는 성급한 공업화·도시화에 언제나 어김없이 따르게 마련인 대중적 알코올중독이 온 유럽에 "독주의 흑사병"[6]을 만연시켰다. 동시대인들이 술주정뱅이가 늘어나는 것을 매춘행위나 그 밖의 난잡한 성생활에 대해서처럼 개탄하고 있었던 것은 아마도 과장된 듯하다. 그렇다 하더라도 1804년 무렵 잉글랜드나 아일랜드, 독일 등 곳곳에서 조직적 금주운동이 중류계급적·노동계급적 성격을 띠고서 갑작스럽게 고조된 것은 도덕적 타락에 대한 염려가 상아탑적 순수이론에서 나온 것도 아니요, 어느 단일계급에 국한된 성질의 것도 아니라는 것을 잘 설명해준다. 이 운동은 당장에는 성공을 거두었지만 오래가지는 않았다. 그러나 그 세기의 나머지 기간에 개화된 사용자나 노동운동은 그대로 독주에 대한 적개심을 지니고 있었다.[7]

그러나 새롭게 공업화된 도시빈민들의 도덕적 타락에 대한 동시대인들의 개탄은 물론 과장된 것이 아니었다. 모든 것이 겹쳐서 그러한 현상을 극대화시켰다. 도시와 공업지대들은 계획도 감독도 없이 급속히 커가기만 했고, 도시생활의 가장 초보적인 공공 서비스 업무마저 전혀 이에 발을 맞추지 못했다. 노동계급의 주택은 말할 것도 없고 도로 청소, 급수, 위생시설이 그러했다.[8]

이와 같은 도시 사정의 악화가 가져온 가장 명백한 결과는 전염

---

6) 「처음 3분의 1세기의 음주의 해독」, *Handwörterbuch d. Staatswissen-schaften*(Second ed.), art.

7) 습관적인 일상 식사의 일부가 되어 있던 맥주, 포도주, 그 밖의 마실 것에 대해서 적의를 가졌다는 것은 사실과 다르다. 그리고 또 이러한 적의는 주로 앵글로색슨의 프로테스탄트 종파에 한한 일이었다.

8) L. Chevalier, *Classes Laborieuses et Classes Dangereuses, passim*.

병(주로 수인성)의 대유행, 특히 콜레라의 창궐이었다. 콜레라는 1831년부터 유럽을 다시 휩쓸었으며, 1832년과 그 후에도, 그리고 마르세유에서 상트페테르부르크에 이르는 온 유럽 대륙을 풍미했다. 한 가지 예만 들어보면, 티푸스는 글래스고에서 "1818년까지는 유행병으로 주목을 끌지 않았다."[9] 그것은 그 후로 부쩍 증가했던 것이다. 1830년대에는 이 도시에서 두 가지(티푸스와 콜레라) 큰 전염병이 있었는데, 1840년에 가면 세 가지(티푸스와 콜레라 그리고 재귀열)였다. 도시문제의 개혁이 시작되어 30년에 걸쳐 소홀했던 점들이 개선되는 1850년대 전반까지 다시 두 차례의 전염병이 대유행했다.

이런 문제들을 소홀히 함으로써 야기되었던 그 무서운 결과들은 중류계급과 지배계급이 그것을 느끼지 못하고 넘어갔기 때문에 그만큼 더 컸다. 이 책이 다루는 도시 발달과정은 계급분화의 거대한 과정, 바로 그것이었다. 그 과정을 통해 새로이 형성되어간 노동빈민들은 통치와 사업의 중심지, 그리고 새로이 특정 지역화되어가는 부르주아 주거 지역 밖으로 밀려나서 비참한 늪 속으로 빠져들어갔다. 유럽의 거의 모든 대도시가 '훌륭한' 서쪽 지구, 즉 웨스트 엔드(런던의 지명)와 '가난한' 동쪽, 즉 이스트 엔드(런던의 지명)로 분할되는 현상이 일어난 것도 바로 이 시대의 일이었다.[10] 그런데 이들 새로이

---

9) J. B. Russell, *Public Health Administration in Glasgow*(1903), p. 3.

10) "노동자로 하여금 파리의 중심지를 떠나지 않을 수 없게 하는 여러 사정들이 그들의 행실과 도덕에 대해 일반적으로 개탄스러운 영향을 주었던 점을 지적해야겠다. 옛날에 그들은 건물의 비교적 높은 층에 사는 것이 보통이었다. 건물의 낮은 층에는 사업가들이나 그 밖에 비교적 부유한 계급에 속하는 사람들이 살고 있었다. 한 건물에 세들어 살고 있는 사람들 사이에는 일종의 연대관계 같은 것이 있었다. 이웃끼리 서로 사소한 방법으로나마 돕고 있었다. 병을 앓거나 직업을 잃었을 때 노동자들은 그 건물의 내부에서 원조금을 받았을 것이고, 한편으로는 일종의 인간적인 체면이라는 감정에 의해 일정한 규칙 바른 습성이 노동자들의 몸에 배게 되었다." 이상은 상공회의소와 경찰서

생겨나는 노동자의 일대군(一大群) 속에 선술집과 예배당, 이 둘 이외에 노동자들 자신이 앞장서서 만든 것 말고 또 달리 어떤 사회제도가 마련된 것이 있었던가. 1848년 이후, 즉 빈민굴에서 발생한 전염병으로 부자들까지도 죽게 되고, 빈민굴에서 자라난 절망적인 대중이 사회혁명으로 당국자를 위협하게 되자 비로소 조직적인 도시재건과 개량에 손을 대기 시작했다.

도덕적 타락은 음주에서 나타나는 것만은 아니었다. 오늘날 우리가 사회병리학이라 부르는 학문이 그 시대에 행한 선구적인 업적들에 크게 힘입어서 유아살해·매춘·자살·정신착란 등이 모두 이 사회적·경제적 대변동과 관련되었다.[11] 그리고 범죄의 증가와 점점 더 증가하는 폭력이 있었다. 흔히들 목적도 없이 휘둘러지는 폭력 또한 그와 같은 대변동과 관련되어 있는데, 이러한 폭력은 가만히 당하고만 있던 자들을 송두리째 집어삼키려고 하는 힘들에 대한 일종의 맹목적인 자기주장이었던 것이다.

이 시기에 묵시록적·신비적인 교파와 의식(儀式)이 크게 유행했던 사실(제1장 참조)은, 인간의 생명을 파괴하고 있는 사회적 지진에 대처할 능력이 인간에게 전혀 없었음을 나타낸다. 예를 들면 콜레라의 대유행은 프로테스탄트의 웨일스에서와 마찬가지로 가톨릭의 마

의 보고를 인용한 것인데, 여기에는 상공회의소나 경찰의 흐뭇해하는 감정이 잘 나타나 있으며, 그와 동시에 계급간의 거주지 분리가 새로이 생겨난 일이라는 것도 알 수 있게 해준다. L. Chevalier, 앞의 책, pp. 233~234.

11) 이 시대, 그리고 이 시대에 뒤이어 이루어진 개선에 대해 우리에게 많은 지식을 준 의사들의 긴 명단은 부르주아들의 의견이 일반적으로 자기만족적이고 냉정했던 사실과 생생한 대조를 이루고 있다. 빌레르메(Villermé)와 그가 1829년에 창간한 『공중위생연보』에 기고한 사람들, 즉 영국의 케이, 서크레이, 사이먼, 개스켈 등과 독일의 몇몇 사람들은 현재 실제로 알려져 있는 것보다는 훨씬 더 널리 기억될 만한 인물들이다.

르세유에서도 종교부흥을 불러일으켰던 것이다.

이 모든 왜곡된 형태의 사회적 행동에는 공통점이 있었으며, 또 우연히도 이른바 '자조'(自助)와도 공통된 것이 있었다. 이것들은 모두 가난한 노동자라는 운명에서 벗어나려는 몸부림이거나 아니면 빈곤과 굴종을 받아들이거나 잊어버리려고 하는 시도였다. 그리스도의 재림을 믿는 자나 술주정꾼, 소(小)악당들이나 정신병자, 떠돌이 일꾼 혹은 야심적인 소기업가에 이르기까지 이들 모두가 전체적 상황은 보지 않으려고 눈을 돌렸고, 또 (마지막에 든 소기업가를 예외로 하고) 집단행동의 가능성에 대해서도 냉담했다.

이 책이 다루고 있는 역사에서는 이와 같은 대중적 무관심이 흔히들 생각하는 것보다도 훨씬 더 큰 역할을 했다. 빈민 가운데 숙련도가 가장 낮은 사람, 교육수준이 가장 낮은 사람, 그리고 가장 조직되어 있지 못한 사람, 따라서 가장 미래를 기대하기 힘든 사람이 그 시대에도 그 후처럼 가장 무관심했던 것은 결코 우연이 아니다. 예컨대 1848년 할레시 선거에서는 독립 숙련 수공업자의 81퍼센트와 석공, 목수, 그 밖의 숙련 건축노동자의 71퍼센트가 투표에 참가했다. 그런데 공장과 철도 노동자, 일반 노동자, 그리고 가내 노동자 등은 46퍼센트밖에 투표하지 않았다.[12]

2

도피나 패배를 대신할 수 있는 한 가지 길은 반란이었다. 그리고 노동빈민, 특히 그 핵심이 되는 공업 프롤레타리아의 상태는 반란이

---

12) E. Neuss, *Entstehung u. Entwicklung d. Klasse d. besitzlosen Lohnar-beiter in Halle*(Berlin, 1958), p. 283.

가능했을 뿐 아니라 사실상 하지 않을래야 않을 수 없는 상태였다. 19세기 전반에 노동운동과 사회주의 운동의 출현은 도저히 피할 수 없는 것이었으며, 실상 대중의 사회혁명적 불온상태의 발생 또한 그러했다. 바로 그러한 상태의 직접적 결과가 1848년의 혁명이었다.

1815년부터 1848년 사이에 노동빈민들이 처한 상태가 소름끼칠 만큼 열악한 상태라는 것은 사리에 밝은 관찰자라면 누구도 부인 못할 일이었다. 그리고 1840년 무렵에는 그처럼 사리에 밝은 관찰자들이 있었다. 사태가 실제로 더욱더 악화되어가고 있다는 생각이 널리 퍼져 있었다. 영국에서는 맬서스의 『인구론』이 그러한 생각에 기초를 둔 것이었으며, 그것은 리카도학파 경제학자들의 소론(所論)에 의해 보강되고 있었다. 맬서스의 인구이론은 인구의 증가가 필연적으로 생활 기본재의 증가를 웃돌 것이라고 보았다. 노동계급의 앞날에 대해 좀더 밝은 견해를 가진 사람은 비관적 견해를 가진 사람보다 수효가 적었고 재능도 낮은 사람들이었다. 1830년대의 독일에서는 국민들이 점점 더 가난해져간다는 것이 적어도 14개의 간행물에서 특정 주제로 다루어졌고, 또 가난의 증대와 식량 부족에 관한 불평이 정당한 것인가 아닌가 하는 문제가 학문적인 현상 논문의 주제로 채택되기도 했다(16명의 경쟁자 가운데 10명이 정당하다고 생각했고, 그렇지 않다고 생각한 사람은 단 두 명이었다).[13] 그러한 견해가 널리 퍼져 있다는 사실 자체가 빈민들이 전반적으로 절망적인 비참한 상태에 놓여 있다는 것을 말해주는 명백한 증거였다.

빈곤이 실제로 가장 심했던 곳은 시골이었다. 특히 토지가 없는 임금노동자, 농촌의 가내공업 노동자, 토지를 가졌지만 가난한 농민들,

---

13) J. Kuczynski, *Geschichte der Lage der Arbeiter*, vol. 9(Berlin, 1960), pp. 264ff; vol. 8(1960), pp. 109ff.

즉 메마른 땅에 매달려 사는 농민들이 그러했다는 것은 의문의 여지가 없다. 그렇지 않아도 영국산 면제품과의 경쟁으로 실레지아의 농촌 가내 아마공업의 기초가 흔들려 또 하나의 파국을 몰고 왔던데다가 1789년, 1795년, 1832년, 그리고 1847년의 흉작은 문자 그대로 기근을 몰고 왔다. 롬바르디아에서는 1813년에 수확을 망친 후 많은 사람들이 거름과 마른풀을 먹고 콩잎, 들딸기 잎사귀로 만든 빵을 먹고 연명했다.[14] 1817년 흉년에는 스위스와 같이 조용한 곳에서도 실제로 출생 수를 웃도는 사망자가 나왔다.[15] 1846~48년 동안 발생한 유럽의 기근은 아일랜드의 기근(제8장 참조)이라는 대재앙에 비하면 덜했지만, 그래도 기근이라 할 만한 것이었다. 동서 프로이센에서는(1847) 인구의 3분의 1이 빵을 먹지 못하고 감자만을 먹고 살아갔다.[16] 중부 독일의 산악지대에 사는 검소하고 점잖은 제조업자들의 빈한한 마을에서는 남녀 모두 통나무나 벤치를 걸상으로 삼고 살았으며, 커튼이나 집안용 아마 제품이라고는 거의 없었고, 사기 그릇이나 주석 그릇을 컵 대신 사용하곤 했다. 그곳의 주민들은 감자와 묽은 커피를 주식으로 삼다시피 했기 때문에 기근 때에는 구제사업 종사자들이 완두콩과 오트밀 먹는 법을 그들에게 가르쳐야만 했다.[17] 플랑드르와 실레지아 지방은 마을의 아마 직공들이 근대적 공업을 상대로 승부가 이미 판가름난 싸움을 하고 있었는데, 여기에 기근과

14) R. J. Rath, "The Habsburgs and the Great Depression in Lombardo-Venetia 1814~1818," *Journal of Modern History*, XIII, p. 311.

15) M. C. Mühlemann, "Les prix des vivres et le mouvement de la population dans le canton de Berne 1782~1881," *IV Congrès international d'Hygiène*(1883).

16) F. J. Neumann, "Zur Lehre von d. Lohngesetzen," *Jb. f. Nat. Ök.*, 3d ser., IV(1892), pp. 374ff.

17) R. Scheer, *Entwicklung d. Annaberger Posamentierindustrie im 19. Jahrhundert*(Leipzig, 1909), pp. 27~28, 33.

티푸스가 겹쳤으니 농촌은 황폐해질 수밖에 없었다.

아일랜드의 경우와 같은 전면적 파국에 이르지는 않았어도 실제로 가장 이목을 끈 것은—많은 사람들의 생각으로는 그 현상이 점점 더해가고 있었다—도시와 공업지대의 궁핍현상이었는데, 그곳에서는 빈민들이 가만히 당하면서 남의 눈에 띄지 않게 굶주리고 있지만은 않았다. 도시빈민들의 형편이 전반적으로 더 악화되어가고 있었던 것은 우리가 앞에서 본 바와 같이 의문의 여지가 없는 일이었다. 그러나 그들의 실질소득이 과연 하락했던가 하는 문제는 아직도 여전히 역사학상의 논쟁거리로 남아 있다.

각 지역 간에, 각 유형의 노동자 간에, 그리고 경제적 시기에 따라 여러 가지 차이점이 있었으며, 통계자료가 갖추어져 있지 못하다는 사정과 더불어 그러한 문제에 대해 결정적으로 명확한 답을 내는 것을 어렵게 만들고 있다.

하지만 이렇다 할 만한 전반적인 절대적 개선에 대해서는 1848년 이전, 혹은 영국에서는 아마도 1844년 이전에는 전혀 생각할 수 없는 일로 제쳐놓아도 무방할 것이다. 빈부격차는 전보다 더 커지고 더 눈에 두드러지고 있었던 것이 확실했다. 로스차일드 남작부인이 오를레앙 공작이 베푼 가면무도회(1842)에 값이 150만 프랑이나 나가는 보석들로 몸치장을 하고 나갔던 그 시대는, 브라이트(John Bright)가 로치데일의 여자들을 다음과 같이 묘사한 시대이기도 했다. "2,000명의 여자들과 소녀들이 찬송가를 부르면서 거리를 누비고 지나갔다. 그것은 아주 희한하고 감동적인—거의 숭고하다고 할 만한—광경이었다. 그 여인네들은 몹시 허기져 있어서 한 덩이의 빵을 이루 말할 수 없을 만큼 게걸스럽게 먹어치웠고, 또 빵이 거의 흙투성이가 되어 있어도 열심히 그것을 먹어댔다."[18]

유럽의 광범한 지역에서 거의 전반적으로 예외 없이 사정이 악화되고 있었다는 것은 사실 충분히 있을 수 있는 일이었다. 왜냐하면 도시에서 필요한 여러 가지 제도와 사회적 서비스들은 앞서 말한 바와 같이 성급하고 무계획적인 팽창에 보조를 맞추지 못하고 있었으며 또 화폐임금, 그리고 흔히 실질임금도 1815년 이후 떨어지는 경향에 있었다. 또 식량의 생산과 수송은 수많은 대도시에서 아마도 철도시대가 되기 전까지는 낙후되어 있었기 때문이다.[19] 그 당시의 맬서스주의자들이 자신들의 비관론에 대한 근거로 삼았던 것도 바로 이러한 낙후성이었다.

그런데 그와 같은 낙후상태는 덮어두고라도 전(前) 공업적인 전통적 식생활을 하던 사람들이 도시화되고 산업화됨에 따라 무지하면서도 가난에 빠진 처지에서 자유로이 식료품을 구매해야만 하게 되었다는 변화, 그러한 변화만으로도 그들의 식생활은 보다 악화되기 일쑤였다. 그것은 도시의 생활과 여러 작업조건이 건강을 상하게 하기 쉬웠던 것과 꼭 마찬가지였다. 공업인구와 농업인구 사이(또 상류계급과 중류계급 그리고 노동계급 사이)에 건강과 신체적 적합성에 엄청난 차이가 있었던 것도 바로 이 때문이었으며, 프랑스와 영국의 통계학자들도 이 점에 주목했다. 1840년대에는 출생 시점에서의 평균 예상수명이 농촌지대인 월트셔와 러틀랜드의 노동자들(실컷 배불리 먹는 계급이라고는 도저히 말할 수 없는 사람들)이 맨체스터나 리버풀의 노동자들에 비해 두 배나 되었다. 한 가지 예를 들면 "증기동력

---

18) N. McCord, *The Anti-Corn Law League*(1958), p. 127.

19) "이에 반하여 파리의 식량 사정은 확실히 19세기에 들어서면서 조금씩 나빠졌고, 50년 내지 60년 무렵까지는 의문의 여지 없이 그러했다." R. Philippe, *Annales*, 16, 3(1961), p. 567. 런던에 대한 이와 유사한 추정에 관해서는 E. J. Hobsbawm, "The British Standard of Living," *Economic History Review*, X, 1(1957). 프랑스의 1인당 육류 소비량은 사실상 1812년부터 1840년까지 변하지 않았던 것 같다(*Congrés Internationale d'Hygiène Paris 1878*, vol. 1(1880), p. 432).

이 이전 세기의 말엽 이 업종에 도입되기 전에는 연마공(研磨工)들의 병이라고는 셰필드의 칼붙이 제조업에서 거의 알려진 것이 없었다." 그런데 1842년에는 30대에서는 모든 면도날 연마공의 50퍼센트가, 40대에서는 전체의 79퍼센트가, 50대 이상에서는 100퍼센트가 폐를 앓고 있었다.[20]

게다가 경제적 변화는 방대한 수의 노동자층을 때로는 그들에게 이롭게, 그러나 더 많은 경우 그들을 불리한 상황으로 옮겨놓았고, 자리바꿈을 시키기도 했다. 인구의 대다수는 아직 새로운 공업, 새로운 도시들에 흡수되지 못한 채 빈민화해 무력한 자들의 밑바닥층을 이루고 있었고, 또 그 대부분도 공황으로 인해 주기적으로 실업상태로 내던져졌다. 공황은 그 무렵에야 겨우 일시적인 것이면서도 반복되는 것이라는 점이 인식되기에 이르렀다. 볼턴(1842)과 루베(1847)에서는 섬유노동자의 3분의 2가 그러한 불황으로 장차 완전히 일자리를 잃게 될 것이었다.[21] 노팅엄의 20퍼센트, 페이즐리의 3분의 1은 실제로 빈민화됐던 것 같다.[22] 영국의 차티스트 운동과 같은 것은 그 정치적 약체성 때문에 몇 번이고 쓰러지지만, 오직 전적인 굶주림—몇백만 명의 노동자들을 짓누른 그 감내하기 어려운 부담—만이 쓰러진 그 운동을 되살아나게 하곤 했다.

이와 같은 전반적인 폭풍우와 함께 설상가상으로 유난스러운 대파국이 특정 노동빈민층의 머리 위를 내리덮쳤다. 이미 앞에서 살펴본 바와 같이 산업혁명의 초기 단계는 모든 노동자를 기계화된 공장

---

20) S. Pollard, *A History of Labor in Sheffield*(1960), pp. 62~63.

21) H. Ashworth, *Journal Stat. Soc.*, V(1842), p. 74; E. Labrousse ed., *Aspects de la Crise…1846~51*(1956), p. 107.

22) *Statistical Committee appointed by the Anti-Corn Law Conference…*, *March 1842*(n.d.), p. 45.

으로 밀어넣은 것이 아니었다. 그 반대로 그것은 얼마 되지 않은 기계화된 대규모 생산부문을 둘러싸고 주변에서 일하는 전(前) 공업적인 장인들, 일정한 유형의 숙련노동자, 그리고 농촌 가내공업 노동자들의 수를 몇 곱절로 늘려놓았으며, 종종 그 조건을 개선시키기도 했다. 특히 쉴 새 없이 잇달았던 전쟁의 시기에는 노동력 부족이 그 원인이었다.

그런데 1820년대와 1830년대에 가면 무쇠와 같이 비인간적인 기계와 시장의 전진이 그들 노동자들을 옆으로 밀쳐내기 시작했다. 가장 부드럽게 나타난 경우에도 독립된 인간을 얽매인 인간으로 바꾸었고, 인간을 오직 하나의 '일손'에 불과한 것으로 만들었다. 흔히 있었던 일이지만, 그들은 그 계급에서 탈락해 궁민화(窮民化)하고 굶주린 많은 사람들——수직공(手織工)과 메리야스 수편공(手編工) 등——을 만들어냈는데, 이들이 처한 상태는 가장 매정한 경제학자들의 피까지도 얼어붙게 할 만큼 가혹했다.

그들은 일이 서툴지도 않았고, 무지한 인간 쓰레기도 아니었다. 그 사회는 1830년대에 파장이 되어 사방으로 흩어진 노리치나 던펌린의 직물공들, 피땀을 짜내는 공장의 늪 속으로 빠져들어감으로써 예로부터 오래도록 지켜 내려오던 '임금표' 협정이 휴지조각이 되고 만 런던의 가구쟁이들, 이동 프롤레타리아가 되고 만 대륙의 떠돌이 장인들, 독립성을 잃고 만 장인들, 이러한 각 부류의 사람들로 형성된 사회였던 것이다. 그들은 가장 숙련도가 높고, 교육수준도 가장 높으며, 가장 자립심이 강한, 이를테면 노동하는 사람들 중의 꽃이었다.[23] 그들은 자신들에게 무슨 일이 일어나는지를 알지 못했다. 그들

23) 1840년에는 195명의 글로스터셔의 성인 직조공 가운데 읽고 쓸 줄 모르는 사람이 불과 15명이었다. 그런데 1842년에 랭커셔, 체셔, 스태퍼드셔의 제조업 단지에서 체포된 폭도 가운데 능숙하게 읽고 쓸 줄 아는 사람은 오직 13퍼센

이 그것이 무엇인지를 알아내려고 했던 것은 당연했으며, 게다가 그들이 저항했던 것은 더욱 당연한 것이었다.[24]

물질적으로는 새로이 생겨난 공장 프롤레타리아가 다소 나았던 것 같다. 반면에 그들은 자유롭지 못하고 엄격하게 통제되었으며, 주인이나 감독이 강요하는 더욱더 엄한 규율 아래 놓여 있었다. 그들은 십장이나 감독들에 대항하기 위한 의지할 수 있는 법률적 근거가 아무것도 없었고, 다만 매우 초기적인 공적 보호가 있을 뿐이었다. 그들은 주인이나 감독이 부과하는 처벌과 벌금을 감수해 주인이나 감독 몫의 노동시간과 노동당번을 대신해야 했고, 주인은 그럼으로써 규율을 강제하거나 자신의 이익을 늘렸다. 고립된 지역이나 산업에서는 주인이 경영하는 가게에서 물품을 사지 않으면 안 되었으며, 현물 지급 때문에 임금을 받지 못하는 경우도 왕왕 있었다(이렇게 하여 뻔뻔스러운 고용주는 더욱 배를 불릴 수 있었다).

그들은 또한 주인이 준비해놓은 집에 살아야 했다. 농촌 소녀들이 그러한 생활이 자기 부모들의 생활보다 더 종속적인 것도, 더 가난한 것도 아니라고 생각했으리라는 것은 의문의 여지가 없다. 그리고 가부장적 전통이 짙었던 유럽의 여러 산업에서 주인의 전제주의는 그가 이따금 베풀어주기도 하는 장래의 보장이라든가 교육, 복지시설

트, 불완전하나마 읽고 쓸 수 있는 사람은 32퍼센트에 불과했다. R. K. Webb, *English Historical Review*, LXV(1950), pp. 333ff.

24) "우리 노동인구의 약 3분의 1이…… 직조공과 노동자로 이루어져 있는데, 그들의 평균 수입은 그들의 가족을 교구의 원조 없이 부양할 수 있을 만한 금액이 못 되었다. 임금인하와 그 시대의 어려운 상황으로부터 가장 많은 괴로움을 받는 사람들이었는데, 이들의 대부분은 생활이 품위 있고 버젓하며 존경받을 만한 사람들이었다. 내가 협동조합을 권하고자 하는 것은 우리 가난한 동포들 중에서도 특히 이 계층인 것이다." F. Baker, *First Lecture on Cooperation* (Bolton, 1830).

등에 의해 적어도 부분적으로는 상쇄되었다. 하지만 자유로운 남자에게는 단지 하나의 '손'으로 공장에 들어간다는 것은 곧 노예가 된다는 것과 별로 다를 것이 없었다. 그래서 아주 굶주린 사람이 아니면 모두 그것을 피했고, 또 공장에 들어간다 해도 여자나 아이들보다는 훨씬 끈질기게 그 가혹한 규율에 저항하는 경향이 있었다. 그래서 공장주들은 여자와 아이들을 쓰는 것을 더 좋아하게 되었다. 물론 1830년대와 1840년대의 어느 시기에는 공장 프롤레타리아의 물질적 사정마저 더욱 악화되어가는 경향을 보였다.

노동하는 가난한 사람들의 처지가 어떠한 것이든 그들 중에서 조금이라도 생각하는 자들—즉 가난한 사람들이 겪는 고난을 운명의 일부, 사물의 영원불변한 구조의 일부라는 생각을 받아들이지 않는 자들—은 거의 모두 노동자는 부자들에 의해 착취되고 있으며, 그래서 가난해지고 있다고 생각하고 있었다는 것만은 절대로 의심할 수 없는 일이다. 그들은 가난한 사람들이 더욱 가난해지고 있는 동안 부자들은 더욱더 부유해지고 있다고 생각했다. 부자들이 이익을 얻음으로써 가난한 사람들은 고통을 당하는 것이었다. 부르주아 사회의 사회적 메커니즘은 뿌리 깊게 잔인하고, 정의롭지 못하며, 비인간적인 것이었다. 『랭커셔 코오퍼레이터』는 다음과 같이 썼다.

노동이 없으면 부(富)도 있을 수 없다. 노동자는 모든 부의 원천이다. 모든 식량을 재배하는 자가 누구인가? 반쯤 굶주리고 가난에 빠진 노동자다. 단 한 번도 노동해본 적 없고, 아무것도 생산한 적이 없는 부자들이 소유하고 있는 가옥이나 창고, 궁궐을 세운 사람이 누구인가? 노동자다. 그 모든 실을 뽑고 그 모든 천을 짜내는 사람이 누구인가? 방직공과 직조공이다. (그런데도) 노동자는 가난하고 궁색한 상태로 있고, 반면 일하지 않는 자들은 부유하고 넌더

리가 날 만큼 풍부하게 가졌다.[25]

그리고 절망적인 노동자들은 그만큼 명확하지는 않은 대신 아마도 훨씬 더 의미 깊게 다음과 같이 읊었다(흑인 영가를 부르는 가수들은 오늘날까지도 이것을 한 마디도 빼지 않고 그대로 옮겨 부르고 있다).

돈으로 사고 파는 것이 목숨이라면,
부자는 살고 가난뱅이는 죽네.[26]

3

노동운동은 빈민들의 부르짖음에 하나의 해답을 마련해주었다. 그것은 기록된 역사의 전 과정을 통해서 일어났던, 견디기 어려운 고난에 대한 단순한 집단적 반발이나, 이후로 노동의 한 특징이 된 파업이라는 관행이나 그 밖의 여러 형태의 전투성 따위와 혼동되어서는 안 된다. 이러한 것들 또한 산업혁명 이전으로 거슬러올라가는 역사를 가지고 있는 것이다.

19세기 초의 노동운동에서 볼 수 있는 새로운 점은 그것이 계급의식과 계급적 야심을 가졌다는 점이었다. 이제는 이미 '가난한 자'가 '부자'에게 맞서는 것이 아니라 하나의 특정 계급, 즉 노동계급인 근로자 또는 프롤레타리아가 또 하나의 계급인 고용자 또는 자본가와

---

25) A. E. Musson, "The Ideology of Early Co-operation in Lancashire and Cheshire," *Transactions of the Lancashire and Cheshire Antiquarian Society*, LXVIII(1958), p. 120에서 인용.

26) A. Williams, *Folksongs of the Upper Thames*(1923), p. 105에는 오히려 계급의식이 더 높은, 비슷한 가사가 실려 있다.

맞서고 있었다. 프랑스 혁명이 새로운 계급적 자신감을 가져다주었다. 산업혁명은 그 자신감 위에 언제나 끊임없이 동원(mobilization)되어야 한다는 필요를 부과했다.

사람다운 생활이란 그때그때 수시로 항의하는 것만으로는 얻어질 수 없는 것이었다. 그러한 항의란 일시적으로 사회적 균형을 흔들었다가 다시 그것을 튼튼하게 회복시켜주는 데 이바지할 뿐이었다. 사람다운 생활을 얻어내는 데 필요한 것은 끊임없이 경계하고 조직하고 활동하는 '운동'—노동조합과 상호부조적인 단체나 협동조합, 노동계급의 학교 또는 강좌, 신문 그리고 선동—이었다. 새롭고 눈부시며 빠른 변화가 그들 노동자를 집어삼켰지만 바로 그 변화 자체가 노동자들로 하여금 완전히 딴판으로 변한 사회라는 관점에서 생각하게 하고, 그들을 압박하는 자들과 반대되는 경험과 관념에 입각해 사물을 생각하도록 그들을 북돋워주었다.

전혀 딴판으로 변한 사회란 협동적인 것이지 경쟁적인 것이 아닐 것이었으며, 개인주의적이 아니라 집단주의적일 것이었다. 그것은 '사회주의적'일 것이었으며, 가난한 자들이 항상 마음속 깊이 간직하고 있기는 해도 전반적인 사회혁명이라는 매우 드문 계제에만 그것을 꿈꾸는 자유로운 사회에 관한 영원한 꿈이 아니라, 기존의 제도에 대한 실현 가능한 항구적 대안을 의미하는 것이었다.

이러한 의미의 노동계급의식이란 1789년 당시에는 혹은 프랑스 대혁명 기간 중에도 실은 아직 존재하지 않았다. 영국과 프랑스 이외의 곳에서는 그러한 의식이 심지어 1848년에 이를 때까지도 있을까 말까 했다. 그러나 이중혁명을 실현시킨 위의 두 나라에서는 노동계급의식이 1815년부터 1848년 사이, 특히 1830년 무렵부터 확실히 존재하게 된다. '노동계급'(working class)이라는 바로 이 말—덜 특정적인 노동제계급(working classes)과 구별되는—이 영국에서는 워털루의 대회전(大會戰) 후에 곧, 아니 아마도 그보다도 앞서 노동관계 저작물에 나타나기 시작했고, 프랑스에서도 1830년 이후 노동계급의 저작물 가운데 그것에 상응하는 어구가 자주 나타난다.[27]

영국에서는 모든 노동자들을 하나로 묶어 '총노동조합'을 결성하려는 시도, 다시 말하면 특정 노동자 집단의 부문별·지방별 고립을 타파해 국민적인 단결, 나아가 아마도 세계적인 단결을 이룩하려는 시도가 1818년에 시작되어 1829년부터 1834년 사이에 뜨거운 열성으로 강력하게 촉구되었다. '총노동조합'에는 '총파업'이 따라붙게 마련이었다. 그래서 이 또한 이 시대 노동계급의 한 개념이자 하나의 체계적 전술로서 특히 윌리엄 벤보(William Benbow)의『대국민 휴일 및 생산제계급 회의』(Grand National Holiday, and Congress of the Productive Classes, 1832) 속에서 정립되었고, 나아가 차티스트들에 의해 이것이 하나의 정치적 방법으로서 진지하게 논의되기도 했다.

그런가 하면 영국과 프랑스 두 나라에서는 1820년대에 지식인들의 토론을 통해 '사회주의'라는 개념과 말이 만들어져 나왔다. 그 말은 즉시 프랑스에서 비록 작은 규모에서나마 노동자들에 의해 채택되었으며(예컨대 1832년 파리의 도금공들에 의해), 또 그보다 훨씬 대규모로 영국의 노동자들에 의해 채택되었다. 영국의 노동자들은 곧 오언(Robert Owen)을 하나의 광범한 대중운동의 지도자로 받들게 된다. 하지만 오언은 이상스럽게도 그 일에는 맞지 않은 인물이었다. 요컨대 1830년대 초기에는 프롤레타리아의 계급의식과 사회적 열망이 이미 존재했다. 그러나 이러한 것들은 중류계급의 계급의식에 비하면 보다 미약했고 또 그 영향도 훨씬 작았다. 이들 노동자들의 고

---

27) A. Briggs, "The Language of 'class' in early nineteenth century England," A. Briggs and J. Saville ed., *Essays in Labour History*(1960) 등.

용주인 중류계급도 거의 같은 무렵에 그들의 계급의식을 형성하고, 또 그것을 과시하기 시작하고 있었던 것이다. 그러나 비록 약하기는 해도 노동계급의 계급의식과 사회적 열망은 뚜렷이 존재했다.

프롤레타리아의 의식은 자코뱅적 의식이라고 적절하게 표현할 수 있는 어떤 의식─프랑스 대혁명이, 그리고 그 전에는 미국의 독립혁명이 사고력과 자신을 갖춘 빈민들에게 불어넣었던 일련의 열망과 경험, 방법 그리고 도덕적 태도들─과 강력히 결합했고 그것에 의해 보강되었다. 새로운 노동계급의 입장을 실천적으로 표현한 것이 '노동조합'이고, 그 이데올로기가 '협동조합적 국가'(the co-operative commonwealth)였듯이 프랑스 혁명에 의해 단지 고통받는 자로서가 아니라 오히려 출연하는 배우로서 역사무대 위에 올라선 프롤레타리아와 그 밖의 평민들의 입장을 실천적으로 표현한 것이 곧 민주주의 운동이었다. "겉보기에도 가난한 시민들, 점잖고 우아한 사람들을 위해 마련된 장소에 이전 같으면 감히 나타나려 하지 않았던 시민들이 부자들과 어깨를 나란히 하여 산책을 하고 고개를 똑바로 높이 쳐들고 다녔다."[28] 그들이 원하는 것은 존경과 인정(認定)과 평등이었다. 그들은 그것을 달성할 수 있다는 것을 알고 있었다. 그들은 1793~94년에 이미 그렇게 한 적이 있었다. 그러한 시민들의 전부가 노동자인 것은 아니었지만, 의식을 가진 노동자들은 모두 그러한 시민에 속해 있었다.

프롤레타리아적 의식과 자코뱅적 의식은 서로 보완적인 것이었다. 노동계급의 경험이 노동빈민들에게 가져다준 것은 일상적인 자기방위를 위한 기관, 즉 노동조합과 상호부조 단체, 그리고 그와 같은 집단적 투쟁의 주무기가 되는 단결과 스트라이크(이 스트라이크가 이

---

28) A. Soboul, *Les Sansculottes de Paris en l'an*, II (1958), p. 660.

번에는 조직과 규율을 의미하게 된다[29])였다. 그러나 이것들은 유럽 대륙에서는 아직도 약하고 틀이 잡히지 못했으며 또 보통 국지성(局地性)을 면치 못했지만, 그렇지 않은 곳들에서도 활동범위는 엄격히 한정되어 있었다. 1829년과 1834년 사이에 영국에서는, 노동자들 중 조직화된 부분을 보다 비싼 임금을 획득하기 위해서만이 아니라, 기존의 사회를 완전히 패배시키고 새로운 사회를 수립하는 데 순수히 노동조합적이거나 상호부조적인 방식을 이용하려는 시도가 있었으며, 그것은 부분적으로는 또다시 차티즘 운동에 의해 시도되었다. 그러나 그 시도는 실패했고, 그 실패로 말미암아 이미 상당히 성숙해 있었던 초기 프롤레타리아 사회주의 운동은 그로부터 반세기 동안이나 제대로 기동을 못하게 된다.

노동조합 —— '건축노동자 회의'와 '건축노동자 길드'를 가진 반숙련 건축노동자 조합(Operative Builders' Union, 1831~34)의 경우와 같이 —— 을 생산협동조합의 전국연합으로 전환시키려는 기도는 실패로 돌아갔고, 또 다른 방법으로 전국적 생산협동조합과 '공정 노동 거래소'를 설립하려던 기도 또한 실패했다. 모든 것을 산하에 넣은 '총노동조합'(general unions)은 지방별 조합이나 부문별 조합보다 강력함을 증명하기는커녕 덩치가 커서 제대로 움직이지 못하고 허약하다는 것을 실증했을 뿐이었다. 하기야 그 원인은 그 기구 고유의 결함에 있기보다는 규율과 조직의 결여, 그리고 지도부의 경험부족에 있었다. 총파업 같은 것은 (1842년에) 자연발생적으로 퍼져나

---

29) 스트라이크에 대해서는 유럽의 거의 모든 언어들이 제각기 서로 전혀 무관한 자국어(自國語)를 가지고 있다 —— 예컨대 grève(프랑스), huelga(스페인), sciopero(이탈리아), zabastovka(러시아). 그만큼 그것은 노동계급의 존재에서 우러나오는 자연발생적이고도 논리적인 귀결인 것이다. 그에 반해서 다른 여러 제도에 관한 낱말들은 차용된 경우가 흔하다.

간 기아폭동의 경우말고는 차티즘 아래서는 적용될 수 없다는 것이
판명되었다.

그 반대로 자코뱅주의와 급진주의 일반에 속해 있어 특별히 노동
계급의 것이라고 할 수 없는 정치적 선동방법들이 실은 효과적이고
도 신축성 있는 것임이 실증되었다. 신문과 팸플릿, 공개집회, 시위
운동, 그리고 필요한 곳에서는 반란과 폭동 등의 수단으로 벌이는 정
치적 캠페인이 곧 그것이었다. 이러한 캠페인이 지나치게 높은 목표
를 겨냥하거나, 지배계급을 지나치게 겁먹게 했던 경우에는 실패로
돌아갔다. 광란의 1810년대에는 다소 심각한 시위운동이 일어나면
곧잘 무장군대를 출동시키는 경향이 있었다(예를 들면 1816년 런던의
스파필드 사태, 혹은 1819년 맨체스터의 '피털루' 사건의 경우들이 그러
했다. 이 '피털루' 사건에서는 데모에 참가한 열 명이 살해되고, 수백 명
이 부상했다). 1838~48년에는 수백만의 사람들이 청원서에 서명했
지만 인민헌장을 좀더 눈앞으로 가까이 다가오게 하는 결과를 낳지
는 못했다.

그러나 비교적 좁게 안정시킨 전선(戰線)에서의 정치적 캠페인은
효과적이었다. 그러한 정치투쟁이 없었던들 1829년의 가톨릭교도
해방이나 1832년의 선거법 개정도 없었을 것이며, 또 효과는 대단치
않았지만 공장 내 조건들이나 노동시간을 규제한 입법조치마저 분
명히 이루어지지 않았을 것이다. 이와 같이 조직이 약한 노동계급이
정치적 급진주의의 선동방법으로 그 약체성을 보충한 사례를 우리
는 여러 번 보게 된다. 잉글랜드 북부에서 일어났던 1830년대의 '공
장법 개정운동'(Factories Agitation)은 그 지방 노동조합의 약한 조직
을 보충한 것이었다. 그것은 '톨퍼들(Tolpuddle)의 순교자들'(제6장
의 3 참조)의 유형(流刑)에 대한 대중적 항의투쟁이 1834년 이후 쓰
러져가는 '총노동조합'의 궤멸로부터 무엇인가를 구해내려고 꾀했

던 것과 똑같은 경우였다.

그런데 자코뱅적 전통 쪽은 새로운 프롤레타리아들의 특징인 흩어질 줄 모르는 단결과 충성으로부터 나오는 힘, 전례 없는 지속성, 강인성을 얻어냈다. 그들은 같은 장소에서 함께 빈곤하다는 사실에 의해서만 뭉친 것이 아니라, 일할 때는 함께 협력하고 서로 의존하면서 여럿이 함께 일하는 것이 바로 그들의 생활이라는 사실에 의해 뭉쳐 있었다. 깨뜨릴 수 없는 단결, 오직 그것 하나만이 그들의 무기였다. 왜냐하면 오직 그렇게 하는 것만이 단 하나의 자산, 그러나 결정적인 자산인 집단적 상호불가결성을 사실로 증명할 수 있기 때문이었다. "스트라이크를 깨뜨리지 말 것" 혹은 그와 유사한 취지의 말이 그들의 도덕률의 첫째 계율이었다──그리고 그것은 지금까지도 그러하다. 단결을 깨뜨리는 자는 그들 사회의 유다였다(그러한 자를 그들은 도덕적 비난의 뜻을 담은 '흉악한'black이라는 형용사를 붙여 '블랙레그'blackleg라 불렀다).

그들이 단 한 번의 번갯불 같은 형태로라도 일단 정치의식을 갖게 되면, 그들의 시위운동은 극도로 흥분한 '오합지졸'의 일시적인 폭발, 그래서 다시 쉽게 무관심으로 되돌아가는 그러한 임시적 폭발이 아니었다. 그러한 시위들은 하나의 군대를 피끓게 하고 분발케 하는 것이었다. 그래서 셰필드 같은 도시에서는 중류계급과 노동계급 사이의 갈등이 1840년대 초에 지방정치의 주요한 문제로 대두되자 당장에 강력하고도 안정된 프롤레타리아 블록이 나타났다. 1847년 말 시의회에 차티스트 의원은 여덟 명이나 있었다. 1848년에 차티스트가 전국적으로 붕괴되었지만 같은 해의 파리 혁명에 대해 1만 명에서 1만 2,000명에 이르는 사람들이 환호를 보낸 이 도시에서는 거의 영향이 없었다. 즉 1849년에는 차티스트가 시의회의 의석 중 거의 절반을 차지하게 된다.[30]

노동계급과 자코뱅 전통의 밑바닥에는 이 양자를 보강하는 훨씬 더 오랜 전통의 토대가 깔려 있었다. 폭동이라든가, 자포자기한 사람들이 때에 따라 벌이는 공개항의 따위의 전통이 곧 그것이다. 직접행동 혹은 폭동, 즉 기계·상점·부잣집 따위를 두드려 부수는 일은 오랜 역사를 지니고 있었다. 일반적으로 그것이 표현한 것은 다름 아닌 굶주림, 다시 말해서 그 이상 참지 못할 막다른 골목에 다다른 사람의 감정이었는데, 기계의 위협 때문에 망해가고 있던 수공업자들이 주기적으로 휩쓸려 들어간 기계파괴의 파동이 바로 그런 경우였다(기계파괴는 영국의 직물업에서는 1810~11년에 일어났고, 또 1826년에도 일어났다. 대륙의 직물업에서는 1830년대 중반과 1840년대 중반에 일어났다).

기계파괴는 때로는 잉글랜드의 경우와 같이 조직노동자에 의한 집단적 압력행사라는 하나의 인정된 형태가 되기도 했다. 그것은 또 광부들이나 일정한 숙련 직물직공들과 칼붙이 직공들 사이에서 그러했듯이 기계에 대한 적개심을 의미하는 것이 아니었다. 이들은 정치적으로는 온건하면서도 동시에 노동조합에 가담하지 않는 동료들에 대해서는 조직적인 테러 행위를 감행하는 양면을 가지고 있었다. 그렇지 않을 경우 그것은 실업한 자 또는 배고픈 자의 불만의 표현이었다.

혁명의 기운이 무르익었을 시기에는 만약 그러한 상황이 아니었더라면 정치적으로 성숙하지 못했을 남녀들의 직접행동은, 특히 수도나 정치적으로 민감한 지점에서 발생했을 경우 결정적인 힘이 될 수 있었다. 1830년이나 1848년 두 해에는 모두 그러한 운동들이 만약 그것이 없었던들 하찮은 불만 표시에 그쳤을 일들에 크나큰 충격을 주

---

30) S. Pollard, 앞의 책, pp. 48~49.

어 항의를 폭동으로 급전하게 했다.

4

그러므로 이 시기의 노동운동은 그 구성으로나 이데올로기와 강령으로나 엄밀한 의미의 '프롤레타리아' 운동이 아니었다. 다시 말해서 그것은 공장의 공업노동자에 의한 운동도 아니고, 또는 임금벌이꾼에 국한된 운동도 아니었다. 그것은 오히려 주로 도시의 노동빈민을 대표하는 모든 세력과 모든 경향의 한 공동전선이었다. 그러한 공동전선은 벌써 오래전부터 있어왔다. 그러나 저 멀리 프랑스 혁명 때까지 시대를 거슬러올라가도 그 지도자나 정신적 고취는 자유주의적이고 급진적인 중류계급에서 나왔다. 이미 앞에서 본 바와 같이 파리의 민중적 전통이 지녔던 통일을 부여한 것은 '자코뱅주의'이지(미성숙의 프롤레타리아적 열망은 논외로 하고) 상퀼로트주의가 아니었다.

그런데 1815년 이후의 사태에서 전에 없던 새로운 점은 그 공동전선이 국왕과 귀족을 겨냥한 것과 마찬가지로 점점 더 자유주의적인 중류계급에 대한 반대를 강화해갔다는 점이며, 그리고 그것에 통일성을 부여한 것이 프롤레타리아의 강령과 이데올로기였다는 점이다. 비록 공장의 공업노동자라는 존재가 아직도 미미하고, 그들이 전체적으로 보아 다른 부문의 노동빈민보다도 정치적으로 훨씬 성숙되지 못했음에도 그러했다. 가난한 자들과 부자들은 어느 쪽이나 "사회의 중류계급 아래에 있는 도시대중"[31] 전체를 정치적으로 '프

---

31) Th. Mundt, *Der dritte Stand in Deutschland und Preussen*…(Berln, 1847), p. 4; J. Kuczynski, *Gesch. d. Lage d. Arbeiter 9*, p.169.

롤레타리아' 또는 '노동계급'에 동화시키는 경향이 있었다. "현 상태 가운데는 내부적 부조화가 있으며, 이 상태는 오래갈 수 없다는 생각들이 점점 더 선명해지고 일반화되어가는 것"[32] 때문에 마음이 괴로운 사람들은 모두, 충분히 숙고되고 지적 타당성을 지닌 유일한 비판과 대안으로서의 사회주의로 기울어갔다.

새로운 운동의 지도층도 같은 사정을 반영하고 있었다. 노동빈민 중에서 가장 활동적이고 전투적이며 정치적으로 눈뜬 자는 새로운 공장 프롤레타리아가 아니라 숙련수공업자(Craftman) 또는 독립적인 기장(技匠, artisan), 소규모 가내노동자들, 그 밖에 산업혁명 이전에 했던 것과 같은 방식으로 그러나 그 전보다 훨씬 더한 압력 아래서 살며 일하는 사람들이었다. 초기의 노동조합이란 거의 모두 한결같이 인쇄공, 모자공, 양복공 등과 같은 부류의 조합들이었다. 리즈(Leeds)와 같은 도시 —이곳이 가장 전형적인 곳이었다— 에서 일어난 차티즘 운동의 지도부 핵심은 수직(手織) 직조공으로 전직한 소목공(小木工) 한 사람, 떠돌이 인쇄공 두 사람, 책방 주인 하나, 소모공(梳毛工) 하나로 구성되어 있었다. 로버트 오언의 협동조합 이론을 채택한 사람들 대다수가 기장들, 직공들, 수공업자들이었다. 가장 초기의 독일 노동계급의 공산주의자들은 떠돌이 장인들(Journeymen) —양복공, 소목공, 인쇄공— 이었다. 1848년 파리에서 부르주아지에 대항해 일어섰던 사람들은 여전히 성 밖의 오랜 장인촌(匠人村)인 생탕투안의 주민들이었지(1871년 코뮌 때처럼) 프롤레타리아적인 벨르빌의 주민들이 아니었다.

산업발전이 '노동계급' 의식의 그와 같은 요새 자체를 파괴한 만

---

32) Karl Biedermann, *Vorlesungen über Socialismus und sociale Fragen*(Leipzig, 1847); Kuczynski, 앞의 책, p. 71.

큼 그것은 이들 초기 노동운동의 힘을 치명적으로 약화시켰다. 예컨 대 1820년과 1850년 사이에 일어난 영국의 운동은 노동계급의 자기 교육과 정치교육을 위한 수많은 기관, 직공학교나 오언주의적 '과학 관' 또는 그 밖의 기관들을 만들어냈다. 1850년의 영국에는 그와 같 은 기관이(그 가운데서 비교적 뚜렷이 정치적인 것은 헤아리지 않는 다 해도) 700개 —— 요크셔주만도 151개 —— 나 있었고, 신문 열람실도 400개나 있었다.[33] 그러나 그것들은 벌써 쇠퇴하기 시작했고, 몇십 년 안으로 모두 죽어 없어지거나 빈사상태에 빠졌다.

꼭 하나의 예외가 있었다. 영국에서만은 새로운 프롤레타리아 가 조직을 갖추기 시작했고, 나아가 그들 자신의 지도자까지 만들 어내기에 이르렀다. 아일랜드인 오언주의자이며 면방적공인 존 도 허티(John Doherty), 광부인 토미 헵번(Tomy Hepbun)과 마틴 주드 (Martin Jude) 같은 사람이 바로 그들이다. 차티즘 운동의 대부대를 형성한 것은 숙련된 장인들과 짓눌린 가내노동자들만이 아니었다. 공장노동자들도 그 투사였으며, 때로는 그 지도자였다. 그러나 영국 이외의 곳에서는 공장의 직공들과 광부들은 아직도 대체로 행위자 이기보다는 오히려 고통받는 수난자였다. 이 세기의 후반에 가서야 비로소 그들은 자신들의 운명을 형성해가는 데 그들 스스로가 참가 하게 된다.

노동운동은 자기방위와 항거 그리고 혁명의 조직이었다. 그러나 노동빈민들에게 그것은 하나의 투쟁도구 이상의 것이었다. 즉 그것 은 생활의 한 방식이기도 했던 것이다. 자유주의 부르주아지는 그들 에게 아무것도 내놓은 것이 없었다. 그들로 하여금 전통생활을 벗어

---

33) M. Tylecote, *The Mechanics' Institutes of Lancashire before 1851*, VIII(Manchester, 1957).

나게 한 것은 역사의 힘이었다. 보수주의자들은 그 전통생활을 지속시키려고 또 부활시키려고 나섰지만 헛된 일이었고, 자유주의적 부르주아지들은 노동빈민들이 점점 더 빠져들어갔던 생활과는 아무런 상관이 없었다. 그러나 이 운동은 그것과 커다란 관계가 있었다. 아니, 오히려 그들 스스로 두들겨 만든 집단적이고, 공동체적이며, 전투적이고, 이상주의적이며, 독립적인 생활방식이란 곧 이 운동을 의미하는 것이었으니, 그것은 이 운동의 본질이 투쟁이었기 때문이다. 그리고 노동운동이 이번에는 그들의 생활방식에 대해 결집력과 목적을 부여했다. 자유주의자들이 만들어낸 신화에 의하면 노동조합이란 염치없는 선동가들로부터 충동질 받은 쓸모없는 노동자들로 구성된 것이어야 했다. 그러나 실제로는 쓸모없는 자들은 대체로 가장 조합화되어 있지 않은 측에 속했고, 가장 지적이고 유능한 노동자들이 조합을 가장 확고하게 지지했다.

이 시대에 가장 고도로 발달한 '노동세계'의 예는 역시 아마도 오랜 가내공업의 그것이리라. 리옹의 비단직물 노동자들의 사회, 쉴 새 없이 반란을 일으켰던 '카뉘'(canuts)들의 사회가 있었다. 그들은 1831년에 봉기했고, 1834년에 또 봉기했다. 그리하여 그들은 미슐레의 말에 의하면 "이 세상은 아무래도 잘되지 않으니까 저들이 사는 그 골목의 우중충하고 후미진 곳에 저들끼리 또 하나의 세상을, 감미로운 꿈과 환상의 도덕적 낙원을 만들었던 것"[34]이다. 또 스코틀랜드의 아마직공 단체들도 있었다. 그들은 공화주의적·자코뱅적인 퓨리터니즘을 갖고 있었으며, 스베덴보리의 이교(異敎), 조합문고, 저축은행, 직공학교, 그리고 도서관과 과학클럽, 회화교실과 전도집회, 금주동맹, 유치원도 있었으며, 원예협회나 문학잡지(던펌린의 '가스

---

34) *Revue Historique*, CCXXI (1959), p. 138에서 인용.

미터'(잡담탱크))[35]도 가졌으며, 또 물론 차티즘도 있었다. 그들이 사용하는 직기들만큼이나 억압하는 자에 대한 계급의식과 증오 그리고 경멸 따위도 그들의 생활 안으로 들어와 있었다. 그들은 자신들의 임금 이외에는 아무것도 부자들에게 의존하는 것이 없었다. 그들은 그 생활 속에 그들이 집단적으로 창조한 그 무엇을 지니고 있었던 것이다.

그러나 이 소리 없는 자기조직화의 과정은 이와 같은 보다 구식의 노동자들 사이에서만 국한되어 일어난 것이 아니었다. 그것은 흔히 지방의 원시적 감리교(Methodist) 단체를 기초로 한 '조합'이나 노섬벌랜드와 더럼의 탄광에서도 나타났다. 그것은 새로운 공업지대, 특히 랭커셔 일대에 노동자들의 상호부조협회와 공제협회가 집중되어 있었던 사실에서도 잘 나타나 있다.[36] 특히 그 가운데서도 그것을 잘 나타내는 것은 새로운 로치데일 협동조합 점포가 1840년대 후반에 퍼져나갔던 것과 같은 빠른 속도로, 랭커셔의 비교적 작은 여러 공업도시로부터 수천 명의 남녀노소가 빽빽이 떼를 지어 차티스트 시위운동을 위해 횃불을 쳐들고 황야로 물밀듯이 밀려들어갔던 사실이다.

---

35) T. L. Peacock, *Nightmare Abbey*(1818) 참조. "당신은 철학자이며 자유의 애호자입니다. 당신은 철학적 가스(잡담), 즉 인간정신을 전반적으로 개화시키기 위한 하나의 계획이라 불리는 논문의 저자입니다"라고 그 부인은 말했다.

36) 1821년경 랭커셔의 공제협회 회원은 그 지방의 총인구에 대해 가장 높은 비율을 차지하고 있었다(17퍼센트). 1845년에는 비밀공제조합의 지부회원들 중 거의 절반이 랭커셔와 요크셔에 있었다. P. Gosden, *The Friendly Societies in England 1815~75*(1961), pp. 23, 31.

5

그럼에도 불구하고 이 시대를 돌이켜볼 때 부자들이 두려워해 마지않았던 노동빈민의 힘, 부자들을 따라다니며 괴롭히던 '공산주의의 도깨비'와 노동빈민들의 실제적 조직역량 사이에는, 더욱이 새로운 공업 프롤레타리아의 힘과의 사이에는 명백하고도 큰 불일치가 있었다. 그들이 하는 항의의 공개적 표현은 조직이기보다는 문자 그대로의 의미에서 '운동'이었다. 그들의 정치적 의사표시 행위 중 가장 강력하고 광범했던 것 ─ 차티즘(1838~48) ─ 조차도 그것을 결합시켰던 것은 한줌밖에 안 되는 전통적이고도 급진적인 슬로건, 오코너(Feargus O'Connor, 1794~1855)와 같이 빈민들의 대변자가 된 소수의 강력한 웅변가들과 저널리스트들, 그리고 『노던 스타』와 같은 몇몇 신문들에 불과했다. 전투적이었던 옛 투사들이 기억을 더듬어 상기하는 것은 부자들과 지체 높은 사람들과 대립했다는 공동의 운명에 관해서였다.

우리집엔 로드니란 이름의 개가 있었다. 우리 할머니는 그 이름을 싫어했다. 왜 그런가 하면 로드니 제독이 귀족의 지위에 올라 백성들에게 적대적이었다는 이상한 생각을 갖고 있었기 때문이다. 이 노부인은 또 코베트와 코브던이 서로 다른 사람이라는 것, 코베트는 영웅이고 코브던은 중류계급의 대변자일 뿐이라는 것을 내게 누누이 설명해줄 만큼 주의 깊은 분이었다. 나의 기억에 가장 오래도록 남아 있는 그림 하나는 ─ 그것은 조지 워싱턴의 도상(陶像)에 가까운 곳에 자수 벽걸이와 인쇄된 그림과 나란히 걸려 있었던 것인데 ─ 프로스트(John Frost)의 초상화였다.[37] 그 그림의 맨 위에 있는 (글) 한 줄은 그것이 백성들의 벗의 초상화 전시실에 속해 있는 그림이라는 것을 나타내고 있었다. 그의 머리 위에는 월계관이 있고, 그 아래에는 남루한 옷을 걸친 의지할 데 없는 버림받은 사람들을 위해 정의에 호소하는 프로스트 씨의 초상이 있었다. ……우리를 가장 자주 찾아오는 방문객은 절름발이 구두쟁이였다. (그는) 일요일 아침이면 시곗바늘처럼 어김없이 나타나서 막 인쇄되어 나와 아직도 축축한 『노던 스타』 신문을 한 부 들고 들어왔다. 우리 식구 중 누군가가 '오코너의 편지'를 읽어주는 것을 다른 사람들과 함께 듣기 위해서였다. 그 신문은 먼저 벽난로에 쬐어 말리지 않으면 안 되었다. 그런 다음에도 그것을 자르는데, 그 신성한 물건의 단 한 줄이라도 손상시키지 않도록 조심조심 고르게 잘랐다. 그런 다음 래리는 짧은 담뱃대로 조용히 담배를 피우고 이따금 그것을 벽난로의 화상(火床)에 집어넣었다 빼면서 비국교도의 교회에서 독실한 신자가 넋을 잃고 황홀해하는 그런 태도로 위대한 오코너의 메시지에 귀를 기울이는 것이었다.[38]

노동빈민의 운동에서 지도와 통합은 거의 이루어지지 않고 있었다. 또한 운동을 조직하기 위한 가장 야심적인 시도였던 1834~35년의 '총노동조합'(general union)은 신속하고도 비참하게 분쇄당했다. 드디어 — 대륙에서와 마찬가지로 영국에서 — 지역노동자사회의 자발적 단결이 이루어지지만, 그들은 리옹의 견직물 노동자들처럼 살아 있을 때만큼 고통스럽게 죽어갔다. 이러한 운동을 결속시켰던 것은 굶주림과 비참함, 증오 그리고 희망이었다. 그리고 1848년 대륙혁명에서처럼 이 운동은 차티즘의 영국에서 패배당하고 말았다. 빈

---

37) 1839년에 뉴포트에서 일어났다가 실패로 돌아간 차티스트 폭동의 지도자.
38) W. E. Adams, *Memoirs of a Social Atom*, I(London, 1903), pp. 163~165.

민들이 필사적으로 수많은 반란을 일으킬 만큼 그들의 굶주림은 만연되어 있었지만, 기존 사회질서에 대한 일시적 위협을 뛰어넘어 그 반란을 조직화하고 성숙시켜가기에는 부족했기 때문이다. 그렇지만 1848년경 노동빈민 운동은 1789~94년의 혁명적인 중류계급의 자코뱅주의에 견줄 만한 수준으로 발전했다.

제12장 이데올로기 : 종교

들끓는 열정과 세속적 탐욕을 신앙과 희망과 자선으로 진정시
킨 국민을 나에게 주소서. 이승을 순례(巡禮)의 장소로 보고 저
승을 진정한 조국이라고 생각하는 그러한 국민을 나에게 주소
서. 자신의 가난과 고난 바로 그것을 기독교적 영웅주의로써 찬
미하고 숭상하도록 배운 국민을 나에게 주소서. 모든 압박당한
자의 최초의 사람, 즉 예수 그리스도를 사랑하고 숭배하며, 또
보편적 구제의 도구로서 그리스도의 십자가를 사랑하며 숭배하
는 국민을 나에게 주소서. 바라건대 그와 같은 틀에 따라서 형
성된 국민을 나에게 주소서. 그러면 사회주의를 손쉽게 패배시
킬 수 있을 뿐만 아니라, 더 이상 그것을 생각할 수도 없게 될 것
이니…….
• 『가톨릭 문명』[1]

그러나 나폴레옹이 진군하기 시작하자 그들(몰로칸의 이교를 믿
는 농민들)은 나폴레옹이 그들의 옛 성가(聖歌)에 있는 바와 같
이 가짜 황제를 타도하고 죄 없는 진짜 차르의 왕권을 복위시키
는 사명을 가진 예호샤파트 계곡의 사자(獅子)라고 믿었다. 그래
서 탐보프 지방의 몰로칸교도들은 대표단을 뽑아, 그들로 하여
금 흰옷을 입고 그를 맞아 인사하게 했다.

---

1) Civiltà Cattolica II, 122, L. Dal Pane, "il socialismo e le questione sociale nella prima annata della Civiltà Cattolica," *Studi Onore di Gino Luzzato*(Milan, 1950), p. 144.

• 학스트하우젠,『러시아……에 관한 연구』[2]

1

사람들이 세상을 어떻게 생각하고 있는가 하는 것과 그들이 세상을 생각함에 있어 사용한 용어는 별개의 것이다. 역사의 대부분, 그리고 세계의 대부분 지역에서(중국은 아마도 그 주요한 예외가 되겠지만) 소수의 교육받고 해방된 사람들을 제외한 모든 사람들이 세상을 생각하는 데 사용한 용어는 전통적인 종교의 용어였다. 심지어 '기독교도'라는 낱말이 '농민'이라는 말과 동의어이고 혹은 '사람'이라는 말의 동의어이기까지 했던 나라들이 있을 정도였다. 1848년 이전의 어느 국면에서 유럽 일부는 이미 그렇지 않게 되었지만, 이중혁명에 의한 변혁을 겪은 지역 이외의 곳에서는 여전히 마찬가지였다. 종교는 그 전에는 아무도 빠져나오지 못하는 존재이며, 이 지상에 있는 모든 것을 그 품안에 담는 하늘과 같은 존재로부터 구름 봉우리 같은 것, 즉 인간계(人間界)의 크고도 유한하며 변화하는 모습으로 되어 있었다. 모든 이데올로기적 변화 중에서도 이것은 비록 그 실제적 결과가 그 당시에 생각했던 것보다는 더 애매하고 불확정적이기는 했지만, 가장 엄청나고도 깊은 변화였다. 어쨌든 이것은 일찍이 그 예를 찾아볼 수 없는 대변화였다.

전례 없는 대변화란 물론 대중적 세속화를 말하는 것이다. 신사·귀족층은 하층계급에 모범을 보이기 위해 종교적 의식의 의무를 수행하면서 동시에 종교엔 관심을 잃어갔다. 향신층의 이러한 종교적

---

2) Haxthausen, *Studien über…Russland*, I(1847), p. 388.

무관심은 해방된 귀족들 사이에서는 이미 예사로운 일이 된 지 오래였다.[3] 다만 귀부인들은 여성들이 일반적으로 모두 그러했듯이 여전히 훨씬 더 경건했다. 예의바르고 교육받은 사람들은 최고 존재에 대한 '전문적인' 신봉자였을지도 모르지만, 그들이 믿는 최고 존재란 존재한다는 것 이외에는 아무런 다른 기능이 없었다. 또 인간의 행동에 간섭하는 일도 없었고, 정중한 감사 표시 이외에 어떤 형식의 예배를 요구하지도 않는 그런 존재였다. 그러나 전통적 종교에 대한 그들의 견해란 경멸에 가까운 것이었고, 흔히 공공연하게 적대적이기까지 했다. 그들의 견해는 스스로 무신론자라 선언하고 나설 용의가 있는 사람들의 견해와 별로 다를 것이 없었다.

위대한 수학자 라플라스는 그의 천체역학 속의 어느 곳에 신의 자리가 있느냐는 질문을 받고 나폴레옹에게 이렇게 대답했다. "폐하, 저에게는 그러한 가설이 필요 없습니다." 공공연히 무신론을 주장하는 사람은 아직 드물었지만, 18세기 후반의 지적 풍조를 지배한 계몽된 학자, 문필가, 신사들 사이에서는 기독교 신앙이 훨씬 더 드물었다. 18세기 말 엘리트들 사이에 성행한 종교는 합리주의적, 계몽주의적, 반교권적인 프리메이슨주의 바로 그것이었다.

점잖고 교양 있는 여러 계층 남성들의 이와 같은 광범한 비기독교화는 멀리 17세기 말 또는 18세기 초까지 거슬러올라가며, 그것이 일반에게 미친 영향은 놀랍고 유익한 것이었다. 몇 세기 동안 서유럽과 중유럽을 괴롭혔던 마녀재판이 이단재판이나 이교도의 화형에 뒤이어 망각의 무덤 속에 묻혀버렸다는 단 한 가지 예만으로도 그것을 정당화하기에 충분하다 할 것이다. 그렇지만 18세기 초반만 하더라도

---

3) *Poesias Completas*(Austral Ed.), pp. 152~154에 있는 마차도(Antonio Machado)의 안달루시아 향신에 관한 묘사, "저런 신앙심 없는 자가 신성한 기독교단의 한 사람이 되었다" 등을 참조할 것.

그것은 하층 사람들, 아니 심지어 중류층에 대해서까지도 거의 영향을 주지 못했다. 농민층은 겉으로 보기엔 다소 기독교화되었으나 성모 마리아라든가 성자 그리고 성경 등의 말로써 이야기되지 않는 더 오랜 옛 신들과 정령들에 둘러싸여 있었다. 그 어떤 이데올로기적인 언어도 전혀 손이 미치지 못하는 곳에 머물러 있었던 것이다.

전에 이교(異敎)에 끌려들어간 일이 있는 숙련장인들 사이에서는 반종교적인 사상의 움직임이 있기도 했다. 노동계급의 지식분자 가운데 가장 완강했던 구두 수선공들 중에는 뵈메(Jacob Böhme) 같은 신비주의자가 있기도 했는데, 그들은 바야흐로 모든 신성(神性)에 대해 의문을 가지기 시작했던 것 같다. 어쨌든 빈에서는 이 구두 수선공들이 자코뱅들과 공감할 수 있는 유일한 집단이었는데, 그 까닭은 자코뱅들이 신을 믿지 않았기 때문이었다고 한다. 그러나 이런 것들은 그 당시로서는 너무도 잔잔한 물결일 뿐이었다. 도시의 잡다한 미숙련 빈민대중들(파리와 런던 같은 북유럽의 도시들은 아마도 예외겠지만) 사이에는 신앙과 미신이 뿌리 깊이 남아 있었다.

그러나 합리주의적이고 진보적 정신을 가진 반전통적인 계몽주의 이데올로기는 상승세에 있는 중간계급의 사물체계(scheme of things)에 훌륭하게 들어맞는 것이었는데도, 그 중간계급에서마저 종교에 대한 공공연한 적의는 아직 널리 일반화되어 있지 않았다. 종교에 대한 적의는 귀족들과 손을 잡고 있었고 또 반도덕성과도 손을 잡고 있었는데, 그 반도덕성 자체가 귀족사회에 속하는 것이었다.

그리고 가장 초기의 진정한 '자유사상가들', 즉 17세기 중반의 '리베르탱'(libertin)들은 이 리베르탱이라는 말이 일반인들에게 이해되고 있는 또 하나의 의미(방탕자—옮긴이) 그대로 생활하고 있었다. 몰리에르(Molière)의 『동 쥐앙』은 이른바 '리베르탱'들이 무신론과 성적 자유를 함께 누리고 있음을 묘사했을 뿐 아니라 점잖은 부르주아들이 이에 대해 가지는 공포를 그려내고 있다. 두려움을 모르는 대담성으로 후일 중류사회 이데올로기의 많은 것들을 앞질러 대변했던 지적으로 가장 유명했던 사상가들, 예컨대 베이컨(Bacon)이나 홉스(Hobbes)가 개인적으로는 낡고 부패한 사회의 일원이었다는 역설(특히 17세기에는 명백히 그러하다)에는 훌륭한 이유가 있었다.

상승일로에 있는 중류계급의 대군(大軍)들은 그들이 치러나갈 전투를 위해 일편단심의 강력한 도덕적 규율과 조직을 필요로 했다. 이론적으로 볼 때 불가지론 혹은 무신론은 그것과 완전하게 양립할 수 있었으며, 기독교는 명백히 불필요했다. 또 18세기의 철학자들은 '자연적' 도덕(그 실례를 그들은 고귀한 야만인 가운데에서 발견했다)과 자유사상가 각각의 높은 인간적 수준이 기독교보다도 낫다는 것을 지칠 줄 모르고 증명했다. 그러나 실제로 구식 종교가 가진 이미 실험이 끝난 여러 이점들, 그리고 도덕에 주어져 있는 초자연적인 강제력을 포기하는 데 따르는 무서운 위험은 헤아릴 수 없이 컸다. 사회적으로 유용한 미신 없이 살아가기에는 너무나 무지하고 어리석다고 일반적으로 인정됐던 노동빈민만 아니라 중류계급 자체에서도 사정은 마찬가지였다.

프랑스 혁명 후의 몇 세대 동안 기독교 도덕을 대신할 부르주아적 비기독교 도덕을 만들어내려는 갖가지 시도가 성행했다. 예컨대 루소주의자의 '최고 존재 예배'(1794년의 로베스피에르)라든가, 합리주의적인 비기독교적 기초 위에 세워졌으면서도 의식과 예배 등의 장치는 그대로 살린 갖가지 유사종교(생시몽주의나 콩트의 '인간성의 종교')가 곧 그것들이었다. 옛 종교적 의식들의 외형을 그대로 유지하려는 시도는 마침내 포기되었다.

그러나 하나의 공식적인 속인(俗人)들의 도덕('연대의무'와 같은 갖가지 도덕적 개념에 의거한 것)을 확립하려는 시도는 끊이지 않

고 계속되었으며, 특히 세속사회에서 교회의 성직자와 맞먹는 존재
인 학교 교사들 위에 그것을 세우려는 시도는 포기되지 않았다. 가
난하면서도 헌신적이며 혁명과 공화국이라는 고대 로마적 덕성을
각 마을에서 학생들에게 불어넣고 있었던 프랑스의 초등학교 교사
들은 각 마을에서 신부나 목사들의 공식적 적수 내지 경쟁자의 위치
에 있었으며, 이들 교사는 제3공화정이 들어선 후 마침내 승리를 거
두게 된다. 제3공화정은 어쨌든 그 70년 동안에 사회혁명의 기초 위
에서 부르주아적 안정의 확립이라는 정치적 과제들을 해결해냈던
것이다. 그러나 이러한 교사들의 존재는 1792년에 나온 콩도르세
(Condorcet)의 법률에 이미 함축적으로 규정되어 있었다. 즉 이 법률
은 "초등학급의 교육을 담당하는 사람을 교사(instituteur)라 부른다"
고 정하고 있었다. 이들 교사들은 '공화국 건설'(instituere civitatem)
과 '공화국 도덕의 건설'(instituere civitatum mores)을 논한 키케로
(Cicero)나 살루스티우스(Sallustius)의 말을 자기 말처럼 외우곤 했
다.[4]

그리하여 부르주아지는 그 이데올로기 면에서 점점 더 솔직 대담
해져가는 자유사상가적 소수파와, 프로테스탄트·유대교도·가톨릭
교도 등 종교를 믿는 대다수로 분열된 상태에 있었다. 그러나 이 두
갈래 가운데 자유사상 쪽이 훨씬 더 활동적이고 효과적이었다. 이것
은 새로운 역사적 사실이었다. 순전히 양적인 관점에서 보면 종교
는 여전히 대단히 강대했고, 나중에 논의되겠지만 점점 더 강대해져
갔다.

그러나 그것은 생물학적인 유추를 빌리면 벌써 우성적인 것이 아
니라 열성적인 것이 되어 있었으며, 이중혁명의 변혁을 겪은 세계에

---

4) G. Duveau, *Les Instituteurs*(1957), pp. 3~4.

서는 오늘에 이르기까지 계속 그러하다. 신생 아메리카 합중국의 시민들은 대부분 나름대로의 종교를 가진 신자였고, 대다수는 프로테스탄트임이 틀림없었다. 그러나 공화국 헌법은 그것을 바꾸려는 갖가지 노력에도 불구하고 여전히 불가지론적인 성격을 그대로 유지했다. 이 책이 다루는 시기의 영국 중류계급 사이에서 신앙 깊은 프로테스탄트가 소수의 불가지론적 급진주의자를 수적으로 훨씬 능가했고 점점 더 그러한 추세로 나아갔다는 것은 확실했다. 그러나 이 시대의 여러 현실적 제도를 만들어나가는 데 있어서는 벤담 같은 사람이 윌버포스(William Wilberforce, 1759~1833, 영국의 정치가·자선사업가·노예제 폐지론자)보다 훨씬 큰 공헌을 한 것은 사실이다.

현세적 이데올로기가 종교적 이데올로기에 대해 결정적인 승리를 거두었다는 것을 가장 명백하게 말해주는 증거는 또한 가장 중요한 결과가 되었다. 아메리카 혁명과 프랑스 혁명으로 인해 주요한 정치적·사회적 변화들이 비종교화되었다. 16세기·17세기의 네덜란드와 영국의 혁명에서 여러 쟁점들은 그때까지만 해도 정교든 분리파든 혹은 이단이든 기독교의 전통적 언어로 토론되고 논쟁되었다. 그런데 아메리카 혁명과 프랑스 혁명은 이데올로기 면에서 기독교와는 무관했다. 이것은 유럽 역사상 처음 있는 일이었다.

1789년의 언어·상징·복장들은 모두 순수히 비기독교적인 것이었다. 이미 고인이 된 상퀼로트의 영웅들을 옛 성자와 순교자에 견주어 성자나 순교자로 받들려고 했던 민중들의 케케묵은 몇몇 노력들이 있었지만 이것은 예외로 쳐야 할 것이다. 그 이데올로기는 사실 고대로마적인 이데올로기였다. 그와 동시에 혁명의 이 같은 비교회주의는 자유주의적인 중류계급이 행사한 괄목할 만한 정치적 주도권을 입증해준다. 그들은 그들보다 훨씬 수가 많은 광범한 대중들에게 그 특유의 이데올로기 형태를 받아들이게 했다. 만약 프랑스 혁명을 지적으로 이끌어나간 지도력이 실제로 혁명을 이룩해낸 대중으로부터 조금이나마 나왔더라면, 프랑스 혁명의 이데올로기는 실제 결과보다도 더 강한 전통주의적 특성을 나타냈을 것이며, 그 반대의 경우는 생각할 수도 없는 일일 것이다.[5]

부르주아의 승리는 이와 같이 프랑스 혁명에 대해 18세기 계몽주의의 불가지론적, 즉 비교회적 도덕의 이데올로기를 불어넣었다. 그리고 프랑스 혁명의 관용어법은 그 후에 뒤따른 모든 사회혁명적 운동들의 공통어가 되었다. 그럼으로써 이후의 사회혁명 운동에 이 비교회주의적 현세주의를 전했던 것이다. 대단치 않은 예외, 특히 생시몽주의자와 같은 지식인들, 그리고 양복공 바이틀링(Weitling, 1808~71)과 같은 고색창연한 기독교 공산주의적 교파 사이에 있었던 몇 가지 예외가 있기는 했지만 19세기의 새로운 노동계급과 사회주의 운동의 이데올로기는 출발부터가 현세주의적이었다.

토머스 페인의 사상은 독립생산적인 소(小)장인이나 궁민화(窮民化)한 숙련장인들의 급진적·민주주의적 열망을 대변한 것이었다. 페인이 유명해진 것은 그가 『인간의 제 권리』(1791)를 썼기 때문이기도 하지만, 성경이 신의 말씀이 아니라는 것을 민중이 알아들을 수 있는 말로 논증한 최초의 책(『이성의 시대』, 1794)을 썼기 때문이다. 1820년대의 직공들이 로버트 오언을 따랐던 것은 오언의 자본주의 분석 때문이 아니라 그의 무신앙 때문이었다. 오언주의가 무너진 후에도 그의 과학관(Hall of Science)은 여러 도시에서 합리주의의 선전을 널리 전파시켰던 것이다. 종교적 사회주의는 그때 이래 존재해왔고 지금도 존재하며, 매우 많은 사람들은 종교를 믿으면서 동시에 사

---

5) 사실 이 시대의 유행가들만이 「샤 이라」(Ça Ira)의 노래와 같이 가톨릭 용어의 가락을 나타내고 있다.

회주의자이기도 한 것이다. 그러나 근대의 노동운동과 사회주의 운동의 지배적 이데올로기는 그것들이 이데올로기다운 것을 주장하는 한 19세기의 합리주의에 뿌리박은 것들이다.

대중들이 여전히 압도적으로 종교적임을 생각해보건대, 그리고 전통적인 기독교 사회에서 성장한 대중들의 자연발생적인 혁명적 표현어법이 곧 반란의 그것(사회적 이단이나 천년왕국 신앙 따위)이었고, 성경 또한 매우 선동적인 문서임을 생각하면 이것은 놀라운 일이다. 그러나 새로운 노동운동과 사회주의 운동에 널리 팽배했던 현세주의는 새로운 프롤레타리아 사이에 퍼져 있던 종교적 무관심이라는 앞의 것과 똑같이 보다 새롭고도 근본적인 사실에 기인한 것이었다. 현대의 기준에서 볼 때 산업혁명의 시대에 성장한 노동계급과 도시대중은 오히려 종교의 영향을 강하게 받았을 게 틀림없다. 그러나 19세기 전반의 척도에서 볼 때 그들은 전례가 없을 만큼 조직된 종교로부터 멀리 떨어져 있었고, 또 종교에 대해서 아는 것이 없었으며 무관심했다. 모든 종류의 정치적 경향에 대한 관찰자들도 이 점에 대해서는 모두 이론이 없었다. 1851년에 실시된 영국의 종교 조사가 이 사실을 증명해 그 시대 사람들을 놀라게 했다.

이와 같이 종교와 거리가 멀어진 것은 전통적인 기성 교회가 인구의 거대한 집결현상 — 대도시와 새로운 공업주거지 — 그리고 사회계급 — 프롤레타리아 — 에 대처하는 데 전적으로 실패한 데 그 원인이 있었다. 이러한 것들은 기성 교회의 일상적 활동이나 경험으로서는 낯설고 이질적인 것들이었다. 교회는 1851년 현재 셰필드의 주민 중 불과 34퍼센트, 리버풀과 맨체스터의 주민 중 불과 31.2퍼센트, 버밍엄 주민 중 불과 29퍼센트밖에 받아들일 능력이 없었다. 농촌에서 교구목사 노릇을 할 때에 겪었던 일들은, 공업도시와 도시 빈민굴의 목사가 교구민들의 병든 영혼을 치료하는 데에는 아무런 길잡이가 될 수 없었다.

　그러므로 기성 교회들은 이들 새로운 공동사회나 계급들을 도외시
하게 되었고, 특히 가톨릭과 루터파의 여러 나라들에서는 그들을 거
의 전적으로 새로운 노동운동의 현세적 신념에 내맡겼다. 결국 노동
운동이 —19세기 말에 가서는— 그들을 사로잡게 되었다(그 정도의
수준이 되지 못했던 1848년 말까지는 노동운동이 무신앙으로부터 노동
계급을 다시 찾아가려는 유인도 그리 강하지 않았다). 그 점에서는 프
로테스탄트 교파들이 더 성공하고 있었다. 특히 영국과 같은 나라에
서 그러했는데, 그런 곳에서는 프로테스탄트의 분리파(分離派) 교회
운동이 종교적·정치적 현상으로서 튼튼히 뿌리를 내리고 있었기 때
문이다. 그럼에도 불구하고 그러한 교파의 사회환경마저도 농업노
동자, 광부, 어부 사이에서처럼 전통적 소도시나 촌락공동체에 가장
가까웠던 곳에서 성공적이었음을 입증할 수 있는 증거는 많다. 뿐만
아니라 농업노동자들 사이에서는 이런 교파들이 언제나 소수파에
지나지 않았다. 한 집단으로서의 노동계급에 대해서는 의심할 나위
없이 세계역사상 종전에 있었던 어떠한 가난한 무리들에 비해서도
조직화된 종교의 손길이 닿지 않았음이 틀림없다.

　그러므로 1789년에서 1848년에 이르는 기간의 일반적 추세는 두
드러진 비종교화 경향이었다. 과학이 진화론의 분야에까지 뛰어들
게 됨에 따라(제15장 참조) 성경과는 점점 더 공공연히 충돌하게 되
었다. 역사학의 연구성과들이 전에 없이 대량으로 성경에도 적용되
기에 이르렀고 —이것은 특히 1830년대부터 튀빙겐의 교수들이 그
렇게 했다— 그리하여 신이 직접 쓴 것은 아닐지라도 신에 의해 계
시된 유일한 교본인 성경도 분해당하기 시작했다. 이제 성경은 인
간이 만들어낸 문서에 있게 마련인 모든 결함을 지닌 하나의 역사
적 문서, 이 시대 저 시대로부터 끌어모아 집성(集成)한 역사적 문

서에 불과한 것으로 인식되었다. 라흐만(Lachmann)의『신약성서』(1842~52)는 복음서가 현장 목격자의 목격담이라는 점을 부정하고 예수 그리스도가 과연 하나의 새로운 종교를 세우려고 의도했을까를 의심했다. 슈트라우스(David Strauss)가 쓴『예수의 생애』(1835)는 예수의 전기 중에서 초자연적인 요소를 제거했다.

교육이 널리 보급된 1848년경 유럽 사회는 찰스 다윈의 충격을 받아들일 수 있을 만큼은 성숙해 있었다. 이러한 경향은 많은 정치체제들이 기성 교회와 성직자 또는 그 밖의 교회 관계자들의 재산과 법적 특권들에 대해 직접 공격을 가함으로써 더 강화되었고, 또 그때까지 거의 종교기관에 일임하다시피 했던 기능들, 특히 ― 로마 가톨릭교의 여러 나라에서 ― 교육과 사회복지를 정부 또는 그 밖의 비종교적 기관에서 접수하는 경향이 점점 더 커졌다. 1789년부터 1848년 사이에 나폴리에서 니카라과에 이르기까지 수도원들이 해체되고 그 재산은 매각되었다. 또 유럽 이외의 지역에서는 백인 지배자들이 그들의 피지배자, 즉 그들의 희생자들이 가진 종교에 직접 공격을 가했던 것은 두말할 나위 없다. 그러한 공격은 1830년대에 영국의 행정관들이 인도에서 과부를 불태워 죽이는 '사티'(Suttee)의 풍습과 '더그'(thugs) 교파라는 의식적(儀式的) 살인교단을 뿌리뽑았던 것과 같이 스스로 미신을 타파하는 계몽주의 투사임을 확신했기 때문이거나, 그들이 하는 일이 그 피해자들에게 어떤 영향을 미치는지를 거의 몰랐기 때문에 가해진 것이었다.

2

순전히 숫자상으로 말하면, 모든 종교는 그것이 실제로 줄어들고 있는 상태가 아닌 한 인구증가에 따라 팽창하는 것이 당연하다. 그런데 이 책이 다루고 있는 시대에서는 각별한 팽창능력을 나타낸 두 유형이 있었다. 이슬람교와 분리파적인 프로테스탄티즘이 곧 그것이다. 이러한 팽창능력은 그 밖의 기독교 종파들——가톨릭이나 프로테스탄트 모두——이 유럽 이외의 곳에서 유럽 세력의 침투라는 군사적·정치적·경제적 힘의 뒷받침을 더욱더 많이 받으면서 그 선교활동을 급격히 증가시켰음에도 불구하고 교세 확장에 뚜렷이 실패한 것과는 대조적인 만큼 한층 더 주목할 만한 일이다.

사실 프랑스 혁명과 나폴레옹 시대의 수십 년간 조직적인 프로테스탄트의 선교활동은 주로 앵글로색슨인들에 의해 시작되었다. 침례교회 선교협회(1792), 종파합동 런던선교협회(1795), 복음교회 선교협회(1799), 영국내외 성서협회(1804)에 이어 미국 해외선교위원회(1810), 미국 침례교회(1814), 웨슬리파(1813~18), 미국 성서협회(1816), 스코틀랜드 교회(1824), 연합장로교회(1835), 미국 감리교 감독파교회(1819) 등이 생겼다. 대륙의 프로테스탄트는 네덜란드 선교협회(1797)와 바젤 선교단(1815)에 의한 약간의 개척활동에도 불구하고 다소 뒤늦게 발전했다. 예컨대 1820년대의 베를린과 라인 지방의 선교단체들, 1842년의 노르웨이 선교단체 등이 그것이다.

선교활동이 정체되고 등한시되었던 가톨릭교는 그보다도 더 늦게 부활했다. 이교도를 향한 홍수와도 같은 성경과 무역의 유출은 유럽과 미국의 종교사 그리고 사회경제사 양쪽에서 설명되어야 할 것이다. 여기서는 하와이와 같은 태평양의 몇몇 섬들을 제외하면 1849년 무렵까지는 그 성과가 아직 보잘것없었다는 사실만을 주목하고 넘어가기로 한다.

시에라리온(1790년대 반노예운동이 주목을 끌었던 곳)의 해안 지방과, 해방된 미국 노예들의 나라로서 1820년대에 건설되었던 리베리아의 해안에도 그 발판이 몇 군데 구축되기는 했다. 남부 아프리카의 유럽 식민지 주변에서 외국인 선교사들(이 지역의 영국계 또는 네덜란드계 기생교회가 아니다)이 아프리카인들을 어느 정도 개종시키기 시작하고 있었다. 그러나 유명한 선교사이자 탐험가인 리빙스턴(David Livingstone)이 1840년에 아프리카를 향해 출항했을 때 이 대륙의 원주민들은 사실상 어떤 형태의 기독교에도 아직 접한 적이 없는 상태였다.

이에 비해 이슬람교는 조직적인 전도의 노력이나 강제적 개종 따위의 뒷받침을 받지 않고도 점진적이지만 돌이킬 수 없는 팽창을 조용히 계속하고 있었는데, 이 점이 이슬람교의 큰 특색이었다. 그것은 동쪽으로는 인도네시아와 중국 북서부, 서쪽으로는 수단과 세네갈, 그리고 그보다는 덜하지만 인도양의 해안과 내륙에 걸쳐 뻗어나갔다. 전통사회들이 종교와 같은 기본적인 성질의 것을 바꿀 때에는 그 사회가 어떤 새로운 큰 문제에 직면해 있음이 틀림없는 법이다. 이슬람교도의 상인들은 사실상 아프리카 내륙과 바깥 세계의 통상을 독점함으로써 세력을 크게 강화했던 것인데, 이들의 도움으로 이슬람교는 새로운 민족들에 착목(着目)하게 된 것이었다. 노예무역은 아프리카에서 원시적 공동체 생활을 파괴했으며, 그러한 점에서 한 사회구조를 재통합시키는 강력한 수단이 되는 이슬람교가 아프리카인들에겐 매력적일 수밖에 없었다.[6] 그와 동시에 마호메트의 종교는 수단의 반(半)봉건적·군사적 사회에 호소해 받아들여지는 요소가 컸고, 이슬람교가 가진 독립성과 전투성 그리고 우월성의 관념은 노예제에 대한 하나의 유용한 대항력이 되었다. 이슬람교도 흑인들은 노예로서는 적합하지 않았다. 예컨대 바이아(브라질)로 수입된 하우사족(그리고 그 밖의 수단인들)은 1807년부터 1835년의 대폭동에 이르

6) J.S. Trimingham, *Islam in West Africa* (Oxford, 1959), p. 30.

는 사이에 아홉 번이나 봉기를 일으켜, 그 결과 그들은 대부분 살육되거나 아프리카로 송환되었다. 이리하여 노예상인들은 이 지역에서 노예장사를 시작한 지 얼마 되지 않아 이곳 사람을 노예로 사들이는 일은 피하는 것이 좋다는 것을 깨달았다.[7)]

아프리카의 이슬람교는 백인에 대한 저항 요소가 분명히 매우 적었는데(아프리카에는 그 당시 아직 백인이 거의 없었다), 동남아시아에서는 그러한 요소가 전통적으로 대단히 컸다. 그곳에서는—이번에도 상인들의 선도에 의해—향신제도(香辛諸島, 말라카제도를 가리킴—옮긴이)의 지방적인 사교(邪教)와 쇠퇴해가는 힌두교와 대적하면서 주로 포르투갈인과 네덜란드인에 대한 효과적 저항의 수단으로서 이슬람교가 오래전부터 진출해 있었다. 즉 '일종의 전(前) 내셔널리즘'이었다. 또 그곳에서는 이슬람교가 힌두교도가 된 토후들에 대한 민중들의 대항력으로서 발전했던 것도 사실이다.[8)] 토후들이 그 세력권이 점점 더 좁아져가는 네덜란드의 종속물, 즉 앞잡이로 전락해감에 따라 이슬람교는 점점 더 깊숙이 민중 속으로 뿌리를 내렸다. 네덜란드인들은 인도네시아의 토후들이 종교적 교사들과 동맹을 맺어, 예컨대 족자카르타 토후의 자바 전쟁(1825~30) 경우와 같이 민중들의 일제 봉기를 터뜨리게 할 수도 있다는 것을 배우게 된다.

따라서 그들은 몇 번이고 지방의 지배자들과 밀접한 동맹을 맺는 정책, 즉 간접통치정책으로 되돌아가곤 했다. 그러는 동안 무역과 해운의 성장으로 인해 동남아시아의 이슬람교도와 메카의 연계는 더욱 밀접해졌고 순례자의 수가 증가했다. 이는 인도네시아의 이슬람

---

7) A. Ramos, *Las Culturas negras en el mundo nuevo*(Mexico, 1943), pp. 277ff.

8) W. F. Wertheim, *Indonesian Society in Transition*(1956), p. 204.

교를 더욱 정통적인 것으로 만드는 데 이바지했다. 한 걸음 더 나아가 아라비아의 와하브주의의 전투적이고도 신앙부흥주의적 영향을 받아들이게 되었다.

이슬람교 내부에서는 개혁운동과 부흥운동이 있었는데, 이것은 이 시기의 이슬람교에 많은 침투력을 부여했다. 이슬람교 내부의 개혁·부흥운동은 또한 유럽의 팽창이 가한 충격과 낡은 이슬람 사회, 특히 터키 제국과 페르시아 제국의 위기를 반영한 것이라고 볼 수 있다. 또한 아마도 중국대륙의 청(淸)제국에 일어났던 위기의 충격을 반영한 것이라고도 볼 수 있다.

청교도적인 와하브주의자들은 18세기 중반 아라비아에서 일어났다. 그들은 1814년에 이미 아라비아를 정복했고, 시리아를 정복할 채비를 갖추고 있었는데, 서구화의 길을 걷고 있던 이집트의 모하메드 알리와 유럽의 무력이 연합한 힘에 의해 겨우 저지되었다. 그러나 그들의 가르침은 동쪽으로 페르시아와 아프가니스탄, 인도까지 뻗어나갔다. 와하브주의에 고무받은 알제리의 성자 시디 모하메드 벤 알리 엘 세누시가 그와 유사한 운동을 일으켰는데, 이것은 1840년대와 그 후에 트리폴리로부터 사하라 사막까지 퍼져나갔다.

알제리에서는 압둘 카디르가, 코카서스에서는 샤밀이 각각 프랑스와 러시아인에 대한 종교적·정치적 저항운동을 발전시켰다(제7장 참조). 이들의 운동은 예언자 마호메트의 본래 순수성으로 복귀하는 것뿐만 아니라 서방세계의 새로운 문물제도까지도 흡수하려고 한 범이슬람주의의 선구가 되는 것이었다. 페르시아에서는 보다 더 명백히 민족주의적이고 혁명적인 이단신앙, 즉 모하메드 알리의 '바브'(Bab) 운동이 1840년대에 일어났다. 그것은 페르시아의 조로아스터교의 옛 관습으로 되돌아가려는 운동으로 여성들의 베일을 없앨 것을 요구했다.

이슬람교의 내부적 발효와 외부적 팽창을 볼 때, 순수히 종교사적으로 말한다면 우리는 1789년부터 1848년에 이르는 시기를 세계적인 이슬람교 부활의 시대라고 부르는 것이 아마도 가장 좋을 듯하다. 기독교 이외의 어느 종교에서도 이와 비등한 대중운동은 발전하지 않았다. 다만 이 시기의 말기에 중국에서 그러한 대중운동의 특징을 많이 갖춘 태평천국(太平天國)의 대란(大亂)이 막 일어나려고 했던 때가 있을 뿐이다. 영국령 인도에서도 개화된 분자들에 의한 소규모의 종교개혁 운동이 일어났는데, 특히 람 모한 로이(1772~1833)가 이끈 '브라모 사마지'(Brahmo Samaj) 운동이 그러했다.

미국에서는 정복당한 인디언의 여러 부족들이 백인에게 저항하는 예언적인 종교사회 운동을 펴기 시작했다. 예를 들면 이 세기의 초에 티컴서(Tecumseh)의 영도 아래 평지(平地) 인디언 부족들의 사상 최대 연합체가 일으킨 전쟁을 고무했던 종교, 백인 지배 아래의 미국 사회에 의해서 파괴되어가는 이로쿼이족의 생활양식을 수호하려는 핸섬 레이크(Handsome Lake)의 종교(1799) 등이 그것들이다. 보기 드물게 개화된 대통령이었던 토머스 제퍼슨은 약간 기독교적인 특히 퀘이커적 요소를 채택한 이 예언자에게 공식적으로 축복을 보냈는데, 이것은 제퍼슨의 명예를 높이는 일이었다. 그러나 선진자본주의 문명과 정령숭배적 종교를 가진 인디언이 직접 접촉하는 일은 아직은 드물어서 20세기에 가서 그토록 전형적인 것이 될 그 많은 예언적·지복천년적(至福千年的)인 운동들을 낳는 데 이르지는 않았다.

프로테스탄트 분파들의 교세확장 운동은 그것이 전적으로 선진자본주의 문명을 가진 나라들에 국한되었다는 점에서 이슬람교의 경우와는 다르다. 그 운동이 어느 정도였는지는 그것들이 (예컨대 독일의 경건파 또는 영국의 복음파의 경우처럼) 각기 자기 나라 기성 국교(國敎)의 테두리 안에 머물렀던 것이기 때문에 측정할 수 없다. 그러나 그 규모가 의심스러운 것은 아니다. 1790년에는 잉글랜드와 웨일스의 프로테스탄트 신자 중 거의 절반이 기성 영국 국교가 아닌 다른 예배에 참석했다. 프로테스탄트 분파들의 이 이례적인 놀라운 승리는 주로 1790년 이래의, 좀더 정확히 말하면 나폴레옹 전쟁 말기 이래의 종교적 발전이 낳은 결과였다. 그리하여 1790년 영국 연합왕국에서 웨슬리파 감리교회는 단지 5만 9,000명의 신자를 가졌는데, 1850년에는 그것과 거기서부터 생겨난 갖가지 분파가 그 열 배의 신자를 가지게 되었다.[9]

미국에서도 이와 매우 흡사한 대량의 개종현상에 따라 침례교도와 감리교도, 그리고 이들 둘보다 정도는 덜했지만 장로파의 수가 증가했다. 이는 그만큼 종전에 우세했던 교회들의 희생이 따랐음을 의미한다. 1850년에는 미국 전 교회의 약 4분의 3이 이들 세 교파에 속해 있었다.[10] 기성 교회들의 분열과 여러 교파의 분리 그리고 발달은 스코틀랜드(1843년의 '대분열')와 네덜란드, 노르웨이, 그 밖의 나라들에서 이 시기의 종교사를 물들이고 있는 특징이기도 하다.

프로테스탄트의 분파 발달이 지리적·사회적으로 제한되어 있었던 이유는 명백하다. 로마 가톨릭교도의 나라들에서는 공공연한 분파가 존재할 수 있는 여지와 전통이 있었다. 그들 나라에서는 기성 종교 또는 지배적인 종교로부터 이탈하더라도 프로테스탄트의 경우처럼 분파의 형태를 취하기보다는 대량의 비기독교화(특히 남자들 사이에서) 형태를 취하기 쉬웠다[11] (역으로 말하면 앵글로색슨계 나라들에서 프로테스탄트의 반교권주의는, 바로 대륙의 나라들에서 무

---

9) *Census of Great Britain 1851: Religious Worship in England and Wales*(London, 1854).
10) L. Mulhall, *Dictionary of Statistics*: 'Religion.'
11) 분파라든가 프로테스탄트로의 도주와 같은 것은 ─아직 그다지 잦은 일은 아니었지만─ 수적으로 매우 적었으며 이제까지도 그러하다.

신론적 반교권주의와 정확한 등가물이었다). 가톨릭 지역에서의 종교부흥이란 로마 가톨릭교회 공인의 테두리 안에서 감정에 호소하는 새로운 예배양식, 즉 어떤 기적을 행하는 성자 또는 순례의 형태를 취하기 일쑤였다. 이 책이 다루고 있는 시대에서는 그와 같은 성자 한두 사람이 비교적 널리 주목받았는데, 프랑스의 다르 신부(d'Ars, 1786~1859)는 그 한 예가 된다. 동유럽의 그리스 정교는 보다 기꺼이 그와 같은 분파활동에 힘을 빌려주었다. 또 러시아에서는 후진적인 사회의 해체가 점점 더 진행되면서 17세기 후반 이래 많은 분파가 생겨났다. 몇몇 분파들, 특히 자기거세적인 스코페치(거세파), 우크라이나의 도코보르파(성령과의 투쟁파—옮긴이), 몰로칸교도 등은 18세기 후반 및 나폴레옹 시대의 산물이고, '고대교회신앙'(Old Believer)은 17세기에 생겨난 것이었다. 그런데 일반적으로 이들 기독교 분파가 가장 큰 영향을 미친 계급들—소(小)숙련장인들, 그리고 그 밖의 부르주아지의 선구적 분자들, 또는 의식적인 농민혁명가들—은 아직 수적으로 거대한 하나의 교파운동을 이룰 만큼은 되지 못했다.

프로테스탄트의 나라들에서는 사정이 달랐다. 이러한 나라들에서는 상업적·개인주의적인 사회의 영향이 가장 강했고(어쨌든 영국과 미국에서는 그러했다), 그와 동시에 한편으로는 분파운동의 전통이 이미 튼튼히 뿌리를 내리고 있었다. 배타성, 그리고 인간과 신 사이의 개인별 교류를 고집하는 것 등은 그 도덕적 엄격성과 함께 바야흐로 상승세에 있던 기업가와 소사업가들에게 매력적인 것이었고, 또한 그들을 교육시키는 학교 역할을 했다. 가혹한 환경 속에서 삶을 영위하고 있는 사람들, 예컨대 변경 개척민과 뱃사람들, 소규모 개인농과 광부들, 그리고 착취당하는 숙련장인들에게는 지옥과 저주의 신학, 엄격한 개인적 구제의 신학, 깡마르고 무자비한 신학이 매력적

478

이었다. 그 교파는 사회적 또는 종교적 계층제가 없는 민주적이고 평등주의적인 신자들의 모임으로 쉽사리 전환할 수 있었고, 그럼으로써 일반 백성들의 마음을 사로잡았다.

까다로운 종교의식이나 학식을 내세우는 어려운 교리에 적의를 나타낸 바로 그 점이 평신도들의 예언이나 설교를 장려하게 되었다. 지복천년 신앙의 뿌리 깊은 전통은 스스로 사회적 반란의 한 소박한 표현으로 변해갔다. 마지막으로 그것은 압도적인 정서적 감동에 의한 개개인의 내면적 '귀의'(歸依)와 결부되어 있었기 때문에 열광적인 강도의 대중적 종교 '부흥운동'의 돌파구가 되었다. 선남선녀들은 대중적 감정의 배출구가 없었고, 과거에 있었던 배출구마저도 파괴해버린 사회의 중압으로부터 벗어날 반가운 해방을 거기서 발견할 수 있었던 것이다.

'부흥운동'은 다른 무엇보다도 각 교파의 교세를 확장시켰다. 어쨌든 영국에서 프로테스탄트 비국교파의 부흥과 확장에 자극을 준 것은 웨슬리(John Wesley, 1703~91)와 감리교도들의 지극히 감정적이고 비합리주의적인 개인구제주의였다. 이러한 이유 때문에 새로운 교파들과 그 경향은 당초부터 비정치적이었으며, 웨슬리파와 같이 심지어 매우 보수적이기까지 했다. 왜냐하면 그들은 사악한 외부세계에 등을 돌리고 개인적 구제, 즉 자기충족적 집단생활 속으로 도피해 들어갔는데, 이것은 그들이 처한 현세적 환경을 공동으로 변경할 가능성을 거부함을 의미하는 수가 많았기 때문이다. 그들의 '정치적' 에너지는 해외 전도와 노예제 반대 그리고 금주운동 등을 강화하는 것과 같은 도덕적·종교적 운동 쪽으로 기울어갔다.

미국혁명과 프랑스 혁명의 시대에 정치적으로 활동적이었던 급진적 신도들은 오히려 더 오래되고 무미건조하고 냉정한 비국교도 또는 퓨리턴의 교파들에 속해 있었다. 그런 집단들은 17세기부터 살아

남아서 침체해 있거나, 18세기 합리주의의 영향을 받아 주지주의적 이신론(理神論)의 방향으로 발전해가고 있었다. 예컨대 장로파라든가 조합교회파라든가 유니테어리언, 퀘이커 등등이 곧 그것들이었다. 새로운 감리교형의 교파들은 반혁명적이었으며, 우리가 다루고 있는 시기에서 영국이 혁명에 대해 반역성을 나타낸 것은 그들 감리교파의 영향력이 증대한 탓으로 돌려지기까지 ─잘못된 견해이지만─ 하고 있다.

그런데 이들 새로운 교파의 사회적 성격은 현세로부터 도피하려는 그 교파의 신학적 경향을 가로막았다. 이들 교파는 부유하고 유력한 사람들 편과 전통적 사회의 대중들 편의 중간에 위치한 사람들 사이에서 가장 수월하게 전파되어갔다. 다시 말하면 바야흐로 막 중류계급으로 올라서려는 사람들이나 새로운 프롤레타리아로 몰락해가는 사람들, 그리고 이들 사이에서 어느 쪽이라고 구분하기 어려운 독립소생산자의 대중들 사이에서 확연하게 퍼져나갔던 것이다. 그리고 이들 계층 사람들의 기본적인 정치적 위치로 인해 그 교파들은 자코뱅적 또는 제퍼슨적인 급진주의, 또는 적어도 온건한 중류계급적 자유주의 쪽으로 기울었다. 그러므로 영국 '비국교주의'라든가 미국에서 지배적이던 프로테스탄트계 교회들은 정치세력으로서는 좌익편에 자리잡는 경향을 보였다. 하지만 그 가운데서도 영국의 감리교만은 그 시조의 토리주의적 경향이 지속되었으니, 그 극복은 1848년에야 끝이 나는 그 오랜 분열과 내부적 위기의 과정을 겪으며 이루어졌다.

기존 세계의 거부라는 당초의 관념은 오직 매우 가난한 사람들, 혹은 뿌리째 뒤흔들린 사람들 사이에서만 존속했다. 하지만 이 세상의 종말에 관한 천년지복적인 예언 형태로 나타나는 원시적인 혁명적 거부도 종종 나타났으니, 나폴레옹 전쟁 후에 그들이 겪어야 했던 고달픈 시련들이 묵시록의 말에 따라 그것을 예시하는 듯이 보였다. 영국의 어빙파는 세계의 종말이 1835년과 1840년 사이에 일어날 것이라고 발표했는가 하면, 미국의 안식일 예수재림교의 시조 밀러(William Miller)는 그것이 1843년부터 1844년 사이에 있을 것이라고 예언했는데, 이 무렵 밀러에게는 5만 명의 추종자가 있었고 3,000명의 전도사들이 그를 지지했다고 전해진다.

안정된 개인적 소농과 소상업이 다이내믹한 자본주의 경제의 발전으로 말미암아 직접적으로 큰 충격을 받고 있던 지역, 예컨대 뉴욕주의 북부 지방에서는 이 천년지복설이 더욱 들끓었다. 가장 극적인 산물은 예언자 스미스(Joseph Smith)가 세운 종말성인파(終末聖人派, Latter-Day Saints), 즉 모르몬교였다. 예언자 스미스는 1820년대 뉴욕의 팔미라에서 하늘의 계시를 받아 그를 따르는 사람들을 이끌고 머나먼 시온산으로 출애급행(出埃及行)을 했는데, 이 출애급행은 마침내 사람들을 유타 사막으로 데리고 가게 했다.

이들은 또 부흥운동 대집회의 집단적 열광으로 가장 크게 사람들의 마음을 사로잡았던 집단들이었다. 그것은 그들의 인생살이의 가혹함과 따분함을 풀어주었기 때문("달리 아무런 오락도 제공되지 않을 때에는 때론 종교 부흥운동이 오락을 대신하게 되겠지요"라고 한 부인은 에식스의 공장들에서 일하는 소녀들을 두고 그와 같이 평했다)[12] 이거나, 그와 같은 집단적인 종교적 결합이 절망적인 처지에 있는 여러 개인들의 일시적 공동체를 만들어주거나 하는, 어쨌든 두 가지 이유 때문에 그러했던 것이다.

종교 부흥운동은 그 근대적 형태에서는 미국의 변경 개척의 산물

---

12) Mary Merryweather, *Experience of Factory Life*(Third ed., London, 1862), p. 18. 1840년대까지만 언급되어 있다.

이었다. 이른바 '종교 대각성운동'은 1800년 무렵 애팔래치아 산맥에서 거대한 규모의 '캠핑 집회' — 켄터키의 케인리지 집회(1801)에서는 1만 명에서 2만 명의 사람들이 40명의 전도사 아래 한데 뭉쳤다 — 의 상상도 못할 만큼 떠들썩한 주신제(酒神祭)적 북새통을 며칠이고 소란스럽게 벌이는 광란과 함께 시작되었던 것이다. 그 광적인 북새통이란 예컨대 남녀가 "종교적으로 감동해 딱 들어붙는다"든가, 기진맥진해질 때까지 춤을 춘다든가, 몇천 번이고 최면상태에 빠진다든가, "혓바닥과 혓바닥으로 말을 통한다"든가, 개처럼 짖어댄다든가 하는 따위였다.

벽지의 외로움, 가혹한 자연환경과 사회환경, 혹은 이 모두를 합한 것이 종교 부흥운동에 더욱 박차를 가했으며, 순회전도사들이 이것을 유럽으로 전파시켰다. 그리하여 1808년 이후 웨슬리파, 이른바 원시 감리교파로부터의 프롤레타리아 민주주의적 분리를 낳게 된다. 이 웨슬리파는 특히 영국 북부 지방의 광부들과 고지대의 소농들, 그리고 북해의 어부들과 미들랜드 지방의 저임금 고역산업(苦役産業)의 억압된 가내노동자들 사이에 널리 전파되었다. 이러한 종교적 광란의 발작은 이 책이 다루는 시대의 전 시기를 통해 주기적으로 — 사우스 웨일스에서는 1807~1809년, 1828~30년, 1839~42년, 1849년, 그리고 1859년[13]에 — 일어나서 이들 교파의 교세가 수적으로 크게 강화된 까닭을 설명해주는 원인이 되기도 했다. 그러나 이러한 현상은 어느 한 원인에 의해 촉진된 것으로 규정할 수는 없다. 그 가운데 어떤 것들은 격심한 긴장과 불안의 시기와 때를 같이했다(이 책이 다루는 시기 중 웨슬리파가 초급속으로 팽창했던 시기들은 한 경우만 제외하고 모두 그러했다). 그러나 때로는 불황 뒤에 급속히 뒤따

---

13) T. Rees, *History of Protestant Nonconformity in Wales*(1861).

른 경기회복기와 시기가 일치되기도 했고, 또 이따금은 콜레라의 유행과 같은 사회적 참화에 의해 촉진되기도 했다. 이 콜레라의 유행은 다른 기독교 나라들에서도 이와 유사한 종교현상을 낳기도 했다.

3

그러므로 순수히 종교적인 관점에서 말하면, 우리가 다루고 있는 시대는 다음과 같은 시대라고 보아야 할 것이다. 유럽에서 비종교화와 함께 종교적 무관심이 날로 증대하면서 이것이 가장 비타협적이고 비합리주의적이며 감정적으로 강압하는 형태의 종교 부흥운동과 싸운 시대라고 보아야 한다는 것이다. 토머스 페인이 한쪽 극에 서 있다고 한다면, 그 반대편의 극에 그리스도 재림파의 윌리엄 밀러가 서 있는 것이다. 1830년대 독일 철학자 포이어바흐(Feuerbach)의 솔직한 무신론적인 기계적 유물론이 '옥스퍼드 운동'이라는 반지성주의적인 청년들과 맞서고 있었는데, 이 청년들은 중세 초기의 성자전(聖者傳)이 전하는 한마디 한마디가 문자 그대로 정확한 것이라고 옹호하는 부류의 사람들이었다.

그런데 이 전투적이고도 곧이곧대로의 케케묵은 종교로 복귀함은 세 가지 측면을 가지고 있었다. 그것은 점점 더 찬바람이 휘몰아치고 비인간적이 되어가는 사회, 즉 중류계급적 자유주의가 지배하는 억압적인 사회에 대중들이 대처하는 하나의 방법이 되었다. 마르크스의 말을 빌리면(하지만 그런 말을 한 것은 마르크스만이 아니었다), 그것은 "정신이 결여된 상태의 정신이기도 하거니와 또 심장 없는 세계, 즉 비정한 세계의 심장이며⋯⋯ 민중의 아편이었다."[14] 그뿐이

---

14) Marx-Engels, *Werke*, I(Berlin, 1956), p.378.

아니었다. 종교는 아무것도 없는 환경 속에서 모든 사회제도와 때로는 교육제도, 정치제도들을 만들어내려고 애썼으며, 또 정치적으로 개발되지 못한 사람들 사이에서는 불만과 갈망을 표현하는 원시적인 표현수단이 되기도 했다. 그 축어직해적(逐語直解的)인 교조주의나 주정주의(主情主義), 그리고 미신은 합리주의적 타산이 지배하는 전 사회에 대한 저항인 동시에 또 그들 자신의 모습에 따라 종교를 변형시킨 상류계급에 대한 항의이기도 했던 것이다.

그러한 대중 속에서 몸을 일으킨 중류계급들에게 종교는 그들을 받쳐주는 강력한 도덕적 기둥이 되어줄 수 있었고, 또한 전통사회의 굳게 뭉친 경멸과 증오에 맞서는 그들의 사회적 존재를 정당화하는 근거가 되어주었으며, 그들을 뻗어나가고 커나가게 하는 도구가 되어주기도 했다. 그들이 비국교적 교파의 신도일 경우 종교는 그들을 사회적 속박으로부터 해방시켜주었고, 그들이 얻는 이득에 대해 단순한 합리주의적 이기심보다도 훨씬 큰 도덕적 정당성의 권리를 그들에게 부여해주었다. 그것은 또 피압박자에 대한 그들의 가혹성을 정당화해주는 것이기도 했다. 종교는 상업과 합세해 이교도들에게는 문명을 가져다주고, 그들에게는 장사가 잘되도록 매상고를 올려주었다.

종교는 군주정치와 귀족정치, 그리고 실로 사회적 피라미드의 맨 꼭대기 지위에 기대어 편안히 사는 사람들에게는 사회적인 안정을 마련해주었다. 그들은 프랑스 혁명을 통해 교회란 왕권을 떠받치는 가장 강력한 기둥이 된다는 사실을 배웠다. 남부 이탈리아인들과 에스파냐인, 티롤인, 그리고 러시아인들과 같이 신앙심은 깊지만 무지몽매한 백성은 외국인들과 신을 믿지 않는 사람 그리고 혁명분자들과 싸워 그들의 교회와 그들의 지배자를 지키기 위해 성직자들의 축복을 받으면서 또 어떤 경우에는 그들의 지휘 아래 기꺼이 무기를 들지 않았던가. 신앙심 깊고 무식한 그들은 신의 섭리가 그들에게 정해준 지배자 밑에서, 또한 신의 섭리가 가져다준 빈곤 속에서 소박하고 도덕적이고 질서 있는 삶을 마음 편히 살아가고 있었다. 이성의 파괴적 영향을 전혀 받지 않으면서 말이다. 1815년 이후의 보수적인 정부들—그런데 유럽 대륙의 정부치고 그렇지 않았던 정부가 어디 있었단 말인가—에 있어 종교적 강점과 교회활동을 장려한다는 것은 경찰기구나 검열제도와 마찬가지로 없어서는 안 될 정책의 일부였다. 이제 성직자와 경찰관과 검열관은 혁명에 대항하는 반동을 지탱하는 세 가지 큰 지주가 되어 있었던 것이다.

대부분의 기존 정부들에게 자코뱅주의는 왕권을 위협하고 교회는 왕권을 수호한다는 것만으로 충분했다. 그러나 낭만주의적인 지식인과 사상가의 집안에서 왕권과 제단의 동맹은 좀더 깊은 뜻을 가지고 있었다. 즉 이성과 자유주의의 침식작용으로부터 옛 사회, 유기적이고 살아 있는 사회를 수호하는 것이 바로 그것이었다. 개개인들은 그것을 합리주의자들이 주는 그 어떤 것보다도 적절히 그들의 비극적인 처지를 표현하는 것으로 보았다. 프랑스와 영국에서는 왕권과 교회 제단의 동맹관계에 대한 그와 같은 정당화가 그다지 커다란 정치적 중요성을 갖지 못했다. 또 비극적 종교와 개인 내면의 종교에 대한 낭만적인 탐구 또한 그러했다(인간 내면의 심오한 것들을 탐구한 사람 중 가장 중요한 인물인 덴마크의 키에르케고르는 소국 출신으로 당대에는 거의 주목을 받지 못했다. 그의 명성은 전적으로 사후의 것이다).

그런데 군국주의적 반동의 거점이었던 독일의 여러 나라와 러시아에서는 낭만주의적 반동의 지식인은 관료로서, 또 선언이나 강령의 기초자로서 역할을 했다. 특히 러시아의 알렉산드르 1세나 프로이센의 프리드리히 빌헬름 4세와 같이 군주 자신이 정신적 불균형에 빠진 곳에서는 군주의 개인적 조언자로서 정치적으로 약간의 역할을 하고 있었다. 그러나 전체적으로 볼 때 겐츠(Friedrich Gentz)나 뮐러(Adam Müller) 같은 이는 대단한 존재가 아니었으며, 그들의 종교적 중세주의(메테르니히 역시 그것을 신용하지 않았다)라는 것도 그들의 국왕들이 의존해 마지않는 경찰관이나 검열관에 포고하기 위한 하찮은 전통주의적 겉치레에 지나지 않았다. 러시아, 오스트리아, 프로이센의 신성동맹의 힘은 1815년 이후 유럽의 질서를 유지하지만, 그 신성동맹이 의존한 것은 이름뿐인 십자군적 신비주의가 아니라 그 어떤 파괴운동이든 러시아나 프로이센 또는 오스트리아 군대의 힘으로 모조리 진압하고 만다는 단순명쾌한 결심 그것이었다.

그뿐 아니라 진정코 보수적인 정부들은 모든 지식인과 사상가들을, 비록 그들이 반동적이더라도 불신하는 경향으로 기울었다. 왜냐하면 불복종적인 사고의 원칙을 일단 받아들이고 나면 끝은 뻔한 것이기 때문이었다. 그것은 겐츠(메테르니히의 비서)가 1819년 뮐러에게 써 보낸 다음과 같은 글에서 알 수 있다.

나는 다음과 같은 명제를 계속 옹호하는 바입니다. 즉 "출판이 악용되지 않기 위해서는 다음…… 수년간은 그 어떤 것도 인쇄하지 말아야 한다. 이상"이라는 것입니다. 만약 이 원리를 하나의 강제적 규칙으로 적용하게 된다면 매우 드문 예외만을 매우 명확한 상급재판소가 인정할 것이므로 단시일 안에 신과 진리의 편으로 되돌아갈 길을 우리는 찾게 될 것입니다.[15]

---

15) *Briefwechsel zwischen Fr. Gentz und Adam Müller*, Gentz to Müller, 7 October, 1819.

그럼에도 불구하고 반자유주의적 공론가(空論家)들이 비록 정치적으로는 그 중요성이 매우 미미했다 하더라도 자유주의의 공포로부터 진정 신을 믿는 유기적인 과거로 도피해 들어갔다는 것은 종교적으로 상당히 이익이 되는 일이었다. 왜냐하면 그 결과 감수성이 강한 상류계급 청년들 사이에서 로마 가톨릭교의 부활이 두드러지게 나타났기 때문이다. 프로테스탄티즘이란 그 자체가 개인주의와 합리주의와 자유주의의 직접적인 선구가 아니었던가! 진정으로 종교적인 사회만이 19세기의 질병을 고쳐줄 것이라면 진정한 종교적 사회란 곧 가톨릭적 중세의 기독교적 사회가 아니고 무엇이겠는가![16] 겐츠는 가톨리시즘의 매력을 이 주제에 걸맞지 않은 명쾌한 필치로 다음과 같이 쓰고 있다.

　프로테스탄티즘은 오늘날 우리가 괴로워하고 있는 그 모든 엄청난 여러 해악의 첫 번째 진정한 원천이자 유일한 원천이다. 만약 그것이 이론에만 국한된다면 우리는 그것을 허용할 수 있을 것이고, 또 허용해야만 할지도 모르겠다. 왜냐하면 이론을 제기하고 갑론을박하는 경향이란 본래 인간의 본성에서 나오는 것이기 때문이다. 그런데 일단 정부들이 프로테스탄티즘을 종교의 한 공인된 형태로서, 기독교의 한 표현 형태로서, 인간의 한 권리로서 받아들이기로 동의하고 나면, 일단 정부들이 국가의 옆에, 아니 그 폐허 위에나마 프로테스탄티즘이 차지할 자리를 허용하고 나면, 유일의 진정한 교회 혹은 종교적·도덕적·정치적 세계질서는 당장에 무너지

---

16) 러시아에서는 그리스 정교의 진정 기독교적인 사회가 아직도 번성했으나, 그곳에서는 현재의 정통신앙 속에 있는 신비주의의 무한한 깊이 속으로 후퇴하는 경향 쪽이 과거의 더럽혀지지 않은 신앙으로 복귀하는 경향보다 더 강했다.

고 만다. ……프랑스 혁명의 그 모든 것과 독일에서 바야흐로 일어나려 하고 있는 보다 더 나쁜 혁명 따위는 모두 이 동일한 원천에서 솟아난 것들이다.[17]

그리하여 일단의 기고만장한 청년들이 지성의 공포에서 벗어나 두 팔을 벌리고 환영하는 로마의 품안으로 뛰어들었다. 독신생활과 금욕의 고행 그리고 신부들의 저작 혹은 단순히 따뜻하고 심미적으로 마음 흐뭇한 교회의식을 맹목적 정열로 받들게 되었던 것이다. 이들은 거의 프로테스탄트 국가 출신이었는데, 이것은 의외의 사실이 아니다. 즉 독일의 낭만주의자들은 대체로 프로이센인들이었다. 1830년대의 '옥스퍼드 운동'도 이와 같은 종류의 현상이며, 이것은 앵글로색슨계 독자에겐 잘 알려진 일이다. 그러나 여러 대학의 가장 반계몽주의적이고 반혁명적인 사람들의 정신을 그와 같이 표현한 젊은 열광자들 중에서 실제로 로마 가톨릭교회에 입교한 사람이 유능한 뉴먼(J. H. Newman, 1801~90)을 비롯해 극히 소수에 지나지 않았던 사실을 감안하면 그 '옥스퍼드 운동'마저도 영국적인 특징을 지닌 것이었다.

나머지 사람들은 영국 국교회의 테두리 안에서 '의식주의자'(儀式主義者)로서 타협의 안식처를 찾아냈다. 그들은 영국 국교회가 진정한 가톨릭교회라야 한다고 주장하고, 제복(祭服)과 향료 그리고 그 밖의 혐오스러운 교황주의로 겉치레를 하려고 시도해 '저(低)교회주의'와 '광(廣)교회주의'의 교회인들을 진저리나게 만들었다. 새로이 가톨릭에 입교한 이들 개종자들은, 자신들의 종교를 가문의 휘장처럼 생각하던 전통적 가톨릭 신자였던 귀족 명문들에게는 하나의 수

---

17) Gentz to Müller, 19 April, 1819.

수께끼로 여겨졌으며, 이것은 또 날이 갈수록 영국의 가톨리시즘의 대부분을 형성해간 아일랜드의 이민 노동대중들에게도 하나의 수수께끼였다. 그렇다고 해서 그들 개종자들의 고매한 정열을 조심성 많고 현실주의적인 바티칸의 교회관료들이 전적으로 달갑게 생각한 것도 아니었다. 다만 그들이 훌륭한 가문 출신이고 또 상류계층의 개종은 의당 하층계급들의 개종의 전조가 될 수 있었기 때문에 그들은 교회의 정복력의 고무적인 징조로서 환영받았을 따름이다.

그런데도 조직된 종교 안에서까지도 —— 적어도 로마 가톨릭교회와 프로테스탄트 그리고 유대교 계통 안에서는 —— 자유주의의 공병(工兵)들과 지뢰병들이 활동하고 있었다. 로마 가톨릭교회 안에서 벌인 그들의 주요 활동 영역은 프랑스였으며, 가장 중요한 인물은 람네(Hugues-Felicité-Robert de Lamennais, 1782~1854)였다. 그는 낭만적 보수주의에서 인민의 혁명적 이상화로 차츰 옮겨갔는데, 이러한 혁명적 이상화는 그로 하여금 사회주의로 접근해가게끔 했다. 람네의『한 신자의 말씀』(1834) 때문에 여러 나라의 정부는 일대 소동을 벌였다. 가톨리시즘 같은 믿음직한 현상유지의 무기가 자신들의 배후를 찌르리라고는 이들 정부로서도 미처 생각지 못했던 일이었다. 그리하여 람네는 로마 교황청 당국에 의해 규탄을 받게 된다. 그럼에도 불구하고 자유주의적 가톨리시즘은 언제나 로마의 경향과는 다소 색조를 달리하는 경향을 잘 받아들이는 프랑스라는 나라에서 살아 남을 수 있었다.

이탈리아에서도 또한 1830년대와 1840년대의 줄기찬 혁명적 물결이 몇몇 가톨릭 사상가들을 소용돌이 속으로 끌어들였다. 로스미니(Rosmini), 로마 교황 아래 통일된 자유 이탈리아라는 사상을 주장한 투사 조베르티(Gioberti, 1801~52) 같은 사람이 바로 그러한 예다. 하지만 가톨릭교회는 어디까지나 날로 그 강도를 더해가는 전투적 반

자유주의가 그 주류를 이루었다.

어쨌든 프로테스탄트의 소수파들과 여러 교파들이 정치적으로는 자유주의 쪽으로 훨씬 더 밀착되어 있던 것은 당연한 일이었다. 예를 들어 프랑스에서는 위그노 교도란 최소한 온건한 자유주의라는 것을 의미했다——루이 필리프의 수상이었던 기조(Guizot)도 그러했다. 영국 국교회나 루터파 교회 같은 프로테스탄트의 국교회도 정치적으로는 보수적이었지만 그들의 신학은 성서학에 대한 새로운 사상의 영향이나 그것에 대한 합리주의적 탐구에 대해 저항하는 바가 적었다.

유대인들이 자유주의 사상의 드센 물결을 고스란히 뒤집어썼던 것은 말할 것도 없다. 결국 그들은 완전히 자유주의 사상의 물결에 의해 정치적·사회적 해방을 얻게 된다. 문화적 동화(同化)가 해방된 모든 유대인의 목표였다. 진보파 중에서도 극단적인 사람들은 마르크스의 부친이나 하이네와 같이 자기네들의 오랜 종교를 버리고 기독교 신앙 또는 불가지론으로 돌아섰다(그러나 하이네는 유대인이 유대교회에 나가는 것을 그만두어도 적어도 바깥세계의 사람들에게는 유대인임에 변함이 없다는 것을 알게 되었다). 이들보다 덜 극단적이던 사람들이 자유주의를 묽게 희석한 형태의 유대교를 발전시켰다. 오직 소도시에서만 모세의 5경과 탈무드(유대 율법과 그 해석——옮긴이)가 지배한 게토 생활이 별 실질적인 변화 없이 계속되었다.

제13장 이데올로기: 현세

(벤담 씨는) 운동삼아 선반(旋盤)을 써서 나무로 연장이나 세간살이 따위를 만들고 있는데, 같은 방법으로 사람을 만들어낼 수는 없을까 공상한다. 그는 시 같은 것은 별로 좋아하지 않으며, 또 셰익스피어를 읽고 거기서 거의 단 한 가지 교훈적인 우의(寓意)도 끌어낼 줄 모른다. 그의 집은 증기의 힘으로 난방을 하고 불을 밝히고 있다. 그는 대체로 모든 사물에서 자연적인 것보다는 인공적인 것을 좋아하는 그런 부류의 사람이며, 사람의 정신은 전능이라고 생각하고 있었다. 그는 집 밖의 경관, 즉 푸른 들이나 나무 따위는 아주 경멸했으며, 또 모든 것을 항상 효용을 가지고 따지는 사람이었다.

• W. 해즐릿, 『시대의 정신』(1825)

공산주의자들은 자신들의 견해와 목적을 감추는 것을 타기한다. 공산주의자는 현존하는 모든 조건들을 힘으로 뒤엎어야만 그들의 목적이 달성될 수 있다는 것을 공개적으로 선언한다. 지배계급들로 하여금 공산주의 혁명 앞에서 벌벌 떨게 하자. 프롤레타리아는 그들을 속박해온 사슬밖에는 잃을 것이 아무것도 없다. 그들에게는 쟁취할 세계가 있을 뿐이다. 모든 나라의 노동자들이여, 단결하라!

• 마르크스와 엥겔스, 「공산당선언」(1848)

1

1789~1848년의 세계에서는 아직도 종교적 이데올로기가 양적으로 우위에 있었다는 것을 우리는 인정하지 않을 수 없지만, 질적으로는 현세적·비종교적 이데올로기가 우세했다. 이 책이 다루는 시대에서 극히 적은 몇몇 예외가 없었던 것은 아니지만, 주요 사상가들은 그들의 개인적 종교가 무엇이든 간에 종교적으로 자신의 사상을 말하는 사람은 없었다. 이들 사상가가 사색한 것들, 그리고 어떤 사람들이 별 자각된 생각 없이 당연한 것으로 생각했던 일 중 많은 부분은 과학과 예술이라는 좀더 구체적인 제목 아래 나중에 별도로 살펴보게 될 것이며, 또 약간은 이미 논의한 바도 있다.

여기서는 결국 이중혁명에서 생겨난 커다란 테마, 즉 사회의 성격과 그 사회가 나아가고 있고 또 나아가야만 할 방향에 관해서만 우리의 관심을 집중하게 될 것이다. 이 기본문제에 관해서는 세계가 나아가고 있는 방향을 받아들이는 측과 그렇지 않은 측 두 갈래로 의견이 크게 갈라졌다. 바꾸어 말하면 진보를 믿는 사람들과 그렇지 않은 사람들로 갈라졌던 것이다. 그도 그럴 것이 어떤 의미로는 이렇다 할 의미를 가진 세계관이라고는 단 하나만이 존재했다. 그 밖의 많은 견해들이란 그 장점이야 무엇이든 단 하나의 세계관에 대한 부정적 비판이 주된 내용인 것들이었다.

그 유일한 세계관이란 무엇이었던가? 승리해 득의양양한, 합리주의적이고 인도주의적인 18세기 '계몽주의' 사상이었다. 그 사상의 승리자들은 인류의 역사는 쇠퇴하는 것 또는 수평적 파동이기보다 상승이라고 확고히 믿고 있었다. 그리고 그 신념은 옳았다. 과학적 지식과 기술에 의한 자연의 지배가 날로 커가고 있는 것을 그들은 관찰할 수 있었던 것이다. 그들은 인간사회와 개개인도 똑같이 이성을 적용함으로써 완성의 경지에 도달할 수 있고, 또 역사의 힘에 의해 완성될 운명에 놓여 있다고 믿었다. 이러한 점들에 관해서는 부르주아 자유주의자와 프롤레타리아 사회주의자 모두 동일한 생각이었다.

1789년에 이르기까지 이와 같은 진보의 이데올로기를 가장 강력하고 선진적으로 대변한 것은 고전적 부르주아 자유주의였다. 부르주아 자유주의의 기본적 체계는 17세기와 18세기 중에 실상 매우 확고하게, 그리고 주도면밀하게 완성된 바 있어 그에 관해 논의한다는 것은 이 책의 범위를 넘어서는 일이 될 것이다. 그것은 정밀하고 명쾌하고 칼같이 날카로운 철학이었으며, 그 가장 순수한 대표적 인물 역시 우리의 기대대로 영국과 프랑스에서 나왔다.

그것은 엄격히 합리주의적이고 비종교적이었다. 바꿔 말하면 그것은 원칙적으로 인간은 모든 것을 이해할 수 있고 이성의 힘으로 모든 것을 해결할 수 있는 능력을 갖추었다고 믿었다. 또한 비합리적인 행동과 제도들(그 가운데에는 전통주의와 합리적인 것 이외의 모든 종교가 포함된다)은 이성을 계발하기보다는 오히려 그것을 어둡고 흐리게 하는 경향이 있다고 확신하고 있었다. 철학적으로는 주로 17세기 과학혁명이 낳은 수학과 물리학으로부터 그 힘과 방법을 끌어낸 이데올로기에 걸맞게 유물론 또는 경험론으로 기울고 있었다.

세계와 인간에 관한 부르주아 자유주의의 일반적 가설은 개인주의의 색깔이 스며들어 있는 것이 특징이었는데, 그 개인주의란 그들 스스로 그것을 기초로 삼았다고 주장하는 선험적인 원리들에 힘입은 것이기보다는 오히려 중류계급 개개인의 내성(內省), 즉 저들 스스로의 행태의 관찰에 더 많은 힘을 입었다. 그리고 이 개인주의는 17세기의 역학(力學)을 반영한 심리학(심리학이라는 말은 1789년 당시에는 아직 존재하지도 않았지만), 이른바 '관념연합학파'(associationist school) 속에 표현되어 있었다.

요컨대 고전적 자유주의의 눈에 비친 인간의 세계란 어떤 생래적 (生來的)인 정열과 충동을 가진, 독립자족하는 개개 원자로 구성되어 있었다. 그리고 그 각각의 원자는 무엇보다도 자신의 만족을 극대화하고 불만족을 극소화하기를 꾀하며, 이 점에서 다른 모든 원자와 평등하고,[1] 그래서 그 강한 충동에 대해 당연히 어떠한 제한이나 간섭을 가할 권리도 인정하지 않는 것이었다. 다시 말하면 각자는 미국의 독립선언문에 씌어 있듯이 생명과 자유와 행복을 당연히 추구할 수 있다는 것이었다. 다만 가장 논리적인 자유사상가들은 이것을 '자연권'이라는 말로 표현하는 것을 좋아하지 않았다.

이 같은 이기적 이익을 추구하는 과정에서 각 개인은 평등한 경쟁자들이 이루고 있는 무정부상태 속에서 각자가 다른 여러 개인들과 모종의 관계를 맺는 것이 유리하다는 것을, 혹은 또 불가피하게 그런 관계를 맺지 않을 수 없다는 것을 알게 되었다. 또 그와 같은 유용한 협정들―그것은 흔히 '계약'이라는 솔직한 상업용어로 표현되기도 하는데―의 복합물이 사회와 사회적 집단 또는 정치적 집단들을 형성하는 것이었다. 물론 그러한 협정이나 결합은 무엇이건 하고 싶은 것을 하는 인간의 자연적으로 무제한적인 자유를 다소 감소시킴을 의미하지만, 그와 같은 간섭을 실현 가능한 최소한의 것으로 줄이는 일이 곧 정치가 담당해야 할 임무의 하나라고 보았다. 아마도 양친 그리고 그 자식들과 같은 더 이상 축소될 수 없는 성적(性的) 집단을 예외로 하면, 고전적 자유주의의 '인간'(그 문학상의 상징은 로빈슨 크루소였다)이란 각 개인이 여러 명 공존하고 있는 한에서만 사회적 동물이었다. 그러므로 사회적 목적들이란 개인적 목적들의 산술

---

1) 위대한 토머스 홉스는 실제로 모든 개인의 완전한 평등―실제적 목적들을 위해―을 강력히 찬성하는 논지를 폈다.

적 총화였다. 행복(이 말은 그것을 정의하는 사람에게 그것을 추구하는 사람이 겪는 만큼이나 괴로움을 끼쳤다)이 각 개인의 지상 목적이었다. 최대다수의 최대행복이 사회의 목적인 것은 명백한 일이었다.

순수한 공리주의란 모든 인간관계를 위에서 언급한 그러한 유형으로 완전히 환원시켜버리는 것이었다. 실제로 그것은 17세기의 위대한 홉스처럼 눈치도 요령도 없는 철학자 혹은 벤담(Jeremy Bentham, 1748~1842)이나 제임스 밀(1773~1836)과 같은 (고전파 경제학자들의) 이름과 관련된 영국의 사상가·정치평론가의 일파와 같이 매우 자신만만한 중류계급의 승리자들에 그 범위가 국한되어 있었다.

거기에는 두 가지 이유가 있었다. 첫째는 이기(利己)라는 합리적 산술 이외의 모든 것을 완전히 (벤담의 말을 빌리면) "터무니없는 헛소리"로 돌리고 마는 이데올로기는 그것이 증진시키려고 하는 중류계급적 행동의 어떤 강력한 본능과 상충된다는 것이다.[2] 그렇기 때문에 합리적인 이기심은 개인이 원하는 바를 행하고 벌어들인 것을 지켜나가는 개인의 '자연적 자유'에 대한 간섭, 그것도 모두가 기꺼이 받아들일 만한 정도의 간섭보다도 상당히 더 큰 간섭을 정당화시킬 게 불을 보듯 뻔한 일이었다(홉스는 실제로 합리적인 이기심이 국가권력에 대한 모든 선험적 제한을 배제한다는 것을 분명히 밝혔는데, 영국의 공리주의자들은 이러한 홉스의 저작들을 신주 모시듯 경건하게

---

2) '이기심'이란 필연적으로 반사회적인 에고이즘을 의미한다고 생각해서는 안 된다. 인도적이고 사회적 관심이 있는 공리주의자들은 개개인이 극대화하려고 하는 만족들 속에 '자비심', 즉 자기 동료들을 도우려고 하는 강한 충동이 포함되거나 혹은 적절한 교육에 의해 포함시킬 수 있을 것이라고 생각했다. 중요한 것은 그것이 도덕적 의무, 즉 사회적 존재의 한 측면이 아니라 개인적 행복을 만들어내는 그 무엇이라는 것이었다. 돌바크(d'Holbach)는 그의 『자연의 체계』(Système de la Nature, I, p. 268)에서 "이해관심이란 우리 각자가 자기 행복에 필요하다고 생각하는 것 이외의 다른 아무것도 아니다"라고 논파했다.

수집하고 출판했다. 또 벤담주의는 관료주의에 의한 국가통치가 자유 방임과 마찬가지로 손쉽게 최대다수의 최대행복을 확보해준다고 생각 되자 그 관료주의적 국가통치를 옹호해 마지않았다). 그래서 사유재산 과 사적 기업 그리고 개인의 자유를 확고히 옹호하려는 사람들은 흔 히 '효용'이라는 다치기 쉬운 것보다는 '자연권'이라는 형이상학적 승인을 부여하는 편을 택하기도 했던 것이다. 뿐만 아니라 모든 것을 합리적 계산으로 환원시킴으로써 도덕이나 의미를 완전히 배제해버 린 철학은, 사물의 영원한 적합성이라는 관념, 즉 사회 안정의 기초 가 되는 이러한 관념을 빈민들 사이에서 쉽게 약화시킬 수도 있는 일 이었다.

이러한 이유 때문에 공리주의는 중류계급의 자유주의 이데올로기 라는 자리를 결코 독점하지는 않았다. 다만 그것은 가장 날카로운 급 진적 도끼가 되어 다음과 같은 기고만장한 질문을 던지면서 그것에 대답하지 못하는 전통제도들을 때려부쉈다. 그 질문이란, 그것은 합 리적인 것입니까 하는 것이고, 그것은 소용이 있습니까 하는 것이며, 또 그것은 최대다수의 최대행복에 기여하는 것입니까라는 물음이 었다.

하지만 공리주의는 혁명을 고취시키거나 혁명에 반대하는 편을 옹 호할 수 있을 만큼 강하지는 못했다. 철학적으로는 비길 데 없이 훌 륭했던 홉스보다도 오히려 철학적으로 약한 로크(John Locke) 쪽이 통속적 자유주의의 단골 철학자로서 남게 되었다. 왜냐하면 적어도 그는 사유재산을 '자연권' 가운데 가장 기초적인 것으로서 간섭과 공격의 사정거리 밖에다 자리 잡게 했기 때문이다. 또 프랑스의 혁명 가들도 자기네들이 필요로 하는 기업의 자유("모든 시민은 자신들의 팔이나 근면, 자신들의 자본을 자신들에게 가장 유리하다고 판단되는 대로 사용할 자유가 있다. ……그는 자기가 좋아하는 것을 마음대로 생산할 수 있다")[3]를 자유에 대한 일반적 자연권의 형태("각자의 자연권 행사는 사회의 다른 성원들에게 같은 권리의 향유를 보장하는 데에만 한계가 있을 뿐이다")[4]로 표현하는 것이 가장 좋다고 보게 되었다.

이리하여 고전적 자유주의는 하나의 정치사상으로서는 그것을 그렇게도 강력한 혁명적 힘으로 만들었던 대담성과 엄격성에서 벗어나 빗나가게 된다. 그러나 경제사상으로서의 자유주의는 제지당하는 바가 적었다. 그 까닭의 일부는 자본주의의 승리에 대해 중류계급이 지닌 자신이, 절대주의나 또는 무지한 하층대중에 대해 부르주아지가 지닌 정치적 패권의 자신보다도 컸다는 데 있었다. 그러나 또다른 일부분은 인간의 본성과 인간의 자연적 상태에 관한 고전적인 가설이 의심할 바 없이 인류 일반의 상태보다는 시장이라는 특수상황에 더 잘 들어맞았기 때문이다. 그래서 고전파 경제학은 홉스와 더불어 자유주의 이데올로기의 가장 감명적인 지적 기념비가 되었다.

고전파 경제학의 위대한 시대는 이 책이 다루는 시기보다 조금 앞서는 시기다. 그 시기는 1776년에 애덤 스미스(Adam Smith, 1723~90)의 『국부론』(*Wealth of Nations*)이 출판됨과 더불어 시작되며, 1817년 리카도(David Ricardo, 1772~1823)의 『경제학 원리』(*Principles of Political Economy*)가 나오는 것으로 절정을 이루며, 1830년을 고비로 쇠퇴와 전환이 시작된다. 그러나 그 통속화된 해석이 이책이 다루는 전 시기를 통해 사업가들 사이에서 계속 지지를 얻었다.

애덤 스미스의 경제학에 담긴 사회론은 우아하고도 마음을 편안하게 해주는 내용이었다. 인류는 본질적으로는 서로 경쟁하면서 자신의 사리사욕을 추구하는 일종의 심리학적 성질을 갖춘 독립된 개

---

3) *Archives Parlementaires*, 1787~1860t., VIII, p. 429. 이것은 「인간 및 시민 권리선언」 제4조의 첫 번째 초안이었다.
4) 「인간 및 시민 권리선언」(1798), 제4조.

개인으로 구성되어 있음이 사실이었다. 그러나 이들 개개인의 행동들을 가능한 한 억제하지 않고 내버려둘 때 '자연적' 사회질서(귀족들의 기득권, 반계몽주의, 전통 혹은 무지한 간섭이 강요하는 인위적 질서와는 구별되는 질서)를 낳을 뿐 아니라, '모든 국민의 부'(wealth of nations) —— 모든 사람의 안락과 복지 —— 라는 행복의 가장 신속한 증가를 가능케 하는 결과를 낳는다는 것을 밝혀 보인 것이 애덤 스미스의 사회론이었다.

이와 같은 자연적 질서의 기초가 사회적 분업이었다. 생산수단을 소유한 자본가라는 한 계급의 존재가 그 계급의 구성원들에게 고용되는 노동계급을 포함한 모든 사람들에게 이익을 주고 있다는 것은 과학적으로 증명될 수 있는 일이었다. 그것은 마치 영국과 자메이카가 한쪽은 제품을 생산하고 다른 한쪽은 원당을 생산해 양자의 이익을 가장 잘 돕고 있다는 것을 과학적으로 증명할 수 있는 것과 같았다. 왜냐하면 모든 국민의 복지 증대는 재산을 소유한 사기업의 활동과 자본축적에 의해 진행되는 것이었고, 또 그것을 확보하려 하는 다른 어떤 방법도 오히려 그것을 지체시키거나 정지시킬 것이라는 설명이 얼마든지 가능했기 때문이다.

뿐만 아니라 애덤 스미스의 사회론에 따르면 인간 본성의 활동이 낳은 필연적 결과로서 경제적으로 매우 불평등한 사회란 모든 인간의 자연적 평등과 정의에 모순되는 것이 아니었다. 왜냐하면 가장 가난한 자에게까지도 그렇지 않았던들 누리지 못했을 보다 나은 생활을 확보해주었던 일은 접어두고라도 그것은 모든 관계 중에서도 가장 평등한 관계, 즉 시장에서 이루어지는 등가물의 교환이라는 기초 위에서 성립되는 관계이기 때문이다. 현대의 한 학자가 말했듯이 "누구도 타인의 자비심에 의존하지 않았다. 어떤 사람이 다른 어떤 사람으로부터 입수하는 모든 것에 대해서 그는 그것과의 교환으로 다른 등가물을 주었다. 뿐만 아니라 자연적인 힘이 자유롭게 작용함으로써 공동선에 기여하도록 만들어지지 않은 모든 지위는 파괴되고 말 것이다."[5]

그러므로 진보는 자본주의가 그러하듯 '자연적'인 것이었다. 따라서 과거가 쌓아올린 인위적인 장애물을 제거하기만 하면 진보는 피할래야 피할 수 없이 진전되게 마련인 것이고, 또 생산의 진보와 더불어 기술, 과학, 문명 일반의 진보도 손을 맞잡고 이루어진다는 것은 명백하다. 이러한 견해를 가진 사람들을 사업가들의 기득권을 옹호하는 특별한 대변자에 불과하다고만 생각해서는 안 된다. 그들은 인류가 전진하는 길은 자본주의를 통해서라고 믿었던 사람들이며, 그들의 그러한 신념은 이 시대에 상당한 역사적 정당성을 갖는 것이다. 이와 같은 예정조화론(豫定調和論)적 견해가 가진 힘은 전혀 반박의 여지가 없는 능력이라고 믿어지는 것에만 의거한 것이 아니라, 그 경제적 정리(定理)들을 연역적 추론으로 증명해내는 18세기 자본주의와 문명의 명백한 진보에 힘입어서도 생겨났다.

역으로 그것이 휘청거리기 시작한 것은 리카도가 그 제도 가운데서 애덤 스미스가 보지 못한 모순들을 찾아냈기 때문이 아니라, 자본주의가 낳은 실제적인 경제적·사회적 결과들이 예측했던 것만큼 행복한 것이 못 되었기 때문이다. 19세기 전반의 경제학은 장밋빛 학문이기보다는 오히려 '암울한' 학문으로 화했던 것이다. 물론 맬서스가 1798년의 유명한 『인구론』에서 논한 바와 같이 아사 직전의 상태에서 헤매도록 운명지어진 빈민들, 혹은 리카도가 논한 바와 같이 기계의 도입[6]으로 수난을 겪는 빈민들의 참상은, 그것이 우연히 마침

---

5) E. Roll, *A History of Economic Thought*(1948), p. 155.
6) "노동자 계급은 기계의 사용이 노동자 계급의 이해에 해롭다는 견해를 갖고 있었는데, 이러한 의견은 편견과 오류의 기초 위에 서 있는 것이 아니라 경제학의

사람들이 기대했던 것보다도 훨씬 수가 적었다는 것뿐이지 그것 역시 최대다수의 최대행복의 일부를 구성하는 것이라고 주장하는 견해가 있을 수도 있었을 것이다. 그러나 그러한 사실들은 1810년 무렵부터 1840년대에 이르는 시대에서 자본주의적 팽창이 겪어야 했던 여러 어려움들과 함께 낙관론의 기세를 꺾었다. 특히 생산과 대비시킨 분배, 애덤 스미스의 세대에서 주요 관심사가 되었던 생산에 대비되는 것으로서의 '분배'의 문제를 비판적으로 취급하게 하는 자극이 되었다.

이와 같이 연역적 논리의 엄밀성으로 인해 하나의 걸작이라 할 만한 리카도의 경제학은 그에 앞선 경제학자들이 모든 것을 걸었던 자연적 조화 속에 상당한 불협화음의 요소를 집어넣었다. 리카도는 경제적 진보라는 엔진에 없어서는 안 될 연료의 공급을 줄여서 그 엔진의 가동을 정지시키게 될지도 모를 모종의 요인들, 예컨대 이윤율의 저하와 같은 것을 스미스보다 더 강조하기까지 했다. 또 거기에 덧붙여 노동가치설이라는 근본적인 일반원리를 내놓았는데, 이것은 한 차례 더 비꼬기만 하면 곧 하나의 유력한 자본주의 반대론으로 전화될 수 있을 만한 것이었다.

그럼에도 불구하고 그는 한 사상가로서 그 거장다운 솜씨와 실천적 목적, 즉 대부분의 영국 사업가들이 주장해 마지않던 자유무역과 반지주(反地主)주의라는 실천적 목적을 열렬히 지지함으로써 자유주의 이데올로기 속에서 고전경제학이 전보다 더 튼튼한 자리를 차지하게 하는 데 기여했다. 실천적 목적들을 위해 영국 중류계급의 돌격부대는 벤담적 공리주의와 리카도적 경제학을 결합시킴으로써 스스로를 무장했다. 이윽고 애덤 스미스와 리카도의 거대한 업적들은

올바른 원리들과 일치하는 것이다." *Principles*, p. 383.

영국의 산업과 무역의 큼직한 성과의 뒷받침을 받아 경제학을 주로 영국적인 학문으로 전환시켰다. 프랑스의 경제학자들(그들은 18세기 에는 지도적 지위를 나누어 가진 처지였다)은 단순한 선행자(先行者) 또는 보조자라는 비교적 대단치 않은 위치로 끌어내려지고, 또 비고 전파 경제학자들은 여기저기 흩어져 있는 저격병으로 치부되어버렸 다. 그리고 나아가 그들은 그것을 자유주의적 전진을 위한 필요불가 결한 하나의 상징으로 삼기에 이르렀던 것이다.

브라질은 1808년에 이 과목의 대학 강좌를 ─ 프랑스보다도 훨씬 앞서서 ─ 개설했고, 애덤 스미스와 세(J. B. Say, 프랑스의 지도적 경제학자), 그리고 공리주의적 무정부주의자 고드윈(William Godwin) 등을 통속적으로 해설하는 사람들이 그 교단에 올라섰다. 아르헨티 나에서는 채 독립되기도 전인 1823년 새로 세워진 부에노스아이레 스 대학에서 이미 리카도와 제임스 밀의 번역본에 의거해 경제학을 가르치기 시작했는데, 그래도 1818년에 벌써 이 강좌를 시작한 쿠바 보다는 몇 년이나 뒤진 것이었다. 라틴아메리카의 지배자들이 실제 로 자행한 경제적 행태는 유럽의 금융업자들과 경제학자들로 하여 금 공포로 몸서리치게 했지만, 그래도 그러한 사실은 그들의 정통파 경제학에 대한 애착에 아무런 변화도 일으키지 않았다.

정치학에서는 앞에서 살펴본 바와 같이 자유주의 이데올로기는 조 리가 정연한 것도, 앞뒤가 일관된 것도 아니었다. 이론적으로 볼 때 그것은 공리주의와 자연법과 자연권이라는 해묵은 교리들의 각색물 사이에서 분열된 상태로 남아 있었으며, 그것은 사실 후자가 더 우 세했다. 실천적 프로그램에서는 민중정치, 즉 다수파에 의한 지배에 대한 신념과 재산 있는 엘리트에 의한 통치의 신봉(이쪽이 더 우세했 다), 영국적인 표현을 빌리면 '급진주의'와 '휘그주의'(Whiggism)의 두 갈래로 찢겨 있었다. 다수에 의한 지배라는 민중정치는 나름대로 충분한 논리가 서 있었는데, 실제로 많은 혁명을 낳고 개혁을 뒷받침했던 효과적인 정치적 압력은 중류계급의 이론적 논의에서 나온 것이 아니라 대중의 동원에서 나왔다는 사실을 반영하는 것이었다.[7]

그런데 왜 그와 같이 분열되고 갈라진 상태였던가? 만약 정부가 실제로 민중적이었고 다수파가 통치한다고 할 때, 즉 소수자의 이해가 논리적 필연으로서 다수자의 희생이 되었다 해도 현실의 다수자— "가장 수가 많고, 가장 가난한 계급들"[8] —가 자유를 옹호하고 중류계급적 자유주의자들의 강령과 합치할 것이 분명한 이성의 명령을 실행에 옮길 것이라고 믿을 수 있었겠는가. 믿을 수 없었기 때문에 그렇게 갈라진 채로 남아 있었던 것이다.

프랑스 혁명 이전에는 이 점에 관한 가장 큰 걱정거리가 노동빈민의 무지와 미신이었다. 그들은 그저 승려들과 국왕들이 하자는 대로 좌우되는 경우가 너무나 많았다. 그러나 좌익적 반자본주의 강령이라는 위험을 추가적으로 가져온 것은 프랑스 혁명 바로 그 자체였는데, 이것은 자코뱅 독재의 한 국면에 암암리에 함축되어 있는 것이었다(혹자는 그것이 명시적으로 나타나 있다고도 주장한다).

외국의 온건한 휘그주의자들은 일찍이 그와 같은 위험을 간파하고 있었다. 즉 버크(Edmund Burke)의 경제적 이데올로기는 순수한 애

---

7) 콩도르세(Condorcet, 1743~94)의 사상은 사실상 계몽주의적 부르주아지의 태도들에 대한 하나의 개설이라 할 수 있는데, 그는 바스티유의 점령을 계기로 제한선거를 신봉하는 입장에서 민주주의자의 입장으로 돌아섰다. 다만 그가 믿는 민주주의란 개인과 소수파를 보존하는 강력한 안전장치를 갖춘 것이었다.

8) *Oeuvres de Condorcet*(1804), XVIII, p. 412(시민들이 그들의 대표자에게 기대하는 권리); R. R. Palmer, *The Age of Democratic Revolution*, I(1959), pp. 13~20은 자유주의란 여기에 시사되어 있는 것보다도 훨씬 더 '민주주의적'이었다고—이해가 되진 않지만—논하고 있다.

덤 스미스주의의 그것이었지만,[9] 정치학에서 그는 전통과 계속성 그리고 완만한 유기적 성장 따위의 미덕을 신봉하는 적나라한 비합리주의적 확신 쪽으로 후퇴했다. 이러한 확신은 그때부터 지금에 이르기까지 보수주의의 이론을 떠받쳐주는 큰 기둥이 되었다.

대륙의 실천적 자유주의자들은 정치적 민주주의를 기피하고 입헌군주제를 재산제한적 선거제와 함께 택했으며, 혹은 다급한 처지에서는 그것이 어떤 것이든 자기네들의 이해를 보장해주는 것이라면 시대에 뒤떨어진 절대주의를 택하기도 했다. 1793~94년 이후에는 극도의 불만을 품고 있는 부르주아지나, 영국의 경우와 같이 극히 자신만만한 부르주아지만이 민주주의적 공화제 아래서도 노동빈민의 지지를 영원히 유지해나갈 능력을 갖추고 있다는 것을 제임스 밀과 더불어 믿으려고 했을 뿐이다.

나폴레옹 전쟁 이후 시대의 사회적 불만과 사회주의적 이데올로기들이 이러한 딜레마를 심화시켰으며, 1830년 혁명은 그것을 한층 더 날카롭게 만들었다. 자유주의와 민주주의는 동맹관계에 있기보다는 적대관계에 있는 것처럼 보였고, 프랑스 혁명의 세 가지 슬로건인 자유·평등·박애는 이 세 가지 결합관계를 나타내는 것이 아니라 모순관계를 표현하는 것처럼 보였다. 이러한 것이 혁명의 조국인 프랑스에서 가장 명백하게 나타났다는 사실은 하등 부자연스러울 것이 없다.

토크빌(1805~59)은 미국 민주주의의 고유한 경향에 대한 분석(1835)과, 나중에는 프랑스 혁명의 고유한 경향에 대한 분석에 뛰어나게 날카로운 지성을 바쳤던 사람인데, 이 시대의 민주주의에 대한

---

9) C. B. Macpherson, Edmund Burke, *Transactions of the Royal Society of Canada*, LIII, Sect. II(1959), pp. 19~26 참조.

온건한 자유주의적 비판자들 가운데 오늘날까지도 가장 주목을 받고 있다. 아니, 그렇다기보다 오히려 그는 1945년 이후 서구세계의 온건한 자유주의자들의 구미에 맞는 사람이었다고 함이 옳을 것이다. 그가 오늘날 이와 같이 평가되고 있다는 것은 그가 다음과 같이 단정한 사실에 비추어보면 전혀 부자연스러울 것이 없다. "하나의 공통된 수원(水源)에서 물이 흘러내리듯 18세기로부터 두 갈래의 강물이 흘러내리고 있다. 하나는 사람들을 자유로운 제도로 실어내리고, 다른 하나는 절대권력으로 끌고 간다."[10] 또한 영국에서도 부르주아지가 주도하는 민주주의에 대한 제임스 밀의 확고한 신념은 그의 아들 존 스튜어트 밀의 우려, 즉 다수자에 대한 소수자의 권리가 어떻게 확보될 수 있을 것인가 하는 우려와 두드러진 대조를 이루고 있다. 존 스튜어트 밀의 『자유론』(*On Liberty*, 1859)을 짙게 물들이고 있는 것은 바로 그와 같은 우려였다.

2

이와 같이 자유주의 이데올로기가 그 본래의 자신만만한 급상승의 기세를 잃게 되자—약간의 자유주의자들은 진보의 불가피성 또는 그것을 바라는가 하는 것조차 의심하기 시작했다—새로운 이데올로기, 즉 사회주의가 낡은 18세기적 진리들을 손질해 새로운 체계를 갖추고 나섰다. 이성과 과학 그리고 진보가 사회주의의 확고한 기초가 되었다. 이 시기의 사회주의자가 공동소유제에 입각한 하나의 완전한 사회를 주장했던, 역사가 기록된 이래 모든 시기를 통해 주기적으로 문헌에 나타나는 그러한 사도들과 다른 점은 전자가 근대 사회

---

10) J. L. Talmon, *Political Messianism*(1960), p. 323에서 인용.

주의의 가능성 자체를 만들어낸 산업혁명을 무조건적으로 받아들인다는 점이다.

전통적으로 '유토피아 사회주의'의 선구자로 인식되나 사실은 보다 애매한 위치에 있는 사상을 가진 생시몽(Claude de Saint-Simon, 1760~1825) 백작은 '산업주의'와 '산업가'(이 두 말은 생시몽이 만들어낸 것이다)를 최초로 그리고 가장 열렬하게 주창한 산업주의와 산업가의 사도였다. 그의 제자들은 사회주의자가 되기도 하고 모험적인 공업기술자나 금융업자 그리고 산업가가 되었으며, 혹은 뒤이어 이 두 가지를 겸했다. 그래서 생시몽주의는 자본주의 발전과 반자본주의 발전의 두 역사에서 독특한 지위를 차지하고 있는 것이다.

영국의 로버트 오언(1771~1858)은 그 자신이 면공업의 개척자로 크게 성공한 사람이었다. 그는 사람이 사회를 통해 인간적 완성을 기할 수 있다고 확신했을 뿐 아니라 한 사회가 산업혁명을 통해 잠재적인 풍요로운 사회를 창조할 수 있다는 것을 눈으로 보고 거기서 보다 나은 사회의 가능성에 대한 확신을 끌어냈던 사람이다. 엥겔스도 비록 본의는 아니었지만 면업에 종사했다.

새로운 사회주의자들은 그 누구도 사회진화의 시계를 거꾸로 돌리기를 원하지 않았지만, 그들의 추종자들 중에는 그렇게 하려고 시도했던 사람도 많았다. 사회주의의 시조들 중에서도 산업주의에 관해 가장 낙관적이지 않았던 푸리에(Charles Fourier, 1772~1837)마저도 해결은 산업주의의 배후에 있는 것이 아니라 그 앞에 있다고 주장했던 것이다.

게다가 고전적 자유주의를 논의한다는 자체가, 고전적 자유주의도 그것을 건설하는 데 한몫했던 자본주의 사회에 적대하는 일이 될 수가 있었고, 또 사실상 쉽사리 그렇게 되었다. 행복이란 생-쥐스트가 말했듯이 정녕 "유럽에서의 새로운 이념"[11]이었는데, 최대다수의 최대행복이 다름 아닌 노동빈민의 최대행복이라는 것은 그 무엇보다도 쉽게 알아차릴 수 있는 일이었다. 또한 그러한 최대행복이 달성되지 않고 있다는 것 역시 명백한 일이었다. 게다가 윌리엄 고드윈이나 로버트 오언, 호지스킨(Thomas Hodgskin), 그리고 다른 벤담 숭배자들처럼 행복의 추구를 이기적 개인주의와 분리시키는 것도 어려운 일은 아니었다. 오언은 다음과 같이 썼다.

모든 존재의 첫 번째 목적 그리고 필요한 목적은 행복이다. 행복을 개인이 개별적으로 획득한다는 것은 어렵다. 고립된 행복을 기대한다는 것은 소용없는 일이다. 모두가 행복을 함께 나누어 가져야 하며 그러지 않고는 소수가 그것을 향유하게 되는 일은 결코 없을 것이다.[12]

보다 중요한 것은 리카도적인 형태의 고전경제학이 자본주의에 적대적인 것으로 될 수도 있다는 사실이었다. 바로 이 사실 때문에 1830년 이후의 중류계급 경제학자들은 리카도를 경계의 눈초리로 보거나, 미국인 케어리(Carey, 1793~1879)와 더불어 그를 선동가들과 분열가들의 사상적 원류라고까지 보게 되었다. 경제학의 논의처럼 노동이 모든 가치의 원천이라면 무엇 때문에 그 노동의 무수한 생산자들은 궁핍의 언저리에서 살고 있는가? 그 까닭은 리카도가 설명한 바로는—하긴 리카도는 다음과 같은 자기 이론의 결론을 내리는 것을 유쾌하게 생각하지는 않았다—자본가가 노동자들이 생산한 것 중에서 임금의 형태로 노동자들이 되받는 것보다 많은 잉여 부분

---

11) Rapport sur le mode d'exécution du décrét du 8 ventôse, an II(*Oeuvres Complètes*, II, 1908, p. 248).
12) *The Book of the New Moral World*, pt. IV, p. 54.

을 이윤의 형태로 차지해버리기 때문이었다. 지주들도 또한 이 잉여의 일부를 차지한다는 사실은 문제에 근본적인 영향을 미치지 않았다. 사실 자본가는 노동자를 착취했다. 남은 일은 자본가 없이 지내는 일, 그래서 착취를 폐지하는 일이었다. 이윽고 영국에서는 리카도류의 '노동경제학파' 일단이 이에 관해 분석을 가하고 교훈을 주려고 일어났다.

만약 자본주의가 경제학의 낙천적인 시대에 기대했던 바와 같은 것을 성취했더라면 그와 같은 비판은 아무런 공명과 동조를 일으키지 않았을 것이다. 흔히 그랬을 것으로 상정되고 있는 바와는 정반대로 빈민들 사이에서는 '생활수준 상승의 혁명'은 거의 일어나지 않고 있었다. 다만 사회주의의 형성기, 즉 오언의 『새로운 사회관』(*New View of Society*, 1813~14)[13]의 출판과 「공산당선언」(1848) 사이의 시기에 불황, 화폐임금의 하락, 공업기술의 발달에 따른 대량 실업, 그리고 경제발전의 전망에 대한 회의 등이 너무나 강압적으로 들이닥쳤다.[14] 그러므로 비판자들은 경제의 불공정뿐 아니라 경제의 구체적 작용상의 결함, 그 '내부적 모순'에도 시선을 고정시킬 수 있었다.

이와 같이 반감에 의해 더욱 시력이 날카로워진 눈이 자본주의의 내재적인 주기적 변동, 또는 '공황'을 간파했다(시스몽디, 웨이드, 엥겔스). 그러나 자본주의의 지지자들은 그것을 간과했고, 또 세(J. B. Say)의 이름과 결부된 한 '법칙'은 그러한 가능성까지도 부정했다. 이 시대에 국민소득의 분배가 점점 더 고르지 않게 되어간다("부자는 더 부유해지고 가난한 자는 더 가난해진다")는 것은 우연한 일이 아닌 제도 운용의 산물이라는 것을 그들이 깨닫지 못할 수는 없는 일이

---

13) R. Owen, *A New View of Society: or Essays on the Principle of the Formation of the Human Character*.

14) '사회주의'라는 말 자체가 1820년대에 만들어졌다.

었다. 요컨대 자본주의는 불공정할 뿐 아니라 잘못 움직여지고 있는 것 같았다. 그것을 그대로 작용하게 하는 한, 그 옹호자들이 내다보았던 것과는 정반대의 결과들을 낳으리라는 것이 그들에게는 너무나도 명백해 보였다.

지금까지는 새로운 사회주의자들이 고전적인 영국·프랑스적 자유주의의 동조를 얻을 수 있는 논의의 선을 넘어 좀더 나아간 입장을 밝힌 것에 불과하다. 또 그들이 제창한 새로운 사회가 고전적 휴머니즘과 자유주의의 이상에 관한 전통적 입장을 반드시 이탈한 것도 아니었다. 모든 사람이 행복하고 모든 개개인이 충분히 그리고 자유롭게 남녀의 구별 없이 각자의 잠재적 능력을 실현시킬 수 있는 세계, 즉 자유가 군림하고 그 자체로서 곧 강제가 되는 정부가 소멸되고 없는 세계란 자유주의자에게나 사회주의자에게 다 같이 궁극적 목표가 되는 것이었다. 휴머니즘과 계몽주의라는 뿌리에서 나온 이데올로기적인 한가족의 갖가지 구성원인 자유주의, 사회주의, 공산주의, 그리고 무정부주의를 구별하는 것은 이들 모두에게 공통되는 유토피아인 온화한 무정부상태가 아니라, 그것을 달성하는 방법이었다. 그런데 바로 이 지점에서 사회주의는 고전적 자유주의 전통과 결별했다.

첫째로, 사회주의는 자유주의자들이 사회에 대해 내리고 있던 가정, 즉 사회란 그 개별적 원자들의 단순한 집합체 또는 결합체이며, 사회를 움직이는 원동력은 각 원자들의 이기심과 경쟁이라는 가정과 과감하게 절연했다. 이와 같이 절연함으로써 사회주의는 인류의 모든 이데올로기적 전통 가운데에서도 가장 오랜 전통, 즉 인간은 본래 공동체적 존재라는 신념으로 되돌아갔던 것이다. 사람이란 본래 함께 더불어 살며 서로 돕는다.

사회란 사람이 제각기 원하는 바를 행하는 무제한적인 자유권을 필요에 따라 유감스럽게도 축소시키는 것이 아니라, 인간의 생활과 행복 그리고 개성이 이루어지는 무대장치였다. 시장에서의 등가물 교환이 어떻게 해서든 사회적 정의를 보장한다는 애덤 스미스적 관념은 이해할 수 없는 부도덕한 것이라고 그들에게 깊이 인식되었다. 대다수의 일반 민중들도 그들의 생각을 표현할 줄은 모르지만 그렇게 생각했던 것이다. 많은 자본주의 비판자들은 부르주아 사회의 명백한 '비인간화'에 반기를 들면서 문명과 합리주의 그리고 과학기술의 전 과정까지도 비난했다(헤겔학파와 초기 마르크스가 사용한 '소외'라는 전용용어는 단순히 얽매이지 않은 자유로운 개개인의 활동의 장으로서 사회를 생각하는 것이 아니라, 사회를 인간의 '보금자리'라고 보는 예로부터 있어온 사회에 대한 개념을 반영한 것이다).

새로운 사회주의자들은 ─ 시인 블레이크(William Blake)나 장 자크 루소와 같은 이름난 혁명가들과는 달리 ─ 그렇게 하지 않으려고 조심했다. 그러나 그들은 사회를 인간의 '보금자리'로 보는 전통적인 이상을 나누어 가졌을 뿐 아니라, 계급사회나 재산과 같은 제도가 생기기 전에는 인간이 어쨌든 조화를 이루어 살아왔다는 해묵은 옛 개념까지도 함께 나누어 가졌다. 이 개념은 루소가 원시적 인간을 이상화함으로써 표명했던 개념이며, 또 좀더 단순한 급진주의적 시사평론가들이 그 팸플릿 속에서 한때는 자유롭고 동포애에 차 있었으나 외국 지배자에 의해 정복된 민족들이라는 신화 ─ 노르만족에게 정복된 색슨족, 튜턴족에게 정복된 골(Gauls)족 등 ─ 를 폄으로써 표명했던 개념이다.

푸리에는 "천재는 그 원시적 행복의 길을 다시 발견해야 할 것이며, 또 그것을 근대산업의 조건들에 적응시켜야 한다"[15]고 말했다.

---

15) Talmon, 앞의 책, p.127.

원시공산주의가 몇천 년이라는 세월과 수륙만리의 거리를 뛰어넘어 미래의 공산주의를 위한 한 모형을 제공하려고 손을 내민 것이었다.

둘째로, 사회주의는 비록 고전적 자유주의 전통의 범위 밖에 속하지는 않더라도 그 범위 안에서 그때까지 그다지 강조되지 않았던 형태의 진화론적이고 역사적인 논법을 채택했다. 고전적 자유주의자에게는, 그리고 정녕 가장 초기의 근대 사회주의자에게는 그들의 제안이 자연적이고 합리적인 것이었다. 그것은 지금까지 무지와 폭정이 세계에 대해 강요해온 인위적이고 비합리적인 사회와는 구별되었다.

이제 계몽주의의 전진으로 무엇이 합리적인 것인가 하는 것이 밝혀진 이상, 앞으로 해야 할 일은 상식이 통하는 길을 가로막고 있는 장애물을 없애는 일뿐이었다. 사실 '유토피아' 사회주의자들(생시몽주의자들, 오언, 푸리에, 그 밖의 사람들)은 이 진리가 교육과 양식이 있는 모든 사람들이 즉각 채택하도록 공표될 것으로 굳게 믿었다. 그래서 당초에는 자신들의 사회주의 실현을 위한 노력을 첫째로 유력자 계급들에 대한 선전운동에 국한했으며—노동자들은 비록 그것으로써 혜택을 받을 게 틀림없지만 불행하게도 무지하고 뒤떨어진 집단이었다—또 이를테면 사회주의 시험시설의 건설—공산주의적 촌락(colony)들이나 협동조합적 기업들은 역사적 후진성의 전통이 사람들의 전진을 가로막지 않는 아메리카의 광대한 들판에 자리 잡고 있었다—에 국한시키기까지 했다. 오언의 '뉴 하모니'(New Harmony)는 인디애나에 있었고, 또 아메리카 합중국에는 약 34개의 외래 혹은 자국산의 푸리에주의적 '팔랑크스'(Phalanxes)와 기독교 공산주의자 카베(Cabet), 그 밖의 사람들이 지도한 많은 콜로니(특별 거주지)들이 있었다. 공동촌락적 실험에 별다른 노력을 기울이지 않은 생시몽주의자들은 자기네들의 제안을 실행에 옮겨줄 계몽적 전제군주를 찾는 일을 결코 멈추지 않았다. 한때 그들은 이집트의 지배자 모하메드 알리의 모습 속에서 그들이 찾는 계몽적 전제군주를 발견했다고 믿기도 했다.

훌륭한 사회를 찾는 고전적 합리주의자들의 주장에는 역사적 진화의 한 요소가 있었다. 진보의 이데올로기란 진화의 이데올로기, 즉 역사발전의 여러 단계들을 통해 불가피하게 진화해간다는 이데올로기를 그 안에 함축적으로 포함하고 있기 때문이다. 그런데 마르크스가 사회주의에 관한 입론의 중심을 사회주의의 합리성이나 희망으로부터 역사적 필연성이라는 쪽으로 옮기고 나서야 비로소 사회주의는 가장 가공스러운 지적 무기를 획득하게 되었으며, 이 지적 무기를 격퇴할 반박의 논법이 구축되고 있었다.

마르크스는 이러한 논법의 방향을 프랑스-영국적인 이데올로기의 전통과 독일의 그것과의 결합물(영국의 경제학, 프랑스의 사회주의, 독일의 철학)에서 끌어냈다. 마르크스에게 인간사회란 원시공산주의가 필연적으로 여러 계급사회로 해체된 것이며, 또 필연적으로 여러 계급사회들의 계기(繼起)를 통해 진화해온 것이었다. 그것들은 그 하나하나가 모두 불공정한 것임에도 불구하고 그 시대에는 '진보적인' 것이었으며, 그 하나하나가 모두 어느 시점에 가면 그 사회가 한층 더 진보하는 데 하나의 장애물이 되는 '내적 모순'들을 가지고 있는 동시에 보다 나은 사회를 그 자리에 대신 들어서게 하는 힘을 발생시키는 것이었다. 자본주의는 그러한 사회 중 마지막 것이었다. 마르크스는 자본주의를 그저 공격하기만 한 것이 아니라 세계를 뒤흔든 그의 웅변으로 자본주의의 역사적 성과들을 소리 높이 칭찬했던 것이다.

그러나 자본주의가 내적 모순들을 가지고 있다는 것은 경제학이 능히 밝혀낼 수 있는 것이었다. 그 내적인 모순들은 자본주의로 하여금 어느 시점에 가서는 그 이상의 발전을 가로막는 장애물이 되게 하며, 또 다시는 빠져나올 수 없는 위기 속으로 자본주의를 밀어넣을 것이었다. 뿐만 아니라 자본주의는 이 또한 경제학에 의해 밝혀질 수 있듯이 불가피하게 그 무덤을 파는 자들인 프롤레타리아를 만들어내게 되는데, 한편에서 소수의 사람들 손에 경제력이 집중되면서 더욱더 무너뜨리기 쉽게 약해져 있을 때 이 프롤레타리아의 수와 그 불만은 점점 더 증대하게 마련이라는 것이었다. 그러므로 프롤레타리아 혁명이 필연적으로 자본주의를 타도할 것이었다.

노동계급의 이익과 일치하는 사회란 사회주의 또는 공산주의 사회라는 것도 능히 밝혀질 수 있었다. 봉건제도보다 더 합리적이라는 이유 말고도 부르주아지의 사회적 세력 때문에 자본주의가 지배적인 것이 되었듯이 사회주의는 노동자들이 불가피하게 승리하는 까닭에 지배적인 것이 될 것이었다. 그것이 하나의 영원한 이상이고, 루이 14세의 시대에도 사람들이 충분한 지성을 가졌던들 그것을 실현할 수 있었을 것이라는 식의 생각은 어리석은 일이었다. 그것은 자본주의가 낳을 아이였다. 그것은 사회 변화가 그것을 위한 조건들을 조성하기 전에는 적절하게 정식화할 수조차 없는 것이었다. 그러나 일단 조건들이 존재하기만 하면 승리는 확실했다. 왜냐하면 "인류는 오직 언제나 해결할 수 있는 과업만을 문제삼기 때문이다."[16]

3

비교적 (논지의) 앞뒤가 맞는 진보의 이데올로기에 비해 진보에 반대하는 이데올로기들은 거의 사상체계라고 부를 만한 것이 못 된다.

---

16) K. Marx, *Preface to the Critique of Political Economy*.

그것들은 하나의 공통된 지적 방법을 가지지 못한 갖가지 태도들에 불과했다. 부르주아 사회의 약점에 대한 그들의 날카로운 통찰과 또 자유주의가 인정하는 것보다 더 많은 것들이 생활 속에 있다는 흔들리지 않는 그들의 확신에만 의존하는 것들이었다. 따라서 이것들은 그다지 주목할 필요가 없다.

이러한 비판들의 주지(主旨)는 다음과 같은 것이었다. 즉 자유주의는 지금까지 생활에 없어서는 안 될 본질적인 것으로 보아왔던 사회질서 또는 공동체를 파괴하고, 대신에 만인의 만인에 대한 경쟁(각자가 혼자서, 그리고 뒤질세라 앞다툼하는)이라는 참을 수 없는 무정부 상태, 그리고 시장(市場)에 의한 인간성 말살을 그 자리에 앉혔다는 것이었다. 이 점에 관해서는 보수적인 반진보주의와 혁명적인 반진보주의자들, 즉 부자와 가난한 자의 대표들이 심지어 사회주의자와도 의견이 일치되는 경향을 보였다. 이와 같은 유사(類似)현상은 낭만주의자들(제14장 참조) 사이에서 특히 두드러져서 '토리 민주주의'니 '봉건적 사회주의'니 하는 괴상한 악어까지 생겨났다.

보수주의자들은 이상적인 사회질서 ─혹은 실현 가능하면서도 이상에 가까운 것이라 함이 좋을 듯한데, 왜냐하면 편안한 처지에 있는 사람들의 사회적 야심이란 빈민들의 야심에 비하면 언제나 얌전한 것이니까─를 이중혁명으로 위협당하고 있는 모든 정체체제 또는 과거의 특정 상태, 예컨대 중세의 봉건제도와 동일시하는 경향이 있었다. 또한 질서란 사회적 서열의 상층부에 속하는 사람들을 하층부 사람들로부터 지켜주는 것인 까닭에 그들은 으레 무엇보다도 '질서'의 요소를 강조했다.

그런데 혁명가들도 우리가 이미 앞에서 보아온 바와 같이 백성들에게 만사가 잘 돌아가던 과거의 머나먼 황금시대의 일을 머리에 떠오르게 했다. 현존하는 사회란 언제나 가난한 자들에게 정말로 만족스러운 것이 못 되기 때문이었다. 또 그들은 그러한 시대의 '질서'보다는 오히려 상호부조적·공동체적 감정을 더 강조했다.

그런데도 양자는 중요한 점에서 옛날 체제가 새로운 체제보다도 좋았고, 또 좋다는 데 의견이 일치했다. 옛 체제에서는 신이 그들을 높은 자와 낮은 자로 갈라 신분을 정했고, 그러한 신분은 보수주의자들을 기쁘게 하는 것이었다. 그러나 신은 또 신분이 높은 자들에게 여러 의무(그것이 가벼운 의무였더라도, 그리고 그 의무가 제대로 이행되지 않았더라도)를 부과하지 않았던가. 사람들은 인간으로서는 불평등했지만 시장에 따라 값어치가 정해지는 상품은 아니었다. 무엇보다도 그들은 사회적·인간적 관계의 촘촘한 그물 속에서 관습과 사회제도 그리고 의무라는 명백한 지도(地圖)를 길잡이 삼아 함께 어울려 살고 있었다.

메테르니히의 비서인 겐츠와 영국의 급진적인 민중지도자요 저널리스트였던 코베트(William Cobbett, 1762~1835)는 매우 상이한 중세적 이상을 마음속에 그리고 있었지만, 두 사람 모두 종교개혁을 공격해 마지않았다. 부르주아 사회의 원리들을 끌고 들어온 것이 바로 종교개혁이라고 생각했기 때문이다. 그리고 진보에 대한 가장 확신에 찬 신봉자였던 엥겔스마저도 산업혁명에 의해 갈기갈기 찢긴 18세기의 옛 사회를 두드러지게 목가적인 모습으로 그리지 않았던가.

진화에 대한 앞뒤가 맞는 이론을 갖추지 못했던 반진보적 사상가들은 무엇이 '잘못되었는가'를 가려내기가 어려웠다. 그들이 곧잘 규탄하기를 좋아했던 범인은 이성, 혹은 좀더 꼬집어 말하면 18세기 합리주의였다. 이 합리주의는 어리석고 불경스럽게도 인간의 오성과 인간의 조직에게는 너무나 복잡한 일들까지 참견하고 간섭하려 들었지만 사회란 기계처럼 설계될 수는 없다는 것이었다. "단 한 번만 '백과전서'와 그 모든 경제학자 따위를 아주 잊어버리고, 그리고 지금까지 왕공(王公)들을 위대하게 하고 여러 주민들을 행복하게 해주었던 옛날 규칙들과 원리들로 돌아가면 좋으련만……"[17]이라고 버크는 썼다. 본능, 전통, 종교적 신앙, '인간 본성', '거짓' 이성에 대립하는 '진정한' 이성 등등이 사상가의 지적 경향의 힘을 빌려 전선(戰線)에 동원되었다. 그러나 무엇보다도 그것을 정복할 자는 '역사'일 것이다.

왜냐하면 보수적 사상가들은 비록 역사적 진보에 대해서는 전혀 아는 것이 없었다 할지라도 역사에 의해 자연스럽게 그리고 서서히 형성되고 안정된 사회를 '농간'에 의해 갑작스럽게 세워진 사회에 대비시켜보면 그 사이에 매우 큰 차이가 있다는 것을 대단히 예민하게 감지할 줄은 알았던 것이다. 그들이 비록 역사적 의복이 어떻게 재단되는가 하는 것을 설명할 줄 모르고 또 실은 역사적 의복이 만들어진다는 것 자체를 부정했다고는 하지만, 어찌하여 그 의복들이 오래 입음으로써 편안하게 되는가 하는 것은 훌륭히 설명할 줄 알았다.

그리하여 반진보적 이데올로기의 가장 진지한 지적 노력은 역사적 분석과 과거의 복권, 혁명과 대립하는 것으로서의 계속성의 연구라는 방향으로 향했다. 그러므로 그 가장 중요한 대표자들은 드 보날(De Bonald, 1753~1840)이나 드 메스트르(Joseph De Maistre, 1753~1821)와 같은 변덕스러운 프랑스의 망명객들이 아니라, 영국의 버크(Edmund Burke)나 독일 '역사학파'의 법학자들이었다. 전자는 그들의 목적이 비록 비합리주의의 미덕을 확립시키는 데 있기는 했지만 종종 광기에 가까운 합리주의적 논법으로 죽은 과거를 복권시키려고 꾀한 데 반해, 후자에 속하는 사람들은 아직도 살아남아 있는 기존의 구체제를 그 역사적 계속성의 관점에서 정당화시켰던 것

---

17) *Letter to the Chevalier de Rivarol*, June 1, 1791.

이다.

4

이제 남은 일은 진보주의자와 반진보주의자 사이에서, 다시 사회적으로 말하면 한쪽으로는 산업 부르주아지와 프롤레타리아 사이에서, 다른 한쪽으로는 귀족적·상업적 계급들과 봉건적 대중들 사이에서 왔다갔다 하며 묘하게 흔들리는 일단의 이데올로기들을 고찰하는 일이다.

이러한 이데올로기의 주된 담당자들은 서유럽과 미국의 '소(小)소유자들' 그리고 귀족적 군주제 사회의 테두리 안에서 안락한 처지이기는 하나 반드시 전적으로 만족하지는 않았던 중·남유럽의 수수한 중류층 사람들이었다. 이 양자는 어떤 점에서는 진보를 믿고 있었다. 그러나 양자는 모두 진보의 논리적 귀결인 자유주의적 또는 사회주의적 결론에 따를 용의는 없었다. 전자에 속하는 사람들이 그러한 결론을 따르지 않는 이유는 그것들이 소숙련장인들, 상점경영자, 농업경영자, 사업가들을 자본가 아니면 노동자로 변신시켜버릴 운명이었기 때문이다. 후자의 이유는 그들이 너무나 약했고 또 자코뱅 독재를 경험한 이후 너무나 놀라고 겁에 질려 감히 그들의 영주들에게 도전할 수 없었기 때문인데, 그들은 또 대개의 경우 이들 영주의 일을 맡아보는 관리들이기도 했다. 그러므로 이들 두 집단의 견해들은 자유주의적인(전자의 경우 함축적으로는 사회주의적인) 요소를 반자유주의적인 것과 결합시키고, 진보적인 요소를 반진보주의적 요소와 결합시키고 있었다. 게다가 이러한 본질적인 복합성과 자가당착성은 그들로 하여금 자유주의적 진보주의자나 반진보주의자들보다도 더 깊숙이 사회의 본래적 성질을 이해할 수 있게 했다. 그것이 그들을 변증법 쪽으로 나아가게 했던 것이다.

첫째의 집단, 즉 소부르주아적 급진주의 집단에 속하는 가장 중요한 사상가(혹은 오히려 직관적인 천재라 함이 좋을 것이다)는 1789년에는 이미 세상을 떠나고 없었다. 루소가 바로 그 사람이다. 그는 순수한 개인주의와 인간이란 공동사회 안에서만 인간이라는 확신 사이에서, 이성에 입각한 국가의 이상과 '감정'에 대립하는 것으로서의 이성에 대한 불신 사이에서, 진보가 불가피하다는 인식과 진보는 '자연적인' 원시 인간의 조화를 파괴한다는 확신 사이의 중간에 서 있었다. 그 결과 공장 소유자들의 자유주의적인 확신을 받아들일 수도, 프롤레타리아들의 사회주의적 신념을 받아들일 수도 없는 모든 계급의 딜레마를 표현했는데, 그것은 바로 그 자신의 개인적 딜레마를 표현하기도 한 것이었다.

신경질적이고 동시에 위대하기도 한 이 사람이 가진 견해의 자세한 부분까지 개의할 필요는 없다. 왜냐하면 사상 측면에서나, 혹은 정치학 측면에서도 로베스피에르와 혁명력 2년의 자코뱅을 제외하고는 특별히 루소주의학파라고 할 만한 것이 존재하지 않았기 때문이다. 루소의 지적 영향은 특히 독일에서, 또 낭만주의자들 사이에 많이 침투했고 또 강력한 영향을 미쳤다. 그러나 그것도 어떤 체계의 영향이 아니라 태도와 정열의 영향이었다. 하층의 평민이나 소부르주아 급진주의자들에게 미친 그의 영향은 대단한 것이었다. 하지만 그 영향이 지배적이었던 것은 마치니나 그와 비슷한 민족주의자들과 같이 가장 애매했던 사람들 사이에서뿐이었다. 전반적으로 볼 때 그것은 토머스 제퍼슨이나 토머스 페인의 경우와 같이 18세기 합리주의의 훨씬 더 정통적인 적용과 융합했다.

근래 학계에서는 루소를 크게 오해하는 경향이 유행되어왔다. 그들은 루소를 볼테르나 백과전서파와 같은 계몽주의와 프랑스 혁명의 선구자로서 분류하는 전통을 우스꽝스러운 일로 비웃고 있는 것이다. 그 까닭은 루소가 그들에 대한 비판자였기 때문이라는 것이다. 그러나 당시 루소의 영향을 받은 사람들은 루소를 계몽주의 사상가의 일부로 간주했다. 19세기 초에 조그마한 급진주의적 작업장에서 루소의 작품을 새로 출판한 사람들은 자동적으로 그를 볼테르와 돌바크 그리고 그 밖의 사람들과 한데 묶어서 그의 작품을 출판했던 것이다. 최근의 자유주의적 비판자들은 루소를 좌파 '전체주의'의 선조라고 공격해왔다. 그러나 실제로 그는 근대 공산주의와 마르크스주의의 주요한 전통에 아무런 영향도 주지 않았다.[18]

루소의 전형적인 신봉자들은 이 책이 다루고 있는 시대와 그 후를 통해 자코뱅형, 제퍼슨형 그리고 마치니형의 소부르주아적 급진주의자였다. 즉 민주주의와 민족주의, 그리고 평등한 재산 분배와 약간의 복지활동을 갖춘 소독립생산자의 국가를 신봉하는 사람들이었다. 이 책이 다루는 시대에서 루소는 무엇보다도 평등을 위해, 그리고 압제와 착취에 반대해 자유("인간은 자유롭게 태어났으나 도처에서 인간은 쇠사슬에 묶여 있다")를 위해, 또한 과두정치에 반대해 민주주의를 위해, 부자와 교육받은 자들의 궤변에 의해 손상되지 않은 오직 '자연스러운 인간'을 위해, 그리고 차가운 계산에 반대하는 '감성'을 위해 싸우는 사람으로 믿어졌던 것이다.

제2의 집단, 즉 독일철학 집단이라고 부르는 것이 아마도 가장 좋을 듯한 두 번째 집단은 그보다 훨씬 더 복잡하다. 게다가 그 구성원들은 자기네들이 살고 있는 사회를 타도할 만한 힘도, 산업혁명을 수

---

18) 마르크스와 엥겔스가 거의 40년에 걸쳐 주고받은 서한 가운데 루소에 대해 언급한 것은 단 세 번으로 그것도 우연히, 오히려 부정적으로 언급했을 뿐이었다. 그런데 그들은 지나치면서이기는 하지만, 헤겔의 그것의 선구가 된 루소의 변증법적 접근을 평가했다.

행할 만한 경제적 수단들도 갖지 못했으므로 일반적인 사상체계를 정성스럽게 구축하는 데 힘을 집중하는 경향이 있었다. 독일에는 고전적 자유주의자가 거의 없었다. 위대한 과학자 알렉산더 폰 훔볼트의 형인 빌헬름 폰 훔볼트(Wilhelm von Humboldt, 1767~1835)가 그 가운데 가장 두드러진 인물이었다. 독일의 중류계급과 상류계급의 지식인들 사이에서 아마도 가장 공통적이었던 태도는 계몽적 가부장 정치와 관료정치의 효능, 상류계급의 책임감에 대한 신뢰와 결합된 진보의 필연성 그리고 과학·경제의 발전이 가져오는 이익에 관한 확신이었다. 이러한 태도는 매우 많은 관리와 국가에 고용된 교수들을 그 성원 중에 포함하고 있는 한, 계급에 걸맞은 태도라 하겠다. 위대한 괴테는 그 자신이 한 소국(小國)의 대신이자 추밀고문관이었는데, 그러한 태도의 가장 좋은 예가 된다.[19)]

계몽적인 국가에서 실현되는 중류계급의 요구들은——흔히 그것은 역사의 여러 경향에서 나오는 불가피한 작용으로서 철학적으로 공식화된다——독일의 온건한 자유주의를 가장 잘 나타내는 것이었다. 독일의 국가들이 그들의 최성기(最盛期)에 경제적·교육적 진보를 조직하는 데 항시 활발하고도 효과적인 선도력을 발휘했다는 사실, 그리고 완전한 자유방임이 독일의 사업가들에게 각별히 유리한 정책은 아니었다는 사실, 이 두 사실로서도 이 태도의 매력은 감소되지 않았다.

이와 같이 하여 우리는 독일 중류계급 사상가들의 실천적 견해를 그들의 역사적 입장의 특수성을 참작하고 다른 여러 나라들에 견주어볼 수 있을 것이다. 그러나 이것으로 많은 독일 사상 속에 일관되

---

19) 그의 '정치적 신념의 선언'에 관해서는 Eckermann, *Gespräche mit Göthe*, 4. 1(1824) 참조.

게 흐르고 있는 순수한 형태의 고전적 자유주의에 대한 매우 현저한 냉담성을 확실하게 설명할 수 있을지는 의문이다. 자유주의의 흔해 빠진 표현—철학적 유물론 또는 경험론, 뉴턴, 데카르트적 분석, 그 밖의 여러 가지 것들—은 대부분의 독일 사상가들의 마음을 편치 않게 만들었으며, 신비주의·상징주의, 유기적 전체에 대한 방대한 일반화 따위가 눈에 띄게 그들의 마음을 끌었다. 아마도 18세기 초에 지배적이었던 프랑스 문화에 대한 민족주의적 반동이 독일 사상의 이 같은 튜턴주의적 경향을 강화하는 데 도움을 주었던 것 같다. 경제적으로나 지적으로나, 또 어느 정도는 정치적으로도 독일이 우세했던 그 전 시대(18세기보다 앞선)의 지적 분위기가 사라지지 않고 지속되었다는 사실이 이를 한층 더 잘 설명해준다. 왜냐하면 종교개혁과 18세기 말 사이 한 시대의 쇠퇴가 독일 소도시의 16세기적 외관을 바꾸지 않고 그대로 유지했던 것과 꼭 마찬가지로 그것은 독일의 지성적 전통의 의고주의(擬古主義)를 그대로 유지해왔기 때문이다.

어쨌든 독일 사상의 기본적 분위기는—철학이든 과학이든 예술이든—18세기 서유럽의 분위기와는 현저히 달랐다.[20] 고전적인 18세기적 견해가 그 한계에 접근하자, 이 사실은 독일 사상에 일종의 유리한 입장을 제공했다. 그것은 19세기에 어째서 독일 사상의 지적 영향력이 점점 더 증대해갔는가 하는 것을 설명하는 데 도움을 준다.

그 기념비적 표현이 독일 고전철학이다. 그것은 1760년과 1830년 사이에 독일 고전문학과 함께, 그리고 그것과 밀접한 관련을 가지면서 생성된 하나의 사상체계였다(시인 괴테는 저명한 과학자이

---

20) 이것은 오스트리아에는 적용되지 않는다. 오스트리아는 독일과는 크게 다른 역사를 겪어왔기 때문이다. 예술(특히 음악, 건축술, 연주)이나 약간의 응용과학에서는 오스트리아 제국이 매우 뛰어났지만 사상 면에서는 주된 특징이라고 할 만한 것이 거의 없었다.

자 '자연철학자'였으며, 시인 실러는 역사학 교수[21]였을 뿐 아니라 철학적 논문 등의 저자로 유명하다는 사실을 잊어서는 안 된다). 칸트 (1724~1804)와 헤겔(1770~1831)이 이 독일 고전철학의 양대 지도자였다. 1830년 이후 같은 시기에 이미 우리가 앞에서 살펴본 바와 같이 18세기 합리주의의 지적 개화였던 고전경제학 내부에서 일어나기 시작했던 분해의 과정이 독일철학 내부에 일어났다. 그 산물이 곧 '청년헤겔파'(Junghegelianer)이며 궁극적으로는 마르크스주의였다.

언제나 잊어서는 안 될 점은 독일의 고전철학이 철저히 하나의 부르주아적 현상이라는 것이다. 그 지도적 인물들(칸트, 헤겔, 피히테, 셸링)은 모두 프랑스 혁명을 환호했으며, 또 실제로 상당한 기간 그것에 대한 충성을 지켰다──헤겔은 예나 전쟁(1806)까지도 나폴레옹을 옹호했다. 계몽사상이 칸트의 전형적으로 18세기적인 사상의 기본 구조를 이루었고 또 헤겔 사상의 출발점이 되었다. 양자의 사상에는 진보의 이념이 깊이 스며들어 있었다. 칸트가 이룩한 최초의 위대한 업적은 태양계의 기원과 발전에 관한 하나의 가설을 세운 것이었다.

한편 헤겔의 전체 철학은 진화, 즉 역사성의 철학이었으며, 필연적 진보의 철학이었다. 헤겔은 맨 처음부터 프랑스 혁명의 극좌파를 싫어했고, 마침내 전적으로 보수적이 되면서도 한편으로는 프랑스 혁명이 부르주아 사회의 기초로서 갖는 역사적 필연성을 한시도 의심하지 않았다. 게다가 그들의 뒤를 따른 대부분의 학구적 철학자들과는 달리 칸트나 피히테, 특히 헤겔은 경제학을 약간은 연구했다(피히

---

21) 그의 역사극은──『발렌슈타인』3부작을 제외하고──생각할 수 없을 만큼의 시적 부정확성을 지니고 있다.

테의 경우는 중농학파의 경제학, 칸트와 헤겔은 영국의 경제학). 또 칸트와 젊은 헤겔은 스스로 애덤 스미스의 소론을 받아들이는 것으로 자처했다고 믿을 만한 이유가 있었다.[22]

　독일철학의 이와 같은 부르주아적 경향은 평생을 통해 자유주의 좌파의 자리를 고수했던 칸트의 경우가 어떤 한 가지 점에서 더 분명했지만, 그의 말기의 여러 저서들(1795) 가운데는 전쟁을 폐기하는 여러 공화국의 세계연방을 통해 보편적 평화를 구현한다는 숭고한 열망이 담겨 있다——칸트는 다른 점에서는 헤겔보다도 더 애매했다. 즉 칸트의 사상은 벽지의 프로이센령 쾨니히스베르크에 있는 검소하고 겸손한 교수 숙소 안에 갇혀 있는 꼴이어서 영국과 프랑스의 사상에서 상당히 구체적이고 특징적이었던 사회적 내용이 칸트의 경우에는 비록 숭고할지는 몰라도 하나의 메마른 추상물, 특히 '의지'라는 도덕적 추상물로 화하고 있다.[23]

　헤겔의 사상도 모든 독자들이 통감하듯이 대단히 추상적이다. 하지만 적어도 초기에는 그의 여러 추상이 사회——부르주아 사회——와 타협하고 이를 받아들이려는 기도가 훨씬 더 뚜렷이 나타나 있다. 그리고 또 실제로 인간성의 기본적 요인으로서 노동을 분석(그가 1805~66년의 강의에서 말한 바에 따르면 "인간은 이성적 존재이기 때문에 도구를 만들며, 이것은 인간 의지의 최초의 표현이다")[24]하면서 헤겔은 고전적 자유주의 경제학자들이 사용한 것과 동일한 도구를

---

22) 칸트에 관해서는 G. Lukács, *Der junge Hegel*, p. 409; 헤겔에 관해서는 같은 책, II, 5.

23) 이리하여 루카치는 개개인의 이기적 적대행동으로 사회적으로 유익한 결과들을 만들어내는 애덤 스미스의 매우 구체적인 '보이지 않는 손'의 역설, 그 역설이 칸트에게는 완전히 추상화되어서 '비사회적 사회성'이 된다는 것을 밝히고 있다.

24) Lukács, 앞의 책, pp. 411~412.

추상적으로 휘둘렀다. 그리하여 부수적으로 마르크스에게 그 기초적 바탕의 하나를 제공했던 것이다.

그럼에도 불구하고 독일철학은 바로 그 출발부터 고전적 자유주의와는 중요한 여러 점에서 상이했으니, 그것은 칸트보다도 헤겔의 경우 더욱 두드러졌다.

첫째, 그것은 의식적인 관념론으로서 고전적 전통인 유물론이나 경험론을 일절 배격했다. 둘째, 칸트 철학의 기본 단위가 비록 그것이 개인적 양심이라는 형태이기는 하지만—이에 대해 헤겔의 출발점은 집단, 즉 공동체였다—헤겔은 그 집단이 역사적 발전의 충격을 받아 개개인으로 분해하고 있는 것이라고 확신했다. 그리고 실제로 헤겔의 그 유명한 변증법, 즉 끊임없는 모순의 끊임없는 해결을 통해 진보가 이루어진다는 진보(어떤 분야든 간에)의 이론이 개인과 집단 사이의 모순에 대한 이와 같은 깊은 자각에 의해 그 최초의 자극을 받았으리라는 것도 능히 있을 수 있는 일이다. 뿐만 아니라 그들의 입장이 처음부터 전폭적으로 부르주아 자유주의적인 발전 영역의 맨끝 가장자리에 위치해 있었고, 그들이 그 부르주아 자유주의적 발전에 완전히 참가할 수 있었기 때문에 독일의 사상가들은 그러한 발전의 한계와 모순을 훨씬 더 잘 알아보았던 것이다. 그러한 발전이 필연적인 것임은 의심할 바가 없었다. 그러나 그것은 막대한 득과 함께 막대한 실을 가져오지 않았던가. 그것은 차례가 되면 그 자체가 새로운 것에 의해 대체되어야만 할 것이 아니었던가.

그러므로 고전철학, 특히 헤겔 철학은 딜레마에 빠진 루소의 세계관과 기묘한 평행관계를 이루고 있는 것을 우리는 발견하게 된다. 다만 루소와는 달리 이들 철학자들은 대단한 노력을 기울여 그들의 모순들을 단일한, 모든 것을 포괄하는 이론정연한 체계 속에 집어넣으려고 노력했다(덧붙여 말한다면, 루소는 칸트에게 강렬한 감정적 영향을 주었다. 칸트가 규칙적인 오후의 산책이라는 그의 변함없는 습관을 깨뜨린 일이 꼭 두 번 있었다고 전해지는데, 하나는 바스티유 함락 때문이고 다른 하나는—며칠 동안에 걸쳐—『에밀』을 읽었기 때문이라고 한다). 실제로 이 실망한 철학적 혁명가들은 현실과의 '화해'라는 문제에 직면했다. 그리고 헤겔의 경우는 몇 년 동안의 주저 끝에—그는 나폴레옹이 몰락하기 전까지는 프로이센에 관해 두 가지 생각을 가진 채 마음을 정하지 못하고 있었으며 또 괴테와 같이 해방전쟁에는 아무런 관심이 없었다—프로이센 국가의 이상화라는 형태를 취했던 것이다.

한편 이론에서는 역사적으로 운명지어진 사회의 덧없는 일시성이 그들의 철학 속에 그 체계의 일부로서 도입되었다. 절대적 진리란 있을 수 없는 것이었다. 역사과정의 발전이 있을 뿐이고, 그 역사과정은 모순의 변증법을 통해 발생하고 변증법적 방법에 의해 파악되는 것이었다. 아니, 적어도 1830년대의 청년헤겔파는 그렇게 결론지었다.

그들은 역사과정의 발전을 독일 고전철학의 논리로서 그들의 위대한 교사 자신이 그 이상의 전진을 원치 않고 정지하기를 바랐던 지점(왜냐하면 헤겔은 다소 비논리적으로 절대이념의 인식으로써 역사를 끝내려고 열렬히 바랐던 것이다)을 넘어서까지 끝끝내 추구하려고 들었다. 그 한 예로 1830년 이후 그들은 그들의 선배들이 걸어가기를 포기했거나, 괴테와 같이 결코 그 길을 택해 걸어가려 하지 않았던 혁명의 길에 다시 발을 들여놓으려고 했다. 그러나 1830~48년의 혁명적 쟁점은 이미 단순한 중류계급적 자유주의 세력의 정복에 있는 게 아니었다. 그리고 고전적 독일철학이 붕괴한 뒤 거기서 나타난 지적 혁명가는 지롱드당원도 철학적 급진주의자도 아닌, 바로 마르크스였다.

이리하여 이중혁명의 시대에서 우리는 중류계급적 자유주의 이데올로기와 소부르주아 급진주의 이데올로기의 승리 그리고 그것의 가장 정치한 정립(定立)을 보게 된다. 또 동시에 이 이데올로기들이 맨 처음 만들어내기 시작했거나 적어도 맨 처음 환영했던 국가와 사회들에서 일으키는 충격 때문에 중류계급적 자유주의와 소부르주아적 급진주의 이데올로기들이 분해되는 것을 보게 된다. 1830년은 워털루 시대의 잠잠한 휴면(休眠) 후 서유럽 대혁명운동의 부활이 시작된 해인 동시에 그러한 이데올로기의 위기가 시작된 해이기도 하다.

　이 이데올로기들은 비록 왜소화한 형태로나마 살아남았다. 이 시대 이후의 고전적 자유주의 경제학자 가운데 애덤 스미스나 리카도에 버금갈 만한 인물은 없었던 것이다(존 스튜어트 밀은 결코 그렇지 않다. 그는 1840년대부터 대표적인 영국적 자유주의 경제학자 겸 철학자가 되었다). 또 독일 고전철학도 칸트나 헤겔과 같은 시야와 힘을 가진 철학자를 낳지 못했으며, 1830년과 1848년 그리고 그 후 프랑스의 지롱드주의자나 자코뱅주의자는 1789~94년의 그들 선조들에 비하면 난쟁이와 같은 왜소한 존재였다. 이 일에 관해서는 19세기 중반의 마치니 일당도 18세기의 루소 일파에 비길 바가 아니다.

　그러나 위대한 전통──르네상스 이래 지적 발전의 주류──은 죽지 않았다. 그것은 그 반대물로 전화되었을 뿐이다. 마르크스는 그 인물의 크기나 접근방법에서 고전 경제학자들과 고전철학자들의 승계자였다. 그러나 그가 예언하고 또 세우려고 희망했던 사회는 그들 사회와는 매우 다른 것이었다.

제14장 예술

유행을 따르려는 취미는 언제나 있는 법이지요. 예를 들면 편지를 쓰는 취미 ― 햄릿 역을 연기하는 취미 ― 철학적 강의에 대한 취미 ― 뭔가 신기하고 놀라운 일에 대한 취미 ― 단순한 것에 대한 취미 ― 번쩍번쩍한 것에 대한 취미 ― 수수하고 거무스레한 것에 대한 취미 ― 부드러운 것에 대한 취미 ― 엄하고 무서운 것에 대한 취미 ― 도적들에 대한 취미 ― 도깨비에 대한 취미 ― 프랑스의 댄서, 이탈리아의 가수, 독일의 구레나룻과 비극에 대한 취미 ― 11월을 시골에서 즐겁게 지내고 런던에서 삼복더위가 끝날 때까지 월동하는 취미 ― 구두를 만드는 취미 ― 관광여행의 취미 ― 취미 그 자체에 대한 취미, 혹은 또 취미에 관하여 글을 쓰는 취미 등등이 다 그런 것이랍니다.
- • T. L. 피콕, 『멜린코트』(*Melincourt*, 1816) 가운데
  핀머니 백작 부인의 말

영국에서는 나라의 부강함에 비해 볼 만한 건물이 어쩌면 그렇게도 적을까……. 박물관이나 그림이나 보석, 진기한 것들, 궁전, 극장, 혹은 그 밖의 다시 만들어낼 수 없는 대상들에 대해 어쩌면 자본이 그렇게도 적게 투입되는가! 나라의 위대함에 주요한 기초가 되는 이 일이 바로 우리들의 열등함을 말해주는 증거라고 외국인 여행자들과 이 나라의 정기간행물 기고가들이 종종 말하고 있다.
- • S. 렝, 『프랑스, 프로이센, 스위스, 이탈리아 및 유럽의
  다른 지역들의 사회적·정치적 상태에 대한 각서』(1842)[1]

1

이중혁명 시대의 예술적 발전을 살펴보려고 하는 사람은 누구나 먼저 그 시대 예술의 엄청난 번성을 보고 놀라게 된다. 베토벤과 슈베르트, 장년기와 노년기의 괴테, 젊은 디킨스, 도스토예프스키, 베르디, 바그너, 만년의 모차르트가 이 시대에 살았고, 고야와 푸슈킨과 발자크가 전 생애 또는 거의 전 생애를 살았던 이 반세기는, 이들이 아닌 다른 사람들과 어울렸던들 그들 스스로가 거장으로 추앙받았을 그 많은 일단의 사람들은 논외로 하더라도 세계 역사상 어느 반세기와도 비교를 허용치 않을 시대다. 이러한 비상한 기록은 사실상 유럽의 거의 모든 나라에서 예술이 부활·보급되어 널리 일반 유식층(有識層)에게 호소하면서 그러한 예술가들을 배출시킨 데 힘입어 이루어진 것이었다.[2]

이 시대에 일어난 문화적 부흥의 폭과 깊이를 설명하는 데는, 그 긴 예술가들의 목록을 열거해 독자들을 지루하게 하기보다는 몇 개의 시점을 두고 단면도를 살펴보는 편이 최선의 방법일지도 모르겠다. 먼저 1798~1801년의 경우를 한 예로 살펴보자. 예술에서 새로움을 갈망했던 시민들은 영어로는 워즈워스와 콜리지의 서정시를, 독일어로는 괴테, 실러, 장 파울(Jean Paul), 노발리스(Novalis)의 여러 작품들을 대할 수 있었다. 한편으로는 하이든의 「천지창조」와 「4계」, 베토벤의 「제1교향악」과 최초의 「현악 4중주」를 들을 수 있었다. 이

---

1) S. Laing, *Notes of a Traveller on the Social and Political State of France, Prussia, Switzerland, Italy and other parts of Europe, 1842*(1854 ed.), p. 275.

2) 비유럽 문명권의 여러 나라들은 고찰 대상에서 제외했다. 다만 그 나라들이 이중혁명의 영향을 받은 한에서는 예외가 될 것이지만 이 시대에는 그런 일이 거의 없었다.

시기에는 또 다비드(J. L. David)가 「레카미에 부인의 초상」을 완성했고, 고야는 「카를로스 4세 가족의 초상」을 완성했다.

그리고 1824~26년 사이에 남녀시민들은 영어로는 스콧(Walter Scott)의 새로운 소설과 작품, 이탈리아어로는 레오파르디(Leopardi)가 쓴 시와 만초니(Manzoni)의 『약혼자』를, 프랑스어로는 빅토르 위고와 알프레드 드 비니(Alfred de Vigny)의 시를, 그리고 또 만약 형편이 허락했다면 러시아어로 푸슈킨의 『예브게니 오네긴』의 앞부분과 새로이 모인 북유럽 민화들을 읽을 수 있었을 것이다. 베토벤의 「합창교향곡」, 슈베르트의 「죽음과 소녀」, 쇼팽의 최초 작품, 베버의 「오베론」 등도 이 시대에 나온 작품이다. 들라크루아의 「키오스 섬의 학살」이라는 그림과 컨스터블(Constable)의 「건초를 실은 수레」도 그러했다.

그보다 10년 후(1834~36)에는 문학에서 러시아에서는 고골리의 『검찰관』과 푸슈킨의 『스페이드의 여왕』, 프랑스에서는 발자크의 『고리오 영감』과 뮈세(Musset), 위고, 고티에, 알프레드 드 비니, 라마르틴(Lamartine), 알렉상드르 뒤마 1세의 작품들, 독일에서는 뷔흐너(Büchner)와 그라베(Grabbe) 그리고 하이네, 오스트리아에서는 그릴파르처(Grillparzer)와 네스트로이(Nestroy), 덴마크에서는 안데르센의 작품들, 그리고 폴란드에서 미키예비츠(Mickiewicz)의 『판 타데우시』가 나왔고, 핀란드에서는 국민서사시 『칼레발라』의 기본판이, 영국에서는 브라우닝과 워즈워스의 시가 나왔다.

음악에서는 이탈리아에서 벨리니(Bellini)와 도니제티(Donizetti)의 오페라, 폴란드에서는 쇼팽의 작품들, 러시아에서는 글린카의 작품이 나왔다. 컨스터블은 영국에서, 프리드리히(Caspar David Friedrich)는 독일에서 각각 그림을 그렸다.

이 3년간을 다시 전후로 1~2년 더 넓히면 디킨스의 『픽윅 페이퍼스』, 칼라일의『프랑스 혁명』, 독일에서는 괴테의『파우스트』제2부, 플라텐(Platen)과 아이헨도르프(Eichendorff) 그리고 뫼리케(Mörike)의 시, 플랑드르 문학과 헝가리 문학에 중요한 공헌을 한 작품들, 그리고 프랑스와 폴란드, 러시아의 주요 작가들에 의한 그 밖의 출판물들이 우리의 시야에 들어온다. 음악에서는 슈만의「다비데 단원들의 춤」, 베를리오즈의「진혼곡」또한 이 시기의 것이다.

임의로 추출한 이들 표본을 통해 두 가지 사실이 명백해진다. 첫째로는 예술적 업적이 여러 국민들 사이에 놀랍도록 널리 분포되어 있었다는 사실이다. 이것은 새로운 현상이었다. 19세기 전반에는 러시아의 문학과 음악이 세계적 세력으로 등장했으며, 그보다는 훨씬 덜 두드러지지만 미국 문학 또한 쿠퍼(Fenimore Cooper, 1787~1851), 포(Edgar Allan Poe, 1809~49), 그리고 멜빌(Herman Melville, 1819~91) 등을 동반하고 나타났다. 폴란드와 헝가리의 문학과 음악도 그러했다. 또 적어도 민요와 동화와 서사시의 출판이라는 형태로서는 북유럽이나 발칸 반도의 문학도 그러했다.

뿐만 아니라 새로이 형성된 이들 어문문화(語文文化)들 가운데 몇몇 분야는 당장에 전무후무한 탁월한 성과들을 낳았다. 즉 푸슈킨(1799~1837)은 오늘날에도 러시아의 고전적인 시인으로 자리를 지키고 있으며, 미키에비츠(1798~1855)는 폴란드가 낳은 최대의 시인이요, 페토피(Petofi, 1823~49)는 헝가리의 국민시인이었다.

두 번째 명백한 사실은, 특정한 예술과 장르가 유달리 발달했다는 사실이다. 문학이 바로 그런 예이며, 문학 중에서도 소설이 그러했다. 어느 시대를 보아도 이때만큼 불후의 소설가들이 집중적으로 나타난 시기는 없을 것이다. 프랑스의 스탕달과 발자크, 영국의 오스틴(Jane Austen)과 디킨스, 새커리(Thackeray) 그리고 브론테 자매, 러시아의 고골리와 젊은 도스토예프스키, 투르게네프 등이 그러한 예다(톨스토이의 처녀작은 1850년대에 나왔다).

음악은 아마 이보다 더욱 두드러진 예가 될 것이다. 음악회의 표준적인 연주 곡목으로 현대에까지도 주로 의존하고 있는 작곡가들, 즉 모차르트와 하이든 — 하긴 이들은 실제로는 그 전 시대에 속하지만 — 베토벤과 슈베르트, 멘델스존, 슈만, 쇼팽, 리스트 등은 모두 이 시기에 활동한 작곡가들이다. 기악의 '고전'시대를 형성한 성과들은 주로 독일과 오스트리아가 이루어놓았지만, 오페라라는 장르는 그 어느 장르보다도 널리, 그리고 성공적으로 성황을 누렸다. 이탈리아에는 로시니, 도니제티, 벨리니, 그리고 젊은 베르디가 있었고, 독일에는 베버와 젊은 바그너(모차르트의 마지막 오페라는 말할 것도 없다)가 있었다. 러시아에서는 글린카, 프랑스에서도 다소 뒤지기는 하지만 몇몇 사람이 있었다.

한편 시각예술은 회화 부문은 부분적으로 예외이지만 그렇게 빛을 발하지 못했다. 고야(1746~1828)는 이따금 위대한 예술가를 배출하는 에스파냐가 낳은 위대한 예술가다. 에스파냐는 분명 이 시대를 통틀어 몇 안 되는 최상급 화가 중 한 사람인 고야를 낳았다. 영국의 회화는 터너(1775~1851)와 컨스터블(1776~1837)을 가짐으로써 최고의 성과를 냈고, 그 독창성도 18세기보다는 약간 높은 수준에 도달했다. 그것이 국제적으로 미친 영향 또한 그 전이나 그 후의 어느 때보다도 명백히 컸다. 이 시대의 프랑스 회화도 그 뛰어난 역사의 어느 시대에 못지않게 걸출했다 — 다비드(1748~1825), 제리코(1761~1824), 앵그르(1780~1867), 들라크루아(1790~1863), 도미에(1808~79), 쿠르베(1819~77) 등.

이탈리아의 회화는 사실상 몇 세기에 걸쳤던 영광의 종말에 와 있었다. 그리고 독일의 회화는 독일 문학이나 독일 음악의 독보적인 승리나 독일 회화 자체가 16세기에 이루었던 성공의 언저리에도 미치지 못했다. 조각은 모든 나라에서 18세기에 비해 크게 빛을 잃고 있었으며, 건축 또한 독일과 러시아에서 약간 뛰어난 업적이 있기는 해도 역시 마찬가지였다. 이 시대의 건축에서 최대의 업적들은 실상 엔지니어들이 해낸 일이라는 데는 의문의 여지가 없다.

무엇이 한 시대 예술의 성쇠를 결정하는지는 오늘날까지도 아직 분명치 않다. 그러나 1789년과 1848년 사이의 시대에서는 이 문제에 대한 해답을 그 무엇보다도 먼저 이중혁명의 충격 속에서 찾아야 한다는 데에는 의문이 있을 수 없다. 이 시대의 예술가와 사회의 관계를 오해의 위험을 무릅쓰고라도 한 줄로 요약한다면, 이렇게 말할 수 있을 것이다. 프랑스 혁명은 한 실례로서 예술가들에게 영감을 불어넣었고 산업혁명은 그 끔찍스러움으로 그들을 자극했으며, 이 두 혁명의 산물인 부르주아 사회는 예술가의 존재 그 자체와 창조양식을 변혁시켰다라고.

이 시대의 예술가들이 사회적 사건들에 의해 직접적으로 영감을 얻고, 또 거기에 직접 관계했던 것은 엄연한 사실이다. 모차르트는 매우 정치적인 프리메이슨주의를 위한 선전용 오페라(1790년의 「마적」)를 만들었고, 베토벤은 프랑스 혁명의 계승자로서의 나폴레옹에게 교향곡 「황제」를 바쳤으며, 괴테로 말하면 적어도 현역 정치가요 관료였다. 디킨스는 사회적 병폐를 공격하기 위해 소설을 썼고, 도스토예프스키는 혁명활동을 한 탓에 1849년 사형선고를 받지 않으면 안 되었다. 바그너와 고야는 정치적 망명을 해야 했고, 푸슈킨은 12월당원들과 연루되어 처벌을 받았다. 또 발자크의 『인간희극』은 완벽하게 사회적 관심의 한 기념비였다.

창조적인 예술가들을 '이편도 저편도 아닌 초연한' 존재로 보는 것만큼 진실과 거리가 먼 것도 없다. 로코코식 궁궐과 규방 따위를 장식하는 얌전한 실내장식가들, 또는 방문 중인 영국 귀족들에게 장식품을 수집해 바치는 사람들이란 바로 자신들의 예술이 더 이상 살아남을 수 없는 자들이었다. 프라고나르(Fragonard)가 프랑스 혁명 후 17년을 더 살았다는 사실을 우리 중 몇이나 기억하고 있을까. 여러 예술 가운데서도 겉보기에는 가장 비정치적인 음악마저도 정치와 긴밀한 연관성을 가지고 있었던 것이 이 시대였다. 이 시대에는 정치적 선언으로서 오페라가 창작되고, 그런 것으로서 받아들여지며, 혹은 오페라가 혁명의 방아쇠를 당기곤 했던 역사상 유일한 시대였다.[3]

사회적 사건과 예술을 연결시키는 유대는 민족의식이나 민족해방운동 또는 통일운동이 발전되어가고 있는 나라에서 특히 강한 법이다(제7장 참조). 독일, 러시아, 폴란드, 헝가리, 스칸디나비아의 여러 나라와 그 밖의 나라에서 민족적 어문문화의 부흥 또는 탄생이 외국어를 사용하는 코스모폴리탄적인 귀족문화에 반대해 자국어와 토착 민족의 문화적 우월성을 주장하는 것과 흔히 일치하고 있다는 것, 또한 그것이 흔히 그 최초의 표명이었다는 사실은 분명히 우연한 일이 아니다. 그러한 민족주의가 가장 명백한 문화적 표현을 문학과 음악에서 찾았다는 것은 실로 당연한 일이었다. 즉 문학과 음악은 양자가 다 공공적인 예술이었고, 그것은 나아가 민중들의 줄기찬 창조적 유산인 언어와 민요에 의존할 수 있었던 것이다. 전통적으로 기존의 지배계급과 왕실과 정부의 위탁에 의존해온 예술들, 즉 건축과 조각 그

---

3) 「마적」은 접어두고라도 우리는 다음과 같은 것을 예로 들 수 있을 것이다. 즉 이탈리아 민족주의의 표현이라 해서 갈채를 받았던 베르디의 초기 오페라, 벨기에의 1830년 혁명을 폭발시킨 오베르의 「포르티시의 벙어리 처녀」, 글린카의 「황제에게 바친 생명」, 헝가리의 「허냐디 라즐로」(1844)와 같은 갖가지 '민족 오페라'가 곧 그것들이다. 이들 '민족 오페라'는 초기 민족주의와 관계 있는 것이라 하여 지금껏 그 고장의 연주 곡목 가운데 제자리를 지키고 있다.

리고 그보다는 덜하지만 회화가 이러한 민족적 부흥을 덜 반영했다는 것은 이해가 가는 일이다.[4] 이탈리아의 오페라는 궁정예술이기보다는 오히려 민중예술로서 전례 없는 성황을 누렸다. 그러나 이탈리아의 회화나 건축은 숨이 끊기고 말았다.

물론 새로운 민족문화가 소수 식자층과 중류 그리고 상류계급의 울타리 안에서만 존재했다는 사실을 잊어서는 안 될 것이다. 아마 이탈리아의 오페라와 필사(筆寫)예술 등 복사될 수 있는 형태들과 소수의 비교적 짧은 시나 노래들을 제외하면 이 시대의 위대한 예술적 업적들 중 그 어느 것도 무식층이나 빈민층의 손이 미치는 곳에 있지 않았다. 유럽의 주민들 대부분도 대중적인 민족운동 또는 정치운동이 그것들을 집단적인 상징으로 만들기 전까지는 그러한 것들이 있다는 것조차 모르고 있었던 게 거의 확실하다. 물론 문학이 그 가운데서도 가장 널리 보급되었다. 다만 그것은 성장해가는 중류계급 사이에서 주로 나타난 현상이었다. 그들은 소설과 긴 이야기조의 담시(譚詩)를 위해 고마운 단골시장(특히 하릴없는 부녀자들 사이에서)이 되어주었던 것이다. 성공한 작가들이라도 상대적으로 큰 돈벌이를 차지하게 되는 일은 매우 드물었다. 예컨대 바이런은 『차일드 해럴드』의 최초의 세 편을 써서 2,600파운드를 받았다. 공연무대는 사회적으로 훨씬 더 제한되어 있었지만, 그래도 몇천 명 정도 공중의 발길이 닿을 수 있는 곳이었다. 기악은 영국·프랑스 같은 부르주아 사

---

4) 유럽의 대부분 지역에서는 글씨를 해독하고 정치의식이 있는 인구가 충분히 많지 않았다는 사실이 석판인쇄와 같은 값싼 복제기술의 활용에 한계를 그었다. 그러나 이들 석판과 그 비슷한 수단을 통한 위대하고 혁명적인 예술가들의 주목할 만한 업적들 ― 예컨대 고야의 「전쟁의 참화」와 「변덕」, 윌리엄 블레이크의 환상적인 삽화, 도미에의 석판화와 신문만화 ― 은 이들 선전기술의 매력이 얼마나 강했던가를 보여준다.

회와 미국과 같이 문화에 굶주린 나라, 즉 공개음악회가 충분히 틀이 잡힌 나라들 이외의 곳에서는 위에서 말한 것들보다도 훨씬 열악했다(그래서 대륙의 많은 작곡가들과 명연주가들은 돈벌이가 잘되는, 달리 말하면 안목이 까다롭지 않은 영국 시장에 관심을 집중시켰다). 다른 곳에서는 왕실음악회, 예약제 음악회, 제한된 지방 유력자층이나 아마추어 애호가의 사적 연주회 따위가 여전히 지배적이었다.

회화는 물론 개인적으로 그림을 사들이는 사람들을 위해 제작되었으며, 판매를 위한 공개전시회나 개개 화상(畵商)의 화랑에 전시된 다음에는 자취를 감추어버렸다. 하지만 이러한 공개전시회가 이 시대에 이미 완전히 틀이 잡혀 있었다. 이 시대에 설립되었거나 일반에게 공개된 박물관과 미술관(예컨대 루브르 미술관과 1826년에 설립된 영국 국립박물관)은 현재의 미술보다도 과거의 미술을 전시하고 있었다. 한편 에칭(부식 동판화), 인쇄화, 석판화 등은 도처에서 볼 수 있었다. 값싸고 또 신문이 이것들을 도입해서 쓰기 시작했기 때문이다. 건축은 물론 개인 주택에 대한 일정량의 투기적인 경우를 제외하면 주로 개인적 또는 공공적 주문에 따라 일을 계속하는 형편이었다.

2

그러나 사회 소수파의 예술일지라도 전 인류를 뒤흔드는 지진의 진동을 반영할 수 있는 법이다. 이 책이 다루는 시대의 문학과 예술들이 바로 그러했는데, 그 결과 나온 것이 '낭만주의'였다. 예술의 한 양식, 한 유파, 그리고 한 시대로서, 낭만주의만큼 정의하기 어렵고 제대로 형식을 갖춘 분석을 하기 어려운 것도 없다. 낭만주의가 반기를 들고 나섰던 '고전주의'도 그 정도는 아니었다. 낭만주의자 자신들은 낭만주의가 과연 무엇인가를 정의해보려는 우리의 노력에 별로 도움이 되지 못한다. 낭만주의가 과연 무엇인가에 대해 그들 자신이 내놓은 설명은 확고하고 명확하지만 그들의 말에는 합리적인 내용이 전적으로 결여되어 있기 때문이다.

빅토르 위고에게는 낭만주의란 "자연이 하는 바를 그대로 하는 일, 자연의 창조물들, 즉 그림자와 빛, 그로테스크한 것과 숭고한 것 — 다시 말하면 육체와 영혼, 동물적인 것과 정신적인 것, 이러한 것들을 마구 한꺼번에 뒤범벅으로 섞지 않도록 하면서 동시에 이들 자연의 창조물들을 조합(調合)하는 일에 착수하는" 것이었다.[5] 노디에(Charles Nodier)에게는 "보통의 감정들에 싫증을 낸 인간의 마음이 의지할 마지막 수단이 이른바 이 낭만주의라는 장르…… 즉 사회의 도덕적 상태, 어떤 값을 치르더라도 감동을 추구해 마지않은 넌더리나는 세대들의 요구들, 이러한 것들에 아주 썩 잘 들어맞는 이상야릇한 시(詩)"[6]가 곧 그것이었다. 노발리스는 낭만주의란 "관례적인 것에 대해 보다 높은 의미를, 유일한 것에 대해 무한한 외관(外觀)을 부여함"을 의미하는 것이라고 생각했다.[7] 헤겔은 또 다음과 같이 생각했다. "낭만주의 예술의 본질은 예술적 대상이 자유롭고 구체적이라는 것과 그 본질 자체가 정신적인 이념이라는 데 있다 — 이 모든 것은 외면적인 눈보다는 오히려 내면의 눈에 현시되는 것이다."[8]

이러한 말들 가운데 기대를 걸 만한 조명이라고는 아무것도 얻어낼 수가 없다. 그도 그럴 것이 낭만주의자란 뚜렷한 것보다는 애매하고 깜박거리는 빛, 깨져 흩어지는 빛을 더 좋아했으니 말이다.

분류가들은 낭만주의의 기원과 종결에 대해 날짜를 붙이려고 들면

---

5) *Oeuvres Complètes*, XIV, p. 17.

6) H. E. Hugo, *The Portable Romantic Reader*(1957), p. 58.

7) Novalis, "Fragmente Vermischten Inhalts," *Schriften*, III(Jena, 1923), pp. 45~46.

8) *The Philosophy of Fine Art*, VI(London, 1920), pp. 106 f.

어느새 그것들이 분해되어 있는 것을 알게 되고, 또 그것들에 정의를 내리려고 하자마자 어느새 그 기준들은 형체 없는 일반성으로 변해 버리고 마는 것을 발견하게 된다. 이와 같이 분류가들의 손길을 요리 조리 피하기는 하지만, 그 누구도 낭만주의의 존재나 또 그것을 인식할 수 있는 우리의 능력을 정말로 의심하지는 못한다.

좁은 의미에서 낭만주의란 1800년 무렵(프랑스 혁명의 10년이 끝날 무렵)의 영국과 프랑스 그리고 독일에서 나타난 자기의식적이고 전투적인 한 예술 경향이며, 그것은 워털루의 싸움 이후 유럽에서 더 널리 전파되어 북아메리카에까지 나타나게 된다. 그것은 여러 혁명들(1848년의)에 앞선 시기에 또다시 프랑스와 독일에서 루소의 '전(前) 낭만주의'와 젊은 독일 시인들의 '질풍노도'를 그 선주자(先走者)로 가졌다. 1830~48년에 걸친 혁명의 시대는 아마도 유럽에서 낭만주의가 가장 성황을 이룬 시대였다. 보다 넓은 의미에서 낭만주의는 프랑스 혁명 이후 유럽의 몇몇 창조적 예술을 지배했다. 그런 의미에서 '낭만주의적' 요소가 베토벤과 같은 작곡가, 고야와 같은 화가, 발자크와 같은 소설가에게 나타난 위대성의 결정적인 부분을 이루고 있는 것이다.

그런가 하면 하이든이나 모차르트, 프라고나르 또는 레이놀즈(Reynolds), 클라우디우스(Mathias Claudius) 또는 라클로(Choderlos de Laclos) —이들 모두가 이 책이 다루는 시대까지 살아 있었다— 등의 경우는 그렇지 않다. 이들 가운데 어느 누구도 전적으로 '낭만주의자'라고 말할 수는 없었고, 또 그들 자신도 그렇게 자처하지 않았다.[9] 그런데도 더 넓은 의미에서 낭만주의적 특징을 가진 예술과

---

9) 낭만주의'란 흔히 한정된 그룹에 속한 예술가들의 슬로건이나 선언이었던 만큼 낭만주의를 그러한 사람들에게만 국한되는 것으로 본다면, 다시 말해 그들과 의견이 다른 사람들을 전적으로 제외한다면 그것은 우리가 낭만주의에 대

예술가를 가까이한 것이 19세기 중류계급 사회의 표준적 태도가 되었으며, 아직까지 그 영향은 크게 남아 있다.

그런데 낭만주의가 어느 편에 서 있는가 하는 것은 결코 명확하다 할 수 없지만 그것이 무엇을 반대하는지는 아주 명백하다. 즉 중간적인 것에 적대적이었던 것이다. 그 내용이 무엇이든 낭만주의는 극단주의적인 신념이었다. 보다 좁은 의미의 낭만주의적 예술가나 사상가는 시인 셸리(Shelley)와 같은 극좌의 편에서도, 또 샤토브리앙(Chateaubriand)이나 노발리스와 같은 극우의 편에서도 찾아볼 수 있다. 또 워즈워스, 콜리지, 그리고 그 밖에 프랑스 혁명을 지지했다가 실망한 많은 사람들이 좌파에서 우파로 비약했는가 하면, 빅토르 위고와 같이 왕당파에서 극좌파로 비약한 것을 볼 수 있다. 합리주의의 중심부에 자리 잡은 온건파 또는 휘그 자유주의자들 사이에서는 그런 것을 찾아볼 수 없다. 합리주의의 중심부야말로 정녕 '고전주의'의 거점이었던 것이다. 구(舊)토리당원인 워즈워스는 이렇게 말했다. "나는 휘그당 같은 것은 하등 존경하지 않는다. 그러나 차티스트적인 것이 나에게 많다."[10] 그것들을 반부르주아적 신조라고 부르는 것은 지나친 일일 것이다. 왜냐하면 아직도 당장 천국에라도 쳐들어갈 것 같은 젊은 (부르주아적) 계급들의 혁명적·정복자적 요소가 낭만주의자들의 마음을 매혹시키기도 했으니 말이다.

사탄이나 셰익스피어, 유랑하는 유대인과 그 밖의 일상생활의 한계를 뛰어넘는 침입자들이 그러했듯이 나폴레옹이 그들의 신화적 영웅의 하나가 되었다. 자본주의적 축적의 악마적 요소, 즉 합리성과 목적과 필요 따위의 계산을 벗어난 '더 많은 것'에 대한 끊임없는 무

해 비역사적으로 한정된 의미를 부여하는 위험을 범하는 일이 될 것이다.

10) E. C. Batho, *The Later Wordsworth*(1933), pp. 46~47, 197~199, 227.

한한 추구, 달리 말하면 사치의 극치 등이 그들의 뇌리를 떠나지 않고 괴롭혔다. 그들의 가장 전형적인 영웅들 가운데 몇몇, 즉 파우스트(Faust)와 돈 후안(Don Juan)은 발자크의 소설 속의 강도 같은 사업가들과 함께 달랠 길 없는 탐욕을 함께 갖고 있는 것이다.

그런데도 낭만주의적 요소는 부르주아 혁명의 국면에서마저 여전히 종속적인 위치에 머물러 있었다. 루소는 프랑스 혁명에 약간의 액세서리들을 마련해주었지만 그것은 프랑스 혁명이 부르주아 자유주의를 넘어섰던 한 시기, 즉 로베스피에르의 시기를 지배했던 데 지나지 않았다. 그리고 그런 경우일지라도 그것이 입고 있던 기본적 옷차림은 고대 로마적인 것, 합리주의적인 것, 그리고 신고전주의적인 것이었다. 다비드가 그 화가였고, 이성이 그 최고 존재였다.

그러므로 낭만주의를 반부르주아 운동으로 간단히 분류해버릴 수는 없다. 실은 프랑스 혁명 이전 수십 년 동안의 전(前) 낭만주의 시대에는 낭만주의에 특징적인 슬로건의 많은 것들이 중류계급을 미화하기 위해 쓰였으며, 그들의 진실하고 단순한 감정을 부패한 사회의 젠체하는 태도와 대비시켜 호의적으로 다루었다. 그들은 또 자연을 신뢰하고 의존했는데 그러한 자연 의존이 필연적으로 왕실과 성직자 사회의 기교와 농간을 쓸어없앨 운명인 것으로 믿었다. 그러나 일단 부르주아 사회가 프랑스 혁명과 산업혁명에서 승리하자, 공정히 평가해서 낭만주의는 부르주아 사회의 본능적인 적이 되고 만 것이 분명했다.

부르주아 사회에 대한 정열적이며 혼란스러우면서도 뿌리 깊은 반발의 많은 부분은 다음 두 그룹의 기득권으로 말미암아 생겨났으며, 이 두 그룹에서 부르주아 사회에 대한 반발의 돌격대가 나오게 된다. 즉 사회적으로 설 땅을 잃은 젊은이들과 직업적인 예술가들이 곧 그들이었다. 죽든 살든 젊은 예술가들을 위해서는 낭만주의 시대와 같은 것이 일찍이 있은 적이 없었다. 즉 『서정시』(1778)는 20대 사람들의 작품집이었고, 바이런은 24세 때 하룻밤새에 유명해졌다. 또 같은 24세에 셸리도 유명해졌고, 키츠(Keats)는 죽어가고 있었다. 위고의 시작(詩作)활동은 20세에 시작되었고, 뮈세는 23세에 시작했다. 슈베르트는 18세에 「마왕」을 썼고 31세에 죽었으며, 들라크루아는 「키오스 섬의 학살」을 25세에 그렸고, 페토피는 21세에 그의 『시집』을 출판했다.

낭만파 사이에서는 30세 안에 명성을 얻지 못하거나 걸작을 낳지 못하는 것은 매우 드문 일이었다. 특히 지식인 또는 학생으로서의 청춘은 낭만주의가 자리잡을 천혜의 보금자리였다. 파리의 카르티에 라탱(Quartier Latin)이 중세 이래 처음으로, 소르본 대학이 있는 곳으로서만이 아니라 하나의 문화적·정치적 개념이 된 것도 이 시기의 일이다.

이론적으로는 재능에 대해 문호가 활짝 열린 세계와 실제로는 질서정연한 불공정에 의해 비열한 관료들과 배부른 속물들이 독점한 세계가 크게 대조를 이루면서 하늘에 구원을 애걸했다. 감옥의 그림자—결혼, 남의 존경을 받을 경력, 속물주의로의 용해—가 그들을 둘러싸고 있었고, 어른이라는 탈을 쓴 올빼미들은 불가피하게 그들이 받게 될 선고를 유감스럽게도 너무나 잘 들어맞게 예언하곤 했다. 호프만(E. T. A. Hoffmann)의 『황금의 항아리』 속에 나오는 기록관 헤르브란트가 "교활하게, 신비스럽게 웃으면서" 학생 시인 안셀무스에게 왕실 고문관이 될 것이라고 예언하는 따위가 그것이었다. 바이런은 일찍 죽는 것만이 '훌륭한' 노년기를 면하는 길임을 내다볼 만큼 머리가 명석했고, 슐레겔(A. W. Schlegel)은 바이런이 옳았음을 실증했다. 물론 젊은이들의 어른에 대한 반란에는 보편적인 것이라고는 아무것도 없었다. 그것은 그 자체로서 이중혁명이 만들어낸 사회의 한 반영일 따름이었다. 하지만 이 같은 소외의 특수한 역사적 형태가 낭만주의의 대부분을 물들이고 있었던 것만은 확실하다.

낭만주의 시대의 가장 특징적인 발명품 중 하나인 천재로 스스로를 전신(轉身)함으로써 그 소외에 대응했던 예술가의 소외는 한결 더 짙게 낭만주의를 물들이고 있었다. 예술가의 사회적 기능이 명확하고 예술가와 국민들의 관계가 직접적이며, 그들이 무엇을 말해야 하며 또 그것을 어떻게 말해야 하는가 하는 문제에 대한 답이 전통, 도덕, 이성, 혹은 또 다른 어떤 일반적으로 받아들여진 기준에 따라 얻어지는 그런 사회에서는, 예술가가 천재일지라도 천재처럼 행동하는 일은 드물다. 19세기형 천재를 예상시키는 소수의 예술가들 ─ 미켈란젤로라든가 카라바조(Caravaggio), 또는 살바토르 로자(Salvator Rosa) ─ 이 직업적 장인들이나 예능인들의 수준에 있는 한 무리의 사람들, 즉 혁명 전 시대의 바흐, 헨델, 하이든이나 모차르트, 또는 프라고나르와 게인즈버러(Gainsborough) 같은 사람들 무리 중에 우뚝 솟아 있다. 이중혁명 이후에도 낡은 사회적 상황과 같은 그 무엇이 존속하는 곳에서는 예술가들 대부분이 헛된 존재이기 일쑤였지만 여전히 비(非)천재로서 계속 존재했다.

특별 주문에 의존하는 건축가와 기사들은 명백한 용도를 가진 구조물을 계속 세우고 있었는데, 그러한 명백한 용도는 뚜렷이 알 수 있는 형식을 강요했다. 1790년부터 1848년까지 특징적인 건축물로서 사실상 가장 유명한 건축물은 모두가 마들렌이나 대영박물관, 또는 레닌그라드의 성 이삭 대성당, 내시(Nash)의 런던이나 싱켈(Schinkel)의 베를린과 같이 신고전주의이거나 또는 기술미 시대의 희한한 다리, 운하, 철도시설, 공장, 온실과 같이 기능적이라는 사실은 매우 중대한 의미를 가지고 있다.

그러나 그 시대의 건축가와 기사들은 스타일과는 전혀 무관하게,

전문직업인으로 행세했지 천재로 행세하지는 않았다. 또 이탈리아의 오페라나 사회적으로 보다 높은 수준에 있던 영국의 소설과 같이 진정으로 민중적인 예술 형태에서는, 작곡가들과 작가들은 여전히 연예인으로서 일했다. 그들은 흥행성적 지상주의를 그들의 시신(詩神)을 모독하는 음모로 보기보다는 오히려 예술에 대한 자연스런 조건으로 간주했다. 젊은 디킨스가 연재할 수 없는 소설은 쓰려고 생각하지 않았던 것과 마찬가지로, 혹은 오늘날 현대 뮤지컬 각본작가들이 원작대로 공연될 수 있는 각본을 쓰려고 생각하지 않는 것과 마찬가지로 로시니는 비상업적인 오페라를 쓰려고 생각하지는 않았을 것이다(이것은 또 이 시대의 이탈리아 오페라가 피, 천둥소리, '억센' 장면 따위 등 속물들이 애호했던 것을 당연시했음에도 불구하고 왜 전혀 낭만적이지 않았는가를 설명하는 데 도움이 될 것이다).

정말로 문제가 되는 일은 뚜렷이 인식될 수 있는 기능과 후원자 또는 일반 애호가들과 차단된 채 팔리든 말든 눈먼 시장에 자신의 영혼을 하나의 상품으로 내던지는 예술가들의 문제였다. 그렇지 않으면 그들은 후원자 제도의 테두리 안에서 일하게 되는데, 그 후원자 제도란 프랑스 혁명이 그 제도의 인간 모욕적인 면을 입증하지 않았다 할지라도 일반적으로 말해 경제적으로 유지될 수 없는 것이었다. 따라서 예술가는 홀로 서서 메아리쳐 돌아올 것인지조차 확실치 않은 소리를 어둠 속을 향해 외쳤던 것이다.

그러니 그가 천재로 전신한 것은 당연한 일이었다. 이러한 천재는 세상을 아랑곳하지 않고 일반 애호가들을 무시한 채 오직 자기 내부에 있는 것만을 창조했다. 일반 애호가는 그 예술가의 조건을 받아들이거나, 아니면 전혀 받아들이지 않거나 할 권리가 있을 뿐이었다. 그들이 기대할 수 있는 것은 스탕달과 같이 선택된 소수의 사람이나 아니면 후세 사람들에 의해 이해받으리라는 것뿐이었다. 또 최악의 경우 그라베(Grabbe)와 같이 공연될 수 없는 희곡——혹은 괴테의 『파우스트』제2부와 같은 것까지도——을 만들어내거나 베를리오즈 와 같이 비현실적인 거대한 오케스트라를 위한 작곡을 하곤 했다. 또 그렇지 않으면 횔덜린(Hölderlin)이나 그라베, 네르발(Nerval)이나 그 밖의 몇 사람처럼 미치광이가 되곤 했다.

사실 잘못 이해된 천재들이 넉넉한 보수를 받는 일도 간혹 있었다. 애첩들의 변덕에 익숙해져 있고 위신을 위한 지출에 가치를 두는 것 이 습관이 된 왕후들이, 이 세상의 보다 고상한 일들과 한 가닥 가냘 픈 접촉을 유지하기를 바라는 부유한 부르주아지들이 그런 넉넉한 보수를 지불했던 것이다. 리스트(Franz Liszt, 1811~86)는 그 유명한 로맨틱한 다락방에서 그래도 굶어죽지는 않았던 것이다. 바그너는 성공했지만, 그 밖에 자신들의 과대망상적 환상의 실현에 성공했던 자는 별로 없었다. 1789년과 1848년 사이의 여러 혁명들이 진행된 기 간 중 왕후들은 흔히 비(非)오페라 예술을 의혹의 눈으로 보았고,[11] 또 부르주아지는 돈을 쓰기보다는 축적하는 데 골몰해 있었다. 따라 서 천재들은 대체로 이해받지 못했을 뿐 아니라 가난했다. 그래서 그 들은 대부분이 혁명적이었다.

오해된 청년과 '천재들'은 속물들에 대한 낭만적 반발, 부르주아들 을 먹이로 던져 충격을 주는 식의 행동양식, '화류계'와 '보헤미안' (이 두 용어는 오늘날과 같은 함축적 의미를 낭만주의 시대에 갖게 되 었다)과의 접촉, 혹은 광기에 대한 취미 또는 점잖은 제도나 기준에 서 볼 때 질책되어 마땅한 일에 대한 취미 따위를 만들어냈다. 그러 나 이런 것은, 낭만주의의 아주 작은 부분에 지나지 않았다. 프라즈

---

11) 뭐라 말할 수 없는 에스파냐의 페르디난드(7세)는 예외다. 그는 혁명적인 고 아에 대해서 그의 예술적·정치적 도발에도 불구하고 보호를 계속했다.

(Mario Praz)의 극단적인 에로티시즘의 백과사전이 "낭만주의적 격정"[12]이 아닌 것은, 엘리자베스 시대의 상징주의에서 해골과 유령들을 논하는 것이 햄릿에 대한 비판이 아닌 것과 마찬가지다. 청년으로서(때로는 젊은 여성으로서 — 이 시대는 유럽 대륙에 여성 예술가가 양적으로는 어쨌든 처음으로 나타났던 시대였다[13]), 또 예술가로서 이들 낭만주의자들의 불만의 배후에는 이중혁명의 와중에 출현한 사회의 성격에 대한 전반적인 불만이 도사리고 있었다.

사회를 정확하게 분석하는 것은 낭만주의자들의 장기가 아니었다. 그리고 실제로 그들은 18세기의 자신만만한 기계적 유물론자들의 논법(윌리엄 블레이크와 괴테 둘 다 공포 대상으로 삼았던 뉴턴에 의해 상징되는 논법)을 불신했다. 그들은 그것을 부르주아 사회를 세우는 데 쓰인 주요한 도구의 하나라고 정확하게 직시하고는 있었다. 하지만 그것뿐이었다. 따라서 우리들은 낭만파에게 부르주아 사회에 대한 이성 있는 비판을 제공해줄 것으로 기대해서는 안 된다.

다만 '자연철학'이란 신비스러운 옷에 싸여 형이상학의 회오리치는 구름 속을 걷고 다니는, 이성적 비판 비슷한 그 무엇이 넓은 의미의 낭만주의의 테두리 안에서 발전되어, 다른 여러 업적 중에서 무엇보다도 헤겔 철학에 기여했던 것은 사실이다(제13장의 4 참조). 또 그

---

12) Mario Praz, *The Romantic Agony* (Oxford, 1933).
13) 프랑스에서 스탈 부인(Mme. de Staël), 조르주 상드(George Sand), 화가 르브룅 부인(Mme. Vigée Lebrun), 코프망(Angelica Kauffman) 등이, 독일에서는 베티나 폰 아르님(Bettina von Arnim), 아네트 폰 드로스테-휠스호프(Annette von Droste-Hülshoff)가 있었다. 물론 여류 소설가는 영국의 중류계급에서는 오래전부터 흔한 존재였으며, 그곳에서는 곱게 자란 처녀들이 돈을 벌 수 있는 '점잖은' 형식이라고 인정받고 있었다. 패니 버니(Fanny Burney), 래드클리프 부인(Mrs. Radcliffe), 제인 오스틴, 개스켈 부인(Mrs. Gaskell), 브론테 자매 등은 모두 완전히 혹은 부분적으로 이 책이 다루는 시대에 들어간다. 또 시인 브라우닝(Elizabeth Barrett Browning)도 그러했다.

와 비슷한 것이 프랑스의 초기 유토피아 사회주의자들 사이에서 항시 기행 또는 광기에 가까운 환상적인 번득임을 보이면서 발전했다. 초기의 생시몽주의자들(그들의 지도자는 아니었지만)과 특히 푸리에는 낭만주의자가 아닌 다른 어떤 것이라고도 말하기 힘들 정도다. 이들 낭만주의적 비판이 낳은 가장 영속적인 결과는 마르크스에게 결정적 역할을 하게 되는 인간 '소외'의 개념과 미래의 완전한 사회에 관한 암시였다.

그러나 부르주아 사회에 대한 가장 효과적이고도 강력한 비판은 그것(고전적인 17세기 과학과 합리주의 등)을 전면적으로 그리고 선험적으로 거부한 사람들로부터 나온 것이 아니라, 고전적인 사상의 전통을 그들의 반부르주아적 결론으로까지 밀고 나간 사람들로부터 나왔다. 로버트 오언의 사회주의에는 낭만주의적인 요소란 티끌만큼도 없었으며, 그 구성요소는 전적으로 18세기 합리주의의 그것과 학문 중에서도 가장 부르주아적인 학문인 경제학이었다. 생시몽은 '계몽주의'의 연장선상에 있는 것으로 보는 게 가장 좋을 것이다. 독일적인, 즉 제1차적으로 낭만주의적인 전통 속에서 훈련된 젊은 마르크스가 프랑스의 사회주의적 비판과 영국 경제학의 전적으로 비낭만주의적인 이론을 결합함으로써 비로소 마르크스주의자가 되었다는 사실은 매우 중요한 의미를 갖는다. 그리고 마르크스의 성숙된 사상의 핵심이 된 것도 바로 이 경제학이었다.

3

이성은 인간의 마음의 동기에 대해 아무것도 아는 바가 없지만, 마음의 동기를 무시하는 것은 결코 현명한 일이 아니다. 경제학자들과 자연과학자들이 여기서 언급한 범위 안에서 사상가들을 쓰러뜨려 검토 대상으로 삼았을 때 시인들은 그 대상에서 제외되었지만, 실은 시인들이 (사물들을) 보다 더 깊이 보았을 뿐 아니라 더 뚜렷이 꿰뚫어보았다. 1790년대의 윌리엄 블레이크에게는 가볼 만한 곳이라곤 런던의 증기기관을 사용한 몇몇 공장들과 벽돌공장밖에 없었는데도, 그만큼 일찍 기계와 공장이 일으킬 사회적 대변동을 꿰뚫어본 사람은 별로 없었다. 몇몇 예외는 있지만 도시화 문제가 가장 잘 다루어진 것은 상상력이 풍부한 작가들에 의해서였다. 흔히 언뜻 볼 때 완전히 비현실적인 것 같은 그들의 관찰이 파리 도시화의 진행상태에 관한 믿을 만한 지표였다는 것이 밝혀지고 있다.[14] 칼라일은 부지런한 통계 연구가이자 통계 편찬가인 매컬러크에 비하면 혼란스러웠지만 1840년의 영국에 대한 깊이 있는 안내자 구실을 한다. 또 존 스튜어트 밀이 다른 공리주의자들보다도 더 훌륭하다고 한다면 그 까닭은, 그가 겪은 개인적인 위기로 인해 그들 중에서 오직 밀만이 독일적·낭만주의적 사회비판의 가치를, 그리고 괴테와 콜리지의 가치를 인식하고 있었기 때문이다. 그러므로 낭만주의적인 현실비판은 비록 썩 잘 정리되어 있지는 않았다 해도 그 때문에 그것을 도외시해서는 안 된다.

낭만주의가 시종 떨쳐버리지 못하고 동경해 마지않았던 것은 인간과 자연의 통일, 지금은 상실된 통일이었다. 부르주아 세계는 뿌리 깊이, 그리고 의도적으로 반사회적인 세계였다.

그것은 사람을 그의 '타고난 우월자'에게 묶어놓은 갖가지 잡다한 봉건적 굴레를 무자비하게 박살냈고, 사람과 사람 사이에 앙상한

---

14) L. Chevalier, *Classes Laborieuses et Classes Dangereuses à Paris dans la première moitié du XIX siecle*(Paris, 1958).

이기심, 즉 냉혹한 '현금거래' 이외의 그 어떤 관계도 남겨놓지 않았다. 그것은 종교적 열정과 중세 기사의 정열과 속물적 감상주의 등 가장 거룩한 무아적 감정을 이기적 계산의 차디찬 물 속에 익사시켜버렸다. 그것은 인간적 가치를 교환가치 속으로 분해시켜버렸으며, 그 무수한 없앨 수 없는 자유들의 자리에 그 무도한 유일의 자유 — '영업의 자유' 한 가지만을 세워놓았다.

이 발언은 「공산당선언」에 있는 것이다. 그러나 그것은 모든 낭만주의를 대변하는 목소리이기도 했다. 이러한 세계는 다른 많은 사람들 — 훨씬 더 많은 다수인 — 을 굶주리게 하고 비참하게 만든 것이 명백한 듯한 그런 것이기는 해도, 그러나 어떤 사람들을 부유하고 편안하게 할 수 있을 것이었다. 하지만 그것은 사람들의 영혼을 헐벗고 고독한 것으로 만들었다. 그것은 그들을 우주 속에서 보금자리를 잃고 헤매는 한 '소외된' 존재로 만들었다. 그것은 그들을 세계사에서의 한 혁명적 균열에 의해, 소외에 대한 가장 명백한 해결책인 옛 세계를 결코 떠나지 않겠다는 결심마저도 할 수 없게끔 차단시켰다.

독일 낭만파 시인들은 구제의 길은 오직 단순하고 소박한 일하는 생활 속에 있음을 그 누구보다도 잘 알고 있다고 생각했다. 이 단순하고 소박한 노동생활은 꿈 같은 풍경이 점철된 목가적인 전(前) 산업적 소도시에서 이루어지는 것이며, 이러한 소도시를 그들은 지금까지 그 어느 누가 서술한 것보다도 더 완벽하게 잘 묘사해냈다. 그런데도 그 낭만주의적 청년들은 『푸른 꽃』(노발리스의 소설 — 옮긴이)에 대한 추구를 계속하기 위해 향수에 빠져 아이헨도르프의 서정시와 슈베르트의 가곡을 노래하면서 영원한 방랑의 길을 떠나지 않으면 안 되었다. 방랑자의 노래가 곧 그들의 테마 음악이었으며, 향수가 곧 그들의 벗이었다. 노발리스는 철학을 향수로 정의하기까지

했다.[15)]

이 세상 사람의 잃어버린 조화에 대한 이 같은 목마름을 덜어주는 세 원천이 있었다. 중세와 원시인(혹은 결국 같은 것이지만 이국적 취미와 '민족')과 프랑스 혁명이다.

첫 번째 것은 주로 반동적 낭만주의의 마음을 끌었다. 봉건시대의 안정된 계층사회, 즉 문장(紋章)으로 물들여졌고, 동화 같은 숲속의 그늘 짙은 신비에 싸였으며, 의문이 용납되지 않은 기독교의 천공(天空)으로 덮인 세월들의 완만한 유기적 생산물은 부르주아 사회에 반대하는 보수적 적대자에겐 분명 잃어버린 낙원이었다. 신에 대한 경건과 충성, 가급적 교육률이 낮은 하층계급들을 좋아하는 그들의 취향은 프랑스 혁명으로 인해 더욱더 심화되었을 뿐이었다. 이것은 지방에 따라 형태를 다소 달리하기는 했으나, 버크(Burke)가 그의 『프랑스 혁명에 대한 고찰』(1790)에서 합리주의적인 바스티유 습격자들에게 맞대놓고 내던진 이상(理想), 바로 그것이었다.

그러나 가장 고전적인 표현을 볼 수 있는 곳은 독일이었다. 독일은 이 시대에는 중세적인 꿈을 거의 독점적으로 소유한 나라였다. 아마도 그 까닭은 라인강 가의 여러 성들과 '슈바르츠발트'(Schwarzwald, 독일 서남부의 아름다운 삼림지대—옮긴이)의 숲을 휘감고 있는 듯한 그 깨끗한 정서성이 한결 더 중세적이었던 나라들의 추악함이나 잔인함보다도 이상화하기 쉬웠기 때문일 것이다.[16)] 어쨌든 중세숭상주의는 다른 무엇보다도 독일 낭만주의의 주된 구성요소가 되었다.

---

15) Ricarda Huch, *Die Romantik*, I, p. 70.
16) "오 헤르만이여, 오 도로테아여! 오 정서성이여!"라고 괴테에는 썼다. 그는 프랑스의 모든 낭만주의자들과 같이 독일을 숭배했다. "마차를 달리는 마부가 울리는 각적(角笛) 소리가 저 멀리서 들리는 것같이 느껴지지 않는가?" P. Jourda, *L'exotisme dans la littérature française depuis Chateaubriand*(1939), p. 79.

낭만주의적 오페라 또는 발레의 형식이든(베버의「마탄의 사수」 또는 「지젤」), 그림의『동화집』의 형식이든, 역사주의적 이론 형식이든, 혹은 콜리지나 칼라일과 같은 독일적 영감에 고취된 작가라는 형식이든 이 모든 것들은 독일에서 외부로 방사된 것이었다.

그러나 고딕 양식의 부활과 같이 보다 더 일반적인 형태로 나타난 중세숭상주의란 어디서나 보수주의 특히 종교적 반부르주아를 나타내는 휘장이었다. 샤토브리앙은 혁명에 반대하는 입장에서 쓴 그의『기독교의 정수』(1803)에서 고딕 양식을 소리 높여 찬양해 마지 않았다. 합리주의자들과 비국교도들의 건축물이 고전적이라는 이유로 영국 국교회의 지지자들은 그들에 반대해 고딕 양식의 편에 섰다. 건축가 퓨진(Pugin) 그리고 초(超)반동적이며 가톨릭화하고 있던 1830년대의 '옥스퍼드 운동'은 철저하게 고딕 예찬자들이었다.

한편 스코틀랜드라는 안개에 싸인 먼 나라──그곳은 오래도록 오시안(Ossian)이 지었다는 시처럼 고대적인 꿈을 낳는 나라였다──에서는 보수적인 월터 스콧이 그의 역사소설 속에서 또 다른 일련의 중세적 이미지들을 유럽에 제공했다. 그의 대부분의 소설이 역사에 제법 가까운 시대를 다루고 있다는 사실은 널리 간과되었다.

1815년 이후 여러 나라에서 반동적 정부들은 보수적 중세주의를 절대주의 통치를 정당화시키는 엉성한 변명자료로 삼으려 꾀했다 (제13장의 3 참조). 보수진영에서 중세주의가 이같이 우세했던 데 비하면 좌파의 중세숭상은 그리 대수롭지 않다. 영국에서 그것이 존재했던 것은 급진적인 민중운동의 한 흐름으로서였다. 당시의 급진적 민중운동은 종교개혁 이전의 시대를 노동자들의 황금시대로 보려했고, 종교개혁을 자본주의에 대한 최초의 큼직한 일보 전진으로 보는 경향이 있었다. 프랑스에서는 그것이 훨씬 더 중요했다. 왜냐하면 프랑스에서 중세주의가 강조한 것은 봉건적인 위계질서나 가톨릭적 질서가 아니라 영원한 민족, 고통받으며 몸부림치고 용솟음치는 창조적인 민족, 즉 언제나 스스로의 주체성과 사명을 거듭거듭 주장하는 프랑스 국민이었기 때문이다. 역사가이자 시인인 미슐레(Jules Michelet)는 혁명적·민주주의적 중세주의자 중 가장 위대한 사람이었다. 또 빅토르 위고의 『노트르담의 꼽추』는 그와 같은 열중이 낳은 가장 위대한 작품이었다.

이와 같은 중세숭상주의와의 밀접한 제휴 아래, 특히 그 신비적인 종교성의 전통에 대한 열중과 밀접히 제휴하는 또 다른 추구가 있었다. 동양의 훨씬 더 오래되고 심오한 비합리적 지혜의 여러 신비와 원천이 바로 그것이었다. 그것은 낭만적이면서 그러나 보수적인 쿠빌라이 칸 또는 바라문의 영역에 대한 추구였다. 산스크리트 발견자인 존스(William Jones) 경은 미국 혁명과 프랑스 혁명에 대해 개화된 신사들이 그러했듯이 환영의 손을 흔들었던 솔직한 휘그적 급진주의자였다. 그러나 많은 아마추어 동방 연구가들과 의사(擬似) 페르시아 시(詩)의 작가들이 그들의 열성으로 근대적 동양학의 많은 부분을 이루어놓기는 했지만, 그 경향은 반자코뱅주의에 속해 있었다. 한 가지 특징적인 것은 그들의 정신적 목표가 18세기 계몽사상의 이국적인 상상력을 자극하는 주대상이었던 비종교적이요 합리적인 중국 대륙의 제국에 있었던 것이 아니라, 바라문의 인도에 있었다는 사실이다.

4

원시인이 잃어버린 조화라는 꿈은 훨씬 더 오래된 복잡한 역사를 지니고 있다. 그것은 공산주의의 황금시대, 즉 '아담은 땅을 갈고 이브는 실을 잣던 때'의 평등이라는 형태이건, 노르만인의 정복으로 노예화되지 않은 자유로운 앵글로색슨인이라는 형태이건, 혹은 또 부패한 사회의 결함이 무엇인가를 그렇게도 백일하에 내보이는 고귀한 야만인의 형태이건 압도적으로 혁명적인 꿈이었다. 당연한 귀결로서 낭만주의적인 원시주의는 훨씬 더 손쉽게 좌파적 반란에 힘을 빌려주게 되었던 것이다. 다만 예외가 된 것은 그것이 부르주아 사회로부터의 도피에 도움이 되었던 경우(예컨대 1830년대 에스파냐에서 관광 유람객의 눈에 비친 한 경치로서 고귀한 야만인을 발견했던 고티에 또는 메리메 같은 사람의 이국취미와 같은 경우), 혹은 역사적 계속성으로 말미암아 어떤 원시적인 인간을 보수주의의 모범으로 삼게 된 경우뿐이었다.

그것은 '민중들'(folk)의 경우 특히 그러했다. '백성' 내지 '민중'이란 보통 전(前) 산업적인 농민 또는 장인들을 가리키는데, 그러한 백성들이 부패되지 않은 미덕의 표본이라는 것, 그리고 그러한 '백성'들의 말씨와 노래와 이야기와 습관이야말로 '민족 영혼의 참된 보고'라는 것은 낭만주의자들 사이에서 모두 이의 없이 받아들여졌다. 『서정시』(*Lyrical Ballads*)를 쓴 워즈워스의 목적은 그와 같은 소박함과 미덕으로 돌아가자는 것이었다. 많은 튜턴계 시인과 작곡가들이 품은 소망―몇몇 예술가들은 그 소망을 달성했다―은 민요나 동화의 전집에 (자기 작품이) 받아들여지는 것이었다. 민요를 수집하고, 고대 서사시를 간행하며, 당시의 일상적인 상용어를 모아 사전을 편찬하려는 일대운동이 널리 일어났는데, 이 또한 낭만주의와 밀접히 연결되어 있었다.

민속학이란 말 자체가 이 시대(1846)에 만들어진 것이었다. 스콧의 『스코틀랜드 국경 지대 민요집』(*Minstrelsy of the Scottish Border*, 1803), 아르님(Arnim)과 브렌타노(Brentano)의 『소년의 마적』(*Des Knaben Wunderhorn*, 1806), 그림의 『동화집』(*Fairy-Tales*, 1812), 무어

(Moore)의 『아일랜드 가곡집』(*Irish Melodies*, 1807~34), 도브로프스키 (Dobrovsky)의 『보헤미아어의 역사』(*History of the Bohemian Language*, 1818), 부크 카라지치(Vuk Karajic)의 『세르비아어 사전』(1818)과 『세르비아 민요집』(1823~33), 테그네르(Tegnér)의 스웨덴에서의 『프리초프 이야기』(*Frithjofssaga*)의 출판(1825), 핀란드에서 뢴로트 (Lönnrot)가 편찬한 『칼레발라』(*Kalevala*) 간행(1835), 그림의 『게르만 신화집』(*German Mythology*, 1835), 아스뵈른손(Asbjörnson)과 뫼 (Mö)의 『노르웨이 민화집』(*Norwegian Folk Tales*, 1842~71) 등이 이 시대의 기념비적 성과들이다.

'백성'이란 말은 혁명적 개념이 될 수 있었다. 특히 그들의 국민적 주체성을 발견하려고 하거나 재주장하려는 억압된 여러 민족들, 그 가운데서도 특히 토착적인 중류계급 또는 귀족계급이 없는 국민들 사이에서 그렇다. 그러한 곳에서는 처음으로 사전을 펴낸다거나 문법책이나 민요집을 간행한다는 것은 크나큰 정치적 중요성을 가진 사건이었다. 그것은 곧 하나의 첫 독립선언이었다.

한편 자족이라든가 무지와 경건 등 백성들의 소박한 미덕, 다시 말해 로마 교황이나 국왕 또는 황제에 대한 신뢰 등에 좀더 큰 감동을 받는 사람들을 위해서는 국내에서의 원시적인 것에 대한 숭상 풍조가 더욱 그들을 보수적 해석으로 기울게 했다. 그것은 그 천진성과 신화 그리고 해묵은 전통을 통일하는 표본이었으니, 그러한 통일은 부르주아 사회가 날마다 파괴해가고 있는 것이었다.[17] 자본가와 합리주의자는 그들에겐 적이었다. 국왕과 명문 귀족들 그리고 농민들은 그 적에 반대해 그들의 성스러운 통일을 유지해야만 했다.

---

17) 이 시대에 왈츠, 마주르카, 스코틀랜드 무곡과 같은 민속에 바탕을 둔 무도회용 댄스가 새로이 인기를 얻었던 사실을 우리가 어떻게 해석해야 할 것인가는 취미의 문제다. 그것은 분명 하나의 낭만주의적 유행이었다.

원시인은 마을마다 존재하고 있었지만 특히 그곳은 과거에 있었던 것으로 상정되는 황금의 공산주의 시대 속에 한결 더 혁명적인 개념으로서, 그리고 국외에서 자유롭고 신분 높은 야만인으로서 존재하고 있었다. 특히 그것은 아메리칸 인디언으로서 존재했다. 자유로운 사회적 인간의 이상으로서 내걸었던 원시사회는 루소에서 사회주의자에 이르기까지 유토피아의 한 모델이 되었다. 마르크스가 역사를 3단계 — 원시공산주의, 계급사회, 그리고 더 높은 수준의 공산주의 — 로 분할한 것도 그런 전통을 반영해 약간 변형시킨 것이다. 원시주의의 이상은 특히 낭만주의적이라 할 것은 없다. 사실 가장 열렬한 사도들은 18세기 계몽주의의 전통 속에 있었다.

낭만주의에 대한 추구는 그 탐험가들을 타히티섬(남태평양의 프랑스령—옮긴이)의 티없이 깨끗한 사회적·성적 유토피아로 데리고 가기보다는 오히려 아라비아와 북아프리카의 대사막으로 데리고 갔으며, 들라크루아와 프로망탱(Fromentin)의 전사(戰士)들과 이슬람교도 군주들의 후궁에 있는 여자노예들의 세계로 데리고 갔다. 또 그것은 바이런과 함께 지중해의 세계를 헤쳐 들어갔고, 또는 레르몬토프(Lermontov)와 함께 코사크라는 자연인이 부족민의 꼴을 한 자연인과 깊은 바위틈 굴속 그리고 급류 속에서 싸우는 코카서스 지방으로 데리고 갔다.

그러나 낭만주의에 대한 추구는 그들을 아메리카로도 데리고 갔다. 거기서는 원시인이 전투를 벌였고 멸망할 운명에 놓여 있었는데, 그러한 상황은 원시인을 낭만주의자들의 무드에 접근시켰다. 오스트리아–헝가리 태생의 레나우(Lenau)가 인디언에 관해 쓴 시들은 아메리칸 인디언의 축출을 소리 높여 반대하고 있다. 만약 모히칸족이 아메리칸 인디언의 마지막이 아니었던들 그들이 유럽 문화에서 그처럼 강력한 상징이 될 수 있었겠는가. 그리하여 당연히 이들 신분 높은 야만인들은 유럽의 경우보다도 아메리카의 낭만주의에 대해 헤아릴 수 없이 큰 역할을 했다. 멜빌(Melville)의 『모비 딕』(*Moby Dick*, 1851)은 그 최대의 기념비이며, 쿠퍼(Fenimore Cooper, 미국의 소설가로 『모히칸족의 최후』 등 인디언 소설의 작가—옮긴이)의 이른바 '가죽 각반 소설' 속에서 그들은 보수적인 샤토브리앙의 나체스 족이 결코 해내지 못했던 옛 세계의 파악에 성공했던 것이다.

중세와 백성 그리고 고귀한 야만인들은 과거 속에 튼튼히 닻을 내린 이상이었다. '민족들의 청춘'인 혁명, 오직 그것만이 미래를 지향하고 있었지만, 가장 공상적인 유토피아주의자마저도 선례 없는 일에 선례의 힘을 빌려오는 것이 마음 편하다는 것을 알고 있었다. 그런데 이것은 낭만주의가 제2세대로 접어들어 많은 젊은이들이 대량으로 배출되기 전까지는 그리 손쉽게 이루어질 일이 아니었다. 프랑스 혁명과 나폴레옹의 의미가 단지 역사상의 사실일 따름이고 고통에 찬 자서전의 한 장(章)이 아니게 된 그러한 젊은이들의 대량 배출 말이다.

유럽의 거의 모든 예술가와 지식인들이 1789년을 환호로 맞이했다. 비록 그 가운데 약간의 사람들은 전쟁과 공포정치, 부르주아의 부패 그리고 제정(帝政)을 겪어나가는 과정에서 일관되게 그 열정을 지켜나갔지만, 그런 열정을 지켜나간다는 것은 그리 손쉬운 일이 아니었고 또한 전달이 가능한 꿈도 아니었다. 낭만주의의 제1세대, 다시 말하면 블레이크와 워즈워스, 콜리지, 사우디(Southey), 캠벨(Campbell), 해즐릿(Hazlitt)의 세대가 완전히 자코뱅적이었던 영국에서도 1805년 무렵에는 자코뱅에 환멸을 느껴 신보수주의로 돌아선 자들이 더 우세해져 있었다. 프랑스와 독일에서는 사실 '낭만주의'라는 말은 1790년대 후반의 보수적 반부르주아들(환멸을 느낀 왕년의 좌파들인 경우가 대단히 많았다)이 하나의 반혁명적 슬로건으로 만들어낸 것이었다. 바로 이런 사실은 근대적 표준으로 보면 분명히 낭만주의자로 꼽아야 할 많은 사상가·예술가들을 이들 나라에서는 전통적으로 그 같은 부류에 포함시키지 않고 있는 까닭을 설명해준다.

그런데 나폴레옹 전쟁의 말기가 되면 세로운 세대의 젊은이들이 성장하기 시작한다. 이들의 눈에 보이는 것은 세월을 뛰어넘어 타오르는 혁명의 위대한 해방의 불꽃뿐이었고, 혁명의 과격성과 부패의 잿더미는 그들의 시계(視界)에서 떨어져나가 보이지 않았다. 또 나폴레옹이 유배된 이후에는 동정받지 못했던 그 인물마저 반(半)신화적인 불사조요 해방자가 될 수 있었다. 그리고 유럽이 반동과 검열 그리고 용렬함의 특징 없는 나지막한 평지와 빈곤·불행·억압의 병균이 우글거리는 늪속으로 해가 갈수록 깊이 빠져들어가자 해방혁명의 이미지는 한결 그 빛을 더했던 것이다.

영국 낭만주의의 제2세대 — 바이런(1788~1824)이나, 비정치적이면서도 동조적이었던 키츠(1795~1821), 특히 셸리(1792~1822)의 세대 — 는 이렇게 해서 낭만주의와 행동적인 혁명주의를 결합시킨 최초의 세대가 되었다. 프랑스 혁명이 안겨준 실망은 그 전 세대의 사람들에게는 도저히 잊을 수 없는 것이었지만, 그것은 그들 자신의 나라에서 자본주의적 변혁이 가져온 눈에 보이는 공포 앞에서 퇴색되고 말았다.

대륙에서 낭만주의 예술과 혁명의 접합은 1820년대에 이미 선구적 조짐이 나타났지만, 그것이 비로소 제대로 이루어진 것은 1830년의 프랑스 혁명기와 그 후에 가서의 일이었다. 이는 혁명의 낭만주의적 비전과 혁명가의 낭만주의적 스타일이라고 부를 수 있는 것들 역시 모두 그러했다. 그 가장 낯익은 표현이 「바리케이드 위의 자유」(1831)라는 들라크루아의 그림이다. 그 그림에서 턱수염을 기르고 실크해트를 쓴 무뚝뚝한 청년들과 셔츠 소매를 걷어붙인 노동자들, 솜브레로풍(風)의 모자 아래 머리카락을 터부룩하게 드리운 민중의 편들이 삼색기와 공화정체의 상징인 외뿔 모양의 자유모에 둘러싸여 1793년의 혁명——1789년의 온건한 혁명이 아닌 혁명력 2년의 영광——을 대륙의 모든 도시에서 바리케이드를 치면서 재생시키고 있는 것이다.

분명한 것은 낭만주의적 혁명가란 반드시 전적으로 새로운 것이 아니라는 사실이다. 그러한 혁명가의 직접적인 조상이자 선구자는 이탈리아풍의 프리메이슨적인 혁명적 비밀결사——카르보나리당 또는 그리스 독립당——에 속한 구성원들이었다. 그들은 살아남은 옛 자코뱅 혹은 부오나로티(Buonarroti) 같은 바뵈프주의자로부터 직접 그 사상적 자극을 받고 있었다.

왕정복고 시대의 전형적인 혁명투쟁은 다음과 같은 유형의 것이었다. 즉 근위병이나 경기병 제복을 한 씩씩한 청년들이 군사적 기습을 감행하거나 혹은 싸우는 국민들의 선두에 서기 위해 오페라나 야회(夜會), 공작 부인과의 밀회, 또 극히 격식화된 결사의 모임에서 자리를 박차고 나서는 그런 모습이었으니, 그것은 다름 아닌 바이런적인 유형이었다. 그런데 이와 같은 혁명가형은 후일의 것에 비해 18세기의 사고방식을 훨씬 더 직접적으로 이어받은 것이었고, 또 아마도 사회적으로는 후일의 것에 비하여 한결 더 배타적이었다. 그뿐 아니라 거기에는 1830~48년의 낭만주의적인 혁명적 비전이라는 결정적인 요소가 전혀 없었다. 즉 바리케이드라든가 대중, 새로운 절망적 프롤레타리아가 거기에는 없었다. 화가 도미에가 그의 「트란스노냉 가(街)의 학살」(1834)이라는 석판화에서 낭만주의적 표현과 함께 살해된 이름 없는 노동자의 모습을 추가했던 그러한 요소가 거기엔 결여되어 있었다는 말이다.

낭만주의와 새롭고 한층 높은 프랑스 혁명의 비전이 이와 같이 결합함에 따라 나온 가장 두드러진 귀결은 1830~48년의 기간 중 정치적 예술이 압도적으로 승리한 일이다. 가장 비'이데올로기'적인 예술가마저도 흔히들 정치에 대한 봉사를 그들 예술가의 제1차적 의무로 생각하는 점에서 이 시기보다 더했던 시기는 찾아보기 어렵다.

"낭만주의란 문학상의 자유주의다"[18]라고 빅토르 위고는 반란의 선언인『에르나니』(*Hernani*, 1830)에 붙인 서문 가운데서 부르짖었다. 시인 뮈세(1810~57)는 "작가들은 자신의 서문 속에서 미래에 대해, 사회적 진보와 인류 그리고 문명에 관해 말하기를 좋아하는 선입관적 경향이 있다"[19]고 썼는데, 뮈세의 타고난 재능은 ─ 작곡가 쇼팽이나 오스트리아-헝가리의 내성적 시인 레나우의 그것과 마찬가지로 ─ 공적 발언보다는 개인적 발언을 위한 재질이었다.

몇몇 예술가들은 정치적으로 명사가 되었다. 이것은 민족해방의 진통을 겪고 있던 나라에서만 일어났던 일이 아니다. 민족해방의 진통을 겪는 나라들에서 모든 예술가들은 예언자 또는 국민적 상징이 되는 경향이 있었는데, 음악가 가운데 쇼팽, 리스트, 젊은 베르디가 그러했고, 시인 가운데서는 미키예비치(그는 자신이 구세주의 역할을 짊어진 것으로 보았다)와 페토피 그리고 만초니가, 폴란드와 헝가리 그리고 이탈리아에서 각각 그러했다. 화가 도미에는 주로 정치적 풍자만화가로서 활약했다. 시인 울란트(Uhland)와 그림 형제는 자유주의적 정치가였고, 화산의 불길처럼 격렬한 천재 소년 뷔흐너(George Büchner, 1810~37)는 활동적인 혁명가였다. 마르크스의 가까운 개인적 친구였던 하이네(1797~1856)는 다소 애매하기는 했지만 극좌파

---

18) V. Hugo, *Oeuvres Complètes*, XV, p. 2.

19) *Oeuvres Complètes*, IX(Paris, 1879), p. 212.

의 강력한 대변자였다.[20]

문학과 저널리즘이 하나로 융합했는데, 가장 두드러지게 나타난 곳은 프랑스와 독일, 이탈리아였다. 프랑스의 람네나 미슐레, 영국의 칼라일이나 러스킨(Ruskin) 같은 사람들은 다른 시대에 태어났던들 정치문제에 관해 약간의 의견만을 가진 시인이나 소설가가 되었을 터이지만, 이 시대에서는 시인적 영감에 의해 치달리는 정치평론가, 예언자, 철학가 혹은 역사가가 되었다. 이 점에서 철학자와 경제학자 어느 편으로서나 이례적이었던 젊은 마르크스의 지성의 폭발에도 그 시적 구상(具像)의 용암이 따르고 있는 것이다. 온화한 테니슨(Tennyson)이나 그의 케임브리지 친구들마저도 에스파냐의 성직파와 싸우는 자유파를 도우려고 건너간 (의용군인) 국제여단(國際旅團)의 뒤를 돌보는 일에 심혈을 기울였다.

이 시대에 형성되어 일세를 풍미했던 특유의 미학 이론들은 예술과 사회적 참여의 이와 같은 통일을 정당화시켰다. 한편에서는 프랑스의 생시몽주의자들이, 다른 한편에서는 40대의 재기 넘치는 혁명적 러시아 지식인들이 그와 같은 (미학적) 견해들을 한 걸음 더 발전시켜 후일 "사회주의 리얼리즘"[21]이라는 이름 아래 마르크스주의 운동의 한 표준이 되도록 했다. 그와 같은 견해들은 고귀하기는 하되 압도적인 성공을 거두지 못했던 이상이었다. 즉 자코뱅주의의 엄격

---

20) 특기해두어야 할 것은, 시인들이 극좌파에 동정을 보냈을 뿐 아니라 훌륭하고도 동시에 선동에 이용할 수 있는 시를 썼던 보기 드문 시대가 바로 이때였다는 점이다. 1840년대 독일의 일단의 걸출한 사회주의적 시인들 ― 헤르베그(Herwegh), 베르트(Weerth), 프라일리그라트(Freiligrath), 그리고 물론 하이네 ― 의 이름들은 여기서 언급해둘 만하다. 그러나 그러한 시인 가운데서 아마도 가장 강력했던 것은 「피털루」(Peterloo)에 대한 즉각적 응수로 썼던 셸리의 「아나키의 가면극」(Masque of Anarchy, 1820)일 것이다.

21) M. Thibert, *Le rôle social de l'art d'après les Saint-Simoniens*(Paris, n.d.) 참조.

한 미덕과 셸리가 "세계의 공인되지 않은 입법자들"이라 불렀던 정신의 힘에 대한 낭만주의적 확신에서 나온 고귀한 이상이었지만, 압도적 성공을 얻지는 못했던 것이다.

'예술을 위한 예술'은 대개의 경우 보수주의자나 딜레탕트들에 의해 이미 정식화되어 있었다. 그러나 그때로서는 인류를 위한, 국민을 위한, 또는 프롤레타리아를 위한 예술 따위와 힘을 겨룰 만한 처지는 못 되었다. 1848년의 혁명들이 인간의 위대한 재생이라고 하는 낭만주의적인 희망을 파괴한 다음에야 비로소 자기충족적 유미주의가 제대로 된 자리에 들어설 수 있게 되었다. 보들레르, 플로베르와 같은 1848년의 사람들이 발전할 수 있었던 사실이 이와 같은 정치적이자 미학적인 변화를 예시하는 것이며, 플로베르의 『감정교육』은 그 최상의 문학적 기록으로 남아 있다. 1848년의 환멸이 일어나지 않았던 러시아(1848년의 혁명이 러시아에서는 일어나지 않았다는 단 한 가지 이유 때문이었지만) 같은 나라에서만은 예술이 전과 조금도 다름없이 사회에 참여하거나 사회현상에 열중했다.

5

낭만주의는 이중혁명 시대의 가장 특징적인 생활과 예술양식이지만, 결코 유일한 양식은 아니었다. 사실 낭만주의는 귀족의 문화나 중류계급의 문화를 지배했던 것도 아니며, 게다가 노동빈민의 문화를 지배한 것은 더더욱 아니었으므로 그 시대에 실재했던 낭만주의의 양적 중요성은 크지 않았다. 돈 있는 계급들의 개인적 보호 또는 집단적 지원에 의존하는 예술들에서 낭만주의를 가장 쉽게 받아들일 수 있었던 분야는 음악의 경우와 같이 그 이데올로기적 특징이 분명치 않은 경우였다. 빈민들의 지지에 의존하는 예술에 대해서는 낭만주의적 예술가들이 도저히 큰 관심을 가질 수가 없었다. 다만 가난한 사람들의 오락 —— 싸구려 선정소설과 길가에서 (악보를) 파는 속요류, 서커스, 여흥, 순회연극 따위와 그 비슷한 것들 —— 은 낭만주의자들에게는 큰 영감의 원천이었다. 역으로 대중을 상대로 하는 흥행업자들이 낭만주의자들의 창고에서 적당한 물건을 끄집어내어, 사람의 마음을 들끓게 하는 그들의 자산목록 —— 급변장면(急變場面), 요정(妖精)류, 살인범의 마지막 말, 도적 등등 —— 을 보충한 것 또한 사실이었다.

귀족적인 생활과 예술의 기본적 스타일은 비록 새로이 귀족 신분을 취득한 신흥부자들의 침입으로 상당히 통속화되기는 했지만, 아직도 여전히 18세기에 뿌리를 둔 그대로였다. 그러한 통속화는 놀랍도록 모양 사납고 가식적이었던 나폴레옹 제국형과 영국의 섭정시대(1811~20)형에서 특히 두드러지게 나타났다. 18세기의 제복과 나폴레옹 전쟁 후의 제복들 —— 그것은 그 디자인을 결정한 책임자들인 관료·신사들의 본능을 가장 직접적으로 나타낸 예술 형태였다 —— 을 비교해보면 이것은 명백해질 것이다. 영국이 승리해 패권을 잡았기 때문에 영국 귀족이 국제적인 귀족문화 —— 아니 오히려 비문화라 해야 할 것이다 —— 의 전형이 된 것이다. '멋쟁이들' —— 수염을 깨끗이 깎고 냉정하되 밝고 훤한 얼굴을 한 —— 은 말과 개, 자가용 마차, 직업 권투선수, 도박, 신사다운 방탕, 그리고 자기 자신의 풍채 등에만 관심을 가져야 하는 것으로 되어 있었다.

이와 같은 극단적인 영웅주의는 낭만주의자들의 마음에도 불을 붙였다. 낭만주의자 스스로 '댄디즘'을 자처하게끔 했던 것이다. 하지만 그것은 신분이 낮은 젊은 부인네들을 더 몸달게 했던 것 같다. 고티에의 말을 빌리면 그녀들은 다음과 같이 꿈꾸게 되었으니 말이다.

에드워드 경은 그녀가 꿈에 그리는 멋진 영국인이었다. 수염을 막 깎은 뒤라 얼굴은 연분홍으로 빛나며, 단정하게 차려 입고, 미끈하며, 새벽부터 벌써 새하얀 넥타이를 매고서 아침의 첫 햇빛을 맞는 영국인. 방수 코트와 매킨토시를 입은 영국인이야말로 바로 문명의 극치가 아니고 무엇일까? ……나는 영국제 은그릇과 웨지우드의 사기그릇을 갖출 테야. ……그녀는 이렇게 생각했다. 집 안에는 온통 융단이 깔려 있을 것이고, 머리에 분가루를 뿌린 종복이 시중을 들 것이며, 나는 사두마차를 달리는 남편 곁에 앉아 하이드파크를 거쳐 바람 쐬러 나갈 것이다. ……우리들의 시골집에 있는 푸른 잔디에서는 얼룩사슴이 놀고 있을 것이고, 아마도 금발머리를 한 장밋빛 얼굴의 아이들이 뛰놀고 있을 것이다. 아이들은 4인승 대형 쌍두마차의 앞좌석에서 혈통 좋은 킹 찰스 스파니엘종 개 한 마리를 옆에 앉히고 그렇게도 건강하게 보일 테지…….[22]

이것이 하나의 희망에 찬 환상이지만 낭만주의적 환상이 아니라는 점은 분명했다. 이는 오페라나 무도회에서 우아하게 보석을 번쩍이는 엄선된 명문 귀족 멋쟁이들과 미녀들이 빽빽이 둘러앉아 있는 그 윗자리에 왕이나 황제들이 솟아오르듯 앉아 있는 광경과 별반 다를 게 없었다.

중류계급과 하류계급 문화도 그에 못지않게 낭만주의적이 아니었다. 그들의 문화 기조는 근엄과 절제였다. 다만 대은행가와 투기가들 혹은 백만장자의 산업가 제1세대 사이에서만 19세기 말의 화려한 의사(擬似) 바로크 양식이 모습을 나타내기 시작했다. 그들은 이윤을 사업에 재투자하지 않거나, 아니면 이제는 더 이상 그렇게 할 필요

---

22) P. Jourda, 앞의 책, pp.55~56.

가 없는 처지에 있었다. 그리고 그러한 일은 옛 군주 또는 귀족들이 계속 '사교계'를 전적으로 지배할 수 없게 된 몇몇 소수의 나라에서만 그러했다. 로스차일드 가 사람들, 즉 자신의 힘으로 군주(와 다름없는)의 위치에 올라선 그들은 벌써 왕후와 다름없이 행세하고 있었다.[23)]

그러나 보통 부르주아들은 그렇지 않았다. 퓨리터니즘, 복음, 가톨릭의 경건주의가 영국과 미국 그리고 위그노의 프랑스에서 절제, 검약, 쾌적한 스파르타 정신, 비길 데 없는 자기만족을 북돋워주었다. 또 18세기 계몽주의와 프리메이슨주의의 도덕적 전통은 좀더 해방된 사람들, 즉 반종교적인 사람들을 위해 같은 일을 해주었다. 이윤과 논리를 추구하는 경우를 제외하고는 중류계급의 생활이란 감정의 억제와 시야(scope)의 의식적인 제한이었다. 유럽 대륙에서 중류계급의 대부분은 자기 사업도 하지 않았다. 그들은 관리·교사·교수로서 정부 일에 종사하거나 목사로 있었기 때문에 확대일로의 자본축적이라는 새 분야에서도 완전히 무관했다. 또 그들이 기껏 이룰 수 있는 한계가 고작 소도시적인 부(富)이며, 그것은 그 시대의 진짜 재력과 권력의 기준에서 보면 대단한 것이 아님을 잘 알고 있는 지방의 소부르주아들도 그러했다. 사실상 중류계급의 생활은 '비낭만주의적'이었으며, 그들의 생활 유형을 지배하는 것은 아직도 거의 18세기 풍이었다.

이것은 중류계급의 가정을 보면 완전히 명백해진다. 그리고 그 가정이란 결국 중류계급 문화의 중심이었다. 나폴레옹 이후 부르주아의 가옥이나 거리의 스타일은 바로 18세기 고전주의 혹은 로코코에서 직접 연유한 것이며, 보통은 그것의 직접적인 연속이기도 했다.

---

23) M. Capefigue, *Histoire des Grandes Opérations Financières*, IV, pp. 252~253.

영국에서는 후기 조지 시대의 건축이 1840년대까지 계속되고 있었고, 다른 여러 나라에서는 건축물의 파괴(이것은 대부분 '르네상스'의 재발견, 예술적으로는 큰 불행인 그 재발견에 의해 일어난 것이었다)가 그보다 더 늦기까지 했다.

내부 장식과 가정생활에 널리 보급된 양식은 그 가장 완전한 표현인 독일 양식을 좇아 비더마이어(Biedermeier)식이라는 적절한 이름으로 불린다. 이 비더마이어 양식은 정서와 티없는 꿈의 내면성과 서정성의 결합으로 훈훈히 데워진 일종의 가정적 고전주의였다. 그런데 이 서정성과 티없는 꿈은 약간은 낭만주의 ─ 좀더 정확히 말하면 18세기 말의 전(前) 고전주의 ─ 에 힘입은 것이었으며, 그러한 낭만주의의 영향마저 겸손한 부르주아가 일요일 오후에 자신의 거실에서 사중주를 연주한다는 차원으로 왜소화되었던 것이다.

비더마이어 양식은 일찍이 고안된 가구 스타일 가운데 가장 아름답고 안락한 형태를 낳았다. 예를 들어 무광택의 벽에 대조시킨 무늬없는 흰 커튼과 맨 마룻바닥, 튼튼하면서도 대부분 우아하게 생긴 의자들과 서류탁자, 피아노, 금속제 장롱, 꽃이 가득 담긴 꽃병 등이 그 것이었는데, 이러한 것들은 본질적으로 후기 고전주의 스타일이었다. 이의 가장 고상한 실례가 아마 바이마르에 있는 괴테의 집일 것이다. 제인 오스틴(1775~1817)의 소설에 나오는 여주인공들의 생활무대, 클래팜 교파의 복음주의적인 엄격함과 향락의 생활무대, 그리고 고매한 보스턴 부르주아나 『논단』(論壇, *Journal des Débats*)을 애독하는 프랑스 지방 독자들의 생활무대가 된 것이 그와 비슷한 양식의 주거였다.

낭만주의가 중류계급 문화에 들어온 것은 아마도 대체로 부르주아 집안 여자들 사이에서 공상하는 일이 성해진 탓이었다. 자기들을 지루한 여가 속에 있게 해주는 돈벌이 잘하는 남자들의 능력을 보란 듯

과시하는 것이 그녀들의 주요한 사회 기능 중 하나였다. 애지중지 아
낌을 받는 여자노예라는 것이 그녀들의 이상적인 운명이었다. 어쨌
든 부르주아 아가씨들은 연약하고 달걀처럼 갸름한 얼굴에 부드러
운 곱슬머리 타입, 즉 1840년대의 특징으로 크게 유행했던 숄과 보
닛을 쓴 연약한 꽃이라는 타입으로 점점 더 닮아갔다. 그것은 앵그
르(Ingres, 1780~1867) 같은 반낭만주의적 화가들이 낭만주의적 계
열로부터 부르주아적 맥락 속으로 끌어들여왔던 여자노예나 님프와
같은 비부르주아 아가씨들과 똑같았다. 이러한 것은 저 웅크리고 앉
은 암사자 같은 고야의 「알바 공작부인」이나 프랑스 혁명 때 살롱들
을 누비고 다니던 신그리스풍의 해방여성, 혹은 비부르주아적인 동
시에 비낭만주의적인 고급 매춘부와는 거리가 멀었다.

부르주아 아가씨들은 집 안에서 즐기기에 알맞은 쇼팽이나 슈만
(Schumann, 1810~56)의 낭만주의 음악을 연주했을지도 모른다. 비
더마이어 양식은 아이헨도르프(Eichendorff, 1788~1857)나 뫼리케
(Eduard Mörike, 1804~75)의 서정시와 같은 일종의 낭만주의적 서정
성을 북돋워주었을지도 모른다. 거기서는 우주적인 정열이 향수, 즉
수동적인 동경으로 변질되어 있었다.

활동적인 기업가들은 사업여행을 하는 동안 '내가 지금까지 본 것
중에서 가장 로맨틱한 경치'라면서 산타기를 즐겼을 것이고, 집에서
'우돌포의 성'을 스케치하면서 느긋이 휴식을 취했을지도 모른다.
혹은 리버풀의 존 크래그와 같이 주철업자인 동시에 "예술에 취미를
가진 사람으로서 고딕 건축에 주철을 도입"[24]하기도 했을 것이다.

그러나 전체적으로 볼 때 부르주아 문화는 낭만주의적인 것은 아

---

24) James Nasmyth, *Engineer, An Autobiography*, ed. Samuel Smiles(1897 end.), p.
177.

니었다. 어쨌든 기술적 진보의 흥겨운 고양 그 자체가 산업발전의 중심지들에서는 정통적인 낭만주의를 배제해버렸다. 증기 해머의 발명자인 내스미스(James Nasmyth, 1808~90)와 같은 사람을 자코뱅의 화가('스코틀랜드 풍경화의 시조')의 아들로 태어났다는 이유만으로 야만인이라고 할 수는 없다. 그는 예술가들과 지식인들 사이에서 성장했고, 그림과 같이 아름다운 것이나 고풍스러운 것의 애호가였으며, 훌륭한 스코틀랜드인 특유의 철저하고도 폭넓은 교육을 받은 사람이었다. 그런데도 그 이상 당연한 일은 없다는 듯이 화가의 아들인 그는 기계공이 되었고, 또 그가 그의 아버지와 함께 젊은 시절 도보여행을 했을 때 다른 어떤 경치보다도 데번의 제철소가 그의 흥미를 끌지 않았던가.

그가 자라났던 18세기 에든버러의 교양 있는 시민들처럼 그에게도 사물은 장엄하기는 해도 비합리적인 것은 아니었다. 루앙은 "장엄한 대성당과 너무나도 정묘하게 아름다운 성(聖) 우앙(Ouen)의 교회가 있고, 또 세련된 고딕 건축의 유적이 여기저기 산재해 있는 재미있고 그림같이 아름다운 도시", 그저 그런 도시일 뿐이었다. 그 그림 같은 풍경은 참으로 훌륭했다. 하지만 그는 그곳에서 들뜬 것처럼 휴가를 보내면서도 그것이 태만의 한 산물이라는 것에 주목하지 않을 수 없었다. 아름다움은 참으로 눈부신 것이었다. 하지만 분명코 근대건축이 잘못되어 있는 것은 "건축의 목적을 제2차적인 고려 대상으로 간주하고 있다"는 점이었다. 그는 이렇게 쓰고 있다. "나는 피사를 떠나기 싫었다. 하지만 이 대성당에서 내가 가장 흥미를 가진 것은 본당의 끝에 매달아놓은 두 개의 청동제 램프였다. 갈릴레이의 마음에 추의 발견을 암시한 바로 그 램프들이었다."[25]

---

25) 같은 책, pp. 243, 246, 251.

이런 사람이 야만인이나 속물일 수는 없는 것이다. 다만 그들의 세계는 존 러스킨의 세계보다는 볼테르 혹은 웨지우드의 세계에 훨씬 더 가까웠다. 위대한 도구제작인 모즐리(Henry Maudslay)는 베를린에 있을 때 위대하기는 하나 구름같이 걷잡을 수 없는 헤겔과 함께 있기보다는 그의 친구들인 자유주의 과학의 왕인 훔볼트나 신고전파 건축가인 싱켈(Schinkel)과 같이 지내는 것을 틀림없이 훨씬 더 마음 편하게 느꼈을 것이다.

어쨌든 발전하는 부르주아 사회의 중심지에서 예술은 전체적으로 과학에 뒤져 있었다. 교육받은 영국 또는 미국의 제조업자들, 엔지니어들은 예술을 감상했을지 모르며, 또 특히 가족과 함께 쉬는 시간이나 휴일에는 그러했을 것이다. 그러나 그들의 진정한 문화적 노력은 지식을—자기 자신의 지식을 영국 과학진흥협회와 같은 단체에서, 또는 국민의 지식을 유용지식보급협회라든가 그 밖의 유사한 단체를 통해—보급시키고 진흥하는 데로 기울었을 것이다.

이 시기에 매우 특징적인 사실은 18세기 계몽사상의 산물인『백과전서』(Encyclopaedia)가 전례 없는 붐을 누렸다는 점이다. 그것은 전투적인 정치적 자유주의의 많은 부분을 (1830년대의 산물인 유명한 마이어의 독일어 백과사전의 경우와 마찬가지로) 그대로 간직하고 있었다. 바이런은 그의 시집으로 거금을 받았으나, 1812년에 출판업자 컨스터블은『브리태니카 백과사전』의 부록 서문으로 철학의 진보에 관해 쓴 권두논문의 필자 듀걸드 스튜어트에게 1,000파운드를 지불했을 뿐이다.[26]

부르주아지는 낭만주의적일 경우에도 그 꿈은 공학적인 것이었다.

---

26) E. Halévy, *History of the English People in the Nineteenth Cen-tury* (paperback ed.), I, p. 509.

즉 생시몽의 부추김을 받은 청년들은 수에즈 운하와 지구의 모든 곳을 연결하는 거대한 철도망의 계획자가 되었고, 또 냉정하고 합리주의적인 로스차일드 가 사람들이 지닌 당연한 관심사의 한계를 벗어난 파우스트적인 금융사업의 계획자가 되기도 했다. 로스차일드 가 사람들은 치부란 보수적인 방법으로, 투기적 비약은 극소로 해서 이루어져야 한다는 것을 알고 있는 사람들이었다.[27] 과학과 기술이 부르주아지의 사화(詞華)·학예였다. 그리고 그들은 그들의 승리인 철도를 그 훌륭한 유스턴역(유감스럽게도 지금은 파괴되어 없다)의 신고전주의적인 주랑(柱廊) 현관을 세워 경축했던 것이다.

6

한편 식자층의 영향권 밖에서는 일반 민중들의 문화가 그대로 존속하고 있었다. 비도시 지역, 비산업 지역에서는 달라진 것이 거의 없었다. 1840년대의 노래와 축제들, 옷차림, 민중의 장식예술의 의장(意匠)과 색깔, 그들의 관습은 거의 1789년 당시 그대로였다. 산업과 커나가는 도시들이 그것들을 깨뜨리기 시작했다. 그 누구도 농촌에서 살던 것처럼 공업도시에서 살아갈 수는 없었다. 또 문화의 모든 복합적인 체계도 그것을 하나로 유지시키고 형체를 주던 사회적 테두리가 무너짐에 따라 필연적으로 산산조각날 수밖에 없었다. 땅을 일굴 때의 노래가 있다 하더라도 땅이 일구어지지 않게 되면 그 노래도 불리지 않게 된다. 설혹 그것이 불린다 해도 그것은 민요가 아니라 다른 그 무엇이 된다. 이주자의 향수는 이주한 도시에서 옛 의복

27) D. S. Landes, "Vieille Banque et Banque Nouvelle," *Revue d'Histoire Moderne et Contemporaine*, III(1956), p. 205.

이나 노래를 그대로 지키게 했고, 그것을 한층 더 매력 있는 것으로 만들어주기까지 했다. 왜냐하면 그것들은 토지를 빼앗기고 쫓겨난 고통을 잠시나마 달래주기 때문이었다.

그러나 도시와 공장 밖에서 이중혁명은 옛 농촌생활의 일부분을, 특히 아일랜드와 브리튼의 여러 지방에서 옛 생활양식이 불가능해 질 만큼 변화시켰다──좀더 정확히 말하면 황폐화시켰다.

사실 1840년대 이전까지는 공업에서조차 사회 변혁이 종래의 문화를 완전히 파괴하는 데 이르지는 않았다. 또 서유럽에서는 수공업과 매뉴팩처가 몇 세기에 걸쳐서, 이를테면 반(半)산업적인 문화 형태를 발전시켜왔기 때문에 더욱 그러했다. 시골에서는 광부들과 직물공들이 전통적인 민요 속에 그들의 소원과 항의의 푸념을 담아 표현했다. 산업혁명은 그러한 사람들의 수를 증가시켰고, 그러한 사람들의 경험을 더욱더 절실한 것으로 만들었을 뿐이다. 공장노동에는 어떤 노래도 필요 없었지만 경제발전에 수반되는 여러 활동들은 그러한 노동의 노래를 필요로 했으며, 그래서 그것을 옛날대로의 방식으로 발전시켜나갔다. 예컨대 큰 돛단배를 타는 뱃사람들의 닻올리기 노래는 그린란드 고래잡이들의 노래나「탄광주와 광부 아내의 노래」, 직물공의 비가(悲歌) 등과 마찬가지로 19세기 전반 '산업'민요의 황금시대에 속하는 것이다.[28]

전(前) 산업화 시대의 도시에서는 장인들과 가내노동자들의 사회가 학식 있고 밀도 짙은 문화를 발전시켰고, 그러한 문화 속에서 프로테스탄트의 여러 교파들이 자기교육에 대한 한 자극으로서 자코뱅적 급진주의와 결합하거나 경쟁하고 있었다. 또한 버니언(John

---

28) LP 레코드의 산업민요「베틀 북과 새장」(10T 13),「로, 불리스, 로」(T7) 및「블랙볼 라인」(T8). 모두 런던의 토픽판을 참조할 것.

Bunyan)과 칼뱅(John Calvin)이 토머스 페인, 로버트 오언과 결합하거나 경쟁하고 있기도 했다. 이들 자립적이고 전투적인 숙련된 장인들의 사회에서는 도서관, 예배당, 학교, 그리고 뜰과 새장 따위가 그득했다. 이러한 뜰과 새장에서 장인 '공상가'들은 인위적으로 과장시킨 꽃과 비둘기와 개를 길렀다. 영국의 노리치(Norwich) 같은 사람은 그 무신론적·공화주의적인 정신 때문만이 아니라, 카나리아를 기르고 있는 것으로도 유명했다.[29] 그러나 산업생활에서 옛 민요는, 미국의 경우를 제외하고는 철도와 철의 시대의 충격을 만나 살아남지 못했다. 옛 마직공들이 살던 던펌린 촌락과 같은 옛 숙련공들의 사회 역시 공장과 기계의 발전 앞에서는 마찬가지였다. 1840년 이후 그러한 것들은 다 파멸하고 만다.

그런데 그때까지는 옛 문화를 대신할 어떠한 것도 아직 나타나지 않고 있었다. 예를 들면 영국에서는 전적으로 산업적인 새로운 생활양식이 1870년대와 1880년대가 되기 전까지는 제대로 생겨나지 않았다. 따라서 전통적인 옛 생활방식에 위기가 닥치면서부터 이 무렵에 이르기까지의 기간은 많은 점에서 가장 황량한 시기였다. 그 가운

29) 1879년 프랜시스 호너는 다음과 같이 썼다. "거기에는 많은 고가(古家)들이 시가지 깊숙이 들어서 있다. 옛날에는 그런 집에 뜰 ─ 화초 재배자들의 뜰인 경우가 많았다 ─ 이 붙어 있는 것이 보통이었다. 거기에는 창 ─ 묘하게 길다랗고 밝은 창 ─ 이 있어서, 바로 그 창을 통해 직기 뒤에서 일하고 있는 직조공들이 자신의 꽃을 자신의 제품과 같은 정도로 가까이 살펴볼 수가 있었다 ─ 그의 노동과 꽃을 보는 즐거움이 서로 뒤섞이는 것이었다. ……그러나 그가 참을성 있게 돌리는 수동직기의 자리에는 공장이 들어섰고, 뜰의 자리에는 벽돌건물이 들어서고 말았다." G. Taylor, "Nineteenth Century Florists and their Flowers," *The Listener*, 23. 6(1949)에 인용되어 있다. 페이즐리의 직조공들은 특히 열성적이고 엄격한 '화초연구가'였다. 그들은 여덟 종의 꽃만을 서로 경쟁하면서 재배할 만하다고 보았다. 노팅엄의 레이스공들은 장미만 재배했다. 장미는 아직 ─ 접시꽃과는 달라서 ─ 노동자들의 꽃이 아니었다.

데서도 노동빈민들에게는 극히 처량한 시기였다. 이 책이 다루는 시대에는 대도시도 민중적 문화의 유형—그것은 비교적 소규모의 지역사회 경우처럼 자가생성적인 유형이기보다는 필연적으로 상업적인 유형이 될 것이었다—을 발전시키지 못하고 있었다.

대도시, 특히 큰 수도에서는 벌써 빈민 또는 '소시민'(little people)들의 문화적 필요를 충족시킬 만한 중요한 기관들이 생겨났던 게 사실이다. 이러한 기관들은 흔히 귀족들의 문화적 필요까지도 충족시켰는데, 이 사실은 매우 특징적인 일이었다. 그러나 이러한 것들은 주로 18세기에 발전되었으며, 민중예술의 발달에 미친 기여는 흔히 제대로 파악되지 못하고 있었다. 빈 민중들의 교외극장, 이탈리아 여러 도시의 사투리를 사용하는 방언극장, 궁중 오페라와 구별되는 민중 오페라, 예술희극, 그리고 떠돌아다니는 흉내 쇼, 권투 또는 경마대회, 혹은 민주화된 에스파냐 투우[30) 따위는 18세기에 와서 새로이 생겨난 것이었다. 그러나 그림이 있는 브로드시트(종이의 한쪽 면에만 인쇄된 팸플릿 모양의 읽을거리—옮긴이), 행상들이 팔고 다니는 이야기책들은 그 전부터 있었다.

대도시에서 전에는 없었던 정말로 새로운 형태의 도시적 오락은 선술집 또는 드링크 하우스의 부산물이었다. 이러한 술집들은 사회적인 해체의 혼란에 처해 있던 노동빈민들에게 날이 갈수록 점점 더 현세적 위안을 얻을 수 있는 큰 원천이 되어갔다. 또 그것들은 떠돌이 장인들의 길드와 노동조합, 격식 까다로운 '우애협회'(friendly society) 등에 의해 보존·강화되는 관습과 전통적 의식들이 도시에서 존재하는 마지막 보루가 되어가고 있었다. 뮤직 홀이니 댄스 홀이니

---

30) 그 원형은 기사적(騎士的)인 것으로 투우사의 우두머리는 말을 타고 있었다. 말을 타지 않고 평지에 서서 황소를 죽이는 새로운 방식은 론다 출신의 목수가 18세기에 시작한 것으로 전해지고 있다.

하는 것도 선술집에서 시작해 나타나게 된다. 그런 것이 생겼다는 기록이 1830년대에 나타나고 있지만,[31] 영국 같은 나라에서도 1848년 현재로는 아직 별로 보이지 않았다.

또 하나 대도시의 도시적 오락의 다른 형태는 장터에서 생겨났다. 정기적으로 열리는 장에는 뜨내기 유랑 흥행꾼들이 한몫 따라붙게 마련이었다. 그렇게 정기적으로 열리던 장이 대도시에서는 고정적인 상설시장이 되었다. 그리하여 1840년대까지도 일정한 보도 위에서 열리는 여흥, 연극, 매 부리기(hawker), 소매치기, 손수레 행상소년 따위가 파리의 낭만적인 지식인들에게 자극을 주었고, 서민들에게는 즐거움을 주었다.

민중의 취미는 또 산업이 제1차적으로 빈민들의 시장에 내다 팔기 위해 생산한 비교적 얼마 안 되는 개성화된 상품들의 모양과 장식을 결정했다. 즉 '선거법 개정법안'의 승리를 기념해 만든 조끼(Jug, 대형 술잔―옮긴이)라든가, 웨어강에 세운 철제의 큰 다리라든가, 혹은 대서양을 항해한 세 개의 마스트가 달린 위풍당당한 배라든가 하는 것이 그런 것들이었다. 또 혁명적인 감정이나 애국심 또는 유명한 범죄 등을 불후의 것으로 만든 민중용 인쇄화, 그리고 가구와 의복 중에서 가난한 사람들도 살 수 있을 만한 몇 안 되는 물건들이 그러했다.

그러나 전체로서의 도시, 특히 새로운 산업도시는 얼마 되지 않는 쾌적함 ― 빈터라든가 휴일 ― 도 차츰 침식해 들어가는 건물들의 어두운 그늘, 자연의 모든 생명에 해독을 끼치는 연무(煙霧), 끊임없는

31) *Select Committee on Drunkenness*(Parl. Papers, VIII, 1834), Q571. 1852년에는 28개의 선술집과 21개의 맥주집(이 도시는 인구 30만 3,000명, 선술집 총수 481개, 맥주집 총수 298개)이 음악을 들려주고 있었다. John T. Baylee, *Statistics and Facts in Reference to the Lord's Day*(London, 1852), p. 20.

노동강제 등에 의해 차츰 음산하고 처량한 곳으로 변해갔다. 노동강제는 중류계급들이 적절한 계제에 부과하는 안식일 엄수의 규율에 의해 더욱 보강되었다. 새로 생긴 가스등과 중심가 거리의 상업용 진열만이 여기저기서 근대도시의 밤거리가 지닌 생기에 찬 색깔을 예고하고 있었다. 그러나 근대적 대도시와 민중들의 근대도시적 생활 방식이 만들어지려면 19세기 후반까지 기다리지 않으면 안 되었다. 19세기 전반은 파괴가 지배적이었고, 기껏해야 그것을 막는 것이 고작이었다.

제15장 과학

오래전에 우리가 했던 일, 즉 과학과 철학이 전제군주들과 싸웠던 일을 결코 잊지 말도록 하자. 그것들의 끊임없는 노력이 혁명을 이룩해놓은 것이다. 자유롭고 감사할 줄 아는 인간으로서 우리는 그것들을 우리 사이에 튼튼히 뿌리 내리게 하고 언제까지나 소중히 가꾸어나가야 한다. 왜냐하면 과학과 철학은 우리가 우리 것으로 만든 자유를 확고히 유지시켜줄 것이기 때문이다.
• 국민공회의 한 의원[1]

괴테는 이렇게 말했다. "과학의 문제가 출세와 직결되는 일이 대단히 많다. 단 하나의 발견으로 어떤 사람이 유명해지고 시민으로서 치부하게 될지 모른다. ……새로이 관찰된 현상은 그 하나하나가 모두 발견이며 모든 발견은 재산이다. 어떤 사람의 재산에 손을 대기라도 해보라. 그 사람은 금방 화를 낼 것이다."
• 에커만, 『괴테와의 대화』, 1823년 12월 21일

1

예술과 과학이 서로 평행한 관계에 있다고 생각하는 것은 위험한

---

1) S. Solomon, *Commune*, August(1939), p. 964.

일이다. 왜냐하면 예술과 과학은 각기 한 사회 안에서 가지를 치고 꽃을 피우지만 그 사회와는 전혀 상이한 관계를 제각기 맺고 있기 때문이다. 그러나 과학도 또한 그 나름대로 이중혁명을 반영했다. 그 까닭은 부분적으로는 이중혁명이 과학에 대해 이 시대 특유의 새로운 가능성을 열어주고, 과학으로 하여금 새로운 문제에 직면케 했기 때문이다. 또한 한편으로는 이중혁명의 존재 그 자체가 사상의 새로운 양식을 제시했기 때문이기도 하다. 1789년과 1848년 사이에 일어난 과학의 발달이 그 주변 사회에서 일어난 운동에 의해서만 전적으로 설명될 수 있다고 말하려는 것은 아니다. 대개의 인간활동은 그 내적 논리를 가지고 있으며, 그 논리가 적어도 활동의 일부를 결정한다.

해왕성이 발견된 것은 1846년이었다. 그것은 천문학 외부의 어떤 것이 그 발견을 촉진했기 때문이 아니라, 1781년에 발견된 바 있던 천왕성 궤도가 계산상으로 예기치 못했던 편차를 나타낸다는 것이 1821년 부바르(Bouvard)의 표에 의해 증명되었기 때문이다. 그리고 1830년대 후반에 이 편차가 더 커졌을 때, 그것이 어떤 미지의 천체에 의한 교란 때문이라고 잠정적으로 설명되었기 때문이다. 또한 여러 천문학자들이 그 천체의 위치 계산에 함께 달려들었기 때문이기도 했다.

그럼에도 불구하고 과학적 사고란 적어도 한 특정 학과의 고유 분야 이외의 것에서 영향을 받을 수 있다. 그리고 이것은 과학자들 중 가장 비세속적이라 할 수 있는 수학자들이라도 좀더 넓은 세계에서 살고 있는 존재라는 이유만으로도 그 영향이 적용될 수 있다. 이상과 같은 일들은 순수과학의 티없는 순수성을 가장 열심으로 믿는 사람이라도 다 알고 있는 것이다.

과학의 진보는 단순히 직선적인 전진으로 이루어지는 것이 아니라 각 단계마다 종전부터 잠재적 또는 현재적으로 존재했던 문제들의 해결에 의해 그 전 단계와 구별되며, 그리고 그 새로운 단계가 또 새로운 문제를 제기함으로써 진보는 이루어진다. 과학은 또 새로운 문제의 발견, 묵은 문제를 새로이 살피고 다루고 해결하는 새로운 방법의 발견, 그리고 전혀 새로운 연구 분야나 새로운 이론적·실천적인 연구 수단의 발견 등에 의해서도 전진하게 된다. 바로 이러한 점에 외적 요인에 의해 자극이 주어지고 사고가 형성될 충분한 여지가 생기는 것이다. 만약 우리가 다루는 시대에 일어난 과학의 진보가 대부분 단순한 직선적 전진만을 했더라면 그것은 그다지 중요한 일이 못 되었을 것이다. 실질적으로는 뉴턴적인 테두리를 벗어나지 못했던 천문학이 그러했듯이 우리가 다루고 있는 시대는 몇몇 분야의 사고에서 볼 때(수학의 경우가 그러했듯이) 근본적인 새 출발을 한 시대요, 이제까지 동면상태에 있었던 학문이 새로이 눈을 뜨는 시대(화학의 경우가 그러했다)였고, 사실상 새로운 과학의 창조(지질학이 그러했다)를 본 시대이기도 했으며, 혁명적인 새 이념이 다른 학문 분야에 주입된 시대(사회과학과 생물학이 그러했다)였다. 이러한 점을 우리는 지금부터 살펴보게 될 것이다.

여기에서 과학의 발전에 직접적으로 이바지한 그 모든 외적인 힘들 가운데서도 정부나 산업계가 과학자들에게 내놓았던 직접적인 요구란 그 중요성이 가장 대단찮은 축에 든다. 프랑스 혁명은 과학자들을 끌어내어 그들에게 중요한 일을 맡겼다. 기하학자이며 엔지니어인 카르노(Lazare Carnot)를 자코뱅의 전쟁부서 책임자 자리에 앉혔고, 수학자이자 물리학자인 몽주(Monge, 1792~93년의 해군상)와 일단의 수학자·화학자들에게 군수생산의 책임 있는 자리를 맡겼던 것이다. 이것은 프랑스 혁명이 이에 앞서 화학자이며 경제학자인 라부아지에(Lavoisier)에게 국민소득 계산을 준비하도록 명령했던 것과 마찬가지 일이었다. 이것은 아마도 근대의 역사상 혹은 또 고금의 역사상 정식 과학자가 정부에 참가한 최초의 예일 것이며, 과학 쪽보다도 정부 쪽을 위해 더 중요한 일이었다.

이 시대의 영국에서 중요한 산업이라고 하면 면직물·석탄·철강·철도·해운업 등을 꼽았다. 이러한 산업에 혁명적인 변화를 일으킨 기술 내지 솜씨란 경험적인 —너무나 경험적인— 사람들의 숙련 바로 그것이었다. 영국의 철도혁명을 일으킨 사람은 조지 스티븐슨이었지만 그는 과학에 대해서는 무식꾼이었다. 그러나 그는 무엇이 기계를 움직이는지 냄새 맡을 줄 아는 사람이었다. 다시 말하면 그는 기술공학자이기보다 초인적인 숙련 기능공이었다. 배비지(Babbage) 같은 과학자가 철도에 이바지하려 했던 것이나, 브루넬(Brunel) 같은 과학적 엔지니어가 철도를 단순히 경험적인 것이 아닌 합리적인 기초 위에 올려놓으려고 했던 기도는 (오히려) 모두 실패하고 말았다.

한편, 과학은 이 책이 다루는 시대에 실시되었던 과학기술교육에 대한 두드러진 장려로부터 엄청난 혜택을 입었다. 또 그만큼 눈부신 것은 아니었지만 연구활동에 베풀어졌던 지원으로 크게 득을 보기도 했다. 우리는 이중혁명이 미친 영향을 여기서 아주 뚜렷이 볼 수 있다.

프랑스 혁명은 프랑스의 과학교육과 기술교육을 일변시켰다. 이러한 변혁은 주로 종합기술학교(Ecole Polytechnique) —모든 종류의 기술자들을 위한 학교라는 목적으로 세워졌다— 의 창립(1795)과, 나폴레옹이 중등교육과 고등교육의 전반적 개혁의 일부로서 확고히 뿌리 내리게 했던 고등사범학교(Ecole Normale Supérieure)가 최초로 설립(1794)됨으로써 이루어졌다. 프랑스 혁명은 또 숨이 다 끊어져가던 왕립 아카데미를 부활시켰고(1795), 국립박물관 안에 자연과학 이외 분야에 대한 순수한 연구센터를 처음으로 창설했다. 이 책이 다루는 시대의 거의 전 기간에 걸쳐 프랑스가 과학 분야에서 세계에 군림할 수 있었던 것은 주로 이러한 주요 토대, 특히 종합기술학교에 힘입었음이 거의 확실하다. 이 학교는 나폴레옹 전쟁 후의 시대에 자코뱅주의와 자유주의의 소란스런 중심지가 되었고, 또 위대한 수학자와 물리학자를 길러낸 비길 데 없는 양성소 구실을 해냈다.

이 종합기술학교를 본뜬 학교들이 프라하, 빈, 스톡홀름 등지에 나타났고, 상트페테르부르크와 코펜하겐, 독일과 벨기에의 전역, 취리히와 매사추세츠에도 나타났지만, 영국에는 생기지 않았다. 그리고 프랑스 혁명의 충격은 프로이센이 교육 분야에서의 혼수상태에서 깨어나 새로운 베를린 대학을 창설하게끔 했다(1806~10). 프로이센 부흥의 일부로서 창설된 베를린 대학은 그 후 독일의 모든 대학에 모범이 되었으며 이윽고 이들 독일 대학은 전 세계에 걸쳐 고등교육기관의 전형을 만들어내게 되는 것이다.

다시 한 번 되풀이하자면, 그러한 정치혁명이 성공을 거둔 일도 또 승리를 구가한 일도 없는 영국에서는 그와 같은 개혁이 전혀 일어나지 않았다. 이 나라의 막강한 부와 중류계급의 지성인들이 과학기술교육에 일제히 몰려든 덕분에 영국에서도 그와 비등한 성과가 이루어지기는 했지만 말이다. 이 나라의 막강한 부 덕분에 캐번디시(Henry Cavendish)와 줄(James Joule)의 실험실 같은 사설 실험실이 이 나라에 생겨날 수 있었던 것이다. 소요학파(逍遙學派)적이며 계몽주의적 모험가였던 럼퍼드 백작은 1799년 왕립연구소를 창설했다. 비전문가 사이에서 이 연구소의 이름이 높았던 것은 주로 그 유명한 공개강의 때문이었지만, 그 진정한 중요성은 이 연구소가 제공한 실험과학의 독특한 연구 분야에 있었다.

이러한 실험과학적 분야는 데이비(Humphry Davy)나 패러데이(Michael Faraday) 같은 과학자들에게 맡겨졌던 것이다. 그것은 사실 초창기 실험연구기관의 모범이 되었다. 버밍엄 월광협회(Lunar Society)나 맨체스터 문학·철학협회와 같은 과학진흥단체는 이 고장 산업가들의 지원을 얻어냈다. 예를 들어 원자론의 창시자인 돌턴(John Dalton)은 후자가 길러낸 사람이었다.

런던의 급진주의자들은 기술자들의 학교로서 런던 기능공학교(London Mechanics Institution) — 현재의 버크벡 칼리지 —를, 그리고 졸음을 부르는 옥스퍼드와 케임브리지 대신 런던 대학을, 타락한 왕립협회의 귀족적인 무기력 대신 영국과학진흥협회(1831)를 설립했다(사실 새로 설립했다기보다는 그 전부터 있는 것을 인수해 그 방향을 돌려놓았다). 이러한 기관들은 지식을 위한 지식 그 자체의 순수연구 함양을 목적으로 하지 않았다. 아마도 이 사실이 특수 전문 분야 연구기관의 출현이 늦어졌던 이유를 설명해주는 것 같다.

독일 같은 나라에서도 1825년이 되어서야 비로소 대학 안에 화학연구소(기센의 리비히 연구소)가 처음으로 생겼다(물론 그 자극이 된 것은 프랑스였다). 프랑스와 영국의 경우처럼 기술자를 제공하거나, 프랑스와 독일의 경우처럼 교사를 제공해주거나, 아니면 청년들에게 조국에 대한 봉사정신을 심어주는 기관들은 있었다.

그러므로 혁명의 시대는 과학자나 학자들의 수효를 크게 증대시켰고, 과학의 소산(所産)도 크게 불어났다. 게다가 이 시대에서는 두 가지 면에서 과학의 세계가 지리적 확대를 거듭했음을 볼 수 있다.

첫째는 무역과 탐험의 진행과정 자체가 과학연구를 위해 세계의 새로운 영역들에 대한 문호를 열어주었고, 과학에 관한 사상에 자극을 주었다는 점이다. 이 책이 다루는 시대에서 가장 위대한 과학정신의 소유자 중 한 사람이었던 훔볼트의 공헌은 주로 지칠 줄 모르는 여행가요 관찰자로서, 그리고 지리학·민속학 그리고 자연철학자로서 행한 공헌이었다. 하지만 그의 모든 지식을 훌륭하게 집대성한 강연집『코스모스』(1845~59)는 어떤 특정 학과라는 테두리의 한계 안으로 가두어둘 수 없는 업적이다.

둘째는 과학의 세계가 이제까지 최소한의 공헌밖에 하지 않았던 나라와 민족들까지도 포용할 만큼 넓어진 점이다. 즉 1750년의 대과학자 명단에는 프랑스인, 영국인, 독일인, 이탈리아인, 스위스인 이외의 사람은 거의 올라 있지 않았다. 그런데 19세기 전반의 가장 간략한 대수학자 명단에도 노르웨이 출신의 아벨(Henrik Abel), 헝가리의 보여이(Janos Bolyai), 그리고 머나먼 러시아 카잔 출신의 로바체프스키(Nikolai Lobachevsky)가 들어 있다. 이는 과학이 서유럽 이외 지역의 민족문화의 발흥을 반영하고 있음을 볼 수 있다. 이들 지역에서 나타난 민족문화의 발흥은 혁명의 시대가 낳은 눈부신 산물인 것이다.

과학의 발전에서 나타난 민족적 요소는 17세기와 18세기의 좁은 과학자 세계에서 뚜렷한 특징을 보였던 코스모폴리탄주의의 쇠퇴를 그대로 반영했다. 오일러(Euler)와 같은 사람이 바젤에서 상트페테르부르크로 옮기고, 거기서 베를린으로 갔다가 다시 예카테리나 대제의 궁정으로 되돌아간 것과 같은, 국제적 명사들의 편력시대는 묵은 체제와 함께 자취를 감추었다. 그 후 과학자들은 비교적 단기간의 방문 말고는 자신의 언어권 안에 머물렀으며, 동료학자들과는 학술잡지를 통해 교류했다. 학술잡지는 이 시대가 낳은 매우 전형적인 산물이었다.『왕립협회 회보』(1831),『과학 아카데미 보고집』(1837),『미국 철학회 회보』(1838), 크렐레의『순수수학 및 응용수학 잡지』나『화학·물리학 연보』(1797)와 같은 새로운 전문잡지 등이 그러한 것들이었다.

2

이중혁명이 과학에 대해 어떤 성격의 영향을 미쳤는가를 판단하기에 앞서, 우리는 먼저 과학의 세계에 어떤 일이 일어났는지를 잠깐 살펴보는 것이 좋을 것이다. 전체로 볼 때, 고전적 자연과학 분야에서는 혁명적이라 할 만한 큰 변화는 없었다. 다시 말해 그것들은 이미 18세기부터 추구되어오던 연구 방향을 그대로 따르든 아니면 종래의 단편적 발견들을 더욱 발전시켜 그것을 보다 넓은 이론체계로 조정했든 간에 사실상 뉴턴이 세운 임무의 테두리 안에 머물러 있었다.

그러고 보니 새로이 개척된 분야로서 가장 중요하고도 직접적인 기술적 결과를 수반한 것은 전기였으며, 보다 정확히 말하면 전자기학(電磁氣學)이었다. 이 결정적으로 중요한 진보는 다섯 차례의 큼직한 업적을 거치면서 완성되었는데, 그 가운데 네 개는 이 책이 다루는 시대에 이루어졌다. 즉 갈바니(Galvani)가 전류를 발견한 1786년, 볼타(Volta)가 전지를 만들어낸 1799년, 전기분해법이 발견된 1800년, 외르스테드(Örsted)가 전기와 자기 간의 관계를 찾아낸 1820년, 패러데이가 이 모든 힘들 사이의 관계를 확정함으로써 현대 물리학에의 접근방법을 개척하고 있다는 것을 스스로 알게 된 1831년의 시기였던 것이다 — 현대 물리학은 역학적인 인력과 척력의 관점이 아니라 '장'(場, Field)의 관점에 서 있다. 새로운 이론적 종합 가운데 가장 중요한 것은 열역학의 법칙, 즉 열과 에너지 사이의 관계를 발견한 일이었다.

천문학과 물리학을 근대과학으로 전환시킨 혁명은 이미 17세기에 이루어졌다. 그러나 화학을 창조한 혁명은 이 책이 다루는 시대가 개막될 무렵 한창 진행 중이었다. 화학은 다른 어느 과학보다도 산업상의 실용적 요구, 특히 섬유산업의 표백법, 염색법과 밀접하게 직접적으로 관련되어 있었다. 뿐만 아니라 그것을 창시한 사람들이란 '맨체스터 문학·철학협회'에 관계했던 돌턴이나 '버밍엄 월광협회'에 관계했던 프리스틀리처럼 다른 실천적 인물들과 손잡고 일했던 실천적 인물들이었다. 또한 그들은 온건하기는 해도 때로는 정치적으로 혁명가이기도 했다. 그 가운데 두 사람은 프랑스 혁명에 의해 희생되었다. 혁명에 지나치게 동정적이라 해서 토리 폭도들의 손에 죽은 프리스틀리와, 혁명에 별로 동정적이지 않다는 이유로, 아니 오히려 대기업가라 해서 기요틴으로 처형당한 위대한 라부아지에였다. 화학의 사실상의 창시자라 할 수 있는 라부아지에는 혁명이 일어난 바로 그해에 그의 기본 저서인『화학요론』을 출판했다.

다른 나라들의 화학발전에 자극을 주고 특히 화학연구기관을 설립하도록 자극을 준 것은──후일 화학연구의 일대 중심지가 된 독일 같은 나라에 대해서마저──프랑스였다. 1789년 이전에 이루어졌던 큰 전진으로는 연소와 같은 기본적인 화학작용, 그리고 산소와 같은 기본적인 원소의 존재를 설명할 수 있게 됨으로써 경험적 실험의 혼란상태에 기본적인 질서가 잡히기 시작한 일이었다. 그와 같은 발전에 의해 정확한 양적 측정이 가능해졌고, 또 그러한 주제를 앞으로 더욱 깊이 진행시킬 수 있는 연구계획을 세우게 되었다. 또 원자론 (1803~10년에 돌턴이 생각해낸 것)이라는 결정적으로 중요한 개념은 화학식의 발명을 가능하게 했고, 그와 더불어 화학적 구조의 연구가 시작될 수 있었다. 그리하여 새로운 실험 성과가 무수히 쏟아져 나왔다. 이렇게 해서 화학은 19세기의 과학 중에서도 가장 활발한 분야의 하나가 되었고, 따라서──모든 다이내믹한 주제가 그러하듯이──많은 유능한 인재를 이 분야로 끌어들였다. 그러나 화학 분야의 분위기나 방법은 거의 18세기 그대로였다.

그러나 화학은 일종의 혁명적인 의미를 내포하고 있었다. 바로 생명현상을 무기적인 과학으로 분석·설명할 수 있다는 것을 밝혀낸 일이었다. 라부아지에는 호흡이 다름 아닌 산소의 연소 중 한 형태라는 것을 발견했다. 뵐러(Wöhler)는 생물에만 있는 한 화합물 — 요소 — 을 실험실에서 합성하는 방법을 발견해(1828) 유기화학의 웅대한 새 영역을 열어놓았다. 오랫동안 진보를 가로막은 큰 장애물이 되어왔던 신념, 즉 생명체는 생명 없는 물체와는 근본적으로 다른 자연법칙을 따른다고 믿었던 신념은 전보다 크게 약화되었다. 그러나 아직은 역학적 접근이나 화학적 접근 그 어느 것도 생물학자들을 크게 전진시키는 데 이르지는 못하고 있었다. 이 시대의 화학자들이 이룩한 가장 기본적인 전진은 슐라이덴(Schleiden)과 슈반(Schwann)에 의해 이루어졌는데, 그것은 모든 생명체가 다수의 세포로 구성되어 있음을 발견(1838~39)한 것이었다. 이 발견은 원자론의 발견에 비길 만한 것을 생물학 분야에서 확립했다. 하지만 생물리학과 생화학의 성숙은 여전히 먼 장래에나 이루어질 일로 남아 있었다.

　　화학 분야의 이러한 혁명보다도 훨씬 뿌리 깊은 혁명이 수학 분야에서 이루어졌다. 그러나 수학의 혁명은 그 성질상 화학의 그것보다는 덜 두드러져 보였다. 수학은 이 책이 다루고 있는 시대에는 벌써 전혀 새로운 세계로 진입하고 있었다. 이는 여전히 산수와 평면기하학을 지배했던 그리스인의 세계나, 해석학을 지배했던 17세기적 세계와는 크게 동떨어진 전혀 새로운 세계였다. 이 점에서 수학은 17세기적인 한계 안에 머물러 있었던 물리학이나 18세기에 와서야 틈을 뚫고 나와 비로소 넓은 전선에 진을 친 화학과는 달랐다. 다변수함수 이론(多變數函數理論: 가우스, 코시, 아벨, 야코비)이나 군론(群論: 코시, 갈로아)이나 벡터 이론(해밀턴) 등이 과학의 세계에 일으킨 혁신의 깊이를 이해하고 평가하는 사람은 수학자 외에는 극히 드물

것이다. 그러나 전문가가 아닌 사람이라도 러시아의 로바체프스키 (1826~29)와 헝가리의 보여이(1831)가 지적 확신 중에서도 가장 항구적인 확신, 즉 유클리드 기하학을 쓰러뜨린 그 혁명의 의미는 이해할 수 있을 것이다.

유클리드적 논리의 당당하고 흔들리지 않는 구조 전체는 어떤 가정 위에 서 있다. 그러한 가정의 하나인 "평행선은 절대로 서로 만나지 않는다"는 공리는 자명한 것도 아니며 입증할 수 있는 것도 아니다. 오늘날에는 어떤 다른 가정, 예컨대 어떤 직선 L에 대한 몇 개의 무한 평행선이 점 P를 통과한다는 가정(로바체프스키와 보여이)이나, 아니면 직선 L에 대한 어떠한 평행선도 점 P를 통과하지 않는다는 가정(리만) 위에 서서 유클리드 기하학과 똑같이 논리적인 기하학을 세우는 것 등은 초보적이고 기본적인 일로 생각해도 무방할 것이다. 더욱이 우리가 이러한 법칙이 적용되는 실제의 평면을 구성할 수 있는만큼 더욱 그러하다(이래서 지구는 구인 한에서 리만적 가정과 일치하는 것이며, 유클리드적 가정과는 일치하지 않는다). 그러나 19세기 초에 이러한 가정들을 세운다는 것은 태양계의 중심에 지구 대신 태양을 갖다놓는 일에 비길 만한 용감한 지적 행위였다.

3

수학혁명은 일상생활과는 거리가 멀기로 유명한 이 과목의 몇 안되는 전문가들 말고는 알아차린 사람도 없이 넘어가버렸다. 그 반면에 '사회과학' 분야의 혁명은 비전문가들의 관심을 사로잡지 않았던 적이 거의 없었다. 그 까닭은 그것이 눈에 보이게 그들에게 영향을 미쳤기 때문이며, 그것도 대체로 나쁜 방향으로 영향을 미치는 것으로 믿어졌기 때문이다. 영국의 소설가 피콕(Thomas Love Peacock)의 소설에 나오는 아마추어 과학자나 학자들은 조용히, 또는 동정이나 애정 어린 희화화(戲畵化)에 잠겨 있음을 볼 수 있다. 그러나 증기지식인협회의 경제학자나 선전가들은 그렇지 않았다.

정확히 말하면 사회과학 분야에서는 두 개의 혁명이 있었고, 이 두 혁명의 과정이 하나로 합쳐져 사회과학의 가장 포괄적인 종합으로서 마르크스주의를 낳는다. 첫 번째 혁명은 17세기와 18세기 합리주의자들의 빛나는 선구적 업적을 이어받아 발전시킨 것으로, 인구에 관해 물리학의 법칙과 맞먹는 법칙을 확립시켰다. 그 가장 초기의 승리가 다름 아닌 정치경제학이라는 체계적인 연역적 이론을 확립한 일이었다. 그것은 1789년 당시에 이미 장족의 전진을 이루어놓은 바 있었다. 두 번째 혁명은 대체로 이 책이 다루는 시대의 일인데, 낭만주의와 밀접히 결합되어 있었다. 그것은 바로 역사적 진화를 밝혀낸 일이었다(제13장의 1과 2 참조).

고전적 합리주의자들이 시도한 대담한 혁신은 인간의 의식과 자유로운 의사결정에도 논리적으로 필연적인 법칙과 같은 그 무엇이 적용될 수 있다는 것을 증명해 보이려 했던 점이다. 정치경제학의 여러 법칙은 바로 그러한 유의 것이었다. 이러한 법칙은 중력의 법칙(그들은 그것을 흔히 중력의 법칙과 비교했다)과 마찬가지로 인간의 좋고 나쁘고를 초월한 것이라는 확신이 19세기 자본가들에게 일종의 무자비한 확신감을 갖게 했다. 또 그들 자본가들에게 반대하는 낭만주의자들에게는 그와 마찬가지로 격렬한 반합리주의를 불어넣기도 했다.

원리상으로는 물론 경제학자들의 생각이 옳았다. 다만 그들은 자신들의 추론의 기초가 되는 가정의 보편성, 즉 '다른 사물들'이 동일하게 머물러 있을 수 있는 가능성을 엉성하게 과장하고 있기는 했지만 말이다. 게다가 그들은 또 그들 자신의 지적 능력을 터무니없이 과장하고 있었다. 만약 한 도시의 인구가 두 배로 증가했는데 그 주거의 수는 증가하지 않고, 다른 사물 역시 전과 다름없이 동일하다고 한다면 지대(地代)는 '반드시' 상승할 것이다. 이러한 종류의 명제가 대부분 영국——정도는 덜하지만 옛 18세기의 과학 중심지였던 프랑스와 이탈리아, 스위스에서도 그러했다——에서 정치경제학이 구축한 연역적 추론의 모든 체계들에 힘이 되었다.

앞에서 이미 살펴본 바와 같이 1776년부터 1830년에 걸친 시대는 그러한 것이 가장 승리를 구가한 시대였다(제13장의 1 참조). 그것은 수학적으로 표현될 수 있는 인구 증가율과 생활자료의 증가율 사이에 사실상 어떤 기계적이고 불가피한 관계가 있음을 입증하려 한 인구통계학 이론의 체계적인 첫 정립에 의해 보강되었다.

사실 맬서스의 『인구론』(1798)은 그 지지자들이 주장한 만큼 독창적인 것도 아니었고, 외면할 수 없는 것도 아니었다. 맬서스의 지지자들은 가난한 자는 언제나 가난해야만 한다든가 선심과 자선이 왜 가난한 자를 더욱 가난하게 만들고 마는가 하는 것을 한 사람이 발견했다는 사실에 감격해버린 데 불과했다. 그 중요성은 별로 대수롭지 않은 그 지적 가치에 있는 것이 아니라, 성적(性的) 결정요인과 같은 매우 개인적이고 변덕스러운 일군의 결정요인들을 사회적 현상으로 보고 이것들을 과학적으로 다루어야 한다고 주장한 데 있었다.

이 시대는 수학적 방법을 사회에 적용함으로써 또 하나의 큼직한 전진이 이루어졌다. 이 분야는 프랑스어를 사용하는 과학자들이 분명 프랑스 교육의 그 더할 나위 없는 수학적 분위기의 도움에 의해 선도적 역할을 한 시대였다. 그리하여 벨기에의 케틀레(Adolphe Quételet)는 그의 획기적인 저서 『인간에 관하여』(1835)에서 인간 성격의 통계적 분포는 이미 알고 있는 수학적 법칙을 따른다는 것을 밝혔다. 그리고 그는 여기서 확신을 가지고 사회과학을 자연과학에 동화·접근시킬 수 있는 가능성을 추론했다.

그러나 그의 이러한 확신은 그 후에는 지나친 것으로 간주되고 있다. 인구에 관해 통계적인 일반화 작업을 하고, 그러한 일반화를 기초로 하여 확고한 예측을 하는 가능성(케틀레의 사회과학에 대한 출발점)은 확률론의 이론가들이 이미 일찍부터 예상해왔고, 또 보험업자처럼 그것에 의존하지 않을 수 없었던 실제적 인간들도 일찍부터 예기했던 바였다. 그러나 케틀레와 같은 시대의 통계학자, 인체 측정학자, 사회조사가 등 유력한 한 무리의 사람들은 이러한 방법을 훨씬 광범한 분야에 적용해 오늘날에도 사회현상 연구의 주요한 수학적 용구가 되도록 만들어냈다.

사회과학에서 일어난 이와 같은 발전은 화학이 그러했던 것처럼 혁명적인 것이었다. 즉 이미 이론적으로 이루어놓은 전진을 완성시켰다는 점에서 그러했다. 뿐만 아니라 사회과학은 완전히 새롭고도 독창적인 성과를 독자적으로 이룩했다. 그리고 그 독자적인 성과가 이번에는 생물학에 관련된 분야와 지질학 같은 물리학에 관련된 분야에서까지도 풍성한 열매를 맺게 했다. 단순히 연대기적 계기가 아닌 논리 전개의 한 과정으로서 역사를 발견한 일이 바로 그것이었다.

이러한 혁신과 이중혁명의 연관성은 매우 명백하여, 더 이상 논의할 필요가 거의 없다. 그리하여 '사회학'(이 말은 1830년 무렵 콩트가 만들어냈다)이란 이름으로 알려진 학문은 직접적으로 자본주의에 대한 비판으로부터 나온 것이다. 보통 사회학의 창시자로 꼽히는 콩트 자신은 선구적인 공상적 사회주의자 생시몽 백작의 개인비서로 생애를 시작했다.[2] 그런가 하면 동시대의 가장 두려운 사회학 이론가

---

2) 앞서도 말한 바와 같이 생시몽의 사상은 간단하게 분류할 수 없지만, 그를 공상적 사회주의자라 부르는 지금까지의 관례를 굳이 깨뜨리는 것은 현학적인 일이 될 것 같다.

였던 마르크스는 자기의 이론을 제1차적으로 세계를 변혁시키는 하나의 도구로 생각했다.

하나의 학문적 과목으로서의 '역사학' 창조는 사회과학의 이 같은 역사화에서 아마도 가장 중요하지 않은 측면이라 할 것이다. 19세기 전반의 유럽에서는 역사에 관한 저술이 압도적일 만큼 크게 유행했던 것이 사실이다. 그렇게도 많은 사람들이 여러 권에 걸쳐 그 나라의 과거사에 관한 이야기를 저작해 그들이 살고 있는 세계의 의미를 해석해내려 했던 일은 일찍이 없었다. 그것도 흔히 그 나라에 관한 최초의 역사 서술인 경우가 많았다. 예컨대 러시아의 카람진(Karamzin, 1818~24), 스웨덴의 예이예르(Geijer, 1832~36), 보헤미아의 팔라츠키(Palacky, 1836~67) 등은 각기 그 나라 역사편찬 사업에서 시조 역할을 했다.

프랑스에서는 과거를 통하여 현재를 이해하려는 충동이 특히 강했다. 이 나라에서는 프랑스 혁명 자체가 티에르(Thiers, 1823, 1843), 미네(Mignet, 1824), 부오나로티(Buonarroti, 1828), 라마르틴(Lamartine, 1847), 그리고 그 위대한 미슐레(Jules Michelet, 1847~53) 등에 의한 집중적이고도 당파적인 연구의 과제가 되었다. 그것은 역사 편찬의 영웅 시대였다. 그러나 프랑스의 기조(Guizot), 티에리(Augustin Thierry)와 미슐레, 덴마크의 니부르(Niebuhr)와 스위스의 시스몽디(Sismondi), 영국의 핼럼(Hallam), 린가드(Lingard)와 칼라일, 그리고 수많은 독일 교수들의 업적들도 오늘날에는 역사적 문서로서 또는 문학으로서, 혹은 때때로 천재의 기록으로서 외에는 살아남은 것이 거의 없다.

이와 같은 역사학적 각성이 낳은 결과는 사료 처리와 역사학적 기법의 분야에서 가장 오래도록 살아남았다. 성문화된 것이든 아니든 간에 과거의 유물을 수집하는 일에 모두가 열정을 쏟았다. 아마도 내셔널리즘이 그 가장 강력한 자극제가 되었겠지만, 부분적으로 그것은 현재의 증기력(蒸氣力)의 공격으로부터 과거를 방위하려는 시도이기도 했을 것이다. 지금까지 잠자고 있던 국민들에게 역사가, 사전 편찬가, 민요 수집가 등이 바로 민족의식을 형성케 하는 창시자이기도 했던 예가 허다하다.

프랑스인들은 그들의 고전 학교를 창설했고(1821), 영국인들은 공립문서관을 세웠으며(1838), 독일인들은 『독일 사료집』의 출판을 시작했다(1826). 한편으로는 다작(多作)의 역사학자 랑케(Leopold von Ranke, 1795~1886)가 역사는 제1차 사료의 엄밀한 평가에 입각해야만 한다는 학설을 주장하기도 했다. 그러는 동안에도 언어학자들과 민속학자들은 앞에서 살펴본 바와 같이 자기 나라 언어에 관한 기본적 사전을 편찬하고 자기 민족의 구비(口碑) 전승을 수집해 세상에 내놓았다.

사회과학에 역사가 주입됨으로써 가장 직접적인 영향을 받은 것은 법률학과 신학연구 분야였다. 법률학 분야에서는 사비니(Friedrich Karl von Savigny)가 역사법학파를 창시했고(1815), 신학연구 분야에서는 역사적 기준의 적용 ─ 특히 슈트라우스(D. F. Strauss)의 『예수의 생애』(1835)가 그러했다 ─ 이 성서 절대주의자들을 대경실색케 했다.

하지만 특히 놀랄 만큼 발전한 것은 완전히 새로운 분야인 언어학에서였다. 이 또한 처음에는 독일에서 발전했다. 독일은 역사적 접근이 가장 활기차게 보급된 중심지였기 때문이다. 마르크스가 독일인이었던 것도 우연한 일은 아니었다. 언어학에 주어진 외견상의 자극은 유럽에 의한 비유럽 세계의 정복이었다. 존스 경의 산스크리트에 대한 선구적 연구는 영국의 뱅골 정복이 낳은 결과였다. 또 샹폴리옹(Champollion)이 고대 이집트의 상형문자를 해독(이 문제에 관한 그의 주요 저서는 1824년에 출판되었다)한 것은 나폴레옹이 이집트를 원정한 결과였다. 또 롤린슨(Rawlinson)의 설형문자 해독(1835)은 영국 식민지 관리가 세계 도처에 퍼져 있던 사정을 반영한 것이었다.

그러나 사실 언어학이란 발견이나 설명 또는 분류에 국한되는 것이 아니었다. 언어학은 주로 보프(Franz Bopp, 1791~1867)와 그림 형제와 같은 위대한 독일인 학자들의 손으로 제2의 사회과학이라 불러 마땅한 것이 되었다. 즉 인간 상호간의 교섭이라는 언뜻 보기에 매우 변덕스러운 분야에도 적용될 수 있는 일반적 법칙을 발견한 두 번째 분야가 바로 이 언어학이었던 것이다(첫 번째는 경제학이었다). 그러나 경제학의 법칙들과는 달리 언어학 법칙들은 기본적으로 역사적인 것이며, 혹은 오히려 진화론적인 법칙이었다.[3]

이러한 언어학상의 법칙들의 기초가 된 것은 광범한 일련의 언어, 즉 인도-유럽계 언어들이 서로 연관되어 있다는 사실의 발견이었다. 그리고 그러한 발견은 현존하는 모든 유럽계 성문언어(成文言語)가 분명히 몇 세기에 걸친 과정을 통해 변화해왔고, 지금도 아마 변화하고 있을 것이라는 명백한 사실에 의해 보충되었다. 문제는 과학적인 비교로 이들의 관계를 증명하고 분류하는 일만이 아니었다. 이러한 작업이라면 그 당시에도 널리 시도되고 있었다──예를 들면 퀴비에 (Cuvier)의 비교해부학에서 그러했다.

오히려 더 중요한 문제는 이들 언어의 공통 선조였을 옛 언어로부터 그러한 언어들이 역사적으로 진화해 왔다는 것을 밝혀내는 일이었다. 언어학은 진화를 그 핵심으로 본 최초의 학문이었다. 값비싼 희생을 치른 생물학자나 지질학자들이 잘 알고 있듯이 성경은 지구

---

3) 역설적으로 보다 더 일반적인 '전달 이론'의 일부라 볼 수 있는 언어학에 대해 수학적·물리학적 방법을 적용하려는 시도는 금세기에 이르기까지 행해지지 않았다.

의 창조나 그 초기 역사에 대해서는 너무나 명백하게 많은 말을 하고 있는 데 반해, 언어의 역사에 대해서는 비교적 입을 다물고 있는 것이 매우 다행스러운 일이었음은 물론이다. 따라서 언어학자들은 그들의 불행했던 동료들과는 달리 노아의 홍수로 물에 빠지거나 「창세기」 제1장의 장애물에 발목이 잡힐 가능성이 적었다. 성경에 무슨 말이 있다면, "그리고 지상 전체는 하나의 언어를 가지며, 하나의 말로 이야기한다"라는 구절뿐인데, 이 말은 오히려 언어학 편에 선 말이었다.

뿐만 아니라 언어학은 다음과 같은 점에서도 행운이었다. 그것은 모든 사회과학 중에서도 인간을 직접 다루지 않고 말을 다루었다는 점이다. 왜냐하면 사람은 언제나 자기 행동이 자신들의 자유로운 선택 이외의 그 무엇에 의해 결정된다는 주장에 대해서는 분노를 터뜨리는 법인데, 언어는 그렇지 않았으니 말이다. 따라서 지금까지도 역사과학의 기본적인 문제로 되어 있는 것, 즉 변화하지 않는 일반 법칙으로부터 실생활의 개별적 다양성을 어떻게 추출해내느냐, 그 무수히 많고도 변덕스럽기까지 한 개별적 다양성을 어떻게 끌어내느냐 하는 문제에 부딪히는 일은 자유에 내맡겨졌다.

선구적인 언어학자들은 사실 언어적 변화를 설명하는 일에 별로 큰 전진을 이루지는 못했다. 물론 보프 같은 사람은 이때 벌써 문법적 어미 변화의 기원에 관한 이론을 내놓고 있기는 했지만 말이다. 하지만 그들은 인도-유럽계 언어들에 관해 그 계통표를 만들어내기는 했다. 그들은 갖가지 서로 다른 언어적 요소들의 상대적인 변화율에 관해 약간의 귀납적 일반화 작업을 해냈고, 또 '그림의 법칙'과 같이 넓은 시야의 역사적 일반화를 조금은 이루어냈다(그림의 법칙은 튜턴계의 모든 언어가 일정한 자음 변화를 겪었고, 또 몇 세기 후에는 튜턴어의 방언 중 일부분이 또 다른 비슷한 변화를 겪었다는 것을 밝혀냈다). 하지만 그들이 이러한 선구적인 탐구를 통해 관철한 바는, 언어의 진화가 연대적인 순서를 확정하거나 변화를 기록하는 데 그치는 것이 아니라 과학적 법칙과 유사한 언어학적 일반법칙에 의해 설명되어야 한다는 것을 확신했다는 점이다.

4

생물학자와 지질학자는 언어학자들에 비하면 운이 나빴다. 그들에게도 중요한 문제점은 역시 역사의 문제였다. 하기야 지구의 연구는 광업을 통하여 화학과 밀접히 관련되어 있었고, 생명의 연구는 의학을 통해 생리학과 관련되어 있었다. 또한 동시에 생명체의 화학원소는 무기적인 자연의 그것과 동일한 것이라는 중대한 발견을 통해 화학과도 관련되어 있기는 했지만 말이다. 그러나 어쨌든 지질학자들에게 가장 명백했던 문제들은 모두 역사와 관련되어 있었다 ― 예컨대 토지와 물의 분포라든가, 산맥, 그리고 그 가운데서도 특히 뚜렷한 특징을 지니고 있는 지층 따위를 어떻게 설명하느냐 하는 문제가 그러했다.

지질학의 역사적 문제가 지구의 진화를 어떻게 설명하는가 하는 문제라면, 생물학의 역사적 문제는 이중의 문제를 가지고 있었다. 알(卵)이나 종자 또는 포자(胞子)로부터 개개의 생명체가 어떻게 생겨나느냐 하는 것을 설명하는 일, 그리고 종(種)의 진화를 어떻게 설명하느냐 하는 것이었다. 지질학과 생물학은 화석이라는, 눈으로 볼 수 있는 증거에 의해 연결되었다. 어떤 종류의 화석은 각 암층에서 발견되고 다른 암층에서는 발견되지 않기 때문에 그러한 것이다. 영국의 간척기사 윌리엄 스미스는 지층의 역사적 추이가 그 특유한 화석으로 연대를 측정하는 것이 가장 편리하다는 것을 1790년대에 발견했다. 그리하여 지질학과 생물학은 산업혁명의 지구 바닥에까지 미치는 활동을 통해 빛을 받게 되었다.

　문제는 너무나 명백했기 때문에 진화에 관한 이론들을 펴보려는 시도는 벌써 그 전부터 있어왔다. 특히 유행을 좇는 멋쟁이면서도 때론 무모한 짓을 했던 동물학자 뷔퐁(Comte de Buffon)이 그러한 시도를 했다(『자연의 시대들』, 1778). 프랑스 혁명의 10년 동안 이러한 이론들은 급속히 발판을 굳혀갔다. 지구의 진화론과 동식물 종의 진화론을 거의 완전한 체계로 펴낸 것은 심사숙고형이었던 에든버러의 제임스 허튼(『지구의 이론』, 1795)과 기인(奇人) 에라스무스 다윈이었다. 다윈은 버밍엄 월광협회에서 이채를 띤 존재였으며 운문으로 과학에 관한 저서를 펴내기도 했다(『주노미아』, 1794). 라플라스(Laplace)는 철학자 칸트가 예상했던 태양계의 진화론을 발표했고(1796), 또 카바니스(Pirre Cabanis)는 거의 같은 무렵 인간의 정신적 능력 자체를 인간 진화의 산물로 생각해보기도 했다. 1809년에는 프랑스의 라마르크가 획득형질(獲得形質)의 유전설에 입각해 처음으로 체계를 갖춘 근대적 의미의 주요한 진화론을 발표했다. 그러나 이러한 이론들은 하나도 승리를 거두지 못했다.

　이들은 실상 곧 토리계의 『계간평론』(Quarterly Review)과 같은 세력의 열정적인 저항에 부딪혔던 것이다. "천계(天啓)에 의한 최초의 충격설에 대한 일반의 집착은 너무나 결정적"[4]이었다. 그러면 노아의 홍수는 어떻게 된단 말인가? 사람들은 물론이요 종이 제작기 따로 창조되었다는 진리는 어떻게 될 것인가? 특히 그 가운데서도 사회적 안정은 어떻게 될 것인가? 이러한 생각에 사로잡혀 고민한 것은 생각이 단순했던 성직자들이나, 그렇게 단순하지는 않았던 정치가들

---

4) G.C.C. Gillispie, *Genesis and Geology* (1951), p. 116.

만이 아니었다. 위대한 퀴비에는 그 자신이 화석의 체계적 연구에 대한 창시자였지만——『화석골(化石骨)의 연구』(1812)——신의 섭리의 이름으로 진화론을 거부했다. 성경과 아리스토텔레스의 부동성(不動性)에 함부로 손을 대기보다는 지질사에 일련의 큰 파국이 있어서 신의 일련의 재창조가 뒤따랐다고 상상하는 편이 훨씬 나았던 것이다——생물학적인 변화와는 다른 지질학상 변화를 부정하는 것은 거의 불가능했다.

다윈류의 자연도태에 의한 진화론을 제안하면서 라마르크에 호응했던 불운한 로렌스 박사는 보수주의자들의 요란스런 매도 때문에 사실상 그의 『인간의 자연사』(1819) 출판을 취소해야 했다. 그는 현명치 못하게도 인간의 진화를 논했을 뿐 아니라, 그 사상이 그 시대의 사회에서 어떠한 의미를 갖는가 하는 것까지도 꼬집어 논했던 것이다. 그는 책의 출판을 취소함으로써 직업을 유지하고 장래의 출셋길도 확보했지만, 영원히 양심에 상처를 입었다. 그는 그의 불온한 저서를 때때로 해적출판한 용감한 급진주의자들에게 아첨의 말을 보내는 것으로 자신의 양심을 달랬다.

1830년대가 되어 비로소——정치가 다시 한 번 좌선회(左旋回)하고 난 후에야——성숙한 진화론이 지질학 분야에도 뚫고 들어왔다. 그것은 라이엘(Lyell)의 유명한 『지질학 원리』(1830~33) 출판으로 이루어졌다. 라이엘의 그 저서는, 모든 광물은 한때 지구를 덮고 있던 수성(水成)의 용체(溶體)가 응결해 침강한 것(「창세기」제1장, 7~9절 참조)이라고 성경에 입각해 주장하는 수성론자(水成論者)들의 저항과 퀴비에의 자포자기적인 주장을 따르는 천지이변론자들의 저항을 종결시켰다.

같은 10년 동안 벨기에에서 연구하고 있던 슈메를링(Schmerling)과, 아브빌의 관세감독관이라는 자기 지위보다 고고학이라는 자신의 취미 쪽을 더 좋아했던 페르테(Boucher de Perthes)는 한결 더 놀라운 사태발전을 예측했다. 지금까지는 그 가능성이 격렬하게 거부되어왔던 일,[5] 즉 선사시대의 인간 화석이 실제로 발견되리라는 사실을 예측한 것이다. 과학적 보수주의는 1856년에 네안데르탈인이 발견되기 전까지는 증거가 충분치 않다는 것을 이유로 그 끔찍스러운 예측을 계속 거부하면서 버틸 수가 있었다.

이제는 다음과 같은 것들이 받아들여지지 않으면 안 되었다. ① '지금도' 작동 중인 어떤 원인들이 시간의 경과와 함께 지구를 그 원래의 상태로부터 지금의 상태로 변화시켰다는 것, ② 여기에는 성경에서 산출할 수 있는 그 어떤 세월보다도 긴 세월이 걸렸다는 것, ③ 지질학상 지층의 계기가 동물 진화 형태의 계기를 나타내고 있으며 따라서 그것은 생물학적 진화를 의미한다는 것 세 가지다. 이러한 것들을 가장 기꺼이 받아들이면서 진화의 문제에 실상 가장 큰 관심을 보인 것은 영국 중류계급의 자신만만한 급진주의적 세속인들이었다. 이는 매우 주목할 만한 일이었다(공장제도에 대한 찬가로 유명한 터무니없는 앤드루 우어 박사는 언제나 예외다).

그런데 과학자들은 과학을 받아들이는 데 있어 오히려 느렸다. 이 시대에 옥스퍼드나 케임브리지 대학에서 신사 양반들이 진지하게 공부할 만한 유일한 신사적 학문이 지질학이었다는 사실(신사가 할 만한 학문이라고 보는 까닭은 그것이 야외에서, 가급적이면 돈이 드는 '지질학 여행'으로 연구하는 학문이라는 것 때문이다)을 상기한다면 이 시대에 지질학자들이 과학을 받아들이는 데 느렸던 것은 별로 놀라운 일이 아니다.

---

5) 그의 『켈트 및 대홍수 이전의 고대』는 1848년 이전까지는 출판되지 않았다. 몇 개의 인간 화석이 간혹 발견되고는 있었지만, 그것들은 시골 박물관의 한 구석에서 남의 눈을 끌지도 못했거나 아주 잊히고 있었다.

그러나 생물학상의 진화론은 뒤떨어져 있었다. 1848년 혁명들이 패배하고 난 훨씬 뒤에야 비로소 이 폭발물 같은 위험한 문제가 다시 다루어졌다. 그리고 이때에 와서도 다윈은 불성실하다고까지는 말하지 않더라도 상당히 조심스럽고 애매한 태도로 문제를 다루었다. 이와 병행하는 생물발생학을 통한 진화론의 탐구마저도 일시적이나마 쇠퇴했다. 여기서도 또 할레의 메켈(Johann Meckel, 1781~1883)과 같은 독일 초기의 사변적인 자연철학자는 한 유기체의 배태상태는 그것이 성장하는 과정에서 그 종의 진화과정을 반복한다는 견해를 암시하기도 했다. 그러나 이 '생물발생법칙'은 처음에는 새가 그 수태 기간에 새열(鰓裂)을 가지는 단계를 거친다는 것을 발견한(1829) 라트케(Rathke)와 같은 사람들의 지지를 받았지만, 쾨니히스베르크와 상트페테르부르크의 가공스러운 폰 바에르(von Baer)에게 거부당했다. 실험생리학은 슬라브와 발트 지역의 노동자들에겐 꽤 매력적이었던 것 같다.[6] 그리고 이러한 방향의 사상은 다윈주의가 도래할 때까지는 되살아나지 않았다.

이러는 동안 한편에서는 진화 이론이 사회연구 분야에서 눈부신 발전을 했다. 그러나 우리는 이 발전을 과장해서는 안 된다. 이중혁명의 시대는 경제학과 언어학, 그리고 아마도 통계학을 제외하고는 모든 사회과학의 전사(前史)시대에 속한다. 가장 거창한 성과라 할 마르크스와 엥겔스의 정연한 사회적 진화의 이론마저도 이 시기에는 더할 나위 없이 뛰어난 솜씨로 만들어진 팸플릿풍의 소책자라고 할 수 있어도 날카로운 추론 이상의 것은 못 되었고, 역사적 서술의 기초로 사용된 데 불과했다. 인간사회 연구의 과학적 기초는 이 세기

---

6) 라트케는 에스토니아의 도르파트(타르투)에서, 판더(Pander)는 리가에서 교단에 섰다. 위대한 체코의 생리학자 푸르키네는 1830년 브레슬라우에서 최초의 생리학연구소를 개설했다.

의 후반기까지는 확립되지 못했다.

그것은 사회인류학 또는 민속학, 선사학(先史學), 사회학과 심리학의 분야에서도 그러했다. 이들의 연구 분야가 이 책이 다루는 시대에 세례를 받았다는 사실, 즉 각각의 분야를 그 자체의 특정한 규칙성을 갖춘 하나의 독립된 학문으로 간주해야 한다는 요구가 그때 비로소 제출되었다는 사실—1843년에 존 스튜어트 밀은 심리학에 대해 아마도 처음으로 그러한 지위를 부여할 것을 강력히 요구했다—에는 중대한 의미가 있다.

'인종'을 연구하기 위해 프랑스(1839)와 영국(1843)에 특별히 인종학협회가 설립되었다는 사실은 1830~48년 사이에 통계학적 방법에 의한 사회연구와 통계협회 단체가 증가한 사실과 함께 이 역시 매우 뜻깊은 일이었다. 그러나 프랑스 인종학협회가 여행자들에게 촉구한 '여행자에게 요구되는 일반적 준수사항'은 참으로 극히 역사학적인 것이었지만 궁극적으로 계획 이상의 것은 되지 못했다. 그것은 여행자들에 대해 "한 민족이 그 기원에 대해 기억 속에 보존해온 것을 발견하는 일과…… 내부적인 여러 원인 또는 외국의 침입에 의해 그 언어 또는 행실(풍습)에, 예술과 과학과 부에, 그리고 그 권력 또는 통치 형태에 어떤 혁명적 변화를 겪어왔는가를 발견할 것"[7]을 요청한 것이었다.

실상 이 책이 다루는 시대의 사회과학에서 중요한 것은 그들 과학의 성과보다도 상당량의 설명자료가 축적되었다고는 하지만, 그들이 확고하게 유물론적인 경향을 지녔고 역시 마찬가지로 확고하게 진화론의 편에 섰다는 데 있었다. 이러한 유물론적인 경향은 인간의 사회적 차이를 환경에 의해 설명하려는 그들의 결심에 잘 나타나 있

---

7) "Encyclopédie de la Pléiade," *Histoire de Science*(1957), p. 1465.

다. 일찍이 이러한 과학이 첫 출발을 했던 시점이라 할 1787년에 샤반(Chavannes)은 인류학을 규정해 '문명을 향한 여러 민족의 진보의 역사'라고 하지 않았던가?[8]

하지만 사회과학의 이 같은 초기 발전이 낳은 어두운 부산물에 대해 잠깐 언급하지 않으면 안 되겠다. 그것은 인종에 관한 이론이었다. 여러 인종, 보다 정확히 말하면 여러 피부 빛깔이 존재한다는 문제는 18세기에 많이 거론된 바 있었는데, 이때는 인간이 단일하게 창조된 것이냐 복수로 창조된 것이냐 하는 문제가 생각 깊은 사람들의 마음을 괴롭히기도 했다. 단일발생론자와 복수발생론자를 가르는 경계선은 그리 단순한 것이 아니었다. 진화론과 인간의 평등성을 믿는 사람들, 그리고 이 점에서 과학은 적어도 성경에 저촉되지 않는다는 것을 알고 안심한 사람들, 이 두 갈래 사람들이 뭉쳐서 첫 번째 그룹인 단일발생론자 집단을 형성했다. 예컨대 전(前) 다윈주의자 프리차드와 로렌스가 퀴비에와 손을 잡은 것이었다. 복수발생론 쪽에는 분명히 선의의 과학자도 포함되어 있었지만, 노예제 아래 있던 남부 출신의 인종차별주의자들도 들어 있었다. 인종에 관한 이 같은 논의들이 낳은 것은 인체측정학의 활발한 유행이었다. 인체측정학이란 주로 두개골의 수집, 분류, 측정 등에 의거하는 것으로, 두개골의 외형에서 성격을 읽어낸다는 골상학(骨相學)이라는 당시의 기이한 취미의 영향을 받아 한층 더 활발해졌다. 영국과 프랑스에서는 골상학협회가 설립되기도 했지만(1823, 1832) 곧 학문의 영역에서 탈락하고 말았다.

그와 동시에 민족주의와 인종주의, 역사학, 그리고 현장조사 등이 뒤범벅되어 영구적인 민족적 특성 또는 인종적 특질이라는 위험한

---

8) *Essai sur l'éducation intellectuelle avec le projet d'une Science nouvelle*(Lausanne, 1787).

대목들을 사회에 끌어들였다. 1820년대에 프랑스의 선구적 역사가이자 혁명가였던 티에리(Thierry) 형제는 노르만족의 정복과 갈리아인에 관한 연구에 나섰다. 이 연구는 지금까지도 프랑스 교과서의 유명한 첫 구절("우리의 조상은 갈리아인이다")과 궐련 '골로아즈'의 푸른색 담뱃갑에 그 자취를 남기고 있다. 선의의 급진주의자로서 그들은 프랑스 국민의 조상이 갈리아인이라는 것과 귀족들은 이들 갈리아인을 정복한 튜턴인의 후예라고 주장했다. 이러한 논의는 후일 고비노 백작과 같은 상류계급의 인종주의자들에 의해 보수적인 목적에 이용되었다.

특정한 인종적 혈통이 살아남아 있다는 신념 ─웨일스의 박물학자 W. 에드워즈가 켈트인에 관해 충분히 이유 있는 열성을 가지고 채택했던 ─은 이 시대에는 실로 안성맞춤의 것이었다. 사람들이 자기 민족의 낭만주의적·신비주의적 개성을 발견하려 하고, 만약 혁명적인 사람이라면 자기 민족이 구세주적 사명을 가졌다고 주장하며, 또 자신들의 부와 권력을 '선천적인 우수성'의 탓으로 귀결시키려고 했던 그러한 시대에는 훌륭히 들어맞았다(그들은 빈곤과 압제를 선천적인 열등성 때문이라는 경향을 보이지는 않았다). 하지만 인종 이론에 대한 최악의 남용이 이 책이 다루는 시대가 끝난 후에 나타났다는 것은 반드시 언급할 필요가 있다. 그렇게 해서 전체상(像)은 다소 누그러질 것이니 말이다.

5

학문의 이와 같은 발전을 우리는 어떻게 설명해야 할 것인가? 구체적으로 말하면, 이러한 학문의 발전들을 이중혁명의 그 밖의 역사적 변화와 어떻게 관련시켜야 할 것인가? 양자 사이에 가장 명백한 종류의 관련이 있다는 것만은 분명하다. 증기기관에 관한 이론적 문제들은 1824년 천재적인 카르노(Sadi Carnot)로 하여금 19세기의 가장 기본적인 물리학적 통찰인 열역학의 두 법칙(『불의 동력에 관한 고찰』[9])에 도달하게 했다. 다만 이것이 그 문제에 대한 유일한 접근은 아니었지만 말이다.

지질학과 고생물학의 큰 발전은, 공업기술자와 건축가들이 지구를 파헤치는 정열 그리고 광업이 큰 중요성을 가지게 된 두 사실에 크게 힘입었음이 명백하다. 영국이 각별히 지질학이 성한 나라로서 1836년에 전국적인 지질조사를 시작한 것도 우연한 일은 아니었다. 광물자원의 조사는 화학자들에게 분석해야 할 무수한 무기화학물을 제공했다. 그리고 광업·요업·야금업·섬유공업, 가스등과 화학제품을 만드는 새로운 공업과 농업은 그들을 더욱더 자극했다. 또 견실한 영국 부르주아 급진주의자들과 귀족적인 휘그당원들은 응용적 연구에 대해서뿐만 아니라, 기성의 과학 자체가 움찔해 겁을 집어먹을 만큼 대담한 지식의 발전에 열성을 가지고 있었다. 이러한 것들은 이 책이 다루는 시대의 과학발전이 산업혁명의 자극과 불가분의 관계에 있다는 것을 말해주는 충분한 증거라 할 수 있다.

그와 마찬가지로 프랑스 혁명이 가지는 과학상의 의미도 정치적 보수주의자 내지 온건파가 과학에 대해 품었던 솔직한 적개심, 또는 감추어진 적개심 가운데 명백히 나타나 있다. 정치적 보수주의자와 온건파들은 과학을 18세기의 유물론적·합리주의적 파괴행위의 당연한 귀결이라고 보면서 적의에 찬 눈으로 과학을 대했던 것이다. 나폴레옹의 패배는 반계몽주의의 물결을 일으켰다. "수학은 나의 사고를 속박하는 쇠사슬이다. 내가 숨을 쉴 때 그 사슬들은 산산조각이

---

9) 그러나 그의 제1법칙의 발견은 훨씬 후까지도 출판되지 못했다.

난다"고 그 걷잡을 수 없는 라마르틴은 부르짖었다.

투쟁적이고 과학을 지지하며 반교권주의적이었던 좌파와, 반과학적이었던 우파 사이의 투쟁은 그 후 줄곧 계속되었다. 즉 좌파는 매우 드물게 쟁취했던 몇 차례 승리의 순간에 프랑스 과학자들을 일할 수 있게 한 여러 제도와 시설들의 태반을 확립했으며, 우파는 과학자들을 굶주리게 하기 위해 전력을 다했던 것이다.[10] 이 말은 프랑스나 그 밖의 지역의 과학자들이 이 시대에 특별히 혁명적이었다는 것을 의미하지는 않는다.

천재 소년 갈루아(Evariste Galois)와 같은 사람은 소수에 불과했을 뿐이다. 그는 1830년에 바리케이드를 쌓아올리는 편에 용감히 참가했다가 반도(叛徒)로 몰려 박해를 받았고, 1832년 21세의 나이로 정치깡패의 도발을 받아 결투를 벌이다가 살해당하고 말았다. 그날 밤이 이 세상에서 보내는 마지막 밤임을 알았을 때 그는 미친 듯이 자신의 사상을 몇 줄 써서 남겼고, 그 후 몇 세대 동안 수학자들은 그가 남긴 그 심오한 사상을 양식으로 삼아 자라났다. 또 그 가운데 어떤 사람들은 정통주의자 코시(Caushy)와 같이 솔직한 반동주의자였다. 그러나 그가 빛나게 했던 종합기술학교의 전통은 말할 필요도 없이 명백한 이유 때문에 지극히 반왕당파적이었다. 나폴레옹 전쟁 후의 시대에는 아마도 과학자들 중 태반이 스스로 중도 좌파임을 자처하고 있었을 것이다.

그리고 어떤 사람들은, 특히 신생국가나 이제까지는 비정치적이었던 분야의 사회에 속했던 사람들은 정치적 지도자의 위치까지 떠맡을 수밖에 없었다. 민족운동과 명백히 관련되어 있는 역사가들, 언어

---

10) Guerlac, "Science and National Strength," E. M. Earle ed., *Modern France*(1951) 참조.

학자들이나 그 밖의 사람들이 특히 그러했다. 팔라츠키는 1848년에 체코인들의 으뜸가는 대변인이 되었고, 괴팅겐의 대학교수 일곱 명은 1837년의 항의문에 서명하고 난 뒤 자신들이 어느새 국민적인 존재가 되어 있는 것을 발견했다.[11] 또 1848년 혁명의 시기에 프랑크푸르트 의회가 공무원들의 모임이었던 것 못지않게 대학교수들의 모임이었다는 사실은 유명한 이야기다. 한편 과학자들——특히 자연과학자들은, 예술가나 철학자에 비하면 그들의 전공과목이 그것을 요구하지 않는 한 극히 낮은 수준의 정치의식밖엔 보일 줄 몰랐다. 예를 들면 가톨릭이 아닌 나라의 경우 그들은 과학과 정통적 신앙을 아무렇지 않게 태연히 결합시키는 능력을 보였는데, 이러한 것은 다윈 이후의 시대를 고찰하는 연구가들을 놀라게 한다.

이러한 직접적인 내력은 1789년부터 1848년 사이의 과학발전에 관해 그 일부는 설명해주겠지만 전체는 설명하지 못한다. 분명히 당시에 있었던 사건들의 간접적 영향이 더 중요한 의미를 가졌기 때문이다. 이 시대에는 세계가 그 전의 어느 시대보다도 급격히 변모했다는 것을 모르는 사람은 없었을 것이다. 사고력이 있는 사람이라면 누구나 이와 같은 대동란과 변화에 겁을 먹고 몸서리치며 정신적으로 자극받지 않을 수 없었다. 급격한 사회적 변화와 심원한 혁명들, 그리고 관습적이고 전통적인 제도들이 급진적이고 합리적인 새로운 기축(機軸)에 의해 조직적으로 교체되었다. 이러한 것들에서 파생한 새로운 사고방식들이 받아들여지게 되었다 해도 이는 별로 놀라운 일이 아니다.

눈으로 볼 수 있는 이러한 혁명의 출현을, 그때까지도 유효했던 사상의 장벽을 기꺼이 돌파하려고 하는 비세속적인 수학자들의 마음

---

11) 그들 가운데는 그림 형제도 끼어 있었다.

가짐과 직결시킬 수 있을까? 우리는 이 물음에 답할 수 없다. 다만 혁명적인 새로운 사고방향의 채택을 가로막은 것은 그것이 본래적으로 어렵기 때문이 아니라, 무엇이 '자연적'이고 '자연적이 아닌가'하는 데 관한 암묵적 가정과 그것들이 상충한다는 사실 바로 그것이라는 것을 우리는 알고 있을 뿐이다. '무리'수('irration' number, 이를 테면 $\sqrt{2}$와 같은 수)와 '허'수('imaginary' number, 예컨대 $\sqrt{-1}$과 같은 수)라는 용어 자체에 그런 곤혹스러운 성질이 잘 나타나 있다. 일단 우리가 그것들은 다른 어떤 것들에 비해서 합리성 또는 현실성이 더 하지도 덜하지도 않다고 결정하면, 모든 것이 순풍에 돛단 듯 잘되어 간다. 그러나 사상가들이 그렇게 결정할 만큼 용기를 가지려면 격렬한 변화의 시대를 필요로 할지도 모른다. 실제로 18세기에는 어리둥절한 경계의 눈초리로 대해졌던 수학의 허변수(虛變數) 또는 복변수(複變數)가 제 위치를 차지하게 된 것은 겨우 프랑스 혁명이 일어난 뒤의 일이었다.

수학 이야기는 이 정도 하기로 하고, 사회의 큰 변화로부터 얻어진 여러 유형이 그것과 유사한 일들이 적용될 수 있을 것 같아 보이는 여러 분야 과학자들의 마음을 유혹했으리라는 것은 능히 있을 법한 일이었다. 예컨대 동적인 진화론적 개념들을 종래의 정적인 개념 속에 도입하는 따위가 그러했다. 그것은 직접적으로 일어날 수 있었고, 또는 다른 어떤 과학을 매개로 일어날 수도 있었다. 그리하여 역사학과 대개의 경제학에게는 기본적이라 할 수 있는 산업혁명의 개념이 곧바로 프랑스 혁명에 대한 유비(類比) 개념으로서 1820년대에 도입되었다. 다윈이 '자연선택'의 메커니즘을 끌어낸 것도 자본주의적 경쟁 모델과의 유비에 의해서였다. 이 모델을 그는 맬서스에게서 얻어냈다. 1790~1830년 사이에 지질학에서 천지이변론(天地異變論)이 유행한 것도 이 시대 사람들이 사회의 일대 격동에 익숙해진 데 어느 정도 힘입은 바가 있었는지 모른다.

그러나 분명한 사실은, 사회적인 분야 이외의 것에서 이 같은 외적 영향에 너무 큰 비중을 두는 것은 현명치 않다는 것이다. 사상의 세계는 어느 정도 자율적이다. 사상운동은 이를테면 외부의 여러 운동과 동일한 역사적 파장을 가지고 있지만, 그것은 여러 외부운동의 단순한 메아리가 아니다. 그러므로 예를 들면 지질학의 천지이변론 또한 얼마간은 프로테스탄트, 그 가운데서도 칼뱅주의의 신의 자의적(恣意的) 전능이라는 주장에 힘입은 바가 있었다. 그러한 이론들은 대체로 가톨릭이나 불가지론과 구별되는 프로테스탄트의 독점물이었다. 혹 과학 분야의 발전들이 다른 분야의 발전과 병행되었다 해도 그 까닭은 개개의 발전들이 그것들에 대응되는 경제적·정치적 발전의 국면에 밧줄을 걸어맬 수 있는 성질의 것이었기 때문은 아니다.

그렇더라도 그 관련성은 부인하기 어렵다. 이 책이 다루는 시대에서 일반적 사조의 큰 조류들은 과학의 각 전문 분야에서 대응적 조류를 가지고 있었다. 그렇기 때문에 우리는 과학과 예술 사이, 아니면 또 그 양자와 정치사회적 태도들 사이에 대응관계가 성립함을 입증할 수 있는 것이다. 그래서 '고전주의'와 '낭만주의'는 과학의 세계에서도 존재했던 것이며, 그 양자가 각기 인간사회에 대한 하나의 특수한 접근방법으로서 더 적합했다는 것은 우리가 앞에서 살펴본 바와 같다. 고전주의, 즉 지적인 용어로 말한다면 계몽주의의 합리주의적·기계론적·뉴턴적 우주와 부르주아 자유주의의 환경을 등식으로 묶고, 낭만주의, 지적인 용어로 말하면 이른바 자연철학을 부르주아 자유주의의 반대자와 등식으로 묶는다면 이것은 분명 지나친 단순화다. 그리고 그것은 1830년대 이후로는 아주 무너지고 만다.

하지만 그것은 진리의 어떤 측면을 나타내고 있다. 근대 사회주의와 같은 이론들이 나타나서 혁명사상을 합리주의적 과거 속에 단단히 뿌리 내리게 하기 전까지는(제13장 참조) 물리학과 화학 그리고 천문학 같은 과학은 영국·프랑스의 부르주아 자유주의와 더불어 전진했던 것이다. 예컨대 혁명력 2년의 서민 혁명가들은 볼테르보다 오히려 루소한테서 용기와 고무를 얻었고, 또 라부아지에(그들에 의해 처형되었다)와 라플라스를 의심해 마지않았다. 그 이유는 그들이 구체제와 관련 있다는 사실뿐 아니라, 시인 윌리엄 블레이크가 뉴턴을 맹렬히 비난했던 것과 비슷한 것이었다.[12] 반대로 '박물학'(博物學, natural history)에 대해서는 공감하고 호의적이었다. 왜냐하면 그것은 진실하고 손상되지 않은 자연의 자생성(自生性)을 향하는 길을 의미했기 때문이다. 자코뱅 독재는 프랑스 아카데미를 해체시켰지만, 식물원에 12개나 되는 연구직을 신설했다. 독일에서도 마찬가지였다. 그곳에서는 고전적 자유주의가 약했고(제13장 참조), 그 때문에 고전적 이데올로기에 절대적인 과학 이데올로기가 가장 일반적이었다. 그것이 바로 자연철학이다.

'자연철학'은 과소평가하기가 쉽다. 왜냐하면 그것은 우리가 정당하게 과학이라고 간주하게 된 것들과 충돌하는 일이 너무나 많기 때문이다. 자연철학은 사변적이며 직관적이다. 그것은 세계정신 또는 생명을 표현하려 하고, 모든 사물의 신비적인 유기적 상호통일을 탐구하며, 또 정확한 양적 측정이나 데카르트적인 명쾌성에 저항하는 많은 그 밖의 것들을 탐구했다. 참으로 그것은 기계적 유물론이나 뉴턴에 대해서도, 그리고 때로는 이성 그 자체에 대해서까지 정면으로 반란을 일으켰다. 위대한 괴테는 뉴턴의 광학 이론을 논박하려고 그의 올림피아(그리스적 고전주의) 시대의 많은 부분을 낭비했다. 빛의

---

12) 뉴턴 과학에 대한 이러한 혐의는 응용 분야까지는 확대되지 않았다. 그 경제적·군사적 가치가 뚜렷했기 때문이다.

원리와 암흑의 원리의 상호작용으로 색채를 설명하지 못하는 이론에는 만족할 수 없다는 것이 그 이유의 전부였다. 이러한 탈선은 프랑스의 종합기술학교 같은 곳에서는 불쾌한 놀라움밖엔 자아내지 않았을 것이다. 독일인들이 뉴턴의 『프린키피아』(*Principia*)의 명쾌한 완전성보다도 신비주의를 항시 달고 다니는 혼란스러운 케플러 쪽을 더 고집스럽게 좋아한다는 것은 그들로서는 도저히 이해할 수 없는 일이었다.

실제로 오켄(Lorenz Oken)의 다음과 같은 말은 어떻게 이해해야 좋을까?

신의 행동 혹은 생명은 자기를 단일(unity)하면서도 이원적(duality) 인 존재로서 끝없이 명시하고 응시·성찰함에 있으며, 끝없이 자기를 분할하면서도 또 여전히 하나임에 머물러 있는 데 있다. ……양극성은 세계에 나타나는 최초의 힘이다. ……인과성의 법칙은 양극성의 법칙이다. 인과성은 하나의 발생행위다. 성(性)은 세계의 최초의 운동에 뿌리를 두고 있다. ……그러므로 모든 것에는 두 개의 과정 — 즉 개별화하고 생명을 부여하는 과정과 보편화하고 파괴하는 과정 — 이 있는 것이다.[13]

이 말을 어떻게 이해해야 하는가? 이런 식의 용어로 일을 했던 헤겔을 러셀이 전혀 이해하지 못했다는 것은 이 수사학적 문제에 대한 18세기 합리주의의 대답의 좋은 예가 된다. 한편 마르크스와 엥겔스가 자연철학에 대해 은혜를 입었음을 솔직히 인정했다[14]는 것은 우

---

13) S. Mason, *A History of the Sciences* (1953), p. 286.
14) 엥겔스의 『반(反)뒤링론』과 『포이어바흐론』에는 자연철학에 대한 적절한 옹호가, 뉴턴에 대립하는 것으로서 케플러에 대한 적절한 옹호와 함께 포함되

리가 자연철학을 단순히 쓸데없는 말장난으로만 보아서는 안 된다는 것을 일깨워주는 경고가 될 것이다. 중요한 것은 자연철학이 유효하다는 점이다. 그것은 과학적 노력 ─ 오켄은 자유주의 독일의 '독일 자연연구자회의'를 설립했고, 영국의 '과학진흥협회'에 자극을 주었다 ─ 을 낳았다는 것뿐 아니라, 실로 풍성한 성과를 낳았으니 말이다.

생물학의 세포 이론, 형태학과 발생학, 그리고 언어학의 대부분, 모든 과학의 역사적·진화론적 요소의 거의 모두가 제1차적으로 '낭만주의적' 영감에 의한 것이었다. 그러나 분명한 것은 생물학이라는 가장 선택된 분야에서마저 '낭만주의'는 근대 생리학의 시조인 베르나르(Claude Bernard, 1813~78)의 차가운 고전주의에 의해 결국 보강되어야 했다. 한편 그때까지 줄곧 '고전주의'의 보루가 되어왔던 물리화학의 영역에서도 전기 그리고 자기와 같은 신비스러운 문제에 대한 자연철학자들의 사변이 전진을 가져왔다. 코펜하겐의 외르스테드(Hans Christian Örsted)는 구름처럼 모호한 셸링의 제자였지만, 1820년에 전류의 자기 효과를 실험하면서 전기와 자기의 관계를 탐구해 결국 이것을 밝혀냈다.

과학에 대한 양쪽의 접근방법은 사실 서로 뒤섞여 있었다. 그러나 양자는 결코 완전히 통합되지는 않았다. 마르크스는 자기 사상의 지적 기원이 그 양자의 결합에서 나온 것임을 그 누구보다도 명확히 알고 있었지만, 그러한 경우에서도 양자가 아주 완전히 통합된 것은 아니었다. 전체적으로 볼 때 '낭만주의적' 접근은 새로운 사상과 새로운 출발을 촉진하는 한 자극제로서의 구실을 했고, 그러한 다음에는 다시금 과학의 세계에서 떨어져 나갔다. 그러나 이 책이 다루는 시대

어 있다.

에서는 결코 낭만주의를 무시할 수 없다.

순수한 과학적 자극으로서 낭만주의가 무시될 수 없다면 그것은 사상과 견해의 역사를 다루는 사람들에게는 훨씬 더 무시할 수 없는 것이 될 것이다. 그들에게는 우스꽝스럽고 그릇된 사상들마저 사실이고 역사적 힘이었기 때문이다. 괴테나 헤겔, 젊은 마르크스와 같은 지적으로 최고 수준의 인물들을 사로잡았던, 혹은 영향을 주었던 한 운동을 그리 간단히 건드리고 넘어갈 수는 없다. 다만 우리는 '고전적'인 18세기 앵글로-프랑스적인 세계관에 대한 깊은 불만을 이해해보려고 노력할 수 있을 따름이다.

앵글로-프랑스적 견해가 과학과 사회 분야에서 성취한 거대한 업적은 부인될 수 없지만, 그 편협함과 한계 또한 이중혁명의 시대에는 점점 더 명백해졌다. 그러나 그러한 한계를 깨닫고, 분석에 의하기보다는 흔히 직관의 힘에 의해 보다 만족스러운 세계상을 구성할 수 있는 조건을 탐구한다는 것은 실제로 그런 것을 구성하는 것과는 다른 일이다. 자연철학자들이 표현한 바와 같은 진화론적이고 상호 연결된 변증법적 우주라는 구상도 구상일 따름이지 그 증명은 아니었고 적절한 공식마저 갖추지 못했다. 그러나 이들은 실재하는 여러 문제들을──자연과학상 실재하는 여러 문제까지도──반영했고, 또 그것들은 오늘날의 과학적 우주를 낳은 과학 세계의 일대 변화와 확대를 예상케 하는 것이었다. 이중혁명은 인간생활의 모든 측면을 변화시켜나갔다.

제16장 결론: 1848년을 향해

빈곤과 프롤레타리아는 근대국가라는 유기적 조직체에서 생겨
난 화농하는 궤양이다. 그것들은 치유될 수 있을까? 공산주의의
의사들은 기존 조직의 완전한 파괴와 전면적 말살을 제안한다.
……만약 이 사람들이 그렇게 할 권력을 쥐는 날에는 한 가지 일
만은 확실하다. 정치혁명이 아닌 사회혁명이, 모든 사유재산에
대한 전쟁이, 그리고 완전한 무정부상태가 오게 되리라는 것이
다. 이것은 새로운 민족국가로의 길을 터놓는 것일까? 그리고
그러한 민족국가는 어떠한 도덕적·사회적 기초에 입각하는 것
일까? 미래의 베일을 벗기는 자는 누구일까? 또한 러시아는 어
떤 역할을 하게 될 것인가? 옛 러시아의 속담에 이런 것이 있다.
"나는 강가에 앉아서 바람을 기다린다."

• 학스트하우젠, 『러시아……에 관한 연구』(1847)[1]

1

우리는 1789년의 세계를 살펴보는 일부터 시작했었다. 그로부터
약 50년 뒤의 세계상태, 즉 그때까지 기록된 역사 가운데 가장 혁명
적인 반세기가 막을 내리는 시점에서의 세계상태를 훑어보는 것으

---

1) Haxthausen, *Studien über…Russland*, I(1847), pp. 156~157.

로 이 책의 결론을 삼고자 한다.

그것은 최상급의 시대였다. 이 계산과 산정의 시대가 세계에 관한 기존에 알고 있는 모든 국면을 기록하려던 수많은 새로운 통계들에 비추어볼 때, 이 시대의 계량될 수 있는 양이란 양은 거의 모두가 종전의 어느 때보다도 더 많았다(또는 더 적었다)는 결론을 내려도 아무런 잘못이 없을 것이다.[2]

지도상에 표시되어 있고 서로 교류하는, 알려진 세계의 면적은 그 어느 때보다도 확대되었으며 교통은 믿을 수 없을 만큼 빨라졌다. 세계의 인구는 그 어느 때보다도 많아졌고, 어떤 경우에는 모두의 예상 또는 종전의 가능성 이상으로 증대했다. 거대한 도시의 수는 전에 없이 급속하게 증가했다. 공업생산은 천문학적인 숫자에 달했다. 예를 들어 1840년에는 약 6억 파운드의 석탄이 지구 내부에서 채굴되었다. 국제무역에 관한 수치는 이보다 한술 더 뜨는 엄청난 것이었다. 즉 1780년 이래 네 배로 증가해 약 8억 파운드 스털링(sterling)에 달했으며, 보다 불건전하고 불안정한 통화단위로는 이보다도 훨씬 더 증가했던 것이다.

과학은 일찍이 이토록 득의양양했던 적이 없었으며, 지식이 이처럼 널리 보급된 적도 없었다. 4,000종 이상의 신문이 전 세계 시민들에게 지식을 보급했으며, 영국과 독일, 미국에서만도 해마다 출판된 서적의 종류가 다섯 자리 숫자에 이르렀다. 발명에 대한 인간의 능력은 해마다 더욱 아찔할 만큼 높은 정상을 정복해가고 있었다. 아르강 등(1782~84) ── 그것은 기름등과 양초 이래 최초의 큰 진보였다 ── 은 흔히 가스 공장으로 일컬어진 거대한 제조장에서 생산되어 끝없

---

2) 약 50권가량 되는 이 종류의 주요 통계요람이 1800년과 1848년 사이에 출판되었다. 이 가운데는 정부 통계(인구조사와 공식조사 등)나 통계표로 꽉 채워진 수많은 새로운 전문잡지 또는 경제잡지 등은 포함되어 있지 않다.

이 이어진 지하 파이프로 보내져 공장과 그리고 얼마 후 유럽의 여러 도시를 조명하기 시작했다. 그러나 그렇게 되자마자 벌써 그것은 이미 혁명적인 인공조명이라고 할 수 없게 되었다. 런던은 1807년부터, 더블린은 1818년부터, 파리는 1819년부터, 멀리 떨어진 시드니도 1841년부터 그것으로 불을 밝혔던 것이다. 또 전기 아크 등도 이미 알려져 있었다. 런던의 휘트스턴 교수는 이미 영국과 프랑스를 해저 전신으로 연결하려는 계획을 갖고 있었다. 연합왕국(잉글랜드와 웨일스, 스코틀랜드 그리고 북아일랜드섬들로 구성된 영국—옮긴이)에서 철도 이용객의 수는 이미 연간 4,800만 명에 이르고 있었고(1845), 대영제국에서는 3,000마일 —1850년까지는 6,000마일 이상 —의 철도 선로를, 그리고 미국에서는 9,000마일의 선로를 따라 남녀들이 돌아다닐 수 있었다. 정기 기선은 이미 유럽과 인도를 연결시키고 있었다.

이와 같은 승리에는 물론 어두운 면이 따랐다. 그러나 그런 것들이 통계표로 쉽사리 요약되어 나타날 수는 없었다. 산업혁명은 인류가 살아온 세계 중에서도 가장 추악한 세계를 낳았다는 것을 부인할 사람은 오늘날 아무도 없다. 그러나 그 당시의 사람들이 어떻게 그런 것을 양적으로 표현할 줄 알았겠는가. 맨체스터의 음산하고 악취가 진동하며 연무(煙霧) 가득한 거리는 이미 그러한 사실을 증언해주고 있었다. 달리 표현하면 산업혁명은 전례 없이 많은 남녀를 토지로부터 몰아내고 대를 물려 누려온 확실성을 박탈함으로써 아마도 가장 불행한 세계를 만들어낸 것이었다.

그럼에도 불구하고 우리는 1840년대 진보의 투사들을 그들의 자신감과 그들의 결의를 보아 용서할 수 있다. "인류를 보다 행복하고 현명하며 향상시키기 위해 상업이 자유로이 전진할 수 있게 하고, 그럼으로써 문명과 평화를 아울러 이끌어가겠다"는 그들의 자신감과 결의 말이다. 위에 인용한 장밋빛 희망에 찬 구절은 파머스턴 경이 가장 암담했던 1842년에 한 말이지만, 그는 이 말끝에 "각하, 이것은 신의 섭리입니다"[3]라고 꼬리를 달았던 것이다.

가장 충격적이라 할 그러한 종류의 빈곤이 존재하고 있다는 것은 아무도 부인하지 못했다. 많은 사람들이 빈곤은 더욱더 증대하고 또한 그 정도가 심해지고 있다고 주장했다. 그러나 산업과 과학의 승리를 가늠한 그 전(全) 시대적 기준에서 볼 때, 이성적인 관찰자 중 가장 비관적인 자라 해도 물질적인 면의 빈곤이 과거 어느 시대보다 더 심해졌다거나, 당시의 비공업국들과 비교해서 더 심했다고 주장할 수 있었을까. 그렇게 주장할 수는 없는 노릇이었다. 노동빈민의 물질적 번영이라지만 그것은 흔히 과거의 암흑시대보다 나아진 바가 없으며, 때로는 현존하는 사람들의 기억에 남아 있는 그 시대의 것보다도 나빴다고 말한다면 이 말은 더할 나위 없이 통렬한 비난이라 할 수 있다.

이러한 비난에 대해 진보의 투사들은 이것이 새로운 부르주아 사회의 작용 때문이 아니라 반대로 낡은 봉건제도와 군주제도, 그리고 귀족제도가 완전한 자유기업의 장애물로 여전히 남아 있기 때문이라는 주장으로 항변하려 했다. 반면 새로운 사회주의자들은 그것이 부르주아 사회제도의 작용 자체에 기인하는 것이라고 주장했다. 그러면서도 양쪽 모두 이것들이 성장에 따르는 피할 수 없는 고통이라는 견해에서는 일치했다. 한쪽은 그것이 자본주의의 테두리 안에서 극복될 수 있다고 주장했고, 다른 한쪽은 그렇게 될 것 같지 않다고 주장했으나, 인간의 생활은 자연력에 대한 인간의 지배력 증가에 맞

---

3) Hansard, 16 Fed. 1842, "Robinson and Gallagher," *Africa and the Victorians* (1961), p. 2.

먹는 만큼의 물질적 개선이 이루어질 수 있는 전망을 눈앞에 두고 있다는 것을 믿고 있었다는 점에서 양자 모두 정당했다.

그러나 1840년대 세계의 사회적·정치적 구조를 분석해보면 우리는 최상급으로 표현되는 세계를 떠나서, 겸허하고 제한된 표현의 세계로 되돌아가지 않으면 안 된다. 세계의 주민들 대부분은 여전히 농민으로 남아 있었다. 다만 몇몇 많지 않은 지역들──특히 영국──에서는 농업에 종사하는 인구는 이미 소수파가 되었으며, 도시인구가 농촌인구를 막 능가하려 하고 있었다. 실제로 1851년의 국세조사에서 마침내 도시인구는 농촌을 능가하게 된다.

노예의 존재는 그 비율이 감소하고 있었다. 왜냐하면 국제 노예무역이 1815년에 공식적으로 폐지된 바 있었고, 노예제 자체도 영국의 각 식민지에서는 1834년에, 그리고 해방된 에스파냐와 프랑스의 식민지에서는 프랑스 혁명 중 또는 그 후에 폐지되었기 때문이다. 그러나 몇몇 비(非)영국 식민지를 예외로 한 서인도제도는 법적으로 자유로운 농업지대가 되어 있었던 반면, 나머지 두 거점인 브라질과 미국 남부에서는 수적으로 노예제가 오히려 계속 확대되었다. 이러한 추세는 재화와 인간에 대한 모든 억제를 반대하는 상공업의 발전 자체에 의해 자극된 것으로, 노예제의 공식적 금지로 인해 노예무역은 오히려 한몫 단단히 재미를 보고 있었다. 미국 남부에서 농업노예 한 사람의 몸값은 1795년에 대략 30달러 하던 것이 1860년에는 1,200달러에서 1,800달러 사이를 오르내렸다.[4] 미국의 노예 수는 1790년의 70만에서 1840년에 250만, 1850년에는 320만 명으로 늘어갔다. 그들은 전과 다름없이 아프리카에서 오기도 했지만 노예 소유 지역, 예컨대 미국의 변경 지역에서 급속히 확대되어가는 면작지대에 팔기 위

---

4) R. B. Morris, *Encyclopedia of American History* (1953), pp. 515~516.

해 양성하는 일이 점점 많아졌다.

뿐만 아니라 인도로부터 인도양과 서인도의 사탕 도서(島嶼)로 수출한 '연간계약노동'과 같은 반(半)노예제도도 이미 발달하고 있었다.

농노제, 즉 농민을 법적으로 속박하는 제도는 대부분의 유럽에서 이미 폐지되어 있었다. 그래도 시칠리아나 안달루시아같이 전통적인 '라티푼디'적 형태를 띤 대토지 소유제로 토지가 경작되는 지역에서는 농촌빈민의 사정이 거의 달라지지 않았다. 그러나 농노제는 유럽의 몇몇 농노제 거점에서 끈질기게 존속했다. 러시아에서는 그 수가 처음에는 크게 늘어났다가 1811년 이후에는 남자 1,000만 내지 1,100만 명 사이를 계속 오르내리고 있었으니, 그 감소세는 상대적인 것이었다.[5] 그러나 어쨌든 농노제 농업은 노예제 농업과는 달리 분명히 쇠퇴일로에 있었다. 그 경제적 불이익이 날이 갈수록 두드러져 갔고, 농민들의 반란적 태도 또한 — 특히 1840년대 이후 — 날로 더 현저해졌기 때문이다. 최대의 농노폭동은 1846년 오스트리아령 갈리시아에서 일어난 것이었다. 그것은 1848년 혁명에 의한 전면적인 (농노)해방의 서막이었다. 하지만 그 전에도 러시아 같은 나라에서 1826~34년에 148건, 1835~44년에는 216건, 1844~54년에는 348건의 농민폭동이 있었다. 그러다가 마침내 1861년 농노해방 직전의 수년 동안에 474건이 발생해 그 절정을 이루게 되는 것이다.[6]

사회적 피라미드의 저쪽 끝에 위치한 지주귀족들의 지위 또한 프랑스처럼 직접적 농민혁명이 일어난 나라들을 제외하면 생각보다는

---

5) 예카테리나 2세와 파울(1762~1801) 치하의 농노제 확대에 의해 그것은 남자 약 380만 명에서 1811년에는 1,400만 명까지 증가했다. P. Lyashchenko, *History of Russian National Economy*, pp. 273~274.

6) 같은 책, p. 370.

별로 달라진 게 없었다. 이제는 지주가 곧 가장 부유한 계층이 아닌 나라들—프랑스와 미국—이 분명히 존재하고 있었다(그들이 로스차일드 가처럼 최고의 계급에 들어가는 표지로서 영지를 매수한 경우는 다르다). 그러나 1840년대의 영국에서도 가장 집중적인 부는 역시 아직도 귀족들의 수중에 있었던 것 같다. 그리고 미국 남부에서는 목화를 재배하는 대농장주들이 월터 스콧의 영향을 받아 '기사도'니 '로맨스'니 하는 것들과 그 밖의 개념들, 즉 귀족사회의 시골뜨기판(版) 희화(戲畵) 같은 것을 만들어내기도 했다. 실제 이런 것들은 그들 농장주의 번영을 떠받쳐주는 흑인 노예나, 옥수수와 돼지고기를 먹고 사는 퓨리턴 출신 농업경영자들과는 거의 아무런 인연도 없는 것들이었다. 그러나 확고부동한 것 같은 귀족들의 처지 뒤편에 하나의 변화가 숨어 있었음은 물론이다. 즉 귀족들의 수입이 그들이 천시해 마지않는 부르주아지의 산업과 주식, 부동산 개발에 더욱더 의존해가고 있었던 것이다.

물론 '중류계급'은 급속히 증가했지만 그래도 그 수가 압도적으로 많지는 않았다. 1801년에 영국에서는 연수(年收) 150파운드 이상 되는 납세자가 약 10만 명가량 있었다. 이 책이 다루는 시대의 말기에는 약 34만 명,[7] 다시 말해서 대가족으로 치면 총인구 2,100만 명(1851) 중 약 150만 명[8]이 있었을 것이다. 당연한 것이지만 중류계급의 기준과 생활양식을 추구하는 사람들의 수는 이보다 훨씬 많았다.

---

7) J. Stamp, *British Incomes and Property*(1920), p. 431, p. 515.

8) 이러한 추정은 독단적인 것이지만, 중류계급으로 분류될 수 있는 자 모두가 적어도 심부름꾼 한 사람을 두었다고 가정한다면, 1851년의 67만 4,000명의 여성 '가정 잡역부'에서 '중류계급' 세대수의 최대한을 약간 넘는 수치를 얻게 될 것이고, 대충 5만 명의 요리사(식모와 가정부의 수도 거의 같았다)에서 그 최소한의 수치를 얻게 된다.

이들 모두가 대단한 부자였다는 의미는 아니다. 연수 5,000파운드 이상 되는 사람들의 수가——귀족계급을 포함해서——약 4,000명쯤 되었으리라고 보는 것이 적절한 추정일 것이다.[9] 이 숫자는 영국의 거리를 장식했던 7,579명의 자가용 마차꾼을 고용했을 사람들의 수와 크게 동떨어진 것이 아니었다. 그 밖의 나라에서도 '중류계급'의 비율은 이보다 높지 않았으며, 실제 일반적으로는 오히려 이보다 낮았다.

노동계급(공장, 광산, 철도 등의 새로운 프롤레타리아를 포함함)은 당연히 이 모든 것들 중에서 가장 급속한 증가율을 보였다. 그러나 그 숫자는 영국을 제외하고는 몇백만이 아닌 기껏 몇십만 단위로 헤아릴 수 있는 것이었다. 세계의 총인구와 비교한다면 그것은 아직도 수적으로 무시할 만한 것이었으며, 어쨌든——영국과 그 밖의 나라의 작은 중핵 부분을 제외하고는——아직도 미조직상태였다. 그러나 이미 말한 바와 같이 그 정치적 중요성은 규모나 성과와는 전혀 어울리지 않을 만큼 엄청나게 컸다.

세계의 정치구조 또한 1840년대에는 상당히 크게 달라졌다. 그러나 낙관적인 또는 비관적인 관찰자가 1800년에 예상했던 것만큼 크게 달라진 것은 아니었다. 군주제는 아메리카 대륙을 예외로 하면 압도적으로 흔한 국가통치의 형태였다. 그 아메리카 대륙에서도 가장 큰 나라의 하나(브라질)는 제국(帝國)이었고, 또 다른 나라(멕시코)는 적어도 1821년에서 1833년까지 이투르비데 장군(아구스틴 1세) 치하에서 제국의 칭호를 내걸고 실험한 적이 있었다. 프랑스를 포함한 몇몇 유럽 왕국은 사실 이때에는 입헌군주제라고 할 수 있었다. 그러나 대서양의 동쪽 변두리에 자리잡은 이러한 일군의 정체(政體)

---

9) *Statistical Journal*(1857), p. 102에 있는 저명한 통계는 윌리엄파에 의한 것임.

를 제외하고는 절대군주제가 가장 우세했다.

1840년대까지는 혁명의 산물인 몇몇 신흥국가, 즉 벨기에, 세르비아, 그리스와 일군의 라틴아메리카 국가들이 존재했던 것도 사실이다. 그러나 중요한 공업국가이긴 했어도 벨기에가 프랑스라는 인접 대국을 따라 움직였다는 주된 이유를 상기해본다면,[10] 혁명국가들 중에서 가장 중요한 나라는 1789년에 이미 존재했던 나라, 즉 미국이었다. 미국은 두 가지 막대한 이점을 가지고 있었다. 미국이 거대한 대륙을 가로질러 태평양으로 확대해가는 것을 저지할 능력을 가진 나라나 저지하기를 바란 강력한 인접국 또는 경쟁국이 전혀 없었다는 것—프랑스는 사실상 1803년의 '루이지애나 구입'에서 그 당시의 미국과 같은 면적의 지역을 미국에 팔아넘겼다—과, 경제의 팽창이 지극히 급속했다는 것이었다. 두 가지 이점 중 전자는 브라질도 가지고 있었다. 포르투갈로부터 평화적으로 분리했던 브라질은 에스파냐계 아메리카의 지역 대부분에서 한 세대에 걸친 혁명전쟁이 일으켰던 분열을 모면할 수 있었다. 그러나 그 풍부한 자원은 사실상 미개발상태로 남아 있었다.

그러나 커다란 변화도 있었다. 더욱이 1830년 무렵부터는 그 변화의 기세가 눈에 띄게 두드러지고 있었다. 1830년의 혁명으로 서유럽의 주요한 나라들에 온건 자유주의적 중류계급의 정치체제—반민주적이기는 했지만 그만큼 또 분명한 반귀족주의이기도 했던 정치체제—가 들어서게 된 것이었다. 온건한 중류계급이 바라는 바를 넘어서려는 대중혁명의 두려움 때문에 억지타협이 이루어진 것이 분명했다. 그러한 억지타협 때문에 영국에서는 지주계급이 다수 의석(議席)을 장악해 그들의 입김이 관철되는 통치기구가 그대로 남게

---

10) 벨기에의 석탄과 선철 생산량 중 약 3분의 1이 거의 프랑스로 수출되었다.

되었고, 프랑스에서는 가장 활동적인 산업 분야의 신생 중류계급이 의석을 전혀 갖지 못하게 되기도 했다.

그렇더라도 이러한 타협들은 정치적 힘의 균형을 결정적으로 중류계급 쪽으로 기울게 했다. 그리하여 영국의 산업가들은 1832년 이후 모든 중요문제에서 그들이 원하는 길을 갈 수 있게 되었다. 곡물법을 폐지시킬 수 있을 만한 힘을 가진다는 것은 공리주의자들의 보다 극단적인, 공화주의적이며 반교권주의적인 제안에 등을 돌릴 만한 값어치가 있는 일이었다. 서유럽에서는 중류계급의 자유주의(민주주의적 급진주의는 아니었지만)가 득세할 기세를 보인 것은 의심할 여지가 없다. 그 주요 대항자 — 영국에서는 보수주의자들, 그 밖의 지역에서는 일반적으로 가톨릭교회를 중심으로 뭉친 여러 집단들 — 는 수세에 몰려 있었고 그들 또한 그 사실을 잘 알고 있었다.

그러나 급진적 민주주의 역시 크게 전진하고 있었다. 50년 동안의 망설임과 적대관계가 지난 다음, 변경 개척자들과 농업경영자들의 압력으로 인해 마침내 급진적 민주주의가 앤드루 잭슨 대통령 (1829~37) 치하의 미국에서 강요되었다. 이때는 대략 유럽 혁명이 그 세력을 만회했던 때와 같은 시기였다. 이 책이 다루는 시대가 끝나는 바로 그 무렵(1847)에 스위스에서는 급진주의와 가톨릭 사이에 벌어진 내란이 그 나라에 급진적 민주주의를 몰고 왔다. 그러나 주로 좌파 혁명가들이 제창하고, 교양도 학식도 없는 소생산업자들이나 산악지대 또는 대초원을 넘나드는 교역꾼들에게 맞추어 다듬어진 듯한 이 통치제도는 훗날 자본주의 특유의 정치적 골격이 되었다. 그 제도가 1840년대에 그것을 제창했던 바로 그 사람들의 맹공격 아래서 그들의 자본주의를 옹호받게 되리라는 것을 생각한 사람은 중류계급의 온건 자유주의자들 사이에는 거의 아무도 없었다.

그런데 오직 국제정치에서만은 명백히 전면적이고도 사실상 무제한적인 혁명을 겪었다. 1840년대의 세계는 유럽의 정치적·경제적 강대국들이 완전히 지배하고 있었으며, 성장 도상에 있는 미국이 이들 열강을 보강하고 있었다. 1839~42년의 아편전쟁은 아직도 살아남은 유일한 비유럽 강대국인 중국대륙의 청제국이 서양의 군사적·경제적 침략 앞에 무력하다는 것을 입증한 사건이었다. 그때 이후로 몇 척 안 되는 서양 포함과 군대, 무역과 성경을 가지고 쳐들어오는 그들의 앞길을 가로막을 것이라곤 아무것도 없는 듯했다.

그리고 서양의 이 같은 전반적인 지배의 테두리 안에서 영국은 다른 어느 나라보다도 많은 포함과 무역과 성경을 가지고 패권을 장악했다. 영국의 이 패권은 정치적 지배의 힘을 빌릴 필요가 없을 만큼 절대적인 것이었다. 영국의 자비를 빌리지 않고도 살아남을 수 있는 식민대국은 하나도 없었다. 따라서 경쟁상대도 전혀 없었다. (왕년의) 프랑스 제국은 여기저기 흩어져 있는 몇 안 되는 섬들과 무역 거점 정도로 줄어든 상태였다. 다만 지중해 너머 알제리에서 (옛 제국의) 부활을 꾀하고 있기는 했지만 말이다. 네덜란드도 싱가포르라는 새로운 영국 중계항의 눈총을 받으며 인도네시아에서 그 힘을 만회하기는 했지만 이미 영국의 상대가 될 수는 없었다. 에스파냐 사람들은 쿠바와 필리핀군도를 보유하고, 아프리카에서 약간의 확실치 않은 권리를 가지고 있었다. 포르투갈의 식민지는 이제 잊힌 거나 다름없었다.

영국의 무역은 쿠바의 에스파냐 식민지나 인도에 있는 영국 식민지를 지배했고, 독립국인 아르헨티나와 브라질 그리고 미국의 남부에서도 마찬가지였다. 영국의 투자는 미국 북부에서나 그 밖에도 경제발전이 있는 해외의 어느 지역에서도 사실상 강력한 이권을 가지고 있었다. 세계사적으로 19세기 중반의 영국처럼 세계적 패권을 행사한 나라는 일찍이 한 나라도 없었다. 왜냐하면 과거에 있었던 그 어떤 강대국이나 패권도 지역적인 것에 불과했으니까. 중국과 마호메트 제국이 그러했고, 로마 제국이 그러하지 않았던가. 이후로 당시 영국의 그것에 필적할 만한 패권을 다시 한 번 잡아보는 데 성공한 나라는 하나도 없었다. 예견할 수 있는 장래에도 그러한 일이 일어날 수 있을 것 같지는 않다. 왜냐하면 그 후 오늘날까지 어떤 나라도 '세계의 공장'이라는 독점적 지위를 주장할 수 있는 위치에 서지 못하고 있기 때문이다.

그렇다고는 하나 영국의 미래가 맞이할 쇠퇴는 이미 예견되었다. 1830년대나 1840년대에도 토크빌이나 학스트하우젠과 같은 현명한 관찰자들은 미국과 러시아가 그 크기와 잠재적인 자원으로 인해 사실상 세계의 양대 강국이 될 것이라고 예언하고 있었다. 유럽에서는 독일이 엥겔스가 1844년에 예언한 것처럼 머지않아 대등한 조건으로 경쟁하게 될 것이었다. 오직 프랑스만이 국제적 패권 경쟁에서 결정적으로 탈락해 있었다. 영국과 그 밖의 나라들의 의심 많은 정치가들이 마음을 놓을 만큼 뚜렷이 그러했던 것은 아니지만 말이다.

요컨대 1840년대의 세계는 균형을 잃고 있었다. 과거 반세기 동안에 방출된 경제적·기술적·사회적 변화의 힘은 전례 없는 것이었으며, 가장 피상적인 관찰자라도 이것은 인정하지 않을 수 없었다. 한편 그러한 변화가 제도상에 미친 영향은 아직 대수로운 것이 아니었다.

예를 들면 법률상의 노예제와 농노제는——새로운 경제체제의 손이 아직 미치지 않는 멀리 동떨어진 지역에서 과거 유제(遺制)로 남게 되는 경우 말고는——조만간 불가피하게 소멸될 것이었다. 그것은 영국이 영구하게 유일한 공업화 국가의 자리를 지킬 수 없는 것과 마찬가지였다. 지주적 귀족제와 절대군주제가, 강력한 부르주아지가 발전해가고 있는 모든 나라에서 물러나야만 한다는 것은 필연적인 것이었다. 그것은 그들의 신분과 세력과 더욱이 권력까지도 그대로 유지하기 위해 발견해낸 정치적 타협이나 처방이 어떤 종류의 것이었든 간에 마찬가지였다. 게다가 프랑스 혁명의 위대한 유산으로서 대중에게 정치의식과 정치적 활동이 주입되었다는 사실은 조만간 이들 대중에게 필연적으로 공식적인 정치적 역할을 허용할 수밖에 없게 되는 것임을 의미했다. 그리고 1830년 이래 사회적 변혁이 현저히 가속화되고 세계혁명 운동이 부활되면서 이러한 변화——그 정확한 제도적 성격이야 어떤 것이건——를 그렇게 오래도록 지연시킬 수 없다는 것 역시 분명히 필연적인 일이었다.[11]

1840년대 사람들에게 닥쳐오는 변혁을 의식시키는 데는 이것만으로는 충분했을 것이다. 그러나 유럽 전역에서 널리 감지되고 있었던 것, 즉 사회혁명이 임박했다는 의식을 설명하기에는 충분치 않았다. 그러한 의식은 막대한 공을 들여 그것을 표현했던 혁명가들에게만 국한된 의식이 아니었고, 또 지배계급에게만 국한된 것도 아니었다. 집단화된 빈민들에 대한 지배계급의 공포는 사회 변화의 시대에는 반드시 표면화되게 마련이다. 빈민들 자신이 그것을 감지했다. 빈민들 가운데서도 교육받은 층은 그것을 말로 표현할 수 있었다. 1847년의 기근 당시 네덜란드를 거쳐가는 독일 이민들의 감정에 대해 미국 영사는 암스테르담에서 다음과 같이 보고했다.

사정에 밝은 모든 사람들이 확신하는 바로는 당면한 위기는 이 시대의 개개의 사건들과 깊이 서로 얽혀 있으며, 따라서 '그것'은 그

---

11) 물론 이것은 그 무렵에 불가피한 것이라고 널리 예언되었던 변화가 모두 언제나 반드시 일어났다는 것을 의미하지는 않는다. 예컨대 자유무역, 평화, 대의제 주권의회의 전면적인 승리, 또는 군주제와 로마 가톨릭교회의 소멸 등이 그러하다.

들 생각으로는 조만간에 현상(現狀)의 본질적 구조를 분해시키게
될 대혁명의 시작에 불과하다.[12]

　그 이유는 잔재하는 낡은 사회의 위기와 새로운 사회의 위기가 동
시에 일어나는 것처럼 보인 데 있었다. 1840년대를 돌이켜보고서 자
본주의 최후의 위기가 임박했다고 예언한 사회주의자들이 사실 희
망과 현실적인 전망을 혼동한 몽상가였다고 생각하는 것은 쉬운 일
이다. 왜냐하면 사실 그 뒤에 온 것은 자본주의의 붕괴가 아니라 자
본주의의 가장 급속하고도 거역하지 못할 확대와 승리의 시대였으
니까. 그러나 1830년대와 1840년대에는 새로운 경제가 그 어려움을
극복할 수 있거나 극복하게 되리라는 것이 분명히 눈에 보이기는커
녕 오히려 날로 더 어려움이 더해가는 것처럼 생각되었다. 즉 새로운
경제가 한층 더 혁신적인 방법으로 대량 상품을 생산해 그 힘을 더해
가면 갈수록 그 어려움도 그만큼 더 증대하는 것처럼 생각되었던 것
이다. 이론가들 자신도 '정체상태', 즉 경제를 전진시키는 원동력이
정지한다는 전망에 사로잡혔다. 그들은 18세기의 이론가들이나 그
다음 시대의 이론가들과는 달리 그것을 그저 이론상의 예비적 전망
으로 보기보다는 오히려 눈앞에 닥쳐온 일로 믿었다.
　자본주의 경제의 투사들은 자본주의의 미래에 대해 갈피를 못 잡
고 있었다. 프랑스에서는 후일 고급 금융업과 중공업의 우두머리가
된 사람들(생시몽주의자들)이, 1830년대에는 산업사회의 승리를 달
성하는 최선의 방법이 사회주의인가 자본주의인가에 대해 아직 마
음을 정하지 못하고 있었다. 미국에서는 산업주의적 팽창의 선각자
로서 불후의 명성을 얻은 그릴리(Horace Greeley: "청년들이여, 서부

12) M. L. Hansen, *The Atlantic Migration 1607~1860*(Harvard, 1945), p. 252.

로 가자"는 말을 했다)와 같은 사람들이 1840년대에는 유토피아 사회
주의의 지지자였다. 그들은 푸리에주의적인 '팔랑크스'(Phalanxes)
의 가치, '키브츠'식 공동체의 가치를 처음으로 창도했는데, 그러한
가치란 오늘날 아메리카니즘에는 너무나 걸맞지 않은 것이었다.

　사업가들 자신은 사생결단의 처지에 있었다. 브라이트(John
Bright)와 같은 퀘이커교도 사업가들과 랭커셔의 성공한 면공업가
들이, 가장 활력 있게 확대하고 있는 산업 상황에서도 오직 관세
를 폐지시키려는 목적 하나만으로 정치적인 공장폐쇄를 단행해 나
라를 혼란과 굶주림과 폭동으로 몰아넣으려고 했던 것은 돌이켜보
면 이해할 수 없는 현상일지도 모른다.[13] 하지만 그 끔찍스러웠던
1841~42년에 산업의 계속적 확대를 가로막는 방해물이 당장 제거
되지 않으면 단지 불편과 손실에 그치는 것이 아니라 전 산업이 목졸
려 죽게 된다고 당시의 사려 깊은 자본가들이 생각했다고 해도 전적
으로 무리라고만은 할 수 없다.

　일반 대중에게는 문제가 한결 더 단순했다. 앞에서 살펴본 바와 같
이 서·중유럽의 대도시와 제조업 지역에서의 그들 상태는 필연적으
로 그들을 사회혁명으로 몰아갔다. 그들이 살고 있는 쓰라린 세계의
부자나 세도가들에 대한 증오와, 새롭고 보다 나은 세계에 대한 환
상이 절망에 빠진 그들에게 사물을 보는 안목과 목적—주로 영국
과 프랑스에서 그들 중 몇몇만이 그 목적을 자각하고 있었다고는 해
도—을 주었던 것이다. 그들의 조직 내지 집단적 행동의 능력이 그
들에게 힘을 주었다. 프랑스 혁명으로 말미암은 일대 각성은 민중이
부정을 보고도 힘 없이 참고만 있을 필요가 없다는 것을 그들에게 가
르쳐주었다.

---

13) N. McCord, *The Anti-Corn Law League 1838~46*(London, 1958), Ch. 5.

국민은 이전에는 아무것도 몰랐다. 그리고 사람들은 국왕이 지상의 신이며 또한 국왕이 어떤 일을 한다 해도 잘된 일이라고 말해야만 한다고 생각했다. 그러나 이젠 달라져서 사람들을 통치하기가 더 어려워졌다.[14)]

이것이 유럽에 출몰한 '공산주의의 도깨비', 즉 랭커셔나 북부 프랑스의 공장 소유자들뿐 아니라 독일의 농촌 지역 관료들이나 로마의 성직자들, 이곳저곳의 교수들을 공포에 떨게 한 '프롤레타리아'의 공포였던 것이다. 이들이 무서워한 것은 당연했다. 왜냐하면 1848년의 처음 몇 달 동안 일어난 혁명을 사회혁명이라고 일컫지 않는 것은 사회계급 전체를 동원한 혁명이 아니었다는 단 한 가지 이유 때문이었으니까. 그것은 문자 그대로 서·중유럽의 여러 도시 ─특히 수도─에 존재하는 노동빈민들의 봉기였던 것이다. 팔레르모에서 러시아의 국경 지방에 이르기까지 구체제를 무너뜨린 힘은 그들 노동빈민의 것이었고, 또한 거의 그들만의 것이었다. 솟아오른 먼지가 구체제의 폐허 위에 내려앉았을 때, 노동자들─프랑스에서는 사회주의 노동자들─이 빵과 일자리뿐 아니라 새로운 국가와 사회를 요구하면서 그 폐허 위에 서 있는 것을 볼 수 있었다.

한편에서 노동빈민이 분기(奮起)하고 있을 동안 유럽 구체제의 약화와 퇴폐는 더욱 심해져서 부자나 세도가의 세계 내부에서도 위기가 증대했다. 이들 내부의 위기는 그 자체로는 대수로운 것이 아니었다. 만약 그런 위기들이 다른 때에 일어났다면, 다시 말해 지배계급의 여러 층들이 자신들의 대립관계를 평화적으로 조정할 수 있는 제

---

14) L. S. Stavrianos, "Antecedents to Balkan Revolutions," *Journal of Modern History*, XXIX(1957), p. 344.

도 안에서 일어났다면 혁명에까지는 이르지 않았을 것이다. 18세기 러시아에서 궁궐 안의 끊임없는 당파싸움이 차리즘의 몰락을 가져오지 않았던 것과 마찬가지로 말이다.

예컨대 영국과 벨기에에서는 농업 이권자들과 산업가들 사이에, 그리고 이들 각각의 상이한 층들 사이에 많은 갈등이 있었다. 그러나 다음과 같은 것은 뚜렷이 알고 있었다. 즉 1830~32년의 변혁으로 권력문제가 산업가에게 유리하게 결정되었다는 것, 그럼에도 불구하고 정치적인 현상 유지에는 혁명의 위험이 따른다는 것, 그리고 이 혁명은 어떠한 희생을 치르고라도 피해야만 한다는 것이 곧 그것이었다. 따라서 자유무역을 주장하는 영국의 산업가와 농업보호주의자 간의 곡물법을 둘러싼 격렬한 싸움은 차티스트 운동의 소란이 한창이던 때에 치러졌고 승리를 거둘 수 있었지만(1846), 이 싸움이 보통선거권의 위협에 대항하는 지배계급 전체의 통일을 위태롭게 하지는 않았던 것이다.

벨기에에서는 1847년의 선거에서 가톨릭파에 대해 자유주의파가 승리했기 때문에 산업가들은 잠재적인 혁명 대열에서 이탈했으며, 또 조심스런 판단 아래 단행된 1848년의 선거법 개정[15]으로 유권자의 수가 두 배로 늘어나게 됨으로써 하층 중류계급 중 주요 계층의 불만은 제거되었다. 벨기에, 그 가운데서도 플랑드르 지방은 현실적으로 당한 고통이라는 점에서 보면 아일랜드 이외에 서유럽의 그 어느 나라보다도 생활상태가 나빴지만, 1848년에는 아무런 혁명도 일어나지 않았다.

그러나 1815년 엄격한 절대주의 체제 아래의 유럽에서는 가장 온건한 반대자들에게도 현상 유지냐 혁명이냐 하는 것 이외에는 다른

---

15) 그래도 400만 중 겨우 8만 명에 불과했다.

선택의 여지를 남겨놓지 않았다. 그 정치체제는 자유주의적인 것이든 민족주의적인 것이든 어떠한 변혁도 막아내도록 짜여 있었던 것이다. 그들은 아마도 기꺼이 스스로 반란을 일으키려 했던 것이 아니었을지도 모른다. 그러나 다른 누군가가 반란을 일으킨다면 돌이킬 수 없는 사회혁명이 되고 말 것이라는 것 이외에는 그들은 얻는 것이 아무것도 없었다. 그리고 1815년의 정치체제는 조만간 소멸되어야만 했다. 그들 자신이 그것을 알고 있었다. "역사는 그들의 편이 아니다"라는 의식이 그들의 저항 의지를 약화시켰는가 하면, 또 그러한 '사실' 역시 똑같이 저항 의지를 약화시켰다. 1848년에는 혁명의 최초의 약한 한 가닥 바람—흔히 그것은 외국에서 일어난 혁명의 바람이었지만—으로도 그들은 쓰러져버렸다. 그러나 만약에 적어도 그런 바람이나마 불지 않았던들 소멸되지 않았을 것이다. 반대로 그런 나라의 비교적 대수롭지 않은 내부 알력—프로이센과 헝가리의 의회 그리고 지배자들 간의 분쟁, 1846년의 '자유주의적인' 교황(즉 교황정치를 19세기에 몇 걸음 접근시키려고 갈망했던 사람)의 선출, 바바리아 왕 첩(妾)의 양심 등—이 정치적인 대진동으로 화했던 것이다.

이론상으로는 루이 필리프 치하의 프랑스는 영국과 벨기에, 그리고 네덜란드인과 스칸디나비아인들 같은 정치적 유연성을 갖추고 있어야 했다. 그러나 실제로는 그렇지 않았다. 왜냐하면 프랑스의 지배계급—은행가, 금융업자, 한두 사람의 대사업가—은 중류계급이 지닌 이해관계의 일부분만을 대표하는 데 불과했고, 더구나 그 지배계급의 경제정책은 여러 기득권을 가진 관련자들은 물론 보다 활동적인 산업가들도 이를 분명히 싫어했다. 그러나 1789년 대혁명의 기억이 개혁의 길을 가로막고 있는 데 불과했다. 즉 반대파는 불만을 품은 부르주아지만이 아니라, 정치적으로 결정적인 역할을 하는 하층 중류계급, 특히 파리의 하층 중류계급(그들은 1846년의 제한선거에도 불구하고 정부에 반대 투표를 했다)으로 이루어져 있었기 때문이다. 선거권을 확대하면 잠재적인 자코뱅 ── 다시 말해 공식적인 금지가 없었던들 공화주의자가 되었을 급진주의자들 ──을 끌어들이게 될지도 모를 일이었다.

그래서 루이 필리프의 수상이었던 역사가 기조(1840~48)는 정치체제의 사회적 기반 확대를 경제발전에 맡겨두는 편이 낫다고 생각했다. 경제발전은 정치권 안에 들어오게 될 재산 자격을 갖춘 시민의 수를 자동적으로 증가시킬 것이기 때문이었다. 실제로 그렇게 되었다. 유권자 수는 1831년의 16만 6,000명에서 1846년에는 24만 1,000명으로 증가했다. 그러나 그 증가는 충분하지 않았다.

자코뱅 공화국에 대한 공포 때문에 프랑스의 정치구조는 여전히 경직된 상태에 머물렀고, 정치 정세는 더욱더 긴장되었다. 영국적인 조건에서라면 프랑스의 반대파가 1847년에 시작한 것과 같은 만찬 후의 연설에 의한 공개적인 정치투쟁은 전혀 무해했을 것이다. 그러나 프랑스적인 조건 아래서 그것은 혁명의 서막이 되었다.

그 까닭은 유럽의 지배계급 정치가 겪었던 다른 여러 위기들과 마찬가지다. 그 정치적 위기가 사회적인 파국, 즉 1840년대 중반부터 대륙을 휩쓸었던 대불황과 때를 같이해 일어났기 때문이다. 농업의 작황 ── 특히 감자 ──이 좋지 않았다. 아일랜드의 주민들, 그리고 그보다는 덜했지만 실레지아와 플랑드르의 주민들 대부분이 굶주림에 시달렸다.[16] 식량값은 마구 뛰었다. 산업의 불황 때문에 실업자가 늘어났다. 도시의 노동빈민 대중은 생활비가 마구 치솟는 바로 그 순간

16) 플랑드르의 아마(亞麻) 재배 지역에서는 1846~48년에 인구가 5퍼센트나 감소했다.

에 알량한 밥벌이마저 잃게 된 것이다.

사정은 나라에 따라서 달랐고 각 나라 안에서도 달랐다. 그리고―현존하는 정치체제에는 천만다행으로―아일랜드인이나 플랑드르인과 같은, 아니면 몇몇 지방의 공장노동자와 같은 가장 비참한 주민들이 정치적으로는 가장 미성숙한 계층에 속해 있었다. 예컨대 프랑스의 노르 현(縣) 면직공들은 자신들의 절망적 상태의 원인이 정부나 고용주에 있는 것이 아니라 오히려 북부 프랑스로 쇄도해 들어온 똑같이 절망적인 벨기에의 이민들 때문이라고 생각했다. 게다가 가장 공업화된 나라에서는 1840년대 중반의 대산업 붐과 철도건설 붐으로 불만의 가장 날카로운 예봉(銳鋒)이 이미 꺾여버린 뒤였다.

1846~48년은 불경기의 시기였다. 그러나 1841~42년만큼 나쁘지는 않았으며, 그 두 해는 눈에 뚜렷이 보이는 경제적 번영의 상승 사면(斜面)에 갑자기 나타난 급강하 국면에 불과했다. 그러나 서·중유럽을 통틀어 말한다면, 1846~48년의 파국은 보편적인 것이었다. 언제나 겨우 입에 풀칠하며 생계를 유지하는 수준에서 맴돌고 있는 처지였던 대중들의 마음은 긴장되고 격앙되어 있었다.

유럽의 경제적인 일대 변동은 이렇듯 구체제 내부의 눈에 보이는 부식 작용과 때를 같이해 일어났다. 1846년 갈리시아의 농민봉기, 같은 해의 '자유주의'적 교황의 선출, 1847년 말 스위스에서 급진주의자와 가톨릭 간의 내란에서 승리한 급진주의, 1848년 초 팔레르모에서 일어난 시칠리아 자치주의자들의 그칠 날 없는 연쇄폭동 가운데 하나 등 이러한 일련의 사건들은 단순히 풍향(여론)이 아니라 (앞으로 불어닥칠) 일대 강풍을 알리는 첫 돌풍이었다. 모두가 그것을 알고 있었다. 혁명이 이처럼 널리 어디서나 예견된 적은 일찍이 없었다. 다만 혁명이 일어날 나라들과 일어날 시점들을 바로 알아맞히지 못했다는 것뿐이다.

　대륙 전체가 이제는 혁명의 뉴스를 전신(電信)으로 거의 즉각적으로 도시에서 도시로 알릴 준비를 갖추고 대기했다. 1831년에 빅토르 위고는 이미 "혁명의 둔탁한 소리가 들려온다"고 썼다. "이 혁명은 아직은 땅속에 묻혀 있지만, 파리라는 광산의 중심 수갱(竪坑)으로부터 그 지하 갱도를 유럽의 모든 왕국 밑으로 뻗치고 있다." 1847년에는 그 소리가 점점 커지고 가까워졌다. 그리고 1848년에 마침내 폭발했다.

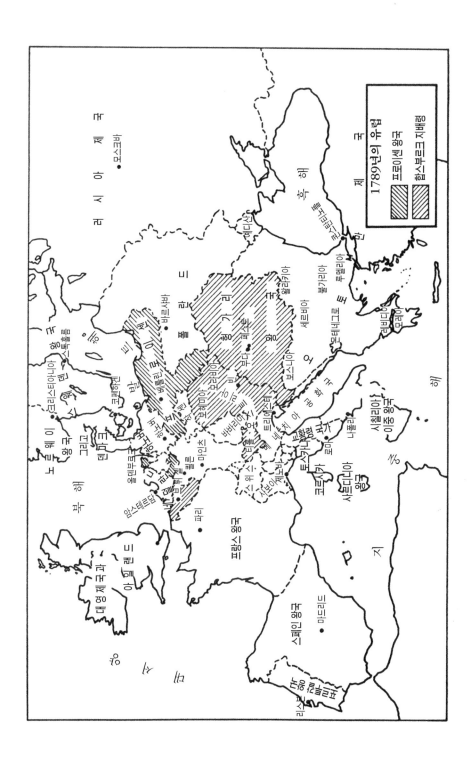

1789년의 유럽
프로이센 왕국
합스부르크 지배령

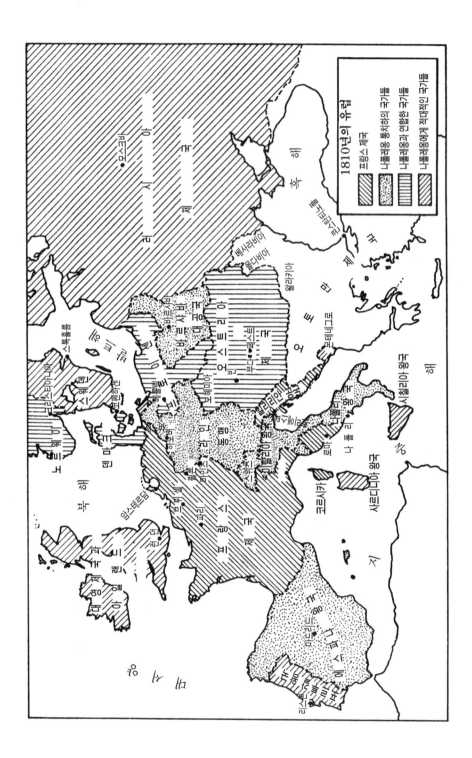

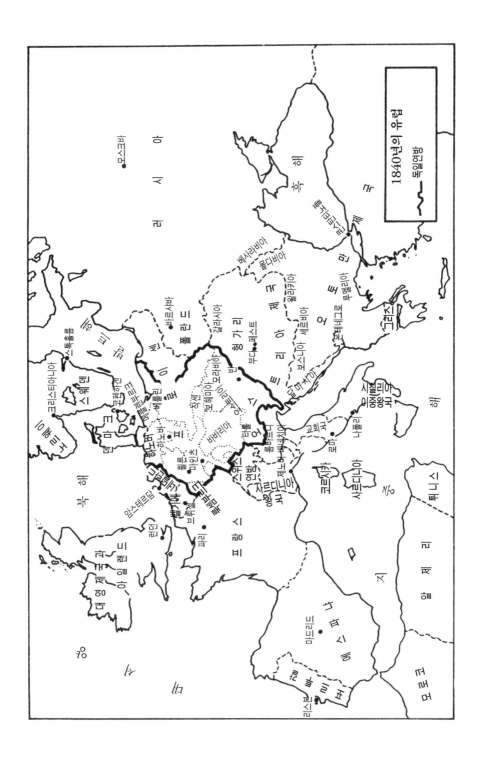

1840년의 독일연방

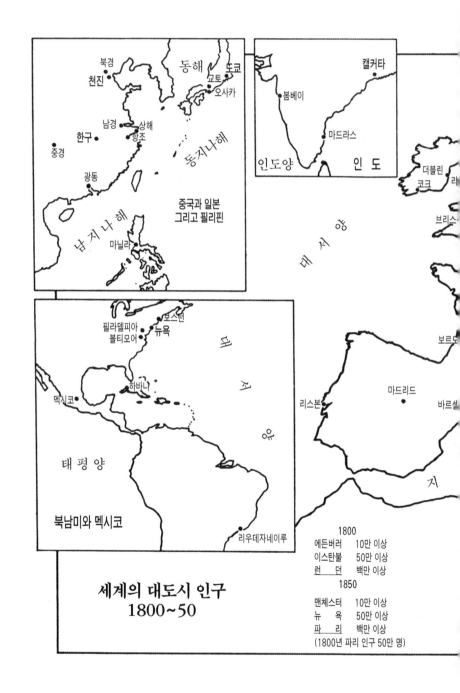

북경 동해 도쿄
천진 교토
오사카
남경 상해
한구 항조
중경 광조
광동 동지나해

중국과 일본
그리고 필리핀

남지나해

마닐라

캘커타

봄베이

마드라스

인도양 인 도

더블린
코크 라

브리스

대서양

필라델피아 보스턴
볼티모어 뉴욕

하바나

멕시코

태평양

북남미와 멕시코

리우데자네이루

보르도

마드리드

리스본 바르셀

지

세계의 대도시 인구
1800~50

1800
에든버러　　10만 이상
이스탄불　　50만 이상
런 던　　백만 이상
1850
맨체스터　　10만 이상
뉴 욕　　50만 이상
파 리　　백만 이상
(1800년 파리 인구 50만 명)

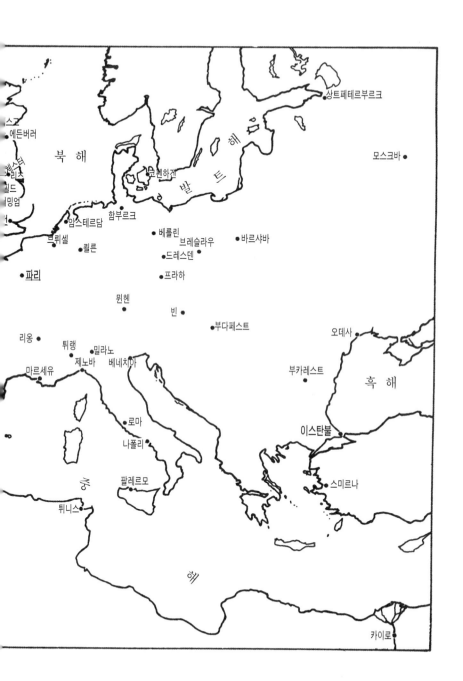

글래스고
에든버러

북 해

리즈
셰필드
버밍엄

암스테르담 함부르크
브뤼셀
쾰른

파리

상트페테르부르크

모스크바

발 트 해

코펜하겐

베를린
브레슬라우   바르샤바
드레스덴
프라하

뮌헨
빈
부다페스트

리옹
튀랭   밀라노
제노바   베네치아
마르세유

로마
나폴리

팔레르모

튀니스

지중해

오데사

부카레스트   흑 해

이스탄불

스미르나

카이로

3개국의 인기 오페라의 공연장소와 언어: 로시니의 「
코르푸—이탈리아어와 프랑스어 공연

「이발사」, 「도둑까치」, 오베르의 「포르티치의 벙어리딸」
—배타적인 자국어 공연　　　　바젤—독일어 공연　　　　상트페테르부르크—자국어와 독일어 공연

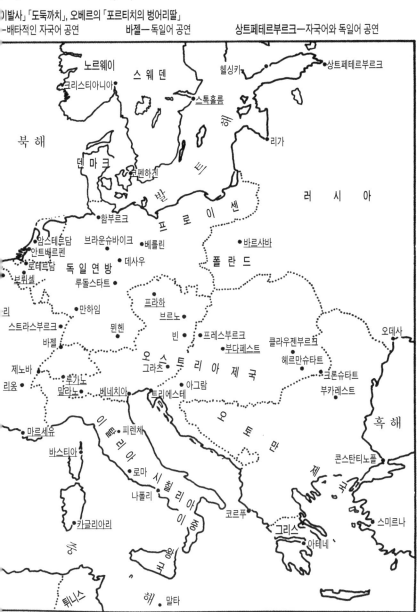

노르웨이
크리스티아니아
스 웨 덴
헬싱키
상트페테르부르크
북 해
스톡홀름
핀
란
드
해
리가
러 시 아
덴 마 크
코펜하겐
발
트
해
프 로 이 센
함부르크
암스테르담
브라운슈바이크
베를린
바르샤바
안트베르펜
로테르담
데사우
폴 란 드
독 일 연 방
부뤼셀
루돌스타트
파리
만하임
프라하
스트라스부르크
뮌헨
브르노
바젤
빈
프레스부르크
클라우젠부르크
오데사
부다페스트
제노바
그라츠
헤르만슈타트
오 스 트 리 아 제 국
리옹
루가노
밀라노
베네치아
아그람
그론슈타트
트리에스테
부카레스트
마르세유
도 나 우
흑 해
피렌체
바스티아
이
탈
리
아
로마
시
칠
리
아
콘스탄티노플
나폴리
왕
국
제
도
에
게
해
카글리아리
코르푸
그리스
스미르나
아테네
튀니스
지
중
해
말타

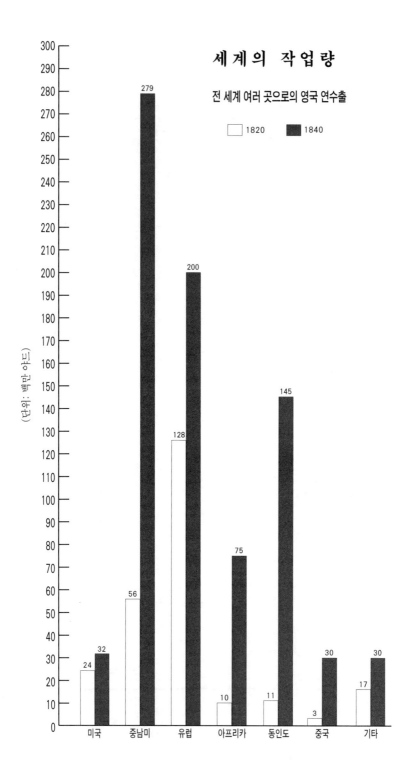

1836년의 유럽 국가들

이 름	전체 인구 (단위 천 명)	도시 수 (5만 이상)	경작지 (백만)	곡물생산 (백만)	소·가축 (백만)	철강 (백만)	석탄
폴란드와 크라카우를 포함한 러시아	49,538	6	276	1125	19	2.1	—
헝가리와 롬바르디아를 포함한 오스트리아	35,000	8	93	225	10.4	1.2	2.3
프랑스	33,000	9	74	254	7	4	20.0
아일랜드를 포함한 영국	24,273	17	67.5	330	10.5	13	200
독일연방(오스트리아와 프로이센 제외)	14,205	4	37.5	115	6	1.1	2.2
에스파냐	14,032	8	30		3	0.2	0
포르투갈	3,530	1	30		3	0.2	0
프로이센	13,093	5	43	145	4.5	2	4.6
루마니아를 포함한 터키	8,600	5					
나폴리 왕국	7,622	2	20	116	2.8	0	0.1
피에몬테-사르디니아	4,450	2	20	116	2.8	0	0.1
나머지 이탈리아	5,000	4	20	116	2.8	0	0.1
스웨덴과 노르웨이	4,000	1	2	21	1.4	1.7	0.6
벨기에	3,827	4	7	5	2	0.4	55.4
네덜란드	2,750	3	7	5	2	0.4	55.4
스위스	2,000	0	2		0.8	0.1	0
덴마크	2,000	1	16		1.6	0	0
그리스	1,000	0					

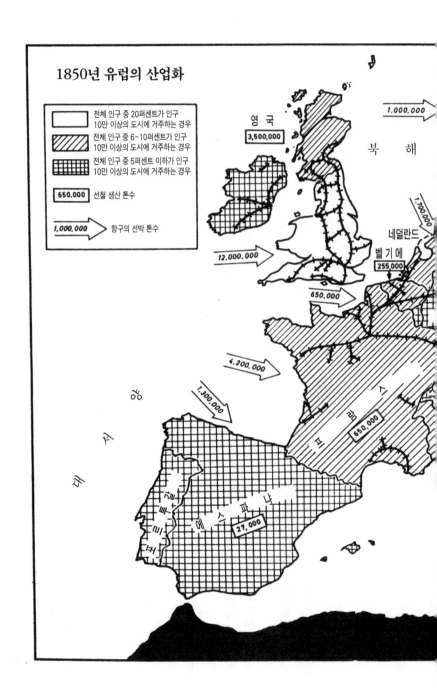

1850년 유럽의 산업화

전체 인구 중 20퍼센트가 인구
10만 이상의 도시에 거주하는 경우

전체 인구 중 6~10퍼센트가 인구
10만 이상의 도시에 거주하는 경우

전체 인구 중 5퍼센트 이하가 인구
10만 이상의 도시에 거주하는 경우

650,000 선철 생산 톤수

1,000,000 항구의 선박 톤수

영 국
3,500,000

북 해

1,000,000

1,700,000

네덜란드

벨 기 에
255,000

12,000,000

650,000

4,200,000

1,300,000

대 서 양

650,000

27,000

웨이와
덴 왕국
157,000

발트해

2,000,000
(흑해의 항구 포함)

유 럽 러 시 아
300,000

폴 란 드

200,000

오 스 트 리 아 헝 가 리

몰다비아

왈 라 키 아

흑 해

세르비아

오
토
만

제 국

1,000,000

72,000

2,500,000

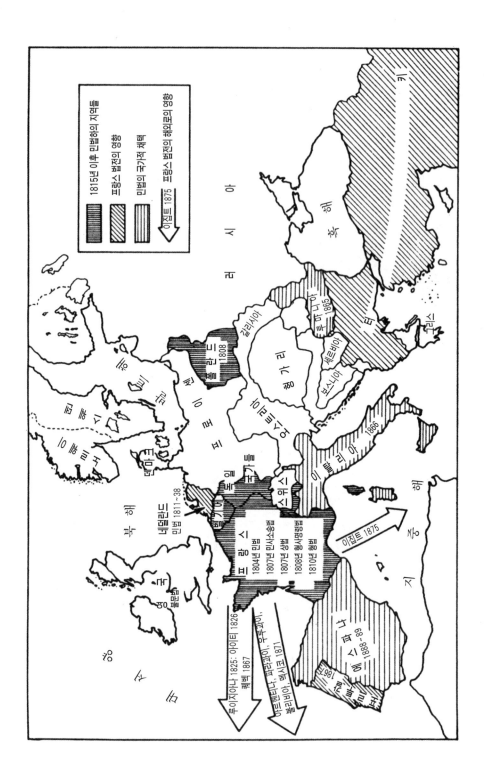

참고문헌

주제도 문헌도 다 같이 너무나 방대해 극히 정선된 문헌목록이라도 많은 지면을 요하게 될 것이다. 따라서 독자의 흥미를 끌 만한 모든 주제에 대해 언급한다는 것은 불가능하다. 여기서 다루는 대부분의 주제들에 관해 그 이상 공부하려고 하는 이에 대한 안내서로는 미국역사학협회(Ame-rican Historical Association)가 편찬한 *A Guide to Historical Literature*(정기적으로 개정되고 있음)와, 또한 학생용으로는 옥스퍼드의 몇몇 교사들이 펴낸 *A select list of works on Europe and Europe overseas 1715~1815*, ed. by J. S. Bromley and A. Goodwin(Oxford, 1956), 그리고 *A select list of books on European history 1815~1914*, ed. by Alan Bullock and A. J. P. Taylor(1957) 등이 있는데 전자의 것이 더 낫다. 아래의 책들 가운데 * 표가 붙은 것에도 추천할 만한 문헌목록이 있다.

이 시대(1789~1848) 또는 그 일부를 포함하는 통사로는 몇 가지 총서가 있다. 가장 중요한 것은 *Peuples et Civilisations*이다. 그것은 George Lefebvre가 쓴 역사학 분야의 두 명저, 즉 **La Révolution Fran-çaise*(vol. 1, 1789~93은 영문판이 있음)와 **Napoléon*(1953)을 포함하

고 있기 때문이다. F. Ponteil, *L'eveil des Nationalités 1815~48*(1960)
은 같은 표제가 붙은 G. Weill의 기간본(旣刊本)에 대신하는 것이다.
이 Weill의 것은 아직도 참고할 만한 가치가 있다. 이것에 대응하는
미국의 총서 *The Rise of Modern Europe*은 보다 더 광범하게 다루고 있
지만 지리적으로는 한정되어 있다. 이용할 만한 책은 Crane Brinton
의 *A decade of revolution 1789~99*(1934); G. Bruun, *Europe and French
Imperium*(1938); F. B. Artz, *Reaction and Revolution 1814~32*(1934)다.
이 총서 가운데 문헌학적으로 가장 유용한 것은 *Clio*다. 그것은 학생
용이며, 정기적으로 최신 것으로 개정되고 있다. 특히 그 시점의 역
사학상 논쟁을 정리해놓은 항목에 유의해야 할 것이다. 이와 관련 있
는 책으로는 다음과 같은 것이 있다. E. Préclin and V. L. Tapié, *Le
xviiie siècle*(2 vols.); L. Villat, *La révolution et l'Empire*(2 vols.); J. Droz, L.
Genet and J. Vidalenc, *L'époque contemporaine*, vol. I, 1815~71.

오래된 것이지만, J. Kulischer, *Allgemeine Wirtschaftsgeschichte*, vol.
II, *Neuzeit*(republished 1954)는 지금도 경제사를 사실에 입각해 요
약한 양서다. 이 밖에도 거의 비슷한 가치를 지닌 수많은 미국의
대학 교재가 있다. 예컨대 W. Bowden, M. Karpovitch and A. P.
Usher, *Economic history of Europe since 1750*(1937); J. Schumpeter,
Business Cycles I(1939)은 그 책명이 시사하는 것 이상으로 광범하게
문제를 다룬 책이다. 역사와는 구별된 일반적인 해석물 가운데 M.
H. Dobb, *Studies in the development of capitalism*(1946); K. Polanyi, *The
great transformation*(1945년에 영국에서 *Origins of our Time*으로 출판되
었다)은 Werner Sombart의 오래된 *Der moderne Kapitalismus III: Das
Wirtschaftsleben im Zeitalter des Hochkapitalismus*(1928)와 함께 권할 만한
책이다.

인구에 관해서는 M. Reinhard, *Histoire de la population mondiale de 1700 à 1948*(1949)가 있으나, 특히 간결하고 아주 훌륭한 입문서로는 C. Cipolla, *The economic history of world population*(1962)이 있다. 기술에 관해서는 Singer, Holmyard, Hall, Williams, *A history of technology, IV: the Industrial Revolution 1750~1850*(1958)이 있는데, 근시안적이지만 참고물로 도움이 된다. W. H. Armytage, *A social history of engineering*(1961)은 비교적 좋은 입문서이며, 또한 W. T. O'Dea, *The Social history of lighting*(1958)은 재미도 있고 동시에 시사적이다. 또한 과학사에 관한 책도 읽기 바란다. 농업에 관해서는 빛을 잃어가기는 해도 편리한 H. Sée, **Esquisse d'une histoire du régime agraire en Europe au 18e et 19e siècles*(1921)은 아직도 다른 간편한 것에 자리를 양보하지 않고 있다. 화폐에 관한 Marc Bloch의 매우 간결한 *Esquisse d'une histoire monétaire de l'Europe*(1954)는 K. Mackenzie, *The banking systems of Great Britain, France, Germany and the USA*(1945)와 마찬가지로 쓸모가 있다. 전체적 종합화의 필요에 관해서는 최근에 나타난 연구 가운데 가장 알찬 것 중 하나인 R. E. Cameron, *France and the economic development of Europe 1800~1914*(1961)가 아직도 앞선 자리를 지키고 있는 L. H. Jenks, *The migration of British capital to 1875*(1927)와 함께 신용과 투자의 문제에 대한 입문서로서 도움이 된다.

산업혁명은 경제 성장에 관한 최근의 많은 업적에도 불구하고, 좀처럼 역사가의 큰 관심을 끌지 못해 훌륭한 개론서는 아직 없다. 가장 좋은 비교개설은 *Studi Storici*의 특집호 II, 3~4(Rome, 1961)에 있으며, 또한 비교적 전문적인 것으로는 *First international conference of economic history, Stockholm 1960*(Paris-Hague, 1961)이 있다. P. Mantoux, *The industrial revolution of the 18th century*(1906)는 오래되었음에도 불구하고 영국에 관한 한 여전히 기본적인 책이며, 1800년 이후의 시대에 관해서는 이것에 필적할 만한 것이 없다. W. O.

Henderson, *Britain and industrial Europe 1750~1870(1954)은 영국의 영향을 기술하고 있으며, J. Purs, *"The industrial revolution in Czech lands"(Historica, II, Prague, 1960)에는 7개국의 편리한 문헌목록이 들어 있다. W. O. Henderson, *The industrial revolution on the continent: Germany, France, Russia 1800~1914(1961)는 대학생을 대상으로 한 것이다. 가장 일반적인 논의 가운데에서 Karl Marx, Capital I은 여전히 경이적이고 거의 현대적인 논술이며, 또한 S. Giedion, Mechanisation takes command(1948)는 그 밖의 것들 가운데서 대량 생산에 관한, 삽화를 곁들인 극히 시사가 풍부한 선구적인 업적이다.

A. Goodwin ed., The European nobility in the 18th century(1953)는 귀족에 관한 비교연구다. 부르주아지에 관해서는 이와 같은 것이 없다. 다행히도 수많은 사료 가운데서 최강의 것, 즉 위대한 소설가들, 특히 발자크의 작품은 손쉽게 입수할 수 있다. 노동계급에 관해서는 J. Kuczynski, Geschichte der Lage der Arbeiter unter dem Kapitalismus (Berlin, 38권으로 완성되기로 되어 있다)가 백과전서적이다. 이 시대에 관한 최상의 분석은 여전히 F. Engels, Condition of the Working Class in England in 1844이다. 도시의 반(半)프롤레타리아에 관한 L. Chevalier, Classes laborieuses et classes dangereuses à Paris dans le première moitié du 19e siècle(1958)은 경제학적 자료와 문학적 자료의 빛나는 종합이다.

E. Sereni, Il capitalismo nelle campagne(1946)은 이탈리아와 그 후대에 국한되어 있기는 해도 농민계급의 연구에는 가장 유용한 입문서이다. 같은 저자의 Storia del peasaggio agrario italiano(1961)는 인간의 생산활동으로 말미암아 생긴 풍경의 변화를 분석하고 있으며, 아주 풍부한 상상력을 가지고 예술을 이용했다. R. N. Salaman, The history and social influence of the potato(1949)는 식료품의 한 유형에 대한 역사적

중요성에 관해서는 칭찬할 만한 것이다. 그러나 최근의 연구에도 불구하고 여전히 물질적으로 본 생활사는 거의 알려져 있지 않다. 다만, J. Drummond and A. Wilbraham, *The Englishman's food*(1939)는 선구적 업적이다. J. Chalmin, *L'officier français 1815~71*(1957); Georges Duveau, *L'instituteur*(1957); Asher Tropp, *The school teachers*(1957)는 전문 직업에 관한 드문 역사들이다. 소설가들도 역시 자본주의의 사회적 변화에 관한 훨씬 좋은 안내서를 제공하고 있다. 예컨대 스코틀랜드에 관해서는 John Galt, *Annals of the Parish*가 있다.

가장 자극적인 과학사는 J. D. Bernal, *Science in history*(1954)이며, 또한 S. F. Mason, *A history of the Science*(1953)는 자연철학에 관한 훌륭한 업적이다. 참고자료로는 M. Daumas ed., *Histoire de la science*(Encyclopédie de la Pleiade, 1957)이 있다. J. D. Bernal, *Science and industry in the 19th century*(1953)는 과학과 산업의 상호작용의 몇 가지 예를 분석하고 있으며, R. Taton, "The French Revolution and the progress of science"(in S. Lilley ed., *Essays in the social history of science*, Copenhagen, 1953)는 몇 편의 논문 가운데 접근하기에 어려움이 가장 덜한 것이다. C. C. Gillispie, *Genesis and geology*(1951)는 재미있고 동시에 과학과 종교 간의 곤란한 문제들을 예증하고 있다. 교육에 관해서는 G. Duveau, 앞의 책; Brian Simon, *Studies in the history of education 1780~1870*(1960)이 근대에 관한 훌륭한 비교연구의 결여를 보충하는 데 도움이 될 것이다. 출판에 관해서는 G. Weill, *Le journal*(1934)이 있다.

경제사상에 관해서는 많은 역사책들이 있다. 왜냐하면 이 주제는 많이 가르치고 있기 때문이다. E. Roll, *A history of economic thought*(various editions)는 좋은 입문서다. J. B. Bury, *The idea of progress*(1920)은 아직도 유용하다. E. Halévy, *The growth of philosophic radicalism*(1938)은 오래된 것이지만 확고부동한 기념비적 업적이다. L. Marcuse, *Reason and revolution: Hegel and the rise of social theory*(1941) 는 탁월한 것이며, 또한 G. D. H. Cole, *A history of socialist thought I, 1789~1850*은 적절한 개설서다. Frank Manuel, *The new world of Henri Saint-Simon*(1956)은 그 걷잡을 수 없이 애매하되 중요한 인물에 관한 가장 최근의 연구다. Auguste Cornu, *Karl Marx und Friedrich Engels, Leben u. Werk I, 1818~44*(Berlin, 1954, in progress)는 결정판적인 평전이 아닌가 생각된다. Hans Kohn, *The idea of nationalism*(1944)도 도움이 된다.

종교에 관한 일반적인 설명서는 없으나 K. S. Latourette, *Christianity in a revolutionary age*, I~III(1959~61)은 전 세계를 개괄하고 있다. W. Cantwell Smith, *Islam in modern history*(1957); H. R. Niebuhr, *The social sources of denominationalism*(1929)은 그 시대에 확대해가는 두 개의 종교를 소개하고 있으며, V. Lanternari, *Movimenti religiosi di libertà e di salvezza*(1960)는 식민지의 이교(異敎)라 불렸던 것을 소개한 것이다. S. Dubnow, *Weltgeschichte des juedischen Volkes*, VIII과 IX(1929)는 유대인을 다루고 있다.

예술가에 관한 가장 훌륭한 입문서는 아마도 N. L. B. Pevsner, *Outline of European architecture*(illustrated edition, 1960); E. H. Gombrich, *The story of art*(1950); P. H. Láng, *Music in western civili-sation*(1942)이다. Arnold Hauser, *The social history of art*, II(1951)도 역시 이 분야다. F. Novotny, *Painting and sculpture in Europe 1780~1870*(1960); H. R. Hitchcock, *Architecture in the 19th and 20th centuries*(1958)는 다 같이 Penguin History of Art에 들어 있는데, 둘 다 삽화와 문헌목록을 가지고 있다. 주로 시각예술에 관한 가장 전문화된 업적 가운데 F. D. Klingender, *Art and the industrial revolution*(1947); *Goya and the democratic tradition*(1948); K. Clark, *The gothic revival*(1944); P. Francastel, *Le style Empire*(1944); F. Antal의 훌륭하지만 공상적인 데가 있는 "Reflections on Classicism and Romanticism"(*Burlington Magazine*, 1935, 1936, 1940, 1941)을 들 수 있다.

음악에 관해서는 A. Einstein, *Music in the romantic era*(1947); *Schubert*(1951)가 읽을 만할 것이다. 문학에 관해서는 G. Lukacs의 심원한 *Göthe und seine Zeit*(1955), *The historical novel*(1962) 그리고 *Studies in European realism*(1950) 가운데 발자크와 스탕달에 관한 각 장, 또한 우수한 J. Bronowski, *William Blake: a man without a mask*(1954 ed.)가 있다. 약간의 일반적인 테마에 관해서는 R. Wellek, *A history of modern criticism 1750~1950*, I(1955); R. Gonnard, **Le légende du bon sauvage*(1946); H. T. Parker, *The cult of antiquity and the French revolutionaries*(1937); P. Trahard, *La sensibilité révolutionnaire 1791~94* (1936); P. Jourda, *L'exotisme dans le litterature française*(1938); F. Picard, *Le romantisme social*(1944)을 참고하기 바란다.

이 책이 다룬 시대의 사건사(事件史) 가운데서는 단지 두세 개 항목을 골라낼 수 있다. 혁명과 혁명운동에 관한 문헌목록 중 1789년에 관한 것은 방대하고, 오히려 1815~48년에 관한 것은 그렇게 방대하지 않다. 앞에서 말한 G. Lefebvre의 두 가지 업적과 그의 *The coming of the French Revolution*(1949)은 1789년 혁명에 관한 표준서다.

A. Soboul, *Précis d'histoire de la Révolution Français*(1962)는 명쾌한 교과서이며, 또한 A. Goodwin, **The French Revolution*(1956)은 영문판 개설서다. 문헌은 초록(抄錄)으로는 너무나 방대하다. Bromley 와 Goodwin이 좋은 안내서를 제공하고 있고, 거기에서 언급한 업적에 더해 A. Soboul, *Les sansculottes en l'an II*(1960)와, 백과전서적 업적인 G. Rudé, *The crowd in the French Revolution*(1959); J. Godechot, *La* *contre-revolution*(1961)을 들지 않을 수 없다. C. L. R. James, *The black Jacobins*(1938)은 아이티의 혁명을 기술하고 있다. 1815~48년의 폭동에 관해서는 C. Francovich, *Idee sociali e organizzazione operaia nella prima metà dell' 800*(1959)이 한 중요한 나라에 관한 훌륭하고 간결한 연구이며, 입문서로서도 쓸모가 있다. E. Eisenstein, **Filippo Michele Buonarroti*(1959)는 우리를 비밀결사의 세계로 안내한다. A. Mazour, *The first Russian revolution*(1937)은 데카브리스트를 다루고 있으며, R. F. Leslie, *Polish politics and the revolution of November 1830*(1956)은 사실상 그 표제가 시사하는 것보다 훨씬 범위가 넓은 책이다. 노동운동에 관한 일반적인 연구는 없다. E. Dolléans, *Histoire du Mouvement ouvrier* I(1936)이 있기는 하지만 이것은 영국과 프랑스만을 다루고 있다. 또한 A. B. Spitzer, *The revolutionary theories of Auguste Blanqui*(1957); D. O. Evans, *Le socialisme romantique*(1948); O. Festy, *Le mouvement ouvrier au début de la monarchie de Juillet*(1908)을 참조하기 바란다.

1848년에 일어난 일들의 근원에 관해서는 F. Fejtö ed., *The opening of an era*, 1848(1948)은 여러 나라에 관한, 거의 모든 우수한 소논문을 망라하고 있다. J. Droz, *Les revolutions allemandes de 1848*(1957)은 귀중한 것이며, E. Labrousse ed., *Aspects de la crise···1846~51*(1956)은 프랑스에 관한 자세한 경제적 연구를 모은 것이다. A. Briggs ed., *Chartist studies*(1959)는 그 주제에 관한 최신 업적이다. E. Labrousse, "Comment naissent les révolutions?"(*Actes du centenaire de 1848*, Paris, 1948)는 이 책이 다루는 시대에 관해 이 문제에 대한 일반적인 해답을 시도하고 있다.

국제문제에 관해서는 A. Sorel, *L'Europe et la Révolution Française*, I(1895)이 여전히 좋은 배경을 제공하며, J. Godechot, *La Grande Nation*, 2 vols(1956)가 혁명의 외국으로의 확대를 설명한다. *Histoire des Relations Internationales V권과 VI권(1815년까지는 A. Fugier에 의해, 1815~71년은 P. Renouvin에 의해 두 권이 모두 1954년 출판되었다)은 명쾌하고 지성적인 안내서다. 전쟁과정에 관해서는 B. H. Liddell Hart, *The ghost of Napoleon*(1933)이 여전히 지상 전투에 대한 훌륭한 입문서이며, 또한 E. Tarlé, *Napoleon's invasion of Russia in 1812*(1942)는 특정 전쟁에 대한 편리한 연구다. G. Lefebvre, **Napoléon*에는 프랑스 군대의 성격에 관한 훨씬 우수하고 간결한 설명이 들어 있다. 그리고 M. Lewis, *A social history of the navy 1789~1815*(1960)는 대단히 계발적(啓發的)이다. E. F. Heckscher, *The Continental System*(1922)은 경제적 국면에 관해서는 F. Crouzet의 대작인 *Le blocus continental et l'économie britannique*(1958)에 의해 보충되어야 한다. F. Redlich, *De praeda militari: looting and booty 1500~1815*(1955)는 흥미있는 측면을 조명해주고 있다.

J. N. L. Baker, **A history of geographical exploration and discovery*(1937); 칭찬할 만한 러시아의 *Atlas geograficheskikh otkrytii i issledovanii*(1959)는 유럽의 세계정복에 대한 배경을 밝혀주고 있다. K. Panikkar, *Asia and Western dominance*(1954)는 아시아의 관점에서 본 그것에 대한 계발적인 설명이다. G. Scelle, *Le traite negrière aux Indes de Castille*, 2 vols(1906); Gaston Martin, *Histoire de l'Esclavage dans les colonies françaises*(1948)는 여전히 노예무역에 관한 기본적인 연구서다. E. O. v. Lippmann, *Geschichte des Zuckers*(1929)는 N. Deerr, *The History of Sugar*, 2 vols(1949)를 보충문헌으로 해서 읽으면 좋다. Eric Williams, *Capitalism and slavery*(1944)는 간혹 도식적이긴 하지만 총괄적인 설명이다.

무역과 포함의 힘으로 세계를 '비공식적으로 식민지화'한 특색 있는 주제에 관해서는 M. Greenberg, *British trade and the opening of*

China(1949); H. S. Ferns, *Britain and Argentina in the 19th century*(1960)
가 있는데 이들은 사례 연구서다. 유럽에 의한 직접적 착취 아래
있었던 이 두 개의 큰 지역에 관해서는, W.F. Wertheim, *Indonesian
society in transition*(Hague-Bandung, 1959)이 아주 좋은 입문서다(또
한 J. S. Furnivall, *Colonial policy and practice*, 1956을 참고하기 바란다. 이
것은 인도네시아와 미얀마를 비교하고 있다). 그리고 인도에 관해서
는 수효는 많아도 대부분 실망적이며, 그 가운데서 다음과 같은 것,
즉 E. Thompson and G.T. Garratt, *Rise and fulfilment of British rule in
India*(1934); Erich Stokes, *The English utilitarians and India*(1959) ── 가
장 계발적인 업적이다 ──; A. R. Desai, *The social background of Indian
nationalism*(Bombay, 1948)을 골라낼 수 있다. 모하메드 알리 치하의
이집트에 대해 충분히 설명한 것은 없으나 H. Dodwell, *The Founder
of Modern Egypt*(1931)는 참조해도 좋을 것이다.

어떤 나라나 지역들에 관해서는 한두 개의 역사에 대해 언급
하는 이상의 것을 한다는 것은 불가능하다. 영국에 관해서는 E.
Halévy, *History of the English people in the 19th century*가 여전히 기본
적인 것이다. 이를 보충하는 것은 A. Briggs, *The age of improvement
1780~1867*(1959)이다. 프랑스에 관해서는 사회사의 고전인 P.
Sagnac, *La formation de la société française moderne*, II(1946)이 18세기의
배경을 마련해주며, 또한 Gordon Wright, *France in modern times*(1962)
가 그 후에 관한 훌륭한 입문서다. F. Ponteil, *La monarchie parlementaire
1815~48*(1949); F. Artz, *France under the Bourbon restoration*(1931)은 추
천할 만하다. 러시아에 관해서는 M. Florinsky, *Russia*, II(1953); P.
Lyashchenko, *History of the Russian national economy*(1947)도 그것을 포
괄하고 있다. R. Pascal, *The growth of modern Germany*(1946)는 간결하
면서 좋은 책이며, K. S. Pinson, *Modern Germany*(1954) 역시 입문서류

에 속한다. T. S. Hamerow, *Restoration, revolution, reaction: economics and politics in Germany 1815~71*(1958); J. Droz, 앞의 책; Gordon Craig, *The politics of the Prussian army*(1955)는 읽어서 도움이 된다. 이탈리아에 관해서는 G. Candeloro, *Storia dell' Italia moderna*, II, 1815~46(1958)이 특출하게 좋은 책이다. 에스파냐에 관한 J. Vicens Vives ed., *Historia social de España y America Latina*, IV/2(1959)는 특히 아름다운 삽화를 담고 있는 것이 장점이다. A. J. P. Taylor, *The Habsburg monarchy*(1949)는 훌륭한 입문서다. 또 E. Wangermann, *From Joseph II to the Jacobin Trials*(1959)를 참조하기 바란다. 발칸 제국에 관해서는 L. S. Stavrianos, *The Balkans since 1453*(1953); 훌륭한 B. Lewis, *The emergence of modern Turkey*(1961)가 있으며, 북구에 관해서는 B. J. Hovde, *The Scandinavian countries 1720~1865*, 2 vols(1943)가 도움이 될 것이다. 아일랜드에 관해서는 E. Strauss, *Irish nationalism and British democracy*(1951); *The great famine, studies in recent Irish history*(1957). 저지(低地) 제국에 관해서는 H. Pirenne, *Histoire de Belgique*, v~vi(1926, 1932); R. Demoulin, *La révolution de 1830*(1950); H. R. C. Wright, *Free Trade and Protection in the Netherlands 1816~30*(1955)이 입문서다.

일반적인 참고서에 대해 마지막으로 약간의 주석을 달아둔다. W. Langer, *Encyclopedia of World History*(1948); Plötz, *Hauptdaten der Weltgeschichte*(1957)는 주요한 '사건의' 연대기를 제공하며, 칭찬할 만한 Alfred Mayer, *Annals of European civilisation 1501~1900*(1949)은 특히 문화, 과학 등과 같은 것을 다루고 있다. M. Mulhall, *Dictionary of Statistics*(1892)는 여전히 가장 좋은 통계숫자의 해설이다. 역사사전 가운데는 새로 나온 *Sovietskaya Istoricheskaya Entsiklopediya* 12권이 세계를 포괄하고 있다. *Encyclopédie de la Pléiade*는 일반사(3), 문학사(2), 역사학적 연구—매우 귀중한 것이다—그리고 과학사에 관

한 것을 각각 별권으로 수록하고 있다. 그러나 이들은 설화 형식으로 구성되어 있으며 사서적인 표제 항목이 붙어 있지 않다. *Cassell's Encyclopedia of Literature*(2 vols.)는 도움이 되고, E. Blom이 편집한 Grove의 *Dictionary of Music and Musicians*(9 vols., 1954)는 조금 영국적이긴 하지만 표준적인 것이다. *Encyclopedia of World Art*(15권으로 완결, I~V까지는 이미 출간)는 두드러진 것이다. *Encyclopedia of the Social Sciences*(1931)는 오래되었지만 아직도 퍽이나 유용하다. 이제까지 별로 언급되지는 않았지만 다음과 같은 지도집(地圖集)도 참고하면 도움이 될 것이다. *Atlas Istorii SSSR*(1950); J. D. Fage, *An atlas of African history*(1958); H. W. Hazard and H. L. Cooke, *Atlas of Islamic History*(1943); J. T. Adams ed., *Atlas of American History*(1957), 세계사적인 것으로 J. Engel et. al., *Grosser Historischer Weltatlas*(1957); Rand McNally, *Atlas of World History*(1957)가 있다.

옮긴이의 말

이 책은 영국의 저명한 역사가 홉스봄(Eric Hobsbawm)의 *The Age of Revolution 1789~1848*을 완역한 것이다. 번역의 대본으로는 The New American Library, Inc.의 1964년판을 사용했지만, 원저의 초판은 1962년에 런던의 Weidenfeld & Nicolson 사에서 나왔다.

이 책이 다루는 시대의 시발점이 되는 1789년은 프랑스에서 프랑스 대혁명이, 그리고 그해를 전후한 거의 같은 시기에 영국에서는 산업혁명이 일어난다. 그 후 마르크스가 「공산당선언」을 발표하는 1848년까지의 60년 동안 프랑스 혁명과 산업혁명은 유럽의 거의 전역에서 이중혁명(dual revolution)으로 동시에 진행되면서 그 충격이 봉건적 유럽 사회를 뿌리부터 뒤흔들어 이른바 앙시앵 레짐의 정치체제를 쓰러뜨리고 사회와 경제의 모든 면에서 고대 이래 초유의 지각변동과도 같은 대변동을 일으키는데, 그러한 과정들을 샅샅이 추적해 그 결과와 의미를 우리에게 밝혀 보이는 것이 이 책의 주내용이다.

홉스봄의 추적은 그러나 역사적인 중요사건들을 연대순으로 쫓는 그런 상투적인 것이 아니다. 예컨대 봉건적 농민이 어찌하여 도시 산업노동자의 처지로 바뀌며, 무소불위이던 전지전능의 절대왕조가 어떻게 몰락해 물러나고, 그 자리에 승리를 구가하는 중류계급이 들어서게 되는가, 또 새로운 과학과 기술, 새로운 이데올로기며 예술은 어떻게 싹트고 발전하게 되는가, 그리고 이 이중혁명의 충격의 파장이 북아메리카와 아시아, 아프리카 등에 어떤 영향을 미치는가 등등을 밝혀내고 설명하는데, 그의 역사해석은 읽는 이들의 의표를 찌른다. 독자들은 이 책을 읽는 동안 내내 놀라고 자극받고 전혀 새로운 사실을 알게 되었다는 느낌을 받게 된다. 독자들의 역사인식의 눈을 바꾸어놓는 것이다. 그의 서술은 매우 명확하고 그 문장은 구절마다 격언·금언이구나 싶을 만큼 정곡을 찌르면서도 잘 다듬어져 우아하고 아름다워서 거역하기 어려운 설득력으로 다가서는 것이다.

그래서 이 책은 일찍부터 "우리가 살고 있는 현세계를 이해하는 데 없어서는 안 될 이정표적인 업적"이며 "이 시대에 관해서는 홉스봄의 이 책에 필적할 만한 책이 없다"는 평가를 받았고, 세계 각국에서 번역되어 가장 널리 읽히는 책의 하나가 되었다. 이러한 평가와 독서계의 반응은 그러나 비단 이『혁명의 시대』에만 해당하는 것이 아니라, 이 책을 첫 권으로 하는 홉스봄의 근현대사 시리즈의 책들, 예컨대『자본의 시대』와『제국의 시대』에도 그대로 들어맞는다.

홉스봄의 책들은, 그 방대한 역사적 디테일과 사료들의 놀랍도록 적절한 처리와 구사, '어쩌면 이렇게도……' 싶을 만큼 잘 선택된 인용문, 사진자료와 삽화의 활용, 그리고 그 독창적인 역사해석 등으로 해서 예외적으로 잘 씌어진 책으로 이미 정평이 나 있다. 그 역사서술의 화면은 당시를 살다 간 민중들의 생활상과 세태 풍속까지도 생생하게 살아 숨쉬며 다가와서 읽는 이들을 깊은 감동으로 이끌어 책을 손에서 놓지 못하게 한다. 이에 옮긴이는 외람되나마 감히 홉스봄을 살아 있는 가장 뛰어난, 금세기의 가장 위대한 역사가로 꼽기를 주저하지 않는 바다.

이 책은 당초 1982년 무렵 한국방송공사의 출판 프로그램의 하나로 기획되어 정도영이 KBS의 위촉으로 번역을 끝내 KBS 측에 넘겼지만 그쪽 사정으로 계획이 변경되어 햇빛을 보지 못했다. 그 후 한길사가 이 책을 번역·출판하기로 하여 차명수 교수를 옮긴이로 일을 추진하다가 차 교수의 사정으로 제3장까지만 번역하고 그 뒷부분을 정도영이 맡아 완성했다. 홉스봄의 역사 3부작의 첫 권인 이 책이 그래서 우리나라에서는 둘째 권 『자본의 시대』(1983)보다 늦은 1984년에 나오게 된 것이다.

끝으로, 이 책을 옮긴이 정도영에게 소개하고 번역을 권유해주신 서인석(徐仁錫) 선생에게 깊이 감사를 드린다. 그리고 한길사 김언호 사장의 안목에 경의를 표하며, 제작 실무진의 노고에 대해서도 감사해 마지않는다.

1998년 9월
옮긴이 정도영·차명수

찾아보기

지은이 에릭 홉스봄

홉스봄(Eric John Ernest Hobsbawm, 1917~2012)은 이집트 알렉산드리아에서 오스트리아계 어머니와 유대계 아버지 사이에서 태어났다. 런던의 성 메릴본 고전문법학교에 다녔고 케임브리지의 킹스칼리지에 들어가 역사학을 전공했다. 공산당원으로도 활동했던 그는 이미 고등학교 시절부터 스스로를 마르크스주의자로 생각했고 케임브리지대학 시절에는 '학생 마르크스주의자들'과 교류하며 교수들보다도 이들로부터 더 많은 것을 배웠다고 언젠가 말했다.

1947년 런던대학 버크벡칼리지의 사학과 강사로 부임했다가 1959년 전임, 1970년에는 경제사 및 사회사 정교수를 지냈으며 1982년 은퇴했다. 또한 1949년부터 1955년까지 케임브리지 킹스칼리지의 특별연구원으로 재직한 바 있으며, 1984년부터는 영국아카데미 및 미국아카데미 특별회원, 뉴욕신사회연구원 교수, 버크벡칼리지 명예교수를 지내며 고령의 나이에도 불구하고 왕성한 연구활동을 보였다.

홉스봄은 오늘날 최고의 마르크스주의 역사가로 손꼽히고 있다. 동시대 역사가 로드니 힐튼과 크리스토퍼 힐, 그리고 에드워드 톰슨이 영국사 연구에 치중한 반면, 홉스봄의 저작들은 영국 및 유럽에서 라틴아메리카에 이르기까지 광범한 영역에 걸쳐 있으며, 그 시기도 17세기부터 20세기 현대사까지 통괄하고 있다. 특히 아래로부터 위로의 역사적 시각에서 전체사로서의 역사구도를 일관되게 견지해 당대의 정치 · 경제 · 사회 · 문화 · 예술 · 문화비평을 포괄하는 박식한 역사가의 면모를 유감없이 드러내고 있다. 역사 3부작『혁명의 시대』『자본의 시대』『제국의 시대』는 그의 대표작으로서 프랑스 대혁명과 산업혁명으로 인류사회가 어떻게 변화 · 발전해왔는가를, 근대세계가 어떻게 형성되었는가를 방대한 자료를 통해 완전히 새롭게 해석해내고 있다.

1948년에 첫 저서『노동의 전환점』(Labour's Turning Point, 1880~1900)을 출간했으며, 1950년에는『페이비언주의와 페이비언들, 1884~1914』로 박사학위를 받았다. 이밖에도『노동하는 인간』(Labouring Men),『산업과 제국』(Industry and Empire), 『원초적 반란자들』(Primitive Rebels),『의적의 사회사』(The Bandits), 『극단의 시대』(The Age of Extremes 1914~1991) 등이 있으며, 1997년에 그의 역사관을 집약적으로 보여주는『역사론』(On History)을 출간했다.

옮긴이 정도영

정도영(鄭道永, 1927~99)은 서울대학교 문리과대학 동양사학과에서 수학했으며
합동통신사 등에서 외신부장·경제부장·출판국장 등을 지냈다.
옮긴 책으로는 한길사에서 펴낸 홉스봄의 명저『혁명의 시대』『자본의 시대』를
비롯해『현대일본의 역사의식』(윤건차),『식인과 제왕』(마빈 해리스),
『바다의 도시 이야기』(시오노 나나미) 등이 있다.

옮긴이 차명수

차명수(車明洙)는 서울대학교 사회학과와 동 대학원 경제학과를 졸업했다.
영국의 워릭대학교에서 박사학위를 받았으며 하버드대학교 교환교수를 지냈다.
현재 영남대학교 경제금융학부 명예교수이며, 경제사학회 학회지『경제사학』이사다.
논문으로「산업 자본주의 단계의 세계자본주의 체제와 경기순환에 관한 연구」
「세계농업공황과 일제하 조선경제」등이 있다.

HANGIL GREAT BOOKS
SPECIAL COLLECTION

혁명의 시대

지은이 에릭 홉스봄
옮긴이 정도영 · 차명수
펴낸이 김언호

펴낸곳 (주)도서출판 한길사
등록 1976년 12월 24일 제74호
주소 10881 경기도 파주시 광인사길 37
홈페이지 www.hangilsa.co.kr
전자우편 hangilsa@hangilsa.co.kr
전화 031-955-2000~3 **팩스** 031-955-2005

부사장 박관순 **총괄이사** 김서영 **관리이사** 곽명호
영업이사 이경호 **경영이사** 김관영 **편집주간** 백은숙
편집 박희진 노유연 최현경 이한민 김영길
마케팅 정아린 **관리** 이주환 문주상 이희문 원선아 이진아
디자인 창포 031-955-2097
CTP출력 블루엔 **인쇄** 오색프린팅 **제책** 경일제책사

제1판 제 1 쇄 1998년 9월 15일
제1판 제21쇄 2022년 6월 5일
특별판 제 1 쇄 2022년 11월 30일

값 28,000원

ISBN 978-89-356-7794-8 94080
ISBN 978-89-356-7793-1 (세트)